应用型高等院校会计系列教材

# 会 计 学

贾 颖 主编

韩传模 主审

南开大学出版社

天 津

图书在版编目(CIP)数据

会计学 / 贾颖主编. --天津：南开大学出版社，2014.11(2017.8 重印)
应用型高等院校会计系列教材
ISBN 978-7-310-04697-3

Ⅰ.①会… Ⅱ.①贾… Ⅲ.①会计学－高等学校－教材 Ⅳ.①F230

中国版本图书馆 CIP 数据核字(2014)第 260197 号



南开大学出版社出版发行
出版人:刘立松
地址:天津市南开区卫津路94号　　邮政编码:300071
营销部电话:(022)23508339　23500755
营销部传真:(022)23508542　　邮购部电话:(022)23502200
*
唐山新苑印务有限公司印刷
全国各地新华书店经销
*
2014年11月第1版　　2017年8月第3次印刷
230×170毫米　16开本　26印张　2插页　465千字
定价:55.00元

如遇图书印装质量问题,请与本社营销部联系调换,电话:(022)23507125

# 前　言

会计学是经济管理类学生必修的一门课程，只有通过学习会计学的知识，才能充分了解和掌握企业经济活动中会计处理与会计分析的基本方法。我国著名会计学家杨纪婉教授曾说过："在现代经济条件下，一个不懂会计知识，不理解和不善于利用会计信息的人，是很难从事经济管理工作的。"另一位会计学家葛家澍教授也曾说过："市场经济中，会计并非是简单意义上的算账记账，其价值在于如何千方百计地帮助公司降低成本、增加利润，以及帮助公司理财赢利。"由此可见会计学知识对于经管类人才培养和企业资金合理运用的重要性。

本教材为适合独立院校非会计学专业经管类学生使用之教材，因此在定位上更加突出应用型本科教学的特点，在传授学生专业知识的同时，提高学生的实际应用能力。在编写过程中，吸取了国内外同类优秀教材的精华，同时关注最新政策和会计准则的变化，将基础理论知识、基本处理方法、基本操作技能的阐述同实际案例分析相结合，全书具有以下三方面特点：

第一，本教材充分体现了理论与实际相结合的特点。本教材在介绍会计基本核算方法的基础上，按照资产、负债、所有者权益、收入、费用、利润这六大会计要素的顺序，详细讲解了各要素内部项目的确认、计量方法，并继续讲授凭证和账簿的填制与审核，财务报告的生成，是学生充分掌握会计信息产生的全部过程。在每章的开头和结尾都增加开篇案例和篇后案例，并结合每部分所讲知识适当补充篇中案例，使学生能够将所学理论知识及时地与实际相结合。同时增加练习题量，每节后和每章后都有练习思考题，以便学生有效地巩固复习所学知识，方便课后自学。

第二，本教材充分体现了与我国最新会计准则相结合的特点。我国自2014年以来先后发布和修订了7项会计准则，并于2014年7月1日起正式生效，这次准则的颁布和修订涉及了所有执行原准则的企业。因此将准则的最新变化体现在教材中就显得刻不容缓。在教材的编写过程中，针对准则的变化，我们对部分内容做了调整，如职工薪酬、长期股权投资和财务报表等。

第三，本教材充分体现了与专业资格考试相结合的特点。因为本教材是适合独立院校的教材，绝大多数经管类学生都有在毕业前考取会计从业资格证等专业认证的夙求。因此，为了进一步适应财会教学、岗位培训、自学进修、业务学习和专业资格考试的需要，我们增强了实务操作技能的培养，并增加了会计职业道德一章。在课程最终的讲授中能为学生加深会计岗位素养和道德的建设，或方便学有余力的同学进一步自学。

本教材由贾颖担任主编，并负责教材的总纂。各章的撰写分工如下：第一、二、十一、十二章由武桂芳编写；第三章第一、二、三节，第七、八、九、十章由贾颖编写；第三章第四、五、六节，第四、五、六章由王英允编写。韩传模教授担任教材主审。

为了尽量吸收会计理论与实践的最新内容，编者在本教材的编写过程中参阅了大量的国内外会计教材及论著，在此向所有有关参考文献的作者表示诚挚的谢意！

在本书的编写过程中得到了天津财经大学韩传模教授的支持和鼓励，得到了南开大学出版社的大力帮助，在此一并深表谢意。

由于时间仓促和编者水平有限，书中还难免存在疏漏和不足，恳请读者提出宝贵意见和建议。

编者

2014 年 7 月

# 目　录

# 第一章　总　论

通过本章学习，了解会计的产生与发展、目标与职能。熟悉会计的概念与对象、特征与方法。掌握会计要素、会计等式、会计核算基本前提、会计信息质量要求、会计确认计量原则等。

**开篇案例**

A先生的困惑

A先生创办了一家个人独资公司，公司创办一年后，面临一个棘手的问题：工商局、税务局的工作人员指责A先生创办的公司没有遵守会计准则的要求建立公司的内部会计制度，记账的随意性很大，而且该公司的会计人员不具备从业资格。A先生觉得非常委屈，公司是自己的，所有权与经营权没有分离，为什么一定要按照会计准则去做？会计人员为什么一定要有资格认证？你认为A先生的想法是否有道理？

资料来源：徐泓．基础会计学[M]．北京：机械工业出版社，2011．

## 第一节　会计的涵义

### 一、会计的产生和发展

（一）会计的产生

原始社会末期，随着经济关系的复杂化，对于掌握财产权利的人们来说，加强生产管理也越来越重要，在此背景下便产生了一种著名的原始计量、记录的方法，就是结绳记事、记数法，它是人类会计起源的重要标志之一。

（二）会计的发展

1. 会计在我国古代的发展

西周奴隶社会时期，“会计”一词最早出现在《周礼》中，该书对“会计”进行了详细的叙述。《周礼》称：司会掌邦国会计之法度“以参互考日成，以月要考月成，以岁会考岁成”。日成为一旬之会计记录，是在每日会计记录基础上形成的一种具有总和性质的会计记录，凡一日之计，由每笔账目核算而成，表现为“零星算之”，故称其为“计”；凡一旬之会计记录，相对而言其每日之算为计，而称之为“日成”的一旬之账目则是由十日账目总和而成，故可称之为“会”。

西汉时期，会计和统计相分离。

唐宋时期，我国创建了“四柱清册”法，利用“旧管”+“新收”=“开除”+“实在”的基本公式进行结账，体现的含义是期初余额+本期收入=本期支出+期末余额，为我国收付记账法奠定了基础。该种方法是中式会计方法的精髓。

明末清初，我国又创建了“龙门账”，运用“进-缴=存-该”的平衡等式进行试算平衡。“进”代表各项收入，“缴”代表各项支出，“存”代表各项资产，“该”代表资本及各项负债，这就是中国的复式记账法。

2. 国外会计的发展

1494 年意大利数学家卢卡·巴却里（Luca Pacioli）的《算数、几何、比及比例概要》一书详细地阐述了复式簿记原理，是会计发展史上的第一个里程碑，标志着近代会计的产生。其中系统地描述了借贷记账法，并且介绍了以日记账、分录账和总账为载体的会计核算架构，为会计的发展提供了一系列科学的观念。

3. 新中国成立以后会计的发展

新中国成立以后，我国主要是学习前苏联的会计，建立了一套计划经济体制下的“报账型”会计理论和方法。1985 年 1 月 21 日，第六届全国人民代表大会九次会议通过了新中国第一部《中华人民共和国会计法》，标志着我国会计法制建设迈出了重要的步伐。1993 年 7 月 1 日，财政部公布了“两则两制”即《企业财务通则》和《企业会计准则》以及分行业的会计制度和财务制度，是我国为适应由计划经济模式转向市场经济模式的一次重大改革。1993 年 12 月 29 日，第八届全国人大五次会议修改了《会计法》。2006 年 2 月 15 日，财政部颁布了一项基本准则和 38 项具体准则的新的企业会计准则体系，同年 10 月 30 日又颁布了应用指南，于 2007 年 1 月 1 日开始在上市公司范围内实施。这使我国会计初步做到了与国际会计准则趋同，是为适应经济全球化的又一次重大改革，是我国会计发展史上的里程碑。

## 二、会计的目标与职能

### （一）会计的目标

会计目标是指会计工作所要达到的最终目的。会计目标的确定是一个动态、发展的过程。在会计发展的不同阶段，会计目标也在不在发展演变着。由于会计主要以财务会计报告的形式提供信息，所以会计目标也被称为财务会计报告目标。我国《企业会计准则——基本准则》明确指出："财务会计报告的目标是向财务会计报告使用者提供与企业财务状况、经营成果和现金流量等有关的会计信息，反映企业管理层受托责任履行情况，有助于财务会计报告使用者做出经济政策。"

### （二）会计的职能

会计的职能是指会计作为经济管理工作所具有的功能或能够发挥的作用。会计的职能随着会计环境的变化，有评价业绩、预测经济前景、参与经济决策等各种职能。但本书主要阐述其基本职能：核算和监督。

1. 会计核算

会计核算是会计的首要职能，也是全部会计管理工作的基础。任何经济实体单位要开展经济活动，都要求会计提供真实、正确、完整、系统的会计信息，这就需要对经济活动进行记录、计算、分类、汇总，将经济活动的内容转换成会计信息，成为能够在会计报告中概括并综合反映各单位经济活动状况的会计资料。因此，会计核算是通过价值量对经济活动进行确认、计量、记录并进行公正报告的工作。会计核算职能的基本特点是：

（1）会计以货币为主要计量单位。会计核算主要是从价值量方面核算各单位的经济活动情况。会计在对各单位经济活动进行核算时，主要是从数量而不是从质的方面进行核算。

企业在生产经营过程中所发生的各种经济活动，其表现形式是各不相同的，所发生的资源消耗和取得的经营成果也表现出不同的形态，会计核算时只有以货币作为统一的计量单位，通过一系列价值指标，综合反映经济活动的过程和结果，才能进行计算、比较和分析，所提供的会计信息才能被人们理解和使用，会计目标才能得以实现。

（2）会计是核算过去已经发生的经济活动。在对已经发生的经济活动进行事中、事后核算的同时，还可以预测未来的经济活动。会计核算对已经发生的经济活动进行事后的记录、核算、分析，通过加工处理后提供大量的信息资料，反映经济活动的现实状况及历史状况，这是会计核算的基础工作。但是，随着经济的发展，市场竞争日趋激烈，企业经营规模不断扩大，经济活动日益复杂化，经营管理需要加强预见性。为此，会计要在事后、事中核算的同时进一步发展到事前核算、分析和预测经济前景，为经营管理决策提供更多的经济信息，这样才能更好地发挥会计的管理职能。

（3）会计核算具有连续性、全面性和系统性。连续性是指会计对经济活动的确认、计量、报告时按时间顺序连续不断地进行的。本期的结束就是下期的开始，本期记录的结果便是下期记录的起点；只要企业持续经营，会计工作就不会中断。完整性是指会计对主体发生的所有的经济活动，不论其金额大小，也不论其性质重要与否，都要进行确认、计量、记录和报告，不得遗漏。系统性是指会计在确认、计量和报告时，必须采用科学的方法对经济活动的内容进行分类，以提供相互联系、相互勾稽的核算资料，使会计数据资料能为信息使用者所理解，有助于他们进行决策。

2. 会计监督

会计的监督职能是指会计在客观上能够按照一定的目的和要求，利用会计信息系统所提供的信息，对会计主体的经济活动实行有效地控制，以达到预期的目标。会计监督是在会计核算基础上进行的，它的基本特点是：

（1）会计监督具有强制性和严肃性。会计监督是依据国家的财经法规和财经纪律来进行的。会计法不仅赋予会计机构和会计人员实行监督的权利，而且规定了监督者的法律责任。放弃监督，听之任之，情节严重的，给予行政处分；给公众财产造成重大损失，构成犯罪的，依法追究刑事责任。因此，会计监督是以国家的财经法规和财经纪律为准绳，具有强制性和严肃性。

（2）会计监督具有完整性。会计监督的完整性即指事前监督、事中监督和事后监督。事前监督是会计在预测经济前景、编制业务计划、预算时所实施的监督，它主要是审查未来经济活动的可行性、合理性和合法性，参与经济决策，并对未来经济活动予以指导。事中监督是指对日常经济活动发生过程的监督，即会计能够对日常的核算资料进行审查，及时发现偏差和失误，指出经营计划在实施过程中出现的问题，提出改进措施，督促有关部门及时采取措施，调整经济活动，使其按照预定的目标和要求进行。事后监督是指会计在经济活动发生和完成以后所实施的监督，以事先制定的目标、标准和要求为依据，通过对会计核算的比较、分析，考核和评价经济活动的合法性和有效性。

（3）会计监督主要是通过价值指标来进行。会计核算通过价值指标综合反映经济活动的过程及其结果，会计监督的主要依据就是这些价值指标。为了便于监督，有时还需要事先制定一些可供检查、分析用的价值指标，用来监督和控制有关经济活动，以避免出现大的偏差。由于基层单位进行的经济活动同时都伴随着价值运用，表现为价值量的增减和价值形态的转化，因此，会计监督与其他各种监督相比，是一种更为有效的监督。会计监督通过价值指标可以全面、及时、有效地控制各个单位的经济活动。

会计的核算职能是会计监督职能的基础，会计监督职能是贯穿于会计核算的全过程。会计核算是会计监督的基础，会计监督是会计核算的质量保证，两者相辅相成，既有独立要求，又紧密联系，缺一不可。

## 三、会计的概念与对象

### （一）会计的概念

经济越发展，会计显得越来越重要，商品经济的出现，使会计得到了空前的发展和完善。会计的概念主要有下述两种代表性的观点。

1. 会计管理活动论

会计管理活动论认为，会计的本质是一种经济管理活动，会计人员通过收集、处理和利用经济信息参与企业的管理工作，是以提供经济信息、提高经济效益为目的的一种管理活动。所以，经济管理活动论认为会计以货币为主要计量单位，采用一系列专门的程序和方法，对社会再生产过程中的资金运动进行核算和监督，是经济管理的重要组成部分。

2. 会计信息系统论

会计信息系统论认为会计是一个经济系统。会计信息系统是指在企业或其他组织范围内，核算和控制企业或组织的各种经济活动，由若干具有内在联系的程序、方法和技术组成，由会计人员加以管理，用以处理经济数据、提供财务信息和其他有关经济信息的有机整体。

### （二）会计的对象

会计对象是指会计所要核算与监督的内容。社会再生产过程是由生产、分配、交换、消费四个互相关联的环节构成的，它概括了各种经济活动。会计是以货币为计量单位的，因此，会计所要核算和监督的只能是能用货币表现的那部分经济活动的内容。在我国，企业、行政事业单位和其他组织经济活动的内容虽各有不同，但它们的所有财产物资都是以货币形式表现出来的，并在生产经营和收支活动中不断发生变化。这些财产物资的货币表现以及货币本身成为资金，即会计对象就是社会再生产过程中的资金运动。

## 四、会计方法

会计方法是核算与监督会计对象、完成会计任务的手段。会计方法包括会计核算方法、会计分析方法和会计检查方法。会计核算方法是对经济业务进行完整、连续和系统的记录和计算，为经营管理提供必要的会计信息所应用的方法，一般包括设置会计科目和账户、复式记账、填制和审核会计凭证、登记账簿、成本计算、财产清查和编制财务报告。本部分内容主要介绍会计核算方法。

（一）设置会计科目和账户

设置会计科目和账户是对会计核算对象的具体内容进行归类、核算、监督的一种专门的方法。由于会计核算对象十分复杂，为了系统地、连续地进行核算与监督，企业除了设立科目进行分类以外，还必须根据规定的会计科目开设账户，分别登记各项经济业务，以便取得各种核算指标，并随时加以分析、检查和监督。

（二）复式记账

复式记账是对每一项经济业务，都要以相等的金额同时在两个或两个以上的相关账户中进行记录的方法。复式记账法要使每项经济业务所涉及的两个或两个以上的账户之间产生一种平衡关系，这样就可以了解和掌握经济业务的 内容，检查会计记录的正确性。同时，采用复式记账法记录各项经济业务之间的联系，反映经济活动的全貌。

（三）填制和审核会计凭证

会计凭证是记录经济业务、明确经济责任的书面证明，是登记账簿的依据。填制和审核会计凭证是会计核算所特有的一种方法，也是运用其他会计核算方法的前提，它要求对于已经发生或已经完成的经济业务，都应由经办人员或有关单位填制凭证并签名盖章；所有凭证都要经过会计部门和有关责任人的审核，只有经过审核并确认为正确无误的凭证，才能作为记账的依据。填制和审核凭证是保证会计信息真实、可靠的有效手段，也是实行会计监督的一个重要方面。

（四）登记账簿

登记账簿又称记账，就是把所有的经济业务按其发生的顺序，分门类地记入有关账簿。账簿是用来全面、连续、系统地记录各项经济业务的簿籍，也是保存会计信息的重要工具。它具有一定的结构、格式，应该根据审核无误的会计凭证序时、分类地进行登记。在账簿中应该开设相应的账户，把所有的经济业务记入账簿中的账户里后，还应定期计算和累计各项核算指标，并定期结账和对账，使账证之间、账账之间、账实之间保持一致。账簿所使用的各种信息，是编制会计报表的主要依据。

（五）成本计算

成本计算是指在生产经营过程中，按照一定的成本计算对象归集和分配各种费用支出，以确定各成本计算对象的总成本和单位成本的一种专门方法。生产过程同时也是消耗过程，成本计算的目的是通过成本计算可以确定材料采购成本、产品生产成本（或产品成本、制造成本）、产品销售成本以及在建工程成本等，可以核算和监督发生的各项费用是否合理、合法，是否符合经济核算的原则，以便不断降低成本，增加企业的盈利。

（六）财产清查

财产清查是对单位各项财产物资进行实物盘点、账面核对以及对各项来往项进行查询、核对，保证账账、账实相符的一种专门方法。通过财产清查，可以查明各项财产物资、债权债务和所有者权益情况，加强物资管理，监督财产是否完整，并为正确核算损益提供正确的资料。

（七）编制财务报告

编制财务报告是定期向财务报告使用者提供与企业财务状况、经营成果和现金流量等有关会计信息，反映企业管理层受托责任履行情况的一种专门方法。编制财务报告有助于财务报告使用者做出经济决策。

**【课堂测试 1-1】**

1. 会计的基本职能有（　　）。

   A. 核算和监督　B. 核算和控制　C. 分析和考核　D. 预测和决策

2. 请判断下列表述是否正确，如错误表述，指出为什么？

   A. 会计监督仅是对会计核算进行监督。

   B. 会计计量单位只有货币计量。

   C. 系统记载复式记账理论和方法的第一部著作是意大利数学家卢卡·巴却里的著作——《算数、几何与比例概要》。

   D. 会计对任何社会的经济活动都是必要的，经济越发展，会计越重要。

3. 什么是会计？会计有哪些职能？

4. 会计的对象是什么？会计的核算方法有哪些？

# 第二节 基本财务报表及其会计要素

## 一、资产负债表及其会计要素

### （一）资产负债表概念

资产负债表是企业对外提供的主要报表之一。它是根据资产、负债及所有者权益之间的相互关系，按照一定的分类标准和顺序，将企业特定时点的资产、负债和所有者权益各项目予以适当排列，并对日常核算形成的会计数据进行加工、整理后编制而成的。资产负债表属于静态报表，是总括反映企业某一日期财务状况（即资产、负债及所有者权益状况）的会计报表，主要提供有关企业财务状况方面的信息。所以，它也被称为“财务状况表”。从资产负债表编制的原理看，表中各项目的金额，基本上是有关资产、负债和所有者权益账户的余额。因此，资产负债表也被称为“余额表”。资产负债表的具体格式和内容见表 1-1。

**表 1-1 资产负债表**

会企 01 表

编制单位： 201×年 01 月 31 日 单位：元

| 资产 | 期末余额 | 年初余额 | 负债和所有者权益（或股东权益） | 期末余额 | 年初余额 |
|---|---|---|---|---|---|
| 流动资产： | | | 流动负债： | | |
| 货币资金 | | | 短期借款 | | |
| 交易性金融资产 | | | 交易性金融负债 | | |
| 应收票据 | | | 应付票据 | | |
| 应收账款 | | | 应付账款 | | |
| 预付款项 | | | 预付账款 | | |
| 应收利息 | | | 应付职工薪酬 | | |
| 应收股利 | | | 应交税金 | | |
| 其他应收款 | | | 应付利息 | | |
| 存货 | | | 应付股利 | | |
| 一年内到期的非流动性资产 | | | 其他应付款 | | |
| 流动资产合计 | | | 一年内到期的非流动负债 | | |

续表

| 资产 | 期末余额 | 年初余额 | 负债和所有者权益（或股东权益） | 期末余额 | 年初余额 |
|---|---|---|---|---|---|
| 非流动性资产： | | | 流动负债合计 | | |
| 可供出售金融资产 | | | 非流动负债： | | |
| 持有至到期投资 | | | 长期借款 | | |
| 长期应收款 | | | 应付债券 | | |
| 长期股权投资 | | | 长期应付款 | | |
| 投资性房地产 | | | 专项应付款 | | |
| 固定资产 | | | 预计负债 | | |
| 在建工程 | | | 递延所得税负债 | | |
| 工程物资 | | | 其他非流动负债 | | |
| 固定资产清理 | | | 非流动负债合计 | | |
| 生产性生物资产 | | | 负债合计 | | |
| 油气资产 | | | 所有者权益（或股东权益）： | | |
| 无形资产 | | | 实收资本（或股本） | | |
| 开发支出 | | | 资本公积 | | |
| 商誉 | | | 减：库存股 | | |
| 长期待摊费用 | | | 盈余公积 | | |
| 递延所得税资产 | | | 未分配利润 | | |
| 其他非流动资产 | | | 所有者权益（或股东权益）合计 | | |
| 非流动资产合计 | | | | | |
| 资产总计 | | | 负债和所有者权益（或股东权益）总计 | | |

（二）资产负债表要素

1. 资产

资产是指企业过去的交易或事项形成的、由企业拥有或者控制的、预期会给企业带来经济利益的资源。

根据上述定义说明，作为一项资产，必须具备下列基本特征：

（1）资产是企业过去的交易或事项形成的。这就是说，作为企业资产，必须是现实的而不是预期的资产，它是企业过去已经发生的交易或者事项所产生的结果，包括购置、生产、建造等行为或其他交易或者事项。预期在未来发生的交易或事项不形成资产。

（2）资产是企业拥有或控制的资源。这就是说，一项资源要作为企业资产，企业必须享有此项资源的所有权，该资源可以由企业自行使用或处置，如货币、建筑物、机器设备、材料等。在某些条件下，对一些由特殊方式形成的资源，企业虽然不享有所有权，但能够被企业所控制，也可作为企业资产，如融资租入固定资产、专利权等，这些有利于企业生产经营活动的资源也属于资产。

（3）预期给企业带来经济利益。这是资产最重要的特征。所谓预期给企业带来经济利益，是指能直接或间接导致现金或现金等价物流入企业的潜力，如出售产品直接取得经济利益以及对外投资获得的股利等。如果预期不能给企业带来经济利益的资源，就不能确认其为企业的资产。

凡符合上述资产定义的资源，同时还要满足以下两个条件才能确认为资产：一是与该资源有关的经济利益很可能流入企业；二是该资源的成本或价值能够可靠地计量。

资产按其流动性可分为流动资产、非流动资产两类。

在资产负债表中的流动资产主要包括：货币资金、交易性金融资产、应收及预付账款、存货等。非流动资产主要包括：可供出售金融资产、持有至到期投资、长期股权投资、投资性房地产、固定资产、无形资产、长期待摊费用、递延所得税资产等。

2. 负债

负债是指企业过去的交易或者事项形成的，预期会导致经济利益流出企业的现实义务。从负债的定义中可以总结出负债有以下几个特征：

（1）负债是由企业过去的交易或事项形成的。只有过去的交易或事项才能形成负债，企业将在未来发生的承诺、签订的合同等交易或事项，不形成负债。

（2）负债的清偿预期会导致经济利益流出企业。无论负债以何种形式出现，其作为一种现时义务，最终的履行预期均会导致经济利益流出企业。为了清偿义务，企业往往需要在将来转移资产，比如用现金或事物资产清偿，或者通过提供劳务来偿还，或部分转移资产、部分提供劳务形式偿还，也有可能将负债转为资本。

（3）负债是企业承担的现时义务。现时义务是指企业在现行条件下应承担的义务，即导致负债的交易或事项已经发生的义务，如购货的应付账款、借入的款项等。只有因过去的交易或事项已经产生的负债，才能予以确认偿还的义务，而正在筹划的未来发生的交易或事项形成的义务，不属于现时义务，不应该确认为负债。

根据负债的定义，在同时满足以下两个条件时，确认为负债：与该现时义务有关的经济利益很可能流出企业；未来流出的经济利益的金额能够可靠地计量。

按照流动性强弱即偿还期间的长短，可将负债分为流动负债和非流动负债两大类。在资产负债表中流动负债一般包括以下项目：短期借款、交易性金融负债、应付及预收款项、应付职工薪酬、应交税费、应付股利等。非流动负债主要包括长期借款、应付债券、长期应付款、递延所得税负债等。

3. 所有者权益

所有者权益是指企业资产扣除负债后由所有者享有的剩余权益。公司的所有者权益又称为股东权益。所有者权益金额取决于资产和负债的计量。

企业资产形成的资金来源，包括债权人借入和所有者直接投入两个方面。向债权人借入的资金，形成企业的负债；所有者投入的资金，形成所有者权益。

所有者权益的来源包括所有者投入的资本（或股本）、直接计入所有者权益的利得和损失及留存收益。

直接计入所有者权益的利得和损失，是指由企业非日常活动所发生、不应计入当期损益、会导致所有者权益发生增减变动的，与所有者投入资本或者向所有者分配利润无关的利得或损失。利得是与所有者投入资本无关的，会引起所有者权益增加的经济利益流入；损失是与所有者利润分配无关的，会引起所有者权益减少的经济利益流出。

## 二、利润表及其会计要素

### （一）利润表概念

利润表又称损益表，它是用以反映企业在一定时期（如年度、季度、月份）内经营成果的报表，该表是按照各项收入、费用以及构成利润的各个项目分类分项编制而成的。

利润表是企业主要报表之一。在利润表中，将一个会计期间内的营业收入与同一会计期间的营业成本进行配比，求出该会计期间的净利润（或亏损），因此，利润表所提供的各项指标是企业一定时期经济活动的过程和结果。通过利润表可以了解企业某一期间实现净利润或发生亏损情况；分析企业利润计划的执行情况及利润增减变化的原因；评价企业经济效益的高低；判断企业的盈利能力以及未来一定时期内的盈利趋势。利润表的具体格式和内容见表 1-2。

表 1-2 利润表

会企 02 表

编报单位： 年 月 单位：元

| 项目 | 本期金额 | 上期金额 |
|---|---|---|
| 一、营业收入 | | |
| 减:营业成本 | | |
| 营业税金及附加 | | |
| 销售费用 | | |
| 管理费用 | | |
| 财务费用 | | |
| 资产减值损失 | | |
| 加：公允价值变动收益（损失以“-”号填列） | | |
| 投资收益（损失以“-”号填列） | | |
| 其中：对联营企业和合并企业的投资收益 | | |
| 二、营业利润（亏损以“-”号填列） | | |
| 加: 营业外收入 | | |
| 减：营业外支出 | | |
| 其中：非流动资产处置损失 | | |
| 三、利润总额（净亏损以“-”号填列） | | |
| 减：所得税费用 | | |
| 四、净利润 | | |
| 五、每股收益： | | |
| （一）基本每股收益 | | |
| （二）稀释每股收益 | | |
| 六、其他综合收益 | | |
| 七、综合收益总额 | | |

（二）利润表要素

1. 收入

收入是指企业在日常活动中形成的、会导致所有者权益增加与所有者投入资本无关的经济利润的总流入。收入具有以下特征：

（1）收入从企业日常活动中产生，而不是从偶发的交易或事项中产生。

（2）收入可能表现为企业资产的增加，也可能表现为企业负债的减少，或者两者兼而有之。

（3）收入最终能导致企业所有者权益的增加。

（4）收入只包括本企业经济利益的流入，不包括为第三方或客户代收的款项。

收入是由主营业务收入、其他业务收入和投资收益等构成的。上述的收入是狭义的收入，广义的收入还包括直接计入当期利润的利得，即营业外收入。营业外收入是指企业发生的与其生产经营活动无直接关系的各项收入。

2. 费用

费用是指企业在日常活动中发生的、会导致所有者权益减少的、与向所有者分配利润无关的经济利益的总流出。费用具有如下特征：

（1）费用产生于过去的交易或事项。

（2）费用可能表现为企业资产的减少，也可能表现为企业负债的增加，或者两者兼而有之。

（3）费用最终能导致企业所有者权益的减少，但与向所有者分配利润无关。

费用由成本和费用两方面构成。成本是指企业为生产产品、提供劳务而发生的各种耗费。费用一般是指企业在日常活动中发生的营业费用、期间费用和资产减值损失。期间费用包括销售费用、管理费用和财务费用。

3. 利润

利润是指企业在一定会计期间的经营成果，包括收入减去费用的净额、直接计入当期利润的利得和损失等。包括营业利润、利润总额和净利润。营业利润是指营业收入减去营业成本、营业税金及附加，减去销售费用、管理费用、财务费用、资产减值损失加上公允价值变动收益和投资收益后的金额。利润总额是指营业利润加上营业外收入减营业外支出。净利润是指在利润总额的基础上减去所得税费用后得出的。

## 三、会计等式

### （一）会计恒等式的含义

会计要素之间存在内在的数量关系，这种数量关系通常用会计恒等式来反映。会计恒等式也称会计方程式，它反映资产、负债、所有者权益之间的数量关系。资产各项目反映了资金的使用情况，负债和所有者权益各项目反映了资金的来源情况，其数量关系如下：

资产=负债+所有者权益

会计恒等式是最基本的会计等式，也称为静态会计等式。既表明了某一会计主体在某一特定时点所拥有的各种资产，同时也表明了这些资产的归属关系。它是设置账户、复式记账以及编制资产负债表的理论依据，在会计核算体系中有着非常重要的地位。

收入、费用、利润这三个会计要素之间还存在一定的关系，当企业一定时期的收入和费用进行配比时，当收入大于费用，就产生利润，当收入小于费用，就产生亏损。可以用以下表达式表示：

收入-费用=利润

这一表达式也是会计中的等式，其代表了企业某一会计期间的经营成果，是企业编制利润表的理论基础。

（二）会计恒等式的扩展形式

在企业生产经营过程中，收入的发生必然带来资产的流入，费用的发生必然带来资产的流出；利润是企业资产流入和流出的结果，必然带来所有者权益的增加。因此，企业资产、负债、所有者权益、收入、费用、利润之间的数量关系存在一种内在的有机联系，其数量关系如下：

资产=负债+所有者权益+（收入-费用）

（三）经济业务发生对会计恒等式的影响

企业在生产经营过程中，不断地发生各种经济业务。这些经济业务的发生会对有关的会计要素产生影响，但是，却不会破坏上述会计恒等式的恒等关系。企业在生产经营过程中发生的经济业务多种多样，归纳起来有以下四种类型：

（1）会计恒等式左侧资产内部，一个项目增加，另一个项目减少，增加、减少的金额相等，等式恒等。

（2）会计恒等式右侧负债内部、所有者权益内部以及负债和所有者权益之间，一个项目增加，另一个项目减少，增加、减少的金额相等，等式恒等。

（3）会计恒等式两侧同时增加相等的金额，等式恒等。

（4）会计恒等式两侧同时减少相等的金额，等式恒等。

假定祥瑞公司 2012 年 7 月发生如下经济业务。

【例 1-1】祥瑞公司从银行提取现金 1 000 元。

该笔经济业务使得企业的银行存款减少 1 000 元，同时库存现金增加 1 000 元，属于资产内部两个项目以相同的金额一增一减，等式依旧恒等。

【例 1-2】祥瑞公司用短期借款偿还前欠货款 100 000 元。

该笔经济业务使得公司应付账款减少 100 000 元，同时短期借款增加 100 000 元，属于负债内部两个项目以相同的金额一增一减，等式恒等。

【例 1-3】祥瑞公司以资本公积 500 000 元转增资本。

该笔经济业务使得公司的实收资本增加 500 000 元，同时资本公积减少

500 000 元，属于所有者权益内部两个项目以相同的金额一增一减，等式恒等。

【例 1-4】祥瑞公司的债权人 A 将 200 000 元的债权（货款）转为对本企业的投资。

该笔经济业务使得公司的实收资本增加 200 000 元，同时应付账款减少 200 000 元，属于负债和所有者权益之间一个项目增加，另一个项目减少，增加、减少的金额相等，等式恒等。

【例 1-5】祥瑞公司购入原材料 1 000 元，款项尚未支付。

该笔经济业务使得公司的原材料增加 1 000 元，同时应付账款增加 1 000 元，属于等式两侧同时增加相等的金额，等式恒等。

【例 1-6】祥瑞公司收到 B 以 300 000 元的银行存款投资本企业。

该笔经济业务使得公司的实收资本增加 300 000 元，同时银行存款增加 300 000 元，属于等式两侧同时增加相等的金额，等式恒等。

【例 1-7】祥瑞公司用银行存款偿还前欠货款 20 000 元。

该笔经济业务使得银行存款减少 20 000 元，同时应付账款减少 20 000 元，属于等式两侧同时减少相等的金额，等式恒等。

【例 1-8】祥瑞公司给股东分配 5 000 元现金利润。

该笔经济业务使得公司的库存现金减少 5 000 元，同时未分配利润减少 5 000 元，属于等式两侧同时减少相等的金额，等式恒等。

**【课堂测试 1-2】**

1. 请判断下列表述是否正确，如是错误的请指出原因。

A. 单式记账就是只记录一项经济业务

B. 复式记账就是同时记录两项业务

C. 复式记账就是同时记录两个账户

D. 复式记账就是同时记录一项业务的两个方面

E. 复式记账就是在一个账户中记录两次

F. 复式记账的结果可用来进行试算平衡

2. 当一项业务记录为资产增加 3 500 元，那可能的另一个记录应当是（　　）。

A. 负债增加 3 500 元　　B. 所有者权益减少 3 500 元

C. 所有者权益增加 3 500 元　　D. 资产减少 3 500 元

F. 负债减少 3 500 元

# 第三节 会计核算基础概念

## 一、会计核算基本前提

会计核算基本前提是企业会计确认、计量和报告的前提，是对会计核算所处时间、空间环境等所做的合理设定。会计核算基本前提包括会计主体、持续经营、会计分期和货币计量。

（一）会计主体

会计主体，是指企业会计确认、计量和报告的空间范围，为了向财务报告使用者反映企业财务状况、经营成果和现金流量，提供与其决策有用的信息，会计核算和财务报告的编制应当集中反映特定对象的活动，并将其与其他经济实体区别开来，才能实现财务报告的目标。

会计主体不同于法律主体。一般来说，法律主体必然是一个会计主体。例如，一个企业作为一个法律主体，应当建立财务会计系统，独立反映其财务状况、经营成果和现金流量。但是，会计主体不一定是法律主体。例如，在企业集团的情况下，一个母公司拥有若干子公司，母子公司虽然是不同的法律主体，但是母公司对子公司拥有控制权，为了全面反映企业集团的财务状况、经营成果和现金流量，就有必要将企业集团作为一个会计主体，编制合并财务报表。

（二）持续经营

持续经营，是指在可以预见的将来，企业将会按当前的规模和状态继续经营下去，不会破产，也不会大规模削减业务。在持续经营前提下，会计确认、计量和报告应当以企业持续、正常的生产经营活动为前提。

如果一个企业在不能持续经营时还假定企业能够持续经营，并仍按持续经营基本假设选择会计确认、计量和报告原则与方法，就不能客观地反映企业的财务状况、经营成果和现金流量，会误导会计信息使用者的经济决策。

（三）会计分期

会计分期，是指将一个企业持续经营的生产经营活动划分为一个个连续的、长短相同的期间。会计分期的目的，在于通过会计期间的划分，将持续经营的生产经营活动划分成连续、相等的期间，据以计算盈亏，按期编报财务报告，从而及时向财务报告使用者提供有关企业财务状况、经营成果和现金流量的信息。

在会计分期假设下，企业应当划分会计期间，分期结算账目和编制财务报告。会计期间通常分为年度和中期。中期，是指短于一个完整的会计年度的报告期间。

（四）货币计量

货币计量，是指会计主体在财务会计确认、计量和报告时以货币计量，反映会计主体的生产经营活动。

在中国境内的企业一般应以人民币为记账本位币，但是如果企业的主要经济业务涉及的币种是外币，也可以用外币作为记账本位币。当向中国政府提供财务会计报告时，应将外币折算为人民币。在货币计量假设下还应假设币值稳定，不考虑通货膨胀的影响。

## 二、会计信息质量要求

会计信息质量要求是对企业财务报告中所提供会计信息质量的基本要求，是使财务报告中所提供会计信息对投资者等使用者决策有用应具备的基本特征，它主要包括可靠性、相关性、可理解性、可比性、实质重于形式、重要性、谨慎性和及时性等。

（一）可靠性

可靠性要求企业应当以实际发生的交易或者事项为依据进行确认、计量和报告，如实反映符合确认和计量要求的各项会计要素及其他相关信息，保证会计信息真实可靠、内容完整。

会计信息要有用，必须以可靠为基础，如果财务报告所提供的会计信息是不可靠的，就会给投资者等使用者的决策产生误导甚至损失。为了贯彻可靠性要求，企业应当做到中立性、可验证性和真实性。

（二）相关性

相关性要求企业提供的会计信息应当与投资者等财务报告使用者的经济决策需要相关，有助于投资者等财务报告使用者对企业过去、现在或者未来的情况做出评价或者预测。企业应做到提供的信息满足有用性并且信息要具有预测和反馈的价值。

（三）可理解性

可理解性要求企业提供的会计信息应当清晰明了，便于投资者等财务报告使用者理解和使用。

（四）可比性

可比性要求企业提供的会计信息应当相互可比。主要包括两层含义：

1. 同一企业不同时期可比

为了便于投资者等财务报告使用者了解企业财务状况、经营成果和现金流量的变化趋势，比较企业在不同时期的财务报告信息，全面、客观地评价过去、预测未来，从而做出决策。会计信息质量的可比性要求同一企业不同时期发生的相同或者相似的交易或者事项，应当采用一致的会计政策，不得随意变更。但是，满足会计信息可比性要求，并非表明企业不得变更会计政策，如果按照规定或者在会计政策变更后可以提供更可靠、更相关的会计信息的，可以变更会计政策。有关会计政策变更的情况，应当在附注中予以说明。

2. 同一行业的不同企业相同会计期间可比

为了便于投资者等财务报告使用者评价不同企业的财务状况、经营成果和现金流量及其变动情况，会计信息质量的可比性要求不同企业同一会计期间发生的相同或者相似的交易或者事项，应当采用规定的会计政策，确保会计信息口径一致、相互可比，以使不同企业按照一致的确认、计量和报告要求提供有关会计信息。

（五）实质重于形式

实质重于形式要求企业应当按照交易或者事项的经济实质进行会计确认、计量和报告，不仅仅以交易或者事项的法律形式为依据。

典型的例子是企业以融资租赁方式租入的资产，虽然从法律形式来讲企业并不拥有其所有权，但是由于租赁合同中规定的租赁期相当长，接近于该资产的使用寿命；租赁期结束时承租企业有优先购买该资产的选择权；在租赁期内承租企业有权支配资产并从中受益等。因此，从其经济实质来看，企业能够控制融资租入资产所创造的未来经济利益，在会计确认、计量和报告上就应当将以融资租赁方式租入的资产视为企业的资产，列入企业的资产负债表。

（六）重要性

重要性要求企业提供的会计信息应当反映与企业财务状况、经营成果和现金流量有关的所有重要交易或者事项。在实务中，如果会计信息的省略或者错报会影响投资者等财务报告使用者据此做出决策的，该信息就具有重要性。重要性的应用需要依赖职业判断，企业应当根据其所处环境和实际情况，从项目的性质和金额大小两方面加以判断。如果经济业务具有重要性，则应按照准则进行会计核算，如果经济业务不具有重要性，则应简化进行会计处理。

（七）谨慎性

谨慎性要求企业对交易或者事项进行会计确认、计量和报告应当保持应有的谨慎，不应高估资产或者收益、低估负债或者费用。

谨慎性的应用也不允许企业设置秘密准备，如果企业故意低估资产或者收益，或者故意高估负债或者费用，将不符合会计信息的可靠性和相关性要求，损害会计信息质量，扭曲企业实际的财务状况和经营成果，从而对使用者的决策产生误导。

（八）及时性

及时性要求企业对于已经发生的交易或者事项，应当及时进行确认、计量和报告，不得提前或者延后。

## 三、会计确认计量原则

企业应采用历史成本进行会计的确认和计量。历史成本计量，是指企业的各项财产物资应该采用取得时或购建时发生的实际支出进行计价。采用历史成本计价，有原始凭证作为证据，比较客观，可以随时查证。当物价变动时，除国家另有规定外，不得随意调整账面价值。

企业会计的确认、计量和报告应当以权责发生制为基础。权责发生制也称为应收应付制或应计制。权责发生制基础要求，凡是当期已经实现的收入和已经发生或应当负担的费用，无论款项是否收付，都应当作为当期的收入和费用，计入利润表；凡是不属于当期的收入和费用，即使款项已在当期收付，也不应当作为当期的收入和费用。

企业交易或者事项的发生时间与相关货币收支时间有时并不完全一致。例如，企业预收款项，但是销售还未实现，即使当期收到款项，也不能作为当期的收入来确认。

收付实现制是与权责发生制相对应的一种会计制度，它是以收到或支付的现金作为确认收入和费用等的依据，所以又叫做现收现付制或现金制。目前，我国的行政单位会计采用收付实现制，事业单位会计除经营业务可以采用权责发生制外，其他大部分业务采用收付实现制。

【例 1-9】某企业 2014 年 3 月发生部分经济业务如下，假设不考虑相关税费，分别采用权责发生制和收付实现制计算 2014 年 3 月份的收入和费用。

（1）2 日，销售商品 150 000，本月 15 日收到货款，存入银行。

（2）8 日，企业预付 2015、2016 年两年的保险费共计 180 000 元。

（3）10 日，收到上月客户欠款 5 000 元。

（4）15 日，收到某购货单位的预付款 180 000 元，存入银行，但按合同规定于 2014 年 5 月交付商品。

（5）20 日，支付第一季度的银行借款利息共计 6 000 元。

（6）23 日，销售商品 8 000 元，合同约定购货方于下月支付货款。

（7）31 日，核算本月管理用电费 4 000 元，款项于下月支付。

根据资料，以权责发生制为确认基础计算的收入和费用如下：

3 月份的收入=150 000+8 000=15 8000（元）

3 月份的费用=（6 000÷3）+4 000=6 000（元）

以收付实现制为确认基础计算的收入和费用如下：

3 月份的收入=150 000+5 000+180 000=33 5000（元）

3 月份的费用=180 000+6 000=186 000（元）

**【课堂测试 1-3】**

1. 作为会计核算基本前提之一的货币计量，其建立的基础是（　　）。

A. 会计主体　　B. 持续经营

C. 会计分期　　D. 币值基本稳定

2. 会计主体是指企业会计确认、计量、记录、报告的空间范围。下列各项中，不能作为法律主体的是（　　）。

A. 企业集团　　B. 分公司

C. 合伙企业　　D. 子公司

3. 下列会计核算基本前提中，作为产生权责发生制基础的是（　　）。

A. 会计主体　　B. 持续经营

C. 会计分期　　D. 货币计量

4. 将融资租入的固定资产作为自有资产核算，体现的会计信息质量要求是（　　）。

A. 可比性　　B. 实质重于形式

C. 相关性　　D. 及时性

## 本章小结

会计以货币为主要计量单位，采用一系列专门的程序和方法，对社会再生产过程中的资金运动进行核算和监督，是经济管理的重要组成部分。会计对象就是社会再生产过程中的资金运动。会计的基本职能是会计核算与会计监督。会计核算方法一般包括设置会计科目和账户、复式记账、填制和审核会计凭证、登记账簿、成本计算、成本计算、财产清查和编制财务报告。资产负债表要素包括资产、负债、所有者权益。利润表要素包括收入、费用、利润。

会计恒等式：资产=负债+所有者权益。会计核算基本前提包括会计主体、持续经营、会计分期、货币计量。

**篇后案例**

你能够用 400 元（人民币）或不足 400 元成功地创办一个企业吗？不管你相信与否，你的确能。刘月娟是北京一所著名美术学院的学生。和其他大学生一样，她也常常为了补贴日常花销而不得不去挣一些零用钱。现在她正为欲购买一台具有特别设计功能的计算机而烦恼。尽管她目前手头仅有 400 元，可决心还是促使她决定于 2011 年 12 月开始创办一个美术培训部。她支出了 120 元在一家餐厅请朋友坐一坐，帮她出出主意，又根据她曾经在一家美术培训班服务兼讲课的经验，首先向她的一个师姐借款 4 000 元，以备租房使用。她购置了一些讲课所必备的书籍等物品，并支出一部分钱用于装修画室。她为她的美术培训部取名为"周围"。刘月娟支出 100 元印刷 500 份广告传单，用 100 元购置了信封、邮票等。8 天后她已经有了 17 名学员，规定每人每月学费 1 800 元，并且找到了一位同学做合伙人。她与合伙人分别为"周围"的发展担当着不同的角色（合伙人兼做"周围"的会计和讲课教师）并获取一定的报酬。至 2012 年 1 月末，她们已经招收了 50 个学员，除了归还师姐的借款本金和利息计 5 000 元、抵消各项必需的费用外，各获得讲课、服务等净收入 30 000 元和 22 000 元。她们用这笔钱又继续租房，扩大了画室面积，为了扩大招收学员的数量，她们甚至聘请了非常有经验的教授、留学归国学者免费做了两次讲座，为下一步"周围"的发展奠定了非常好的基础。

四个月下来，她们的"周围"平均每月共招收学员 39 位，获取收入计 24 000 元。她们还以每小时 200 元的讲课报酬雇了 4 位同学做兼职教师。至此，她们核算了一下，除去房租等各项费用共获利 67 800 元。这笔钱足够她们各自购买一台非常可心的计算机并且还有一笔不小的节余。但更重要的是，她们通过四个月来的锻炼，明确了许多营销的技巧，也懂得了应该怎样与人合作和打交道，学到了不少有关财务上的知识，获得了比金钱更为宝贵的工作经验。

案例要求：

（1）会计在这里扮演了什么样的角色？

（2）从中你是不是获得了有关会计方面的许多术语，如投资、借款、费用、收入、盈余、投资人投资以及独资企业、合伙企业和工作等？

案例提示：

首先，刘月娟需要考虑怎样组织她的企业（美术培训部）。“周围”是一个独资企业，即只有一个人拥有的企业，刘月娟是企业唯一的所有者，随后由于她同学的加入，“周围”便成为一个合伙企业。如果刘月娟毕业后仍想继续经营，她还可以组建公司。这就是现代企业的三种形式，即独资企业、合伙企业和公司。

其次，刘月娟尽管只是一个学生，可她却懂得创办企业必定要有一些前期投入，如请朋友坐下来帮她出主意的花销。这就是本书中将会讲到的开办费。

创业开始，刘月娟需要有一笔足够的资金来创办“周围”，即她需要为企业筹集资金。她将她个人的财产400元进行了投资，并向她的师姐借入了4 000元。这就是我们在本书中将讨论为创办企业而进行的所有者投资和负债。

再次，刘月娟怎样才能知道企业的全部收入？怎样了解企业曾经发生的各项费用？企业会计记录提供了这些数据。否则，她只能依靠估计。收入、费用等概念是人们日常对话中经常使用的会计术语。本书会向你对收入、费用这样的一些概念以及它们的特征做出精确的解释。

最后，“周围”在四个月左右的时间里，共获得利润67 800元的盈余。什么是盈余？一般来讲，我们说四个月“周围”赚了67 800元。这就是说，在扣除了所有费用支出后，该企业获得利润67 800元。盈余和利润在会计上是同义词，它是会计学上的一个非常重要的会计名词。我们在本书中会向你介绍许多诸如“利润”等重要概念，并且会帮助你学会企业常用的会计报表的编制方法。

由于会计在许多方面都影响着人们的日常行为，在此之前，也许你已经知道一些有关会计方面的术语，但本书将会通过记账程序和会计工作方式让你对会计的理解更为清晰，随着内容的深入，你一定会恍然大悟：啊！原来这就是会计！

资料来源：陈文铭．基础会计习题与案例［M］．大连：东北财经大学出版社，2012．

## 核心概念

会计恒等式（accounting equation） 会计主体（accounting entity） 持续经营（going concern） 会计期间（accounting period） 财务报表（financial statement） 资产负债表（balance sheet） 利润表（income statement） 会计

要素（accounting element） 资产（asset） 负债（liability） 收入（revenue） 权责发生制（accrual basis） 收付实现制（cash basis）

## 思考题

1. 会计的含义是什么？它有什么特点？
2. 会计的职能有哪些？其中会计的基本职能是什么？
3. 什么是会计对象？
4. 会计核算有哪些专门方法？
5. 资产负债表包含的会计要素分别是什么？
6. 利润表包含的会计要素分别是什么？
7. 会计基本前提是什么?其主要内容是什么?
8. 什么是会计信息质量要求?其主要内容是什么?
9. 会计确认计量的原则是什么？

## 练习题

（一）单项选择题

1. 会计核算是以（　　）为主要计量单位，反映会计主体的经济活动。
   A. 实物　　B. 货币
   C. 劳动工时　　D. 以上任何一种都可以
2. 会计的目标是（　　）。
   A. 记录企业的会计业务
   B. 监督经营者依法行事
   C. 为信息使用者提供决策有用的信息
   D. 保证国家财经政策的贯彻、实施
3. 区别古代会计和近代会计的标志是（　　）。
   A. 管理会计和财务会计两大分支的形成
   B. 会计作为独立职能的出现
   C. 复式记账法的出现
   D. 以上都不是
4. 将融资租入的固定资产作为自有资产核算，体现的会计信息质量要求是（　　）。
   A. 谨慎性　　B. 实质重于形式

C. 重要性　　D. 相关性

5. 某企业 2012 年 3 月 5 日根据销售合同预收货款 5 000 元，4 月 1 日发出商品确认销售收入 40 000 元，收到剩余货款 35 000 元。如果该企业采用权责发生制进行核算，则 2012 年 4 月确认的收入金额为（　　）元。

A. 0　　B. 40 000

C. 35 000　　D. 5 000

6. 为了保证企业不同时期的会计信息可比，对企业会计核算的要求是（　　）。

A. 不同时期发生的相同或相似的交易或事项，应当采用一致的会计政策

B. 不同时期发生的相同或相似的交易或事项，应当采用一致的会计估计

C. 会计处理应当保持应有的谨慎

D. 采用规定的会计政策，确保会计信息口径一致

7. 企业从银行提取现金属于下列业务类型中的（　　）。

A. 资产之间此增彼减　　B. 负债之间此增彼涨

C. 资产和负债间此增彼减　　D. 收入和费用间此增彼减

8. 下列业务发生以后，不会使会计等式两边总额发生变化的是（　　）。

A. 收到投资者的银行存款　　B. 用现金购买办公用品

C. 将现金存入银行　　D. 收到前欠货款存入银行

9. 下列各项中属于资产负债表要素的有（　　）。

A. 收入　　B. 利润

C. 资产　　D. 费用

10. 所有者权益是指企业资产扣除负债后由所有者享有的剩余权益，在数量上体现为（　　）。

A. 全部资产减去全部所有者权益　　B. 全部资产减去全部负债

C. 全部资产减去流动负债　　D. 企业新增的利润

11. 下列不属于负债特点的是（　　）。

A. 是过去的交易、事项所形成的现时义务

B. 能以货币计量，是可以确定或估计的

C. 是企业拥有或控制的经济资源

D. 是企业未来经济利益的流出

12. 利润表作为企业的重要会计报表之一，其反映的内容是（　　）。

A. 资产总额及其构成　　B. 负债总额及其构成

C. 所有者权益总额及其构成　　D. 经营成果总额及其构成

13. 会计要素中反映企业财务状况的要素有（　　）。

A. 利润　　B. 费用
C. 所有者权益　　D. 收入

14. 一个企业的资产总额与权益总额的关系是（　　）。
A. 有时相等　　B. 一定相等
C. 大于　　D. 小于

15. 一个企业费用的发生往往会引起（　　）。
A. 资产的减少　　B. 资产的增加
C. 负债的减少　　D. 所有者权益的增加

（二）多项选择题

1. 下列各项中，作为会计监督的依据有（　　）。
A. 会计法　　B. 合理性
C. 合法性　　D. 会计准则的要求
E. 会计信息质量要求

2. 以下体现谨慎性会计信息质量要求的有（　　）。
A. 期末存货按成本与可变现净值孰低法计价
B. 对固定资产采用加速折旧法
C. 对应收账款计提坏账准备
D. 会计政策不能随意变更
E. 企业提供的会计信息应当与财务会计报告使用者的经济决策需要相关

3. 以下体现谨慎性要求的有（　　）。
A. 对应收账款计提坏账准备
B. 对固定资产采用年数总和法
C. 会计政策不能随意变更
D. 期末存贷按成本与可变现净值孰低法
E. 融资租入固定资产视为自有资产

4. 会计信息的价值，关键是看其与使用者的决策是否相关，是否有助于决策，因此会计信息的价值具体表现形式有（　　）。
A. 反馈价值　　B. 评估价值
C. 预测价值　　D. 估值价值
E. 带来的经济利益

5. 下列各项中，构成会计核算基本前提的有（　　）。
A. 会计主体　　B. 持续经营
C. 会计分期　　D. 货币计量
E. 权责发生制

6. 及时性要求企业对于已经发生的交易或事项，应当及时进行会计处理。下列各项中，表现为及时性的有（　　）。

A. 及时收集整理原始凭证　　B. 及时进行会计处理

C. 及时传递会计信息　　D. 及时发生交易或事项

E. 及时反馈会计信息

7. 下列各项中，属于资产负债表要素的有（　　）。

A. 资产　　B. 负债

C. 所有者权益　　D. 收入

E. 利润

8. 下列各项中，属于利润表要素的有（　　）。

A. 资产　　B. 负债

C. 所有者权益　　D. 收入

E. 利润

9. 下列业务发生以后，会使会计等式两边同时增减变动的是（　　）。

A. 资本公积转增资本　　B. 从银行借入款项

C. 把现金存入银行　　D. 购进材料款项尚未支付

E. 预收货款存入银行

10. 根据权责发生制，应确认为本月的费用的是（　　）。

A. 本月工资将于下月初发放　　B. 本月的设备租金已于上月支付

C. 缴纳上月营业税、城建税　　D. 购进材料款项尚未支付

11. 下列构成会计记录专门方法的有（　　）。

A. 复式记账　　B. 成本计算

C. 财产清查　　D. 编制会计报表

E. 填制和审核会计凭证

12. 下列属于正确的会计等式的是（　　）。

A. 收入-费用=利润

B. 资产=负债+所有者权益

C. 资产=权益

D. 资产-所有者权益+费用=负债+收入

E. 资产=负债+所有者权益+（收入-费用）

13. 下列属于会计信息质量要求的是（　　）。

A. 谨慎性

B. 可比性

C. 实质重于形式

D. 相关性

14. 下列内容属于流动资产的是（　　）。

A. 正在加工中的产品　　B. 仓库中的材料、物料

C. 厂房　　D. 运输设备

E. 保险柜中的现金

15. 以下经济业务中，只引起会计等式两边会计要素总额不变的业务有（　　）。

A. 将现金存入银行　　B. 收回货款存入银行

C. 赊购原材料　　D. 资本公积转增资本

E. 用存款购入设备

（三）判断题

1. 系统记载复式记账理论和方法的第一部著作是意大利数学家卢卡·巴其阿勒的著作《算数、几何与比例概要》。（　　）

2. 会计记录不一定要求连续地记录，对于不重要的经济业务可以不记录。（　　）

3. 会计的基本职能是反映过去、监督现在、预测未来。（　　）

4. 会计监督仅对会计核算进行监督。（　　）

5. 中期财务会计报告仅指半年报告。（　　）

6. 资产最主要的特征是能够为企业带来未来经济利益。（　　）

7. 会计的计量单位只有货币计量。（　　）

8. 无论什么企业都必须采用人民币作为记账本位币。（　　）

9. 权责发生制是正确进行资产、负债确认的基础。（　　）

10. 会计核算的完整性是指对企业发生的所有交易或事项都要进行核算。（　　）

11. 任何流入企业的经济利益都应确认为收入。（　　）

12. 负债包括企业承担的现时义务和潜在义务。（　　）

13. 货币计量是确定会计核算工作的必要手段。（　　）

14. 会计主体一定是法律主体。（　　）

15. 法律主体一定是会计主体。（　　）

（四）计算题

1. 举例说明下列各类经济业务：

（1）资产内部，一个项目增加，另一个项目减少。

（2）负债内部、所有者权益内部以及负债和所有者权益之间，一个项目增加，另一个项目减少。

（3）会计恒等式两侧同时增加相等的金额。

（4）会计恒等式两侧同时减少相等的金额。

2. 假设某企业6月30日的资产、负债和所有者权益的情况见表1-3

**表1-3 某企业资产负债和所有者权益**

| 资产 | 金额 | 负债及所有者权益 | 金额 |
|---|---|---|---|
| 库存现金 | 4 300 | 短期借款 | 5 400 |
| 银行存款 | 14 500 | 应付账款 | |
| 原材料 | | 应付职工薪酬 | 5 980 |
| 固定资产 | 19 850 | 长期借款 | 39 000 |
| 无形资产 | 59 600 | 实收资本 | 64 870 |
| 合计 | 123 250 | 合计 | |

要求：（1）计算表中的空白项。

（2）计算该企业的流动资产总额和流动负债总额。

（3）计算该企业的所有者权益总额。

3. 某企业7月份发生如下支出：

（1）预付下一年租赁办公楼的租金，全年共12 000元；

（2）支付6月份水电费6 000元；

（3）购买办公用具支付400元；

（4）计算本月应承担的短期借款利息1 500元，季末支付。

要求：（1）请按照权责发生制确认7份月的费用额。

（2）请按照收付实现制确认7份月的费用额。

# 第二章　账户与复式记账

上章介绍了会计的产生与发展、目标与职能、会计的概念与对象、特征与方法、会计要素、会计等式、会计核算基本前提、会计信息质量要求、会计确认计量原则等。本章要求掌握会计科目、会计账户、复式记账法。要求熟练掌握借贷记账法，为后续经济业务奠定理论基础。要求熟练掌握总分类账户与明细分类账户的平行登记。

**开篇案例**

校园烧烤店的记账方式

牛某是一家校园烧烤店的店主，一天牛某采购了一批羊肉共 20 斤，每斤 30 元，共计 600 元，对于这笔业务他面临着两种不同的记录方式，一是只记录现金付出 600 元；二是记录现金减少 600 元时，还记录羊肉增加 600 元。请根据上述资料分析一下，这两种记账方式有何实质不同？这样记录的各自利弊如何？对于该店采用哪种记录方式比较妥当？

## 第一节　会计科目与会计账户

### 一、会计科目

（一）会计科目的概念

会计科目是对会计对象的具体内容进行分类核算的类目。会计对象是社会再生产过程中的资金运动。为了连续、系统、全面地核算与监督会计对象的增减变动，就有必要按照各项会计对象分别设置会计科目。设置会计科目是对会计对象的具体内容加以科学归类，进行分类核算与监督的一种方法。

（二）会计科目设置原则

会计科目必须根据会计法和国家统一会计制度的规定设置和使用。设置会计科目应遵循下列基本原则。

1. 会计科目应按照国家规定的会计制度统一编号，以便编制会计凭证，登记账簿，查阅账目，实行会计电算化。

2. 会计科目名称要力求简明扼要，内容确切。每一科目，原则上反映一项内容，各科目之间不能相互混淆。

3. 会计科目的设置要保持会计指标体系的完整和统一，要在会计要素的基础上对会计对象的具体内容做进一步分类，以便反映本单位的财务状况和经营成果。

（三）会计科目的分类

会计科目按其反映的经济内容不同，一般企业可分为资产类、负债类、所有者权益类、损益类和成本类。

会计科目按提供指标详细程度，一般分为三级：一级科目（总分类科目）、二级科目（子目）、三级科目（明细科目，也称细目），总分类科目统辖下属若干个明细分类科目。现以“应收账款”、“固定资产”两个科目为例，将会计科目按所提供指标详细程度分类列示，见表 2-1。

**表 2-1 会计科目按级次划分**

<table>
<tr><td rowspan="2">总分类科目<br>（一级科目）</td><td colspan="2">明细分类科目</td></tr>
<tr><td>二级科目</td><td>明细科目</td></tr>
<tr><td>原材料</td><td>甲材料</td><td>A 型号<br>B 型号</td></tr>
<tr><td rowspan="2">固定资产</td><td>房屋建筑物</td><td>A 厂房<br>B 厂房</td></tr>
<tr><td>机器设备</td><td>A 车床<br>B 车床</td></tr>
</table>

（四）会计科目的名称

2006 年颁布的《企业会计准则——应用指南》设置了企业的会计科目。

表 2-2 列示了包括金融行业的全部会计科目。

表 2-2　金融行业的会计科目表

| 编号 | 会计科目名称 | 编号 | 会计科目名称 |
|---|---|---|---|
| 一、资产类 | | 1461 | 存货跌价准备 |
| 1001 | 库存现金 | 1501 | 待摊费用 |
| 1002 | 银行存款 | 1511 | 独立账户资产 |
| 1003 | 存放中央银行款项 | 1521 | 持有至到期投资 |
| 1011 | 存放同业 | 1522 | 持有至到期投资减值准备 |
| 1015 | 其他货币资金 | 1523 | 可供出售金融资产 |
| 1021 | 结算备付金 | 1524 | 长期股权投资 |
| 1031 | 存出保证金 | 1525 | 长期股权投资减值准备 |
| 1051 | 拆出资金 | 1526 | 投资性房地产 |
| 1101 | 交易性金融资产 | 1531 | 长期应收款 |
| 1111 | 买入返售金融资产 | 1541 | 未实现融资收益 |
| 1121 | 应收票据 | 1551 | 存出资本保证金 |
| 1122 | 应收账款 | 1601 | 固定资产 |
| 1123 | 预付账款 | 1602 | 累计折旧 |
| 1131 | 应收股利 | 1603 | 固定资产减值准备 |
| 1132 | 应收利息 | 1604 | 在建工程 |
| 1211 | 应收保户储金 | 1605 | 工程物资 |
| 1221 | 应收代位追偿款 | 1606 | 固定资产清理 |
| 1222 | 应收分保账款 | 1611 | 融资租赁资产 |
| 1223 | 应收分保未到期责任准备金 | 1612 | 未担保余值租赁专用 |
| 1224 | 应收分保保险责任准备金 | 1621 | 生产性生物资产 |
| 1231 | 其他应收款 | 1622 | 生产性生物资产累计折旧 |
| 1241 | 坏账准备 | 1623 | 公益性生物资产 |
| 1251 | 贴现资产 | 1631 | 油气资产 |
| 1301 | 贷款 | 1632 | 累计折耗 |
| 1302 | 贷款损失准备 | 1701 | 无形资产 |
| 1311 | 代理兑付证券 | 1702 | 累计摊销 |
| 1321 | 代理业务资产 | 1703 | 无形资产减值准备 |
| 1401 | 材料采购 | 1711 | 商誉 |
| 1402 | 在途物资 | 1801 | 长期待摊费用 |
| 1403 | 原材料 | 1811 | 递延所得税资产 |
| 1404 | 材料成本差异 | 1901 | 待处理财产损溢 |
| 1406 | 库存商品 | 二、负债类 | |
| 1407 | 发出商品 | 2001 | 短期借款 |
| 1410 | 商品进销差价 | 2002 | 存入保证金 |
| 1411 | 委托加工物资 | 2003 | 拆入资金金融共用 |
| 1412 | 包装物及低值易耗品 | 2004 | 向中央银行借款 |
| 1421 | 消耗性生物资产 | 2011 | 同业存放 |
| 1431 | 周转材料建造 | 2012 | 吸收存款 |
| 1441 | 贵金属 | 2021 | 贴现负债 |
| 1442 | 抵债资产 | 2101 | 交易性金融负债 |
| 1451 | 损余物资 | 2111 | 卖出回购金融资产款 |

续表

| 编号 | 会计科目名称 | 编号 | 会计科目名称 |
|---|---|---|---|
| 2201 | 应付票据 | 5001 | 生产成本 |
| 2202 | 应付账款 | 5101 | 制造费用 |
| 2205 | 预收账款 | 5201 | 劳务成本 |
| 2211 | 应付职工薪酬 | 5301 | 研发支出 |
| 2221 | 应交税费 | 5401 | 工程施工 |
| 2231 | 应付股利 | 5402 | 工程结算 |
| 2232 | 应付利息 | 5403 | 机械作业 |
| 2241 | 其他应付款 | 六、损益类 | |
| 2251 | 应付保户红利 | 6001 | 主营业务收入 |
| 2261 | 应付分保账款 | 6011 | 利息收入 |
| 2311 | 代理买卖证券款 | 6021 | 手续费收入 |
| 2312 | 代理承销证券款 | 6031 | 保费收入 |
| 2313 | 代理兑付证券款 | 6032 | 分保费收入 |
| 2314 | 代理业务负债 | 6041 | 租赁收入 |
| 2401 | 预提费用 | 6051 | 其他业务收入 |
| 2411 | 预计负债 | 6061 | 汇兑损益 |
| 2501 | 递延收益 | 6101 | 公允价值变动损益 |
| 2601 | 长期借款 | 6111 | 投资收益 |
| 2602 | 长期债券 | 6201 | 摊回保险责任准备金 |
| 2701 | 未到期责任准备 | 6202 | 摊回赔付支出 |
| 2702 | 保险责任准备金 | 6203 | 摊回分保费用 |
| 2711 | 保户储金 | 6301 | 营业外收入 |
| 2721 | 独立账户负债 | 6401 | 主营业务成本 |
| 2801 | 长期应付款 | 6402 | 其他业务支出 |
| 2802 | 未确认融资费用 | 6405 | 营业税金及附加 |
| 2811 | 专项应付款 | 6411 | 利息支出 |
| 2901 | 递延所得税负债 | 6421 | 手续费支出 |
| 三、共同类 | | 6501 | 提取未到期责任准备金 |
| 3001 | 清算资金往来 | 6502 | 提取保险责任准备金 |
| 3002 | 外汇买卖 | 6511 | 赔付支出 |
| 3101 | 衍生工具 | 6521 | 保户红利支出 |
| 3201 | 套期工具 | 6531 | 退保金 |
| 3202 | 被套期项目 | 6541 | 分出保费 |
| 四、所有者权益类 | | 6542 | 分保费用 |
| 4001 | 实收资本 | 6601 | 销售费用 |
| 4002 | 资本公积 | 6602 | 管理费用 |
| 4101 | 盈余公积 | 6603 | 财务费用 |
| 4102 | 一般风险准备 | 6604 | 勘探费用 |
| 4103 | 本年利润 | 6701 | 资产减值损失 |
| 4104 | 利润分配 | 6711 | 营业外支出 |
| 4201 | 库存股 | 6801 | 所得税 |
| 五、成本类 | | 6901 | 以前年度损益调整 |

工业企业常用的会计科目表如表 2-3 所示：

**表 2-3 工业企业的会计科目表**

| 编号 | 会计科目名称 | 编号 | 会计科目名称 |
|---|---|---|---|
| 一、资产类 | | 2201 | 应付票据 |
| 1001 | 库存现金 | 2202 | 应付账款 |
| 1002 | 银行存款 | 2205 | 预收账款 |
| 1101 | 交易性金融资产 | 2211 | 应付职工薪酬 |
| 1121 | 应收票据 | 2221 | 应交税费 |
| 1122 | 应收账款 | 2231 | 应付股利 |
| 1123 | 预付账款 | 2232 | 应付利息 |
| 1131 | 应收股利 | 2241 | 其他应付款 |
| 1132 | 应收利息 | 2411 | 预计负债 |
| 1231 | 其他应收款 | 2601 | 长期借款 |
| 1241 | 坏账准备 | 2602 | 应付债券 |
| 1401 | 材料采购 | 2801 | 长期应付款 |
| 1402 | 在途物资 | 四、所有者权益类 | |
| 1403 | 原材料 | 4001 | 实收资本 |
| 1404 | 材料成本差异 | 4002 | 资本公积 |
| 1406 | 库存商品 | 4101 | 盈余公积 |
| 1411 | 周转材料 | 4103 | 本年利润 |
| 1461 | 存货跌价准备 | 4104 | 利润分配 |
| 1521 | 持有至到期投资 | 五、成本类 | |
| 1522 | 持有至到期投资减值准备 | 5001 | 生产成本 |
| 1523 | 可供出售金融资产 | 5101 | 制造费用 |
| 1524 | 长期股权投资 | 5301 | 研发支出 |
| 1525 | 长期股权投资减值准备 | 六、损益类 | |
| 1526 | 投资性房地产 | 6001 | 主营业务收入 |
| 1601 | 固定资产 | 6051 | 其他业务收入 |
| 1602 | 累计折旧 | 6301 | 营业外收入 |
| 1603 | 固定资产减值准备 | 6401 | 主营业务成本 |
| 1604 | 在建工程 | 6402 | 其他业务成本 |
| 1606 | 固定资产清理 | 6405 | 营业税金及附加 |
| 1701 | 无形资产 | 6601 | 销售费用 |
| 1702 | 累计摊销 | 6602 | 管理费用 |
| 1703 | 无形资产减值准备 | 6603 | 财务费用 |
| 1801 | 长期待摊费用 | 6701 | 资产减值损失 |
| 1901 | 待处理财产损溢 | 6711 | 营业外支出 |
| 二、负债类 | | 6801 | 所得税费用 |
| 2001 | 短期借款 | 6901 | 以前年度损益调整 |

## 二、会计账户

（一）会计账户的概念

会计账户是根据会计科目开设的，具有一定的结构，用于核算会计对象的一种方式。会计科目和账户既有区别又有联系，它们的联系在于会计科目是设置账户的依据，是账户的名称，账户是会计科目的具体应用，会计科目反映的经济内容，就是账户所要登记的内容。它们之间的区别在于：会计科目只是对会计要素具体内容的分类，没有结构；会计账户具有结构，具体核算会计对象。

（二）会计账户的结构和内容

会计账户的结构就是账户的结构。账户分为左方、右方两部分，左方是借方、右方是贷方。一方登记增加数，另一方则登记减少数。一个完整的账户结构包括会计账户的名称（即会计科目）；日期（经济业务发生的日期）；凭证号数（账簿记录中的编号）；摘要（简要概述经济业务的内容）；金额（增加额、减少额和余额）。

在复式记账法下，“借”和“贷”是记账符号，分别反映六大会计要素即资产、负债、所有者权益、收入、费用和利润的增减变动情况。上述会计科目表中的共同类科目属于金融业使用，损益类科目具体可以划分为损益收入类和损益费用类账户。凡是属于资产类、成本类、损益费用类账户，借方记录增加额，贷方记录减少额。期初、期末余额在借方。凡是属于负债类、所有者权益类、损益收入类账户，贷方记录增加额，借方记录减少额，期初、期末余额在贷方。其计算公式如下：

资产类账户：

期末余额=期初借方余额+本期借方发生额-本期贷方发生额

负债类账户：

期末余额=期初贷方余额+本期贷方发生额-本期借方发生额

借贷记账法下的账户基本结构如表 2-4 所示：

**表 2-4　账户名称**

<table>
<tr><th colspan="2">年</th><th rowspan="2">凭证号数</th><th rowspan="2">摘要</th><th rowspan="2">借方</th><th rowspan="2">贷方</th><th rowspan="2">借或贷</th><th rowspan="2">余额</th></tr>
<tr><th>月</th><th>日</th></tr>
<tr><td></td><td></td><td></td><td></td><td></td><td></td><td></td><td></td></tr>
</table>

教学过程中通常采用“T”型账户或“丁”字账户来表示。

左方　　　　账户名称　　　　右方

（三）会计账户的分类

按账户的经济内容分类可以将账户分为资产类账户、负债类账户、所有者权益类账户、收入类账户、费用类账户、利润类账户。

1. 资产类账户

资产类账户是核算企业各种资产增减变动及结余额的账户。资产类账户有“库存现金”、“银行存款”、“应收账款”、“其他应收款”、“原材料”、“库存商品”、“固定资产”、“累计折旧”、“在建工程”、“无形资产”、“长期待摊费用”等账户。

2. 负债类账户

负债类账户是核算各种负债增减变动及结余额的账户。负债类账户有“短期借款”、“应付账款”、“其他应付款”、“应付职工薪酬”、“应交税费”、“应付利息”、“应付股利”、“长期借款”、“应付债券”、“长期应付款”等账户。

3. 所有者权益类账户

所有者权益类账户是核算企业所有者权益增减变动及结余额的账户。所有者权益类账户有“实收资本”、“资本公积”、“盈余公积”等账户。

4. 收入类账户

收入类账户是核算企业经营过程中所取得的各种经济利益的账户。收入类账户包括“主营业务收入”、“其他业务收入”、“营业外收入”等账户。

5. 费用类账户

费用类账户是核算企业在生产经营过程中支出的账户。费用类账户包括“主营业务成本”、“其他业务成本”、“销售费用”、“管理费用”、“财务费用”、“营业外支出”等账户。

6. 利润类账户

利润类账户是核算利润的形成与分配情况的账户。利润类账户包括“本年利润”、“利润分配”等账户。

【课堂测试 2-1】

1. 什么是会计科目？

2. 什么是会计账户？

3. 会计科目与会计账户有什么区别与联系？

## 第二节 复式记账

### 一、记账方法的概念和种类

记账方法就是根据一定的原理、记账符号和记账规则，采用一定的计量单位，利用文字和数字记录经济业务活动的一种专门方法。

按记录方式的不同，记账方法可以分为单式记账法和复式记账法两大类。单式记账法是一种简单而又不完整的记账方法，它对每一项经济业务，只在一个账户中登记，反映经济业务的一个方面。例如，用现金购买原材料，只记录现金支出而不记录原材料的增加。复式记账法是相对单式记账法而言的，它是对每一项经济业务的发生都要在两个或两个以上相互联系的账户中登记，能反映经济业务的来龙去脉，是一种较为完善的记账方法。当前，我国的企事业、机关单位和其他经济组织均采用复式记账法。

### 二、复式记账法

复式记账法就是对每项经济业务的发生所引起的资金运动，都要以相等的金额，同时在两个或两个以上相互联系的账户中进行全面登记的一种记账方法。复式记账法可分为借贷记账法、增减记账法和收付记账法等三种。

【课堂测试 2-2】

1. 什么是记账方法？

2. 记账方法的分类有哪些？

3. 复式记账法的含义是什么？

# 第三节　借贷记账法

## 一、借贷记账法的含义

借贷记账法是以“借”和“贷”为记账符号的一种复式记账法。这种记账方法起源于13世纪的意大利。当时的威尼斯、佛罗伦萨等城市的商品经济特别是海上贸易已经有了很大发展。在商品交换中，为适应借贷资本和商业资本经营者管理的需要，逐步形成了这种记账方法。

## 二、借贷记账法的基本内容

借贷记账法包括记账符号、账户结构、记账规则和试算平衡四大理论。

（一）借贷记账法的记账符号

记账符号，是会计核算中采用的一种抽象标记，表示经济业务的增减和变动的方向。

在前面提到，借贷记账法以“借”和“贷”作为记账符号，“借”表示记入账户的借方，“贷”表示记入账户的贷方。在借贷记账法下，“借”和“贷”既表示会计要素的增加又表示减少。凡是属于资产类、成本类、损益费用类账户，借方记录增加额，贷方记录减少额。凡是属于负债类、所有者权益类、损益收入类账户，贷方记录增加额，借方记录减少额。

（二）借贷记账法的账户结构

“T”型账户反映四项指标，即期初余额、本期增加额、本期减少额、期末余额。凡是属于资产类、成本类、损益费用类账户，借方记录增加额，贷方记录减少额，期初、期末余额在借方。凡是属于负债类、所有者权益类、损益收入类账户，贷方记录增加额，借方记录减少额，期初、期末余额在贷方。其计算公式如下：

资产类账户、成本类账户：

期末借方余额=期初借方余额+本期借方发生额-本期贷方发生额

负债类账户、所有者权益类账户：

期末贷方余额=期初贷方余额+本期贷方发生额-本期借方发生额

资产类、成本类、损益费用类账户的简化结构如下所示：

| 借方 | 资产类、成本类、损益费用类账户 | | 贷方 |
|---|---|---|---|
| 期初余额 | ××× | | |
| 本期增加额 | ××× | 本期减少额 | ××× |
| 本期发生额 | ××× | 本期发生额 | ××× |
| 期末余额 | ××× | | |

负债类、所有者权益类、损益收入类账户的简化结构如下所示：

| 借方 | 负债类、所有者权益类、损益收入类账户 | | 贷方 |
|---|---|---|---|
| | | 期初余额 | ××× |
| 本期减少额 | ××× | 本期增加额 | ××× |
| 本期发生额 | ××× | 本期发生额 | ××× |
| | | 期末余额 | ××× |

值得注意的是，损益收入类、损益费用类账户一般没有期末余额，也就没有期初余额。

（三）借贷记账法的记账规则

借贷记账法的记账规则可以简单地概括成“有借必有贷，借贷必相等”，意思是有借方一定有贷方，借、贷方的金额一定相等，这是从经济业务发生对会计恒等式影响的四条规则中总结出来的，如图 2-1 所示。

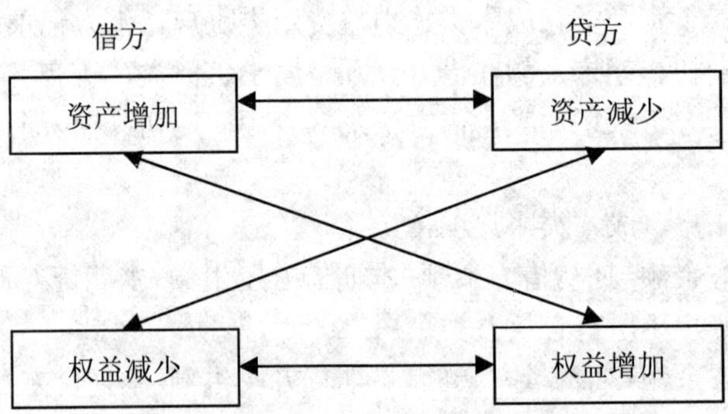


**图 2-1 借贷记账法记账规则示意图**

一项资产增加，同时另一项资产减少相等的金额。根据记账符号的原理，资产的增加记在借方，资产的减少记在贷方，并且是以相等的金额，所以是有借必有贷，借贷必相等。一项资产增加，同时一项权益增加相等的金额，根据记账符号的原理，资产的增加记在借方，权益（即负债和所有者权益）增加记在贷方，并且是以相等的金额，所以是有借必有贷，借贷必相等。一项资产减少，同时一项权益减少相等的金额，根据记账符号的原理，资产的减少记在贷方，权益（即负债和所有者权益）减少记在借方，并且是以相等的金额，所以是有借必有贷，借贷必相等。一项权益增加，同时另一项权益减少相等的金额，根据记账符号的原理，权益的增加记在贷方，权益的减少记在借方，并且是以相等的金额，所以是有借必有贷，借贷必相等。

按照第一章的八个例题，登账结果如下：

【例 2-1】祥瑞公司从银行提取现金 1 000 元。

这项经济业务，使祥瑞公司资产类账户“库存现金”增加了 1 000 元。同时，使资产类账户“银行存款”减少了 1 000 元，根据记账规则，资产类账户有增有减，一借一贷，增减金额相等。

| 借 银行存款 | 贷 |
| --- | --- |
|  | 1 000 |

| 借 库存现金 | 贷 |
| --- | --- |
| 1 000 |  |

【例 2-2】祥瑞公司用短期借款偿还前欠货款 100 000 元。

这项经济业务，使祥瑞公司负债类账户“短期借款”增加了 100 000 元。同时，使负债类账户“应付账款”减少了 100 000 元，根据记账规则，负债类账户有增有减，一贷一借，增减金额相等。

| 借 应付账款 | 贷 |
| --- | --- |
| 100 000 |  |

| 借 短期借款 | 贷 |
| --- | --- |
|  | 100 000 |

【例 2-3】祥瑞公司以资本公积 500 000 元转增资本。

这项经济业务，使祥瑞公司所有者权益类账户“实收资本”增加了 500 000 元。同时，使所有者权益类账户“资本公积”减少了 500 000 元，根据记账规则，所有者权益类账户有增有减，一贷一借，增减金额相等。

| 借 | 实收资本 | 贷 |
|---|---|---|
| | | 500 000 |

| 借 | 资本公积 | 贷 |
|---|---|---|
| 500 000 | | |

【例 2-4】祥瑞公司的债权人 A 将 200 000 元的债权（贷款）转为对本企业的投资。

这项经济业务，使祥瑞公司所有者权益类账户“实收资本”增加了 200 000 元。同时，使负责类账户“应付账款”减少了 200 000 元，根据记账规则，所有者权益类账户增加，负债类账户减少，一贷一借，增减金额相等。

| 借 | 实收资本 | 贷 |
|---|---|---|
| | | 200 000 |

| 借 | 应付账款 | 贷 |
|---|---|---|
| 200 000 | | |

【例 2-5】祥瑞公司购入原材料 1 000 元，款项尚未支付。

这项经济业务，使祥瑞公司资产类账户“原材料”增加了 1 000 元。同时，使负责类账户“应付账款”增加了 1 000 元，根据记账规则，资产类账户增加，负债类账户增加，一借一贷，增减金额相等。

| 借 | 应付账款 | 贷 |
|---|---|---|
| | | 1 000 |

| 借 | 原材料 | 贷 |
|---|---|---|
| 1 000 | | |

【例 2-6】祥瑞公司收到 B 以 300 000 元的银行存款投资本企业。

这项经济业务，使祥瑞公司所有者权益类账户“实收资本”增加了 300 000 元。同时，使资产类账户“银行存款”增加了 300 000 元，根据记账规则，所有者权益类账户增加，资产类账户增加，一贷一借，增减金额相等。

| 借 | 实收资本 | 贷 |
|---|---|---|
| | | 300 000 |

| 借 | 银行存款 | 贷 |
|---|---|---|
| 300 000 | | |

【例 2-7】祥瑞公司用银行存款偿还前欠货款 20 000 元。

这项经济业务，使祥瑞公司资产类账户“银行存款”减少了 20 000 元。同时，使负责类账户“应付账款”减少了 20 000 元，根据记账规则，资产类账户减少，负债类账户减少，一贷一借，增减金额相等。

| 借 | 银行存款 | 贷 |
|---|---|---|
| | | 20 000 |

| 借 | 应付账款 | 贷 |
|---|---|---|
| 20 000 | | |

【例 2-8】祥瑞公司给股东分配 5 000 元现金利润。

这项经济业务，使祥瑞公司资产类账户“库存现金”减少了 5 000 元。同时，使所有者权益类账户“未分配利润”减少了 5 000 元，根据记账规则，资产类账户减少，所有者权益类账户减少，一贷一借，增减金额相等。

| 借 | 库存现金 | 贷 |
|---|---|---|
| | | 5 000 |

| 借 | 利润分配 | 贷 |
|---|---|---|
| 5 000 | | |

（四）会计分录

上述每笔经济业务中涉及的账户称为对应账户。在会计实务工作中会先编制会计分录再据此登记账户。会计分录简称分录，它是对每项经济业务的发生指出其应登记的账户、记账方向及金额。每笔会计分录都应包括会计科目、记账符号、金额和格式四个方面。会计分录按照其反映的经济业务的复杂程度分为：简单会计分录和复合会计分录。现将祥瑞公司 2012 年 7 月发生的经济业务编制会计分录。

【例 2-9】祥瑞公司从银行提取现金 1 000 元。

借：库存现金　　1 000

　　贷：银行存款　　1 000

【例 2-10】] 祥瑞公司用短期借款偿还前欠货款 100 000 元。

借：应付账款　　100 000

　　贷：短期借款　　100 000

【例 2-11】祥瑞公司以资本公积 500 000 元转增资本。

借：资本公积　　500 000

　　贷：实收资本　　500 000

【例 2-12】祥瑞公司的债权人 A 将 200 000 元的债权（货款）转为对本企业的投资。

借：应付账款　　200 000

　　贷：实收资本　　200 000

【例 2-13】祥瑞公司购入原材料 1 000 元，款项尚未支付。

借：原材料　　1 000

　　贷：应付账款　　1 000

【例 2-14】祥瑞公司收到 B 以 300 000 元的银行存款投资本企业。

借：银行存款　　300 000

　　贷：实收资本　　300 000

【例 2-15】祥瑞公司用银行存款偿还前欠货款 20 000 元。

借：应付账款　　20 000

　　贷：银行存款　　20 000

【例 2-16】祥瑞公司给股东分配 5 000 元现金利润。

借：利润分配　　5 000

　　贷：库存现金　　5 000

（五）试算平衡

试算平衡的是指根据会计等式的平衡理论，按照记账规则的要求，通过汇总计算和比较，来检查账户记录的正确性和完整性。根据最基本的公式“借”=“贷”，运用两种试算平衡公式，来编制总分类账户发生额试算平衡表、总分类账户余额试算平衡表。两个试算平衡公式表示如下：

全部账户本期借方发生额合计=全部账户本期贷方发生额合计

全部账户期末借方余额合计=全部账户期末贷方余额合计

过账就是把经济业务记录到账户的过程。就是根据编制的会计分录，将发生的经济业务逐笔登记相关的账户，并计算各账户的发生额和余额。现将祥瑞公司 2012 年 7 月发生的经济业务的会计分录即例 2-9 至例 2-16 的会计分录过账情况下所示：

| 银行存款 | |
|---|---|
| 300 000 | 1 000 |
| | 20 000 |
| 300 000 | 21 000 |

| 库存现金 | |
|---|---|
| 1 000 | 5 000 |
| 1 000 | 5 000 |

| 原材料 | |
|---|---|
| 1 000 | |
| 1 000 | |

| 短期借款 | |
|---|---|
| | 100 000 |
| | 100 000 |

| 应付账款 | |
|---|---|
| 200 000 | 1000 |
| 20 000 | |
| 100 000 | |
| 320 000 | 1 000 |

| 实收资本 | |
|---|---|
| | 500 000 |
| | 200 000 |
| | 300 000 |
| | 1 000 000 |

| 资本公积 | |
|---|---|
| 500 000 | |
| 500 000 | |

| 利润分配 | |
|---|---|
| 5 000 | |
| 5 000 | |

现将祥瑞公司2012年7月发生的经济业务编制2012年7月31日的总分类账发生额试算平衡表，如表2-5所示。

**表2-5 祥瑞公司总分类账发生额试算平衡表**

2012年7月31日

| 会计科目 | 本期借方发生额 | 本期贷方发生额 |
| --- | --- | --- |
| 库存现金 | 1 000 | 5 000 |
| 银行存款 | 300 000 | 21 000 |
| 原材料 | 1 000 | |
| 短期借款 | | 100 000 |
| 应付账款 | 320 000 | 1 000 |
| 实收资本 | | 1 000 000 |
| 资本公积 | 500 000 | |
| 未分配利润 | 5 000 | |
| 合计 | 1 127 000 | 1 127 000 |

从上表可以看出，各账户借方发生额合计、贷方发生额合计均为1 127 000元，保持平衡。这说明记账基本正确。若存在漏记经济业务、重复登记经济业务、借方或贷方登记错误的金额且相等、记账方向记反等，试算平衡表仍然平衡，故为基本正确。但如果相应的合计数不相等，就表明账户记录有错误，应认真检查更正。

**【课堂测试2-3】**

1. 借方记录减少，贷方记录增加的账户，其性质属于（　　）。

   A. 资产类账户　　B. 负债类账户
   C. 所有者权益账户　　D. 费用类账户
   E. 收入类账户

2. 借方记录增加，贷方记录减少的账户，其性质属于（　　）。

   A. 资产类账户　　B. 负债类账户
   C. 所有者权益账户　　D. 费用类账户
   E. 收入类账户

3. 期末余额为借方余额的账户，其性质属于（　　）。

   A. 资产类账户　　B. 负债类账户
   C. 所有者权益账户　　D. 费用类账户
   E. 收入类账户

4. 期末余额为贷方余额的账户，其性质属于（　　）。

A. 资产类账户　　B. 负债类账户

C. 所有者权益账户　　D. 费用类账户

E. 收入类账户

5. 一项会计分录应包括的要素有（　　）。

A. 摘要　　B. 账户名称

C. 金额　　D. 记账符号

E. 余额

6. 请判断下列表述是否正确，如错误表述，指出为什么。

A. 任何一项经济业务只能是一借一贷

B. 编制会计分录可以先借后贷，也可以先贷后借

C. 每个账户的借方合计与贷方合计相等

D. 全部账户的借方合计与贷方合计相等

E. 资产类账户的期末余额合计与权益类账户的期末余额合计相等

## 第四节　总分类账户与明细分类账户

### 一、总分类账户和明细分类账户的设置

账户按照提供资料的详细程度不同，可以分为总分类账户和明细分类账户。总分类账户是按照总分类科目设置的，会计科目表中的科目都为总分类科目。总分类账户的计量单位只能是货币。总分类账户不能提供关于各项会计要素增减变动及结果的详细资料，所以还应根据实际需要，在某些总分类账户的统驭下分别设置若干明细分类账户。

明细分类账户是按照明细分类科目设置的，用来提供详细指标的账户。例如在应收账款账户下设置各债务单位的名称作为明细分类账户。在明细分类账户中，除了以货币资金为计量单位，还可以采用实物计量单位，如原材料明细分类账户中需要用实物计量单位来提供数量资料。

### 二、总分类账户和明细分类账户的平行登记

（一）平行登记的概念和原则

1. 平行登记的概念

总分类账户和明细分类账户平行登记就是对于每一笔经济业务，既要记入总分类账户也要记入其所属的明细分类账户。

2. 总分类账户和明细分类账户平行登记的原则

（1）同依据。对于记入总分类账户和记入其所属的明细分类账户的经济业务，必须是同一笔经济业务。

（2）同方向。在某一总分类账户及其所属的明细分类账户中登记经济业务时，方向必须相同。登记总分类账户时记入借方，在其所属的明细分类账中也应记入借方；反之都应记入贷方。

（3）同金额。记入某一总分类账户的金额应等于记入其所属明细分类账的金额之和。

（二）总分类账户与明细分类账户平行登记的方法

现举例说明“应收账款”总分类账户及其所属明细分类账户的平行登记。

【例 2-17】假设祥瑞公司“应收账款”分类账户所属明细分类账户的 2013 年 2 月期初余额为 60 000 元，其中 A 公司为 20 000 元，B 公司为 25 000 元，C 公司为 15 000 元。2 月 10 日，公司收到 A 公司前欠货款 10 000 元，收到 B 公司前欠货款 15 000 元，收到 C 公司前欠货款 10 000 元。2 月 25 日销售 A 公司产品 5 000 元，B 公司产品 8 000 元，C 公司产品 7 000 元，货款均未收到。假设不考虑增值税。

根据资料编制会计分录如下：

2 月 10 日

借：银行存款　　35 000

　　贷：应收账款——A 公司　　10 000

　　　　　　　　——B 公司　　15 000

　　　　　　　　——C 公司　　10 000

2 月 25 日

借：应收账款——A 公司　　5 000

　　　　　　——B 公司　　8 000

　　　　　　——C 公司　　7 000

　　贷：主营业务收入　　　　20 000

根据以上资料，将期初余额在“应收账款”总分类账户及其所属的各明细分类账户中进行登记，然后将本期“应收账款”的发生额分别记入“应收账款”总分类账户及其所属的明细分类账户中，并结出本期发生额和期末余额，如下所示。

应收账款

| 借 | 贷 |
| --- | --- |
| 60 000 | |
| 20 000 | 35 000 |
| 20 000 | 35 000 |
| 45 000 | |

应收账款——A 公司

| 借 | 贷 |
| --- | --- |
| 20 000 | |
| 5 000 | 10 000 |
| 5 000 | 10 000 |
| 15 000 | |

应收账款——B 公司

| 借 | 贷 |
| --- | --- |
| 25 000 | |
| 8 000 | 15 000 |
| 8 000 | 15 000 |
| 18 000 | |

| 借 | 应收账款——C 公司 | 贷 |
|---|---|---|
| 15 000 | | |
| 7 000 | | 10 000 |
| 7 000 | | 10 000 |
| 12 000 | | |

从上“应收账款”总分类账户及其明细分类账户平行登记的结果中可以看出，“应收账款”总分类账户的期初余额为 60 000 元，本期借方发生额为 35 000 元，贷方发生额为 20 000 元，期末贷方余额为 45 000 元，分别与其所属的三个明细分类账户的期初余额之和 35 000 元（20 000+25 000+15 000），本期借方发生额之和 35 000 元（10 000+15 000+10 000），本期贷方发生额之和 20 000 元（5 000+8 000+7 000），期末余额之和 45 000 元（15 000+18 000+12 000）完全相等。

**【课堂测试 2-4】**

1. 账户设置为总分类账户与明细分类账户，这是（　　）。
   A. 账户按照性质不同所进行的划分
   B. 账户按照重要程度不同所进行的划分
   C. 账户按其反映的会计对象内容的详细程度不同所进行的划分
   D. 账户按其所提供的财务指标的详细程度不同所进行的划分
2. 账户平行记录的基本要求是（　　）。
   A. 必须在同一会计期间内完成登记
   B. 必须在同时进行记录
   C. 记录的原始依据必须相同
   D. 记录的金额必须相同
   E. 记账的方向必须一致
3. 请判断下列表述是否正确，如错误表述，指出为什么。
   A．在特殊情况下可根据明细账登记总账
   B．总分类账户与明细分类账户的平行记录就是复式记账
   C．总分类账户与明细分类账户只能互相核对，不能互相登记

D. 所有总分类账户必须设置明细分类账户

## 本章小结

会计科目是对会计对象的具体内容进行分类核算的类目，会计科目按其反映的经济内容不同，一般企业可分为资产类、负债类、所有者权益类、损益类和成本类。会计科目按提供指标详细程度，一般分为三级：一级科目（总分类科目）、二级科目（子目）、三级科目（明细科目，也称细目），总分类科目统辖下属若干个明细分类科目。

会计账户是根据会计科目开设的，具有一定的结构，用于核算会计对象的一种方式。按账户的经济内容分类可以将账户分为资产类账户、负债类账户、所有者权益类账户、收入类账户、费用类账户、利润类账户。

借贷记账法包括记账符号、账户结构、记账规则和试算平衡四大理论。会计分录简称分录，它是对每项经济业务的发生指出其应登记的账户、记账方向及金额。每笔会计分录都应包括会计科目、记账符号金额和格式四个方面。借贷记账法的试算平衡有两种具体形式，即发生额试算平衡和余额试算平衡。总分类账户与明细分类账户的平行登记要求依据相同、期间相同、方向一致、金额相等。

**篇后案例**

小魏从某财经大学会计系毕业刚刚被聘任为广发公司的会计员。今天是他来公司上班第一天。会计科里的那些同事们忙得不可开交，一问才知道，大家正在忙于月末结账。“我能做些什么？”会计科长看他那急于投入工作的表情，也想检验一下他的工作能力，就问：“试算平衡表的编制方法在学校学过了吧？”“学过。”小魏很自然地回答。“那好吧，趁大家忙别的事情的时候，你先编一下咱们公司这个月的试算平衡表！”科长帮他找到了本公司的总账账簿，让他在早已为他准备的办公桌前开始了工作。不到一个小时，一张“总分类账户发生额及余额试算平衡表”就完整地编制出来了。看到表格上那三组互相平衡的数字，小魏激动的心情难以言表。兴冲冲地向科长交了差。

“呀，昨天销售的那批产品的单据还没记到账上去呢，这也是这个月的业务啊！”会计员李丽说道。

还没等小魏缓过神来，会计员小王手里又拿着一些会计凭证凑了过来，对科长说，“这笔账我核对过了，应当记入‘应交税费’和‘银行存款’账户的金额是10 000元，而不是9 000元。已经入账的那部分数字还得更改一下。”

“试算平衡表不是已经平衡了吗？怎么还有错账呢？”小魏不解地问。

科长看他满脸疑惑的神情，就耐心地开导说：“试算平衡表也不是万能的，像在账户中把有些业务漏记或重记了，借贷金额记账方向彼此颠倒了，还有记账方向正确但记错了账户，这些都不会影响试算表的平衡。小李发现的漏记了经济业务、小王发现的把两个账户的金额同时记少了，也不会影响试算表的平衡。”

小魏边听边点头，心里想：“这些内容好像老师在上‘基础会计’课的时候也讲过。以后在实践中还得好好琢磨呀。”

经过调整，一张真实反映公司本月全部经济业务的试算平衡表又在小魏的手里完成了。

案例要求：

结合以上案例，运用学习过的试算平衡表的有关知识谈谈你的感受。

案例提示：

本案例中的事例表明：“总分类账户发生额及余额试算平衡表”只是用来检查一定会计期间全部账户的登记是否正确的一种基本方法，只有在所试算期间的经济业务全部登记入账的基础上才能利用该表进行试算平衡。但试算平衡表并不是万能的，试算表编制完毕，如果期初余额、本期发生额和期末余额三组数字是相互平衡的，只能说明账务处理过程基本正确，而不能保证账务处理过程万无一失。这是由于通过编制“总分类账户发生额及余额试算平衡表”可能会发现账务处理过程中的某些问题，如在登记账户过程中，漏记了一笔经济业务的借方或贷方某一方的发生额，将借方或贷方某一方的发生额写多或少写，以及在记账或从账户向试算平衡表抄列金额的过程中将数字的位次搞颠倒等等。但有些在账务处理过程发生的错账，如把整笔经济业务漏记或重记了，在登记账户过程中将借方、贷方金额的记账方向彼此颠倒了，或者记账方面正确但记错了账户等情况，并不会影响试算平衡表的平衡关系。因而，一定要细心处理好每一笔经济业务，只有保证每一笔经济业务处理的准确性，才有可能保证“总分类账户发生额及余额试算平衡表”编制上的正确性。

资料来源：陈文铭.基础会计习题与案例[M].大连：东北财经大学出版社，2012.

## 核心概念

会计科目表（chart of accounts） 账户（account） 余额（balance） 贷方（credit） 借方（debit） 复式记账（double-entry） 单式记账（single-entry） 总分类账（general ledger） 分类账（ledger ） 过账（postng）

## 思考题

1. 什么是会计科目？什么是会计账户？会计科目与会计账户有什么区别与联系？
2. 会计科目包括哪几类？内容是什么？
3. 什么是借贷记账法？借贷记账法的四大原理是什么？
4. 为什么既要设置总分类账户，又要设置明细分类账户？其相互关系如何？
5. 什么是总分类账户与明细分类账户的平行登记？

## 练习题

（一）单项选择题

1. 对会计对象的具体内容进行分类核算的类目是（ ）。

A. 经济业务　　B. 会计要素
C. 会计科目　　D. 会计凭证

2. 会计对象是（ ）。

A. 企业经营过程中的经营业务　　B. 社会再生产过程中的资金运动
C. 企业经营过程中的资金运动　　D. 以上均不是

3. 会计科目和会计账户的根本区别在于（ ）。

A. 是否具有结构　　B. 是否反映经济内容
C. 是否核算具体会计对象　　D. 以上均不是

4. 下列各项中，一般与账户期末余额方向相同的是（ ）。

A. 增加额　　B. 减少额
C. 左方　　D. 右方

5. 下列各项中，体现复式记账法最主要特点的是（ ）。

A. 以货币量和实物量双重记账
B. 以相等的金额在两个以上的账户中记录
C. 在账簿和报表中双重记录
D. 以相等的金额在会计科目和账户中记录

6. 采用借贷记账法时，账户借贷两方记录的关系是（　　）。

A. 必须做相反方向记录

B. 必须做相同方向记录

C. 根据会计准则的规定确定二者记账的方向是否相反

D. 根据实际发生的经济业务确定二者记账的方向是否相同

7. 下列各项中，应作为负债类账户期末余额计算公式的是（　　）。

A. 借方期末余额＝借方期初余额＋借方本期发生额－贷方本期发生额

B. 借方期末余额＝借方期初余额＋贷方本期发生额－借方本期发生额

C. 贷方期末余额＝贷方期初余额＋借方本期发生额－贷方本期发生额

D. 贷方期末余额＝贷方期初余额＋贷方本期发生额－借方本期发生额

8.下列各项中，应作为资产类账户期末余额计算公式的是（　　）。

A. 借方期末余额＝借方期初余额＋借方本期发生额－贷方本期发生额

B. 借方期末余额＝借方期初余额＋贷方本期发生额－借方本期发生额

C. 贷方期末余额＝贷方期初余额＋借方本期发生额－贷方本期发生额

D. 贷方期末余额＝贷方期初余额＋贷方本期发生额－借方本期发生额

9. 企业采用借贷记账法，下列各项中，不应记录在账户借方的内容是（　　）。

A. 资产增加　　B. 收入转出

C. 负债增加　　D. 费用增加

10. 企业采用借贷记账法，下列体现损益费用类账户特点的是（　　）。

A. 借方记录损益费用的增加　　B. 贷方记录损益费用的减少

C. 一般没有期末余额　　D. 一般没有期初余额

11. 在会计核算中，存在对应关系的账户，称为（　　）。

A. 恒等账户　　B. 对应账户

C. 联合账户　　D. 平衡账户

12. 下列各项中，作为账户发生额试算平衡法理论依据的是（　　）。

A. 借贷记账法的记账规则　　B. 资产＝负债＋所有者权益

C. 账户之间的对应关系　　D. 收入－费用＝利润

13. 企业销售商品 15 万元，收到货款 8 万元，其余 7 万元尚未收到，假设不考虑增值税，该笔业务应编制的会计分录是（　　）对应关系的分录。

A. 一借一贷　　B. 多借多贷

C. 一借多贷　　D. 多借一贷

14. A 公司权益总额为 200 万元，当月企业购买原材料 15 万元，款项尚未支付。企业用银行存款偿还短期借款 10 万元。企业收回应收账款 5 万元存入银

行。那么企业资产总计为（　　）

A. 210 万元　　B. 205 万元
C. 215 万元　　D. 220 万元

15. 下列属于负债类账户的有（　　）

A. 预收账款　　B. 预付账款
C. 应收账款　　D. 应收票据

（二）多项选择题

1. 下列构成账户内容的有（　　）。

A. 账户名称　　B. 日期
C. 凭证号数　　D. 摘要
E. 金额

2. 下列对会计科目和账户的关系表述正确的是（　　）。

A. 会计科目的名称就是账户的名称　　B. 账户是会计科目的具体应用
C. 它们反映的经济内容相同　　D. 账户具有一定结构

3. 下列对会计账户表述正确的是（　　）。

A. 账户的左方永远是借方　　B. 账户的贷方永远是贷方
C. 账户的借方永远记录增加额　　D. 账户的贷方永远记录减少额

4. 下列属于每一账户反映的金额有（　　）。

A. 期初余额　　B. 期末余额
C. 本期增加发生额　　D. 本期减少发生额
E. 资产总额

5. 下列属于成本类账户的有（　　）。

A. 其他业务成本　　B. 生产成本
C. 制造费用　　D. 库存商品
E. 劳务成本

6. 下列属于负债类账户的有（　　）。

A. 短期借款　　B. 预收账款
C. 预付账款　　D. 应收账款
E. 应付账款

7. 下列属于所有者权益类账户的有（　　）。

A. 实收资本　　B. 营业外收入
C. 本年利润　　D. 利润分配
E. 盈余公积

8. 下列属于损益类账户的有（　　）。

A. 主营业务成本　　B. 劳务成本

C. 其他业务成本　　D. 生产成本

E. 制造费用

9. 下列期末无余额的账户有（　　）。

A. 资产类账户　　B. 负债类账户

C. 损益费用类账户　　D. 所有者权益类账户

E. 损益收入类账户

10. 下列能够体现复式记账法优点的有（　　）。

A. 简化账簿记录的工作量　　B. 了解经济业务的来龙去脉

C. 检查账户记录的正确　　D. 确定借贷记账法的记账规则

E. 设置会计科目的依据

11. 在借贷记账法下，“借”、“贷”作为记账符号。下列各项中，“借”表示的内容有（　　）。

A. 资产增加　　B. 资产减少

C. 负债减少　　D. 所有者权益减少

E. 费用增加

12. 在借贷记账法下，“借”、“贷”作为记账符号。下列各项中，“贷”表示的内容有（　　）。

A. 收益减少　　B. 费用减少

C. 收益增加　　D. 负债增加

E. 资产减少

13. 下列各项中，不能够通过试算平衡找到的错误是（　　）。

A. 重记了一笔经济业务　　B. 会计科目错误

C. 借贷金额不等　　D. 借贷方向记反

E. 漏记了一笔经济业务

14. 编制会计分录时（　　）。

A. 经济业务的发生涉及哪些账户的变动

B. 账户的变动是增加还是减少

C. 记入账户的借方还是贷方

D. 借贷的金额是否正确

E. 账户的余额是在借方还是在贷方

15. 下列各项中，构成会计分录要素的有（　　）。

A. 记账方向　　B. 涉及的会计科目

C. 金额　　D. 复式记账

E. 会计要素

16. 借贷记账法的记账规则是：有借必有贷，借贷必相等。其理论依据有（　　）。

A. 资产＝负债＋所有者权益　　B. 收入－费用＝利润

C. 复式记账原理　　D. 借贷记账法账户结构原理

E. 借贷记账法试算平衡原理

17. 下列各项中，构成账户对应关系作用的有（　　）。

A. 检查经济业务处理的合法、合理性

B. 了解发生的经济业务内容

C. 进行试算平衡

D. 登记账簿

E. 检查账户记录的正确性

18. 企业用现金偿还前欠借款，所引起的会计要素的变化有（　　）。

A. 资产的增加　　B. 负债的增加

C. 资产的减少　　D. 负债的减少

E. 所有者权益的减少

（三）判断题

1. 会计科目的作用就是对纷繁复杂、性质不同的经济业务进行分类。（　　）

2. 为了保持会计科目的稳定性，会计科目一经确定，则不能变更。（　　）

3. 明细会计科目的设置，主要是为了满足企业外部经营管理的需要。（　　）

4. 账户与会计科目一样都是会计对象涉及的经济业务进行分类。（　　）

5. 账户中所记录的增加或减少金额实际是利用货币计量再现了过去的交易或事项。（　　）

6. 每一个总分类账户都必须设置明细分类账户。（　　）

7. 明细分类账户是对总分类账户的详细说明。（　　）

8. 复式记账法下，账户记录的结果可以反映每一项经济业务的来龙去脉。（　　）

9. 复式记账法造成账户之间没有对应关系。（　　）

10. 采用单式记账法时，有时也可以在两个账户中进行记录。（　　）

11. 借贷记账法下，“借”、“贷”二字不仅作为记账符号，还有本身的字面含义。（　　）

12. “收入－费用＝利润”是会计核算重要的等式，应作为借贷记账法的理论基础。（　　）

13. 在借贷记账法下，如果一个账户的借方用来记录增加额，则另一个账户的贷方一定记录减少额。（　　）

14. 通过试算平衡后检查账簿记录后，如果借贷方的余额平衡了，说明账簿记录没有错误。（　　）

15. 平行登记的要点中“同方向”指的是相同的记账方向。（　　）

（四）核算题

1. 某公司 2013 年 11 月发生额及余额有关资料如表 2-6 所示（单位：元），要求根据各类账户的结构，计算并填写表格中的空格。

表 2-6　账户资料表

| 账户名称 | 初期余额 | 本期借方发生额 | 本期贷方发生额 | 期末余额 |
|---|---|---|---|---|
| 银行存款 | 14 300 | 19 850 | 10 400 | |
| 原材料 | 14 500 | 23 000 | | 35 000 |
| 固定资产 | 25 000 | | 5 980 | 19 500 |
| 短期借款 | | 18 000 | 39 000 | 30 000 |
| 应付账款 | 59 600 | | 35 900 | 28 400 |
| 实收资本 | 500 000 | 0 | | 780 000 |

2. 某企业 11 月 1 日有关资金内容及金额如下：

（1）存放在企业保险柜里的现金 2 000 元；

（2）放在企业仓库中的各种材料、物料 150 000 元；

（3）企业厂房中尚在加工中的产品 120 000 元；

（4）企业的厂房 100 000 元；

（5）企业的运输设备和机器设备 180 000 元；

（6）企业从银行借入的期限 3 个月的款项 70 000 元；

（7）企业收到投资者的投入的资本 782 000 元；

（8）企业尚未偿还的货款 200 000 元；

（9）企业存在银行账户中的款项是 500 000 元。

要求：根据给过的资料，利用表 2-7 说明每一项经济业务涉及的资金属于资产、负债和所有者权益中的哪一类，具体应归属于哪一个会计科目，并计算出合计数。

**表 2-7　各项要素分析计算表**

| 经济业务编号 | 资产 | 负债 | 所有者权益 | 应归属的会计科目 |
|---|---|---|---|---|
| | | | | |
| | | | | |
| | | | | |
| | | | | |
| | | | | |
| | | | | |
| | | | | |
| | | | | |
| | | | | |
| | | | | |

3. 假设企业 5 月份发生如下的经济业务；

（1）企业从银行提取 2 500 元；

（2）企业收到投资者的固定资产价值 58 500 元；

（3）企业向银行借入短期借款 40 000 元存入银行；

（4）企业购入原材料价值 5 000 元，用银行存款支付；

（5）企业用银行存款偿还前欠货款 6 000 元。

要求：根据资料完成表 2-8。

**表 2-8　企业财务状况及增减变动表**

单位：元

| 项目 | 期初余额 | 本月增加额 | 本月减少额 | 期末余额 |
|---|---|---|---|---|
| 库存现金 | 1 000 | | | |
| 银行存款 | 150 000 | | | |
| 固定资产 | 550 000 | | | |
| 原材料 | 120 000 | | | |
| 短期借款 | 6 000 | | | |
| 应付账款 | 7 000 | | | |
| 实收资本 | 850 000 | | | |

4. 某厂2014年6月份发生以下各项经济业务，假设不考虑相关税费：

（1）开出银行支票1 000元，提取现金；

（2）购入甲材料1 000千克，验收入库，计2 400元，以现金支票支付；

（3）以现金500元购买管理部门的办公用品；

（4）售出甲产品200件，每件售价180元，计36 000元，货款存入银行；

（5）企业以银行存款购入一台设备，计价100 000元；

（6）投资者A投入资本30 000元存入银行；

（7）用银行存款20 000元归还短期借款；

（8）计算本月职工薪酬共计100 000元，其中生产工人薪酬55 000元，管理人员薪酬45 000元，职工薪酬于次月支付。

要求：（1）按上列经济业务编制会计分录。

（2）开设T型账户登记本期发生额。

（3）编制本月发生额试算平衡表。

# 第三章　资　产

在前两章中的学习中我们知道了资产是会计六要素之一，而资产要素的核算需要进一步细分后进行，那么如何对资产进行确认与核算是本章给大家讲解的内容。通过本章学习掌握货币资金、存货和金融资产的会计处理规则，长期股权投资的会计核算，固定资产入账、折旧、盘盈盘亏和处置的会计核算，无形资产入账、处置的会计处理规则；理解流动资产项目在资产负债表中的列示方法，权益法、成本法的设计理念，固定资产交易的会计处理规则，无形资产初始计量、后续计量的会计处理规则；了解长期股权投资权益法的理论，固定资产减值准备的计算规则及其理论问题，无形资产处置的理论问题。

**开篇案例**

祥瑞公司计提折旧方案

祥瑞公司于 12 年前购入某设备，按直线法折旧。现原设备已该报废，急需重置，否则会严重影响企业的正常经营。采购人员在市场选购设备时发现，同样设备市价于 12 年之间已上涨两倍，而公司当时也没有足够的现款，只好举债购置设备。总经理感到非常生气，认为这是会计人员折旧不足所致。他指示会计主管，今后要加倍计提折旧，以免重蹈覆辙。

分析：

（1）总经理迁怒于会计折旧计提不足有道理吗？

（2）采用加速折旧是否有助于解决上述问题？

## 第一节　货币资金

在资产负债表中，流动资产类别中的“货币资金”项目包括“库存现金”、

"银行存款"和"其他货币资金"三个总账科目。

## 一、库存现金

库存现金是指存放于企业财会部门由出纳人员经管的纸币、硬币及外币等。

（一）库存现金管理的有关规定

1. 库存现金收入与支出的范围

《现金管理条例》规定，现金的使用范围是：（1）职工工资、津贴；（2）个人劳务报酬；（3）根据国家规定颁发给个人的科学技术、文化艺术、体育等各种奖金；（4）各种劳保、福利费用以及国家规定的对个人的其他支出；（5）向个人收购农副产品和其他物资的价款；(6)出差人员必须随身携带的差旅费；（7）结算起点以下的零星支出。条例规定的结算起点为 1 000 元。

因采购地点不固定，交通不便，生产或者市场急需，抢险救灾以及其他特殊情况必须使用现金的，开户单位应当向开户银行提出申请，由本单位财会部门负责人签字盖章、经开户行审核后，予以支付现金。

2. 企业库存现金限额的确定

开户银行应该根据实际需要,核定开户单位 3～5 天的日常零星开支所需的库存现金限额。边远地区和交通不便地区的开户单位的库存现金限额，可以多于 5 天，但不得超过 15 天的日常零星开支。经核定的库存现金限额，需要增加或者减少的，应当向开户行提出申请，由开户行核定。

3. 库存现金收支的日常管理

现金收入应当于当日送存开户银行。当日送存确有困难的，由开户银行确定送存时间。

支付现金，可以从本单位库存现金限额中支付或者从开户银行提取，不得从本单位的现金收入中直接支付（即"坐支"）。因特殊情况需要坐支现金的，应当事先报经开户银行审查批准，由开户银行核定坐支范围和限额。

从开户银行提取现金，应当写明用途，由本单位财会部门负责人签字盖章，经开户银行审核后，予以支付现金。

（二）日常库存现金收支的会计处理

企业设"库存现金"科目核算库存现金的收付、结存情况。该科目借方登记库存现金的增加数；贷方登记库存现金的减少数；期末余额在借方，反映库存现金的余额。收取现金时，借记"库存现金"科目，贷记有关科目。支付现金时，借记有关科目，贷记"库存现金"科目。

【例 3-1】祥瑞公司有关现金的日常业务的会计分录如下：

1. 从银行提取现金 2 000 元。

借：库存现金　　2 000

　　贷：银行存款　　2 000

2. 用现金 1 000 元购买行政管理部门用的办公用品。

借：管理费用　　1 000

　　贷：库存现金　　1 000

3. 技术员张亮出差，借支现金 5 000 元。

借：其他应收款——张亮　　5 000

　　贷：库存现金　　5 000

4. 张亮出差归来，报销差旅费 4 500 元，交回相关发票和现金余额。

借：管理费用　　4 500

　　库存现金　　500

　　贷：其他应收款——张亮　　5 000

（三）库存现金的清查

《会计基础工作规范》规定，库存现金应当定期盘点，实地盘点时出纳人员应在场。企业应当按规定进行现金的清查，一般采用实地盘点法，对于清查的结果应当编制库存现金盘点报告表。如有挪用现金、白条顶库的情况，应及时予以纠正；对于超限额留存的现金应及时送存银行。

库存现金账面余额应与库存金额保持相等，若账、实不符，则需查明原因，如出纳员工作失误或人为舞弊、收付款出错、漏（错）填记账凭证、错记库存现金日记账，以及现金被盗等。

企业设置“待处理财产损溢——待处理流动资产损溢”科目核算企业在财产清查过程中查明的各种流动资产盘盈、盘亏和毁损的处理情况。对于现金短缺的情形，属于应由责任人赔偿或保险公司赔偿的部分，计入“其他应收款”；属于无法查明原因的，计入“管理费用”。对于现金溢余的情形，属于应支付给有关人员或单位的，计入“其他应付款”；无法查明原因的，计入“营业外收入”。

【例 3-2】祥瑞公司在现金盘点中发现账实不符的情况，会计处理如下：

1. 在财产清查中发现现金短款 200 元，属于出纳员的保管责任。

借：待处理财产损溢——待处理流动资产损溢　　200

　　贷：库存现金　　200

报经批准后：

借：其他应收款　　200

贷：待处理财产损溢——待处理流动资产损溢 200

2. 在财产清查中发现现金短款 120 元。无法查明原因，转作管理费用。

借：待处理财产损溢——待处理流动资产损溢 120

贷：库存现金 120

报经批准后：

借：管理费用 120

贷：待处理财产损溢——待处理流动资产损溢 120

3. 在财产清查中发现现金溢余 400 元，无法查明原因。

借：库存现金 400

贷：待处理财产损溢——待处理流动资产损溢 400

报经批准后：

借：待处理财产损溢——待处理流动资产损溢 400

贷：营业外收入 400

**篇中案例 3-1**

X 单位私设“小金库”违纪案例

X 事业单位，主要履行辖区内学校后勤管理。2012 年 2 月份，财政部门派检查组，对 X 办公室 2010 年度以来的财务收支情况进行检查。通过检查，发现该办公室存在隐瞒收支私设“小金库”等违纪问题。2010~2011 年，X 办公室设置账外账，将收取的学校款项不纳入法定账簿进行登记、核算，形成“小金库”并擅自使用。该行为违反了《中华人民共和国会计法》第十六条的规定，即“各单位发生的各项经纪业务事项应当在依法设置的会计账簿上统一登记、核算，不得违反本法和国家统一的会计制度的规定私设会计账簿登记、核算”。

## 二、银行存款

银行存款是企业存入银行和其他金融机构的各种款项。企业的银行存款包括人民币存款和外币存款。

（一）企业在银行的开户

企业应根据《银行账户管理办法》的规定，设立单位银行计算账户。单位银行结算账户按用途分为基本存款账户、一般存款账户、专用存款账户、临时存款账户。

基本存款账户是存款人因办理日常转账结算和现金收付需要而开立的银行结算账户。单位银行结算账户的存款人只能在银行开立一个基本存款账户。基本存款账户是存款人的主办账户。存款人日常经营活动的资金收付及其工资、奖金和现金的支取，应通过该账户办理。

一般存款账户是存款人因借款或其他结算需要，在基本存款账户开户银行以外的银行营业机构开立的银行结算账户。一般存款账户用于办理存款人借款转存、借款归还和其他结算的资金收付。该账户可以办理现金缴存，但不得办理现金支取。

专用存款账户是存款人按照法律、行政法规和规章，对其特定用途资金进行专项管理和使用而开立的银行结算账户。专用存款账户用于办理各项专用资金的收付。单位银行卡账户的资金必须由其基本存款账户转账存入。该账户不得办理现金收付业务。

临时存款账户是存款人因临时需要并在规定期限内使用而开立的银行结算账户。临时存款账户用于办理临时机构以及存款人临时经营活动发生的资金收付。临时存款账户的有效期最长不得超过 2 年。临时存款账户支取现金，应按照国家现金管理的规定办理。

中国人民银行负责基本存款账户、临时存款账户和预算单位专用存款账户开户登记证的管理。

（二）银行存款收付业务的会计处理

企业设“银行存款”科目核算其银行存款的收付和结存情况。该科目借方登记银行存款的增加；贷方登记银行存款的减少；期末余额在借方，反映银行存款的余额。企业应使用银行存款日记账，按照业务发生顺序逐日逐笔登记。

【例 3-3】祥瑞公司发生如下业务：

1. 收到购货单位前欠货款 200 000 元，存入银行。

借：银行存款　　　　　200 000

　　贷：应收账款　　　　　　　200 000

2. 开出支票支付办公用品费 8 500 元。

借：管理费用　　　　　8 500

　　贷：银行存款　　　　　　　8 500

（三）银行存款清查的核算

具体内容将在第九章“财产清查”讲解。

## 三、其他货币资金

（一）其他货币资金的概念

“其他货币资金”是企业向银行预缴的票据业务存款（即银行汇票存款、银行本票存款）、单位银行卡存款、信用保证金存款和存出投资款、外埠存款等款项。

（二）其他货币资金的账户设置

企业设置“其他货币资金”科目核算其银行汇票存款、银行本票存款、单位银行卡存款、信用保证金存款、存出投资款、外埠存款等各种其他货币资金。该科目借方登记增加数，贷方登记减少数，期末余额在借方，反映企业持有的其他货币资金余额。

（三）其他货币资金的内容

1. 银行汇票存款和银行本票存款

银行汇票是出票银行签发的，由其在见票时按照实际结算金额无条件支付给收款人或者持票人的票据。银行汇票的出票银行为银行汇票的付款人。单位和个人各种款项结算，均可使用银行汇票。银行汇票的提示付款期限为自出票日起 1 个月。

银行本票是银行签发的，承诺自己在见票时无条件支付确定的金额给收款人或者持票人的票据。单位和个人在同一票据交换区域需要支付各种款项，均可以使用银行本票。银行本票的提示付款期限自出票日起最长不得超过 2 个月。

【例 3-4】祥瑞公司申请开出 200 000 元的银行汇票用于异地采购。

预先存入款项时，

借：其他货币资金——银行汇票 200 000
　　贷：银行存款 200 000

使用银行汇票支付采购款时，

支付货款 120 000 元，增值税 20 400 元。

借：在途物资 120 000
　　应交税费——应交增值税（进项税额） 20 400
　　贷：其他货币资金——银行汇票 140 400

收到退回余款，

借：银行存款 59 600
　　贷：其他货币资金——银行汇票 59 600

2. 银行卡存款

银行卡，是指由商业银行向社会发行的具有消费信用、转账结算、存取现金等全部或部分功能的信用支付工具。银行卡包括信用卡和借记卡。银行卡按币种不同分为人民币卡、外币卡；按发行对象不同分为单位卡、个人卡；按信息载体不同分为磁条卡、芯片（IC）卡。

【例 3-5】祥瑞公司从基本存款账户向单位人民币账户存入 150 000 元。

借：其他货币资金——银行卡存款　　150 000

　　贷：银行存款　　150 000

3. 信用证保证金存款

信用证保证金存款是指采用信用证结算方式的企业为了开具信用证而存入开证行的信用证保证金专户存款。

企业依照约定向开证行缴存信用证保证金时，根据相关凭证借记“其他货币资金——信用证存款”科目，贷记“银行存款”科目。完成结算支付时，借记“在途物资”等科目，贷记“其他货币资金——信用证存款”科目。

4. 存出投资款

存出投资款是指企业已存入证券公司但尚未进行投资的资金。

企业向证券公司划出资金时，借记“其他货币资金——存出投资款”科目，贷记“银行存款”科目。购买证券时，借记“交易性金融资产”等科目，贷记“其他货币资金——存出投资款”科目。

5. 外埠存款

外埠存款是指企业为了在外地进行临时或零星采购而汇到设在外地的临时存款账户的款项。该账户除了采购人员可从中提取少量现金外，一律转账。

企业委托本地银行向外地汇出款项时，须填列汇款委托书，加盖“采购资金”字样。根据相关凭证，借记“其他货币资金——外埠存款”科目，贷记“银行存款”科目。采购业务员报支使用外埠存款支付的货款等款项时，企业根据相关凭证借记“在途物资”等科目，贷记“其他货币资金——外埠存款”科目。

**【课堂测试 3-1】**

1. 我国会计上所说的狭义的“现金”是指（　　）。

A. 库存现金　　B. 库存现金和银行存款

C. 库存现金和有价证券　　D. A 和 B

2.“现金日记账”是由（　　）根据审核后的会计凭证逐日逐笔序时登记。

A.会计员　　B. 会计师

C.会计主管　　D. 出纳员

3. 现金清查中发现的溢余应首先通过（　　）科目核算。

A. 其他应收款　　B. 其他应付款

C. 待处理财产损溢　　D. 营业外收入

4. 企业办理日常结算和现金收付的银行存款账户是（　　）。

A. 基本存款账户　　B. 一般存款账户

C. 临时存款账户　　D. 专用存款账户

5. 企业将款项委托开户银行汇往采购地银行，开立采购专户时应借记（　　）。

A. 银行存款　　B. 材料采购

C. 其他应收款　　D. 其他货币资金

6. 练习货币资金业务的核算。

某企业 5 月份货币资金业务如下，请编制相应的会计分录：

（1）以现金 1 000 元存入银行。

（2）购买办公用品 400 元，以现金支付。

（3）用现金预支职工小王差旅费 3 000 元。

（4）从银行提取现金 5 000 元备用。

（5）职工小王报销差旅费 2 500 元，余款 500 元交回。

（6）财产清查中发现现金溢余 100 元，经批准转作营业外收入处理。

（7）现金清查中发现短缺 50 元，系出纳员张华失误造成，经批准由出纳负责。

（8）以银行存款 30 000 元归还短期借款。

（9）收到应收账款 50 000 元存入银行。

（10）开出转账支票支付广告费 20 000 元。

（11）企业向银行提交“银行汇票委托书”，并将 200 000 元缴存银行，取得银行汇票。

（12）委托银行将 100 000 元汇往外地某银行开立临时存款账户。

（13）向银行申请面值 10 000 元的银行本票一张，本票已收到。

（14）用银行汇票支付前欠货款 150 000 元。

（15）采购员从外地用临时存款购买原材料 80 000 元，增值税 13 600 元，材料尚未运到企业。

# 第二节　存　货

## 一、存货及其分类

（一）存货的概念

企业在日常经营过程中持有的以下资产：以备出售的产成品或商品；处在生产过程的在产品；以备耗用的材料或物料。

（二）存货的特点

1. 企业的有形资产，具有物质实体。不同于没有实物形态的应收账款和无形资产等。

2. 变现能力较强。一般能够在一年内转化货币资金或其他资产。

3. 销售时所能取得的现金数额带有一定的不确定性，因而应计提跌价准备。

4. 在企业日常经营过程中耗用或销售的流动资产（不包括工程物资）。

（三）存货的确认条件

存货的确认除了要符合存货的定义外，还应同时满足以下两个条件：

1. 与该存货有关的经济利益很可能流入企业。

2. 该存货的成本能够可靠地计量。

（四）存货的种类

1. 原材料：构成产品实体的原料及主要材料。

2. 在产品：处于生产过程中的未完工产品。

3. 自制半成品：验收入库的未完工产品。

4. 产成品：完工产品。

5. 外购商品：购入的准备对外销售的商品。

6. 包装物：用于包装产品的各种物品。

7. 低值易耗品：不能作为固定资产核算的各种用具物品。

8. 委托代销商品：委托其他企业代销的商品。

## 二、存货取得成本的确定

企业会计准则规定，存货应以其成本入账。这表明企业在持续经营的前提下，存货入账价值的基础应采用历史成本为计价原则。

不同的存货的成本构成内容。

1. 购入的存货（如材料）

存货采购成本包括：

（1）买价。购货发票所注明的货款金额。不包括发票上的增值税税额。

（2）其他采购费用。如运输费、装卸费、包装费、入库前的整理挑选费等。若这些费用能分清负担对象的，应直接计入相应存货的采购成本；不能分清负担对象的，应选择合理的分配方法，如按所购存货的重量或采购价格比例，分配计入有关存货的采购成本。

2. 自制的存货（如产成品）

自制存货成本包括：（1）直接材料费；（2）直接人工费；（3）制造费用。

3. 委托加工的存货

委托加工存货成本包括：（1）消耗的材料费；（2）加工费；（3）往返运杂费；（4）应负担的税费。

4. 投资者投入的存货

投资者投入的存货成本，按各方评估确认的价值或投资协议确定的价值入账。

5. 盘盈的存货

存货清查终盘盈的存货，按其同类或类似存货的市场价格入账。

## 三、存货的会计处理

我国存货的计价方法包括实际成本法和计划成本法。企业根据自身生产经营特点和管理要求，可自行选择按照实际成本法或计划成本法进行核算。本教材主要讲解按照实际成本法进行存货核算。

实际成本法是指企业在日常核算中，对存货的收入、发出和结存均按实际成本计价。

（一）存货的初始计量

通常按照不同的取得方式来对存货进行初始计量。

1. 外购原材料的几种不同情况

取得原材料通过“原材料”和“在途物资”科目进行核算。“原材料”账户核算库存的各种材料，包括原料及主要材料、辅助材料、包装材料、燃料等的实际成本。本科目借方发生额表示本期增加的原材料，贷方发生额表示本期减少的原材料，期末余额在借方，反映企业库存材料的成本。“在途物资”科目核算的是企业采用实际成本进行材料等物资日常核算，货款已付尚未验收入库的购入材料等物资的采购成本。本科目期末余额在借方，反映企业尚未到达或尚未验收入库的在途材料等物资的采购成本。

由于采用的货款结算方式等不同，经常会出现企业收料和付款时间不一致的情况。在不同的情况下，有着不同的会计处理方法。

（1）发票等结算单据与材料同时到达。在企业收到发票等结算单据，材料已验收入库后，应根据发票等结算凭证确认材料成本，借记“原材料”科目，根据取得的增值税专用发票上注明的税额，借记“应交税费——应交增值税（进项税额）”，按照实际支付的款项或应付金额，贷记“银行存款”或“应付票据”、“应付账款”等科目；小规模纳税人等不能抵扣增值税的，购入材料按应支付的金额，借记“原材料”科目，贷记“银行存款”或“应付票据”、“应付账款”等科目。

【例 3-6】祥瑞公司为一般纳税人，购入甲、乙两种材料，取得增值税专用发票注明材料价款分别为 27 000 元、28 000 元。增值税额为 9 350 元。货款已用银行存款支付，应编制以下会计分录：

借：原材料——甲材料　　27 000
　　　　　——乙材料　　28 000
　　应交税费——应交增值税（进项税额）　　9 350
　　贷：银行存款　　64 350

（2）已收到发票等结算单据但材料未到。在企业已经收到发票等结算单据，但材料尚未运达或尚未验收入库时，应根据发票账单等结算凭证确认的材料成本和增值税专用发票上注明的可抵扣税额，借记“在途物资”、“应交税费——应交增值税（进项税额）”科目，贷记“银行存款”或“应付票据”、“应付账款”等科目；小规模纳税人等不能抵扣增值税的，购入材料按应支付的金额，借记“在途物资”科目，贷记“银行存款”或“应付票据”、“应付账款”等科目。待材料到达并验收入库后，再根据收料单，借记“原材料”科目，贷记“在途物资”科目。

【例 3-7】沿用上例资料，假设在该次采购中，购入材料的发票已经收到，货款已支付，但材料尚未运到。祥瑞公司应于收到发票时，编制以下会计分录：

借：在途物资——甲材料　　27 000
　　　　　　——乙材料　　28 000
　　应交税费——应交增值税（进项税额）　　9 350
　　贷：银行存款　　64 350

（3）材料已到但发票等结算单据尚未收到。在材料已到达并已验收入库，但发票等结算凭证未到，款项尚未支付的情况下，企业应于月末，按材料的暂估价值，借记“原材料”科目，贷记“应付账款——暂估材料款”科目。下月初用红字冲回。待取得发票等结算凭证时，再按照正常程序重新入账。

【例 3-8】祥瑞公司购买丙材料，并验收入库，但发票等结算凭证尚未收到，货款尚未支付，公司应在当月月末，估价入账，假设暂估价为 18 000 元。编制如下会计分录：

借：原材料——丙材料　　18 000
　　贷：应付账款——暂估材料款　　18 000

下月初用红字冲销以上分录：

借：原材料——丙材料　　18000
　　贷：应付账款——暂估材料款　　18 000

收到有关结算凭证，增值税专用发票注明价款 20 000 元，增值税额 3 400 元，并支付货款。

借：原材料——丙材料　　20 000
　　应交税费——应交增值税（进项税额）　　3 400
　　贷：银行存款　　23 400

（4）预付货款采购。在预付材料款时，按照实际支付的价款，借记“预付账款”科目，贷记“银行存款”科目。待材料验收入库时，根据发票注明价款和增值税，借记“原材料”、“应交税费——应交增值税（进项税额）”科目，贷记“预付账款”科目；预付账款不足的，应补付货款，按补付金额借记“预付账款”科目，贷记“银行存款”科目；退回多付款项时，借记“银行存款”科目，贷记“预付账款”科目。

【例 3-9】祥瑞公司采购丁材料，因供货紧张，故预付购料款 25 000 元，会计分录如下：

借：预付账款　　25 000
　　贷：银行存款　　25 000

材料运抵企业并验收入库，同时收到相关结算凭证，增值税发票注明款项 30 000 元，增值税 5 100 元，并用银行存款补足货款。会计分录如下：

借：原材料——丁材料　　30 000
　　应交税费——应交增值税（进项税额）　　5 100
　　贷：预付账款　　35 100

借：预付账款　　10 100

贷：银行存款 10 100

2. 自制取得存货的核算

企业设置“生产成本”、“制造费用”等科目核算在产品制造过程中发生的直接和间接代价。对于生产过程中发生的、与某种产品直接相关的代价，可直接计入“生产成本”科目进行归集，对于车间发生的难以直接对应某种产品而是由多种产品共同分担的水、电、气等开支，则需先行通过“制造费用”科目进行归集，然后再按照企业实现确定的成本计算标准分配计入“生产成本”科目。

【例 3-10】祥瑞公司生产车间领用甲材料 10 000 元、乙材料 5 000 元生产 A 产品，车间发生水费 1 000 元，用银行存款支付。会计分录如下：

借：生产成本——A 产品 15 000
　　制造费用 1 000
　　贷：原材料——甲材料 10 000
　　　　　　——乙材料 5 000
　　　　银行存款 1 000

【例 3-11】承【例 3-10】，祥瑞公司生产车间将归集的间接费用分配给在产品 A 和在产品 B，按照分配标准平均分摊制造费用。会计分录如下：

借：生产成本——A 产品 500
　　　　　　——B 产品 500
　　贷：制造费用 1 000

企业设置“库存商品”科目核算库存产成品的成本。该科目借方登记增加额，贷方登记减少额，科目余额在借方，反映企业库存商品的成本。

【例 3-12】承【例 3-11】，祥瑞公司 A 产品全部完工，从车间运到产成品库。会计分录如下：

借：库存商品——A 产品 15 500
　　贷：生产成本——A 产品 15 500

3. 委托加工取得存货的核算

企业设置“委托加工物资”科目核算企业委托外单位加工的各种材料、商品等物资的实际成本。企业发给外单位加工的物资，按照实际成本，借记“委托加工物资”科目，贷记“原材料”、“库存商品”等科目。支付加工费、运杂费时，借记“委托加工物资”等科目，贷记“银行存款”等科目。加工完成验收入库的物资和剩余物资，按加工收回物资和剩余物资的实际成本，借记“原材料”、“库存商品”等科目，贷记“委托加工物资”科目。该科目期末借方余额，反映企业委托加工尚未完成物资的实际成本。

【例 3-13】(1) 祥瑞公司发出一批价值 2 000 元的原材料，委托利华工厂加工一批货物。

借：委托加工物资　　2 000
　　贷：原材料　　2 000

(2) 支付加工费并取得增值税专用发票，价税合计金额为 1 170 元。

借：委托加工物资　　1 000
　　应交税费——应交增值税（进项税额）　　170
　　贷：银行存款　　1 170

(3) 收回加工好的货物。

借：库存商品　　3 000
　　贷：委托加工物资　　3 000

（二）存货的后续计量

1. 存货发出的核算

(1) 原材料的领用

对于原材料的领用，按实际成本，借记“生产成本”、“制造费用”、“销售费用”、“管理费用”、“委托加工物资”、“在建工程”等科目，贷记“原材料”科目。

(2) 库存商品的出售

对于销售库存商品，按收到或应收的价款，借记“银行存款”或“应收账款”等科目；按实现的收入，贷记“主营业务收入”科目；按增值税额，贷记“应交税费——应交增值税（销项税额）”科目，结转出售商品成本时，借记“主营业务成本”科目，贷记“库存商品”科目。

【例 3-14】祥瑞公司销售 A 产品一批，售价 2 000 元，增值税额 3 400 元，款项存入银行，该批产品成本 1 000 元。会计分录如下：

借：银行存款　　23 400
　　贷：主营业务收入　　20 000
　　　　应交税费——应交增值税（销项税额）　　3 400
借：主营业务成本　　10 000
　　贷：库存商品　　10 000

2. 发出存货成本的计价方法

企业会计准则针对实务中多批量采购的情况，规定了企业应当采用先进先出法、加权平均法、移动加权平均法或个别计价法确定发出存货的实际成本。

（1）先进先出法

先进先出法的基本含义是假设先入库的存货尽先发出。发出存货单价按最先入库存货的单价计算，并依存货入库顺序类推。

【例 3-15】祥瑞公司 2012 年 5 月 1 日结存 A 商品 900 件，单位成本 10 元。本月 5 日购入 500 件，单位成本 12 元；12 日发出 1 000 件；16 日购入 1 600 件，单位成本 15 元；22 日发出 680 件。

要求：按照先进先出法计算本期发出和期末结存存货成本。

**表 3-1 库存商品明细账（采用先进先出法计算）**

金额单位：元

| 2012 | | 摘要 | 收入 | | | 发出 | | | 结存 | | |
|---|---|---|---|---|---|---|---|---|---|---|---|
| 月 | 日 | | 数量（件） | 单价 | 金额 | 数量（件） | 单价 | 金额 | 数量（件） | 单价 | 金额 |
| 5 | 1 | 月初结存 | | | | | | | 900 | 10 | 9 000 |
| | 5 | 采购 | 500 | 12 | 6 000 | | | | 900<br>500 | 10<br>12 | 9 000<br>6 000 |
| | 12 | 销售 | | | | 900<br>100 | 10<br>12 | 9 000<br>1 200 | 400 | 12 | 4 800 |
| | 16 | 采购 | 1 600 | 15 | 24 000 | | | | 400<br>1 600 | 12<br>15 | 4 800<br>24 000 |
| | 22 | 销售 | | | | 400<br>280 | 12<br>15 | 4 800<br>4 200 | 1 320 | 15 | 19 800 |
| | | 本月合计 | 2 100 | | 30 000 | 1 680 | | 19 200 | 1 320 | 15 | 19 800 |

本期发出存货成本=900×10+100×12+400×12+280×15=19 200（元）

期末结存存货成本=1 320×15=19 800（元）

先进先出法的优点是存货的成本流动与存货的实物流动较为接近，期末存货成本比较接近最新的市价。缺点是这种方法手工核算工作量比较大，物价的波动会影响企业当期利润和存货价值。

（2）一次加权平均法

一次加权平均法是指以本月全部进货数量与月初存货结存数量作为权数，只在期末计算本期可供销售存货的平均成本，以此计算发出存货的总成本。其计算公式为：

存货加权平均单位成本=（月初库存存货实际成本+本月各批进货的实际单位成本×各批进货数量）÷（月初库存存货数量+本月各批进货数量之和）

本月发出存货成本=本月发出存货数量×存货加权平均单位成本

本月月末库存存货成本=月末库存存货数量×存货加权平均单位成本

【例 3-16】依【例 3-15】资料。

要求：按照一次加权平均法计算本期发出和期末结存存货成本。

**表 3-2 库存商品明细账（采用一次加权平均法计算）**

金额单位：元

| 2012 | | 摘要 | 收入 | | | 发出 | | | 结存 | | |
|---|---|---|---|---|---|---|---|---|---|---|---|
| 月 | 日 | | 数量（件） | 单价 | 金额 | 数量（件） | 单价 | 金额 | 数量（件） | 单价 | 金额 |
| 5 | 1 | 月初结存 | | | | | | | 900 | 10 | 9 000 |
| | 5 | 采购 | 500 | 12 | 6 000 | | | | 1 400 | | |
| | 12 | 销售 | | | | 1000 | 13 | 13 000 | 400 | | |
| | 16 | 采购 | 1 600 | 15 | 24 000 | | | | 2 000 | | |
| | 22 | 销售 | | | | 680 | 13 | 8 840 | 1 320 | | |
| | | 本月合计 | 2 100 | 13 | 27 300 | 1 680 | 13 | 21 840 | 1 320 | 13 | 17 160 |

存货加权平均单位成本 =（9 000+500×12+1 600×15）÷（900+500+1 600）
=13（元）

本期发出存货成本=1 680×13=21 840（元）

期末结存存货成本=1 320×13=17 160（元）

采用一次加权平均法，优点是平时核算工作量较少，方法比较简单。但缺点是无法从账上提供发出和结存存货的单价和金额，因而不利于加强对存货的管理。

（3）移动加权平均法

移动加权平均法下，每次进货后都要计算新的加权平均单价，从而对发出存货和库存存货进行计价。计算公式为：

加权平均单位成本=（原结存存货成本+新进存货成本）÷（原结存存货数量+新进存货数量）

【例 3-17】依【例 3-15】资料。

要求：按照移动加权平均法计算本期发出和期末结存存货成本。

表 3-3　库存商品明细账（采用移动加权平均法计算）

金额单位：元

| 2012 | | 摘要 | 收入 | | | 发出 | | | 结存 | | |
|---|---|---|---|---|---|---|---|---|---|---|---|
| 月 | 日 | | 数量（件） | 单价 | 金额 | 数量（件） | 单价 | 金额 | 数量（件） | 单价 | 金额 |
| 5 | 1 | 月初结存 | | | | | | | 900 | 10 | 9 000 |
| | 5 | 采购 | 500 | 12 | 6 000 | | | | 1 400 | | |
| | 12 | 销售 | | | | 1 000 | 10.71 | 10 710 | 400 | 10.71 | 4 284 |
| | 16 | 采购 | 1 600 | 15 | 24 000 | | | | 2 000 | 14.14 | 28 280 |
| | 22 | 销售 | | | | 680 | 14.14 | 9615.20 | 1 320 | 14.14 | 18 664.80 |
| | | 本月合计 | 2 100 | | 30 000 | 1 680 | | 20 325.20 | 1 320 | 14.14 | 18 664.80 |

5 月 5 日计算的存货移动加权平均单位成本=(9 000+500×12)÷(900+500)
=10.71（元）

5 月 16 日计算的存货移动加权平均单位成本=（4 284+1 600×15）÷（400+1 600）
=14.14（元）

本期发出存货成本=1 000×10.71+680×14.14=20 325.20（元）

期末结存存货成本=1 320×14.14=18 664.80（元）

采用移动加权平均法，便于企业及时了解存货的结存情况，其计算结果较为客观，但是对于手工核算而言，工作量也较大。

（4）个别计价法

个别计价法是指发出的存货根据该存货购入时的实际单位成本作为计价依据。对于不能替代使用、价格高昂或为特定项目专门购入或制造的存货，通常采用个别计价法确定其销售成本。

采用个别计价法，得出的发出存货和期末存货成本比较合理、准确。但实务操作的工作量较大。现代技术下，条形码的采用已大大降低了个别计价法的工作量。

企业可以根据不同情况，选择上述几种方法确定各种存货发出时的实际成本。但是，计价方法一经确定，不得随意改变。

（三）存货的期末计量

1. 期末存货计量原则

企业会计准则规定，在资产负债表日，存货应当按照成本与可变现净值孰低计量。即当可变现净值低于成本时，应按可变现净值计价，按其差额计提存货跌价准备；当成本低于可变现净值时，存货按成本计价，但原已计提存货跌价准备的，应在已计提存货跌价准备金额的范围内转回。

2. 存货的可变现净值的确定

可变现净值，是指在日常活动中，存货的估计售价减去至完工时估计将要发生的成本、估计的销售费用以及相关税费后的金额。存货的可变现净值由存货的估计售价、至完工时将要发生的成本、估计的销售费用和估计的相关税费等内容构成。

（1）确定存货的可变现净值时应考虑的因素

企业在确定存货的可变现净值时，应当以取得的确凿证据为基础，并且考虑持有存货的目的、资产负债表日后事项的影响等因素。

①确定存货的可变现净值应当以取得确凿证据为基础

确定存货的可变现净值必须建立在取得确凿证据的基础上。这里所讲的"确凿证据"是指对确定存货的可变现净值和成本有直接影响的客观证明。

存货的采购成本、加工成本和其他成本及以其他方式取得存货的成本，应当以取得外来原始凭证、生产成本账簿记录等作为确凿证据。

存货可变现净值的确凿证据，是指对确定存货的可变现净值有直接影响的确凿证明，如产成品或商品的市场销售价格、与产成品或商品相同或类似商品的市场销售价格、销货方提供的有关资料和生产成本资料等。

②确定存货的可变现净值应当考虑持有存货的目的

由于企业持有存货的目的不同，确定存货可变现净值的计算方法也不同。如用于出售的存货和用于继续加工的存货，其可变现净值的计算就不相同，因此，企业在确定存货的可变现净值时，应考虑持有存货的目的。企业持有存货的目的，通常可以分为：

a. 持有以备出售的存货，如商品、产成品，其中又分为有合同约定的存货和没有合同约定的存货；

b. 将在生产过程或提供劳务过程中耗用的存货，如材料等。

③确定存货的可变现净值应当考虑资产负债表日后事项等的影响

资产负债表日后事项应当能够确定资产负债表日存货的存在状况。确定存货的可变现净值时，应当根据资产负债表日存货所处状况应估计的售价为基础，资产负债表日后事项期间发生的有关价格波动，如果有确凿证据表明是对资产负债表日的存货存在状况提供进一步证明的，在计算可变现净值时应当考虑资产负债表日后事项的影响。

（2）不同存货可变现净值的构成不同

①产成品、商品和用于出售的材料等直接用于出售的商品存货。在正常生产经营过程中，应当以该存货的估计售价减去估计的销售费用和相关税费后的金额，确定其可变现净值。

②需要经过加工的材料存货，在正常生产经营过程中，应当以所生产的产成品的估计售价减去至完工时估计将要发生的成本、估计的销售费用和相关税费后的金额，确定其可变现净值。

企业应设置“资产减值损失”科目核算其计提各项资产减值准备所形成的损失。该科目借方登记增加额，贷方登记减少额，期末结转后，该科目无余额。

企业应设置“存货跌价准备”科目核算企业对存货计提的跌价准备。该科目是存货项目的备抵科目。该科目贷方登记计提额，借方登记转回额或转销额，期末余额在贷方，反映企业已计提但尚未转销的存货跌价准备。

计提存货跌价准备时，借记“资产减值损失”科目，贷记“存货跌价准备”科目。

【例 3-18】祥瑞公司 2012 年 12 月 31 日存货的账面价值为 1 300 000 元，根据确凿证据计算的该批存货的可变现净值为 1 250 000 元，2013 年 2 月，公司将这批存货全部售出，价税合计金额为 2 340 000 元，货款已收到，货物已交付。

计提存货跌价准备时，

| | 借方 | 贷方 |
|---|---|---|
| 借：资产减值损失 | 50 000 | |
| 　　贷：存货跌价准备 | | 50 000 |

销售实现时，

| | 借方 | 贷方 |
|---|---|---|
| 借：银行存款 | 2 340 000 | |
| 　　贷：主营业务收入 | | 2 000 000 |
| 　　　　应交税费——应交增值税（销项税额） | | 340 000 |

结转销售成本，

| | 借方 | 贷方 |
|---|---|---|
| 借：主营业务成本 | 1 250 000 | |
| 　　存货跌价准备 | 50 000 | |
| 　　贷：库存商品 | | 1 300 000 |

## 四、存货的盘存与清查

（一）存货的盘存制度

期末存货的结存实物量通常的确定方法有两种。

1. 永续盘存制

永续盘存制是指对各种存货平时在有关明细账中既登记其收入数，又登记其发出数，可以随时确定存货结存数的一种方法。

永续盘存制有如下优点：

（1）账簿组织健全，收发手续严密，可随时提供存货收发存信息。

（2）便于进行存货清查，以保证账实相符。

（3）利于及时发现存货库存的积压与不足并及时处理。

但缺点是明细核算的工作量较大。且容易出现账实不符的情况，应定期或不定期的进行账实核对。

2. 实地盘存制

实地盘存制是指对各种存货平时在有关明细账中只登记其收入数，不登记发出数，在会计期末通过盘点确定实际结存数，并倒挤出本月发出数的一种方法。

本期发出存货成本=期初存货成本+本期收入存货成本－期末存货成本

实地盘存制的优点是核算手续简单。但也存在如下缺点：

（1）账簿不组织健全，收发手续不严密，不能随时提供存货收发存信息。

（2）倒挤出的存货发出数可能隐藏非正常耗用因素，进而影响生产、销售成本的计算。

（3）实地盘点会消耗较多的人力物力，造成浪费。

（二）存货的清查

1. 存货清查的概念

对存货进行清查盘点，确认其是否账实相符的方法。

2. 清查存货的原因

在各种存货的收发、计量和核算过程中难免发生一些差错、自然损耗、丢失、被盗等问题，造成账实不符，为了保证存货的真实性、完整性，有必要对存货进行清查。

造成账实不符的基本原因：记账有误；发生盘盈或盘亏。

3. 基本处理方法

对于记账错误可以按照规定的错账更正方法进行更正。

对于存货的盘盈、盘亏，应根据存货盘存单、存货盈亏报告单进行处理（账面调整）；经有关部门批准后，再进行核销处理。

【例 3-19】企业在财产清查中发现一批账外（盘盈）原材料，总成本为 31 400 元。按规定冲减管理费用。

报经批准前的账务处理（账面调整）：

借：原材料　　31 400

　　贷：待处理财产损溢——待处理流动资产损溢　　31 400

经批准后的账务处理（核销）：

借：待处理财产损溢——待处理流动资产损溢　31 400

　　贷：管理费用　　31 400

**篇中案例 3-2**

小王在自学会计的时候发现，存货的会计处理规则主要包括两种核算方法，一种是“实际成本法”，另一种是“计划成本法”。那么这两种方法区别何在？在实际运用时应如何选择呢？

“计划成本法”多用于制造类企业，相对于“实际成本法”是比较简化的核算方法。日常业务中，原材料的收入、发出和结存均按照计划成本进行登记核算，有助于减轻核算工作量，便于实施预算管理。计划成本法适用于材料品种繁多、收发频繁的大中型企业，或者管理上需要分别核算材料的计划成本及成本差异的企业。

实际成本法和计划成本法的区别主要有两点：

1. 账户使用的不同：实际成本法下，购买的尚未验收入库材料的实际成本记入“在途物资”科目，计划成本法下，购买的尚未验收入库材料的实际成本记入“材料采购”科目，同时实际成本和计划成本之间的差额计入“材料成本差异”科目。

2. 计入成本费用时，实际成本可以直接转入，但是计划成本法首先要将计划成本转入，然后将“材料成本差异”转入到相关的成本费用中去。

【课堂测试 3-2】

1. 什么是存货？包括哪些内容？
2. 存货增加、发出和期末结存计价的方法各有哪些？
3. 什么是可变现净值？如何确定？

4. 甲公司为增值税一般纳税人，适用的增值税税率为 17%。本期购入原材料 200 公斤，价款 20 000 元（不含增值税）。验收入库时发现短缺 5%，经查属于运输途中合理损耗。该批原材料入库前挑选整理费为 340 元。该批原材料实际成本为每公斤（　　）元。

A. 106　　B. 107

C. 108　　D. 200

5. 一般纳税人企业，不计入存货成本的是（　　）。

A. 入库前的挑选整理费

B. 存货在运回过程中发生的自然损耗

C. 购买存货时发生的增值税进项税额

D. 购买存货时支付的运输费

6. 期末对存货采用成本与可变现净值孰低法计价时，其可变现净值是指（　　）。

A. 预计售价

B. 预计售价减去进一步加工成本和销售所必需的预计税金、费用

C. 现时重置成本

D. 现时重置成本加毛利

7. A 公司采用成本与市价孰低法对期末存货计价。2012 年 12 月 31 日存货的账面价值为 5 万元，预计可变现净值为 4.7 万元。2013 年 12 月 31 日存货的账面余额仍为 5 万元，预计可变现净值为 5.2 万元。那么 A 公司 2013 年年末应冲减的存货跌价准备为（　　）万元。

A. 0　　B. 0.1

C. 0.2　　D. 0.3

8. A 公司和 B 公司均为增值税一般纳税人，适用的增值税税率均为 17%，A 公司委托 B 公司加工应征消费税的材料一批，A 公司发出原材料的实际成本为 600 万元。完工收回时支付加工费 120 万元，另行支付增值税税额 20.4 万元，支付 B 公司代收代缴的消费税税额 45 万元。A 公司收材料后继续用于加工应税消费品。则 A 公司该批委托加工材料的入账价值是（　　）万元。

A. 765　　B. 785.4

C. 720　　D. 740.4

# 第三节 金融资产

## 一、金融资产及其分类

金融资产属于企业资产的重要组成部分，主要包括：库存现金、银行存款、应收账款、应收票据，其他应收款项、股权投资、债权投资和衍生金融工具形成的资产等。

但这里需要说明的是虽然从广义上来说金融资产包括股权投资，但是股权投资中的对子公司、联营企业、合营企业的投资，以及在活跃市场上没有公开报价的长期股权投资在准则中是由《长期股权投资准则》来进行规范，所以将在下一节中进行详细讲解。

根据我国现行企业会计准则的规定，企业应当结合自身业务特点、投资策略和风险管理要求，将取得的金融资产在初始确认时划分为以下几类：（1）以公允价值计量且其变动计入当期损益的金融资产；（2）持有至到期投资；（3）货款和应收款项；（4）可供出售的金融资产。

金融资产分类与金融资产计量密切相关。不同类别的金融资产，其初始计量和后续计量采用的基础也不完全相同。因此，上述分类一经确定，不应随意变更。

## 二、以公允价值计量且其变动计入当期损益的金融资产

以公允价值计量且其变动计入当期损益的金融资产，可以进一步分为交易性金融资产划分和指定以公允价值计量且其变动计入当期损益的金融资产。同时，某项金融资产划分为以公允价值计量且其变动计入当期损益的金融资产后，不能再重分类为其他类别的金融资产；其他类别的金融资产也不能再重分类为以公允价值计量且其变动计入当期损益的金融资产。

（一）交易性金融资产

金融资产满足下列条件之一的，应当划分为交易性金融资产。

1．取得该金融资产的目的，主要是为了近期内出售或回购。比如，企业以赚取差价为目的从二级市场购入的股票、债券、基金等。

2．属于进行集中管理的可辨认金融工具组合的一部分，且有客观证据表明企业近期采用短期获利方式对该组合进行管理。比如，企业基于其投资

策略和风险管理的需要，将某些金融资产进行组合从事短期获利活动，对于组合中的金融资产，应采用公允价值计量，并将其相关公允价值变动计入当期损益。

3. 属于衍生金融工具。比如，国债期货、远期合同、股指期货等，其公允价值变动大于零时，应将其相关变动金额确认为交易性金融资产，同时计入当期损益。但是，如果衍生工具被企业指定为有效套期关系中的套期工具，那么该衍生金融工具初始确认后的公允价值变动应根据其对应的套期关系（即公允价值套期、现金流量套期或境外经营净投资套期）不同，采用相应的方法进行处理。

（二）指定为以公允价值计量且其变动计入当期损益的金融资产

企业将某项金融资产指定为以公允价值计量且其变动计入当期损益的金融资产，通常是指该金融资产不满足确认为交易性金融资产条件时，企业仍可在符合某些特定条件的情况下将其按公允价值计量，并将其公允价值变动计入当期损益。

通常情况下，只有符合下列条件之一的金融资产，才可以在初始确认时指定为以公允价值计量且其变动计入当期损益的金融资产。

1. 该指定可以消除或明显减少由于该金融资产的计量基础不同所导致的相关利得或损失在确认或计量方面不一致的情况。比如，甲金融企业的某金融负债和某金融资产密切相关且均具利率敏感性，该企业将该金融资产划分为可供出售金融资产，而将相关负债划分为交易性金融负债，在这种情况下，该金融资产期末以公允价值计量但公允价值变动却计入所有者权益，而相关的金融负债却以公允价值计量且公允价值变动计入当期损益，由此出现会计计量基础不同导致会计处理结果不能较好地反映交易实质的情况。如果将该金融资产指定为以公允价值计量且其变动计入当期损益的金融资产，就可以避免上述问题。

2. 企业风险管理或投资策略的正式书面文件已载明，该金融资产组合或该金融资产和金融负债组合，以公允价值为基础进行管理、评价并向关键管理人员报告。比如，某企业集团对所辖范围内全资子企业或分公司的风险敞口进行集中管理以总体控制财务风险，该企业集团采用金融资产和金融负债组合方式进行管理，每日均以公允价值对该组合进行评价以及时调整组合来应对相关财务风险。该企业集团管理层对该组合的管理也以公允价值为基础。在这种情况下，该企业集团可以直接指定组合中的金融资产和金融负债为以公允价值计量且其变动计入当期损益的金融资产和金融负债。

（三）交易性金融资产的会计处理

1. 交易性金融资产的初始计量

企业取得交易性金融资产时，应按公允价值计量，相关交易费用应当直接计入当期损益。其中，交易费用是指可直接归属于购买、发行或处置金融工具新增的外部费用。所谓新增的外部费用，是指企业不购买、发行或处置金融工具就不会发生的费用。交易费用包括支付给代理机构、咨询公司、券商等的手续费和佣金及其他必要支出，不包括债券溢价、折价、融资费用、内部管理成本及其他与交易不直接相关的费用。企业为发行金融工具所发生的差旅费等，不属于此处所讲的交易费用。

企业取得交易性金融资产所支付的价款中，包含已宣告但尚未发放的现金股利或已到付息期但尚未领取的债券利息的，应当单独确认为应收项目。

【例 3-20】2012 年 5 月 13 日，祥瑞公司支付价款 1 060 000 元从二级市场购入乙公司发行的股票 100 000 股，每股价格 10.60 元（含已宣告但尚未发放的现金股利 0.60 元），另支付交易费用 1 000 元。祥瑞公司将持有的乙公司股权划分为交易性金融资产，且持有乙公司股权后对其无重大影响。

假定不考虑其他因素，祥瑞公司的账务处理如下：

| | | |
|---|---|---|
| 借：交易性金融资产——成本 | 1000 000 | |
| 　　应收股利 | 60 000 | |
| 　　投资收益 | 1 000 | |
| 　　贷：银行存款 | | 1 061 000 |

2. 交易性金融资产的后续计量

（1）持有期间现金股利和利息的核算。交易性金融资产持有期间，企业收到买价中包含的已到付息期但尚未领取的利息或者已宣告但尚未发放的现金股利，应借记“银行存款”等科目，贷记“应收利息”或者“应收股利”科目。除上述股利和利息外，企业在交易性金融资产持有期间，对于被投资单位宣告发放的现金股利或者在资产负债表日确认的分期付息债券的利息，均应首先借记“应收股利”或者“应收利息”科目，贷记“投资收益”科目；收到时再借记“银行存款”等科目，贷记“应收股利”或者“应收利息”科目。

【例 3-21】承【例 3-20】，2012 年 5 月 23 日，祥瑞公司收到乙公司原宣告的现金股利 60 000 元。2012 年 7 月 15 日，乙公司宣告发放 2012 年度现金股利每股 0.4 元，祥瑞公司于 2012 年 7 月 28 日收到上述股利。

假定不考虑其他因素，祥瑞公司的账务处理如下：

2012 年 5 月 23 日，

借：银行存款　　　　　　　　　　　　60 000

　　贷：应收股利　　　　　　　　　　　　60 000

2012 年 7 月 15 日，

借：应收股利　　　　　　　　　　　　40 000

　　贷：投资收益　　　　　　　　　　　　40 000

2012 年 7 月 28 日，

借：银行存款　　　　　　　　　　　　40 000

　　贷：应收股利　　　　　　　　　　　　40 000

（2）资产负债表日的核算。资产负债表日，企业应将交易性金融资产的公允价值变动计入当期损益。按照公允价值与账面价值的差额，借记或贷记“交易性金融资产——公允价值变动”科目，贷记或借记“公允价值变动损益”科目。

【例 3-22】承【例 3-21】，2012 年 7 月 31 日，乙公司股票价格涨到每股 13 元。

祥瑞公司的账务处理如下：

2012 年 7 月 31 日，

借：交易性金融资产——公允价值变动　　　　300 000

　　贷：公允价值变动损益　　　　　　　　　　300 000

（3）交易性金融资产的出售。企业出售交易性金融资产，企业应按实际收到的金额，借记“银行存款”科目，按交易性金融资产的账面余额，贷记“交易性金融资产”，差额借记或贷记“投资收益”科目。同时，将原计入该金融资产的公允价值变动损益转出，借记或贷记“公允价值变动损益”科目，同时相反方向记入“投资收益”科目。

【例 3-23】承【例 3-22】，2012 年 8 月 15 日，祥瑞公司将持有的乙公司股票以每股 15 元的价格全部售出，取得价款 1 500 000 元。

祥瑞公司的账务处理如下：

2012 年 8 月 15 日，

借：银行存款　　　　　　　　　　　　1 500 000

　　公允价值变动损益　　　　　　　　　300 000

　　贷：交易性金融资产——成本　　　　　　　1 000 000

　　　　　　　　　　　——公允价值变动　　　　300 000

　　　　投资收益　　　　　　　　　　　　　　500 000

## 三、持有至到期投资

（一）持有至到期投资的概念

持有至到期投资，是指到期日固定、回收金额固定或可确定，且企业有明确意图和能力持有至到期的非衍生金融资产。通常情况下，能够划分为持有至到期投资的金融资产，主要是债权性投资，比如企业从二级市场上购入的固定利率国债、浮动利率金融债券等。股权投资因其没有固定的到期日，因而不能划分为持有至到期投资。持有至到期投资通常具有长期性质，但期限较短（1 年以内）的债券投资，符合持有至到期投资条件的，也可将其划分为持有至到期投资。

企业不能将下列非衍生金融资产划分为持有至到期投资：

（1）在初始确认时即被指定为以公允价值计量且其变动计入当期损益的非衍生金融资产；

（2）在初始确认时被指定为可供出售的非衍生金融资产；

（3）符合贷款和应收款项的定义的非衍生金融资产。

企业在将金融资产划分为持有至到期投资时，应当注意把握其以下特征：

1. 该金融资产到期日固定、回收金额固定或可确定

“到期日固定、回收金额固定或可确定”是指相关合同明确了投资者在确定的期间内获得或应收取现金流量（如投资利息和本金等）的金额和时间。首先，从投资者角度看，如果不考虑其他条件，在将某项投资划分为持有至到期投资时可以不考虑可能存在的发行方重大支付风险。其次，由于要求到期日固定，从而权益工具投资不能划分为持有至到期投资。最后，如果符合其他条件，不能由于某债务工具投资是浮动利率投资而不将其划分为持有至到期投资。

2. 企业有明确意图将该金融资产持有至到期

“有明确意图持有至到期”是指投资者在取得投资时意图就是明确的，除非遇到一些企业所不能控制、预期不会重复发生且难以合理预计的独立事项，否则将持有至到期。

存在下列情况之一的，表明企业没有明确意图将金融资产投资持有至到期：

（1）持有该金融资产的期限不确定。

（2）发生市场利率变化、流动性需要变化、替代投资机会及其投资收益率变化、融资来源和条件变化、外汇风险变化等情况时，将出售该金融资产。但是，无法控制、预期不会重复发生且难以合理预计的独立事项引起的金融资产

出售除外。

（3）该金融资产的发行方可以按照明显低于其摊余成本的金额清偿。

（4）其他表明企业没有明确意图将该金融资产持有至到期的情况。

据此，对于发行方可以赎回的债务工具，如发行方行使赎回权，投资者仍可收回其几乎所有初始净投资（含支付的溢价和交易费用），那么投资者可以将此类投资划分为持有至到期投资。但是，对于投资者有权要求发行方赎回的债务工具投资，投资者不能将其划分为持有至到期投资。

3. 企业有能力将该金融资产持有至到期

“有能力持有至到期”是指企业有足够的财务资源，并不受外部因素影响将投资持有至到期。

存在下列情况之一的，表明企业没有能力将具有固定期限的金融资产投资持有至到期:

（1）没有可利用的财务资源持续地为该金融资产投资提供资金支持，以使该金融资产投资持有至到期。

（2）法律、行政法规的限制，使企业难以将该金融资产投资持有至到期。

（3）其他表明企业没有能力将具有固定期限的金融资产投资持有至到期的情况。

企业应当于每个资产负债表日对持有至到期投资的意图和能力进行评价。发生变化的，应当将其重分类为可供出售金融资产进行处理。

企业将某金融资产划分为持有至到期投资后，可能会发生到期前将该金融资产予以处置或重分类的情况。这种情况的发生，通常表明企业违背了将投资持有至到期的最初意图。

企业将尚未到期的某项持有至到期投资在本会计年度内出售或重分类为可供出售金融资产的金额，相对于该类投资（即企业全部持有至到期投资）在出售或重分类前的总额较大时，则企业在处置或重分类后应立即将其剩余的持有至到期投资（即全部持有至到期投资扣除已处置或重分类的部分）重分类为可供出售金融资产，且在本会计年度及以后两个完整的会计年度内不得再将该金融资产划分为持有至到期投资。但是，下列情况除外：

（1）出售日或重分类日距离该项投资到期日或赎回日较近（如到期前三个月内），且市场利率变化对该项投资的公允价值没有显著影响。

（2）根据合同约定的定期偿付或提前还款方式收回该投资几乎所有初始本金后，将剩余部分予以出售或重分类。

（3）出售或重分类是由于企业无法控制、预期不会重复发生且难以合理预计的独立事项所引起。此种情况主要包括：

①因被投资单位信用状况严重恶化，将持有至到期投资予以出售；

②因相关税收法规取消了持有至到期投资的利息税前可抵扣政策，或显著减少了税前可抵扣金额，将持有至到期投资予以出售；

③因发生重大企业合并或重大处置，为保持现行利率风险头寸或维持现行信用风险政策，将持有至到期投资予以出售；

④因法律、行政法规对允许投资的范围或特定投资品种的投资限额做出重大调整，将持有至到期投资予以出售；

⑤因监管部门要求大幅度提高资产流动性，或大幅度提高持有至到期投资在计算资本充足率时的风险权重，将持有至到期投资予以出售。

**篇中案例 3-3**

20×5 年 7 月，某银行支付 19 900 000 美元从市场上以折价方式购入一批美国甲汽车金融公司发行的三年期固定利率债券，票面年利率 4.5%，债券面值为 20 000 000 美元。该银行将其划分为持有至到期投资。

20×7 年年初，美国汽车行业受燃油价格上涨、劳资纠纷、成本攀升等诸多因素影响，盈利能力明显减弱，甲汽车金融公司所发行债券的二级市场价格严重下滑。为此，国际公认的评级公司将甲汽车金融公司的长期信贷等级从 Baa2 下调至 Baa3，认为甲汽车金融公司的清偿能力较弱，风险相对越来越大，对经营环境和其他内外部条件变化较为敏感，容易受到冲击，具有较大的不确定性。

综合考虑上述因素，该银行认为，尽管所持有的甲汽车金融公司债券剩余期限较短，但由于其未来表现存有相当大的不确定性，继续持有这些债券会有较大的信用风险。为此，该银行于 20×7 年 8 月将该持有至到期债券按低于面值的价格出售。

本案例中，该银行出售所持有的甲汽车金融公司债券主要是由于其本身无法控制、预期不会重复发生且难以合理预计的独立事项所引起，因而不会影响到其对其他持有至到期投资的分类。

值得说明的是，如出售或重分类金融资产的金额较大而受到的“两个完整会计年度”内不能将金融资产划分为持有至到期的限制已解除(即，已过了两个完整的会计年度)，企业可以再将符合规定条件的金融资产划分为持有至到期投资。

（二）持有至到期投资的会计处理

企业对持有至到期投资的会计处理，应着重于该金融资产的持有者打算“持有至到期”，未到期前通常不会出售或重分类，主要应解决该金融资产实际利率的计算、摊余成本的确定、持有期间的收益确认以及将其处置时损益的处理。

1. 持有至到期投资的初始计量

持有至到期投资初始确认时，应当按照公允价值计量和相关交易费用之和作为初始入账金额。实际支付的价款中包括的已到付息期但尚未领取的债券利息，应单独确认为应收项目。

持有至到期投资初始确认时，应当计算确定其实际利率，并在该持有至到期投资预期存续期间或适用的更短期间内保持不变。

实际利率，是指将金融资产或金融负债在预期存续期间或适用的更短期间内的未来现金流量，折现为该金融资产或金融负债当前账面价值所使用的利率。企业在确定实际利率时，应当在考虑金融资产或金融负债所有合同条款（包括提前还款权、看涨期权、类似期权等）的基础上预计未来现金流量，但不应考虑未来信用损失。

金融资产合同各方之间支付或收取的、属于实际利率组成部分的各项收费、交易费用及溢价或折价等，应当在确定实际利率时予以考虑。金融资产的未来现金流量或存续期间无法可靠预计时，应当采用该金融资产在整个合同期内的合同现金流量。

企业取得持有至到期投资时，按该债券面值，借记“持有至到期投资——成本”科目；按买价中包含的已宣告但尚未领取的利息，借记“应收利息”科目；按实际支付的价款（包含交易费用），贷记“银行存款”科目，按其差额，借记或贷记“持有至到期投资——利息调整”科目。

2. 持有至到期投资的后续计量

（1）期末摊余成本计算与处理

企业应当采用实际利率法，按摊余成本对持有至到期投资进行后续计量。其中，实际利率法是指按照金融资产或金融负债（含一组金融资产或金融负债）的实际利率计算其摊余成本及各期利息收入或利息费用的方法。摊余成本是指该金融资产的初始确认金额经下列调整后的结果：①扣除已偿还的本金；②加上或减去采用实际利率法将该初始确认金额与到期日金额之间的差额进行摊销形成的累计摊销额；③扣除已发生的减值损失。

企业应在持有至到期投资持有期间，采用实际利率法，按照摊余成本和实际利率计算确认利息收入，计入投资收益。实际利率应当在取得持有至到期投资时确定，实际利率与票面利率差别较小的，也可按票面利率计算利息收入，计入投资收益。

作为持有至到期投资的债券可分为两类：①分期付息、到期还本的债券；②到期一次还本付息的债券。

分期付息、到期还本的债券作为持有至到期投资，在资产负债表日，应按票面利率计算确定应收未收的利息，借记“应收利息”科目，按持有至到期投资期初摊余成本和实际利率计算确定的利息收入，贷记“投资收益”科目，按其差额借记或贷记“持有至到期投资——利息调整”科目。

到期一次还本付息的债券作为持有至到期投资，在资产负债表日，应按票面利率计算确定应收未收的利息，借记“持有至到期投资——应计利息”科目，按持有至到期投资期初摊余成本和实际利率计算确定的利息收入，贷记“投资收益”科目，按其差额，借记或者贷记“持有至到期投资——利息调整”科目。

（2）持有至到期投资持有期间出售

持有期间出售持有至到期投资时，按实际收到的款项，借记“银行存款”科目；按其账面余额，贷记“持有至到期投资——成本”、“持有至到期投资——利息调整”、“持有至到期投资——应计利息”科目，按其差额，借记或贷记“投资收益”科目。

【例 3-24】2013 年 1 月 1 日，祥瑞公司支付价款 1 000 元（含交易费用）从活跃市场上购入某公司 5 年期债券，面值 1 250 元，票面年利率 4.72%，按年支付利息（即每年 59 元），本金最后一次支付。合同约定，该债券的发行方在遇到特定情况时可以将债券赎回，且不需要为提前赎回支付额外款项。祥瑞公司在购买该债券时，预计发行方不会提前赎回。

祥瑞公司将购入的该公司债券划分为持有至到期投资，且不考虑所得税、减值损失等因素。已知该债券的实际利率为 10%。

**表 3-4　摊余成本计算表**

单位：元

| 年份 | 期初摊余成本（a） | 实际利息<br>（b）=（a）×10% | 现金流入（c） | 期末摊余成本<br>（d）=（a）+（b）×（c） |
|---|---|---|---|---|
| 2013 | 1 000 | 100 | 59 | 1 041 |
| 2014 | 1 041 | 104 | 59 | 1 086 |
| 2015 | 1 086 | 109 | 59 | 1 136 |
| 2016 | 1 136 | 114* | 59 | 1 191 |
| 2017 | 1 191 | 118** | 1 250+59 | 0 |

*数字四舍五入取整；**数字考虑了计算过程中出现的尾差。

根据上述数据，祥瑞公司的有关账务处理如下：

（1）2013 年 1 月 1 日，购入债券。

借：持有至到期投资——成本　　1 250

　贷：银行存款　　1 000

　　持有至到期投资——利息调整　　250

（2）2013 年 12 月 31 日，确认实际利息收入、收到票面利息等。

借：应收利息　　59

　持有至到期投资——利息调整　　41

　贷：投资收益　　100

借：银行存款　　59

　贷：应收利息　　59

（3）2014 年 12 月 31 日，确认实际利息收入、收到票面利息等：

借：应收利息　　59

　持有至到期投资——利息调整　　45

　贷：投资收益　　104

借：银行存款　　59

　贷：应收利息　　59

（4）2015 年 12 月 31 日，确认实际利息收入、收到票面利息等。

借：应收利息　　59

　持有至到期投资——利息调整　　50

　贷：投资收益　　109

借：银行存款　　59

　贷：应收利息　　59

（5）2016 年 12 月 31，确认实际利息、收到票面利息等。

借：应收利息　　59

　持有至到期投资——利息调整　　55

　贷：投资收益　　114

借：银行存款　　59

　贷：应收利息　　59

（6）2017 年 12 月 31 日，确认实际利息、收到票面利息和本金等。

借：应收利息　　59

　持有至到期投资——利息调整　　59

贷：投资收益　　118

借：银行存款　　59

贷：应收利息　　59

借：银行存款等　　1 250

贷：持有至到期投资——成本　　1 250

（3）持有至到期投资转换

企业因持有至到期投资部分出售或重分类的金额较大，且不属于企业会计准则所允许的例外情况，使该投资的剩余部分不再适合划分为持有至到期投资的，企业应当将该投资的剩余部分重分类为可供出售金融资产，并以公允价值进行后续计量。重分类日，按其公允价值，借记"可供出售金融资产"科目，按其账面余额，贷记"持有至到期投资——成本"、"持有至到期投资——利息调整"、"持有至到期投资——应计利息"科目，按其差额，借记或贷记"资本公积——其他资本公积"科目。

【例 3-25】2012 年 3 月，由于贷款基准利率的变动和其他市场因素的影响，乙公司持有的、原划分为持有至到期投资的某公司债券价格持续下跌。为此，乙公司于 4 月 1 日对外出售该持有至到期债券投资 10%，收取价款 1 200 000 元（即所出售债券的公允价值）。

假定 4 月 1 日该债券出售前的账面余额（成本）为 10 000 000 元，不考虑债券出售等其他相关因素的影响，则乙公司相关的账务处理如下：

借：银行存款　　1 200 000

贷：持有至到期投资——成本　　1 000 000

投资收益　　200 000

借：可供出售金融资产　　10 800 000

贷：持有至到期投资——成本　　9 000 000

资本公积——其他资本公积　　1 800 000

假定 4 月 23 日，乙公司将该债券全部出售，收取价款 11 800 000 元，则乙公司相关账务处理如下：

借：银行存款　　11 800 000

贷：可供出售金融资产　　10 800 000

投资收益　　1 000 000

借：资本公积）——其他资本公积　　1 800 000

贷：投资收益　　1 800 000

## 四、贷款和应收款项

### （一）贷款和应收款项概述

贷款和应收款项，是指在活跃市场中没有报价、回收金额固定或可确定的非衍生金融资产。比如，金融企业发放的贷款和其他债权，但又不限于金融企业发放的贷款和其他债权。非金融企业持有的现金和银行存款、销售商品或提供劳务形成的应收款项、企业持有的其他企业的债权（不包括在活跃市场上有报价的债务工具）等，只要符合贷款和应收款项的定义，可以划分为这一类。

企业不应当将下列非衍生金融资产划分为贷款和应收款项：（1）准备立即出售或在近期出售的非衍生金融资产，这类非衍生金融资产应划分为交易性金融资产；（2）初始确认时被指定为以公允价值计量且其变动计入当期损益的非衍生金融资产；（3）初始确认时被指定为可供出售的非衍生金融资产；（4）因债务人信用恶化以外的原因，使持有方可能难以收回几乎所有初始投资的非衍生金融资产，如企业所持有的证券投资基金或类似的基金等。

划分为贷款和应收款项类的金融资产，与划分为持有至到期投资的金融资产，其主要差别在于前者不是在活跃市场上有报价的金融资产，并且不像持有至到期投资那样在出售或重分类方面受到较多限制。如果某债务工具投资在活跃市场上没有报价，则企业不能将其划分为持有至到期投资。

### （二）应收款项

应收款项主要涉及应收账款、应收票据、预付账款、其他应收款、应收利息、应收股利等。本部分主要讲解应收账款、应收票据、预付账款和其他应收款。

#### 1. 应收账款

应收账款是指企业因销售商品、提供劳务等经营活动，应向购货单位或接受劳务单位收取的款项。

企业因销售商品、提供劳务等经营活动发生的应收账款，按应收金额，借记“应收账款”科目，按确认的营业收入，贷记“主营业务收入”等科目，涉及增值税销项税额的，还应按销项税额，贷记“应交税费——应交增值税（销项税额）”科目。收回应收账款时，借记“银行存款”等科目，贷记“应收账款”科目。除此之外，应收账款计价时还需要考虑商业折扣、现金折扣等因素。

（1）商业折扣

商业折扣是大家所熟悉的销售环节中的一种促销策略，指销售方针对商品价目单标明的价格而给予的减价优惠。会计处理时直接按照折扣以后的金额确定应收账款的入账价值。

【例 3-26】祥瑞公司销售给 A 公司一批产品，不含税原价为 20 000 元，给予 20%的商业折扣。适用增值税税率为 17%。产品已发出，货款尚未收到。

借：应收账款　　18 720
　　贷：主营业务收入　　16 000
　　　　应交税费——应交增值税（销项税额）　　2 720

（2）现金折扣

现金折扣是指在赊销方式的交易中销售方为鼓励购货方在约定期限内尽早付款而提供的优惠政策。现金折扣一般用符号“折扣/付款期限”表示。例如，购销双方在买卖合同中约定，购货方应在 30 天内付款，如果 10 天之内付款，可享受 2%的折扣，如果 20 天之内付款，可享受 1%的折扣。则可用符号“2/10，1/20，n/30”表示。

我国会计实务规定对现金折扣采用总价法。总价法是将原售价金额作为实际售价，据以确认应收账款入账价值，将给予客户的现金折扣视为融资理财费用，计入“财务费用”。

【例 3-27】祥瑞公司在 2012 年 7 月 1 日向乙公司销售一批商品，开出的增值税专用发票上注明的销售价款为 20 000 元，增值税税额为 3 400 元。为及早收回货款，祥瑞公司和乙公司约定的现金折扣条件为：2/10，1/20，n/30。假定计算现金折扣时不考虑增值税税额。祥瑞公司的账务处理如下。

（1）7 月 1 日销售实现时，按销售总价确认收入。

借：应收账款　　23 400
　　贷：主营业务收入　　20 000
　　　　应交税费——应交增值税（销项税额）　　3 400

（2）如果乙公司在 7 月 9 日付清货款，则按销售总价 20 000 元的 2%享受现金折扣 400（20 000×2%）元，实际付款 23 000（23 400−400）元。

借：银行存款　　23 000
　　财务费用　　400
　　贷：应收账款　　23 400

（3）如果乙公司在 7 月 18 日付清货款，则按销售总价 20 000 元的 1%享受现金折扣 200（20 000×1%）元，实际付款 23 200（23 400−200）元。

借：银行存款　　23 200
　　财务费用　　200
　　贷：应收账款　　23 400

（4）如果乙公司在 7 月底才付清货款，则按全额付款。

借：银行存款　　　　　　23 400

　　贷：应收账款　　　　　　23 400

2. 应收票据

应收票据是企业持有的、尚未到期兑现的票据。我国应收票据主要是指商业汇票。我国商业汇票最长期限一般为 6 个月，应收票据一般按面值入账。对于带息的应收票据，应于中期期末和年度终了，按应收票据的票面价值和确定的利率计提利息。

应收票据利息=本金×利率×期限

（1）企业因销售商品、提供劳务等而收到开出、承兑的商业汇票，按商业汇票的票面金额，借记“应收票据”科目，按确认的营业收入，贷记“主营业务收入”等科目，涉及增值税销项税额的，还应按销项税额，贷记“应交税费——应交增值税（销项税额）”科目。

（2）持未到期的商业汇票向银行贴现，符合金融工具确认和计量准则有关金融资产终止确认条件的，应按实际收到的金额（即减去贴现息后的净额），借记“银行存款”等科目，按贴现息部分，借记“财务费用”等科目，按商业汇票的票面金额，贷记“应收票据”科目；不符合金融工具确认和计量准则有关金融资产终止确认条件的，不应结转应收票据，应按实际收到的金额（即减去贴现息后的净额），借记“银行存款”等科目，按贴现息部分，借记“财务费用”等科目，按其差额，贷记“短期借款”等科目。

（3）将持有的商业汇票背书转让以取得所需物资，按应计入取得物资成本的金额，借记“材料采购”或“原材料”、“库存商品”等科目，按商业汇票的票面金额，贷记“应收票据”科目，如有差额，借记或贷记“银行存款”等科目，涉及增值税进项税额的，还应按进项税额，借记“应交税费——应交增值税（进项税额）”等科目。

（4）商业汇票到期，应按实际收到的金额，借记“银行存款”科目，按商业汇票的票面金额，贷记“应收票据”科目。

【例 3-28】祥瑞公司 2012 年 1 月份销售 A 商品给乙企业，货已发出，公司开具的增值税专用发票上注明的商品价款为 100 000 元，增值税销项税额为 17 000 元。当日收到乙企业签发的不带息商业承兑汇票一张，该票据的期限为 3 个月。A 商品销售符合会计准则规定的收入确认条件。

祥瑞公司的相关账务处理如下：

（1）A 商品销售实现时

借：应收票据——乙企业 117 000

　　贷：主营业务收入——A 商品 100 000

　　　　应交税费——应交增值税（销项税额） 17 000

（2）3 个月后，应收票据到期，甲公司收回款项 117 000 元，存入银行

借：银行存款 117 000

　　贷：应收票据——乙企业 117 000

（3）如果甲公司在该票据到期前向银行贴现，且银行拥有追索权，则甲公司应按票据面值确认短期借款，按实际收到的金额（即减去贴现息后的净额）与票据面值之间的差额确认为财务费用。假定甲公司该票据贴现获得现金净额 115 830 元，则相关账务处理如下：

借：银行存款 115 830

　　财务费用——票据贴现 1 170

　　贷：短期借款——××银行 117 000

需要注意的是，企业应当设置“应收票据备查簿”，逐笔登记商业汇票的种类、号数和出票日、票面金额、交易合同号和付款人、承兑人、背书人的姓名或单位名称、到期日、背书转让日、贴现日、贴现率和贴现净额以及收款日和收回金额、退票情况等资料。商业汇票到期结清票款或退票后，在备查簿中应予注销。

3. 预付账款

预付账款科目核算企业按照合同规定预付的款项。企业因购货而预付的款项，借记“预付账款”科目，贷记“银行存款”等科目。

【例 3-29】祥瑞公司向某实业股份公司支付预付账款 100 万元购买商品。

借：预付账款 1 000 000

　　贷：银行存款 1 000 000

收到商品和对方开出的增值税专用发票，注明价税合计为 234 万元，祥瑞公司补付 134 万元。

借：库存商品 2 000 000

　　应交税费——应交增值税（进项税额） 340 000

　　贷：预付账款 1 000 000

　　　　银行存款 1 340 000

4. 其他应收款

其他应收款是指企业因非购销、非投资活动产生的应收债权，包括应收的

各种罚款、存出保证金、备用金以及应向职工收取的各种垫付款项等。

企业发生应收未收其他款项时，借记“其他应收款”科目，贷记有关科目；收回其他应收款时，借记“库存现金”、“银行存款”等科目，贷记“其他应收款”科目。

5. 坏账准备

坏账是指企业无法收回的应收款项。对于企业发生的坏账，在会计上一般有直接转销法和备抵法。

备抵法要求企业设“坏账准备”科目核算企业各种应收款项的坏账损失。

（1）资产负债表日，应收款项发生减值的，按应减记的金额，借记“资产减值损失”科目，贷记本科目。本期应计提的坏账准备大于其账面余额的，应按其差额计提；应计提的坏账准备小于其账面余额的差额做相反的会计分录。

（2）对于确实无法收回的应收款项，按管理权限报经批准后作为坏账，转销应收款项，借记本科目，贷记“应收票据”、“应收账款”、“预付账款”、“应收分保账款”、“其他应收款”、“长期应收款”等科目。

（3）已确认并转销的应收款项以后又收回的，应按实际收回的金额，借记“应收票据”、“应收账款”、“预付账款”、“应收分保账款”、“其他应收款”、“长期应收款”等科目，贷记本科目；同时，借记“银行存款”科目，贷记“应收票据”、“应收账款”、“预付账款”、“应收分保账款”、“其他应收款”、“长期应收款”等科目。

对于已确认并转销的应收款项以后又收回的，也可以按照实际收回的金额，借记“银行存款”科目，贷记本科目。

【例 3-30】祥瑞公司（1）20×1 年 12 月 31 日应收账款余额为 15 000 000 元，坏账准备的计提比例为 4‰，则会计处理如下：

当年的坏账准备提取额=15 000 000×4‰ = 60 000（元）

借：资产减值损失　　　　60 000
　　贷：坏账准备　　　　　　60 000

（2）20×2 年 5 月，发现有 2 000 元应收账款无法收回，经批准后做出会计处理。

借：坏账准备　　　　2 000
　　贷：应收账款　　　　　　2 000

（3）20×2 年 12 月 31 日，应收账款余额为 20 000 000，当年的会计处理为：

借：资产减值损失　　　　22 000
　　贷：坏账准备　　　　　　22 000

(4)20×3 年 4 月接到银行通知，公司上年度已冲销的 2 000 元坏账又收回，款项已存入银行。有关会计处理如下：

借：应收账款　　2 000

　　贷：坏账准备　　2 000

借：银行存款　　2 000

　　贷：应收账款　　2 000

**篇中案例 3-4**

某审计检查组去 A 公司检查。检查员小李在检查过程中发现，A 公司被检查年度的坏账准备账户不仅发生额大而且业务发生频繁。小李认为，如此大的发生额可能会对计税所得额产生重大影响，遂决定对该账户全年度的发生情况逐笔进行检查。由于该账户不仅涉及本年度坏账准备的计提和核销问题，而且还涉及以前年度核销的坏账在本年度又收回的问题。因此，小李花了很长时间也无法判断该账户核算的正确性。检查组长老张汇总检查情况时，为加快速度，直接接手了对坏账准备账户的检查。老张了解到，由于 A 公司在被检查年度对资产进行了大规模清理，核销了一部分债权债务，同时也收回了一部分早已核销的应收款项，使得被检查年度坏账准备账户借、贷方的业务发生频繁且复杂，确实一时难以厘清。开始老张仅是简单查看了上述问题均已通过坏账准备账户核算的情况，并未做深入检查。而后，老张又简单复核了小李的检查情况，发现小李对最基础的计提坏账准备的范围还没有摸清，在计算计提坏账准备的基数时没有扣除对关联方的应收款项。于是，老张重新对计提的坏账准备进行分析，他很快将 A 公司 9 000 万元应收款项中对其投资方的 4 200 万元应收账款找出。A 公司在计提坏账准备时将包括对该关联方所欠应收账款在内的共 9 000 万元应收款项一并计提了坏账准备，从而多提坏账准备 21 万元（按照 A 公司自行制定的 5‰ 的会计政策计算多提）。

检查组最终决定直接按照计提的 45 万元坏账准备全额进行了纳税调整；只是在检查工作底稿中注明了 A 公司按照自行制定的会计政策应提和多提的坏账准备各是多少。至此，对 A 公司坏账准备的检查终告结束。

## 五、可供出售金融资产

### （一）可供出售金融资产概述

可供出售金融资产，是指初始确认时即被指定为可供出售的非衍生金融资产，以及除下列各类资产以外的金融资产：（1）贷款和应收款项；（2）持有至到期投资；（3）以公允价值计量且其变动计入当期损益的金融资产。例如，企业购入的在活跃市场上有报价的股票、债券和基金等，没有划分为以公允价值计量且其变动计入当期损益的金融资产或持有至到期投资等金融资产的，可归为此类。

对于在活跃市场上有报价的金融资产，既可能划分为以公允价值计量且其变动计入当期损益的金融资产，也可能划分为可供出售金融资产；如果该金融资产属于有固定到期日、回收金额固定或可确定的金融资产，则该金融资产还可能划分为持有至到期投资。某项金融资产具体应分为哪一类，主要取决于企业管理层的风险管理、投资决策等因素。金融资产的分类应是管理层意图的如实表达。

（二）可供出售金融资产的会计处理

1. 可供出售金融资产的初始计量

企业取得可供出售金融资产时，应按公允价值计量，相关交易费用应计入初始入账金额。企业进行股权投资形成可供出售金融资产时，按其公允价值和相关交易费用，借记“可供出售金融资产——成本”科目，按已宣告但尚未发放的现金股利，借记“应收股利”科目，按实际支付的金额，贷记“银行存款”科目。企业进行债权投资形成可供出售金融资产时，按其面值，借记“可供出售金融资产——成本”科目，按已到付息期但尚未领取的利息，借记“应收利息”科目，按实际支付的金额，贷记“银行存款”科目，按其差额借记或贷记“可供出售金融资产——利息调整”科目。上述已经宣告但尚未发放的股利或者已到付息期但尚未领取的利息，在实际收回时，借记“银行存款”科目，贷记“应收股利”或者“应收利息”科目。

2. 可供出售金融资产后续计量

（1）持有期间现金股利和利息的核算

可供出售金融资产持有期间，企业收到买价中包含的已到付息期但尚未领取的利息或者已宣告但尚未发放的现金股利，应借记“银行存款”科目，贷记“应收利息”或“应收股利”科目。除上述利息和股息外，若为债券投资，则期末应按照债券面值和票面利率计算债券利息，借记“应收利息”科目，贷记“可供出售金融资产——应计利息”科目，按可供出售金融资产的摊余成本和实际利率计算确定利息收入，贷记“投资收益”科目，差额借记或贷记“可供出售金融资产——利息调整”科目；若为股票投资，则持有期间被投资单位宣告发放的现金股利，应借记“应收股利”科目，贷记“投资收益”科目，实际收到现金股利时，再借记“银行存款”科目，贷记“应收股利”科目。

（2）资产负债表日的核算

资产负债表日，可供出售金融资产的公允价值与其账面余额的差额，借记或贷记“可供出售金融资产——公允价值变动”科目，同时，贷记或借记“其他综合收益”科目。

（3）可供出售金融资产的出售

出售可供出售金融资产时，应将取得的价款与该金融资产账面价值之间的差额，计入投资损益；同时，将原直接计入所有者权益的公允价值变动累计额对应处置部分的金额转出，计入投资损益。

【例 3-28】祥瑞公司于 2014 年 7 月 13 日从二级市场购入股票 1 000 000 股，每股市价 15 元，手续费 30 000 元；初始确认时，该股票划分为可供出售金融资产。祥瑞公司至 2014 年 12 月 31 日仍持有该股票，该股票当时的市价为 16 元。2015 年 2 月 1 日，公司将该股票售出，售价为每股 13 元，另支付交易费用 30 000 元。

假定不考虑其他因素，该公司的账务处理如下：

（1）2014 年 7 月 13 日，购入股票。

借：可供出售金融资产——成本　　15 030 000
　　贷：银行存款　　15 030 000

（2）2014 年 12 月 31 日，确认股票价格变动。

借：可供出售金融资产——公允价值变动　　970 000
　　贷：其他综合收益　　970 000

（3）2015 年 2 月 1 日，出售股票。

借：银行存款　　12 970 000
　　其他综合收益　　970 000
　　投资收益　　2 060 000
　　贷：可供出售金融资产——成本　　15 030 000
　　　　　　　　　　　　——公允价值变动　　970 000

**【课堂测试 3-3】**

1. 什么是金融资产？我国现行会计准则如何对其进行分类？
2. 什么是交易性金融资产？交易性金融资产核算有何特点？
3. 什么是持有至到期投资？
4. 什么是坏账损失核算的“备抵法”？
5. 什么是可供出售金融资产？

6. 企业购入交易性金融资产，支付的价款为 103 万元，其中包含已到期尚未领取的利息 3 万元，另支付交易费用 2 万元。该项交易性金融资产的入账价值为（　　）万元。

A. 103　　B. 100

C. 102　　D. 105

7. 根据《企业会计准则第 22 号——金融工具确认和计量》的规定，下列交易性金融资产的后续计量表述中，正确的是（　　）。

A. 按照摊余成本进行后续计量

B. 按照公允价值进行后续计量，公允价值变动计入当期投资收益

C. 按照公允价值进行后续计量，变动计入资本公积

D. 按照公允价值进行后续计量，公允价值变动计入当期公允价值变动损益

8. 关于交易性金融资产的计量，下列说法中正确的是（　　）。

A. 取得交易性金融资产时，要按取得的公允价值和相关交易费用之和作为初始确认金额

B. 应当按取得该金融资产的公允价值作为初始确认金额，相关交易费用发生时计入投资收益

C. 资产负债表日，交易性金融资产的公允价值变动计入当期所有者权益

D. 处置该金融资产时，其公允价值与初始入账金额之间的差额应确认为投资收益，不调整公允价值变动损益

9. 2008 年 8 月 1 日，甲上市公司购入乙公司的债券，准备持有至到期。购入时支付的购买价款为 105 万元（其中包含已到付息期但尚未领取的利息 4 万元），另外用银行存款支付交易费用 3 万元，债券的面值为 100 万元。则甲公司购入时计入“持有至到期投资”科目的金额为（　　）万元。

A. 105　　B. 101

C. 104　　D. 108

10. 某企业于 2008 年 1 月 1 日，购进当日发行的面值为 1 200 万元的公司债券。债券的买价为 1 350 万元，相关税费为 10 万元。该公司债券票面年利率为 8%，期限为 5 年，一次还本付息。企业将其划分为持有至到期投资，则该企业计入“持有至到期投资”科目的金额为（　　）万元。

A. 1 360　　B. 1 200

C. 1 350　　D. 1 340

11. 甲企业于 2008 年 10 月 6 日从证券市场上购入乙企业发行在外的股票 100 万股作为可供出售金融资产，每股支付价款 2 元（含已宣告但尚未发放的

现金股利 0.25 元），另支付相关费用 6 万元，甲企业取得可供出售金融资产时的入账价值为（　　）万元。

A. 175　　B. 181

C. 200　　D. 206

12. 出售可供出售金融资产时，应按实际收到的金额，借记“银行存款”等科目，按其账面余额，贷记“可供出售金融资产”科目，按应从所有者权益中转出的公允价值累计变动额，借记或贷记“资本公积——其他资本公积”科目，按其差额，贷记或借记（　　）科目。

A. 资产减值损失　　B. 资本公积

C. 投资收益　　D. 营业外收入

13. 甲公司 2007 年 12 月 31 日应收账款余额为 200 万元，“坏账准备”科目贷方余额为 5 万元；2008 年发生坏账 8 万元，已核销的坏账又收回 2 万元。2008 年 12 月 31 日应收账款余额为 120 万元（其中未到期应收账款为 40 万元，估计损失 2%；过期 1 个月应收账款为 30 万元，估计损失 3%；过期 2 个月的应收账款为 20 万元，估计损失 5%；过期 3 个月的应收账款为 20 万元，估计损失 8%；过期 3 个月以上应收账款为 10 万元，估计损失 15%），假设不存在其他应收款项。甲公司 2008 年应提取的坏账准备为（　　）万元。

A. 5.8　　B. 6.8

C. 2　　D. 8

14. 某股份有限公司 20×8 年有关交易性金融资产的资料如下：

（1）3 月 9 日以银行存款购入 A 公司股票 10 000 股，并准备随时变现，每股买价 16 元，同时支付相关税费 1 000 元。

（2）4 月 20 日 A 公司宣告发放的现金股利每股 0.4 元。

（3）4 月 21 日又购入 A 公司股票 50 000 股，并准备随时变现，每股买价 18.4 元（其中包含已宣告发放尚未支取的股利每股 0.4 元），同时支付相关税费 6 000 元。

（4）4 月 25 日收到 A 公司发放的现金股利 20 000 元。

（5）6 月 30 日 A 公司股票市价为每股 16.4 元。

（6）7 月 18 日该公司以每股 17.5 元的价格转让 A 公司股票 30 000 股，扣除相关税费 10 000 元，实得金额为 515 000 元。

（7）12 月 31 日 A 公司股票市价为每股 18 元。

要求：根据上述经济业务编制有关会计分录。

15. 2007 年 1 月 1 日，M 公司从活跃市场购买了一项 N 公司债券，年限 3

年，划分为持有至到期投资，债券的本金 1 100 万元，公允价值为 1 010 万元（含交易费用为 10 万元），到期还本、分期付息，每年 1 月 5 日按照票面利率 3%支付利息。合同约定债券发行方 N 公司在遇到特定情况下可以将债券赎回，且不需要为赎回支付额外款项。M 公司在购买时预计发行方不会提前赎回。假定实际利率是 6%。

要求：编制 M 公司的相关会计分录。（计算结果保留两位小数）

16. 2008 年 5 月 1 日，大河公司以 480 万元购入大海公司股票 60 万股作为可供出售金融资产，另支付手续费 10 万元，2008 年 6 月 30 日该股票每股市价为 7.5 元，2008 年 8 月 10 日，大海公司宣告分派现金股利，每股 0.2 元，8 月 20 日大河公司收到分派的现金股利。至 12 月 31 日，大河公司仍持有该可供出售金融资产，期末每股市价为 8.5 元，2009 年 1 月 3 日以 515 万元出售该可供出售金融资产。假定大河公司每年 6 月 30 日和 12 月 31 日对外提供财务报告。要求：

（1）编制上述经济业务的会计分录。

（2）计算该可供出售金融资产的累计损益。

17. 某企业采用备抵法计提坏账损失，经减值测试，按照应收账款期末余额 5%的比例计提坏账准备。2010 年 1 月 1 日，该企业应收账款的余额是 3 200 000 元，该企业 2010 年度发生了如下业务：

（1）销售商品一批，增值税专用发票上注明的价款为 5 000 000 元，增值税额为 850 000 元，货款尚未收到。

（2）因某客户破产，该客户所欠货款 12 000 元不能收回，确认为坏账损失。

（3）收回上年度已转销为坏账损失的应收账款 8 000 元，并存入银行。

（4）收到某客户以前所欠的货款 4 000 000 元并存入银行。

要求：（1）编制 2010 年度确认坏账损失的会计分录。

（2）编制收到上年度已转销为坏账损失的应收账款的会计分录。

（3）计算 2010 年年末“坏账准备”科目余额。

（4）编制 2010 年年末计提坏账准备的会计分录。

# 第四节 长期股权投资

## 一、长期股权投资概述

本章涉及的长期股权投资，是指投资方对被投资单位实施控制、重大影响的权益性投资，以及对其合营企业的权益性投资。

在确定能否对被投资单位实施控制时，投资方应当按照《企业会计准则第33号——合并财务报表》的有关规定进行判断。投资方能够对被投资单位实施控制的，被投资单位为其子公司。投资方属于《企业会计准则第33号——合并财务报表》规定的投资性主体且子公司不纳入合并财务报表的情况除外。

重大影响，是指投资方对被投资单位的财务和经营政策有参与决策的权利，但并不能够控制或者与其他方一起共同控制这些政策的制定。在确定能否对被投资单位施加重大影响时，应当考虑投资方和其他方持有的被投资单位当期可转换公司债券、当期可执行认股权证等潜在表决权因素。投资方能够对被投资单位施加重大影响的，被投资单位为其联营企业。

在确定被投资单位是否为合营企业时，应当按照《企业会计准则第40号——合营安排》的有关规定进行判断。

## 二、长期股权投资的会计处理

（一）长期股权投资的初始计量

1. 企业合并形成的长期股权投资

企业合并形成的长期股权投资，初始投资成本的确定应区分企业合并的类型，分别同一控制下控股合并与非同一控制下控股合并确定形成长期股权投资的初始投资成本。

（1）同一控制下企业合并形成的长期股权投资

对于同一控制下的企业合并，从能够对参与合并各方在合并前及合并后均实施最终控制的一方来看，最终控制方在企业合并前及合并后能够控制的资产并没有发生变化。合并方通过企业合并形成的对被合并方的长期股权投资，其成本代表的是在被合并方账面所有者权益中享有的份额。

①合并方以支付现金、转让非现金资产或承担债务方式作为合并对价的，应当在合并日按照取得被合并方所有者权益账面价值的份额作为长期股权投资

的初始投资成本。长期股权投资的初始投资成本与支付的现金、转让的非现金资产及所承担债务账面价值之间的差额，应当调整资本公积（资本溢价或股本溢价）；资本公积（资本溢价或股本溢价）的余额不足冲减的，调整留存收益。

具体进行会计处理时，合并方在合并日按取得被合并方所有者权益账面价值的份额，借记“长期股权投资”科目，按应享有被投资单位已宣告但尚未发放的现金股利或利润，借记“应收股利”科目，按支付的合并对价的账面价值，贷记有关资产或借记有关负债科目，按其差额，贷记“资本公积——资本溢价或股本溢价”科目；如为借方差额，应借记“资本公积——资本溢价或股本溢价”科目，资本公积（资本溢价或股本溢价）不足冲减的，借记“盈余公积”、“利润分配——未分配利润”科目。

②合并方以发行权益性证券作为合并对价的，应按发行权益性证券的面值总额作为股本，长期股权投资初始投资成本与所发行权益性证券面值总额之间的差额，应当调整资本公积（资本溢价或股本溢价）；资本公积（资本溢价或股本溢价）不足冲减的，调整留存收益。

具体进行会计处理时，在合并日应按取得被合并方所有者权益账面价值的份额，借记“长期股权投资”科目，按应享有被投资单位已宣告但尚未发放的现金股利或利润，借记“应收股利”科目，按发行权益性证券的面值，贷记“股本”科目，按其差额，贷记“资本公积——资本溢价或股本溢价”科目；如为借方差额，应借记“资本公积——资本溢价或股本溢价”科目，资本公积（资本溢价或股本溢价）不足冲减的，借记“盈余公积”、“利润分配——未分配利润”科目。

上述在按照合并日应享有被合并方账面所有者权益的份额确定长期股权投资的初始投资成本时，前提是合并前合并方与被合并方采用的会计政策应当一致；企业合并前合并方与被合并方采用的会计政策不同的，应首先按照合并方的会计政策对被合并方资产、负债的账面价值进行调整，在此基础上计算确定形成长期股权投资的初始投资成本。

（2）非同一控制下企业合并形成的长期股权投资

非同一控制下的控股合并中，购买方应当按照确定的企业合并成本作为长期股权投资的初始投资成本。企业合并成本包括购买方付出的资产、发生或承担的负债、发行的权益性证券的公允价值之和。

具体进行会计处理时，对于非同一控制下企业合并形成的长期股权投资，应在购买日按企业合并成本（不含应自被投资单位收取的现金股利或利润），借记“长期股权投资”科目，按享有被投资单位已宣告但尚未发放的现金股利或利润，借记"应收股利"科目，按支付合并对价的账面价值，贷记有关资产或借记有关负债科目，按其差额，贷记"营业外收入"或"投资收益"等科目。按发生的直接相关费用，借记"管理费用"科目，贷记"银行存款"等科目。可供出售金融资产持有期间公允价值变动形成的其他综合收益应一并转入投资收益，借记"资本公积——其他资本公积"科目，贷记"投资收益"科目。

非同一控制下企业合并涉及以库存商品等作为合并对价的，应按库存商品的公允价值，贷记"主营业务收入"或"其他业务收入"科目，并同时结转相关的成本。

【例 3-29】祥瑞公司于 2012 年 6 月 1 日取得三一公司 70%的股权。为核实三一公司的资产价值，祥瑞公司聘请专业资产评估机构对三一公司的资产进行评估，支付评估费用 30 万元。合并中，祥瑞公司支付的有关资产在购买日的账面价值与公允价值如表 3-5 所示。

**表 3-5　2012 年 6 月 1 日账面价值与公允价值**

单位：万元

| 项　目 | 账面价值 | 公允价值 |
|---|---|---|
| 土地使用权（自用） | 600 | 960 |
| 专利技术 | 240 | 300 |
| 银行存款 | 240 | 240 |
| 合　计 | 1 080 | 1 500 |

假定合并前祥瑞公司与三一公司不存在任何关联方关系，祥瑞公司用作合并对价的土地使用权和专利技术原价为 960 万元，至企业合并发生时已累计摊销 120 万元。

分析，本例中因祥瑞公司与三一公司在合并前不存在任何关联方关系，应作为非同一控制下的企业合并处理。

祥瑞公司对于合并形成的对三一公司的长期股权投资，应按确定的企业合并成本作为其初始投资成本。祥瑞公司应进行如下账务处理：

借：长期股权投资　15 000 000
　　管理费用　300 000
　　累计摊销　1 200 000
　　贷：无形资产　9 600 000
　　　　银行存款　2 700 000
　　　　营业外收入　4 200 000

2. 企业合并以外其他方式取得的长期股权投资

除企业合并形成的长期股权投资应遵循特定的会计处理原则外，其他方式取得的长期股权投资，取得时初始投资成本的确定应遵循以下规定。

（1）以支付现金取得的长期股权投资，应当按照实际支付的购买价款作为长期股权投资的初始投资成本，包括购买过程中支付的手续费等必要支出。但所支付价款中包含的被投资单位已宣告但尚未发放的现金股利或利润应作为应收项目核算，不构成取得长期股权投资的成本。

（2）以发行权益性证券方式取得的长期股权投资，其成本为所发行权益性证券的公允价值，但不包括应自被投资单位收取的已宣告但尚未发放的现金股利或利润。

为发行权益性证券支付给有关证券承销机构等的手续费、佣金等与权益性证券发行直接相关的费用，不构成取得长期股权投资的成本。该部分费用按照《企业会计准则第 37 号——金融工具列报》的规定，应自权益性证券的溢价发行收入中扣除，权益性证券的溢价收入不足冲减的，应冲减盈余公积和未分配利润。

【例 3-30】2012 年 3 月 5 日，祥瑞公司通过增发 900 万股本公司普通股（每股面值 1 元）取得 B 公司 20%的股权，该 900 万股股份的公允价值为 1560 万元。为增发该部分股份，祥瑞公司向证券承销机构等支付了 60 万元的佣金和手续费。假定祥瑞公司取得该部分股权后，能够对 B 公司的财务和生产经营决策施加重大影响。

祥瑞公司应当以所发行股份的公允价值作为取得长期股权投资的成本，账务处理为：

借：长期股权投资　　15 600 000
　贷：股本　　9 000 000
　　资本公积——股本溢价　　6 600 000

发行权益性证券过程中支付的佣金和手续费，应冲减权益性证券的溢价发行收入，账务处理为：

借：资本公积——股本溢价　　600 000
　贷：银行存款　　600 000

（3）投资者投入的长期股权投资，应当按照投资合同或协议约定的价值作为初始投资成本，但合同或协议约定的价值不公允的除外。

投资者投入的长期股权投资，是指投资者以其持有的对第三方的投资作为出资投入企业，接受投资的企业原则上应当按照投资各方在投资合同或协议中约定的价值作为取得投资的初始投资成本。

（4）以债务重组、非货币性资产交换等方式取得的长期股权投资，其初始投资成本应按照《企业会计准则第 12 号——债务重组》和《企业会计准则第 7 号——非货币性资产交换》的规定确定。

3. 投资成本中包含的已宣告但尚未发放的现金股利或利润的处理

企业无论以何种方式取得长期股权投资，取得投资时，对于投资成本中包含的应享有被投资单位已经宣告但尚未发放的现金股利或利润应作为应收项目单独核算，不构成取得长期股权投资的初始投资成本。即企业在支付对价取得长期股权投资时，对于实际支付的价款中包含的对方已经宣告但尚未发放的现金股利或利润，应作为预付款，构成企业的一项债权，其与取得的对被投资单位的长期股权投资应作为两项金融资产。

（二）长期股权投资的后续计量

长期股权投资在持有期间，根据投资企业对被投资单位的影响程度及是否存在活跃市场、公允价值能否可靠计量等进行划分，应分别采用成本法及权益法进行核算。

1. 成本法及权益法核算的范围

投资方能够对被投资单位实施控制的长期股权投资应当采用成本法核算。投资方对联营企业和合营企业的长期股权投资，采用权益法核算。

2. 长期股权投资的成本法

采用成本法核算的长期股权投资，初始投资或追加投资时，按照初始投资或追加投资时的成本增加长期股权投资的账面价值。除取得投资时实际支付的价款或对价中包含的已宣告但尚未发放的现金股利或利润外，投资企业应当按照享有被投资单位宣告发放的现金股利或利润确认投资收益，不管有关利润分配是属于对取得投资前还是取得投资后被投资单位实现净利润的分配。

投资企业在确认自被投资单位应分得的现金股利或利润后，应当考虑长期股权投资是否发生减值。在判断该类长期股权投资是否存在减值迹象时，应当关注长期股权投资的账面价值是否大于享有被投资单位净资产（包括相关商誉）账面价值的份额等情况。出现类似情况时，企业应当按照《企业会计准则第 8 号——资产减值》的规定对长期股权投资进行减值测试，可收回金额低于长期股权投资账面价值的，应当计提减值准备。

【例 3-31】祥瑞公司于 2010 年 4 月 10 日取得乙公司 80%股权，成本为 1 500 000 元。祥瑞公司取得该部分股权后，能够控制乙公司的财务和生产经营决策。2011 年 2 月 6 日，乙公司宣告分派现金股利，祥瑞公司按照持股比例可取得 20 000 元。

祥瑞公司应进行的账务处理为：

借：长期股权投资——乙公司 1 500 000

　　贷：银行存款 1 500 000

借：应收股利 20 000

　　贷：投资收益 20 000

3. 长期股权投资的权益法

投资企业对被投资单位具有共同控制或重大影响的长期股权投资，应当采用权益法核算。在确定能否对被投资单位实施共同控制或重大影响时，应当考虑投资企业和其他方持有的被投资单位当期可转换公司债券、当期可执行认股权证等潜在表决权因素的影响。

“共同控制”是指按照合同约定对某项经济活动共有的控制。其特点是，合营各方均受到合营合同的限制和约束，任何一个合营方均不能单独控制合营企业的生产经营活动，涉及合营企业基本经营活动的决策需要各合营方一致同意。投资企业与其他合营方一同对被投资单位实施共同控制的，被投资单位为投资企业的合营企业。

“重大影响”是指对一个企业的财务和经营政策有参与决策的权力，但并不能够控制或与其他方一起共同控制这些政策的制定。重大影响通常体现为在被投资单位的董事会或类似权力机构中派有代表，参与被投资单位的政策制定过程、与被投资单位之间发生重要交易、向被投资单位派出管理人员或是向被投资单位提供关键技术资料等，投资企业能够对被投资单位施加重大影响的情况下，被投资单位为其联营企业。

权益法的核算如下：

（1）初始投资成本的调整

投资企业取得对联营企业或合营企业的投资以后，对于取得投资时投资成本与应享有被投资单位可辨认净资产公允价值份额之间的差额，应区别情况分别处理。

初始投资成本大于取得投资时应享有被投资单位可辨认净资产公允价值份额的，该部分差额从本质上是投资企业在取得投资过程中通过购买作价体现出的与所取得股权份额相对应的商誉及被投资单位不符合确认条件的资产价值。初始投资成本大于投资时应享有被投资单位可辨认净资产公允价值的份额时，两者之间的差额不要求对长期股权投资的成本进行调整。

初始投资成本小于取得投资时应享有被投资单位可辨认净资产公允价值份

额的，两者之间的差额体现为双方在交易作价过程中转让方的让步，该部分经济利益流入应作为收益处理，计入取得投资当期的营业外收入，同时调整增加长期股权投资的账面价值。

【例 3-32】祥瑞企业于 2012 年 1 月取得 B 公司 30%的股权，支付价款 900 万元。取得投资时被投资单位净资产账面价值为 2 250 万元（假定被投资单位各项可辨认资产、负债的公允价值与其账面价值相同）。

在 B 公司的生产经营决策过程中，所有股东均按持股比例行使表决权。祥瑞企业在取得 B 公司的股权后，派人参与了 B 公司的生产经营决策。因能够对 B 公司施加重大影响，祥瑞企业对该投资应当采用权益法核算。取得投资时，祥瑞企业应进行以下账务处理：

借：长期股权投资——成本 9 000 000

贷：银行存款 9 000 000

长期股权投资的初始投资成本 900 万元大于取得投资时应享有被投资单位可辨认净资产公允价值的份额 675（2 250×30%）万元，两者之间的差额不调整长期股权投资的账面价值。

如果本例中取得投资时被投资单位可辨认净资产的公允价值为 3 600 万元，祥瑞企业按持股比例 30%计算确定应享有 1 080 万元，则初始投资成本与应享有被投资单位可辨认净资产公允价值份额之间的差额 180 万元应计入取得投资当期的营业外收入，账务处理如下：

借：长期股权投资——成本 9 000 000

贷：银行存款 9 000 000

借：长期股权投资——成本 1 800 000

营业外收入 1 800 000

（2）投资损益的确认

投资企业取得长期股权投资后，应当按照应享有或应分担被投资单位实现净利润或发生净亏损的份额（法规或章程规定不属于投资企业的净损益除外），调整长期股权投资的账面价值，并确认为当期投资损益。

在确认应享有或应分担被投资单位的净利润或净亏损时，在被投资单位账面净利润的基础上，应考虑以下因素的影响进行适当调整：

一是被投资单位采用的会计政策及会计期间与投资企业不一致的，应按投资企业的会计政策及会计期间对被投资单位的财务报表进行调整。

二是以取得投资时被投资单位固定资产、无形资产的公允价值为基础计提的折旧额或摊销额，以及以投资企业取得投资时的公允价值为基础计算确定的资产减值准备金额等对被投资单位净利润的影响。

被投资单位个别利润表中的净利润是以其持有的资产、负债账面价值为基础持续计算的，而投资企业在取得投资时，是以被投资单位有关资产、负债的公允价值为基础确定投资成本，长期股权投资的投资收益所代表的是被投资单位资产、负债在公允价值计量的情况下在未来期间通过经营产生的损益中归属于投资企业的部分。取得投资时有关资产、负债的公允价值与其账面价值不同的，未来期间，在计算归属于投资企业应享有的净利润或应承担的净亏损时，应以投资时被投资单位有关资产对投资企业的成本即取得投资时的公允价值为基础计算确定，从而产生了需要对被投资单位账面净利润进行调整的情况。

在针对上述事项对被投资单位实现的净利润进行调整时，应考虑重要性原则，不具重要性的项目可不予调整。符合下列条件之一的，投资企业可以以被投资单位的账面净利润为基础，计算确认投资损益，同时应在会计报表附注中说明不能按照准则规定进行核算的原因：①投资企业无法合理确定取得投资时被投资单位各项可辨认资产等的公允价值；②投资时被投资单位可辨认资产的公允价值与其账面价值相比，两者之间的差额不具重要性的；③其他原因导致无法取得被投资单位的有关资料，不能按照准则中规定的原则对被投资单位的净损益进行调整的。

【例 3-33】沿用【例 3-32】的资料，假定长期股权投资的成本大于取得投资时被投资单位可辨认净资产公允价值份额的情况下，取得投资当年被投资单位实现净利润 240 万元。投资企业与被投资单位均以公历年度作为会计年度，两者之间采用的会计政策相同。由于投资时被投资单位各项资产、负债的账面价值与其公允价值相同，且假定投资企业与被投资单位未发生任何内部交易，不需要对被投资单位实现的净损益进行调整，投资企业应确认的投资收益为 72（240×30%）万元。

【例 3-34】祥瑞公司于 2012 年 1 月 10 日购入新华公司 30%的股份，购买价款为 3 300 万元，并自取得投资之日起派人参与新华公司的财务和生产经营决策。取得投资当日，新华公司可辨认净资产公允价值为 9 000 万元，除表 3-6 所列项目外，新华公司其他资产、负债的公允价值与账面价值相同。

假定新华公司于 2012 年实现净利润 900 万元，其中，在祥瑞公司取得投资时的账面存货有 80%对外出售。祥瑞公司与新华公司的会计年度及采用的会计政策相同。固定资产、无形资产均按直线法提取折旧或摊销，预计净残值均为 0。假定祥瑞、新华公司间未发生任何内部交易。

表 3-6 新华公司可辨认净资产

单位：万元

| 项目 | 账面原价 | 已提折旧或摊销 | 公允价值 | 新华公司预计使用年限 | 祥瑞公司取得投资后剩余使用年限 |
|---|---|---|---|---|---|
| 存货 | 750 | | 1 050 | | |
| 固定资产 | 1 800 | 360 | 2 400 | 20 | 16 |
| 无形资产 | 1 050 | 210 | 1 200 | 10 | 8 |
| 合计 | 3 600 | 570 | 4 650 | | |

祥瑞公司在确定其应享有的投资收益时，应在新华公司实现净利润的基础上，根据取得投资时新华公司有关资产的账面价值与其公允价值差额的影响进行调整（假定不考虑所得税影响）。

存货账面价值与公允价值的差额应调减的利润＝（1 050−750）×80%＝240（万元）

固定资产公允价值与账面价值差额应调整增加的折旧额＝2 400÷16−1 800÷20＝60（万元）

无形资产公允价值与账面价值差额应调整增加的摊销额＝1 200÷8−1 050÷10＝45（万元）

调整后的净利润＝900−240−60−45＝555（万元）

祥瑞公司应享有份额＝555×30%＝166.50（万元）

确认投资收益的账务处理如下：

借：长期股权投资——损益调整　　　　1 665 000

　　贷：投资收益　　　　　　　　　　　　1 665 000

三是在确认投资收益时，除考虑公允价值的调整外，对于投资企业与其联营企业及合营企业之间发生的未实现内部交易损益应予抵销。即投资企业与联营企业及合营企业之间发生的未实现内部交易损益按照持股比例计算归属于投资企业的部分应当予以抵销，在此基础上确认投资损益。投资企业与被投资单位发生的内部交易损失，按照《企业会计准则第 8 号——资产减值》等规定属于资产减值损失的，应当全额确认。投资企业对于纳入其合并范围的子公司与其联营企业及合营企业之间发生的内部交易损益，也应当按照上述原则进行抵销，在此基础上确认投资损益。

应当注意的是，该未实现内部交易损益的抵销既包括顺流交易也包括逆流交易，其中，顺流交易是指投资企业向其联营企业或合营企业出售资产，逆流交易是指联营企业或合营企业向投资企业出售资产。当该未实现内部交易损益体现在投资企业或其联营企业、合营企业持有的资产账面价值中时，相关的损益在计算确认投资损益时应予抵销。

（3）取得现金股利或利润的处理

按照权益法核算的长期股权投资，投资企业自被投资单位取得的现金股利或利润，应抵减长期股权投资的账面价值。在被投资单位宣告分派现金股利或利润时，借记“应收股利”科目，贷记“长期股权投资（损益调整）”科目；自被投资单位取得的现金股利或利润超过已确认损益调整的部分应视同投资成本的收回，冲减长期股权投资的账面价值。

（4）超额亏损的确认

按照权益法核算的长期股权投资，投资企业确认应分担被投资单位发生的损失，原则上应以长期股权投资及其他实质上构成对被投资单位净投资的长期权益减记至零为限，投资企业负有承担额外损失义务的除外。这里所讲的“其他实质上构成对被投资单位净投资的长期权益”通常是指长期应收项目，比如，企业对被投资单位的长期债权，该债权没有明确的清收计划且在可预见的未来期间不准备收回的，实质上构成对被投资单位的净投资，但不包括投资企业与被投资单位之间因销售商品、提供劳务等日常活动所产生的长期债权。

投资企业在确认应分担被投资单位发生的亏损时，具体应按照以下顺序处理：

首先，减记长期股权投资的账面价值。

其次，在长期股权投资的账面价值减记至零的情况下，对于未确认的投资损失，考虑除长期股权投资以外，账面上是否有其他实质上构成对被投资单位净投资的长期权益项目，如果有，则应以其他长期权益的账面价值为限，继续确认投资损失，冲减长期应收项目等的账面价值。

最后，经过上述处理，按照投资合同或协议约定，投资企业仍需要承担额外损失弥补等义务的，应按预计将承担的义务金额确认预计负债，计入当期投资损失。

企业在实务操作过程中，在发生投资损失时，应借记“投资收益”科目，贷记“长期股权投资——损益调整”科目。在长期股权投资的账面价值减记至零以后，考虑其他实质上构成对被投资单位净投资的长期权益，继续确认的投资损失，应借记“投资收益”科目，贷记“长期应收款”等科目；因投资合同或协议约定导致投资企业需要承担额外义务的，按照或有事项准则的规定，对于符合确认条件的义务，应确认为当期损失，同时确认预计负债，借记“投资收益”科目，贷记“预计负债”科目。除上述情况仍未确认的应分担被投资单位的损失，应在账外备查登记。

在确认了有关的投资损失以后，被投资单位于以后期间实现盈利的，应按以上相反顺序分别减记账外备查登记的金额、已确认的预计负债、恢复其他长期权益及长期股权投资的账面价值，同时确认投资收益。即应当按顺序分别借记“预计负债”、“长期应收款”、“长期股权投资”等科目，贷记“投资收益”科目。

【例 3-35】祥瑞企业持有乙企业 40%的股权，能够对乙企业施加重大影响。2012 年 12 月 31 日，该项长期股权投资的账面价值为 600 万元。乙企业 2013 年由于一项主营业务市场条件发生变化，当年度亏损 900 万元。假定祥瑞企业在取得该投资时，乙企业各项可辨认资产、负债的公允价值与其账面价值相等，双方所采用的会计政策及会计期间也相同。则祥瑞企业当年度应确认的投资损失为 360 万元。确认上述投资损失后，长期股权投资的账面价值变为 240 万元。

上述如果乙企业当年度的亏损额为 18 00 万元，则祥瑞企业按其持股比例确认应分担的损失为 720 万元，但长期股权投资的账面价值仅为 600 万元，如果没有其他实质上构成对被投资单位净投资的长期权益项目，则祥瑞企业应确认的投资损失仅为 600 万元，超额损失在账外进行备查登记；在确认了 600 万元的投资损失，长期股权投资的账面价值减记至零以后，如果祥瑞企业账上仍有应收乙企业的长期应收款 240 万元，该款项从目前情况看，没有明确的清偿计划（并非产生于商品购销等日常活动），则在长期应收款的账面价值大于 120 万元的情况下，应以长期应收款的账面价值为限进一步确认投资损失 120 万元。祥瑞企业应进行的账务处理为：

借：投资收益　　6 000 000
　　贷：长期股权投资——损益调整　　6 000 000
借：投资收益　　1 200 000
　　贷：长期应收款　　1 200 000

（5）被投资单位所有者权益的其他变动的处理

采用权益法核算时，投资企业对于被投资单位除净损益其他综合收益以及利润分配以外，所有者权益的其他变动，在持股比例不变的情况下，应按照持股比例与被投资单位除净损益以外所有者权益的其他变动中归属于本企业的部分，相应调整长期股权投资的账面价值，同时增加或减少资本公积。

【例 3-36】祥瑞企业持有 B 企业 30%的股份，能够对 B 企业施加重大影响。当期B企业因持有的可供出售金融资产公允价值的变动计入资本公积的金额为

180 万元，除该事项外，B 企业当期实现的净损益为 960 万元。假定祥瑞企业与 B 企业适用的会计政策、会计期间相同，投资时 B 企业有关资产、负债的公允价值与其账面价值也相同，双方当期及以前期间未发生任何内部交易。

祥瑞企业在确认应享有被投资单位所有者权益的变动时，应进行的账务处理为：

借：长期股权投资——损益调整　　2 880 000
　　　　　　　　——其他权益变动　　540 000
　贷：投资收益　　2 880 000
　　　资本公积——其他资本公积　　540 000

（6）股票股利的处理

被投资单位分派的股票股利，投资企业不作账务处理，但应于除权日注明所增加的股数，以反映股份的变化情况。

4. 长期股权投资的处置

（1）长期股权投资的处置

企业处置长期股权投资时，应相应结转与所售股权相对应的长期股权投资的账面价值，出售所得价款与处置长期股权投资账面价值之间的差额，应确认为处置损益。采用权益法核算的长期股权投资，原计入资本公积的金额，在处置时也应进行结转，将与所出售股权相对应的部分在处置时自资本公积转入当期损益。

【例 3-37】祥瑞公司原持有 B 公司 40% 的股权，2012 年 11 月 30 日，祥瑞公司出售所持有 B 公司股权中的 25%，出售时祥瑞公司账面上对 B 公司长期股权投资的构成为：投资成本 3 600 000 元，损益调整为 960 000 元，其他权益变动 600 000 元。出售取得价款 1 410 000 元。

（1）祥瑞公司确认处置损益的账务处理为：

借：银行存款　　1 410 000
　贷：长期股权投资——B 公司——成本　　900 000
　　　　　　　　　　　　　　——损益调整　　240 000
　　　　　　　　　　　　　　——其他权益变动　　150 000
　　　投资收益　　120 000

（2）除应将实际取得价款与出售长期股权投资的账面价值进行结转，确认为处置当期损益外，还应将原计入资本公积的部分按比例转入当期损益。

借：资本公积——其他资本公积——B 公司　　150 000
　贷：投资收益　　150 000

（2）长期股权投资的减值

长期股权投资在按照规定进行核算确定其账面价值的基础上，如果存在减值迹象的，应当按照相关准则的规定计提减值准备。其中，对子公司、联营企业及合营企业的投资，应当按照《企业会计准则第 8 号——资产减值》的规定确定其可收回金额及应予计提的减值准备；企业持有的对被投资单位不具有共同控制或重大影响、在活跃市场中没有报价、公允价值不能可靠计量的长期股权投资，应当按照《企业会计准则第 22 号——金融工具确认和计量》的规定确定其可收回金额及应予计提的减值准备，上述有关长期股权投资的减值准备在提取以后，均不允许转回。

**篇中案例**

点石成金的神话

飞翔公司持有远航公司 80%的股份，并有权提名和选举远航公司的董事长和总经理。飞翔公司对该项投资采用权益法核算。

由于远航公司经营不力，连年亏损，已经出现了严重的资不抵债现象。2002 年底远航公司的净资产为-1 860 万元，飞翔公司按 80%的持股比例将在长期股权投资帐户的余额调整为-1 488 万元。

2003 年 2 月，飞翔公司将对远航公司的控制股权全部协议转出，转让价格 1 元。飞翔公司因此在账面形成了 14 880 001 元的投资收益，创造了点石成金的神话。

分析：

（1）飞翔公司的会计处理是否合理合法？依据是什么？

（2）飞翔公司正确的会计处理是什么？

资料来源：http://accounting.bsnku.net/case09.html.

【课堂测试 3-4】

1. 阐述长期股权投资的成本法。

2. 2012 年 6 月 1 日 A 公司通过增发 100 万股本公司普通股（每股面值 1 元）取得 B 公司 20%的股权，该 100 万股股份的公允价值为 170 万元。假定 A 公司取得该部分股权后，能够对 B 公司的财务和生产经营决策施加重大影响，请编制上述业务的会计分录。

# 第五节 固定资产

## 一、固定资产概述

(一) 固定资产的定义

固定资产，是指同时具有下列特征的有形资产：(1) 为生产商品、提供劳务、出租或经营管理而持有的；(2) 使用寿命超过一个会计年度。

从固定资产的定义看，固定资产具有以下三个特征：

## 二、固定资产的特征

1. 为生产商品、提供劳务、出租或经营管理而持有

企业持有固定资产的目的是为了生产商品、提供劳务、出租或经营管理，即企业持有的固定资产是企业的劳动工具或手段，而不是用于出售的产品。其中“出租”的固定资产，是指企业以经营租赁方式出租的机器设备类固定资产，不包括以经营租赁方式出租的建筑物，后者属于企业的投资性房地产，不属于固定资产。

2. 使用寿命超过一个会计年度

固定资产的使用寿命，是指企业使用固定资产的预计期间，或者该固定资产所能生产产品或提供劳务的数量。通常情况下，固定资产的使用寿命是指使用固定资产的预计期间，比如自用房屋建筑物的使用寿命表现为企业对该建筑物的预计使用年限。对于某些机器设备或运输设备等固定资产，其使用寿命表现为以该固定资产所能生产产品或提供劳务的数量，例如，汽车或飞机等，按其预计行驶或飞行里程估计使用寿命。

固定资产使用寿命超过一个会计年度，意味着固定资产属于非流动资产，随着使用和磨损，通过计提折旧方式逐渐减少账面价值。对固定资产计提折旧和减值准备，均属于固定资产后续计量。

3. 固定资产是有形资产

固定资产具有实物特征，这一特征将固定资产与无形资产区别开来。有些无形资产可能同时符合固定资产的其他特征，如无形资产为生产商品、提供劳务而持有，使用寿命超过一个会计年度，但是，由于其没有实物形态，所以，不属于固定资产。

## 二、固定资产的会计处理

### （一）固定资产的确认与初始计量

#### 1. 固定资产的确认条件

固定资产在符合定义的前提下，应当同时满足以下两个条件，才能加以确认。

（1）与该固定资产有关的经济利益很可能流入企业

资产最重要的特征是预期会给企业带来经济利益。企业在确认固定资产时，需要判断与该项固定资产有关的经济利益是否很可能流入企业。如果与该项固定资产有关的经济利益很可能流入企业，并同时满足固定资产确认的其他条件，那么，企业应将其确认为固定资产；否则，不应将其确认为固定资产。

（2）该固定资产的成本能够可靠地计量

成本能够可靠地计量是资产确认的一项基本条件。企业在确定固定资产成本时必须取得确凿证据，但是，有时需要根据所获得的最新资料，对固定资产的成本进行合理的估计。比如，企业对于已达到预定可使用状态但尚未办理竣工决算的固定资产，需要根据工程预算、工程造价或者工程实际发生的成本等资料，按估计价值确定其成本，办理竣工决算后，再按照实际成本调整原来的暂估价值。

#### 2. 固定资产的初始计量

固定资产的初始计量，指确定固定资产的取得成本。固定资产应当按照成本进行初始计量。

成本包括企业为购建某项固定资产达到预定可使用状态前所发生的一切合理的、必要的支出。在实务中，企业取得固定资产的方式是多种多样的，包括外购、自行建造、投资者投入以及非货币性资产交换、债务重组、企业合并和融资租赁等，取得的方式不同，其成本的具体构成内容及确定方法也不尽相同。

（1）外购固定资产的成本

企业外购固定资产的成本，包括购买价款、相关税费、使固定资产达到预定可使用状态前所发生的可归属于该项资产的运输费、装卸费、安装费和专业人员服务费等。

外购固定资产是否达到预定可使用状态，需要根据具体情况进行分析判断。如果购入不需安装的固定资产，购入后即可发挥作用，因此，购入后即可达到预定可使用状态。如果购入需安装的固定资产，只有安装调试后，达到设计要求或合同规定的标准，该项固定资产才可发挥作用，才意味着达到预定可使用状态。

在实务中，企业可能以一笔款项同时购入多项没有单独标价的资产。如果这些资产均符合固定资产的定义，并满足固定资产的确认条件，则应将各项资产单独确认为固定资产，并按各项固定资产公允价值的比例对总成本进行分配，分别确定各项固定资产的成本。如果以一笔款项购入的多项资产中还包括固定资产以外的其他资产，也应按类似的方法予以处理。

企业购入的固定资产分为不需要安装的固定资产和需要安装的固定资产两种情形。前者的取得成本为企业实际支付的购买价款、包装费、运杂费、保险费、专业人员服务费和相关税费（不含可抵扣的增值税进项税额）等，其账务处理为：按应计入固定资产成本的金额，借记“固定资产”科目，贷记“银行存款”、“其他应付款”、“应付票据”等科目；后者的取得成本是在前者取得成本的基础上，加上安装调试成本等，其账务处理为：按应计入固定资产成本的金额，先记入“在建工程”科目，安装完毕交付使用时再转入“固定资产”科目。

【例 3-38】2012 年 2 月 1 日，祥瑞公司购入一台需要安装的生产用设备，取得的增值税专用发票上注明的设备价款为 500 000 元，增值税进项税额为 85 000 元，发生运输费 2 500 元，款项已通过银行支付；安装设备时，领用本公司原材料一批，价值 30 000 元，购进该批原材料时支付的增值税进项税额为 5 100 元；支付安装工人的工资为 4 900 元。假定不考虑其他相关税费。祥瑞公司的账务处理如下：

（1）支付设备价款、增值税、运输费合计为 587 500 元。

借：在建工程　　502 500

　　应交税费——应交增值税（进项税额）　　85 000

　　贷：银行存款　　587 500

（2）领用本公司原材料、支付安装工人工资等费用合计为 34 900 元。

借：在建工程　　34 900

　　贷：原材料　　30 000

　　　　应付职工薪酬　　4 900

（3）设备安装完毕达到预定可使用状态。

借：固定资产　　537 400

　　贷：在建工程　　537 400

企业购买固定资产通常在正常信用条件期限内付款，但也会发生超过正常信用条件购买固定资产的经济业务，如采用分期付款方式购买资产，且在合同中规定的付款期限比较长，超过了正常信用条件。在这种情况下，该项购货合同实质上具有融资性质，购入固定资产的成本不能以各期付款额之和确定，而应以各期付款额的现值之和确定。固定资产购买价款的现值，应当按照各期支付的价款选择恰当的折现率进行折现后的金额加以确定。折现率是反映当前市场货币时间价值和延期付款债务特定风险的利率。该折现率实质上是供货企业的必要报酬率。各期实际支付的价款之和与其现值之间的差额，在达到预定可使用状态之前符合《企业会计准则第 17 号——借款费用》中规定的资本化条件的，应当通过在建工程计入固定资产成本，其余部分应当在信用期间内确认为财务费用，计入当期损益。其账务处理为：购入固定资产时，按购买价款的现值，借记“固定资产”或“在建工程”等科目，按应支付的金额，贷记“长期应付款”科目，按其差额，借记“未确认融资费用”科目。

【例 3-39】2007 年 1 月 1 日，祥瑞公司与乙公司签订一项购货合同，祥瑞公司从乙公司购入一台需要安装的特大型设备。合同约定，祥瑞公司采用分期付款方式支付价款。该设备价款共计 900 万元（不考虑增值税），在 2007 年至 2011 年的 5 年内每半年支付 90 万元，每年的付款日期为分别为当年 6 月 30 日和 12 月 31 日。

2007 年 1 月 1 日，设备如期运抵甲公司并开始安装。2007 年 12 月 31 日，设备达到预定可使用状态，发生安装费 398 530.60 元，已用银行存款付讫。

假定祥瑞公司适用的 6 个月折现率为 10%。

（1）购买价款的现值为：

900 000×（P / A，10%，10）=900 000×6.1446=5 530 140（元）

2007 年 1 月 1 日甲公司的账务处理如下：

借：在建工程——××设备　　5 530 140

　　未确认融资费用　　3 469 860

　　贷：长期应付款——乙公司　　9 000 000

（2）确定信用期间未确认融资费用的分摊额，如表 3-7 所示。

**表 3-7　未确认融资费用分摊表**

2007 年 1 月 1 日　　单位：元

| 日期 | 分期付款额 | 确认的融资费用 | 应付本金减少额 | 应付本金余额 |
|---|---|---|---|---|
| ① | ② | ③=期初⑤×10% | ④=②-③ | 期末⑤=期初⑤-④ |
| 2007.01.01 | | | | 5 530 140.00 |
| 2007.06.30 | 900 000 | 553 014.00 | 346 986.00 | 5 183 154.00 |

续表

| 日期 | 分期付款额 | 确认的融资费用 | 应付本金减少额 | 应付本金余额 |
|---|---|---|---|---|
| ① | ② | ③=期初⑤×10% | ④=②-③ | 期末⑤=期初⑤-④ |
| 2007.12.31 | 900 000 | 518 315.40 | 381 684.60 | 4 801 469.40 |
| 2008.06.30 | 900 000 | 480 146.94 | 419 853.06 | 4 381 616.34 |
| 2008.12.31 | 900 000 | 438 161.63 | 461 838.37 | 3 919 777.97 |
| 2009.06.30 | 900 000 | 391 977.80 | 508 022.20 | 3 411 755.77 |
| 2009.12.31 | 900 000 | 341 175.58 | 558 824.42 | 2 852 931.35 |
| 2010.06.30 | 900 000 | 285 293.14 | 614 706.86 | 2 238 224.47 |
| 2010.12.31 | 900 000 | 223 822.45 | 676 177.55 | 1 562 046.92 |
| 2011.06.30 | 900 000 | 156 204.69 | 743 795.31 | 818 251.61 |
| 2011.12.31 | 900 000 | 81 748.39* | 818 251.61 | 0.00 |
| 合计 | 9 000 000 | 3 469 860.00 | 5 530 140.00 | 0.00 |

* 尾数调整：81 748.39=900 000-818 251.61，818251.61 为最后一期应付本金余额。

（3）2007 年 1 月 1 日至 2007 年 12 月 31 日为设备的安装期间，未确认。融资费用的分摊额符合资本化条件，计入固定资产成本。

2007 年 6 月 30 日祥瑞公司的账务处理如下：

借：在建工程——××设备　　553 014
　　贷：未确认融资费用　　553 014
借：长期应付款——乙公司　　900 000
　　贷：银行存款　　900 000

2007 年 12 月 31 日，祥瑞公司的账务处理如下：

借：在建工程——××设备　　518 315.40
　　贷：未确认融资费用　　518 315.40
借：长期应付款——乙公司　　900 000
　　贷：银行存款　　900 000
借：在建工程——××设备　　398 530．60
　　贷：银行存款等　　398 530．60
借：固定资产——××设备　　7 000 000
　　贷：在建工程——××设备　　7 000 000

固定资产的成本=5 530 140+553 014+ 518 315.40+398 530.60

=7 000 000（元）

（4）2008 年 1 月 1 日至 2011 年 12 月 31 日，该设备已经达到预定可使用状态，未确认融资费用的分摊额不再符合资本化条件，应计入当期损益。

2008 年 6 月 30 日祥瑞公司的账务处理如下：

借：财务费用 480 146．94

　　贷：未确认融资费用 480 146．94

借：长期应付款——乙公司 900 000

　　贷：银行存款 900 000

以后期间的账务处理与 2008 年 6 月 30 日相同，此处略。

（2）自行建造固定资产

自行建造固定资产的成本，由建造该项资产达到预定可使用状态前所发生的必要支出构成。包括工程物资成本、人工成本、交纳的相关税费、应予资本化的借款费用以及应分摊的间接费用等。

企业自行建造固定资产包括自营建造和出包建造两种方式。无论采用何种方式，所建工程都应当按照实际发生的支出确定其工程成本并单独核算。

①自营方式建造固定资产。企业以自营方式建造固定资产，意味着企业自行组织工程物资采购、自行组织施工人员从事工程施工。实务中，企业较少采用自营方式建造固定资产，多数情况下采用出包方式。企业如有以自营方式建造固定资产，其成本应当按照直接材料、直接人工、直接机械施工费等计量。

企业为建造固定资产准备的各种物资应当按照实际支付的买价、运输费、保险费等相关税费作为实际成本，并按照各种专项物资的种类进行明细核算。工程完工后，剩余的工程物资转为本企业存货的，按其实际成本或计划成本进行结转。建设期间发生的工程物资盘亏、报废及毁损，减去残料价值以及保险公司、过失人等赔款后的净损失，计入所建工程项目的成本；盘盈的工程物资或处置净收益，冲减所建工程项目的成本。工程完工后发生的工程物资盘盈、盘亏、报废、毁损，计入当期损益。

建造固定资产领用工程物资、原材料或库存商品，应按其实际成本转入所建工程成本。自营方式建造固定资产应负担的职工薪酬、辅助生产部门为之提供的水、电、运输等劳务，以及其他必要支出等也应计入所建工程项目的成本。符合资本化条件，应计入所建造固定资产成本的借款费用按照《企业会计准则第 17 号——借款费用》的有关规定处理。

所建造的固定资产已达到预定可使用状态，但尚未办理竣工结算的，应当自达到预定可使用状态之日起，根据工程预算、造价或者工程实际成本等，按暂估价值转入固定资产，并按有关计提固定资产折旧的规定，计提固定资产折旧。待办理竣工决算手续后再调整原来的暂估价值，但不需要调整原已计提的折旧额。

企业自营方式建造固定资产，发生的工程成本应通过“在建工程”科目核算，工程完工达到预定可使用状态时，从“在建工程”科目转入“固定资产”科目。

②出包方式建造固定资产。在出包方式下，企业通过招标方式将工程项目发包给建造承包商，由建造承包商（即施工企业）组织工程项目施工。企业要与建造承包商签订建造合同，企业是建造合同的甲方，负责筹集资金和组织管理工程建设，通常称为建设单位，建造承包商是建造合同的乙方，负责建筑安装工程施工任务。

企业以出包方式建造固定资产，其成本由建造该项固定资产达到预定可使用状态前所发生的必要支出构成，包括发生的建筑工程支出、安装工程支出以及需分摊计入各固定资产价值的待摊支出。建筑工程、安装工程支出，如人工费、材料费、机械使用费等由建造承包商核算。对于发包企业而言，建筑工程支出、安装工程支出是构成在建工程成本的重要内容，发包企业按照合同规定的结算方式和工程进度定期与建造承包商办理工程价款结算，结算的工程价款计入在建工程成本。待摊支出，是指在建设期间发生的，不能直接计入某项固定资产价值，而应由所建造固定资产共同负担的相关费用，包括为建造工程发生的管理费、可行性研究费、临时设施费、公证费、监理费、应负担的税金、符合资本化条件的借款费用、建设期间发生的工程物资盘亏、报废及毁损净损失以及负荷联合试车费等。企业为建造固定资产通过出让方式取得土地使用权而支付的土地出让金不计入在建工程成本，应确认为无形资产（土地使用权）。

在出包方式下，“在建工程”科目主要是企业与建造承包商办理工程价款的结算科目，企业支付给建造承包商的工程价款，作为工程成本通过“在建工程”科目核算。企业应按合理估计的工程进度和合同规定结算的进度款，借记“在建工程——建筑工程——××工程”、“在建工程——安装工程——××工程”科目，贷记“银行存款”、“预付账款”等科目。工程完成时，按合同规定补付的工程款，借记“在建工程”科目，贷记“银行存款”等科目。企业将需安装设备运抵现场安装时，借记“在建工程——在安装设备——××设备”科目，贷记“工程物资——××设备”科目；企业为建造固定资产发生的待摊支出，借记“在建工程——待摊支出”科目，贷记“银行存款”、“应付职工薪酬”、“长期借款”等科目。

在建工程达到预定可使用状态时，首先计算分配待摊支出，待摊支出的分配率可按下列公式计算：

待摊支出分配率＝累计发生的待摊支出÷（建筑工程支出＋安装工程支出＋在安装设备支出）×100%

××工程应分配的待摊支出＝（××工程建筑工程支出＋××工程安装工程支出＋××工程在安装设备支出）×待摊支出分配率

其次，计算确定已完工的固定资产成本。

房屋、建筑物等固定资产成本=建筑工程支出＋应分摊的待摊支出

需要安装设备的成本=设备成本＋为设备安装发生的基础、支座等建筑工程支出＋安装工程支出＋应分摊的待摊支出

最后，进行相应的账务处理，借记“固定资产”科目，贷记“在建工程——建筑工程”、“在建工程——安装工程”、“在建工程——待摊支出”等科目。

③其他方式取得的固定资产的成本。企业取得固定资产的其他方式与存货类似，也主要包括接受投资者投资、非货币性资产交换、债务重组、企业合并等。

投资者投入固定资产的成本。投资者投入固定资产的成本，应当按照投资合同或协议约定的价值确定，但合同或协议约定价值不公允的除外。在投资合同或协议约定价值不公允的情况下，按照该项固定资产的公允价值作为入账价值。

通过非货币性资产交换、债务重组、企业合并等方式取得的固定资产的成本。企业通过非货币性资产交换、债务重组、企业合并等方式取得的固定资产，其成本应当分别按照《企业会计准则第 7 号——非货币性资产交换》《企业会计准则第 12 号——债务重组》《企业会计准则第 20 号——企业合并》等的规定确定。但是，其后续计量和披露应当执行固定资产准则的规定。

盘盈固定资产的成本。盘盈的固定资产，作为前期差错处理，在按管理权限报经批准处理前，应先通过“以前年度损益调整”科目核算。

（二）固定资产的后续计量

固定资产的后续计量主要包括固定资产折旧的计提、减值损失的确定，以及后续支出的计量。其中，固定资产的减值应当按照《企业会计准则第 8 号——资产减值》处理。

1. 固定资产折旧

（1）固定资产折旧的定义

折旧是指在固定资产的使用寿命内，按照确定的方法对应计折旧额进行的

系统分摊。应计折旧额，是指应当计提折旧的固定资产的原价扣除其预计净残值后的金额。如果已对固定资产计提减值准备，还应当扣除已计提的固定资产减值准备累计金额。

（2）影响固定资产折旧的因素

影响固定资产折旧的因素主要有以下几个方面：

①固定资产原价，指固定资产的成本。

②预计净残值。指假定固定资产预计使用寿命已满并处于使用寿命终了时的预期状态，企业目前从该项资产处置中获得的扣除预计处置费用后的金额。

③固定资产减值准备，指固定资产已计提的固定资产减值准备累计金额。固定资产计提减值准备后，应当在剩余使用寿命内根据调整后的固定资产账面价值（固定资产账面余额扣减累计折旧和累计减值准备后的金额）和预计净残值重新计算确定折旧率和折旧额。

④固定资产的使用寿命，指企业使用固定资产的预计期间，或者该固定资产所能生产产品或提供劳务的数量。企业确定固定资产使用寿命时，应当考虑下列因素：

一是该项资产预计生产能力或实物产量。

二是该项资产预计有形损耗，指固定资产在使用过程中，由于正常使用和自然力的作用而引起的使用价值和价值的损失，如设备使用中发生磨损、房屋建筑物受到自然侵蚀等。

三是该项资产预计无形损耗，指由于科学技术的进步和劳动生产率的提高而带来的固定资产价值上的损失，如因新技术的出现而使现有的资产技术水平相对陈旧、市场需求变化使其所生产的产品过时等。

四是法律或者类似规定对该项资产使用的限制。某些固定资产的使用寿命可能受法律或类似规定的约束。如对于融资租赁的固定资产，根据《企业会计准则第 21 号——租赁》规定，能够合理确定租赁期届满时将会取得租赁资产所有权的，应当在租赁资产使用寿命内计提折旧；如果无法合理确定租赁期届满时能够取得租赁资产所有权的，应当在租赁期与租赁资产使用寿命两者中较短的期间内计提折旧。

（3）固定资产折旧范围

企业应当对所有的固定资产计提折旧，但是，已提足折旧仍继续使用的固定资产和单独计价入账的土地除外。在确定计提折旧的范围时还应注意以下几点：

①固定资产应当按月计提折旧，并根据用途计入相关资产的成本或者当期

损益。固定资产应自达到预定可使用状态时开始计提折旧，终止确认时或划分为持有待售非流动资产时停止计提折旧。为了简化核算，当月增加的固定资产，当月不计提折旧，从下月起计提折旧；当月减少的固定资产，当月仍计提折旧，从下月起不计提折旧。

②固定资产提足折旧后，不论能否继续使用，均不再计提折旧，提前报废的固定资产也不再补提折旧。所谓提足折旧是指已经提足该项固定资产的应计折旧额。

③已达到预定可使用状态但尚未办理竣工决算的固定资产，应当按照估计价值确定其成本，并计提折旧；待办理竣工决算后再按实际成本调整原来的暂估价值，但不需要调整原已计提的折旧额。

（4）固定资产折旧方法

企业应当根据与固定资产有关的经济利益的预期实现方式，合理选择折旧方法。可选用的折旧方法包括年限平均法、工作量法、双倍余额递减法和年数总和法等。企业选用不同的固定资产折旧方法，将影响固定资产使用寿命期间内不同时期的折旧费用。因此，固定资产的折旧方法一经确定，不得随意变更。如需变更应当符合固定资产准则第十九条的规定。

①年限平均法

年限平均法又称直线法，是指将固定资产的应计折旧额均衡地分摊到固定资产预计使用寿命内的一种方法。采用这种方法计算的每期折旧额均相等。计算公式如下：

$$\text{年折折旧率}=\frac{1-\text{预计净残值率}}{\text{预计使用寿命}}\times 100\%$$

$$\text{月折旧率}=\text{年折旧率}\div 12$$

$$\text{月折旧额}=\text{固定资产原价}\times\text{月折旧率}$$

采用年限平均法计算固定资产折旧虽然比较简便，但它也存在着一些明显的局限性。一方面，固定资产在不同使用年限提供的经济效益是不同的。一般来讲，固定资产在其使用前期工作效率相对较高，所带来的经济利益也就多；而在其使用后期，工作效率一般呈下降趋势，因而，所带来的经济利益也就逐渐减少。年限平均法不予考虑，明显是不合理的。另一方面，固定资产在不同的使用年限发生的维修费用也不一样。固定资产的维修费用将随着其使用时间的延长而不断增加，而年限平均法也没有考虑这一因素。

当固定资产各期负荷程度相同时，各期应分摊相同的折旧费，这时采用年限平均法计算折旧是合理的。但是，如果固定资产各期负荷程度不同，采用年限平均法计算折旧时，则不能反映固定资产的实际使用情况，计提的折旧额与固定资产的损耗程度也不相符。

②工作量法

工作量法，是根据实际工作量计算每期应提折旧额的一种方法。计算公式如下：

单位工作量折旧额=固定资产原价×（1-预计净残值率）÷预计总工作量

某项固定资产月折旧额=该项固定资产当月工作量×单位工作量折旧额

③双倍余额递减法

双倍余额递减法，是指在不考虑固定资产预计净残值的情况下，根据每期期初固定资产原价减去累计折旧后的金额（即固定资产净值）和双倍的直线法折旧率计算固定资产折旧的一种方法。计算公式如下：

年折旧率=2÷预计使用寿命（年）×100%

月折旧率=年折旧率÷12

月折旧额=固定资产净值×月折旧率

由于每年年初固定资产净值没有扣除预计净残值，因此，在应用这种方法计算折旧额时必须注意不能使固定资产的净值降低到其预计净残值以下，即采用双倍余额递减法计提折旧的固定资产，通常在其折旧年限到期前两年内，将固定资产净值扣除预计净残值后的余额平均摊销。

【例 3-40】祥瑞公司某项设备原价为 120 万元，预计使用寿命为 5 年，预计净残值率为 4%；假设祥瑞公司没有对该机器设备计提减值准备。

祥瑞公司按双倍余额递减法计提折旧，每年折旧额计算如下：

年折旧率=2/5×100%=40%

第一年应提的折旧额=120×40%=48（万元）

第二年应提的折旧额=（120-48）×40%=28.8（万元）

第三年应提的折旧额=（120-48-28.8）×40%=17.28（万元）

从第四年起改按年限平均法（直线法）计提折旧：

第四年、第五年应提的折旧额=（120-48-28.8-17.28-120×4%）÷2=10.56（万元）

④年数总和法

年数总和法，又称年限合计法，是将固定资产的原价减去预计净残值的余额乘以一个以固定资产尚可使用寿命为分子、以预计使用寿命逐年数字之和为分母的逐年递减的分数计算每年的折旧额。计算公式如下：

年折旧率=尚可使用寿命÷预计使用寿命的年数总和×100%

月折旧率=年折旧率÷12

月折旧额=（固定资产原价-预计净残值）×月折旧率

【例 3-41】沿用【例 3-40】的资料，采用年数总和法计算的各年折旧额如表 3-8 所示。

**表 3-8 折旧的计算**

金额单位：元

| 年份 | 尚可使用寿命 | 原价-预计净残值 | 年折旧率 | 每年折旧额 | 累计折旧 |
|---|---|---|---|---|---|
| 第 1 年 | 5 | 1 152 000 | 5 / 15 | 384 000 | 384 000 |
| 第 2 年 | 4 | 1 152 000 | 4 / 15 | 307 200 | 691 200 |
| 第 3 年 | 3 | 1 152 000 | 3 / 15 | 230 400 | 921 600 |
| 第 4 年 | 2 | 1 152 000 | 2 / 15 | 153 600 | 1 075 200 |
| 第 5 年 | 1 | 1 152 000 | 1 / 15 | 76 800 | 1 152 000 |

双倍余额递减法和年数总和法都属于加速折旧法，其特点是在固定资产使用的早期多提折旧，后期少提折旧，其递减的速度逐年加快，从而相对加快折旧的速度，目的是使固定资产成本在估计使用寿命内加快得到补偿。

（5）固定资产折旧的会计处理

固定资产应当按月计提折旧，计提的折旧应通过“累计折旧”科目核算，并根据用途计入相关资产的成本或者当期损益。

①企业基本生产车间所使用的固定资产，其折旧应计入制造费用。

②管理部门所使用的固定资产，其计提的折旧应计入管理费用。

③销售部门所使用的固定资产，其计提的折旧应计入销售费用。

④自行建造固定资产过程中使用的固定资产，其计提的折旧应计入在建工程成本。

⑤经营租出的固定资产，其计提的折旧额应计入其他业务成本。

⑥未使用的固定资产，其计提的折旧应计入管理费用。

【例 3-42】祥瑞公司 2012 年 1 月份固定资产计提折旧情况如下：第一生产车间厂房计提折旧 7 000 元，管理部门房屋建筑物计提折旧 5 000 元，销售部门房屋建筑物计提折旧 5 000 元。祥瑞公司 2012 年 1 月份计提折旧的账务处理如下：

借：制造费用——第一生产车间　　7 000
　　管理费用　　5 000
　　销售费用　　5 000

贷：累计折旧 17 000

（6）固定资产使用寿命、预计净残值和折旧方法的复核

由于固定资产的使用寿命长于一年，属于企业的非流动资产，企业至少应当于每年年度终了，对固定资产的使用寿命、预计净残值和折旧方法进行复核。

固定资产使用寿命、预计净残值和折旧方法的改变应作为会计估计变更，按照《企业会计准则第 28 号——会计政策、会计估计变更和差错更正》的规定处理。

2. 固定资产的后续支出

固定资产的后续支出，是指固定资产使用过程中发生的更新改造支出、修理费用等。后续支出的处理原则为：符合固定资产确认条件的，应当计入固定资产成本，同时将被替换部分的账面价值扣除；不符合固定资产确认条件的，应当计入当期损益。

（1）资本化的后续支出

固定资产发生可资本化的后续支出时，企业一般应将该固定资产的原价、已计提的累计折旧和减值准备转销，将固定资产的账面价值转入在建工程，并在此基础上重新确定固定资产原价。因已转入在建工程，因此停止计提折旧。在固定资产发生的后续支出完工并达到预定可使用状态时，再从在建工程转为固定资产，并按重新确定的固定资产原价、使用寿命、预计净残值和折旧方法计提折旧。固定资产发生的可资本化的后续支出，通过“在建工程”科目核算。

【例 3-43】祥瑞公司有关固定资产更新改造的资料如下：

（1）2007 年 12 月 30 日，该公司自行建成了一条生产线，建造成本为 1 136 000 元；采用年限平均法计提折旧；预计净残值率为 3%，预计使用寿命为 6 年。

（2）2010 年 1 月 1 日，由于生产的产品适销对路，现有生产线的生产能力已难以满足公司生产发展的需要，但若新建生产线则建设周期过长。甲公司决定对现有生产线进行改扩建，以提高其生产能力。假定该生产线未发生减值。

（3）2010 年 1 月 1 日至 3 月 31 日，经过三个月的改扩建，完成了对这条生产线的改扩建工程，达到预定可使用状态共发生支出 537 800 元，全部以银行存款支付。

（4）该生产线改扩建工程达到预定可使用状态后，大大提高了生产能力，预计将其使用寿命延长 4 年，即为 10 年。假定改扩建后的生产线的预计净残值率为改扩建后固定资产账面价值的 3%；折旧方法仍为年限平均法。

（5）为简化计算过程，整个过程不考虑其他相关税费；公司按年度计提固定资产折旧。

本例中，生产线改扩建后，生产能力大大提高，能够为企业带来更多的经济利益，改扩建的支出金额也能可靠计量，因此该后续支出符合固定资产的确认条件，应计入固定资产的成本。有关的账务处理如下：

（1）固定资产后续支出发生前：

该条生产线的应计折旧额=1 136 000×(1−3%)=1 101 920（元）

年折旧额=1 101 920÷6=183 653.33（元）

2005 年和 2006 年两年计提固定资产折旧的账务处理为：

借：制造费用　　　　　　　　183 653.33

　　贷：累计折旧　　　　　　　　183 653.33

（2）2007 年 1 月 1 日，固定资产的账面价值=1 136 000 1−183 653.33×2
=768 693.34（元）。

固定资产转入改扩建：

借：在建工程——××生产线　　　　768 693．34

　　累计折旧　　　　　　　　　　367 306．66

　　贷：固定资产——××生产线　　　　1 136 000

（3）2007 年 1 月 1 日至 3 月 31 日，发生改扩建工程支出。

借：在建工程——××生产线　　　　537 800

　　贷：银行存款　　　　　　　　　　537 800

（4）2007 年 3 月 31 日，生产线改扩建工程达到预定可使用状态，固定资产的入账价值=768 693.34+537 800=1 306 493.34（元）。

借：固定资产——××生产线　　　　1 306 493.34

　　贷：在建工程——××生产线　　　　1 306 493.34

（5）2007 年 3 月 31 日，转为固定资产后，按重新确定的使用寿命、预计净残值和折旧方法计提折旧。

应计折旧额=1 306 493.34×（1−3%）=1 267 298.54（元）

月折旧额=1 267 298.54÷（7×12+9）=13 626.87（元）

年折旧额=13 626.87×12=163 522.39（元）

2007 年应计提的折旧额=13 626.87×9=122 641.83（元）

会计分录为：

借：制造费用　　　　　　　　122 641.83

　　贷：累计折旧　　　　　　　　122 641.83

企业发生的某些固定资产后续支出可能涉及替换原固定资产的某组成部分，当发生的后续支出符合固定资产确认条件时，应将其计入固定资产成本，同时将被替换部分的账面价值扣除。这样可以避免将替换部分的成本和被替换部分的成本同时计入固定资产成本，导致固定资产成本高计。企业对固定资产进行定期检查发生的大修理费用，符合资本化条件的，可以计入固定资产成本，不符合资本化条件的，应当费用化，计入当期损益。固定资产在定期大修理间隔期间，照提折旧。

【例 3-44】某航空公司 2000 年 12 月购入一架飞机，总计花费 8 000 万元（含发动机），发动机当时的购价为 500 万元。公司未将发动机作为一项单独的固定资产进行核算。2009 年年初，公司开辟新航线，航程增加。为延长飞机的空中飞行时间，公司决定更换一部性能更为先进的发动机。新发动机购价 700 万元，另需支付安装费用 51 000 元。假定飞机的年折旧率为 3%，不考虑相关税费的影响，公司的账务处理为：

（1）2009 年年初飞机的累计折旧金额为：80 000 000×3%×8=19 200 000（元），固定资产转入在建工程。

借：在建工程——××飞机　　60 800 000
　　累计折旧　　19 200 000
　　贷：固定资产——××飞机　　80 000 000

（2）安装新发动机：

借：在建工程——××飞机　　7 051 000
　　贷：工程物资——××发动机　　7 000 000
　　　　银行存款　　51 000

（3）2009 年年初老发动机的账面价值为：5 000 000-5 000 000×3%×8=3 800 000（元），终止确认老发动机的账面价值。假定报废处理，无残值。

借：营业外支出　　3 800 000
　　贷：在建工程——××飞机　　3 800 000

（4）发动机安装完毕，投入使用。固定资产的入账价值为：60 800 000+7 051 000-3 800 000=64 051 000（元）

借：固定资产——××飞机　　64 051 000
　　贷：在建工程——××飞机　　64 051 000

（2）费用化的后续支出

与固定资产有关的修理费用等后续支出，不符合固定资产确认条件的，应当根据不同情况分别在发生时计入当期管理费用或销售费用。

一般情况下，固定资产投入使用之后，由于固定资产磨损、各组成部分耐用程度不同，可能导致固定资产的局部损坏，为了维护固定资产的正常运转和使用，充分发挥其使用效能，企业将对固定资产进行必要的维护。固定资产的日常修理费用在发生时应直接计入当期损益。企业生产车间（部门）和行政管理部门等发生的固定资产修理费用等后续支出计入管理费用；企业设置专设销售机构的，其发生的与专设销售机构相关的固定资产修理费用等后续支出，计入销售费用。企业固定资产更新改造支出不满足固定资产确认条件的，在发生时应直接计入当期损益。

3. 固定资产的处置

（1）固定资产终止确认的条件

固定资产满足下列条件之一的，应当予以终止确认。

①该固定资产处于处置状态。固定资产处置包括固定资产的出售、转让、报废或毁损、对外投资、非货币性资产交换、债务重组等。处于处置状态的固定资产不再用于生产商品、提供劳务、出租或经营管理，因此不再符合固定资产的定义，应予终止确认。

②该固定资产预期通过使用或处置不能产生经济利益固定资产的确认条件之一是"与该固定资产有关的经济利益很可能流入企业"，如果一项固定资产预期通过使用或处置不能产生经济利益，那么，它就不再符合固定资产的定义和确认条件，应予终止确认。

（2）固定资产处置的账务处理

企业出售、转让、报废固定资产或发生固定资产毁损，应当将处置收入扣除账面价值和相关税费后的金额计入当期损益。固定资产处置一般通过"固定资产清理"科目进行核算。

企业因出售、转让、报废或毁损、对外投资、非货币性资产交换、债务重组等处置固定资产，其会计处理一般经过以下几个步骤：

第一，固定资产转入清理。固定资产转入清理时，按固定资产账面价值，借记"固定资产清理"科目，按已计提的累计折旧，借记"累计折旧"科目，按已计提的减值准备，借记"固定资产减值准备"科目，按固定资产账面余额，贷记"固定资产"科目。

第二，发生的清理费用。固定资产清理过程中发生的有关费用以及应支付的相关税费，借记"固定资产清理"科目，贷记"银行存款"、"应交税费"等科目。

第三，出售收入和残料等的处理。企业收回出售固定资产的价款、残料价值和变价收入等，应冲减清理支出。按实际收到的出售价款以及残料变价收入等，借记“银行存款”、“原材料”等科目，贷记“固定资产清理”、“应交税费——应交增值税”等科目。

第四，保险赔偿的处理。企业计算或收到的应由保险公司或过失人赔偿的损失，应冲减清理支出，借记“其他应收款”、“银行存款”等科目，贷记“固定资产清理”科目。

第五，清理净损益的处理。固定资产清理完成后的净损失，属于生产经营期间正常的处理损失，借记“营业外支出——处置非流动资产损失”科目，贷记“固定资产清理”科目；属于生产经营期间由于自然灾害等非正常原因造成的，借记“营业外支出——非常损失”科目，贷记“固定资产清理”科目。固定资产清理完成后的净收益，借记“固定资产清理”科目，贷记“营业外收入”科目。

（3）持有待售的固定资产

同时满足下列条件的非流动资产（包括固定资产）应当划分为持有待售：一是企业已经就处置该非流动资产做出决议；二是企业已经与受让方签订了不可撤销的转让协议；三是该项转让将在一年内完成。持有待售的非流动资产包括单项资产和处置组，处置组是指作为整体出售或其他方式一并处置的一组资产。处置组通常是一组资产组、一个资产组或某个资产组中的一部分，如果处置组是一个资产组，并且按照《企业会计准则第 8 号——资产减值》的规定将企业合并中取得的商誉分摊至该资产组，或者该资产组是这种资产组中的一项经营，则该处置组应当包括企业合并中取得的商誉。

企业对于持有待售的固定资产，应当调整该项固定资产的预计净残值，使该项固定资产的预计净残值能够反映其公允价值减去处置费用后的金额，但不得超过符合持有待售条件时该项固定资产的原账面价值，原账面价值高于预计净残值的差额，应作为资产减值损失计入当期损益。企业应当在报表附注中披露持有待售的固定资产名称、账面价值、公允价值、预计处置费用和预计处置时间等。持有待售的固定资产不计提折旧，按照账面价值与公允价值减去处置费用后的净额孰低进行计量。

某项资产或处置组被划归为持有待售，但后来不再满足持有待售的固定资产的确认条件，企业应当停止将其划归为持有待售，并按照下列两项金额中较低者计量：

①该资产或处置组被划归为持有待售之前的账面价值，按照其假定在没有被划归为持有待售的情况下原应确认的折旧、摊销或减值进行调整后的金额。

②决定不再出售之日的可收回金额。符合持有待售条件的无形资产等其他

非流动资产，比照上述原则处理：这里所指的其他非流动资产不包括递延所得税资产、《企业会计准则第 22 号——金融工具确认和计量》规范的金融资产、以公允价值计量的投资性房地产和生物资产、保险合同中产生的合同权利等。

（4）固定资产盘亏的会计处理

固定资产是一种价值较高、使用期限较长的有形资产，因此，对于管理规范的企业而言，盘盈、盘亏的固定资产较为少见。企业应当健全制度，加强管理，定期或者至少于每年年末对固定资产进行清查盘点，以保证固定资产核算的真实性和完整性。如果清查中发现固定资产损溢的应及时查明原因，在期末结账前处理完毕。

固定资产盘亏造成的损失，应当计入当期损益。企业在财产清查中盘亏的固定资产，按盘亏固定资产的账面价值借记“待处理财产损溢——待处理固定资产损溢”科目，按已计提的累计折旧，借记“累计折旧”科目，按已计提的减值准备，借记“固定资产减值准备”科目，按固定资产原价，贷记“固定资产”科目。按管理权限报经批准后处理时，按可收回的保险赔偿或过失人赔偿，借记“其他应收款”科目，按应计入营业外支出的金额，借记“营业外支出——盘亏损失”科目，贷记“待处理财产损溢”科目。

**【课堂测试 3-5】**

1. 某公司 2012 年 10 月份固定资产计提折旧情况如下：第一生产车间厂房计提折旧 5 000 元，管理部门房屋建筑物计提折旧 6 000 元，销售部门房屋建筑物计提折旧 6 000 元。请编制上述业务的会计分录。

# 第六节 无形资产

## 一、无形资产概述

（一）无形资产的定义与特征

无形资产是指企业拥有或者控制的没有实物形态的可辨认非货币性资产。无形资产具有以下特征：

1. 由企业拥有或者控制并能为其带来未来经济利益的资源

预计能为企业带来未来经济利益是作为一项资产的本质特征，无形资产也不例外。通常情况下，企业拥有或者控制的无形资产应当拥有其所有权并且能够为企业带来未来经济利益。但在某些情况下并不需要企业拥有其所有权，如果企业有权获得某项无形资产产生的经济利益，同时又能约束其他人获得这些经济利益，则说明企业控制了该无形资产，或者说控制了该无形资产产生的经济利益，具体表现为企业拥有该无形资产的法定所有权，或者使用权并受法律的保护。比如，企业自行研制的技术通过申请依法取得专利权后，在一定期限内拥有了该专利技术的法定所有权；又比如，企业与其他企业签订合约转让商标权，由于合约的签订，使商标使用权转让方的相关权利受到法律的保护。

2. 无形资产不具有实物形态

无形资产通常表现为某种权利、某项技术或是某种获取超额利润的综合能力。它们不具有实物形态，看不见，摸不着，比如土地使用权、非专利技术等。无形资产为企业带来经济利益的方式与固定资产不同，固定资产是通过实物价值的磨损和转移来为企业带来未来经济利益，而无形资产很大程度上是通过自身所具有的技术等优势为企业带来未来经济利益，不具有实物形态是无形资产区别于其他资产的特征之一。

需要指出的是，某些无形资产的存在有赖于实物载体。比如，计算机软件需要存储在介质中。但这并不改变无形资产本身不具有实物形态的特性。在确定一项包含无形和有形要素的资产是属于固定资产还是属于无形资产时，需要通过判断来加以确定，通常以哪个要素更重要作为判断的依据。例如，计算机控制的机械工具没有特定计算机软件就不能运行时，则说明该软件是构成关硬件不可缺少的组成部分，该软件应作为固定资产处理；如果计算机软件不是相关硬件不可缺少的组成部分，则该软件应作为无形资产核算。无论是否存在实物载体，只要将一项资产归类为无形资产，则不具有实物形态仍然是无形资产的特征之一。

3. 无形资产具有可辨认性

要作为无形资产进行核算，该资产必须是能够区别于其他资产可单独辨认的，如企业持有的专利权、非专利技术、商标权、土地使用权、特许权等。从可辨认性角度考虑，商誉是与企业整体价值联系在一起的，无形资产的定义要求无形资产是可辨认的，以便与商誉清楚地区分开来。企业合并中取得的商誉代表了购买方为从不能单独辨认并独立确认的资产中获得预期未来经济利益而付出的代价。这些未来经济利益可能产生于取得的可辨认资产之间的协同作用，也可能产生于购买者在企业合并中准备支付的、但不符合在财务报表上确认条件的资产。从计量上来讲，商誉是企业合并成本大于合并中取得的各项可辨认资产、负债公允价值份额的差额，代表的是企业未来现金流量大于每一单项资产产生未来现金流量的合计金额，其存在无法与企业自身区分开来，由于不具有可辨认性，虽然商誉也是没有实物形态的非货币性资产，但不构成无形资产。

符合以下条件之一的，则认为其具有可辨认性：

（1）能够从企业中分离或者划分出来，并能单独用于出售或转让等，而不需要同时处置在同一获利活动中的其他资产，则说明无形资产可以辨认。某些情况下无形资产可能需要与有关的合同一起用于出售、转让等，这种情况下也视为可辨认无形资产。

（2）产生于合同性权利或其他法定权利，无论这些权利是否可以从企业或其他权利和义务中转移或者分离。如一方通过与另一方签订特许权合同而获得的特许使用权，通过法律程序申请获得的商标权、专利权等。

如果企业有权获得一项无形资产产生的未来经济利益，并能约束其他方获取这些利益，则表明企业控制了该项无形资产。例如，对于会产生经济利益的技术知识，若其受到版权、贸易协议约束（如果允许）等法定权利或雇员保密法定职责的保护，那么说明该企业控制了相关利益；而对于客户关系、人力资源等，由于企业无法控制其带来的未来经济利益，不符合无形资产的定义，不应将其确认为无形资产。内部产生的品牌、报刊名、刊头、客户名单和实质上类似项目的支出不能与整个业务开发成本区分开来。因此，这类项目不应确认为无形资产。

4. 无形资产属于非货币性资产

非货币性资产，是指企业持有的货币资金和将以固定或可确定的金额收取的资产以外的其他资产。无形资产由于没有发达的交易市场，一般不容易转化成现金，在持有过程中为企业带来未来经济利益的情况不确定，不属于以固定或可确定的金额收取的资产，属于非货币性资产。货币性资产主要有现金、银行存款、应收账款、应收票据和短期有价证券等，它们的共同特点是直接表现为固定的货币数额，或在将来收到一定货币数额的权利。应收款项等资产也没有实物形态，其与无形资产的区别在于无形资产属于非货币性资产，而应收款项等资产则不属于非货币性资产。另外，虽然固定资产也属于非货币性资产，但其为企业带来经济利益的方式与无形资产不同，固定资产是通过实物价值的磨损和转移来为企业带来未来经济利益，而无形资产很大程度上是通过某些权利、技术等优势为企业带来未来经济利益。

（二）无形资产的内容

无形资产通常包括专利权、非专利技术、商标权、著作权、特许权、土地使用权等。

1. 专利权

专利权，是指国家专利主管机关依法授予发明创造专利申请人，对其发明创造在法定期限内所享有的专有权利，包括发明专利权、实用新型专利权和外观设计专利权。发明，是指对产品、方法或者其改进所提出的新的技术方案。实用新型，是指对产品的形状、构造或者其结合所提出的适于实用的新的技术方案。外观设计，是指对产品的形状、图案或者其结合以及色彩与形状、图案的结合所做出的富有美感并适用于工业应用的新设计。发明专利权的期限为20年，实用新型专利权和外观设计专利权的期限为10年，均自申请日起计算。

2. 非专利技术

非专利技术，也称专有技术。它是指不为外界所知、在生产经营活动中已采用的、不享有法律保护的、可以带来经济效益的各种技术和诀窍。非专利技术一般包括工业专有技术、商业贸易专有技术、管理专有技术等。工业专有技术，指在生产上已经采用，仅限于少数人知道，不享有专利权或发明权的生产、装配、修理、工艺或加工方法的技术知识，可以用蓝图、配方、技术记录、操作方法的说明等具体资料表现出来，也可以通过卖方派出技术人员进行指导，或接受买方人员进行技术实习等手段实现；商业贸易专有技术，指具有保密性质的市场情报、原材料价格情报以及用户、竞争对象的情况的有关知识；管理专有技术，指生产组织的经营方式、管理方法、培训职工方法等保密知识。非专利技术并不是专利法的保护对象，非专利技术用自我保密的方式来维持其独占性，具有经济性、机密性和动态性等特点。

3. 商标权

商标是用来辨认特定的商品或劳务的标记。商标权指专门在某类指定的商品或产品上使用特定的名称或图案的权利。经商标局核准注册的商标为注册商标，包括商品商标、服务商标和集体商标、证明商标；商标注册人享有商标专用权，受法律保护。集体商标，是指以团体、协会或者其他组织名义注册，供该组织成员在商事活动中使用，以表明使用者在该组织中的成员资格的标志。

证明商标，是指由对某种商品或者服务具有监督能力的组织所控制，而由该组织以外的单位或者个人用于其商品或者服务，用以证明该商品或者服务的原产地、原料、制造方法、质量或者其他特定品质的标志。注册商标的有效期为10年，自核准注册之日起计算。注册商标有效期满，需要继续使用的，应当在期满前6个月内申请续展注册；在此期间未能提出申请的，可以给予6个月的宽展期。宽展期满仍未提出申请的，注销其注册商标。每次续展注册的有效期为10年。

4. 著作权

著作权又称版权，指作者对其创作的文学、科学和艺术作品依法享有的某些特殊权利。著作权包括作品署名权、发表权、修改权和保护作品完整权，还包括复制权、发行权、出租权、展览权、表演权、放映权、广播权、信息网络传播权、摄制权、改编权、翻译权、汇编权以及应当由著作权人享有的其他权利。著作权人包括作者和其他依法享有著作权的公民、法人或者其他组织。著作权属于作者，创作作品的公民是作者。由法人或者其他组织主持，代表法人或者其他组织意志创作，并由法人或者其他组织承担责任的作品，法人或者其他组织视为作者。作者的署名权、修改权、保护作品完整权的保护期不受限制。公民的作品，其发表权、复制权、发行权、出租权、展览权、表演权、放映权、广播权、信息网络传播权、摄制权、改编权、翻译权、汇编权以及应当由著作权人享有的其他权利的保护期，为作者终生及其死亡后50年，截止于作者死亡后第 50 年的 12 月 31 日；如果是合作作品，截止于最后死亡的作者死亡后第50年的12月31日。

5. 特许权

特许权，又称经营特许权、专营权，指企业在某一地区经营或销售某种特定商品的权利或是一家企业接受另一家企业使用其商标、商号、技术秘密等的权利。通常有两种形式，一种是由政府机构授权，准许企业使用或在一定地区享有经营某种业务的特权，如水、电、邮电通信等专营权、烟草专卖权等；另一种指企业间依照签订的合同，有限期或无限期使用另一家企业的某些权利，如连锁店分店使用总店的名称等。特许权业务涉及特许权受让人和让与人两个方面。通常在特许权转让合同中规定了特许权转让的期限、转让人和受让人的权利和义务。转让人一般要向受让人提供商标、商号等使用权，传授专有技术，并负责培训营业人员，提供经营所必需的设备和特殊原料。受让人则需要向转让人支付取得特许权的费用，开业后则按营业收入的一定比例或其他计算方法支付享用特许权费用。此外，还要为转让人保守商业秘密。

6. 土地使用权

土地使用权，指国家准许某企业在一定期间内对国有土地享有开发、利用、经营的权利。根据我国土地管理法的规定，我国土地实行公有制，任何单位和个人不得侵占、买卖或者以其他形式非法转让。企业取得土地使用权的方式大致有行政划拨取得、外购取得（如以缴纳土地出让金方式取得）及投资者投资取得几种。通常情况下，作为投资性房地产或者作为固定资产核算的土地，按照投资性房地产或者固定资产核算；以缴纳土地出让金等方式外购的土地使用权、投资者投入等方式取得的土地使用权，作为无形资产核算。

## 二、无形资产的会计处理

### （一）无形资产的确认和初始计量

1. 无形资产的确认条件

无形资产应当在符合定义的前提下，同时满足以下两个确认条件时，才能予以确认。

（1）与该资产有关的经济利益很可能流入企业

作为无形资产确认的项目，必须具备产生的经济利益很可能流入企业。通常情况下，无形资产产生的未来经济利益可能包括在销售商品、提供劳务的收入中，或者企业使用该项无形资产而减少或节约的成本中，或体现在获得的其他利益中。例如，生产加工企业在生产工序中使用了某种知识产权，使其降低了未来生产成本，而不是增加未来收入。实务中，要确定无形资产创造的经济利益是否很可能流入企业，需要实施职业判断。在实施这种判断时，需要对无形资产在预计使用寿命内可能存在的各种经济因素做出合理估计，并且应当有明确的证据支持，比如，企业是否有足够的人力资源、高素质的管理队伍、相关的硬件设备、相关的原材料等来配合无形资产为企业创造经济利益。同时，更为重要的是关注一些外界因素的影响，比如是否存在相关的新技术、新产品冲击与无形资产相关的技术或据其生产的产品的市场等。在实施判断时，企业的管理当局应对无形资产的预计使用寿命内存在的各种因素做出最稳健的估计。

（2）该无形资产的成本能够可靠地计量

成本能够可靠地计量是资产确认的一项基本条件。对于无形资产来说，这个条件相对更为重要。比如，企业内部产生的品牌、报刊名等，因其成本无法可靠计量，不作为无形资产确认。又比如，一些高新科技企业的科技人才，假定其与企业签订了服务合同，且合同规定其在一定期限内不能为其他企业提供服务。在这种情况下，虽然这些科技人才的知识在规定的期限内预期能够为企业创造经济利益，但由于这些技术人才的知识难以辨认，且形成这些知识所发生的支出难以计量，因而不能作为企业的无形资产加以确认。

2. 无形资产的初始计量

无形资产通常是按实际成本计量，即以取得无形资产并使之达到预定用途而发生的全部支出，作为无形资产的成本。对于不同来源取得的无形资产，其初始成本构成也不尽相同。

（1）外购的无形资产成本

外购的无形资产，其成本包括购买价款、相关税费以及直接归属于使该项资产达到预定用途所发生的其他支出。其中，直接归属于使该项资产达到预定用途所发生的其他支出包括使无形资产达到预定用途所发生的专业服务费用、测试无形资产是否能够正常发挥作用的费用等。下列各项不包括在无形资产的初始成本中：

①为引入新产品进行宣传发生的广告费、管理费用及其他间接费用。

②无形资产已经达到预定用途以后发生的费用。例如，在形成预定经济规模之前发生的初始运作损失，以及在无形资产达到预定用途之前发生的其他经营活动的支出，如果该经营活动并非是无形资产达到预定用途必不可少的，则有关经营活动的损益应于发生时计入当期损益，而不构成无形资产的成本。

外购的无形资产，应按其取得成本进行初始计量；如果购入的无形资产超过正常信用条件延期支付价款，实质上具有融资性质的，应按所取得无形资产购买价款的现值计量其成本，现值与应付价款之间的差额作为未确认的融资费用，在付款期间内按照实际利率法确认为利息费用。

【例 3-45】祥瑞公司某项生产活动需要乙公司已获得的专利技术，如果使用了该项专利技术，祥瑞公司预计其生产能力比原先提高 20%，销售利润率增长 15%。为此，祥瑞公司从乙公司购入一项专利权，按照协议约定以现金支付，实际支付的价款为 30 万元，并支付相关税费 1 万元和有关专业服务费用 5 万元，款项已通过银行转账支付。

无形资产初始计量的成本=30+1+5=36（万元）

甲公司的账务处理如下：

借：无形资产——专利权　　　　360 000

　　贷：银行存款　　　　　　　　　　360 000

（2）投资者投入的无形资产成本

投资者投入的无形资产的成本，应当按照投资合同或协议约定的价值确定无形资产的取得成本。如果投资合同或协议约定价值不公允的，应按无形资产的公允价值作为无形资产初始成本入账。

【例 3-46】因乙公司创立的商标已有较好的声誉，祥瑞公司预计使用乙公司商标后可使其未来利润增长 30%。为此，祥瑞公司与乙公司协议商定，乙公司以其商标权投资于祥瑞公司，双方协议价格（等于公允价值）为 50 万元，祥瑞公司另支付印花税等相关税费 2 万元，款项已通过银行转账支付。

该商标权的初始计量，应当以取得时的成本为基础。取得时的成本为投资协议约定的价格 50 万元，加上支付的相关税费 2 万元。

祥瑞公司接受乙公司作为投资的商标权的成本=50+2=52（万元）

祥瑞公司的账务处理如下：

借：无形资产——商标权　　520 000

　　贷：实收资本（或股本）　　500 000

　　　　银行存款　　20 000

（二）无形资产的后续计量

1. 无形资产后续计量的原则

无形资产初始确认和计量后，在其后使用该项无形资产期间内应以成本减去累计摊销额和累计减值损失后的余额计量。要确定无形资产在使用过程中的累计摊销额，基础是估计其使用寿命，而使用寿命有限的无形资产才需要在估计使用寿命内采用系统合理的方法进行摊销，对于使用寿命不确定的无形资产则不需要摊销。

企业至少应当于每年年度终了，对无形资产的使用寿命及摊销方法进行复核，如果有证据表明无形资产的使用寿命及摊销方法不同于以前的估计，如由于合同的续约或无形资产应用条件的改善，延长了无形资产的使用寿命，则对于使用寿命有限的无形资产，应改变其摊销年限及摊销方法，并按照会计估计变更进行处理。

对于使用寿命不确定的无形资产，如果有证据表明其使用寿命是有限的，则应视为会计估计变更，应当估计其使用寿命并按照使用寿命有限的无形资产的处理原则进行处理。

2. 使用寿命有限的无形资产

使用寿命有限的无形资产，应在其预计的使用寿命内采用系统合理的方法对应摊销金额进行摊销。应摊销金额，是指无形资产的成本扣除残值后的金额。已计提减值准备的无形资产，还应扣除已计提的无形资产减值准备累计金额。使用寿命有限的无形资产，其残值一般应当视为零。

（1）摊销期和摊销方法

无形资产的摊销期自其可供使用（即其达到预定用途）时起至终止确认时止，即无形资产摊销的起始和停止日期为：当月增加的无形资产，当月开始摊销；当月减少的无形资产，当月不再摊销。

在无形资产的使用寿命内系统地分摊其应摊销金额，存在多种方法。这些方法包括直线法、产量法等。企业选择的无形资产摊销方法，应当能够反映与该项无形资产有关的经济利益的预期实现方式，并一致地运用于不同会计期间。

例如，受技术陈旧因素影响较大的专利权和专有技术等无形资产，可采用类似固定资产加速折旧的方法进行摊销；有特定产量限制的特许经营权或专利权，应采用产量法进行摊销。无法可靠确定其预期实现方式的，应当采用直线法进行摊销。

无形资产的摊销一般应计入当期损益，但如果某项无形资产是专门用于生产某种产品或者其他资产，其所包含的经济利益是通过转入到所生产的产品或其他资产中实现的，则无形资产的摊销费用应当计入相关资产的成本。例如，某项专门用于生产过程中的专利技术，其摊销费用应构成所生产产品成本的一部分，计入制造该产品的制造费用。

持有待售的无形资产不进行摊销，按照账面价值与公允价值减去处置费用后的净额孰低进行计量。

（2）残值的确定

除下列情况外，无形资产的残值一般为零：

①有第三方承诺在无形资产使用寿命结束时购买该项无形资产；

②可以根据活跃市场得到无形资产预计残值信息，并且该市场在该项无形资产使用寿命结束时可能存在。

（3）使用寿命有限的无形资产摊销的账务处理

使用寿命有限的无形资产应当在其使用寿命内，采用合理的摊销方法进行摊销。摊销时，应当考虑该项无形资产所服务的对象，并以此为基础将其摊销价值计入相关资产的成本或者当期损益。

【例 3-47】2012 年 1 月 1 日，祥瑞公司从外单位购得一项非专利技术，支付价款 5 000 万元，款项已支付，估计该项非专利技术的使用寿命为 10 年，该项非专利技术用于产品生产；同时，购入一项商标权，支付价款 3 000 万元，款项已支付，估计该商标权的使用寿命为 15 年。假定这两项无形资产的净残值均为零，并按直线法摊销。

本例中，祥瑞公司外购的非专利技术的估计使用寿命为 10 年，表明该项无形资产是使用寿命有限的无形资产，且该项无形资产用于产品生产，因此，应当将其摊销金额计入相关产品的制造成本。祥瑞公司外购的商标权的估计使用寿命为 15 年，表明该项无形资产同样也是使用寿命有限的无形资产，而商标权的摊销金额通常直接计入当期管理费用。

祥瑞公司的账务处理如下：

（1）取得无形资产时：

借：无形资产——非专利技术　　　　50 000 000

——商标权 30 000 000

贷：银行存款 80 000 000

（2）按年摊销时：

借：制造费用——非专利技术 5 000 000

管理费用——商标权 2 000 000

贷：累计摊销 7 000 000

3. 使用寿命不确定的无形资产

根据可获得的相关信息判断，如果无法合理估计某项无形资产的使用寿命的，应作为使用寿命不确定的无形资产进行核算。对于使用寿命不确定的无形资产，在持有期间内不需要摊销，但应当在每个会计期间进行减值测试。其减值测试的方法按照资产减值的原则进行处理，如经减值测试表明已发生减值，则需要计提相应的减值准备，其相关的账务处理为：借记“资产减值损失”科目，贷记“无形资产减值准备”科目。

4. 无形资产的处置

无形资产的处置，主要是指无形资产出售、对外出租、对外捐赠，或者是无法为企业带来未来经济利益时，应予终止确认并转销。

（1）无形资产的出售

企业出售某项无形资产，表明企业放弃无形资产的所有权，应将所取得的价款与该无形资产账面价值的差额作为资产处置利得或损失（营业外收入或营业外支出），与固定资产处置性质相同，计入当期损益。但是，值得注意的是，企业出售无形资产确认其利得的时点，应按照收入确认中的有关原则进行确定。

出售无形资产时，应按实际收到的金额，借记“银行存款”等科目，按已计提的累计摊销，借记“累计摊销”科目，原已计提减值准备的，借记“无形资产减值准备”科目，按应支付的相关税费，贷记“应交税费”等科目，按其账面余额，贷记“无形资产”科目，按其差额，贷记“营业外收入——处置非流动资产利得”科目或借记“营业外支出——处置非流动资产损失”科目。

【例 3-48】2012 年 1 月 1 日，祥瑞公司拥有某项专利技术的成本为 100 万元。已摊销金额为 50 万元，已计提的减值准备为 2 万元。该公司于 2012 年将该项专利技术出售给 C 公司，取得出售收入 60 万元，应交纳的相关税费为 3.6 万元。

祥瑞公司的账务处理为：

借：银行存款 600 000
　　累计摊销 500 000
　　无形资产减值准备 20 000
　　贷：无形资产 1 000 000
　　　　应交税费 36 000
　　　　营业外收入 84 000

（2）无形资产的出租

企业将所拥有的无形资产的使用权让渡给他人，并收取租金，属于与企业日常活动相关的其他经营活动取得的收入，在满足收入确认条件的情况下，应确认相关的收入及成本，并通过其他业务收支科目进行核算。让渡无形资产使用权而取得的租金收入，借记“银行存款”等科目，贷记“其他业务收入”等科目；摊销出租无形资产的成本并发生与转让有关的各种费用支出时，借记“其他业务成本”科目，贷记“累计摊销”科目。

【例 3-49】2012 年 1 月 1 日，祥瑞企业将一项专利技术出租给 B 企业使用，该专利技术账面余额为 500 万元，摊销期限为 10 年，出租合同规定，承租方每销售一件用该专利生产的产品，必须付给出租方 10 元专利技术使用费。假定承租方当年销售该产品 10 万件，应交的税金为 5 万元。

祥瑞企业的账务处理如下：

（1）取得该项专利技术使用费时：

借：银行存款 1 000 000
　　贷：其他业务收入 1 000 000

（2）按年对该项专利技术进行摊销并计算应交的营业税：

借：其他业务成本 500 000
　　营业税金及附加 50 000
　　贷：累计摊销 500 000
　　应交税费 50 000

（3）无形资产的报废

如果无形资产预期不能为企业带来未来经济利益，例如，该无形资产已被其他新技术所替代或超过法律保护期，不能再为企业带来经济利益的，则不再符合无形资产的定义，应将其报废并予以转销，其账面价值转作当期损益。转销时，应按已计提的累计摊销，借记“累计摊销”科目；按其账面余额，贷记“无形资产”科目；按其差额，借记“营业外支出”科目。已计提减值准备的，还应同时结转减值准备。

【课堂测试 3-6】

1. 简述无形资产的定义。

2. 试述无形资产出租的会计处理。

## 本章小结

本章讲解了资产的会计核算。首先，讲解了流动资产的核算，具体包括货币资金、存货和金融资产中的交易性金融资产、应收款项的核算，主要包括库存现金、银行存款和其他货币资金的日常确认和计量工作；存货、交易性金融资产、应收账款等的初始确认、后续计量和终止确认；然后讲解了金融资产中的两类非流动性资产，具体包括持有至到期投资和可供出售金融资产的核算。接下来讲解了企业合并形成的长期股权投资、企业合并以外其他方式取得的长期股权投资、投资成本中包含的已宣告但尚未发放的现金股利或利润的处理，介绍了成本法及权益法核算的范围，长期股权投资的成本法及权益法的核算，长期股权投资的处置。其次，对固定资产进行了概述，讲解了外购固定资产的成本、自行建造固定资产、自营方式建造固定资产、出包方式建造固定资产、其他方式取得的固定资产的成本的确认及会计处理，介绍了四种固定资产折旧方法，分别为年限平均法、工作量法、双倍余额递减法、年数总和法，固定资产处置的核算。最后，对无形资产进行了概述，讲解了外购无形资产成本、投资者投入的无形资产成本、通过非货币性资产交换取得的无形资产成本、通过债务重组取得的无形资产成本、通过政府补助取得的无形资产成本、对企业合并中取得的无形资产成本的确认和计量，介绍了使用寿命有限的无形资产、使用寿命无限的无形资产的后续计量及无形资产出租、出售及处置的处理。

**篇后案例**

厦门航空飞机折旧问题

0.78 亿元、4.36 亿元，这是厦门建发、南方航空对厦门航空（厦门建发与南方航空的合资企业）2002 年净利润分别的描述。那么厦门航空的真实会计数据到底如何呢？

南方航空与厦门建发（2003 年 5 月份，厦门建发已将其持有厦门航空股权转让给大股东）分别持有厦门航空 60%和 40%的股权。在采访中记者得知，厦门航空自身经审计的会计报表中，飞机的折旧年限是 10 年。而按照 10 年的折旧期，厦门航空 2002 年净利润为 0.78 亿元。而厦门建发在编制自身会计报表时即认同了厦门航空的这一折旧年限。

国家有关部门对于民航飞机折旧年限问题，自 2002 年起有所调整，其中规定，小飞机从 8 年至 15 年延长到 10 年至 15 年，大飞机从 10 年至 15 年延长到 10 年至 20 年。这也就是说，对于飞机折旧年限存在一定的弹性空间。考虑到飞机折旧年限对于航空公司利润核算的重大影响，如果对航空公司飞机的折旧年限做出一定调整，其年度利润的差别会相当大。从目前情况分析，南方航空在合并厦门航空经审计的会计报表时有可能不认同厦门航空的飞机折旧年限。（记者袁克成，引自 2004 年 05 月 21 日上海证券报）

分析：折旧年限对企业的利润确定会产生什么影响？

## 核心概念

存货（inventory） 原材料（raw material） 先进先出法（first-in-first-out,FIFO） 加权平均法（weighted-average） 移动加权平均法（moved weighted-average） 可变现净值（net realizable value,NRV） 成本与市价孰低（lower of cost or market（LCM） method） 金融资产（financial assets） 交易性金融资产（held for trading financial assets） 持有至到期投资（held-to-maturity investment） 实际利率（effective interest） 应收账款（accounts receivable） 坏账（bad debts） 备抵法（allowance method） 可供出售金融资产（available-for-sale financial assets） 长期股权投资（long-term equity investments） 固定资产（fixed assets） 无形资产（intangible assets） 折旧（depreciation） 年限平均法（straight-line method）

## 思考题

1. 长期股权投资包括那些内容？
2. 长期股权投资处置如何核算？
3. 固定资产折旧有几种方法？
4. 什么是无形资产？它有哪些特征？

## 练习题

（一）单项选择题

1. 以下各种折旧方法中，如不考虑残值，计算的第一年的折旧额最大的方法为（　　）。

A．直线法　　B．年限总和法

C．双倍递减余额法　　D．不能确定

2．某设备原值 80 000 元，预计净残值 3%，预计使用年限 5 年，分别采用年限总和法和双倍递减余额法计算的第二年的折旧额是（　　）。

A．25 867、19 200　　B．20 693、19 200

C．20 000、25 867　　D．20 693、20 000

3．以下各种折旧方法中，年折旧额呈不规则的波动的方法为（　　）。

A．直线法　　B．年限总和法

C．双倍递减余额法　　D．工作量法

4．投资者投入的固定资产，应按（　　）作为入账价值。

A．现行市场价值　　B．账面原价

C．账面净值　　D．投资各方确认的价值

5．以下有关固定资产的支出中，属于收益性支出的是（　　）。

A．为办公楼安装电梯

B．更换修理生产车间空调设备的部件

C．支付融资租赁设备的租金

D．为公司地下车库安装电动防盗门

6．某公司支付 120 000 元购买了两台公允价值分别为 90 000 和 60 000 的设备。企业在固定资产账面上记录这两台设备的成本应该分别是（　　）。

A．90 000 和 60 000　　B．各 60 000

C．72 000 和 48 000　　D．70 000 和 50 000

7．某企业对厂房进行改扩建，该厂房的原价为 520 000 元，已提折旧为 260 000 元。在改扩建中，领用工程材料物资 275 200 元，该材料增值税进项税额 46 810 元，工程人员工资 52 000 元。拆除部分的价值为 58 500 元。估计该厂房的残值为 6 500 元。改扩建后厂房的入账价值是（　　）。

A．634 010 元　　B．627 510 元

C．580 700 元　　D．575 510 元

8．甲企业以固定资产 A 与乙企业固定资产 B 相交换。交换具有商业实质。固定资产 A 的原价、已提折旧和公允价值分别为 20 万元、9 万元和 12 万元；固定资产 B 的原价、已提折旧和公允价值分别为 18 万元、5 万元和 11 万元。则甲企业换入固定资产 B 的入账价值是（　　）。

A．20 万元　　B．18 万元

C．12 万元　　D．11 万元

9. 某外商投资企业收到外商作为实收资本投入的固定资产一台，协议作价 20 万美元，当日的市场汇率为 1 美元＝8.25 元人民币。投资合同约定汇率为 1 美元＝8.20 元人民币。另发生运杂费 2 万元人民币，进口关税 5 万元人民币，安装调试费 3 万元人民币。该设备的入账价值为人民币（ ）。

A. 164 万元　　B. 170 万元

C. 174 万元　　D. 175 万元

10. 某企业购进设备一台，该设备的入账价值为 100 万元，预计净残值为 1 万元，预计使用年限为 5 年。在采用年数总和法计提折旧的情况下，该项设备第三年应提折旧额为（ ）万元。

A. 13.2　　B. 19.8

C. 26.4　　D. 33

11. 提取固定资产折旧遵循的会计准则是（ ）。

A. 历史成本　　B. 稳健

C. 配比　　D. 划分收益性支出与资本性支出

12. 如果将当期的收益性支出错误地当作资本性支出入账，会导致（ ）。

A. 虚计资产　　B. 虚计收入

C. 虚计费用　　D. 虚计负债

13. 投资者投入的无形资产，应按照（ ）作为实际成本。

A. 账面价值　　B. 投资各方确认的价值

C. 评估价值　　D. 摊余价值

14. 会计期末某项无形资产预计可收回金额低于其账面价值的，应将计提的无形资产减值准备计入（ ）。

A. 营业外支出　　B. 财务费用

C. 管理费用　　D. 投资收益

15. 企业在研制、开发某项专利技术时发生的各种研究开发成本，应计入（ ）。

A. 长期待摊费用　　B. 管理费用

C. 待摊费用　　D. 无形资产价值

（二）多项选择题

1. 企业持有无形资产的目的有（ ）。

A. 为生产商品　　B. 为提供劳务

C. 为出租给他人　　D. 为管理

2. 下列可以单项作价转让的无形资产有（ ）。

A. 专利权　　B. 商誉

C．非专利技术　　D．著作权

3．根据无形资产的不同分类方法，专利权应属于（　　）。

A．可辨认无形资产　　B．不可辨认无形资产

C．无期限无形资产　　D．有期限无形资产

4．企业取得无形资产的方式有（　　）。

A．外购　　B．自创

C．接受投入　　D．接受捐赠

5．企业原先通过行政划拨方式取得的土地使用权，在将其（　　）时，应按规定将补交的土地出让金予以资本化，作为无形资产入账核算。

A．出租　　B．抵押

C．投资　　D．作价入股

6．以非货币性交易方式换入无形资产，涉及补价的，对收到补价的一方来说，其无形资产入账价值的计算，应考虑的因素有（　　）。

A．换出资产账面价值　　B．换出资产公允价值

C．收到的补价　　D．应确认的收益

7．下列属于长期待摊费用的有（　　）。

A．自有固定资产改良支出　　B．股票发行时全部发行费用

C．筹建期间开办费　　D．经营租赁租入固定资产改良支出

8．企业其他长期资产一般包括（　　）。

A．待处理毁损物资　　B．银行冻结存款

C．冻结物资　　D．涉及诉讼中的财产

9．下列情况存在时应计提无形资产减值准备的有（　　）。

A．某项无形资产已被其他新技术所替代，使其为企业创造经济利益的能力受到重大不利影响

B．某项无形资产的市价在当期大幅度下跌，并在剩余摊销年限内不会恢复

C．某项无形资产已超过法律保护期限，但仍然有部分使用价值

D．其他能够证明某项无形资产实质上已经发生了减值的情形

10．其他长期资产的特点是（　　）。

A．不参加企业正常生产经营活动

B．在企业资产总额中处于次要地位

C．不进行摊销

D．期末在资产负债表中单独列示

11．下列固定资产中应计提折旧的有（　　）。

A．专用机器设备　　B．房屋及建筑物

C．接受投资转入的固定资产　　D．未提足折旧提前报废的固定资产

12．“固定资产清理”科目借方核算的内容包括（　　）。

A．转入清理的固定资产净值　　B．发生的清理费用

C．结转的固定资产清理净损失　　D．结转的固定资产清理净收益

13．下列是我国规定可以采用的固定资产折旧方法，且折旧率是固定的有（　　）。

A．递减折旧率法　　B．平均年限法

C．双倍余额递减法　　D．余额递减法

14．下列可能作为融资租入固定资产入账价值的有（　　）。

A．最低租赁付款额现值　　B．租赁资产原账面价值

C．租赁协议确定的设备价款　　D．最低租赁付款额

15．资产负债表中，固定资产项目包括（　　）。

A．固定资产清理和在建工程　　B．固定资产原价

C．累计折旧　　D．固定资产减值准备

（三）判断题

1．历史成本具有客观性和可验证性的特点，因而成为固定资产的基本计价标准，同时它也是计提固定资产折旧的依据。（　　）

2．在原有固定资产基础上进行改建、扩建的，应将改建、扩建过程中发生的各项支出计入改建、扩建后的固定资产原价，对于改建、扩建过程中取得的变价收入，应作为固定资产清理净收益转入营业外收入。（　　）

3．企业在建工程领用本企业生产的产品，应按产品的成本转账，计入在建工程成本。（　　）

4．企业接受固定资产投资，被投资企业应按照投资双方确认的价值作为固定资产原值入账。（　　）

5．企业采用直线法计提固定资产折旧，应该按照月初在用固定资产的账面原值乘以固定的月折旧率计算。（　　）

6．企业采用年数总和法计提固定资产折旧，应该按照固定资产原值减去预计净残值后的余额乘以每年递减的折旧率计算。（　　）

7．加速折旧法是指采用一定的数学方法以缩短固定资产的折旧年限，从而达到加速折旧的目的。（　　）

8．就固定资产的整个使用过程来看，加速折旧法和其他折旧方法相比，

并没有增加折旧总额，也没有缩短折旧年限，对利润总额也没有影响。（ ）

9．判断折旧方法是直线法还是加速法的标准是看年折旧额是否相等，年折旧额相等的是直线法，年折旧额不相等的是加速折旧法。（ ）

10．企业出租的固定资产由于其他企业在用，故不应计提固定资产折旧，由租赁企业计提。（ ）

11．无形资产价值摊销，应借记“管理费用”，贷记“无形资产”。（ ）

12．已计提减值准备的无形资产，不需要进行价值摊销。（ ）

13．投资者投入的无形资产，应按评估确认的价值入账。（ ）

14．无形资产的价值摊销和固定资产折旧原理相同，会计处理方法一致。（ ）

15．关于无形资产的摊销年限，若合同和法律中均无明确规定，则应按预计受益年限或不超过十年的期限分期摊销。（ ）

（四）业务题

1. 固定资产折旧的计算。某企业于2009年12月购入一台设备，无需安装，用做固定资产。已知该设备的原始价值为375 000元，预计使用5年，预计报废时的净残值为15 000元。

要求：

（1）如果采用平均年限法计提折旧，计算其年折旧额和月折旧率。

（2）如果采用年数总和法计提折旧，计算该设备2010年、2011年的折旧额及年末余额。

（3）如果采用双倍余额递减法计提折旧，计算该设备2012年、2013年的折旧额。

2. 乙公司为增值税一般纳税人。20×9年10月10日，乙公司购入一台需要安装的机器设备，取得的增值税专用发票上注明的设备价款为520 000元，增值税税额为88 400元，支付的装卸费为6 000元，款项已通过银行转账支付。安装设备时，领用原材料一批，其账面成本为48 400元，未计提存货跌价准备，购进该批原材料时支付的增值税进项税额为8 228元；应支付安装工人薪酬9 600元。20×9年11月10日，设备安装完毕，达到预定可使用状态。要求：做出上述业务会计分录。

3. 甲公司有一台生产用机器设备，因使用期满经批准报废。该设备原价为373 400元，累计已计提折旧356 400元。在清理过程中，以银行存款支付清理费用5 000元，收到残料变卖收入为13 000元。要求：做出上述业务会计分录。

4. 2×10 年 1 月 1 日，A 企业取得 B 公司 30%的股权，实际支付价款 6 000 万元。取得投资时被投资单位净资产账面价值为 15 000 万元（假定该时点被投资单位各项可辨认资产、负债的公允价值与其账面价值相同）。

假定在 B 公司的董事会中，所有股东均以其持股比例行使表决权。A 企业在取得对 B 公司的股权后，派人参与了 B 公司的生产经营决策。因能够对 B 公司的生产经营决策施加重大影响，A 企业对该投资按照权益法核算。要求：做出上述业务的会计分录。

# 第四章 负 债

在本章之前，我们已经学习了资产的确认与计量，那么在实际工作中，负债如何确认和计量是本章进一步讨论的问题。本章阐述了流动负债及非流动负债的相关理论及会计核算。学习本章，要求了解长期应付款、非货币性职工薪酬的含义及会计处理规则，理解“应交税费”“应付职工薪酬”科目的用法及法律依据，掌握流动负债及非流动负债的会计处理规则。

## 第一节 负债概述

**开篇案例**

祥瑞公司长期借款利息问题

祥瑞公司建造一幢新厂房，2012 年 3 月 1 日从建设银行取得专门借款 1 000 万元，期限 3 年，利率为 6.5%。新厂房的建设从 2012 年 4 月 10 日开工并陆续发生各项支出。2013 年 2 月 5 日，因款项迟迟不能到位，施工方停止了施工，直到 2013 年 8 月 13 日才恢复施工。新厂房于 2014 年 10 月 16 日完工，双方于 2014 年 12 月 31 日办完竣工决算手续。2015 年 5 月 1 日，新厂房投入使用。A 厂对这笔专门借款的利息共计 210 万元，全部计入了工程造价，形成了固定资产的价值。

讨论：

（1）祥瑞公司对借款利息的会计处理是否正确？为什么？

（2）祥瑞公司这样处理对其损益会产生什么影响？

### 一、负债的概念和特征

（一）负债的概念

国际会计准则委员会的定义为：负债是指企业过去的交易或事项形成的、

预期会导致经济利益流出企业的现时义务。

我国《企业会计准则》的定义为：负债是企业所承担的能以货币计量、需以资产或劳务偿还的债务。

（二）负债的特征

负债具有以下特征：

1. 负债是企业承担的现时义务；
2. 负债的清偿预期会导致经济利益流出企业；
3. 负债是由过去的交易或事项形成的。

将一项现时义务确认为负债，除应符合负债的定义外，还要同时满足两个条件：

第一，与该义务有关的经济利益很可能流出企业；

第二，未来流出的经济利益的金额能够可靠地计量。

### 二、负债的种类

负债一般按其偿还速度或偿还时间长短划分为流动负债和长期负债两类。流动负债主要包括短期借款、应付票据、应付账款、应付利息、预收账款、应付职工薪酬、应缴税费、应付股利、其他应付款等。长期负债包括长期借款、应付债券、长期应付款等。

**【课堂测试 4-1】**

1. 简述负债的概念。
2. 简述负债的种类。

## 第二节　流动负债

### 一、短期借款

短期借款是指企业向银行或其他金融机构等借入的期限在一年以下（含一年）的各种借款。企业借入的短期借款构成了一项负债。对于企业发生的短期借款，应设置“短期借款”科目核算；每个资产负债表日，企业应计算确定短期借款的应计利息，按照应计的金额，借记“财务费用”、“利息支出（金融企业）”等科目，贷记“应付利息”等科目。

## 二、应付票据

应付票据是由出票人出票，委托付款人在指定日期无条件支付特定的金额给收款人或者持票人的票据。企业应设置“应付票据”科目进行核算。应付票据按是否带息分为带息应付票据和不带息应付票据两种。

（一）带息应付票据的处理

由于我国商业汇票期限较短，在期末，通常对尚未支付的应付票据计提利息：计入当期财务费用；票据到期支付票款时，尚未计提的利息部分直接计入当期财务费用。

（二）不带息应付票据的处理

不带息应付票据，其面值就是票据到期时的应付金额。开出并承兑的商业承兑汇票如果不能如期支付的，应在票据到期时，将“应付票据”账面价值转入“应付账款”科目，待协商后再行处理。如果重新签发新的票据以清偿原应付票据的，再从“应付账款”科目转入“应付票据”科目。银行承兑汇票如果票据到期，企业无力支付到期票款时，承兑银行除凭票向持票人无条件付款外，对出票人尚未支付的汇票金额转作逾期贷款处理。企业无力支付到期银行承兑汇票，在接到银行转来的“××号汇票无款支付转入逾期贷款户”等有关凭证时，借记“应付票据”科目，贷记“短期借款”科目。对计收的利息，按短期借款利息的处理办法处理。

## 三、应付账款

应付账款指因购买材料、商品或接受劳务供应等而发生的债务。这是买卖双方由于取得物资或服务与支付货款在时间上不一致而产生的负债。

应付账款入账时间的确定，一般应以与所购买物资所有权有关的风险和报酬已经转移或劳务已经接受为标志。但在实际工作中，一般是区别下列情况处理：在物资和发票账单同时到达的情况下，应付账款一般待物资验收入库后，才按发票账单登记入账，这主要是为了确认所购入的物资是否在质量、数量和品种上都与合同上订明的条件相符，以免因先入账而在验收入库时发现购入物资错、漏、破损等问题再行调账，在会计期末仍未完成验收的，则应先按合理估计金额将物资和应付债务入账，事后发现问题再行更正；在物资和发票账单未同时到达的情况下，由于应付账款需根据发票账单登记入账，有时货物已到，发票账单要间隔较长时间才能到达，由于这笔负债已经成立，应作为一项负债反映。为在资产负债表上客观反映企业所拥有的资产和承担的债务，在实际工作中采用在月份终了将所购物资和应付债务估计入账，待下月初再用红字予以冲回的办法。因购买商品等而产生的应付账款，应设置“应付账款”科目进行核算，用以反映这部分负债的价值。

应付账款一般按应付金额入账，而不按到期应付金额的现值入账。如果购入的资产在形成一笔应付账款时是带有现金折扣的，应付账款入账金额的确定按发票上记载的应付金额的总值（即不扣除折扣）记账。在这种方法下，应按发票上记载的全部应付金额，借记有关科目，贷记“应付账款”科目；获得的现金折扣冲减财务费用。

## 四、预收账款

预收账款是买卖双方协议商定，由购货方预先支付一部分货款给供应方而发生的一项负债。预收账款的核算应视企业的具体情况而定。如果预收账款比较多的，可以设置“预收账款”科目；预收账款不多的，也可以不设置“预收账款”科目；直接记入“应收账款”科目的贷方。单独设置“预收账款”科目核算的，其“预收账款”科目的贷方，反映预收的货款和补付的货款；借方反映应收的货款和退回多收的货款；期末贷方余额，反映尚未结清的预收款项，借方余额反映应收的款项。

## 五、应付职工薪酬

### （一）职工薪酬的内容

职工薪酬，是指企业为获得职工提供的服务或解除劳动关系而给予的各种形式的报酬或补偿。职工薪酬包括短期薪酬、离职后福利、辞退福利和其他长期职工福利。企业提供给职工配偶、子女、受赡养人、已故员工遗属及其他受益人等的福利，也属于职工薪酬。

短期薪酬，是指企业在职工提供相关服务的年度报告期间结束后十二个月内需要全部予以支付的职工薪酬，因解除与职工的劳动关系给予的补偿除外。短期薪酬具体包括：职工工资、奖金、津贴和补贴，职工福利费，医疗保险费、工伤保险费和生育保险费等社会保险费，住房公积金，工会经费和职工教育经费，短期带薪缺勤，短期利润分享计划，非货币性福利以及其他短期薪酬。

带薪缺勤，是指企业支付工资或提供补偿的职工缺勤，包括年休假、病假、短期伤残、婚假、产假、丧假、探亲假等。利润分享计划，是指因职工提供服务而与职工达成的基于利润或其他经营成果提供薪酬的协议。

离职后福利，是指企业为获得职工提供的服务而在职工退休或与企业解除劳动关系后，提供的各种形式的报酬和福利，短期薪酬和辞退福利除外。

辞退福利，是指企业在职工劳动合同到期之前解除与职工的劳动关系，或者为鼓励职工自愿接受裁减而给予职工的补偿。

其他长期职工福利，是指除短期薪酬、离职后福利、辞退福利之外所有的职工薪酬，包括长期带薪缺勤、长期残疾福利、长期利润分享计划等。

（二）职工薪酬的确认和计量

企业应当在职工为其提供服务的会计期间，将应付的职工薪酬确认为负债，除因解除与职工的劳动关系给予的补偿外，应当根据职工提供服务的受益对象，分下列情况处理：

第一，应由生产产品、提供劳务负担的职工薪酬，计入产品成本或劳务成本。生产产品、提供劳务中的直接生产人员和直接提供劳务人员发生的职工薪酬，计入存货成本，但非正常消耗的直接生产人员和直接提供劳务人员的职工薪酬，应当在发生时确认为当期损益。

第二，应由在建工程、无形资产负担的职工薪酬，计入建造固定资产或无形资产成本。自行建造固定资产和自行研究开发无形资产过程中发生的职工薪酬，能否计入固定资产或无形资产成本，取决于相关资产的成本确定原则。比如企业在研究阶段发生的职工薪酬不能计入自行开发无形资产的成本，在开发阶段发生的职工薪酬，符合无形资产资本化条件的，应当计入自行开发无形资产的成本。

第三，上述两项之外的其他职工薪酬，计入当期损益。除直接生产人员、直接提供劳务人员、符合准则规定条件的建造固定资产人员、开发无形资产人员以外的职工，包括公司总部管理人员、董事会成员、监事会成员等人员相关的职工薪酬，因难以确定直接对应的受益对象，均应当在发生时计入当期损益。

1. 货币性职工薪酬的计量

对于货币性薪酬，企业一般应当根据职工提供服务情况和职工货币薪酬的标准，计算应计入职工薪酬的金额，按照受益对象计入相关成本或当期费用，借记“生产成本”、“管理费用”等科目，贷记“应付职工薪酬”科目，发放时，借记“应付职工薪酬”科目，贷记“银行存款”等科目。在确定应付职工薪酬和应当计入成本费用的职工薪酬金额时，企业还有两种特殊情况：

（1）对于国务院有关部门、省、自治区、直辖市人民政府或经批准的企业年金计划规定了计提基础和计提比例的职工薪酬项目，企业应当按照规定的计提标准，计量企业承担的职工薪酬、义务和计入成本费用的职工薪酬。其中：

①“五险一金”。对于医疗保险费、养老保险费、失业保险费、工伤保险费、生育保险费和住房公积金，企业应当按照国务院、所在地政府或企业年金计划规定的标准计量应付职工薪酬义务和应相应计入成本费用的薪酬金额。②工会经费和职工教育经费。企业应当按照国家相关规定，分别按照职工工资总额的2%和1.5%计量应付职工薪酬（工会经费、职工教育经费）义务金额和应相应计入成本费用的薪酬金额；从业人员技术要求高、培训任务重、经济效益好的企业，可根据国家相关规定，按照职工工资总额的2.5%计量应计入成本费用的职工教育经费。按照明确标准计算确定应承担的职工薪酬义务后，再根据受益对象计入相关资产的成本或当期费用。

（2）对于国家（包括省、市、自治区政府）相关法律法规没有明确规定计提基础和计提比例的职工福利费，企业应当根据历史经验数据和自身实际情况，预计应付职工薪酬金额和应计入成本费用的薪酬金额；每个资产负债表日，企业应当对实际发生的福利费金额和预计金额进行调整。

【例 4-1】2012 年 6 月，祥瑞公司当月应发工资 2 00 万元，其中：生产部门直接生产人员工资 1 00 万元；生产部门管理人员工资 20 万元；公司管理部门人员工资 36 万元；公司专设产品销售机构人员工资 10 万元；建造厂房人员工资 22 万元；内部开发存货管理系统人员工资 12 万元。

借：生产成本　　1 000 000
　　制造费用　　20 0000
　　管理费用　　360 000
　　销售费用　　100 000
　　在建工程　　220 000
　　研发支出——资本化支出　　120 000
　　贷：应付职工薪酬——工资　　2 000 000

2．非货币性职工薪酬的计量

企业向职工提供的非货币性职工薪酬，应当分情况处理：

（1）以自产产品或外购商品发放给职工作为福利。企业以其生产的产品作为非货币性福利提供给职工的，应当按照该产品的公允价值和相关税费，计量应计入成本费用的职工薪酬金额。相关收入及其成本的确认计量和相关税费的处理，与正常商品销售相同。以外购商品作为非货币性福利提供给职工的，应当按照该商品的公允价值和相关税费，计量应计入成本费用的职工薪酬金额。

需要注意的是，在以自产产品或外购商品发放给职工作为福利的情况下，企业在进行账务处理时，应当先通过“应付职工薪酬”科目归集当期应计入成本费用的非货币性薪酬金额，以确定完整准确的企业人工成本金额。

【例 4-2】祥瑞公司为一家生产彩电的企业，共有职工 100 名，2012 年 2 月，公司以其生产的成本为 5 000 元的液晶彩电和外购的每台不含税价格为 500 元的电暖气作为春节福利发放给公司职工。该型号液晶彩电的售价为每台 7 000 元，某公司适用的增值税税率为 17%；某公司购买电暖气开具了增值税专用发票，增值税税率为 17%。假定 100 名职工中 85 名为直接参加生产的职工，15 名为总部管理人员。

分析：企业以自己生产的产品作为福利发放给职工，应计入成本费用的职工薪酬金额以公允价值计量，计入主营业务收入，产品按照成本结转，但要根据相关税收规定，视同销售计算增值税销项税额。

彩电的售价总额=7 000×85+7 000×15=595 000+105 000

=700 000（元）

彩电的增值税销项税额=7 000×85×17%+7 000×15×17%

=101 150+17 850=119 000（元）

公司决定发放非货币性福利时，应做如下账务处理：

借：生产成本 696 150

管理费用 122 850

贷：应付职工薪酬——非货币性福利 819 000

实际发放非货币性福利时，应作如下账务处理：

借：应付职工薪酬——非货币性福利 819 000

贷：主营业务收 700 000

应交税费——应交增值税（销项税额） 119 000

借：主营业务成本 500 000

贷：库存商品 500 000

电暖气的售价金额=500×85+500×15=42 500+7 500=50 000（元）

电暖气的进项税额=500×85×17%+500×15×17%=7 225+1 275=8 500（元）

公司决定发放非货币性福利时，应作如下账务处理：

借：生产成本 49 725

管理费用 8 775

贷：应付职工薪酬——非货币性福利 58 500

购买电暖气时，公司应作如下账务处理：

借：应付职工薪酬——非货币性福利 58 500

贷：银行存款 58 500

（2）将拥有的房屋等资产无偿提供给职工使用或租赁住房等资产供职工无偿使用。企业将拥有的房屋等资产无偿提供给职工使用的，应当根据受益对象，将住房每期应计提的折旧计入相关资产成本或费用，同时确认应付职工薪酬。租赁住房等资产供职工无偿使用的，应当根据受益对象，将每期应付的租金计入相关资产成本或费用，并确认应付职工薪酬。难以认定受益对象的，直接计入当期损益，并确认应付职工薪酬。

【例 4-3】祥瑞公司为总部各部门经理级别以上职工提供汽车免费使用，同时为副总裁以上高级管理人员每人租赁一套住房。该公司总部共有部门经理以上职工 25 名，每人提供一辆桑塔纳汽车免费使用，假定每辆桑塔纳汽车每月计提折旧 500 元；该公司共有副总裁以上高级管理人员 5 名，公司为其每人租赁一套面积为 100 平方米带有家具和电器的公寓，月租金为每套 4 000 元。

该公司每月应做如下账务处理：

借：管理费用　32 500
　　贷：应付职工薪酬——非货币性福利　32 500
借：应付职工薪酬——非货币性福利　32 500
　　贷：累计折旧　12 500
　　　　其他应付款　20 000

## 六、应交税费

企业在一定时期内取得的营业收入和实现的利润或发生特定经营行为，要按照规定向国家交纳各种税金，这些应交的税金，应按照权责发生制的原则确认。这些应交的税金在尚未交纳之前，形成企业的一项负债。

（一）增值税

增值税是就货物或应税劳务的增值部分征收的一种税。按照增值税暂行条例规定，企业购入货物或接受应税劳务支付的增值税（即进项税额），可以从销售货物或提供劳务按规定收取的增值税（即销项税额）中抵扣。按照规定，企业购入货物或接受劳务必须具备以下凭证，其进项税额才能予以扣除。值得注意的是，按照修订后的《中华人民共和国增值税暂行条例》，企业购入的机器设备等生产经营用固定资产所支付的增值税在符合税收法规规定情况下，也应从销项税额中扣除，不再计入固定资产成本。按照税收法规规定，购入的用于集体福利或个人消费等目的的固定资产而支付的增值税，不能从销项税额中扣除，仍应计入固定资产成本。

增值税专用发票。实行增值税以后，一般纳税企业销售货物或者提供应税劳务均应开具增值税专用发票，增值税专用发票记载了销售货物的售价、税率以及税额等，购货方以增值税专用发票上记载的购入货物已支付的税额，作为扣税和记账的依据。

完税凭证。企业进口货物必须交纳增值税，其交纳的增值税在完税凭证上注明，进口货物交纳的增值税根据从海关取得的完税凭证上注明的增值税税额，作为扣税和记账依据。

购进免税农产品，按照经税务机关批准的收购凭证上注明的价款或收购金额的一定比率计算进项税额，并以此作为扣税和记账的依据。

企业购入货物或者接受应税劳务，没有按照规定取得并保存增值税扣税凭证，或者增值税扣税凭证上未按照规定注明增值税税额及其他有关事项的，其进项税额不能从销项税额中抵扣。会计核算中，如果企业不能取得有关的扣税证明，则购进货物或接受应税劳务支付的增值税额不能作为进项税额扣税，其已支付的增值税只能记入购入货物或接受劳务的成本。

1．科目设置

企业应交的增值税，在“应交税费”科目下设置“应交增值税”明细科目进行核算。“应交增值税”明细科目的借方发生额，反映企业购进货物或接受应税劳务支付的进项税额、实际已交纳的增值税等；贷方发生额，反映销售货物或提供应税劳务应交纳的增值税额、出口货物退税、转出已支付或应分担的增值税等；期末借方余额，反映企业尚未抵扣的增值税。“应交税费——应交增值税”科目分别设置“进项税额”、“已交税金”、“销项税额”、“出口退税”、“进项税额转出”、“转出未交增值税”、“转出多交增值税”、“减免税款”、“出口抵减内销产品应纳税额”等专栏。

2．一般纳税企业一般购销业务的会计处理

实行增值税的一般纳税企业从税务角度看，一是可以使用增值税专用发票，企业销售货物或提供劳务可以开具增值税专用发票（或完税凭证、购进免税农产品凭证、外购物资支付的运输费用的结算单据，下同）；二是购入货物取得的增值税专用发票上注明的增值税额可以用销项税额抵扣；三是如果企业销售货物或者提供劳务采用销售额和销项税额合并定价方法的，按公式“销售额=含税销售额÷（1+增值税税率）”还原为不含税销售额，并按不含税销售额计算销项税额。

根据上述特点，一般纳税企业在账务处理上的主要特点：一是在购进阶段，会计处理时实行价与税的分离，价与税分离的依据为增值税专用发票上注明的价款和增值税，属于价款部分，计入购入货物的成本；属于增值税税额部分，还原为不含税价格作为销售收入，向购买方收取的增值税作为销项税额。

3．一般纳税企业购入免税产品的会计处理

按照增值税暂行条例规定，对农业生产者销售的自产农业产品、古旧图书等部分项目免征增值税。企业销售免征增值税项目的货物，不能开具增值税专用发票，只能开具普通发票。企业购进免税产品，一般情况下不能扣税，但按税法规定，对于购入的免税农业产品等可以按买价的一定比率计算进项税额，并准予从销项税额中抵扣；这里购入免税农业产品的买价是指企业购进免税农业产品支付给农业生产者的价款。在会计核算时，一是按购进免税农业产品有关凭证上确定的金额（买价），扣除一定比例的进项税额，作为购进农业产品的成本；二是扣除的部分作为进项税额，待以后用销项税额抵扣。

4．小规模纳税企业的会计处理

小规模纳税企业的特点有：一是小规模纳税企业销售货物或者提供应税劳务，一般情况下，只能开具普通发票，不能开具增值税专用发票；二是小规模纳税企业销售货物或提供应税劳务，实行简易办法计算应纳税额，按照销售额的一定比例计算；三是小规模纳税企业的销售额不包括其应纳税额。采用销售额和应纳税额合并定价方法的，按照公式“销售额=含税销售额÷（1+征收率）”还原为不含税销售额计算。

从会计核算角度看，首先，小规模纳税企业购入货物无论是否具有增值税专用发票，其支付的增值税税额均不计入进项税额，不得由销项税额抵扣，应计入购入货物的成本。相应地，其他企业从小规模纳税企业购入货物或接受劳务支付的增值税税额，如果不能取得增值税专用发票，也不能作为进项税额抵扣，而应计入购入货物或应税劳务的成本；其次，小规模纳税企业的销售收入按不含税价格计算；另外，小规模纳税企业“应交税费——应交增值税”科目，应采用三栏式账户。

【例 4-4】某工业生产企业核定为小规模纳税人，本期购入原材料，按照增值税专用发票上记载的原材料价款为 100 万元，支付的增值税税额为 17 万元，企业开出承兑的商业汇票，材料已到达并验收入库（材料按实际成本核算）。该企业本期销售产品，销售价格总额为 90 万元（含税），假定符合收入确认条件，货款尚未收到。根据上述经济业务，企业应作如下账务处理：

购进货物时：

借：原材料　　　　　　　　　　1 170 000

　　贷：应付票据　　　　　　　　　　1 170 000

销售货物时：

不含税价格=90÷（1+3%）=87.3786（万元）

应交增值税：873 786×3%=2.6214（万元）

借：应收账款 900 000

　　贷：主营业务收入 873 786

　　　　应交税费——应交增值税 26 214

5．视同销售的会计处理

按照增值税暂行条例实施细则的规定，对于企业将自产、委托加工或购买的货物分配给股东或投资者；将自产、委托加工的货物用于集体福利或个人消费等行为，视同销售货物，需计算交纳增值税。对于税法上某些视同销售的行为，如以自产产品对外投资，从会计角度看属于非货币性资产交换。因此，会计核算遵照非货币性资产交换准则进行会计处理。但是，无论会计上如何处理，只要税法规定需要交纳增值税的，应当计算交纳增值税销项税额，并计入“应交税费——应交增值税”科目中的“销项税额”专栏。

（二）消费税

1．科目设置

企业按规定应交的消费税，在“应交税费”科目下设置“应交消费税”明细科目核算。“应交消费税”明细科目的借方发生额，反映实际交纳的消费税和待扣的消费税；贷方发生额，反映按规定应交纳的消费税；期末贷方余额，反映尚未交纳的消费税；期末借方余额，反映多交或待扣的消费税。

2．产品销售的会计处理

企业销售产品时应交纳的消费税，应分下列情况进行处理：

企业将生产的产品直接对外销售的，对外销售产品应交纳的消费税，通过“营业税金及附加”科目核算；企业按规定计算出应交的消费税，借记“营业税金及附加”科目，贷记“应交税费——应交消费税”科目。

企业用应税消费品用于在建工程、非生产机构等其他方面，按规定应交纳的消费税，应计入有关的成本。例如，企业以应税消费品用于在建工程项目，应交的消费税计入在建工程成本。

## 七、应付利息

应付利息，是指企业按照合同约定应支付的利息，包括吸收存款、分期付息到期还本的长期借款、企业债券等应支付的利息。

资产负债表日，应按摊余成本和实际利率计算确定的利息费用，借记“利息支出”、“在建工程”、“财务费用”、“研发支出”等科目，按合同利率计算确定的应付未付利息，贷记“应付利息”，按借贷双方之间的差额，借记或贷记“长期借款——利息调整”等科目。

合同利率与实际利率差异较小的，也可以采用合同利率计算确定利息费用。实际支付利息时，借记“应付利息”，贷记“银行存款”等科目。本科目期末贷方余额，反映企业应付未付的利息。

## 八、应付股利

应付股利，是指企业经股东大会或类似机构审议批准分配的现金股利或利润。企业股东大会或类似机构审议批准的利润分配方案、宣告分派的现金股利或利润，在实际支付前，形成企业的负债。企业董事会或类似机构通过的利润分配方案中拟分配的现金股利或利润，不应确认负债，但应在附注中披露。

企业经股东大会或类似机构审议批准的利润分配方案，按应支付的现金股利或利润时，借记“利润分配”科目，贷记“应付股利”；实际支付现金股利或利润时，借记“应付股利”，贷记“银行存款”等科目。

## 九、其他应付款

其他应付款，是指企业除应付票据、应付账款、预收账款、应付职工薪酬、应付利息、应付股利、应交税费、长期应付款等以外的其他各项应付、暂收的款项。

企业采用售后回购方式融入资金的，应按实际收到的金额，借记“银行存款”科目，贷记“其他应付款”、“应交税费”等科目。回购价格与原销售价格之间的差额，应在售后回购期间内按期计提利息费用，借记“财务费用”科目，贷记“其他应付款”。按照合同约定购回该项商品时，应按实际支付的金额，借记“其他应付款”科目和“应交税费”科目，贷记“银行存款”科目。

企业发生的其他各种应付、暂收款项，借记“管理费用”等科目，贷记“其他应付款”；支付的其他各种应付、暂收款项，借记“其他应付款”，贷记“银行存款”等科目。

**【课堂测试 4-2】**

1. 三一公司为总部各部门经理级别以上职工提供汽车免费使用，同时为副总裁以上高级管理人员每人租赁一套住房。该公司总部共有部门经理以上职工 20 名，每人提供一辆汽车免费使用，假定每辆汽车每月计提折旧 5 000 元；该公司共有副总裁以上高级管理人员 5 名，公司为其每人租赁一套面积为 150 平方米带有家具和电器的公寓，月租金为每套 5 000 元。请做出会计分录。

## 第三节 非流动负债

### 一、长期借款

长期借款，是指企业从银行或其他金融机构借入的期限在一年以上（不含一年）的借款。企业借入各种长期借款时，按实际收到的款项，借记“银行存款”科目，贷记“长期借款——本金”；按借贷双方之间的差额，借记“长期借款——利息调整”。

在资产负债表日，企业应按长期借款的摊余成本和实际利率计算确定的长期借款的利息费用，借记“在建工程”、“财务费用”、“制造费用”等科目，按借款本金和合同利率计算确定的应付未付利息，贷记“应付利息”科目，按其差额，贷记“长期借款——利息调整”科目。

**篇中案例**

新厂房的价值几何？

A厂建造一幢新厂房,2004年3月1日从建设银行取得专门借款1 000万元，期限3年，利率为6.5%。新厂房的建设从2004年4月10日开工并陆续发生各项支出。2005年2月5日，因款项迟迟不能到位，施工方停止了施工，直到2005年8月13日才恢复施工。新厂房于2006年10月16日完工，双方于2006年12月31日办完竣工决算手续。2007年5月1日，新厂房投入使用。A厂对这笔专门借款的利息共计195万元，全部计入了工程造价，形成了固定资产的价值。

讨论：

（1）A厂对借款利息的会计处理是否正确？为什么？

（2）A厂这样处理的意图是什么？对其损益会产生什么影响？

资料来源：http://accounting.bsnku.net/case06.htm.

企业归还长期借款，按归还的长期借款本金，借记“长期借款——本金”科目，按转销的利息调整金额，贷记“长期借款——利息调整”科目，按实际归还的款项，贷记“银行存款”科目，按借贷双方之间的差额，借记“在建工程”、“财务费用”、“制造费用”等科目。

## 二、应付债券

（一）公司债券的发行

企业发行的超过一年期以上的债券，构成了企业的长期负债。公司债券的发行方式有三种，即面值发行、溢价发行和折价发行。假设其他条件不变，债券的票面利率高于同期银行存款利率时，可按超过债券票面价值的价格发行，称为溢价发行。溢价是企业以后各期多付利息而事先得到的补偿；如果债券的票面利率低于同期银行存款利率，可按低于债券面值的价格发行，称为折价发行。折价是企业以后各期少付利息而预先给投资者的补偿。如果债券的票面利率与同期银行存款利率相同，可按票面价格发行，称为面值发行。溢价或折价是发行债券企业在债券存续期内对利息费用的一种调整。

无论是按面值发行，还是溢价发行或折价发行，均按债券面值记入“应付债券”科目的“面值”明细科目，实际收到的款项与面值的差额，记入“利息调整”明细科目。企业发行债券时，按实际收到的款项，借记“银行存款”、“库存现金”等科目，按债券票面价值，贷记“应付债券——面值”科目，按实际收到的款项与票面价值之间的差额，贷记或借记“应付债券——利息调整”科目。

（二）利息调整的摊销

利息调整应在债券存续期间内采用实际利率法进行摊销。实际利率法是指按照应付债券的实际利率计算其摊余成本及各期利息费用的方法；实际利率是指将应付债券在债券存续期间的未来现金流量，折现为该债券当前账面价值所使用的利率。

资产负债表日，对于分期付息、一次还本的债券，企业应按应付债券的摊余成本和实际利率计算确定的债券利息费用，借记“在建工程”、“制造费用”、“财务费用”等科目，按票面利率计算确定的应付未付利息，贷记“应付利息”科目，按其差额，借记或贷记“应付债券——利息调整”科目。

【例 4-5】2007 年 12 月 31 日，甲公司经批准发行 5 年期一次还本、分期付息的公司债券 10 000 000 元，债券利息在每年 12 月 31 日支付，票面利率为年利率 6%。假定债券发行时的市场利率为 5%。

甲公司该批债券实际发行价格为：

10 000 000×0.7835+10 000 000×6%×4.3295=10 432 700（元）

甲公司根据上述资料，采用实际利率法和摊余成本计算确定的利息费用，如表 4-1 所示。

表 4-1　利息费用一览表

单位：元

| 付息日期 | 支付利息 | 利息费用 | 摊销的利息调整 | 应付债券摊余成本 |
|---|---|---|---|---|
| 2007 年 12 月 31 日 | | | | 10 432 700 |
| 2008 年 12 月 31 日 | 600 000 | 521 635 | 78 365 | 10 354 335 |
| 2009 年 12 月 31 日 | 600 000 | 517 716.75 | 82 283.25 | 10 272 051.75 |
| 2010 年 12 月 31 日 | 600 000 | 513 602.59 | 86 397.41 | 10 185 654.34 |
| 2011 年 12 月 31 日 | 600 000 | 509 282.72 | 90 717.28 | 10 094 937.06 |
| 2012 年 12 月 31 日 | 600 000 | 505 062.94* | 94 937.06 | 10 000 000 |

*尾数调整。

根据表 4-1 的资料，甲公司的账务处理如下：

（1）2007 年 12 月 31 日发行债券时：

借：银行存款　　10 432 700

　　贷：应付债券——面值　　10 000 000

　　　　　　　——利息调整　　432 700

（2）2008 年 12 月 31 日计算利息费用时：

借：财务费用等　　521 635

　　应付债券——利息调整　　78 365

　　贷：应付利息　　600 000

2009 年、2010 年、2011 年确认利息费用的会计处理同 2008 年。

（3）2012 年 12 月 31 日归还债券本金及最后一期利息费用时：

借：财务费用等　　505 062.94

　　应付债券——面值　　10 000 000

　　　　　　——利息调整　　94 937.06

　　贷：银行存款　　10 600 000

对于一次还本付息的债券，应于资产负债表日按摊余成本和实际利率计算确定的债券利息费用，借记“在建工程”、“制造费用”、“财务费用”等科目，按票面利率计算确定的应付未付利息，贷记“应付债券——应计利息”科目，按其差额，借记或贷记“应付债券——利息调整”科目。

（三）债券的偿还

企业发行的债券通常分为到期一次还本付息或一次还本、分期付息两种。采用一次还本付息方式的，企业应予债券到期支付债券本息时，借记“应付债券——面值、应计利息”科目，贷记“银行存款”科目。采用一次还本、分期付息方式的，在每期支付利息时，借记“应付利息”科目，贷记“银行存款”

科目；债券到期偿还本金并支付最后一期利息时，借记“应付债券——面值”、“在建工程”、“财务费用”、“制造费用”等科目，贷记“银行存款”科目，按借贷双方之间的差额，借记或贷记“应付债券——利息调整”。

## 三、长期应付款

长期应付款，是指企业除长期借款和应付债券以外的其他各种长期应付款项，包括应付融资租入固定资产的租赁费、以分期付款方式购入固定资产发生的应付款项等。

（一）应付融资租入固定资产的租赁费

企业采用融资租赁方式租入的固定资产，应在租赁期开始日，将租赁开始日租赁资产公允价值与最低租赁付款额现值两者中较低者，加上初始直接费用，一起作为租入资产的入账价值，借记“固定资产”等科目，按最低租赁付款额，贷记“长期应付款”科目，按发生的初始直接费用，贷记“银行存款”等科目，按其差额，借记“未确认融资费用”科目。

企业在计算最低租赁付款额的现值时，能够取得出租人租赁内含利率的，应当采用租赁内含利率作为折现率；否则，应当采用租赁合同规定的利率作为折现率。企业无法取得出租人的租赁内含利率且租赁合同没有规定利率的，应当采用同期银行贷款利率作为折现率。租赁内含利率，是指在租赁开始日，使最低租赁收款额的现值与未担保余值的现值之和等于租赁资产公允价值与出租人的初始直接费用之和的折现率。

未确认融资费用应当在租赁期内各个期间进行分摊。企业应当采用实际利率法计算确认当期的融资费用。

（二）具有融资性质的延期付款购买资产

企业购买资产有可能延期支付有关价款。如果延期支付的购买价款超过正常信用条件，实质上具有融资性质的，所购资产的成本应当以延期支付购买价款的现值为基础确定。实际支付的价款与购买价款的现值之间的差额，应当在信用期间内采用实际利率法进行摊销，计入相关资产成本或当期损益。具体来说，企业购入资产超过正常信用条件延期付款实质上具有融资性质时，应按购买价款的现值，借记“固定资产”、“在建工程”等科目，按应支付的价款总额，贷记“长期应付款”科目，按其差额，借记“未确认融资费用”科目。

**【课堂测试 4-3】**

1. 简述债券发行的种类。
2. 简述长期借款利息的账务处理。

## 本章小结

本章首先对负债进行了概述，介绍了负债的概念、特征及种类，其次讲解了流动负债即短期借款、应付票据、应付账款、预收账款、应付职工薪酬、应交税费其他应付款、应付股利、应付利息的含义及会计核算，其中在应交税费部分重点介绍了增值税、消费税及营业税的科目设置及会计处理。最后讲解了非流动负债即长期借款、应付债券、长期应付款的含义及会计核算，其中对应付债券的发行、利息摊销及债券的偿还进行了详细讲解。本章包含了案例、例题和单选、多选、判断、业务等各种题型的练习题，有助于读者对本章内容的更深入理解和掌握。

**篇后案例**

祥瑞公司债务问题

祥瑞公司由于企业债务和人员负担过重，管理不规范等原因，近年来财务状况逐步恶化。该公司1999年及2000年连续亏损。2000年末，该公司资产总额为30 000万元，负债总额为64 000万元，所有者权益为-34 000万元。

(1)2000年10月5日，祥瑞公司的债权人B银行将其拥有的对祥瑞公司截至2000年9月30日的贷款本息12 000万元转让给国家成立的资产管理公司C，从而使资产管理公司C成为祥瑞公司最大的债权人。

(2)2000年10月20日，祥瑞公司与C公司签订以下协议：

①祥瑞公司将其拥有的部分辅助生产设施及非经营性资产按评估价值转让给C公司，祥瑞公司转让资产的账面价值为7 200万元，评估价值为10 800万元。

②该项资产转让以后，C公司将与祥瑞公司办理有关的债权、债务解除手续，并同意全部豁免剩余1 200万元债务。

(3)2000年10月25日，上述转让协议经祥瑞公司董事会通过。祥瑞公司于当日确认资产转让收益3 600万元，同时确认由债务豁免产生的资本公积1 200万元。

(4)2000年11月20日，祥瑞公司与C公司办理了有关资产的所有权变更手续；同时，C公司与祥瑞公司办理了有关债权、债务解除手续。

要求：

请分析B公司上述会计处理的正确性并说明理由。

## 核心概念

负债（liabilities）　应付利息（interest payable）　应付职工薪酬（accrued payroll）　长期借款（long-term borrowings）　应付债券（bonds payable）

## 思考题

1. 什么是负债？它对企业的盈利能力和财务状况有哪些影响？

2. 如果按照偿还的急迫程度划分，企业的流动负债中哪些是急迫程度最高的？

3. 某公司销售产品需要使用公司提供的专用包装物，公司在向顾客出借包装物时，每件收取20元的押金。这些押金是否是公司的负债？为什么？

4. 货币时间价值如何影响非流动负债的计价？

## 练习题

（一）单项选择题

1. 企业交纳的下列税款，不需要通过“应交税费”科目核算的是（　）。

A. 消费税　　B. 耕地占用税
C. 土地增值税　　D. 营业税

2. 企业的应付账款确实无法支付，经确认后转作（　）。

A. 营业外收入　　B. 补贴收入
C. 其他业务收入　　D. 资本公积

3. 企业当月交纳前期增值税，应通过（　）科目核算。

A. 应交税费——应交增值税（转出未交增值税）
B. 应交税费——未交增值税
C. 应交税费——应交增值税（转出多交增值税）
D. 应交税费——应交增值税（已交税金）

4. 企业收取包装物押金及其他各种暂收款项时，应贷记（　）科目。

A. 营业外收入　　B. 其他业务收入
C. 其他应付款　　D. 其他应收款

5. 出租、出借包装物逾期未收回而没收的押金应交的增值税，应借记（　）科目，贷记“应交税费——应交增值税（销项税额）”科目。

A. 应付账款　　B. 其他应付款
C. 其他业务收入　　D. 其他应收款

6．兼营房地产业务的企业，应由当期营业收入负担的土地增值税，应当借记（　）。

A．在建工程　　B．其他业务支出

C．固定资产清理　　D．固定资产

7．企业开出并承兑的商业承兑汇票如果不能如期支付，应在票据到期并未签发新的票据时，将应付票据账面余额转入（　）。

A．应收账款　　B．应付账款

C．坏账损失　　D．继续保留在“应付票据”中

8．某股份公司 1998 年 4 月 1 日开出面值 200 000 元、6 个月到期的商业汇票，票面利率 5%，该商业汇票 6 月 30 日的账面价值为（　）元。

A．202 500　　B．200 000

C．210 000　　D．205 000

9．某增值税小规模纳税企业本期购入原材料并验收入库，其采购取得增值税专用发票记载原材料价格 20 000 元，增值税 3 400 元，该企业当期产品销售价（含增值税）45 000 元，则该企业当期应该交纳的增值税为（　）元。

A．4 250　　B．3 138.46

C．2 547.17　　D．2 700

10．某增值税一般纳税企业收购免税农产品一批，按规定买价的 13%准予抵扣，购买时实际支付价款 86 000 元，代扣代缴的农业特产税 8 000 元，这一业务使企业“应交税费——应交增值税（进项税额）”账户借方增加（　）元。

A．0　　B．122 200

C．8 600　　D．14 620

11．下列利息支出中，应予资本化的是（　）。

A．为对外投资而发生的借款费用

B．为生产经营活动而发生的长期借款利息支出

C．筹建期间发生的长期借款利息支出

D．清算期间发生的长期借款利息支出

12．分期计提债券利息和摊销溢价时，应按（　）借记“财务费用”或“在建工程”。

A．应计利息

B．溢价摊销额

C．应计利息与溢价摊销额的差额

D．应计利息和溢价摊销额的和

13．补偿贸易引进设备所形成的负债，在资产负债表上应包括在（ ）。

A．应付账款　　B．其他应付款

C．长期借款　　D．长期应付款

14．在会计核算上，企业发行的可转换债券列作（ ）。

A．流动负债　　B．长期负债

C．所有者权益　　D．长期负债和所有者权益之间另设项目

15．长期借款的利息支出及借入外汇贷款的外币折合差额，在固定资产交付使用后应计入（ ）。

A．财务费用　　B．在建工程

C．固定资产　　D．管理费用

（二）多项选择题

1．下列增值税应计入有关成本的是（ ）。

A．以原材料对外投资应交的增值税

B．在建工程使用本企业生产的产品应交的增值税

C．小规模的纳税企业购入商品已交的增值税

D．一般纳税企业购入工程物资已交的增值税

2．下列项目中，通过“应交税费”科目核算的税金有（ ）。

A．耕地占用税　　B．印花税

C．土地增值税　　D．土地使用税

3．下列应通过“其他应交款”科目核算的有（ ）。

A．教育费附加　　B．应付融资租赁款

C．矿产资源补偿费　　D．应付补偿贸易引进设备款

4．对于应予披露的或有负债，企业应分类披露的内容有（ ）。

A．或有负债形成的原因　　B．或有负债预计产生的财务影响

C．获得补偿的可能性　　D．或有负债发生的结果

5．或有事项具有以下基本特点（ ）。

A．或有事项是过去的交易或事项形成的一种状况

B．或有事项具有不确定性

C．或有事项的结果只能由未来发生的事项确定

D．影响或有事项的结果的不确定因素基本上可由企业控制

6．下列通过“其他应付款”核算的业务包括（ ）。

A．经营性租入固定资产的租金　　B．应付统筹退休金

C．应付分期付息债券利息　　D．存入保证金

7. 下列税项当中，于发生时计入材料成本和生产成本的有（　　）。

A. 收购未税矿产品代扣代缴的资源税

B. 外购液体盐加工固体盐，所购液体盐时交纳的资源税

C. 将自产煤炭用于本企业生产缴纳的资源税

D. 委托加工消费税应税消费品，受托方代扣代缴的消费税（材料加工后用于连续生产）

8. 企业应付给职工的工资总额包括（　　）。

A. 各种工资　　B. 奖金

C. 津贴　　D. 福利补助

9. 对于“应付工资”账户，下列说法正确的有（　　）。

A. 该账户期末不得有余额

B. 若该账户期末有贷方余额，说明本月实际发放的工资小于本月的应付工资

C. 该账户期末必须有贷方余额

D. 若该账户期末有借方余额，说明本月实际发放的工资大于本月的应付工资

10. 企业按买卖双方协议商定收取的预收货款，可以（　　）。

A. 在“其他应付款”科目核算

B. 在“预付账款”科目核算

C. 在“预收账款”科目核算

D. 在“应收账款”科目核算

11. 溢价发行的债券，每期计算的实际利息费用包括（　　）。

A. 债券折价摊销　　B. 债券溢价摊销

C. 应计利息　　D. 手续费支出

12. 在我国会计实务中，不能资本化的借款费用有（　　）。

A. 筹建期间发生的非购建固定资产的费用

B. 为投资而发生的费用

C. 固定资产交付使用前发生的费用

D. 固定资产交付使用后发生的费用

13. 下列业务中，会引起企业净资产增减变动的有（　　）。

A. 摊销应付债券的溢价和折价　　B. 发行可转换公司债券

C. 融资租入固定资产　　D. 可转换公司债券持有人行使转换权

14．下列关于可转换债券的表述中，正确的有（ ）。

A．可转换债券到期必须转换为股份

B．可转换债券在转换为股份前，要按期计提利息，并摊销溢折价

C．可转换债券在转换为股份后，要按期计提利息，并摊销溢折价

D．可转换债券转换为股份时，按债券的账面价值结转，不确认收益

15．下列属于长期负债的是（ ）。

A．应付债券　　B．长期借款

C．长期应付款　　D．可转换债券

（三）判断题

1．企业退休人员的退休金应计入管理费用并通过“应付工资”科目核算。（ ）

2．企业自产或委托加工的货物用于非应税项目，由于不是销售，所以不必计算交纳增值税。（ ）

3．企业自产应纳资源税的产品直接对外出售的，其应交纳的资源税，应计入产品成本。（ ）

4．如果购入的资产在形成一笔应付账款时是带有现金折扣的，则应付账款入账金额应按发票记载应付金额的总值扣除现金折扣后的净额记账。（ ）

5．按照现行会计制度规定，月份终了分配职工工资总额时，应将离退休人员的退休补偿金计入管理费用。（ ）

6．由于消费税是价内税，所以企业用应税消费品对外投资，或用于在建工程、非生产机构等其他方面按规定应交纳的消费税，也要计入产品销售税金及附加科目。（ ）

7．或有负债作为一种特定的现时义务，其不能确认的原因在于该现时义务不是很可能导致经济利益流出企业，或该项义务金额不能可靠计量。（ ）

8．应付账款的入账时间应以商品或劳务的所有权转移给本企业为标志来确定。（ ）

9．或有负债在会计上一般不单独设置会计科目进行核算，而采用在资产负债表的流动负债项目中予以充分揭示。（ ）

10．短期借款的利息一般是按月支付的。（ ）

11．在一项租赁中，如果与租赁资产所有权有关的全部风险和报酬实质上已转移给承租方，就属于融资租赁。（ ）

12．企业在筹建期间发生的长期借款利息，应计入财务费用。（ ）

13．企业发行债券支付的手续费及印刷费，应计入在建工程。(　　)

14．当期资本化的借款费用金额不应超过该期发生的借款费用金额。(　　)

15．融资租赁方式租入的固定资产，资产的入账价值和负债的入账价值是一致的。(　　)

（四）业务题

1. A 企业为增值税一般纳税人，增值税税率为 17%，其有关业务资料如下：

2004 年 1 月 1 日，向银行借款 500 万元，全部用于自建一生产线，借款期限两年，利率为 6%，一次还本付息；

2004 年 1 月 10 日，用上述借款购入工程用物资价款 400 万元，增值税 68 万元，以银行存款支付，全部用于工程建设；

2004 年年末计提当年长期借款利息；

2004 年年末工程完工达到预定可使用状态，并交付使用。该资产预计净残值率为 5%，预计使用 8 年；

2005 年年末偿还长期借款本息。

要求：编制有关会计分录。

2. 某公司 2001 年 7 月 1 日因生产经营需要向银行申请取得人民币借款 120 万元，贷款协议规定此项借款期限 6 个月，月利率为 0.6%，借款利息于每季季末结算。

要求：根据上述资料，按预提法就某公司此次借款所产生的相关经济业务做会计处理。

3. 某公司 2001 年 7 月份有关发放工资的业务如下：

（1）7 月 13 日，从银行提取现金 100 000 元，以备发放工资。

（2）7 月 14 日，进行工资发放，共支付现金 105 000 元。根据工资结算表所列公司应付工资总额 112 000 元，公司应扣回代员工垫付的房租和水电费 7 000 元。

（3）7 月 15 日，公司下属生产车间交回其员工未领工资 800 元。

（4）7 月 31 日，分配本月工资费用。根据公司 7 月份工资费用分配表所列，公司 7 月份生产人员工资 85 000 元，车间管理人员工资 8 200 元，公司管理人员工资 10 000 元，专设销售机构人员工资 4 500 元，在建工程人员工资 5 600 元，福利部门人员工资 2 200 元。

要求：编制有关会计分录。

4. 某公司为内销产品企业，2013 年 8 月份发生有关增值税业务如下：

（1）8 月 12 日，公司销售产品一批，数量 400 件，单价 600 元，应交增值税 40 800 元，代垫运费 1 200 元，货款尚未收到。

（2）公司从某单位购入材料一批，增值税专用发票上注明货物价款 90 000 元，应交增值税 15 300 元，进货运费 1 000 元（发票），材料已经验收入库，款项通过银行支付（存货按实际成本计价，进货运费按 7%计算增值税）。

要求：编制有关会计分录。

# 第五章　所有者权益

在本章之前，我们已经学习了资产、负债的确认与计量，那么在实际工作中，所有者权益如何确认和计量，是本章进一步讨论的问题。本章阐述了实收资本、资本公积、盈余公积、未分配利润的会计核算。学习本章，要求了解上市公司利润分配方案的常见情形，理解独资企业、合伙企业和公司制企业的企业组织形式，留存收益的构成，掌握公司所有者权益的构成及涵义，投入资本增加及减少的会计处理，资本溢价或股本溢价、资本公积转增资本的会计处理，留存收益、公司利润分配的会计处理。

**开篇案例**

银河公司激励计划

银河股份公司为了激励员工，实行职工持股计划。该计划规定，凡是持股计划实施日的正式职工，凡是自实施日在公司连续工作满三年者，可以按照计划实施日的股票市价购买1 000股本公司的股份。

职工持股计划自2010年12月20日正式实施。实施三年中的有关数据如下：

| 日期 | 股票市价（元/股） | 参与职工人数 |
|---|---|---|
| 2010年12月20日 | 6.8元 | 480人 |
| 2011年12月20日 | 8.6元 | 465人 |
| 2012年12月20日 | 9.5元 | 460人 |
| 2013年12月20日 | 10.2元 | 450人 |

2013年12月20日，所有参加职工持股计划的在岗员工全部行权，按照约定价格（即2010年12月20日股票市价）购买1 000股公司股份。公司为了履行对职工的承诺，需要按照当日市价从证券市场上购回本公司的股份45万股（450×1000）。

> 讨论：
> （1）股份公司购买本公司的股份，是否会导致所有者权益总额的变动？
> （2）按照权责发生制，行权日股票市价超过约定价格的差额应该如何确认和计量？

## 第一节　所有者权益概述

### 一、企业组织形式

企业组织形式一般分为三种：独资企业、合伙企业和公司制企业。从会计的角度看，不同组织形式的企业，在资产、负债、收入、费用和利润的会计业务处理没有明显影响。但不同组织形式的企业，其所有者权益（业主权益）的会计处理有明显的差异。这主要是因为法律对不同组织形式企业的所有者权益有不同的规定。

（一）独资企业与业主权益

独资企业是指只有一个业主以盈利为目的而设立的企业。独资企业的特征为：

1．独资企业不是独立的法人

我国个人独资企业法规定，“个人独资企业，是指依照本法在中国境内设立，由一个自然人投资，财产为投资人个人所有，投资人以其个人财产对企业债务承担无限责任的经营实体。”根据法律规定，独资企业在法律上不具有独立人格。因而不拥有行为能力。企业行为被认为实质上是业主的个人行为。企业的财产、企业的债务，在法律上被视为是业主个人的财产和债务。

2．独资企业不是企业所得税纳税主体

我国《国务院关于个人独资企业和合伙企业所得税征收问题的通知》规定，个人独资企业和合伙企业不属于企业所得税的纳税主体。由于独资企业的行为被视为业主个人行为，因而企业的收益被视为业主个人的收益，只按照个人所得税法交纳个人所得税，而不交纳企业所得税。

3．业主对企业的债务负无限清偿责任

独资企业在清算时，如果企业的财产不足清偿债务，则业主应以个人的财产予以清偿。这种责任更有利于保护债权人的利益。

独资企业的所有者权益被称作业主权益。业主权益的核算内容主要包括：业主的初始投资和在以后的经营过程中的追加投资；企业盈利或亏损对业主权益的影响；业主和企业之间的往来事项对业主权益的影响。

由于上述特点，业主权益的会计处理比较简单。只须为业主设立一个资本账户，业主的投资、提款、企业的盈亏，最终都归集在这个资本账户里。法律上不要求将资本和盈利区分开来。在独资企业的会计报表中，应该设置"业主权益表"，反映业主权益的变动。

（二）合伙企业与合伙人权益

按照我国《私营企业暂行条例》的规定，"合伙企业是指二人以上按照协议投资、共同经营、共负盈亏的企业"。合伙企业应当有书面协议。合伙人对企业债务负连带无限责任。合伙企业与独资企业相似，既不是法人也不是纳税主体，对企业债务负无限责任。合伙经营与独资经营的区别在于：为了明确合伙人的责任和权利，必须订立合伙契约。这种契约关系具有下列显著特征：

1．合伙人互相代理

在企业业务范围内，任何一个合伙人所执行的业务，均视为所有合伙人共同执行的业务。

2．合伙人对企业负无限连带责任

每个合伙人对企业的债务负无限连带责任。当合伙企业不能以企业资产清偿其债务时，合伙人必须用个人财产还清债务。而如果某个合伙人的个人资产不足以清偿其债务份额时，其他的合伙人必须代为清偿。由于全部合伙人对企业的任何债务都负有个人责任，所以谨慎选择合伙人尤为重要。

3．合伙人共同拥有企业的财产

合伙人投入合伙企业的任何财产，如现金、存货、设备等，都成为企业全部合伙人的共同财产。同时，每个合伙人对其在企业利润中应享有的份额都有要求权。

4．有限存续期

合伙企业的存续期以全部合伙人持续拥有企业的时间长度为限。如果原有的合伙人变动，无论是新合伙人的加入，还是原合伙人退出，都使原来的合伙契约终止，随着新的契约的签订，尽管可能仍然延用原来的名称，但企业已经成为新的合伙企业。

合伙企业的所有者权益被称作合伙人权益。合伙人权益的核算内容主要包括：合伙人的初始投资和在以后的经营过程中的追加投资；企业盈利或亏损及分配比例对合伙人权益的影响；合伙人和企业之间的往来事项对合伙人权益的影响。

与独资企业相同，在合伙企业中，只须为合伙人设立资本账户。与独资企业的主要区别的是，应为每个合伙人分别设立资本账户，各合伙人对企业进行的投资，应分别记入各合伙人资本账户；各合伙人从企业提款，将减少其资本账户数额，并意味着该合伙人在企业合伙人权益中的份额减少；合伙企业的损益，应按照合伙契约中规定的方法进行分配，分别记入各合伙人的资本账户中。与独资企业的另一个区别是，就某个合伙人而言，不论是向企业投入资本，还是从企业提款，或是转让出资给他人，都要受到其他合伙人意愿的制约。

（三）公司制企业与股东权益

我国《公司法》定义的公司“是指依照本法在中国境内设立的有限责任公司和股份有限公司。有限责任公司和股份有限公司是企业法人，有独立的法人财产，享有法人财产权。公司以其全部财产对公司的债务承担责任。有限责任公司的股东以其认缴的出资额为限对公司承担责任；股份有限公司的股东以其认购的股份为限对公司承担责任。”公司被认为是现代企业中最有生命力的组织形式。公司的特征为：

1．股东对公司的债务只负有限责任

股东对公司的负债没有个人偿还的义务。一个股东对一家公司投资的最大损失是投资成本支出，而不必担心由于企业经营失败而去投资以外的财产。公司的这一特点使其可以比独资和合伙企业拥有更广泛的投资者，并从这些投资者那里得到更多的资金。

2．公司是独立的法律主体

公司一经政府批准成立，就具有独立于其所有者的法人地位和资格，具有同自然人一样的权利和义务。公司可以用自己的名义取得资产、承担债务、签订合同、提出诉讼和被诉。在独资企业、合伙企业和公司制企业三种组织形式中，只有公司是法人，具有法人地位。

3．公司是纳税主体

公司如有盈利，要交纳公司所得税。然后，股东再就分得的现金股利交纳个人所得税。也就是说，公司的收益要经过重复课税。

4．所有权和管理职能分离

大部分公司制企业的投资人不亲自管理公司，而是由股东选举董事会，由董事会聘任的总经理等高级职员负责经营。

5．所有权的可转让和持久生命

公司的所有者可以出售或转让股份，特别是公开上市的股份有限公司，股东可以随意转让自己持有的股票。公司的持续经营不因股东的变更而受到影响，因而公司具有较为长久的存续期。

6. 严格的法律管制

由于所有者仅对公司债务负有限责任，为了保护债权人，各国政府对公司都实行比较严格的法律管理。

由于上述特点，特别是政府严格的法律管制，使得公司所有者权益会计比较复杂。其中许多程序是基于法律的规定，而不仅仅是依据会计惯例。例如，所有者权益受公司法的限制，必须严格区分投入资本和赚取利润。根据我国公司法的规定，公司的所有者权益划分为投入资本、资本公积和留存收益三部分；再例如，法律往往还对公司的利润分配和停业清算以及股份公司回购自己的股份等事项都有严格的限制；另外，由于股东投资方式的多样性，也使得公司所有者权益会计遇到的问题远多于独资和合伙企业。

公司的形式多种多样，其中最主要的是股份有限公司和有限责任公司。需要说明的是，我国的国有独资企业属于公司范畴。这种企业是指由国家独立出资建立的企业。《公司法》指出，国有独资企业的性质与个人独资企业不同，而与有限责任公司相同。这种企业被称作国有独资有限责任公司。

## 二、所有者权益的含义及构成

所有者权益是指资产扣除负债后由所有者应享的剩余权益，即一个会计主体在一定时期所拥有或可控制的具有未来经济利益资源的净额。会计方程式"资产-负债=所有者权益"清楚地说明了所有者权益实质上是一种剩余权益，是企业全部资产减去全部负债后的差额，体现企业的产权关系。

所有者权益根据其核算的内容和要求，可分为实收资本（股本）、资本公积、盈余公积和未分配利润等部分。其中，盈余公积和未分配利润统称为留存收益。

（一）投入资本

投入资本是投资者实际投入企业经济活动的各种财产物资，包括国家投资、法人投资、个人投资和外商投资。国家投资是有权代表国家投资的部门或者机构以国有资产投入企业的资本；法人投资是企业法人或其他法人单位以其依法可以支配的资产投入企业的资本；个人投资是社会个人或者本企业内部职工以其合法的财产投入企业所形成的资本；外商投资是国外投资者以及我国香港、澳门和台湾地区投资者投入的资本。

（二）资本公积

资本公积是通过企业非营业利润所增加的净资产，包括接受捐赠、法定财产重估增值、资本汇率折算差额和资本溢价所得的各种财产物资。接受捐赠是指企业因接受其他部门或个人的现金或实物等捐赠而增加的资本公积；法定财产重估增值是指企业因分立、合并、变更和投资时资产评估或者合同、协议约定的资产价值与原账面净值的差额；资本汇率折算差额是指企业收到外币投资时由于汇率变动而发生的汇兑差额；资本溢价是指投资人缴付的出资额超出其认缴资本金的差额，包括股份有限公司发行股票的溢价净收入及可转换债券转换为股本的溢价净收入等。

（三）盈余公积

是指企业从税后净利润中提取的公积金。盈余公积按规定可用于弥补企业亏损，也可按法定程序转增资本金。法定公积金提取率为10%。

（四）未分配利润

未分配利润是本年度所实现的净利润经过利润分配后所剩余的利润，等待以后分配。如果未分配利润出现负数时，即表示年末的未弥补的亏损，应由以后年度的利润或盈余公积来弥补。

**【课堂测试5-1】**

1. 简述企业组织形式的类别。
2. 简述企业组织形式的含义及构成。

## 第二节　投入资本

### 一、投入资本概述

按照我国有关法律规定，投资者设立企业首先必须投入资本。实收资本是投资者投入资本形成法定资本的价值，所有者向企业投入的资本，在一般情况下无需偿还，可以长期周转使用。实收资本的构成比例，即投资者的出资比例或股东的股份比例，通常是确定所有者在企业所有者权益中所占的份额和参与企业财务经营决策的基础，也是企业进行利润分配或股利分配的依据，同时还是企业清算时确定所有者对净资产的要求权的依据。

企业应当设置“实收资本”科目，核算企业接受投资者投入的实收资本，股份有限公司应将该科目改为“股本”。投资者可以用现金投资，也可以用现金以外的其他有形资产投资，符合国家规定比例的，还可以用无形资产投资。企业收到投资时，一般应做如下会计处理：收到投资人投入的现金，应在实际收到或者存入企业开户银行时，按实际收到的金额，借记“银行存款”科目，以实物资产投资的，应在办理实物产权转移手续时，借记有关资产科目，以无形资产投资的，应按照合同、协议或公司章程规定移交有关凭证时，借记“无形资产”科目，按投入资本在注册资本或股本中所占份额，贷记“实收资本”或“股本”科目，按其差额，贷记“资本公积——资本溢价”或“资本公积——股本溢价”等科目。

按照《中华人民共和国公司法》的规定，有限责任公司的股东可以用货币出资，也可以用实物、知识产权、土地使用权等可以用货币估价并可以依法转让的非货币财产作价出资；但是，法律、行政法规规定不得作为出资的财产除外。对作为出资的非货币财产应当评估作价，核实财产，不得高估或者低估作价。法律、行政法规对评估作价有规定的，从其规定。全体股东的货币出资金额不得低于有限责任公司注册资本的30%。

初建有限责任公司时，各投资者按照合同、协议或公司章程投入企业的资本，应全部记入“实收资本”科目，注册资本为在公司登记机关登记的全体股东认缴的出资额。在企业增资时，如有新投资者介入，新介入的投资者缴纳的出资额大于其按约定比例计算的其在注册资本中所占的份额部分，不记入“实收资本”科目，而作为资本公积，记入“资本公积”科目。

股份有限公司是指全部资本由等额股份构成并通过发行股票筹集资本、股东以其认购的股份为限对公司承担责任、公司以其全部财产对公司债务承担责任的企业法人。股份有限公司设立有两种方式，即发起式和募集式。发起式设立的特点是公司的股份全部由发起人认购，不向发起人之外的任何人募集股份；募集式设立的特点是公司股份除发起人认购外，还可以采用向其他法人或自然人发行股票的方式进行募集。公司设立方式不同，筹集资本的风险也不同。发起式设立公司，其所需资本由发起人一次认足，一般不会发生设立公司失败的情况。因此，其筹资风险小。社会募集股份，其筹资对象广泛，在资本市场不景气或股票的发行价格不恰当的情况下，有发行失败（即股票未被全部认购）的可能。因此，其筹资风险大。按照有关规定，发行失败损失由发起人负担，包括承担筹建费用、公司筹建过程中的债务和对认股人已缴纳的股款支付银行同期存款利息等责任。

股份有限公司与其他企业相比较，最显著的特点就是将企业的全部资本划分为等额股份，并通过发行股票的方式来筹集资本。股东以其所认购股份对公司承担有限责任。股份是很重要的指标。股票的面值与股份总数的乘积为股本，股本应等于企业的注册资本，所以，股本也是很重要的指标。为了直观地反映这一指标，在会计处理上，股份有限公司应设置“股本”科目。

“股本”科目核算股东投入股份有限公司的股本，企业应将核定的股本总额、股份总数、每股面值在股本账户中做备查记录。为提供企业股份的构成情况，企业可在“股本”科目下按股东单位或姓名设置明细账。企业的股本应在核定的股本总额范围内，发行股票取得。但值得注意的是，企业发行股票取得的收入与股本总额往往不一致，公司发行股票取得的收入大于股本总额的，称为溢价发行；小于股本总额的，称为折价发行；等于股本总额的，为面值发行。我国不允许企业折价发行股票。在采用溢价发行股票的情况下，企业应将相当于股票面值的部分记入“股本”科目，其余部分在扣除发行手续费、佣金等发行费用后记入“资本公积——股本溢价”科目。

## 二、投入资本的会计处理

《中华人民共和国公司登记管理条例》规定，公司增加注册资本的，有限责任公司股东认缴新增资本的出资和股份有限公司的股东认购新股，应当分别依照《公司法》设立有限责任公司缴纳出资和设立股份有限公司缴纳股款的有关规定执行。公司法定公积金转增为注册资本的，验资证明应当载明留存的该项公积金不少于转增前公司注册资本的 25%。公司减少注册资本的，应当自公告之日起 45 日后申请变更登记，并应当提交公司在报纸上登载公司减少注册资本公告的有关证明和公司债务清偿或者债务担保情况的说明。公司减资后的注册资本不得低于法定的最低限额。公司变更实收资本的，应当提交依法设立的验资机构出具的验资证明，并应当按照公司章程载明的出资时间、出资方式缴纳出资。公司应当自足额缴纳出资或者股款之日起 30 日内申请变更登记。

（一）实收资本增加的会计处理

1．企业增加资本的一般途径

企业增加资本的途径一般有三条：一是将资本公积转为实收资本或者股本。会计上应借记“资本公积——资本溢价”或“资本公积——股本溢价”科目，贷记“实收资本”或“股本”科目。二是将盈余公积转为实收资本。会计上应借记“盈余公积”科目，贷记“实收资本”或“股本”科目。这里要注意的是，资本公积和盈余公积均属所有者权益，转为实收资本或者股本时，企业如为独资企业的，核算比较简单，直接结转即可；如为股份有限公司或有限责任公司的，应按原投资者所持股份同比例增加各股东的股权。三是所有者（包括原企业所有者和新投资者）投入。企业接受投资者投入的资本，借记“银行存款”、“固定资产”、“无形资产”、“长期股权投资”等科目，贷记“实收资本”或“股本”等科目。

【例 5-1】王歌、李民、孙元分别出资 200 000 元、300 000 元、400 000 元共同设立祥瑞有限责任公司，公司注册资本为 900 000 元。三人在公司章程中约定平均分红。2012 年 1 月 6 日公司收到各位股东一次性缴足的现款时，账务处理如下：

| | | |
|---|---|---|
| 借：银行存款 | 900 000 | |
| 　　贷：实收资本——王歌 | | 200 000 |
| 　　　　实收资本——李民 | | 300 000 |
| 　　　　实收资本——孙元 | | 400 000 |

2．股份有限公司发放股票股利

股份有限公司采用发放股票股利实现增资的，在发放股票股利时，按照股东原来持有的股数分配，如股东所持股份按比例分配的股利不足一股时，应采用恰当的方法处理。例如，股东会决议按股票面额的 10%发放股票股利时（假定新股发行价格及面额与原股相同），对于所持股票不足 10 股的股东，将会发生不能领取一股的情况。在这种情况下，有两种方法可供选择，一是将不足一股的股票股利改为现金股利，用现金支付；二是由股东相互转让，凑为整股。股东大会批准的利润分配方案中分配的股票股利，应在办理增资手续后，借记“利润分配”科目，贷记“股本”科目。

3．可转换公司债券持有人行使转换权利

可转换公司债券持有人行使转换权利，将其持有的债券转换为股票，按可转换公司债券的余额，借记“应付债券——可转换公司债券（面值、利息调整）”科目，按其权益成份的金额，借记“资本公积——其他资本公积”科目，按股票面值和转换的股数计算的股票面值总额，贷记“股本”科目，按其差额，贷记“资本公积——股本溢价”科目。

4．企业将重组债务转为资本

企业将重组债务转为资本的，应按重组债务的账面余额，借记“应付账款”等科目，按债权人因放弃债权而享有本企业股份的面值总额，贷记“实收资本”或“股本”科目，按股份的公允价值总额与相应的实收资本或股本之间的差额，贷记或借记“资本公积——资本溢价”或“资本公积——股本溢价”科目，按其差额，贷记“营业外收入——债务重组利得”科目。

5．以权益结算的股份支付的行权

以权益结算的股份支付换取职工或其他方提供服务的，应在行权日，按根据实际行权情况确定的金额，借记“资本公积——其他资本公积”科目，按应计入实收资本或股本的金额，贷记“实收资本”或“股本”科目。

**篇中案例**

唐华实业投资问题

唐华实业有限公司是一家国有控股公司，注册资金为20 000 000元，其中国家资本金为16 000 000元(包括国家以土地使用权出资5 000 000元)。2008年12月20日，该公司会计主管来到省财政厅会计处，专门咨询一笔会计事项的处理方法。原来，该公司的上级主管部门在2008年10月2日，将占该公司40%的一块土地划转给了帝豪公司，又于2008年10月26日将其下属的另一家国有独资企业的一台进口设备拨付给唐华公司，以顶替其土地出资额。

要求：

(1) 唐华实业有限公司主管部门的做法是否合适？为什么？

(2) 作为准会计从业人员，对已经发生的这笔事项，应该如何处理？

资料来源：http://kj.itmc.cn/resource/983.

（二）实收资本减少的会计处理

企业实收资本减少的原因大体有两种，一是资本过剩；二是企业发生重大亏损而需要减少实收资本。企业因资本过剩而减资，一般要发还股款。有限责任公司和一般企业发还投资的会计处理比较简单，按法定程序报经批准减少注册资本的，借记“实收资本”科目，贷记“库存现金”、“银行存款”等科目。

股份有限公司由于采用的是发行股票的方式筹集股本，发还股款时，则要回购发行的股票，发行股票的价格与股票面值可能不同，回购股票的价格也可能与发行价格不同，会计处理较为复杂。股份有限公司因减少注册资本而回购本公司股份的，应按实际支付的金额，借记“库存股”科目，贷记“银行存款”等科目。注销库存股时，应按股票面值和注销股数计算的股票面值总额，借记“股本”科目，按注销库存股的账面余额，贷记“库存股”科目，按其差额，冲减股票发行时原记入资本公积的溢价部分，借记“资本公积——股本溢价”科目，回购价格超过上述冲减“股本”及“资本公积——股本溢价”科目的部分，应依次借记“盈余公积”、“利润分配——未分配利润”等科目；如回购价格低于回购股份所对应的股本，所注销库存股的账面余额与所冲减股本的差额作为增加股本溢价处理，按回购股份所对应的股本面值，借记“股本”科目，按注销库存股的账面余额，贷记“库存股”科目，按其差额，贷记“资本公积——股本溢价”科目。

【例 5-2】中科股份有限公司截至 2012 年 12 月 31 日共发行股票 30 000 000 股，股票面值为 1 元，资本公积（股本溢价）6 000 000 元，盈余公积 4 000 000 元。经股东大会批准，中科公司以现金回购本公司股票 3 000 000 股并注销。假定中科公司按照每股 4 元回购股票，不考虑其他因素，中科公司的账务处理如下：

库存股的成本=3 000 000×4=12 000 000（元）

借：库存股　　　　　　　　　12 000 000

　　贷：银行存款　　　　　　　　　　　12 000 000

借：股本　　　　　　　　　　3 000 000

　　资本公积——股本溢价　　6 000 000

　　盈余公积　　　　　　　　3 000 000

　　贷：库存股　　　　　　　　　　　　12 000 000

（三）资本公积概述

资本公积是企业收到投资者的超出其在企业注册资本（或股本）中所占份额的投资，以及直接计入所有者权益的利得和损失等。资本公积包括资本溢价（或股本溢价）和直接计入所有者权益的利得和损失等。

资本溢价（或股本溢价）是企业收到投资者的超出其在企业注册资本（或股本）中所占份额的投资。形成资本溢价（或股本溢价）的原因有溢价发行股票、投资者超额缴入资本等。

直接计入所有者权益的利得和损失是指不应计入当期损益、会导致所有者权益发生增减变动的、与所有者投入资本或者向所有者分配利润无关的利得或者损失。

资本公积一般应当设置“资本（或股本）溢价”、“其他资本公积”明细科目核算。

（四）资本公积的确认和计量

1. 资本溢价或股本溢价的会计处理

（1）资本溢价

投资者经营的企业（不含股份有限公司），投资者依其出资份额对企业经营决策享有表决权，依其所认缴的出资额对企业承担有限责任。明确记录投资者认缴的出资额，真实地反映各投资者对企业享有的权利与承担的义务，是会计处理应注意的问题。为此，会计上应设置“实收资本”科目，核算企业投资者按照公司章程所规定的出资比例实际缴付的出资额。在企业创立时，出资者认缴的出资额全部记入“实收资本”科目。

例如，某有限责任公司由甲、乙、丙三位股东各自出资 100 万元设立。设立时的实收资本为 300 万元。经过三年的经营，该企业留存收益为 150 万元。这时又有丁投资者有意参加该企业，并表示愿意出资 180 万元，而仅占该企业股份的 25%。在会计处理时，将丁股东投入资金中的 100 万元记入“实收资本”科目，其余 80 万元记入“资本公积”科目。

【例 5-3】2013 年 1 月 6 日祥瑞有限责任公司接受李伟出资，该股东出资 230 000 元，但四位股东商议后决定仅仅将注册资本增加为 100 000 元，并在修改后的股东章程中约定平均分红。会计处理如下：

借：银行存款　　　　230 000
　贷：实收资本——李伟　　　　100 000
　　资本公积——资本溢价　　　　130 000

（2）股本溢价

股份有限公司是以发行股票的方式筹集股本的，股票是企业签发的证明股东按其所持股份享有权利和承担义务的书面证明。由于股东按其所持企业股份享有权利和承担义务，为了反映和便于计算各股东所持股份占企业全部股本的比例，企业的股本总额应按股票的面值与股份总数的乘积计算。国家规定，实收股本总额应与注册资本相等。因此，为提供企业股本总额及其构成和注册资本等信息，在采用与股票面值相同的价格发行股票的情况下，企业发行股票取得的收入，应全部记入“股本”科目；在采用溢价发行股票的情况下，企业发行股票取得的收入，相当于股票面值的部分记入“股本”科目，超出股票面值的溢价收入记入“资本公积”科目。委托证券商代理发行股票而支付的手续费、佣金等，应从溢价发行收入中扣除，企业应按扣除手续费、佣金后的数额记入“资本公积”科目。

2. 资本公积转增资本的会计处理

按照《公司法》的规定，法定公积金（资本公积和盈余公积）转为资本时，所留存的该项公积金不得少于转增前公司注册资本的 25%。经股东大会或类似机构决议，用资本公积转增资本时，应冲减资本公积，同时按照转增前的实收资本（或股本）的结构或比例，将转增的金额记入“实收资本”（或“股本”）科目下各所有者的明细分类账。

**【课堂测试 5-2】**

1. 2012 年 10 月 5 日某有限责任公司接受新股东张丽出资，该股东出资 20 000 元，但几位股东商议后决定仅仅将注册资本增加 12 000 元，并在修改后的股东章程中约定平均分红。请写出上述业务的会计分录。

# 第三节 留存收益

## 一、留存收益的性质及构成

留存收益是企业历年生产经营所形成净收益的一种积累，是由企业内部形成的资本。在性质上与所有者投入资本一样属于所有者权益，是所有者权益中的重要组成部分。

企业历年的净收益在依法缴纳所得税和国家规定的各项特种基金后，剩余部分属于投资者所有，理论上可按照投资者的出资比例全部分配给投资者。但在实务中，企业在盈利年份中一般都要保留部分净收益不予分配。这是因为一方面企业需要扩大经营，必须保持一定数量的流动资金，如房屋要新建或重建，机器设备须增加或改造，或者巨额债务须偿还，或为营业中可能发生的意外损失预先做出准备等，都要在盈利年度保留部分净收益补充投入资本；另一方面企业为了保持在各年度比较均衡地向投资者分配利润，保证投资者在欠收年度也能获得一定的投资收益，需要在盈利年度保留部分净收益。企业各年度实现的净利润中累积下来尚未分配部分，即形成企业的留存收益。

企业的留存收益因实现净利润而增加，因发生亏损而减少。当公司经营发生严重亏损，以至累积的留存收益总额不能抵补时，就会侵蚀所有者的原始投资。

为了保证企业的均衡发展，保障债权人的利益，改善职工生活福利条件，《公司法》规定企业在盈利年度必须从净利润中提取一定比例的积累，用于各种指定的用途，而不得全部用于利润分配。留存收益中被指定用途的部分在我国被称为盈余公积，其余没有指定用途部分，被称为未分配利润。

## 二、留存收益的会计处理

### （一）盈余公积

1. 盈余公积的有关规定

根据《公司法》等有关法规的规定，企业当年实现的净利润，一般应当按照如下顺序进行分配。

（1）提取法定公积金

公司制企业的法定公积金按照税后利润的10%的比例提取（非公司制企业

也可按照超过 10%的比例提取），在计算提取法定盈余公积的基数时，不应包括企业年初未分配利润。公司法定公积金累计额为公司注册资本的 50%以上时，可以不再提取法定公积金。

公司的法定公积金不足以弥补以前年度亏损的，在提取法定公积金之前，应当先用当年利润弥补亏损。

（2）提取任意公积金

公司从税后利润中提取法定公积金后，经股东会或者股东大会决议，还可以从税后利润中提取任意公积金。非公司制企业经类似权力机构批准，也可提取任意盈余公积。

（3）向投资者分配利润或股利

公司弥补亏损和提取公积金后所余税后利润，有限责任公司股东按照实缴的出资比例分取红利，但是，全体股东约定不按照出资比例分取红利的除外；股份有限公司按照股东持有的股份比例分配，但股份有限公司章程规定不按持股比例分配的除外。

股东会、股东大会或者董事会违反规定，在公司弥补亏损和提取法定公积金之前向股东分配利润的，股东必须将违反规定分配的利润退还公司。公司持有的本公司股份不得分配利润。

盈余公积是指企业按照规定从净利润中提取的各种积累资金。公司制企业的盈余公积分为法定盈余公积和任意盈余公积。两者的区别就在于其各自计提的依据不同。前者以国家的法律或行政规章为依据提取；后者则由企业自行决定提取。

2. 企业提取盈余公积主要可以用于以下几个方面：

（1）弥补亏损

企业发生亏损时，应由企业自行弥补。弥补亏损的渠道主要有三条：一是用以后年度税前利润弥补。按照现行制度规定，企业发生亏损时，可以用以后五年内实现的税前利润弥补，即税前利润弥补亏损的期间为五年。二是用以后年度税后利润弥补。企业发生的亏损经过五年期间未弥补足额的，尚未弥补的亏损应用所得税后的利润弥补。三是以盈余公积弥补亏损。企业以提取的盈余公积弥补亏损时，应当由公司董事会提议，并经股东大会批准。

（2）转增资本

企业将盈余公积转增资本时，必须经股东大会决议批准。在实际将盈余公积转增资本时，要按股东原有持股比例结转。

企业提取的盈余公积，无论是用于弥补亏损，还是用于转增资本，只不过是在企业所有者权益内部做结构上的调整，比如企业以盈余公积弥补亏损时，实际是减少盈余公积留存的数额，以此抵补未弥补亏损的数额，并不引起企业所有者权益总额的变动；企业以盈余公积转增资本时，也只是减少盈余公积结存的数额，但同时增加企业实收资本或股本的数额，也并不引起所有者权益总额的变动。

（3）扩大企业生产经营

盈余公积的用途，并不是指其实际占用形态，提取盈余公积也并不是单独将这部分资金从企业资金周转过程中抽出。企业盈余公积的结存数，实际只表现为企业所有者权益的组成部分，表明企业生产经营资金的一个来源而已。其形成的资金可能表现为一定的货币资金，也可能表现为一定的实物资产，如存货和固定资产等，随同企业的其他来源所形成的资金进行循环周转，用于企业的生产经营。

3. 盈余公积的确认和计量

为了反映盈余公积的形成及使用情况，企业应设置“盈余公积”科目。企业应当分别“法定盈余公积”、“任意盈余公积”进行明细核算。

企业提取盈余公积时，借记“利润分配——提取法定盈余公积”、“利润分配——提取任意盈余公积”科目，贷记“盈余公积——法定盈余公积”、“盈余公积——任意盈余公积”科目。

企业用盈余公积弥补亏损或转增资本时，借记“盈余公积”，贷记“利润分配——盈余公积补亏”、“实收资本”或“股本”科目。经股东大会决议，用盈余公积派送新股，按派送新股计算的金额，借记“盈余公积”科目，按股票面值和派送新股总数计算的股票面值总额，贷记“股本”科目。

（二）未分配利润

未分配利润是企业留待以后年度进行分配的结存利润，也是企业所有者权益的组成部分。相对于所有者权益的其他部分来讲，企业对于未分配利润的使用分配有较大的自主权。从数量上来讲，未分配利润是期初未分配利润，加上本期实现的净利润，减去提取的各种盈余公积和分出利润后的余额。

在会计处理上，未分配利润是通过“利润分配”科目进行核算的，“利润分配”科目应当分别“提取法定盈余公积”、“提取任意盈余公积”、“应付现金股利或利润”、“转作股本的股利”、“盈余公积补亏”和“未分配利润”等进行明细核算。

1. 分配股利或利润的会计处理

经股东大会或类似机构决议，分配给股东或投资者的现金股利或利润，借记“利润分配——应付现金股利或利润”科目，贷记“应付股利”科目。经股东大会或类似机构决议，分配给股东的股票股利，应在办理增资手续后，借记“利润分配——转作股本的股利”科目，贷记“股本”科目。

2. 期末结转的会计处理

企业期末结转利润时，应将各损益类科目的余额转入“本年利润”科目，结平各损益类科目。结转后“本年利润”的贷方余额为当期实现的净利润，借方余额为当期发生的净亏损。年度终了，应将本年收入和支出相抵后结出的本年实现的净利润或净亏损，转入“利润分配——未分配利润”科目。同时，将“利润分配”科目所属的其他明细科目的余额，转入“未分配利润”明细科目。结转后，“未分配利润”明细科目的贷方余额，就是未分配利润的金额；如出现借方余额，则表示未弥补亏损的金额。“利润分配”科目所属的其他明细科目应无余额。

3. 弥补亏损的会计处理

企业在生产经营过程中既有可能发生盈利，也有可能出现亏损。企业在当年发生亏损的情况下，与实现利润的情况相同，应当将本年发生的亏损自“本年利润”科目，转入“利润分配——未分配利润”科目，借记“利润分配——未分配利润”科目，贷记“本年利润”科目，结转后“利润分配”科目的借方余额，即为未弥补亏损的数额。然后通过“利润分配”科目核算有关亏损的弥补情况。

由于未弥补亏损形成的时间长短不同等原因，以前年度未弥补亏损有的可以以当年实现的税前利润弥补，有的则须用税后利润弥补。以当年实现的利润弥补以前年度结转的未弥补亏损，不需要进行专门的账务处理。企业应将当年实现的利润自“本年利润”科目转入“利润分配——未分配利润”科目的贷方，其贷方发生额与“利润分配——未分配利润”的借方余额自然抵补。无论是以税前利润还是以税后利润弥补亏损，其会计处理方法均相同。但是，两者在计算交纳所得税时的处理是不同的。在以税前利润弥补亏损的情况下，其弥补的数额可以抵减当期企业应纳税所得额，而以税后利润弥补的数额，则不能作为纳税所得扣除处理。

【例 5-4】祥瑞股份有限公司的股本为 100 000 000 元，每股面值 1 元。2012 年年初未分配利润为贷方 80 000 000 元，2012 年实现净利润 50 000 000 元。

假定公司按照 2012 年实现净利润的 10%提取法定盈余公积，5%提取任意盈余公积，同时向股东按每股 0.2 元派发现金股利，按每 10 股送 3 股的比例派发股票股利。2013 年 3 月 15 日，公司以银行存款支付了全部现金股利，新增股本也已经办理完股权登记和相关增资手续。祥瑞公司的账务处理如下：

（1）2012 年度终了时，企业结转本年实现的净利润：

借：本年利润　　　　50 000 000

贷：利润分配——未分配利润 50 000 000

（2）提取法定盈余公积和任意盈余公积：

借：利润分配——提取法定盈余公积 5 000 000

——提取任意盈余公积 2 500 000

贷：盈余公积——法定盈余公积 5 000 000

——任意盈余公积 2 500 000

（3）结转“利润分配”的明细科目：

借：利润分配——未分配利润 7 500 000

贷：利润分配——提取法定盈余公积 5 000 000

——提取任意盈余公积 2 500 000

祥瑞公司 2012 年年底“利润分配——未分配利润”科目的余额为：

80 000 000+50 000 000−7 500 000=122 500 000（元）。

即贷方余额为 122 500 000 元，反映企业的累计未分配利润为 122 500 000 元。

（4）批准发放现金股利：

100 000 000×0.2=20 000 000（元）

借：利润分配——应付现金股利 20 000 000

贷：应付股利 20 000 000

2013 年 3 月 15 日，实际发放现金股利：

借：应付股利 20 000 000

贷：银行存款 20 000 000

（5）2013 年 3 月 15 日，发放股票股利：

100 000 000×1×30%=30 000 000（元）

借：利润分配——转作股本的股利 30 000 000

贷：股本 30 000 000

**【课堂测试 5-3】**

1. 简述留存收益的构成。

2. 某股份有限公司 2012 年实现净利润 1 000 000 元。公司按照现净利润的 10%提取法定盈余公积，请写出上述业务的会计分录。

## 本章小结

本章讲解了所有者权益的会计核算，首先介绍了独资企业、合伙企业和公司制企业三种企业组织形式、所有者权益的含义及构成，即所有者权益可以分为实收资本（股本）、资本公积、盈余公积和未分配利润。其次介绍了投入资本的含义、科目的设置，投入资本增加及减少的会计处理，资本公积的确认和计量。有限责任公司及股份有限公司收到投资时应分别设“实收资本”和“股本”会计科目。投入资本增加有三种途径，一是将资本公积转为实收资本或者股本；二是将盈余公积转为实收资本；三是所有者（包括原企业所有者和新投资者）投入。最后介绍了留存收益的性质构成和会计处理。留存收益由盈余公积和未分配利润两部分构成。盈余公积可用于弥补亏损、转增资本、扩大企业生产经营。企业对于未分配利润的使用分配有较大的自主权，可用于分配股利或利润、弥补亏损等用途。本章包含了案例、例题和单选、多选、判断、业务等各种题型的练习题，有助于读者对本章内容的更深入理解和掌握。

**篇后案例**

中才公司吸收职工入股问题

2001 年天津市国际货运有限公司与海洋集团共同出资成立了中材有限责任公司，该公司注册资本 1 000 万元，其中货运公司 300 万元，海洋集团 700 万元，主要从事集装箱场站堆存业务。

中才公司从成立至 2003 年底，共实现税后利润 500 万元，为了支持该公司的发展，公司董事会除了按公司法的规定，每年从税后利润中提取 10%的法定公积金和 5%的法定盈余公积金之外，还提取了 10%的任意盈余公积金，并对股东分配利润共计 100 万元。

为了进一步提高职工的积极性，增强职工与企业共存亡的主人翁责任感，同时吸收更多的投资，以满足生产经营的需要，经股东会研究，决定吸收职工入股，职工的出资比例为 30%，并委托某会计师事务所进行资产评估。会计师事务所进行评估显示，中才公司应收账款中有 50 万元无法收回，固定资产减值 70 万元，土地增值 20 万元。

职工持股会坚持出资 500 万元取得 30%的股权比例，原股东国际货运公司和海洋集团则要求职工投入 700 万元，方能在实收资本中占 30%的比例。

分析：

（1）职工持股会坚持的对还是原股东坚持的对？为什么？

（2）职工合理出资额应该是多少？

（3）在本案中，该不该考虑企业的商誉问题？

## 核心概念

实收资本（paid-up capital） 资本公积（capital reserve） 盈余公积（surplus） 所有者权益（owner's equity） 留存收益（retained earnings）

## 思考题

1. 什么是留存收益？盈余公积与未分配利润有何区别？
2. 说明资本公积的来源与用途。
3. 所有者权益的主要来源是什么？
4. 股份有限公司资本结构与有限责任公司资本结构的主要差异是什么？

## 练习题

（一）单项选择题

1．某股份制公司委托某证券公司代理发行普通股 100 000 股，每股面值 1 元，每股按 1.1 元的价格出售。按协议，证券公司从发行收入中收取 3%的手续费，从发行收入中扣除。则该公司计入资本公积的数额为（　　）元。

A．6 700　　B．3 000

C．110 000　　D．0

2．采用权益法核算长期股权投资时，对于被投资企业因将无法归还的应付账款转入资本公积引起的所有者权益的增加，投资企业应按所拥有的表决权资本的比例计算应享有的份额，将其计入（　　）。

A．资本公积　　B．投资收益

C．其他业务收入　　D．营业外收入

3．企业接受投资者投入美元资本，合同约定汇率为 1:8.0，投入当天市场汇率为 1:8.2，则企业接受投资者投入 100 万美元时，产生的资本公积为（　　）万元人民币。

A．－20　　B．20

C．800　　D．820

4．下列利润分配的顺序中，正确的是（　　）。

A．提取法定盈余公积、提取任意盈余公积、提取法定公益金、分配优先股股利

B．提取法定盈余公积、提取法定公益金、提取任意盈余公积、分配优先股股利

C．提取法定盈余公积、提取法定公益金、分配优先股股利、提取任意盈余公积

D．分配优先股股利、提取法定盈余公积、提取任意盈余公积、提取法定公益金

5．按现行制度规定，企业接受实物捐赠，应贷记（　　）账户。

A．资本公积——其他资本公积

B．实收资本

C．资本公积——接受捐赠非货币性资产价值

D．营业外收入

6．某公司接受捐赠一台设备，其原值为 40 万元，已提折旧 10 万元。该企业在接受捐赠过程中发生运费支出 1 万元，该公司适用的所得税税率为 33%，则会计上记入“资本公积”科目的金额为（　　）万元。

A．30　　B．20.1

C．28　　D．40

7．2013 年 1 月 1 日某企业所有者权益情况如下：实收资本 200 万，资本公积 17 万元，盈余公积 38 万元，未分配利润 32 万元。则该企业 2013 年 1 月 1 日留存收益为（　　）万元。

A．32　　B．38

C．70　　D．87

8．采用权益法核算长期股权投资时，对于被投资企业因外币资本折算引起所有者权益的增加，投资企业应按所拥有的表决权资本的比例计算应享有的份额，将其计入（　　）。

A．资本公积　　B．投资收益

C．其他业务收入　　D．营业外收入

9．在我国，国家对企业拨出款用于企业的技术改造，企业收到拨款时，暂作（　　）。

A．专项应付款　　B．管理费用

C．资本公积　　D．固定资产

10．按照企业会计制度规定，上市公司本年度发现的以前年度重大的记账差错，应该（　　）。

A．作本年度事项处理

B．修改以前年度的账表

C．不作处理

D．调整本年度会计报表的年初数和上年数

11．某企业本期以 28 万元的价格，转让出售以前年度接受捐赠的设备一台，该设备的原价 30 万元，已提折旧 5 万元，本期出售该设备影响当期损益的金额是（　　）。

A．28 万元　　B．3 万元

C．31 万元　　D．33 万元

12．某股份有限公司于 1999 年 9 月 1 日以一台生产设备对外投资，该设备的账面原价为 450 万元，累计折旧为 300 万元，评估确认的原价为 640 万元，累计折旧为 350 万元，评估时发生的评估费用及相关手续费 3 万元，假定该公司适用所得税税率为 33%，该公司对于该项投资应确认的资本公积为（　　）万元。

A．91.79　　B．93.8

C．125.29　　D．0

13．甲公司委托证券公司代理发行普通股票 8 000 万股，每股面值 1 元，按每股 1.5 元的价格发行，受托单位按发行收入 1%收取手续费从发行收入中扣除。假如企业股款已经收到，该企业实际收到的款项是（　　）万元。

A．12 000　　B．8 000

C．11 920　　D．11 880

14．以下导致“资本公积——其他资本公积”增加的经济业务是（　　）。

A．宣告股票股利

B．溢价发行股票

C．发行可转换公司债券

D．接受外币投入时即期汇率与合同汇率之差

15．一项可供出售金融资产由股票构成，该股票 100 万股（面值 1 元/股）。购入时市场价格为每股 5 元，年末时市场价格为每股 12 元。公司的所有者权益在年末时应当增加（　　）。

A．0 元　　B．500 万元

C．100 万元　　D．700 万元

（二）多项选择题

1．下列事项中，可能引起资本公积变动的有（　　）。

A．以非现金资产对外投资评估增值

B．发放股票股利

C．权益法核算下，子公司接受捐赠资产

D．接受外币资本投资

2．下列项目中，能引起盈余公积发生增减变动的有（　　）。

A．用公益金购买职工住宅　　B．出售用公益金购买的职工住宅

C．用任意盈余公积弥补亏损　　D．用任意盈余公积派发现金股利

3．下列事项中，可引起所有者权益变动的有（　　）。

A．接受投资者投入固定资产　　B．接受固定资产捐赠

C．用盈余公积弥补亏损　　D．经批准将资本公积转增资本

4．盈余公积可用于（　　）。

A．支付股利　　B．转增资本

C．弥补亏损　　D．转为资本公积

5．下列事项中，引起所有者权益减少的有（　　）。

A．以盈余公积弥补亏损　　B．经批准减资

C．以资本公积转增股本　　D．宣告发放现金股利

6．下列事项中，可能引起资本公积变动的有（　　）。

A．以非现金资产对外投资评估增值

B．发放股票股利

C．权益法核算下子公司接受捐赠资产

D．权益法核算下子公司依法对资产进行评估

7．下列应在“资本公积——其他资本公积”科目核算的有（　　）。

A．从“资本公积——股权投资准备”科目转出的资本公积

B．从“资本公积——接受捐赠非现金资产准备”科目转出的资本公积

C．接受现金捐赠

D．债权人豁免的债务

8．下列关于股票股利的提法中，正确的是（　　）。

A．分配股票股利使得企业每股净资产减少

B．分配股票股利使得企业每股净资产增加

C．企业分配股票股利时不需要进行会计处理

D．投资企业收到股票股利时不需要确认投资收益

9．按现行企业会计制度的规定，下列资本公积项目中，不能转增资本的项目有（　　）。

A．股权投资准备　　B．接受捐赠非现金资产准备

C．接受现金捐赠　　D．外币资本折算差额

10．投资企业采用权益法核算股权投资，下列各项目中，应通过资本公积科目核算的有（　　）。

A．接受现金捐赠
B．子公司接受捐赠非现金资产
C．存货跌价准备
D．子公司外币资本折算差额

11．下列项目中，应通过资本公积科目核算的有（　　）。

A．债务重组中在债务转股本时转换股权的公允价值与股本面值总额之间的差额

B．用于对外投资的非现金资产评估价值低于账面价值的差额

C．成本法改为权益法核算时在被投资企业中拥有的所有者权益与原投资成本的差额

D．被投资企业外币资本折算差额

12．下列事项中，会导致实收资本或股本发生增减变动的有（　　）。

A．资本公积转增资本
B．盈余公积转增资本
C．盈余公积弥补亏损
D．派送新股

13．以现金资产和非现金资产清偿债务，债务人应将扣除现金后的重组债务的账面价值与转让的非现金资产账面价值和相关税费之和的差额，确认为（　　）。

A．资本公积
B．管理费用
C．盈余公积
D．营业外支出

14．债务人应当披露与债务重组有关的信息包括（　　）。

A．债务重组方式

B．因债务重组而确认的资本公积总额

C．将债务转为资本所导致的股本

D．或有支出

15．债务重组的方式主要有（　　）。

A．以低于债务账面价值的现金清偿债务

B．以非现金资产清偿债务

C．债务转为资本

D．修改其他债务条件

（三）判断题

1．企业年度报表报出后发现上年度有重大的损益调整事项，应通过“本年利润”科目调整。（　　）

2．股份有限公司按规定以收购本公司股票的形式减资时，实际收购价格超过减资股本面值的差额，应当冲减股本以外的其他股东权益项目的数额。（　　）

3．用一般盈余公积转增资本或弥补亏损，均不影响所有者权益总额的变化。(　　)

4．企业盈余公积项目包括法定盈余公积、法定公益金、任意盈余公积。(　　)

5．国有独资公司不会在追加投资时，为维持一定的投资比例而产生资本公积。(　　)

6．由于所有者权益和负债是对企业资产的要求权，因此它们的性质是一样的。(　　)

7．按现行制度规定，接受捐赠的实物资产处置时，应将原记入“资本公积”科目的金额转入“营业外收入”科目。(　　)

8．法定公益金主要用于企业职工各种福利支出。(　　)

9．“资本公积——其他资本公积”这部分资本公积与“资本公积——股本溢价”性质相同，可转增资本或弥补亏损。(　　)

10．国有独资公司的投入资本，无论是初始投入还是以后的追加，全部作为实收资本核算入账。(　　)

11．在采用溢价发行股票时，委托证券商代理发行股票支付的手续费、佣金等，应从溢价收入中扣除。(　　)

12．股东大会批准的利润分配方案与董事会提请批准的报告年度分配方案不一致时，应调整报告年度的分配方案和与其相对应的利润分配项目的期末数。(　　)

13．股份公司在发放股票股利时，如股东所持股份按比例分配的股利不足一股时，往往采用凑整股或发放现金股利的方法，由此会造成企业股权结构的改变。(　　)

14．企业接收非现金资产捐赠，应按同类资产市场价格计入资本公积。(　　)

15．资本公积——股权投资准备是企业以非现金资产对外投资，投出资产公允价值与于其账面价值的差额。(　　)

（四）业务题

1. 某企业开展补偿贸易业务，从国外引进设备价款折合为人民币 50 万元，企业准备用所生产的产品归还引进设备款。引进设备投产后，第一批生产产品 100 件，每件销售价格 1 000 元，销售成本 800 元，第一批产品全部用于还款。根据这项经济业务，做出相关会计分录。

2. 假定某公司 2000 年 1 月 1 日开始建造一项固定资产，有关资料如下：

（1）2000 年 1 月 1 日借入 3 年期借款 100 万元，年利率 6%；

（2）2000 年 4 月 1 日发行 3 年期债券 200 万元，票面利率 5%，债券发行价格为 170 万元；

（3）固定资产的建造从 2000 年 1 月 1 日开始，截至 3 月 31 日，假定累计支出加权平均数为 90 万元，截至 6 月 30 日，假定累计支出加权平均数为 150 万元，债券折价采用直线法摊销。

要求：做出有关会计处理。

3. 根据下列经济业务编制相应的会计分录。

（1）伟华公司 2007 年 1 月 1 日创立，投资人甲投入货币资金 20 万元；投资人乙投入一台设备价值 40 万元；投资人丙投入货币资金 15 万元，投入一项商标权价值 25 万。

（2）2008 年投资人丁计划向上述伟华公司投资，经议定丁投入货币资金 40 万元，可以取得 30 万元的股权份额，2008 年 6 月 1 日公司收到这笔资金。

（3）光明公司 2008 年 3 月 1 日将生产用厂房对外出租，该厂房账面余额 50 万元，截至 2008 年 3 月 1 日累计提取折旧 12 万元，当日房产交易市场上同类资产的市场价格为 45 万元。

4. 某公司 2006 年 10 月份注册成立，当月发生有关业务如下：

（1）接银行通知，甲、乙各投资现金 150 万元。

（2）接受丙单位投入生产材料一批，原账面价值为 65 000 元，投资协议价值为 80 000 元，增值税专用发票注明的进项税额为 13 600 元.

（3）接受丁单位投入的不需安装固定资产，原账面价值为 150 000 元，已提折旧 70 000 元，投资协议确定的价值为 100 000 元。

（4）一年后，戊与原投资者达成协议以现金 180 万元投入企业，投资协议中约定的份额为 150 万元。

要求：根据上述业务，编制有关分录。

# 第六章　成本费用

在本章之前，我们已经学习了资产、负债和所有者权益的确认与计量，那么在实际工作中，成本费用如何确认和计量是本章进一步讨论的问题。本章阐述了费用的概念及确认，生产费用的归集和分配，在产品成本计算及完工产品成本的结转等内容。学习本章，要求了解费用的概念、成本的概念、费用与成本的关系，理解辅助生产费用的归集，辅助生产费用的五种分配方法，即直接分配法、交互分配法、按计划成本分配法、顺序分配法、代数分配法，掌握费用的计量、在产品成本的计算和完工产品成本的结转、期间费用的确认和计量。

**开篇案例**

三公制造对亏损产品的处理决策

三公制造厂是生产汽车零配件的中型企业。该厂一车间主要生产甲、乙、丙三种产品。本年产销量基本平衡。三种产品的成本价格资料见下表（其中制造费用按生产工人工资分配）。

| 项目 | | 甲产品 | 乙产品 | 丙产品 | 总计 |
|---|---|---|---|---|---|
| 产量 | | 12 800 | 180 000 | 36 000 | |
| 单位成本 | 材料 | 82 | 38 | 29 | |
| | 人工 | 36 | 12 | 6 | |
| | 制造费用 | 24 | 8 | 4 | |
| | 合计 | 142 | 58 | 39 | |
| 产品单价 | | 180 | 55 | 50 | |
| 销售收入 | | 2 304 000 | 9 900 000 | 1 800 000 | 14 004 000 |
| 销售成本 | | 1 817 600 | 10 440 000 | 1 404 000 | 13 661 600 |
| 销售毛利 | | 486 400 | −540 000 | 396 000 | 342 400 |

市场行情预测，明年的汽配行业竞争将更加激烈。针对这种情况，公司的部分管理人员建议停止生产已经亏损的乙产品，同时增加10万元的广告投入。

请对此建议提出你的分析意见。

## 第一节 费用的概念及其确认

### 一、费用的概念与分类

费用是指企业在日常活动中发生的、会导致所有者权益减少的、与向所有者分配利润无关的经济利益的总流出。

费用包括企业日常活动所产生的经济利益的总流出，主要指企业为取得营业收入进行产品销售等营业活动所发生的企业货币资金的流出，具体包括成本费用和期间费用。企业为生产产品、提供劳务等发生的可归属于产品成本、劳务成本等的费用，应当在确认销售商品收入、提供劳务收入等时，将已销售商品、已提供劳务的成本等计入当期损益。成本费用包括主营业务成本、其他业务成本、营业税金及附加等。期间费用是指企业日常活动发生的不能计入特定核算对象的成本，而应计入发生当期损益的费用。期间费用发生时直接计入当期损益。期间费用包括销售费用、管理费用和财务费用。

### 二、费用与成本的关系

费用和成本是既有联系又有区别的两个概念。资产的成本随着企业经营活动的展开，逐步转化为某一会计期间的费用。费用是与特定的会计期间相联系的，是根据权责发生制原则、配比原则及划分资本性支出与收益性支出原则等要求来确定的，从资金循环的意义上讲，这些费用主要通过经营收入收回的资产来补偿。而成本是与特定的计算对象相联系的，是根据受益性原理和重要性原则计算出来的，是计算对象的受益费用。

### 三、费用的计量

（一）主营业务成本

主营业务成本是指企业销售商品、提供劳务等经常性活动所发生的成本。企业一般在确认销售商品、提供劳务等主营业务收入时，或在月末，将已销售商品、已提供劳务的成本转入主营业务成本。企业应当设置“主营业务成本”科目，按主营业务的种类进行明细核算，用于核算企业因销售商品、提供劳务或让渡资产使用权等日常活动而发生的实际成本，借记该科目，贷记“库存商品”、“劳务成本”等科目。期末，将主营业务成本的余额转入“本年利润”科目，借记“本年利润”，贷记该科目，结转后该科目无余额。

【例 6-1】2012 年 1 月 20 日祥瑞公司向乙公司销售一批产品，开出的增值税专用发票上注明价款为 20 000 元，增值税税额为 3 400 元，祥瑞公司已收到乙公司支付的款项 23 400 元，并将提货单送交乙公司；该批产品成本为 19 000 元。祥瑞公司应编制如下会计分录：

1．销售实现时：

借：银行存款　　23 400

　　贷：主营业务收入　　20 000

　　　　应交税费——应交增值税（销项税额）　　3 400

借：主营业务成本　　19 000

　　贷：库存商品　　19 000

2．期末，将主营业务成本结转至本年利润时：

借：本年利润　　19 000

　　贷：主营业务成本　　19 000

（二）其他业务成本

其他业务成本是指企业确认的除主营业务活动以外的其他经营活动所发生的支出。其他业务成本包括销售材料的成本、出租固定资产的折旧额、出租无形资产的摊销额、出租包装物的成本或摊销额等。采用成本模式计量投资性房地产的，其投资性房地产计提的折旧额或摊销额，也构成其他业务成本。企业应当设置“其他业务成本”科目，核算企业确认的除主营业务活动以外的其他经营活动所发生的支出，包括销售材料的成本、出租固定资产的折旧额、出租无形资产的摊销额、出租包装物的成本或摊销额等。企业发生的其他业务成本，借记本科目，贷记“原材料”、“周转材料”、“累计折旧”、“累计摊销”、“应付职工薪酬”、“银行存款”等科目。本科目按其他业务成本的种类进行明细核算。期末，本科目余额转入“本年利润”科目，结转后本科目无余额。

【例 6-2】2012 年 5 月 2 日，祥瑞公司销售一批原材料，开具的增值税专用发票上注明的售价为 10 000 元，增值税税额为 1 700 元，款项已由银行收妥。该批原材料的实际成本为 7 000 元。该公司应编制如下会计分录：

1. 销售实现时：

借：银行存款　　11 700

　　贷：其他业务收入　　10 000

　　　　应交税费——应交增值税（销项税额）　　1 700

借：其他业务成本 7 000

贷：原材料 7 000

2. 期末，将其他业务成本结转至本年利润时：

借：本年利润 7 000

贷：其他业务成本 7 000

（三）营业税金及附加

营业税金及附加是指企业经营活动应负担的相关税费，包括消费税、城市维护建设税、教育费附加和资源税等。

消费税是对生产、委托加工及进口应税消费品（主要指烟、酒、化妆品、高档次及高能耗的消费品）征收的一种税。消费税的计税方法主要有从价定率、从量定额及从价定率和从量定额复合计税三种。从价定率是根据商品销售价格和规定的税率计算应交消费税；从量定额是根据商品销售数量和规定的单位税额计算应交的消费税；复合计税是两者的结合。

城市维护建设税（以下简称城建税）和教育费附加是对从事生产经营活动的单位和个人，以其实际缴纳的增值税、消费税为依据，按纳税人所在地适用的不同税率计算征收的一种税。资源税是对在我国境内开采国家规定的矿产资源和生产用盐单位、个人征收的一种税，按应税数量和规定的单位税额计算。如开采石油、煤炭、天然气企业需按开采的数量计算缴纳资源税。房产税、车船税、城镇土地使用税、印花税在“管理费用”科目核算，但与投资性房地产相关的房产税、土地使用税在“营业税金及附加”科目核算。企业应当设置“营业税金及附加”科目，核算企业经营活动发生的消费税、城市维护建设税、资源税和教育费附加等相关税费。按规定计算确定的与经营活动相关的税费，企业应借记本科目，贷记“应交税费”科目。期末，应将“营业税金及附加”科目余额转入“本年利润”科目，结转后本科目无余额。

**【课堂测试 6-1】**

1. 2012 年 1 月 10 日某公司销售一批原材料，开具的增值税专用发票上注明的售价为 100 000 元，增值税税额为 17 000 元，款项已由银行收妥。该批原材料的实际成本为 70 000 元。请编制上述业务的会计分录。

# 第二节　生产成本

## 一、生产成本的概念

生产成本是生产单位为生产产品或提供劳务而发生的各项生产费用，包括各项直接支出和制造费用。具体包括四个成本项目：

第一，直接材料，指直接用于产品生产、构成产品实体的原料及主要材料、外购半成品、有助于产品形成的辅助材料以及其他直接材料。

第二，直接人工，指直接生产人员发生的职工薪酬。

第三，燃料和动力，指直接用于产品生产的外购和自制的燃料及动力费。

第四，制造费用，指为生产产品和提供劳务所发生的各项间接费用。

为了使生产成本项目能够反映企业生产的特点，满足成本管理的要求，制度允许企业根据自己的特点和管理要求，对以上项目做适当的增减调整。如果直接用于产品生产的外购半成品成本比重较大，可以将“外购半成品”单独列为一个成本项目；外部加工费比较多的产品，可以将“外部加工费”单独列为一个成本项目；如果产品成本中燃料和动力费所占比重很小，也可以将其并入“制造费用”成本项目当中。

## 二、生产成本核算应设置的账户

（一）“生产成本”科目

该科目核算企业进行工业性生产所发生的各项生产成本，包括生产各种产品（产成品、自制半成品等）、自制材料、自制工具、自制设备等。该科目借方反映所发生的各项生产费用，贷方反映完工转出的产品成本，期末借方余额反映尚未加工完成的各项在产品的成本。该科目应按产品品种等成本核算对象设置基本生产成本和辅助生产成本明细科目。基本生产成本应当分别按照基本生产车间和成本核算对象（产品的品种、类别、订单、批别、生产阶段等）设置明细账（或成本计算单），并按规定的成本项目设置专栏。辅助生产是为基本生产服务而进行的产品生产和劳务供应。该科目按辅助生产车间和提供的产品、劳务分设辅助生产成本明细账，按辅助生产的成本项目分设专栏。期末，对共同负担的费用按照一定的分配标准分配给各受益对象。

（二）“制造费用”科目

制造费用是指工业企业为生产产品（或提供劳务）而发生的，应计入产品成本但没有专设成本项目的各项间接费用。本科目核算企业生产车间（部门）为生产产品和提供劳务而发生的各项间接费用，以及虽然直接用于产品生产但管理上不要求或不便于单独核算的费用。企业可按不同的生产车间、部门和费用项目进行明细核算。期末，将共同负担的制造费用按照一定的标准分配计入各成本核算对象，除季节性生产外，本科目期末应无余额。对小型工业企业而言，也可以将“生产成本”和“制造费用”两个会计科目合并为“生产费用”一个会计科目，下设“基本生产成本”、“辅助生产成本”、“制造费用”三个二级明细科目。单独核算废品损失和停工损失的企业，还可以另外增设相应的明细科目。

## 三、生产费用的归集和分配

（一）辅助生产费用的归集

辅助生产费用的归集是通过辅助生产成本总账及明细账进行。一般按车间及产品和劳务设立明细账。当辅助生产发生各项费用时计入“生产成本——辅助生产成本”总账及所属明细账。一般情况下，辅助生产的制造费用，与基本生产的制造费用一样，先通过“制造费用”科目进行单独归集，然后再转入“生产成本——辅助生产成本”科目。对于辅助生产车间规模很小、制造费用很少且辅助生产不对外提供产品和劳务的，为简化核算工作，辅助生产的制造费用也可以不通过“制造费用”科目，而直接记入“辅助生产成本”科目。

（二）辅助生产费用的分配及账务处理

1. 直接分配法

直接分配法的特点是：不考虑各辅助生产车间之间相互提供劳务或产品的情况，而是将各种辅助生产费用直接分配给辅助生产以外的各受益单位。采用此方法，各辅助生产费用只进行对外分配，分配一次，计算简单，但分配结果不够准确。适用于辅助生产内部相互提供产品和劳务不多、不进行费用的交互分配、对辅助生产成本和企业产品成本影响不大的情况。

2. 交互分配法

交互分配法的特点是：辅助生产费用通过两次分配完成，首先将辅助生产明细账上的合计数根据各辅助生产车间、部门相互提供的劳务数量计算分配率，在辅助生产车间进行交互分配；然后将各辅助生产车间交互分配后的实际费用（即交互前的费用加上交互分配转入的费用，减去交互分配转出的费用），再按提供的劳务量在辅助生产车间以外的各受益单位之间进行分配。这种分配方法的优点是提高了分配的正确性，但同时加大了分配的工作量。

3. 按计划成本分配法

按计划成本分配法的特点是：辅助生产为各受益单位提供的劳务，都按劳务的计划单位成本进行分配，辅助生产车间实际发生的费用（包括辅助生产内部交互分配转入的费用）与按计划单位成本分配转出的费用之间的差额采用简化计算方法全部计入管理费用。这种方法便于考核和分析各受益单位的成本，有利于分清各单位的经济责任。但成本分配不够准确，适用于辅助生产劳务计划单位成本比较准确的企业。

4. 顺序分配法

顺序分配法的特点是：按照辅助生产车间受益多少的顺序分配费用，受益少的先分配，受益多的后分配，先分配的辅助生产车间不负担后分配的辅助生产车间的费用。适用于各辅助生产车间之间相互受益程序有明显顺序的企业。

5. 代数分配法

代数分配法的特点是：先根据解联立方程的原理，计算辅助生产劳务或产品的单位成本，然后根据各受益单位耗用的数量和单位成本分配辅助生产费用。此方法有关费用的分配结果最正确，但在辅助生产车间较多的情况下，未知数也较多，计算工作比较复杂，因此，本方法适用于已经实现电算化的企业。

## 四、在产品成本的计算和完工产品成本的结转

应设置“生产成本”明细账，用以归集、分配生产过程中发生的应计入产品生产成本的生产费用，并据以登记生产成本明细账。生产成本明细账应按产品品种、批别或类别分别设置，应采用一定的成本计算方法，计算、确定产品制造成本。

计算产品的制造成本，必须根据企业的生产类型（生产组织和工艺技术）和管理要求，采用如品种法、分批法、分步法等不同的成本计算方法。这些具体的成本计算方法，将在“成本会计学”中讲述，本课程不再涉及。

现举例说明产品制造成本的计算。下面是某企业产品生产过程中发生的相关生产费用，它们构成产品制造成本的内容，经整理有关会计凭证归纳如下：

1. 期初在产品资料，如表 6-1 所示：

表 6-1 期初在产品资料

| 产品名称 | 直接材料 | 直接工资 | 其他直接支出 | 制造费用 | 合 计 |
|---|---|---|---|---|---|
| A | 320 | 100 | 14 | 118 | 552 |
| B | 1 600 | 600 | 84 | 676 | 2 960 |
| 合计 | 1 920 | 700 | 98 | 794 | 3 512 |

2. 本月发生的各项生产费用，如表 6-2 所示：

表 6-2 本月发生的生产费用

<table>
<tr><th>产品名称</th><th>直接材料</th><th>直接工资</th><th>其他直接支出</th><th>制造费用</th></tr>
<tr><td>A</td><td>2 000</td><td>700</td><td>98</td><td rowspan="2">2 550</td></tr>
<tr><td>B</td><td>4 400</td><td>1 000</td><td>140</td></tr>
<tr><td>合计</td><td>6 400</td><td>1 700</td><td>238</td><td>2 550</td></tr>
</table>

3. 期末产量资料

A 产品 50 件已全部完工；B 产品 120 件，其中：完工产品 100 件，在产品 20 件。在产品成本按定额成本标准计算。单位 B 在产品各成本项目的定额成本为：直接材料 50 元、直接工资 7 元、其他直接支出 1 元、制造费用 8.5 元。

根据上述资料，A、B 产品制造成本的计算方法如下：

（1）根据期初在产品成本资料，分别登记在 A、B 产品“生产成本明细账”中的相应成本项目内，如表 6-1、6-2 所示。

（2）根据本月发生的成本资料，将其中的直接材料、直接工资、其他直接支出，分别登记在 A、B 生产成本明细账的相应成本项目内，如表 6-1、6-2 所示。

（3）根据本月发生的费用资料中的制造费用，采用一定的分配方法，分配记入 A、B 两种产品成本（假定按生产工人工资的比例分配）。

$$分配率=\frac{2\ 550}{700+1\ 000}=1.5$$

A 产品应负担的制造费用=700×1.5=1 050（元）

B 产品应负担的制造费用=1 000×1.5=1 500（元）

根据上述计算结果，分别登记在 A、B 产品生产成本明细账中相应项目内，如表 6-3、6-4 所示：

**表 6-3　生产成本明细分类账户**

产品名称：A 产品

| 2012年 | | 凭证 | 摘要 | 借方 | | | | |
|---|---|---|---|---|---|---|---|---|
| 月 | 日 | 号数 | | 直接材料 | 直接工资 | 其他直接支出 | 制造费用 | 合计 |
| | | | 期初在产品成本 | 320 | 100 | 14 | 118 | 552 |
| | | | 材料费用 | 2 000 | | | | 2 000 |
| | | | 生产工人工资 | | 700 | | | 700 |
| | | | 生产工人福利费 | | | 98 | | 98 |
| | | | 分配制造费用 | | | | 1 050 | 1 050 |
| | 略 | 略 | 本期发生额 | 2 000 | 700 | 98 | 1 050 | 3 848 |
| | | | 结转完工产品成本（50 件） | 2 320 | 800 | 112 | 1 168 | 4 400 |

**表 6-4　生产成本明细分类账户**

产品名称：B 产品

| 2012年 | | 凭证 | 摘要 | 借方 | | | | |
|---|---|---|---|---|---|---|---|---|
| 月 | 日 | 号数 | | 直接材料 | 直接工资 | 其他直接支出 | 制造费用 | 合计 |
| | | | 期初在产品成本 | 1 600 | 600 | 84 | 676 | 2 960 |
| | | | 材料费用 | 4 400 | | | | 4 400 |
| | | | 生产工人工资 | | 1 000 | | | 1 000 |
| | | | 生产工人福利费 | | | 140 | | 140 |
| | | | 分配制造费用 | | | | 1 500 | 1 500 |
| | 略 | 略 | 本期发生额 | 4 400 | 1 000 | 140 | 1 500 | 7 040 |
| | | | 结转完工产品成本（100 件） | 5 000 | 1 460 | 204 | 2 006 | 8 670 |
| | | | 期末在产品成本 | 1 000 | 140 | 20 | 170 | 1 330 |

4. 根据 A、B 产品生产成本明细账中的各成本项目记录和在产品资料，即可计算 A、B 两种产品总成本和单位成本，编制完工产品成本计算表，如表 6-5 所示：

表 6-5 完工产品制造成本计算表

| 成本项目 | A 产品 | | B 产品 | |
|---|---|---|---|---|
| | 总成本（50 件） | 单位成本（元） | 总成本（100 件） | 单位成本（元） |
| 直接材料 | 2 320 | 46.40 | 5 000 | 50 |
| 直接工资 | 800 | 16 | 1 460 | 14.60 |
| 其他直接支出 | 112 | 2.24 | 204 | 2.04 |
| 制造费用 | 1 168 | 23.36 | 2 006 | 20.06 |
| 合　计 | 4 400 | 88 | 8 670 | 86.70 |

上述 A、B 完工产品的制造成本计算公式为：

完工产品制造成本=月初在产品成本+本月发生的生产费用－月末在产品成本

A、B 两种产品制造成本计算如下：

A 产品：由于 A 产品全部完工，没有在产品，于是其总成本就是月初在产品成本与本月发生的生产费用之和，按成本项目计算如下：

A 产品成本：

直接材料=320+2 000=2 320

直接工资=100+700=800

其他直接支出=14+98=112

制造费用=118+1 050=1 168

合计　　　　4 400（元）

B 产品：由于 120 件 B 产品尚有 20 件未完工，这样应将月初在产品成本与本期发生的生产费用的合计数，按一定的方法在完工产品和在产品之间进行分配。按本例所给的条件，B 在产品按定额成本计算，其计算方法和结果如下：

B 在产品成本：

直接材料=20×50=1 000

直接工资=20×7=140

其他直接支出=20×1=20

制造费用=20×8.5=170

合计　　　　1 330（元）

B产成品成本：

直接材料=1 600+4 400−1 000=5 000

直接工资=600+1 000−140=1 460

其他直接支出=84+140−20=204

制造费用=676+1 500−170=2 006

---

合计 2 960+7 040−1 330=8 670（元）

**篇中案例**

祥和公司生产成本问题

祥和公司的李经理和财务总监研究生产成本居高不下的问题。

财务总监："地毯成本由三个项目构成：材料、人工和制造费用。其中材料主要是毛纱，人工是织毯工人的工资、五险一金，制造费用包括车间范围内的各项生产和管理费用，如设备折旧、水电费、检验费等。现在我们公司这三部分成本都比同行业平均水平高，而且还在增加。"

李经理："这正是我们所要解决的问题。我在看上月的成本报表时注意到这样一个问题，你说的这几个成本项目在地毯产量变动时，有不同的变动方式。其中材料、人工的成本是跟着产量走，和产量几乎是成正比变化；而制造费用是跟着时间走，和产量好像没什么关系，各月不管产量高低，制造费用都差不多。这是怎么回事？"

财务总监："你说的对。跟着产量走的成本我们称为'变动成本'，跟着时间走的成本我们被称为'固定成本'。"

李经理："我们天星地毯的变动成本和固定成本都比行业平均水平高，原因在哪里？"

财务总监："这要先了解一下产品成本的形成过程，也就是说，生产过程中消耗的各项资产是如何通过分配转为生产成本的。"

**【课堂测试 6-2】**

1. 试述生产成本的概念。
2. 试述生产成本核算涉及的账户。

## 第三节 期间费用

### 一、销售费用

销售费用是指企业在销售商品和材料、提供劳务的过程中发生的各种费用，包括企业在销售商品过程中发生的保险费、包装费、展览费和广告费、商品维修费、预计产品质量保证损失、运输费、装卸费等，以及为销售本企业商品而专设的销售机构（含销售网点、售后服务网点等）的职工薪酬、业务费、折旧费、固定资产修理费用等费用。

企业发生的销售费用，在“销售费用”科目核算，并在“销售费用”科目中按费用项目设置明细账，进行明细核算。期末，“销售费用”科目的余额结转“本年利润”科目后无余额。

企业（金融）应将“销售费用”科目改为“业务及管理费”科目，核算企业（金融）在业务经营和管理过程中所发生的各项费用，包括折旧费、业务宣传费、业务招待费、电子设备运转费、钞币运送费、安全防范费、邮电费、劳动保护费、外事费、印刷费、低值易耗品摊销、职工工资及福利费、差旅费、水电费、职工教育经费、工会经费、会议费、诉讼费、公证费、咨询费、无形资产摊销、长期待摊费用摊销、取暖降温费、聘请中介机构费、技术转让费、绿化费、董事会费、财产保险费、劳动保险费、待业保险费、住房公积金、物业管理费、研究费用、提取保险保障基金等。

### 二、管理费用

管理费用是指企业为组织和管理企业生产经营所发生的管理费用，包括企业在筹建期间内发生的开办费、董事会和行政管理部门在企业的经营管理中发生的或者应由企业统一负担的公司经费(包括行政管理部门职工工资及福利费、物料消耗、低值易耗品摊销、办公费和差旅费等)、工会经费、董事会费（包括董事会成员津贴、会议费和差旅费等)、聘请中介机构费、咨询费（含顾问费)、诉讼费、业务招待费、房产税、车船税、土地使用税、印花税、技术转让费、矿产资源补偿费、研究费用、排污费以及企业生产车间（部门）和行政管理部门等发生的固定资产修理费用等。

企业发生的管理费用，在“管理费用”科目核算，并在“管理费用”科目中按费用项目设置明细账，进行明细核算。期末，“管理费用”科目的余额结转“本年利润”科目后无余额。

### 三、财务费用

财务费用是指企业为筹集生产经营所需资金等而发生的筹资费用，包括利息支出（减利息收入）、汇兑损益以及相关的手续费、企业发生的现金折扣或收到的现金折扣等。

企业发生的财务费用，在“财务费用”科目核算，并在“财务费用”科目中按费用项目设置明细账，进行明细核算。期末，“财务费用”科目的余额结转“本年利润”科目后无余额。

**篇后案例**

欣欣公司应当采用怎样的成本核算方法

欣欣公司是一家规模较大的民营企业，由兄弟三人设立并经营。公司的主营业务是生产羊绒衫、羊绒围巾、羊绒披肩等羊绒制品。公司的生产组织是从收购羊绒开始的。

公司的生产程序：

羊绒衫的制造过程总体上来讲可分为三个环节，第一个环节是织片，就是织出组成羊绒衫的各个部件。这个环节有两种方法，一是人工编织，二是机器编织。第二个环节是套扣，就是把前一个环节编织的各种片连接起来，使其成为完整的羊绒衫。第三个环节包括羊绒衫的洗涤、熨烫、检验、包装等工作。

与羊绒衫相比，羊绒围巾和披肩的编织要简单一些，少了一步套扣的程序，其他程序相差不大。

欣欣公司的生产安排与考核：

在具体生产上，欣欣公司首先是销售部门接受客户的订单要求，然后由技术部门确定技术参数，如使用的羊绒规格、染色要求、纱线支数、编织方法等，然后由计划部门分别向仓库、染色车间、纺纱车间和编织车间下达一个经过统一编号的生产计划，由各车间按照各个不同的生产计划单独组织生产。各工序都有相应的质量检测人员以控制产品质量。

成本核算的问题与选择：

（1）羊绒的成本核算

公司在生产过程中将收购的羊绒进行梳分后，可以出售。市场上羊绒的长度是决定羊绒价格的因素之一，绒越长价格越高。在工厂生产方面，由于羊绒的梳分过程中，长绒首先被分离出来，因此羊绒越长，其实际生产耗费就越少。欣欣公司的选择是在会计核算上不区分长短绒，所有羊绒采用平均成本进行记录。

（2）纱线的成本核算

同羊绒一样，纱线也是可以单独销售的。纱线的销售价格与染色的关系并不大，也就是说不同颜色的纱线并没有明显的价格差异，其价格主要与纱线支数和使用的羊绒有关，支数越高，羊绒的耗费量越多，价格也越高；使用的羊绒长度越大，纺出的纱线强度和由此织成的羊绒制品保暖性越好，价格越高。由于欣欣公司没有对不同规格羊绒成本进行分别核算，因此纱线的成本是根据羊绒使用量为基准，对生产过程中的耗费进行分配的。

（3）羊绒衫等羊绒制品成本核算

欣欣公司生产的羊绒衫有上千个品种，花色、编织方法、尺寸的不同会形成不同的产品品种。考虑到公司产品品种是如此之多，欣欣公司在羊绒制品的成本核算上采用了一种大的品种法，即将羊绒衫作为一种产品，所有的羊绒衫，不论花色、编织方法、型号，最后的成本都是相同的，所有的羊绒围巾是相同的成本，所有的羊绒披肩也是相同的成本。

分析：

（1）你认为欣欣公司现在的成本核算方法选择恰当吗？为什么？如果不恰当，可能引发的最大问题是什么？

（2）结合欣欣公司的实际情况，你认为应当选用何种生产成本核算方法？这种核算方法比现行的核算法优势和劣势各是什么？

资料来源：http://accounting.bsnku.net/case08.html.

**【课堂测试 6-3】**

1. 简述期间费用包含的内容。
2. 简述财务费用的核算内容。

## 本章小结

本章讲解了成本费用的会计核算。首先，介绍了费用的概念、费用与成本的关系以及费用的计量。费用包括成本费用和期间费用。成本费用包括主营业务成本、其他业务成本、营业税金及附加等。期间费用包括销售费用、管理费用和财务费用。费用的计量主要介绍了主营业务成本、其他业务成本、营业税金及附加的计量。其次，介绍了生产成本核算应设置“生产成本”、“制造费用”科目，生产费用的归集和分配，在产品成本的计算和完工产品成本的结转。辅助生产费用的归集通过“生产成本——辅助生产成本”总账及所属明细账核算。辅助生产费用的分配有直接分配法、交互分配法、按计划成本分配法、顺序配法、代数分配法五种方法。最后介绍了销售费用、管理费用、财务费用的科目设置及会计核算。本章包含了案例、例题和单选、多选、判断、业务等各种题型的练习题，有助于读者对本章内容的更深入理解和掌握。

## 核心概念

生产成本（cost of production）　销售费用（selling expenses）　财务费用（finance costs）　管理费用（administrative expenses）　主营业务成本（main business costs）

## 思考题

1. 成本与费用如何分类？二者的联系和区别是什么？
2. 进行成本核算应该遵循哪些主要原则？
3. 如何选择在完工产品与在产品之间分配成本的方法？
4. 辅助生产成本与企业完工产成品成本有什么关系？

## 练习题

（一）单项选择题

1. 下列项目中，按照会计制度的规定，销售企业应作为财务费用处理的是（　　）。

A．购货方获得的现金折扣　　B．购货方放弃的现金折扣
C．购货方获得的商业折扣　　D．购货方获得的销售折让

2. 下列费用中应计入生产成本的有（　　）。

A．贷款利息　　B．车间管理人员工资
C．坏账损失　　D．广告费用

3. “基本生产成本”账户的月末借方余额表示（　　）。

A．月初在产品费用和本月费用之和
B．本月完工入库产品成本
C．尚未加工完成的各项在产品成本

D．本月发生的生产费用

4．企业支付生产工人的工资，应该计入（　　）。

A．生产成本　　B．管理费用

C．财务费用　　D．销售费用

5．下列费用中不应计入生产成本的有（　　）。

A．生产设备折旧　　B．库存材料盘亏

C．生产工人工资　　D．生产用原材料

6．某车间发生的下列费用中，不应计入制造费用的是（ ）。

A．管理人员工资　　B．生产设备折旧

C．原材料　　D．机物料消耗

7．某企业产品成本中的原材料费用所占比重很大，原材料随着生产进度逐渐投入生产。该企业进行完工产品和在产品费用的分配适合采用（　　）。

A．定额成本法　　B．约当产量法

C．定额比例法　　D．在产品按完工产品计算法

8．下列各因素中，不影响成本计算方法的有（　　）。

A．产品的生产工艺过程

B．企业的生产组织特点

C．生产费用与期间费用的比例关系

D．企业成本管理的要求

9．对于多种产品共同耗用材料费用的分配，可采用的分配标准有（　　）。

A．定额耗用量　　B．定额工时

C．产品产量　　D．标准产量系数

10．下列各项中，不属于财务费用的有（　　）。

A．利息支出　　B．汇兑损失

C．财务人员工资　　D．票据贴现费用

11．企业的劳动生产率下降，会直接导致（　　）成本项目的增加。

A．直接材料　　B．直接人工

C．燃料动力　　D．制造费用

12．下列各项中，应作为期间费用直接计入当期损益的是（　　）。

A．预提费用　　B．管理费用

C．制造费用　　D．预付费用

13．企业专设销售机构的固定资产折旧费应计入（　　）。

A．管理费用　　B．主营业务成本

C．营业费用　　D．其他业务支出

14．企业在生产经营期间，用于购建固定资产的专门借款费用，发生于固定资产达到预定可使用状态后的部分应计入（　　）。

A．管理费用　　B．财务费用

C．在建工程　　D．营业费用

15．下列各项中可以计入产品成本的是（　　）。

A．厂部管理人员的工资　　B．车间管理人员的工资

C．工会人员工资　　D．专设销售机构的人员工资

（二）多项选择题

1．下列税金中，应计入管理费用的是（　　）。

A．房产税　　B．耕地占用税

C．车船使用税　　D．印花税

2．财务费用的核算内容包括（　　）。

A．本企业对外销售时发生的现金折扣

B．经营用流动资金应承担的利息支出

C．诉讼费

D．本企业对外采购原材料时享受的现金折扣

3．下列费用应计入生产成本的有（　　）。

A．财务费用　　B．直接材料费用

C．直接人工费用　　D．管理费用

4．下列项目中，通常应确认收入的是（　　）。

A．分期收款销售在发出商品时

B．预收货款时

C．订货销售在发出商品时

D．委托代销收到代销商品清单时

5．确认商品销售收入时，所指的商品所有权上的主要风险包括（　　）。

A．商品报废

B．商品意外损坏

C．顾客对商品不满意可以退货

D．卖方仅仅为了到期收款而保留商品的法定产权

6．下列项目中，应计入营业费用的是（　　）。

A．专设销售机构销售人员的差旅费

B．专设销售机构固定资产的折旧费

C．广告支出

D．管理部门人员工资

7．下列费用中，应计入财务费用的是（　　）。

A．股票发行支付的手续费

B．经营用外币的汇总损失

C．应付票据利息

D．融资租入固定资产摊销的融资费用

8．下列交易发生时，不能确认营业收入的是（　　）。

A．销售商品预收款

B．委托代销商品收到代销清单

C．发出委托代销商品

D．对售后回购方式，按销售时已确认的回购价格回购

9．财务费用的核算内容包括（　　）。

A．销货单位发生的现金折扣　　B．经营用资金的利息支出

C．董事会费　　D．银行存款利息收入

10．下列费用中，应作为营业费用处理的是（　　）。

A．随同商品出售不单独计价的包装物成本

B．销售产品的运输费用

C．融资租赁设备支出

D．专设销售机构发生的费用

11．下列哪些项目属于其他业务支出核算的内容（　　）。

A．随同产品出售单独计价的包装物的成本

B．出租无形资产支付的服务费

C．销售材料结转的材料成本

D．出售无形资产结转的无形资产的摊余价值

12．下列关于“生产成本”科目的表述中，正确的有（　　）。

A．“生产成本”属于成本要素　　B．“生产成本”属于资产要素

C．“生产成本”属于成本类科目　　D．“生产成本”属于资产类科目

13．下列各项中，（　　）属于收入。

A．出售原材料收到的价款　　B．出售无形资产收到的价款

C．出租固定资产收到的租金　　D．签订合同时收到的定金

14．下列会计科目中，期末可能有借方余额的有（　　）。

A．管理费用　　B．制造费用

C．生产成本　　D．主营业务收入

15. 为了核算企业利润分配的过程、去向和结果，企业应设置的科目有（　　）。

A．利润分配　　B．管理费用

C．盈余公积　　D．应付利润

（三）判断题

1．“预提费用”科目的余额可能在贷方，也可能在借方。（　　）

2．制造费用和管理费用都是本期发生的生产费用，因此，均应计入当期损益。（　　）

3．车间管理人员的工资属于直接工资，因而将其计入产品成本，而不计入期间费用。（　　）

4．为了均衡各期成本，凡是数额较大的费用，均应计入待摊费用，在以后各期摊销。（　　）

5．在采用预收货款方式销售产品的情况下，应当在收到货款时确认收入的实现。（　　）

6．如果安装费是商品销售收入的一部分，公司应于资产负债表日按完工百分比法确认收入。（　　）

7．对以旧换新销售，销售的商品应在新旧商品的市场价格的差额确认收入。（　　）

8．按现行会计制度规定，企业发生的现金折扣应冲减主营业务收入。（　　）

9．已确认收入的销售商品退回，一般情况下直接冲减退回当月的销售收入。（　　）

10．费用与成本既有联系又有区别，费用中予以对象化的部分就是成本，成本是对象化的费用。（　　）

11．不同的成交方式下，商品所有权上的风险和报酬转移的时间是不同的，确认收入的时点也不一致。（　　）

12．“制造费用”属于费用要素，但属于损益类科目。（　　）

13．企业行政管理部门领用材料，价值 3 000 元，材料费应确认为企业的费用。（　　）

14．为了满足管理的需要，企业的会计科目设置的越细越好。（　　）

15．费用类科目的结构与所有者权益类科目的结构相反。（　　）

（四）业务题

1. 1998 年 12 月 31 日，永新公司投产 A 型产品时，生产工艺过程属于一次大量投入材料加工制造的特点。本月完工产品 200 件，月末在产品 100 件，其完成程度约 50%，假设产品成本计算单列示，期初在产品成本和本月发生的费用总额 50 920 元，其中：直接材料 24 000 元，直接工资 16 200 元，制造费用 9 800 元，外购动力 920 元。

要求：按照约当产量计算分配完工产品和在产品的成本。

2. 1997 年 12 月 31 日，永兴企业在生产甲、乙、丙三种产品时，发生制造费用总额 56 000 元。根据统计资料提供的生产产品工时：甲产品生产工时 20 000 小时，乙产品生产工时 14 000 小时，丙产品生产工时 30 000 小时。

要求：按生产工时分配制造费用。

3. 胜利工厂 2004 年 8 月份内发生以下各项经济业务：

（1）生产车间从仓库领用各种原材料进行产品生产。用于生产 A 产品的甲材料 150 公斤，单价 21 元；乙材料 100 公斤，单价 33 元；用于生产 B 产品的甲材料 120 公斤，单价 21 元；乙材料 80 公斤，单价 33 元。

（2）结算本月份应付职工工资，按用途归集如下：

A 产品生产工人工资 10 000 元；

B 产品生产工人工资 8 000 元；

车间管理人员工资 4 000 元；

管理部门职工工资 6 000 元。

（3）按规定根据职工工资总额的 14%计提职工福利费。

（4）计提本月份固定资产折旧，其中车间使用固定资产折旧 1 200 元，管理部门使用固定资产折旧 600 元。

（5）预提应由车间负担的本月份修理费 400 元。

（6）车间报销办公及其他零星开支 800 元，以现金支付。

（7）车间管理人员出差报销差旅费 474 元，原预借 600 元，余款归还现金。

（8）将制造费用总额如数转入“生产成本”账户，并按生产工人工资的比例摊配计入 A、B 两种产品成本。

（9）结算本月份 A、B 两种产品生产成本。本月份 A 产品 100 件，B 产品 80 件，均已制造完成，并验收入库。按其实际成本入账。

要求：（1）根据上列产品生产的经济业务编制会计分录。

（2）登记“生产成本”、“制造费用”总分类账和“生产成本”明细分类账。

4. 某企业 2004 年 8 月发生下列经济业务：

（1）1 日该企业所有者以 200 000 元现款作为投资，转入该公司的开户银行。

（2）1 日该企业向银行借款 150 000 元，借款期间三个月，存入银行。

（3）2 日以银行存款支付购买车间办公用品 180 元。

（4）2 日以银行存款支付车间用外购动力费 1 000 元。

（5）8 日以银行存款支付水电费 560 元。其中：基本生产车间用 460 元，管理部门用 100 元。

（6）9 日从银行提取现金 8 000 元，备发工资。

（7）12 日购入机器设备一台，价值 12 000 元，以银行存款支付。

要求：根据上述经济业务判断哪些项目应该计入产品成本。

# 第七章　收入和利润

在本章之前，我们讨论了成本费用的核算问题。要正确核算企业一定时期的经营成果，就需要将收入与费用相配比，计算该时期内企业的利润及利润分配情况。通过本章学习，了解利得和损失的含义、所得税计税差异、递延所得税资产和递延所得税负债。熟悉所得税计算中税法和会计规则之间的差异。掌握收入的确认与计量、利润的核算、所得税费用的计算。

**开篇案例**

审计人员小李在对服装制造企业S公司审计过程中发现,S公司2010年度有1 500万元的主营业务收入尚未开具发票，经询问S公司，S公司表示，由于服装经销商要求S公司迟延开具发票，因此，S公司在期末将已经发货、但尚未开具销售发票的服装1 500万元确认为主营业务收入，并对上述未开票的主营业务收入1 500万元计提了增值税。针对该情况，小李抽查了部分 S 公司提供的发货单，未发现有异常情况，同时，将 S 公司提供的增值税申报表上的销售收入、销项税额、进项税额与账面数据进行比对，相关数据均相符。由此，小李对上述 2 800 万元收入进行了确认。

后来发现的事实证明，S公司为了满足银行贷款的各项指标要求，虚构了 1 500 万元的销售收入，并在财务软件中调整了相关的会计数据，会计凭证和出入库资料也进行了修改。同时，按虚构后的销售收入，对纸质增值税纳税申报表进行了调整，纳税申报系统中的数据仍为调整前的数据。

审计人员小李在对收入检查的过程中犯了何种错误?

正确的收入确认条件是什么?

# 第一节　收　入

## 一、收入及其分类

（一）收入的概念

收入是指企业在日常活动中形成的、会导致所有者权益增加的、与所有者投入资本无关的经济利益的总流入。其中，日常活动是指企业为完成其经营目标所从事的经常性活动以及与之相关的其他活动。

（二）收入的分类

1. 按照企业从事日常活动的性质，可将收入分为销售商品收入、提供劳务收入、让渡资产使用权收入、建造合同收入

销售商品收入是指企业通过销售商品实现的收入，如工业企业制造并销售产品、商业企业销售商品等实现的收入。提供劳务收入是指企业通过提供劳务实现的收入，如咨询公司提供咨询服务、软件开发企业为客户开发软件、安装公司提供安装服务等实现的收入。让渡资产使用权收入是指企业通过让渡资产使用权实现的收入，如商业银行对外贷款、租赁公司出租资产等实现的收入。建造合同收入是指企业承担建造合同所形成的收入。

2. 按照企业从事日常活动在企业的重要性，可将收入分为主营业务收入、其他业务收入等

主营业务收入是指企业为完成其经营目标从事的经常性活动实现的收入。如工业企业制造并销售产品、商业企业销售商品、保险公司签发保单、咨询公司提供咨询服务、软件开发企业为客户开发软件、安装公司提供安装服务、商业银行对外贷款、租赁公司出租资产等实现的收入。这些活动形成的经济利益的总流入构成收入，属于企业的主营业务收入，根据其性质的不同，分别通过“主营业务收入”、“利息收入”、“保费收入”等科目进行核算。其他业务收入是指与企业为完成其经营目标所从事的经常性活动相关的活动实现的收入。例如，工业企业对外出售不需用的原材料、对外转让无形资产使用权等。这些活动形成的经济利益的总流入也构成收入，属于企业的其他业务收入，根据其性质的不同，分别通过“其他业务收入”科目核算。

本章主要涉及销售商品、提供劳务、让渡资产使用权等的收入确认和计量，不涉及建造合同、长期股权投资、租赁、原保险合同、再保险合同等形成的收

入确认和计量。

## 二、销售商品收入的确认与计量

(一) 销售商品取得收入的确认

商品包括企业为销售而生产的产品和为转售而购进的商品，如工业企业生产的产品、商业企业购进的商品等，企业销售的其他存货，如原材料、包装物等，也视同企业的商品。

销售商品收入同时满足下列条件的，才能予以确认：(1) 企业已将商品所有权上的主要风险和报酬转移给购货方；(2) 企业既没有保留通常与所有权相联系的继续管理权，也没有对已售出的商品实施有效控制；(3) 收入的金额能够可靠地计量；(4) 相关的经济利益很可能流入企业；(5) 相关的已发生或将发生的成本能够可靠地计量。具体分述如下：

1. 企业已将商品所有权上的主要风险和报酬转移给购货方

企业已将商品所有权上的主要风险和报酬转移给购货方，是指与商品所有权有关的主要风险和报酬同时转移给了购货方。其中，与商品所有权有关的风险，是指商品可能发生减值或毁损等形成的损失；与商品所有权有关的报酬，是指商品价值增值或通过使用商品等形成的经济利益。

判断企业是否已将商品所有权上的主要风险和报酬转移给购货方，应当关注交易的实质，而不是形式，并结合所有权凭证的转移或实物的交付进行判断。如果与商品所有权有关的任何损失均不需要销货方承担，与商品所有权有关的任何经济利益也不归销货方所有，就意味着商品所有权上的主要风险和报酬转移给了购货方。

(1) 通常情况下，转移商品所有权凭证并交付实物后，商品所有权上的所有风险和报酬随之转移，如大多数零售商品。

(2) 某些情况下，转移商品所有权凭证或交付实物后，商品所有权上的主要风险和报酬随之转移，企业只保留商品所有权上的次要风险和报酬，如交款提货方式销售商品。在这种情形下，应当视同商品所有权上的所有风险和报酬已经转移给购货方。

(3) 某些情况下，转移商品所有权凭证或交付实物后，商品所有权上的主要风险和报酬并未随之转移。

①企业销售的商品在质量、品种、规格等方面不符合合同或协议要求，又未根据正常的保证条款予以弥补，因而仍负有责任。

②企业销售商品的收入是否能够取得，取决于购买方是否已将商品销售出

去。如采用支付手续费方式委托代销商品等。

支付手续费方式委托代销商品，是指委托方和受托方签订合同或协议，委托方根据代销商品金额或数量向受托方支付手续费的销售方式。在这种方式下，委托方发出商品时，商品所有权上的主要风险和报酬并未转移给受托方，委托方在发出商品时通常不应确认销售商品收入，通常可在收到受托方开出的代销清单时确认销售商品收入；受托方应在商品销售后，按合同或协议约定的方法计算确定的手续费确认收入。

③企业尚未完成售出商品的安装或检验工作，且安装或检验工作是销售合同或协议的重要组成部分。

需要说明的是，在需要安装或检验的销售中，如果安装程序比较简单或检验是为了最终确定合同或协议价格而必须进行的程序，企业可以在发出商品时确认收入。

④销售合同或协议中规定了买方由于特定原因有权退货的条款，且企业又不能确定退货的可能性。

2. 企业既没有保留通常与所有权相联系的继续管理权，也没有对已售出的商品实施有效控制

通常情况下，企业售出商品后不再保留与商品所有权相联系的继续管理权，也不再对售出商品实施有效控制，商品所有权上的主要风险和报酬已经转移给购货方，通常应在发出商品时确认收入。

3. 收入的金额能够可靠地计量

收入的金额能够可靠地计量，是指收入的金额能够合理地估计。如果收入的金额不能够合理地估计，则无法确认收入。通常情况下，企业在销售商品时，商品销售价格已经确定，企业应当按照从购货方已收或应收的合同或协议价款确定收入金额。如果销售商品涉及现金折扣、商业折扣、销售折让等因素，还应当在考虑这些因素后确定销售商品收入金额。如果企业从购货方应收的合同或协议价款延期收取具有融资性质，企业应按应收的合同或协议价款的公允价值确定销售商品收入金额。

有时，由于销售商品过程中某些不确定因素的影响，也有可能存在商品销售价格发生变动的情况，如附有销售退回条件的商品销售。如果企业不能合理估计退货的可能性，就不能够合理地估计收入的金额，不应在发出商品时确认收入，而应当在售出商品退货期满、销售商品收入金额能够可靠计量时确认收入。

企业从购货方已收或应收的合同协议价款不公允的，企业应按公允的交易

价格确定收入金额，不公允的价款不应确定为收入金额。

4. 相关的经济利益很可能流入企业

相关的经济利益很可能流入企业，是指销售商品价款收回的可能性大于不能收回的可能性，即销售商品价款收回的可能性超过 50%。企业在确定销售商品价款收回的可能性时，应当结合以前和买方交往的直接经验、政府有关政策、其他方面取得信息等因素进行综合分析。企业销售的商品符合合同或协议要求，已将发票账单交付买方，买方承诺付款，通常表明满足本确认条件（相关的经济利益很可能流入企业）。如果企业根据以前与买方交往的直接经验判断买方信誉较差，或销售时得知买方在另一项交易中发生了巨额亏损、资金周转十分困难，或在出口商品时不能肯定进口企业所在国政府是否允许将款项汇出等，就可能会出现与销售商品相关的经济利益不能流入企业的情况，不应确认收入。如果企业判断销售商品收入满足确认条件确认了一笔应收债权，以后由于购货方资金周转困难无法收回该债权时，不应调整原确认的收入，而应对该债权计提坏账准备、确认坏账损失。

5. 相关的已发生或将发生的成本能够可靠地计量

通常情况下，销售商品相关的已发生或将发生的成本能够合理地估计，如库存商品的成本等。如果库存商品是本企业生产的，其生产成本能够可靠计量；如果是外购的，购买成本能够可靠计量。有时，销售商品相关的已发生或将发生的成本不能够合理地估计，此时企业不应确认收入，已收到的价款应确认为负债。

**篇中案例 7-1**

“淘宝”卖家收入确认问题

“淘宝”交易平台的交易流程基本包括以下四步：第一步，买家下订单，并将货款与运费划转至“支付宝”；第二步，卖家按照买家的商品需求以及收货地址，向快递公司发出订单；第三步，快递公司把货物送达买家；第四步，买家收到货物后签发支付密令，“支付宝”将相应款项划转至卖家资金账户。有学者认为网上交易的成功率无法预料，“只订购不付款”或者“夭折交易”行为时有发生，因此，收入确认的时点应当确定为第四步结束之时，即“支付宝”将相应款项划转至卖家资金账户，买家付款之前的订购行为，卖家不应做会计处理，买家支付到支付宝的冻结款项也不能作为卖家的资产。

> 同时也有人认为，买家在确认货物之前先将货款划转至支付宝账户，收到货物确认完好无损之后再将货款由支付宝账户划转至卖家账户，除非经过正当理由申请退款，否则买家无法将货款再划转回个人资金账户，这种交易方式实际上增强了双方对“淘宝”交易平台的信任。一般情况下，买家将款项划至支付宝之后，卖家就需按照要求发货，退货的可能性并不大，除非产品存在质量问题。卖家将货物交付快递公司后，通常表明商品所有权上的主要风险和报酬已经转移给买家，这与托收承付中的验货承付方式类似。因此，卖家应当在发货后开具发票，确认销售收入并结转相应成本，在实际交易过程中，卖家也是在发货时即开具发票并一同送达买家手中。
>
> 请结合本章收入确认条件判断“淘宝”卖家收入确认的时间应该是交易的哪一阶段？

（二）销售商品收入的会计处理

1. 通常情况下销售商品收入的处理

确认销售商品收入时，企业应按已收或应收的合同或协议价款，加上应收取的增值税额，借记“银行存款”、“应收账款”、“应收票据”等科目，按确定的收入金额，贷记“主营业务收入”、“其他业务收入”等科目，按应收取的增值税额，贷记“应交税费——应交增值税（销项税额）”科目；同时或在资产负债表日，按应交纳的消费税、资源税、城市维护建设税、教育费附加等税费金额，借记“营业税金及附加”科目，贷记“应交税费——应交消费税（或应交资源税、应交城市维护建设税等）”科目。

如果售出商品不符合收入确认条件，则不应确认收入，已经发出的商品，应当通过“发出商品”科目进行核算。

【例 7-1】某化妆品公司是增值税一般纳税人。该公司 2012 年 4 月 2 日销售了一批化妆品，不含增值税售价为 20 000 元，化妆品消费税为 30%，已收到购货方开具的转账支票。该批化妆品成本为 12 000 元。

销售商品时：

| | | |
|---|---|---|
| 借：银行存款 | 23 400 | |
| 　贷：主营业务收入 | | 20 000 |
| 　　应交税费——应交增值税（销项税额） | | 3 400 |
| 借：主营业务成本 | 12 000 | |
| 　贷：库存商品 | | 12 000 |

计算应交消费税时：

应缴纳的消费税=20 000×30%=6 000（元）

借：营业税金及附加　　6 000

　　贷：应交税费——应交消费税　　6 000

2. 托收承付方式销售商品的处理

托收承付，是指企业根据合同发货后，委托银行向异地付款单位收取款项，由购货方向银行承诺付款的销售方式。在这种销售方式下，企业通常应在发出商品且办妥托收手续时确认收入。如果商品已经发出且办妥托收手续，但由于各种原因与发出商品所有权有关的风险和报酬没有转移的，企业不应确认收入。

3. 销售商品涉及现金折扣、商业折扣、销售折让的处理

企业销售商品有时也会遇到现金折扣、商业折扣、销售折让等问题，应当分别不同情况进行处理。

其中现金折扣和商业折扣已在第三章第三节进行了讲解，下面重点讲解销售折让。

销售折让，是指企业因售出商品的质量不合格等原因而在售价上给予的减让。对于销售折让，企业应分别不同情况进行处理：①已确认收入的售出商品发生销售折让的，通常应当在发生时冲减当期销售商品收入；②已确认收入的销售折让属于资产负债表日后事项的，应当按照有关资产负债表日后事项的相关规定进行处理。

【例7-2】祥瑞公司向大华公司销售一批商品，开出的增值税专用发票上注明的销售价款为800 000元，增值税税额为136 000元。大华公司在验收过程中发现商品质量不合格，要求在价格上给予5%的折让。假定祥瑞公司已确认销售收入，款项尚未收到，已取得税务机关开具的红字增值税专用发票。甲公司的账务处理如下：

（1）销售实现时：

借：应收账款　　936 000

　　贷：主营业务收入　　800 000

　　　　应交税费——应交增值税（销项税额）　　136 000

（2）发生销售折让时：

借：主营业务收入　　40 000

　　应交税费——应交增值税（销项税额）　　6 800

　　贷：应收账款　　46 800

（3）实际收到款项时：

借：银行存款　　889 200

贷：应收账款 889 200

4. 销售退回的处理

销售退回，是指企业售出的商品由于质量、品种不符合要求等原因而发生的退货。对于销售退回，企业应分下列不同情况进行会计处理：

（1）对于未确认收入的售出商品发生销售退回的，企业应按已记入“发出商品”科目的商品成本金额，借记“库存商品”科目，贷记“发出商品”科目。

（2）对于已确认收入的售出商品发生退回的，企业应在发生时冲减当期销售商品收入，同时冲减当期销售商品成本。如该项销售退回已发生现金折扣的，应同时调整相关财务费用的金额；如该项销售退回允许扣减增值税额的，应同时调整“应交税费——应交增值税（销项税额）”科目的相应金额。

（3）已确认收入的售出商品发生的销售退回属于资产负债表日后事项的，应当按照有关资产负债表日后事项的相关规定进行会计处理。

【例 7-3】祥瑞公司在 2012 年 12 月 5 日向乐士公司销售一批商品，开出的增值税专用发票上注明的销售价款为 50 000 元，增值税税额为 8 500 元。该批商品成本为 26 000 元。为及早收回货款，两公司约定的现金折扣条件为：“2/10、1/20、n/30”。乐士公司在 2012 年 12 月 20 日支付货款。20×4 年 1 月 5 日，该批商品因质量问题被乐士公司退回，祥瑞公司当日支付有关款项。

假定计算现金折扣时不考虑增值税，假定销售退回不属于资产负债表日后事项。甲公司的账务处理如下：

（1） 2012 年 12 月 5 日销售实现，按销售总价确认收入时：

借：应收账款 58 500

  贷：主营业务收入 50 000

    应交税费——应交增值税（销项税额） 8 500

借：主营业务成本 26 000

  贷：库存商品 26 000

（2）在 2012 年 12 月 10 日收到货款时，按销售总价 50 000 元的 2%享受现金折扣 1 000（50 000×2%）元，实际收款 57 500（58 500-1 000）元：

借：银行存款 57 500

  财务费用 1 000

  贷：应收账款 58 500

（3）20×4 年 1 月 5 日发生销售退回时：

借：主营业务收入 50 000

  应交税费——应交增值税（销项税额） 8 500

贷：银行存款 57 500
财务费用 1 000
借：库存商品 26 000
贷：主营业务成本 26 000

## 三、提供劳务收入的确认与计量

### （一）提供劳务交易结果能够可靠估计

企业在资产负债表日提供劳务交易的结果能够可靠估计的，应当采用完工百分比法确认提供劳务收入。

1．提供劳务交易结果能够可靠估计的条件

提供劳务交易的结果能够可靠估计，是指同时满足下列条件：

（1）收入的金额能够可靠地计量，是指提供劳务收入的总额能够合理地估计。

通常情况下，企业应当按照从接受劳务方已收或应收的合同或协议价款确定提供劳务收入总额。随着劳务的不断提供，可能会根据实际情况增加或减少已收或应收的合同或协议价款，此时，企业应及时调整提供劳务收入总额。

（2）相关的经济利益很可能流入企业，是指提供劳务收入总额收回的可能性大于不能收回的可能性。企业在确定提供劳务收入总额能否收回时，应当结合接受劳务方的信誉、以前的经验以及双方就结算方式和期限达成的合同或协议条款等因素，综合进行判断。

企业在确定提供劳务收入总额收回的可能性时，应当进行定性分析。如果确定提供劳务收入总额收回的可能性大于不能收回的可能性，即可认为提供劳务收入总额很可能流入企业。通常情况下，企业提供的劳务符合合同或协议要求，接受劳务方承诺付款，就表明提供劳务收入总额收回的可能性大于不能收回的可能性。如果企业判断提供劳务收入总额不是很可能流入企业，应当提供确凿证据。

（3）交易的完工进度能够可靠地确定，是指交易的完工进度能够合理地估计。企业确定提供劳务交易的完工进度，可以选用下列方法：

①已完工作的测量。这是一种比较专业的测量方法，由专业测量师对已经提供的劳务进行测量，并按一定方法计算确定提供劳务交易的完工程度。

②已经提供的劳务占应提供劳务总量的比例。这种方法主要以劳务量为标准确定提供劳务交易的完工程度。

③已经发生的成本占估计总成本的比例。这种方法主要以成本为标准确定

提供劳务交易的完工程度。只有反映已提供劳务的成本才能包括在已经发生的成本中，只有反映已提供或将提供劳务的成本才能包括在估计总成本中。

在实务中，如果特定时期内提供劳务交易的数量不能确定，则该期间的收入应当采用直线法确认，除非有证据表明采用其他方法能更好地反映完工进度。当某项作业相比其他作业都重要得多时，应当在该重要作业完成之后确认收入。

（4）交易中已发生和将发生的成本能够可靠地计量，是指交易中已经发生和将要发生的成本能够合理地估计。企业应当建立完善的内部成本核算制度和有效的内部财务预算及报告制度，准确地提供每期发生的成本，并对完成剩余劳务将要发生的成本做出科学、合理的估计。同时应随着劳务的不断提供或外部情况的不断变化，随时对将要发生的成本进行修订。

2．完工百分比法的具体会计处理

完工百分比法，是指按照提供劳务交易的完工进度确认收入和费用的方法。在这种方法下，确认的提供劳务收入金额能够提供各个会计期间关于提供劳务交易及其业绩的有用信息。

企业应当在资产负债表日按照提供劳务收入总额乘以完工进度扣除以前会计期间累计已确认提供劳务收入后的金额，确认当期提供劳务收入；同时，按照提供劳务估计总成本乘以完工进度扣除以前会计期间累计已确认劳务成本后的金额，结转当期劳务成本。用公式表示如下：

本期确认的收入=劳务总收入×本期末止劳务的完工进度-以前期间已确认的收入

本期确认的费用=劳务总成本×本期末止劳务的完工进度-以前期间已确认的费用

在采用完工百分比法确认提供劳务收入的情况下，企业应按计算确定的提供劳务收入金额，借记“应收账款”、“银行存款”等科目，贷记“主营业务收入”科目。结转提供劳务成本时，借记“主营业务成本”科目，贷记“劳务成本”科目。

【例 7-4】红星工程有限责任公司于 2012 年 12 月 1 日接受一项设备安装任务，安装期为 3 个月，合同总收入 600 000 元，至年底已预收安装费 440 000 元，实际发生安装费用 280 000 元（假定均为安装人员薪酬），估计还会发生 120 000 元。

假定红星公司按实际发生的成本占估计总成本的比例确定劳务的完工进度。则红星公司的账务处理如下：

（1）计算：

实际发生的成本占估计总成本的比例

=280 000÷（280 000 +120 000）×100%

= 70%

2012 年 12 月 31 日确认的提供劳务收入=600 000×70% −0 = 420 000（元）

2012 年 12 月 31 日结转的提供劳务成本

=（280 000 +120 000）×70% −0

= 280 000（元）

（2）账务处理：

①实际发生劳务成本时：

借：劳务成本　　280 000

　　贷：应付职工薪酬　　280 000

②预收劳务款时：

借：银行存款　　440 000

　　贷：预收账款　　440 000

③2012 年 12 月 31 日确认提供劳务收入并结转劳务成本时：

借：预收账款　　420 000

　　贷：主营业务收入　　420 000

借：主营业务成本　　280 000

　　贷：劳务成本　　280 000

（二）提供劳务交易结果不能可靠估计

企业在资产负债表日提供劳务交易结果不能够可靠估计的，即不能同时满足上述四个条件时，企业不能采用完工百分比法确认提供劳务收入。此时，企业应正确预计已经发生的劳务成本能够得到补偿和不能得到补偿，分别进行会计处理：（1）已经发生的劳务成本预计能够得到补偿的，应按已收或预计能够收回的金额确认提供劳务收入，并结转已经发生的劳务成本。（2）已经发生的劳务成本预计全部不能得到补偿的，应将已经发生的劳务成本计入当期损益，不确认提供劳务收入。

（三）同时销售商品和提供劳务交易

企业与其他企业签订的合同或协议，有时既包括销售商品又包括提供劳务，如销售电梯的同时负责安装工作、销售软件后继续提供技术支持、设计产品同时负责生产等。此时，如果销售商品部分和提供劳务部分能够区分且能够单独计量的，企业应当分别核算销售商品部分和提供劳务部分，将销售商品的部分作为销售商品处理，将提供劳务的部分作为提供劳务处理；如果销售商品部分和提供劳务部分不能够区分，或虽能区分但不能够单独计量的，企业应当将销售商品部分和提供劳务部分全部作为销售商品部分进行会计处理。

【例 7-5】致远有限公司与太兴公司签订合同，向太兴公司销售一批设备并负责安装。致远公司开出的增值税专用发票上注明的价款合计为 1 000 000 元，其中设备销售价格为 980 000 元，安装费为 20 000 元，增值税税额为 170 000 元。设备的成本为 560 000 元；设备安装过程中发生安装费 12 000 元，均为安装人员薪酬。假定设备已经安装完成并经验收合格，款项尚未收到；安装工作是销售合同的重要组成部分。则致远公司的账务处理如下：

（1）电梯发出时：

借：发出商品　　560 000
　　贷：库存商品　　560 000

（2）发生安装费用 12 000 元时：

借：劳务成本　　12 000
　　贷：应付职工薪酬　　12 000

（3）电梯销售实现确认收入 980 000 元并结转电梯成本 560 000 元时：

借：应收账款　　1 150 000
　　贷：主营业务收入　　980 000
　　　　应交税费——应交增值税（销项税额）170 000

借：主营业务成本　　560 000
　　贷：发出商品　　560 000

（4）确认安装费收入 20 000 元并结转安装成本 12 000 元时：

借：应收账款　　20 000
　　贷：主营业务收入　　20 000

借：主营业务成本　　12 000
　　贷：劳务成本　　12 000

【例 7-6】沿用【例 7-7】的资料。同时假定设备销售价格和安装费用无法区分。致远公司的账务处理如下：

（1）电梯发出时：

借：发出商品　　560 000
　　贷：库存商品　　560 000

（2）发生安装费用 12 000 元时：

借：劳务成本　　12 000
　　贷：应付职工薪酬　　12 000

（3）销售实现确认收入 1 000 000 元并结转成本 572 000 元时：

借：应收账款　　1 170 000

　　贷：主营业务收入　　　　　　　　　　　　　　1 000 000
　　　　应交税费——应交增值税（销项税额）　　　170 000

借：主营业务成本　　　　　　　　　　　　　572 000
　　贷：发出商品　　　　　　　　　　　　　　　　560 000
　　　　劳务成本　　　　　　　　　　　　　　　　12 000

（四）其他特殊劳务收入

下列提供劳务满足收入确认条件的，应按规定确认收入：

1. 安装费，在资产负债表日根据安装的完工进度确认为收入。安装工作是商品销售附带条件的，安装费通常应在确认商品销售实现时确认为收入。

2. 宣传媒介的收费，在相关的广告或商业行为开始出现于公众面前时确认为收入。广告的制作费，通常应在资产负债表日根据广告的完工进度确认为收入。

3. 为特定客户开发软件的收费，在资产负债表日根据开发的完工进度确认为收入。

4. 包括在商品售价内可区分的服务费，在提供服务的期间内分期确认为收入。

5. 艺术表演、招待宴会和其他特殊活动的收费，在相关活动发生时确认为收入。收费涉及几项活动的，预收的款项应合理分配给每项活动，分别确认为收入。

6. 申请入会费和会员费只允许取得会籍，所有其他服务或商品都要另行收费的，通常应在款项收回不存在重大不确定性时确认为收入。申请入会费和会员费能使会员在会员期内得到各种服务或出版物，或者以低于非会员的价格销售商品或提供服务的，通常应在整个受益期内分期确认为收入。

7. 属于提供设备和其他有形资产的特许权费，通常应在交付资产或转移资产所有权时确认为收入；属于提供初始及后续服务的特许权费，通常应在提供服务时确认为收入。

8. 长期为客户提供重复劳务收取的劳务费，通常应在相关劳务活动发生时确认为收入。

## 四、让渡资产使用权收入的确认与计量

（一）让渡资产使用权收入的确认

让渡资产使用权收入主要包括：（1）利息收入，主要是指金融企业对外贷款形成的利息收入，以及同业之间发生往来形成的利息收入等。（2）使用费收

入，主要是指企业转让无形资产（如商标权、专利权、专营权、软件、版权）等资产的使用权形成的使用费收入。

企业对外出租资产收取的租金、进行债权投资收取的利息、进行股权投资取得的现金股利，也构成让渡资产使用权收入，有关的会计处理，请参照有关租赁、金融工具确认和计量、长期股权投资等内容。

让渡资产使用权收入同时满足下列条件的，才能予以确认：

1．相关的经济利益很可能流入企业

相关的经济利益很可能流入企业，是指让渡资产使用权收入金额收回的可能性大于不能收回的可能性。企业在确定让渡资产使用权收入金额能否收回时，应当根据对方企业的信誉和生产经营情况、双方就结算方式和期限等达成的合同或协议条款等因素，综合进行判断。如果企业估计让渡资产使用权收入金额收回的可能性不大，就不应确认收入。

2．收入的金额能够可靠地计量

收入的金额能够可靠地计量，是指让渡资产使用权收入的金额能够合理地估计。如果让渡资产使用权收入的金额不能够合理地估计，则不应确认收入。

（二）让渡资产使用权收入的会计处理

1．利息收入

企业应在资产负债表日，按照他人使用本企业货币资金的时间和实际利率计算确定利息收入金额。按计算确定的利息收入金额，借记“应收利息”、“银行存款”等科目，贷记“利息收入”、“其他业务收入”等科目。

【例 7-7】某商业银行于 2012 年 10 月 1 日向乙公司发放一笔贷款 100 万元，期限为 1 年，年利率为 5%，该银行发放贷款时没有发生交易费用，该贷款合同利率与实际利率相同。假定该商业银行按季度编制财务报表，不考虑其他因素。该商业银行的账务处理如下：

（1） 2012 年 10 月 1 日对外贷款时：

借：贷款　　1 000 000

　　贷：吸收存款　　1 000 000

（2） 2012 年 12 月 31 日确认利息收入时：

借：应收利息　（1 000 000×5%÷4）　　12 500

　　贷：利息收入　　12 500

2．使用费收入

使用费收入应当按照有关合同或协议约定的收费时间和方法计算确定。不同的使用费收入，收费时间和方法各不相同。有一次性收取一笔固定金额的，如一次收取 10 年的场地使用费；有在合同或协议规定的有效期内分期等额收取的，如合同或协议规定在使用期内每期收取一笔固定的金额；也有分期不等额收取的，如合同或协议规定按资产使用方每期销售额的百分比收取使用费等。

如果合同或协议规定一次性收取使用费，且不提供后续服务的，应当视同销售该项资产一次性确认收入；提供后续服务的，应在合同或协议规定的有效期内分期确认收入。如果合同或协议规定分期收取使用费的，通常应按合同或协议规定的收款时间和金额或规定的收费方法计算确定的金额分期确认收入。

【例 7-8】易有软件公司 2012 年 2 月 1 日向某客户转让了一套软件的使用权，该软件不需要后续维护。易有公司一次性收费 10 000 000 元。其账务处理如下：

借：银行存款　　　　　　　　　10 000 000

　　贷：主营业务收入　　　　　　　　　10 000 000

**【课堂测试 7-1】**

1. 企业对于已经发出但尚未确认销售收入的商品成本，应借记的会计科目是（　　）。

A. 在途物资　　　　B. 库存商品

C. 主营业务成本　　D. 发出商品

2. 下列关于收入的说法中不正确的是（　　）。

A. 收入是企业在日常活动中形成的经济利益的总流入

B. 收入会导致企业所有者权益的增加

C. 收入形成的经济利益总流入的形式多种多样，既可能表现为资产的增加，也可能表现为负债的减少

D. 收入与所有者投入资本有关

3. 下列各项中，关于收入确认表述正确的是（　　）。

A. 采用预收货款方式销售商品，应在收到货款时确认收入

B. 采用分期收款方式销售商品，应在货款全部收回时确认收入

C. 采用交款提货方式销售商品，应在开出发票收到货款时确认收入

D. 采用支付手续费委托代销方式销售商品，应在发出商品时确认收入

## 第二节　利　润

### 一、利润及其构成

企业作为独立的经济实体，应当以自己的经营收入抵补其成本费用，并且实现盈利。企业盈利的大小在很大程度上反映企业生产经营的经济效益，表明企业在每一会计期间的最终经营成果。

利润是指企业在一定会计期间的经营成果。利润包括收入减去费用后的净额、直接计入当期利润的利得和损失等。

直接计入当期的利得和损失，是指应当计入当期损益、会导致所有者权益发生增减变动的、与所有者投入资本或者向所有者分配利润无关的利得或者损失。

利润相关计算公式如下：

（一）营业利润

营业利润=营业收入－营业成本－营业税金及附加－销售费用－管理费用－财务费用－资产减值损失＋公允价值变动收益（－公允价值变动损失）＋投资收益（－投资损失）

其中，营业收入是指企业经营业务所实现的收入总额，包括主营业务收入和其他业务收入。营业成本是指企业经营业务所发生的实际成本总额，包括主营业务成本和其他业务成本。资产减值损失是指企业计提各项资产减值准备所形成的损失。公允价值变动收益（或损失）是指企业交易性金融资产等公允价值变动形成的应计入当期损益的利得（或损失）。投资收益（或损失）是指企业以各种方式对外投资所取得的收益（或发生的损失）。

（二）利润总额

利润总额=营业利润+营业外收入－营业外支出

其中，营业外收入（或支出）是指企业发生的与日常活动无直接关系的各项利得（或损失）。

（三）净利润

净利润=利润总额－所得税费用

其中，所得税费用是指企业确认的应从当期利润总额中扣除的所得税费用。

## 二、利润的结转与分配

（一）本年利润的结算

1. 账户设置

企业应设置“本年利润”科目，核算企业当期实现的净利润（或发生的净亏损）。

企业期（月）末结转利润时，应将各损益类科目的金额转入本科目，结平各损益类科目。结转后本科目的贷方余额为当期实现的净利润；借方余额为当期发生的净亏损。

年度终了，应将本年收入和支出相抵后结出的本年实现的净利润，转入“利润分配”科目，借记本科目，贷记“利润分配——未分配利润”科目；如为净亏损作做相反的会计分录。结转后本科目应无余额。

2. 会计处理

为了汇总计算企业本期实现的利润或亏损总额，期末应将各损益类账户加以结转，编制结转分录，从而将本期发生的各项损益金额计入“本年利润”账户，以确认本期财务成果。

【例 7-9】祥瑞公司 2012 年 5 月份损益类账户发生额如下表所示：

**表 7-1 祥瑞公司 2012 年 5 月损益类账户发生额**

单位：元

| 账户名称 | 借方发生额 | 贷方发生额 |
|---|---|---|
| 主营业务收入 | | 320 000 |
| 主营业务成本 | 80 000 | |
| 营业税金及附加 | 1 200 | |
| 销售费用 | 5 000 | |
| 管理费用 | 7 000 | |
| 财务费用 | 3 000 | |
| 营业外收入 | | 23 000 |
| 营业外支出 | 8 000 | |

（1）根据以上的记录资料，可计算确定本月份的营业利润和利润总额，其中：

营业利润=320 000−80 000−1 200−5 000−7 000−3 000=223 800（元）

利润总额=223 800+23 000−8 000=238 800（元）

（2）结转祥瑞公司各损益类账户。

借：主营业务收入　　320 000

　　营业外收入　　23 000

　　贷：本年利润　　343 000

借：本年利润　　104 200

　　贷：主营业务成本　　80 000

　　　　营业税金及附加　　1 200

　　　　销售费用　　5 000

　　　　管理费用　　7 000

　　　　财务费用　　3 000

　　　　营业外支出　　8 000

【例 7-10】假设祥瑞公司本期利润总额即为应纳税所得额，企业所得税税率为 25%，计算并结转所得税的会计处理如下：

应纳所得税额=应纳税所得额×所得税税率

=238 800×25%=59 700（元）

借：所得税费用　　59 700

　　贷：应交税费——应交所得税　　59 700

结转所得税费用：

借：本年利润　　59 700

　　贷：所得税费用　　59 700

【例 7-11】年终结转利润：

根据上述结果可计算得出净利润=238 800−59 700=179 100（元）

借：本年利润　　179 100

　　贷：利润分配——未分配利润　　179 100

（二）利润分配的核算

1. 利润分配的内容和程序

利润分配是指企业根据国家有关规定和投资者的决议，对企业净利润所进行的分配。企业当年实现的净利润，应该加上年初未分配利润（或减去年初未弥补亏损）和其他转入后的余额，计算可供分配利润并按照一定的程序进行分配。

（1）弥补以前年度的亏损

按我国财务和税务制度的规定，企业的年度亏损，可以由下一年度的税前利润弥补，下一年度税前利润尚不足以弥补的，可以由以后年度的利润继续弥补，但用税前利润弥补以前年度亏损的连续期限不超过 5 年。5 年内弥补不足的，用本年税后利润弥补。本年净利润加上年初未分配利润为企业可供分配的利润，只有可供分配的利润大于零时，企业才能进行后续分配。

（2）提取法定盈余公积金

根据《公司法》的规定，法定盈余公积金的提取比例为当年税后利润（弥补亏损后）的 10%。

当法定盈余公积金已达到注册资本的 50%时可不再提取。法定盈余公积金可用于弥补亏损、扩大公司生产经营或转增资本，但公司用盈余公积金转增资本后，法定盈余公积金的余额不得低于转增前公司注册资本的 25%。

（3）提取任意盈余公积

根据《公司法》的规定，公司从税后利润中提取法定公积金后，经股东会或者股东大会决议，还可以从税后利润中提取任意公积金。

（4）向投资者分配利润

根据《公司法》的规定，公司弥补亏损和提取公积金后所余税后利润，可以向股东（投资者）分配股利（利润），其中有限责任公司股东按照实缴的出资比例分取红利，全体股东约定不按照出资比例分取红利的除外；股份有限公司按照股东持有的股份比例分配，但股份有限公司章程规定不按持股比例分配的除外。

根据《公司法》的规定，在公司弥补亏损和提取法定公积金之前向股东分配利润的，股东必须将违反规定分配的利润退还公司。

**篇中案例 7-2**

××股份公司于2012年12月4日与德国一家公司签定协议，以2 500万元的价格向德国公司购买了一批硬件和软件，同时德国公司同意以15 000万元的价格购买开发出的软件，合同约定交货的时间为 2013 年 6 月和 9 月，2013 年 12 月质量鉴定后予以验收。2012 年 12 月 25日，该上市公司与一家外贸公司签定协议，以 8 600 万元的价格“卖断”软件，扣除软件开发过程中预计发生的费用 2 000 万元之后，当年确认了 4 100 万元的利润。

分析：

（1）该公司当年是否实现了 4 100 万元的利润？

（2）如果不应该确认收入和利润，收到的 9 600 万元利润应该如何记录？

2. 账户设置

企业应设置“利润分配”账户，该账户核算企业利润分配各个项目的具体数额，以及利润分配后的余额。该账户还需设置“提取法定盈余公积”、“提取任意盈余公积”、“应付股利”、“未分配利润”等明细具体核算分配过程。

3. 会计处理

(1)企业按规定提取的盈余公积，借记“利润分配——提取法定盈余公积、”利润分配——提取任意盈余公积”，贷记“盈余公积——法定盈余公积、任意盈余公积”科目。

(2)经股东大会或类似机构决议，分配给股东或投资者的现金股利或利润，借记“利润分配——应付股利（或利润)”，贷记“应付股利”科目。

经股东大会或类似机构决议，分配给股东的股票股利，应在办理增资手续后，借记“利润分配——转作股本的股利”，贷记“股本”科目。

(3)用盈余公积弥补亏损，借记“盈余公积——法定盈余公积或任意盈余公积”科目，贷记“利润分配——盈余公积补亏”。

(4)年度终了，企业应将全年实现的净利润，自“本年利润”科目转入“利润分配——未分配利润”科目，并将“利润分配”科目下的其他有关明细科目的余额，转入“未分配利润”明细科目。结转后，“未分配利润”明细科目的贷方余额，就是累积未分配的利润数额；如为借方余额，则表示累积未弥补的亏损数额。结转后，本科目除“未分配利润”明细科目外，其他明细科目应无余额。

【例 7-12】依前例，祥瑞公司本年实现净利润 179 100 元，按 10%的比例提取法定盈余公积，5%的比例提取任意盈余公积，董事会决定本期向投资者分配现金股利 50 000 元。则祥瑞公司账务处理如下：

(1)提取法定和任意盈余公积

应提法定盈余公积=179 100×10%=17 910（元）

应提任意盈余公积=179 100×5%=8 955（元）

借：利润分配——提取法定盈余公积　　17 910
　　　　　　——提取任意盈余公积　　8 955
　　贷：盈余公积——法定盈余公积　　　　17 910
　　　　　　　　——任意盈余公积　　　　8 955

(2)向投资者分配

借：利润分配——应付现金股利　　50 000
　　贷：应付股利　　　　　　　　　　50 000

（3）结转已分配利润

借：利润分配——未分配利润 76 865

贷：利润分配——提取法定盈余公积 17 910

——提取任意盈余公积 8 955

——应付现金股利 50 000

**【课堂测试 7-2】**

1. 下列各项，不影响企业营业利润的项目是（　　）。

A．商品销售收入

B．劳务收入

C．固定资产租金收入

D．投资收益

2. 某企业 2006 年 2 月份发生主营业务收入 123 400 元；主营业务成本 84 040 元；主营业务税金及附加 2 500 元；其他业务利润 500 元。其中，其他业务收入 2 000 元，其他业务支出 1 500 元；营业费用 5 560 元，管理费用 2 000 元及财务费用 560 元，投资收益 2 000 元，营业外收入 2 000 元。则该企业当月的营业利润为（　　）元。

A．29 240　　B．36 860

C．34 800　　D．37 360

3. 下列科目中，应于期末将余额结转到“本年利润”科目的有（　　）。

A．营业税金及附加　　B．所得税费用

C．制造费用　　D．增值税

## 第三节　所得税

### 一、所得税会计

所得税会计是针对会计与税收规定之间的差异，在所得税会计核算中的具体体现。《企业会计准则第 18 号——所得税》采用了资产负债表债务法核算所得税。

资产负债表债务法是从资产负债表出发，通过比较资产负债表上列示的资产、负债按照会计准则规定确定的账面价值与按照税法规定确定的计税基础，对于两者之间的差异分别应纳税暂时性差异与可抵扣暂时性差异，确认相关的递延所得税负债与递延所得税资产。

从本质上来看，该方法中涉及两张资产负债表：一个是按照会计准则规定编制的资产负债表，有关资产、负债在该表上以其账面价值体现；另外一个是假定按照税法规定进行核算编制的资产负债表，其中资产、负债列示的价值量为其计税基础，即从税法的角度来看，企业持有的有关资产、负债的金额。

采用资产负债表债务法核算所得税的情况下，企业一般应于每一资产负债表日进行所得税核算。发生特殊交易或事项时，如企业合并，在确认因交易或事项产生的资产、负债时即应确认相关的所得税影响。企业进行所得税核算时一般应遵循以下程序：

1. 按照会计准则规定确定资产负债表中除递延所得税资产和递延所得税负债以外的其他资产和负债项目的账面价值。

2. 按照会计准则中对于资产和负债计税基础的确定方法，以适用的税收法规为基础，确定资产负债表中有关资产、负债项目的计税基础。

3. 比较资产、负债的账面价值与其计税基础，对于两者之间存在差异的，分析其性质，除会计准则中规定的特殊情况外，分别应纳税暂时性差异与可抵扣暂时性差异，确定该资产负债表日递延所得税负债和递延所得税资产的应有金额，并与期初递延所得税资产和递延所得税负债的余额相比，确定当期应予进一步确认的递延所得税资产和递延所得税负债金额或应予转销的金额，作为构成利润表中所得税费用的递延所得税费用（或收益）。

4. 按照适用的税法规定计算确定当期应纳税所得额，将应纳税所得额与适用的所得税税率计算的结果确认为当期应交所得税，作为利润表中应予确认的所得税费用中的当期所得税部分。

5. 确定利润表中的所得税费用。利润表中的所得税费用包括当期所得税和递延所得税两个组成部分。企业在计算确定当期所得税和递延所得税后，两者之和（或之差），即为利润表中的所得税费用。

所得税会计的关键在于确定资产、负债的计税基础。资产、负债的计税基础，虽然是会计准则中的概念，但实质上与税法法规的规定密切关联。企业应当严格遵循税收法规中对于资产的税务处理及可税前扣除的费用等规定确定有关资产、负债的计税基础。

## 二、计税基础

### （一）资产的计税基础

资产的计税基础，是指在企业收回资产账面价值过程中，计算应纳税所得额时按照税法规定可以自应税经济利益中抵扣的金额，即某一项资产在未来期间计税时可以税前扣除的金额。从税收的角度考虑，资产的计税基础是假定企业按照税法规定进行核算所提供的资产负债表中资产的应有金额。

资产在初始确认时，其计税基础一般为取得成本。从所得税角度考虑，某一单项资产产生的所得是指该项资产产生的未来经济利益流入扣除其取得成本之后的金额。一般情况下，税法认定的资产取得成本为购入时实际支付的金额。在资产持续持有的过程中，可在未来期间税前扣除的金额是指资产的取得成本减去以前期间按照税法规定已经税前扣除的金额后的余额。如固定资产、无形资产等长期资产，在某一资产负债表日的计税基础是指其成本扣除按照税法规定已在以前期间税前扣除的累计折旧额或累计摊销额后的金额。

企业应当按照适用的税收法规规定计算确定资产的计税基础。如固定资产、无形资产等的计税基础可确定如下：

1. 固定资产

以各种方式取得的固定资产，初始确认时入账价值基本上是被税法认可的，即取得时其账面价值一般等于计税基础。

固定资产在持有期间进行后续计量时，会计上的基本计量模式是“成本－累计折旧－固定资产减值准备”，税收上的基本计量模式是“成本－按照税法规定计算确定的累计折旧”。会计与税收处理的差异主要来自于折旧方法、折旧年限的不同以及固定资产减值准备的计提。

（1）折旧方法、折旧年限产生的差异。会计准则规定，企业可以根据固定资产经济利益的预期实现方式合理选择折旧方法，如可以按年限平均法计提折旧，也可以按照双倍余额递减法、年数总和法等计提折旧，前提是有关的方法能够反映固定资产为企业带来经济利益的实现情况。税法一般会规定固定资产的折旧方法，除某些按照规定可以加速折旧的情况外，基本上可以税前扣除的是按照直线法计提的折旧。

另外税法一般规定每一类固定资产的折旧年限，而会计处理时按照会计准则规定是由企业按照固定资产能够为企业带来经济利益的期限估计确定的。因为折旧年限的不同，也会产生固定资产账面价值与计税基础之间的差异。

（2）因计提固定资产减值准备产生的差异。持有固定资产的期间内，在对固定资产计提了减值准备以后，因所计提的减值准备在计提当期不允许税前扣除，也会造成固定资产的账面价值与计税基础的差异。

【例 7-13】祥瑞公司于 20×2 年 1 月 1 日开始计提折旧的某项固定资产，原价为 3 000 000 元，使用年限为 10 年，采用年限平均法计提折旧，预计净残值为 0。税法规定类似固定资产采用加速折旧法计提的折旧可予税前扣除，假设该公司在计税时采用双倍余额递减法计提折旧，预计净残值为0。2012年12月31日，公司估计该项固定资产的可收回金额为2 200 000 元。

分析：

2012 年 12 月 31 日，该项固定资产的账面价值

=3 000 000－300 000×2－200 000 = 2 200 000（元）

计税基础 = 3 000 000－3 000 000×20%－2 400 000×20% = 1 920 000（元）

该项固定资产账面价值2 200 000元与其计税基础1 920 000元之间的280 000元差额，代表着将于未来期间计入企业应纳税所得额的金额，产生未来期间应交所得税的增加，应确认为递延所得税负债。

【例7-14】祥瑞公司于20×2年12月20日取得某设备，成本为16 000 000元，预计使用10年，预计净残值为0，采用年限平均法计提折旧。20×5年12月31日，根据该设备生产产品的市场占有情况，祥瑞公司估计其可收回金额为9 200 000元。假定税法规定的折旧方法、折旧年限与会计准则相同，公司的资产在发生实质性损失时可予税前扣除。

分析：

20×5 年 12 月 31 日，祥瑞公司该设备的账面价值

= 16 000 000－1 600 000×3 = 11 200 000（元）

可收回金额为9 200 000元，应当计提2 000 000元固定资产减值准备，计提该减值准备后，固定资产的账面价值为9 200 000元。

该设备的计税基础 = 16 000 000－1 600 000×3 = 11 200 000（元）

资产的账面价值9 200 000元小于其计税基础11 200 000元，产生可抵扣暂时性差异。

2. 无形资产

除内部研究开发形成的无形资产以外，以其他方式取得的无形资产，初始确认时其入账价值与税法规定的成本之间一般不存在差异。

（1）对于内部研究开发形成的无形资产，会计准则规定有关研究开发支出区分两个阶段，研究阶段的支出应当费用化计入当期损益，而开发阶段符合资本化条件的支出应当计入所形成无形资产的成本；税法规定，自行开发的无形资产，以开发过程中该资产符合资本化条件后至达到预定用途前发生的支出为计税基础。对于研究开发费用的加计扣除，税法中规定企业为开发新技术、新产品、新工艺发生的研究开发费用，未形成无形资产计入当期损益的，在按照规定据实扣除的基础上，按照研究开发费用的50%加计扣除；形成无形资产的，按照无形资产成本的150%摊销。

对于内部研究开发形成的无形资产，一般情况下初始确认时按照会计准则规定确定的成本与其计税基础应当是相同的。对于享受税收优惠的研究开发支出，在形成无形资产时，按照会计准则规定确定的成本为研究开发过程中符合资本化条件后至达到预定用途前发生的支出，而因税法规定按照无形资产成本的 150%摊销，则其计税基础应在会计上入账价值的基础上加计50%，因而产生账面价值与计税基础在初始确认时的差异，但如果该无形资产的确认不是产生于企业合并交易、同时在确认时既不影响会计利润也不影响应纳税所得额，按照所得税会计准则的规定，不确认该暂时性差异的所得税影响。

（2）无形资产在后续计量时，会计与税收的差异主要产生于对无形资产是否需要摊销及无形资产减值准备的计提。

会计准则规定应根据无形资产使用寿命情况，区分为使用寿命有限的无形资产和使用寿命不确定的无形资产。对于使用寿命不确定的无形资产，不要求摊销，在会计期末应进行减值测试。税法规定，企业取得无形资产的成本，应在一定期限内摊销，有关摊销额允许税前扣除。

在对无形资产计提减值准备的情况下，因所计提的减值准备不允许税前扣除，也会造成其账面价值与计税基础的差异。

【例 7-15】祥瑞公司当期发生研究开发支出计 10 000 000 元，其中研究阶段支出 2 000 000 元，开发阶段符合资本化条件前发生的支出为 2 000 000 元，符合资本化条件后发生的支出为 6 000 000 元。假定开发形成的无形资产在当期期末已达到预定用途，但尚未进行摊销。

分析：

祥瑞公司当年发生的研究开发支出中，按照会计规定应予费用化的金额为 4 000 000 元，形成无形资产的成本为 6 000 000 元，即期末所形成无形资产的账面价值为 6 000 000 元。

祥瑞公司于当期发生的 10 000 000 元研究开发支出，可在税前扣除的金额为 6 000 000 元。对于按照会计准则规定形成无形资产的部分，税法规定按照无形资产成本的 150%作为计算未来期间摊销额的基础，即该项无形资产在税前扣除确认时的计税基础为 9 000 000 元（6 000 000×150%）。

该项无形资产的账面价值 6 000 000 元与其计税基础 9 000 000 元之间的差额 3 000 000 元将于未来期间税前扣除，产生可抵扣暂时性差异。

3. 以公允价值计量且其变动计入当期损益的金融资产

按照《企业会计准则第 22 号——金融工具确认和计量》的规定，对于以公允价值计量且其变动计入当期损益的金融资产，其于某一会计期末的账面价值为公允价值，如果税法规定按照会计准则确认的公允价值变动损益在计税时不予考虑，即有关金融资产在某一会计期末的计税基础为其取得成本，会造成该类金融资产账面价值与计税基础之间的差异。

【例 7-16】祥瑞公司 20×2 年 8 月以 520 000 元取得乙公司股票 50 000 股作为交易性金融资产核算，20×2 年 12 月 31 日，祥瑞公司尚未出售所持有乙公司股票，乙公司股票公允价值为每股 12.4 元。税法规定，资产在持有期间公允价值的变动不计入当期应纳税所得额，待处置时一并计算应计入应纳税所得额的金额。

分析：

作为交易性金融资产的乙公司股票在 20×2 年 12 月 31 日的账面价值为 620 000 元（12.4×50 000），其计税基础为原取得成本不变，即 520 000 元，两者之间产生 100 000 元的应纳税暂时性差异。

（二）负债的计税基础

负债的计税基础，是指负债的账面价值减去未来期间计算应纳税所得额时按照税法规定可予抵扣的金额。即假定企业按照税法规定进行核算，在其按照税法规定确定的资产负债表上有关负债的应有金额。

负债的确认与偿还一般不会影响企业未来期间的损益，也不会影响其未来期间的应纳税所得额，因此未来期间计算应纳税所得额时按照税法规定可予抵扣的金额为 0，计税基础即为账面价值。如企业的短期借款、应付账款等。但是，某些情况下，负债的确认可能会影响企业的损益，进而影响不同期间的应纳税所得额，使其计税基础与账面价值之间产生差额，如按照会计规定确认的某些预计负债。

1. 预计负债

按照《企业会计准则第 13 号——或有事项》规定，企业应将预计提供售后服务发生的支出在销售当期确认为费用，同时确认预计负债。如果税法规定，与销售产品相关的支出应于发生时税前扣除。因该类事项产生的预计负债在期末的计税基础为其账面价值与未来期间可税前扣除的金额之间的差额，因有关的支出实际发生时可全额税前扣除，其计税基础为 0。

因其他事项确认的预计负债，应按照税法规定的计税原则确定其计税基础。某些情况下，某些事项确认的预计负债，税法规定其支出无论是否实际发生均不允许税前扣除，即未来期间按照税法规定可予抵扣的金额为 0，则其账面价值与计税基础相同。

【例 7-17】祥瑞公司 20×2 年因销售产品承诺提供 3 年的保修服务，在当年度利润表中确认了 5 000 000 元销售费用，同时确认为预计负债，当年度发生保修支出 1 000 000 元，预计负债的期末余额为 4 000 000 元。假定税法规定，与产品售后服务相关的费用在实际发生时税前扣除。

分析：

该项预计负债在甲公司 20×2 年 12 月 31 日的账面价值为 4 000 000 元。

该项预计负债的计税基础 = 账面价值－未来期间计算应纳税所得额时按照税法规定可予抵扣的金额 =4 000 000－4 000 000 = 0。

2. 预收账款

企业在收到客户预付的款项时，因不符合收入确认条件，会计上将其确认为负债。税法对于收入的确认原则一般与会计规定相同，即会计上未确认收入时，计税时一般亦不计入应纳税所得额，该部分经济利益在未来期间计税时可予税前扣除的金额为 0，计税基础等于账面价值。

如果不符合会计准则规定的收入确认条件，但按照税法规定应计入当期应纳税所得额时，有关预收账款的计税基础为 0，即因其产生时已经计入应纳税所得额，未来期间可全额税前扣除，计税基础为账面价值减去在未来期间可全额税前扣除的金额，即其计税基础为 0。

3. 应付职工薪酬

会计准则规定，企业为获得职工提供的服务给予的各种形式的报酬以及其他相关支出均应作为企业的成本、费用，在未支付之前确认为负债。税法对于合理的职工薪酬基本允许税前扣除，相关应付职工薪酬负债的账面价值等于计税基础。

4. 其他负债

企业的其他负债项目，如应交的罚款和滞纳金等，在尚未支付之前按照会计规定确认为费用，同时作为负债反映。税法规定，罚款和滞纳金不允许税前扣除，其计税基础为账面价值减去未来期间计税时可予税前扣除的金额 0 之间的差额，即计税基础等于账面价值。

【例 7-18】某公司因未按照税法规定缴纳税金，按规定需在 20×2 年缴纳滞纳金 500 000 元，至 20×2 年 12 月 31 日，该款项尚未支付，形成其他应付款 500 000 元。税法规定，企业因违反国家法律、法规规定缴纳的罚款、滞纳金不允许税前扣除。

分析：

因应缴滞纳金形成的其他应付款账面价值为 500 000 元，因税法规定该支出不允许税前扣除，其计税基础 = 500 000－0 = 500 000（元）。

对于罚款和滞纳金支出，会计与税收规定存在差异，但该差异仅影响发生当期，对未来期间计税不产生影响，因而不产生暂时性差异。

（三）特殊交易或事项中产生资产、负债计税基础的确定

除企业在正常生产经营活动过程中取得的资产和负债以外，对于某些特殊交易中产生的资产、负债，其计税基础的确定也应遵从税法的规定，如企业合并过程中取得资产、负债计税基础的确定。

《企业会计准则第 20 号——企业合并》中视参与合并各方在合并前及合并后是否为同一方或相同的多方最终控制，将企业合并分为同一控制下的企业合并与非同一控制下的企业合并两种类型。

对于企业合并交易的所得税处理，通常情况下，将被合并企业视为按公允价值转让、处置全部资产，计算资产的转让所得，依法缴纳所得税。合并企业接受被合并企业的有关资产，计税时可以按经评估确认或税法认可的转让价值确定计税成本。税法对于企业的合并、改组等交易，考虑合并中涉及的非股权支付额的比例、取得被合并方股权比例等条件，将其区分为应税合并与免税合并。

由于会计准则与税法对企业合并的划分标准不同、处理原则不同，某些情况下，会造成企业合并中取得的有关资产、负债的入账价值与计税基础的差异。

（四）暂时性差异

1. 基本界定

暂时性差异是指资产、负债的账面价值与其计税基础不同产生的差额。其中账面价值，是指按照会计准则规定确定的有关资产、负债在资产负债表中应列示的金额。由于资产、负债的账面价值与其计税基础不同，产生了在未来收回资产或清偿负债的期间内，应纳税所得额增加或减少并导致未来期间应交所得税增加或减少的情况，在这些暂时性差异发生的当期，一般应当确认相应的递延所得税负债或递延所得税资产。

2. 暂时性差异的分类

（1）应纳税暂时性差异。该差异在未来期间转回时，会增加转回期间的应纳税所得额，即在未来期间不考虑该事项影响的应纳税所得额的基础上，由于该暂时性差异的转回，会进一步增加转回期间的应纳税所得额和应交所得税金额。在应纳税暂时性差异产生当期，应当确认相关的递延所得税负债。

应纳税暂时性差异通常产生于以下情况：

①资产的账面价值大于其计税基础。一项资产的账面价值代表的是企业在持续使用或最终出售该项资产时会取得的经济利益的总额，而计税基础代表的是一项资产在未来期间可予税前扣除的总金额。资产的账面价值大于其计税基础，该项资产未来期间产生的经济利益不能全部税前抵扣，两者之间的差额需要交所得税，产生应纳税暂时性差异。

②负债的账面价值小于其计税基础。一项负债的账面价值为企业预计在未来期间清偿该项负债时的经济利益流出，而其计税基础代表的是账面价值在扣除税法规定未来期间允许税前扣除的金额之后的差额。因负债的账面价值与其计税基础不同产生的暂时性差异，实质上是税法规定就该项负债在未来期间可以税前扣除的金额为负数，即应在未来期间应纳税所得额的基础上调增，增加应纳税所得额和应交所得税金额，产生应纳税暂时性差异，应确认相关的递延所得税负债。

（2）可抵扣暂时性差异。该差异在未来期间转回时会减少转回期间的应纳税所得额，减少未来期间的应交所得税。在可抵扣暂时性差异产生当期，符合确认条件的情况下，应当确认相关的递延所得税资产。

可抵扣暂时性差异一般产生于以下情况：

①资产的账面价值小于其计税基础。从经济含义来看，资产在未来期间产生的经济利益少，按照税法规定允许税前扣除的金额多，则企业在未来期间可以减少应纳税所得额并减少应交所得税。

②负债的账面价值大于其计税基础。负债产生的暂时性差异实质上是税法规定就该项负债可以在未来期间税前扣除的金额。一项负债的账面价值大于其计税基础，意味着未来期间按照税法规定构成负债的全部或部分金额可以自未来应税经济利益中扣除，减少未来期间的应纳税所得额和应交所得税。

值得关注的是，对于按照税法规定可以结转以后年度的未弥补亏损及税款抵减，虽不是因资产、负债的账面价值与计税基础不同产生的，但本质上可抵扣亏损和税款递减，与可抵扣暂时性差异具有同样的作用，均能够减少未来期间的应纳税所得额，进而减少未来期间的应交所得税，在会计处理上，视同可抵扣暂时性差异，符合条件的情况下，应确认相关的递延所得税资产。

3. 特殊项目产生的暂时性差异

某些交易或事项发生后，因为不符合资产、负债的确认条件而未体现为资产负债表中的资产或负债，但按照税法规定能够确定其计税基础的，其账面价值 0 与计税基础之间的差异也构成暂时性差异。如企业发生的符合条件的广告费和业务宣传费支出，除税法另有规定外，不超过当年销售收入 15%的部分准予扣除；超过部分准予在以后纳税年度结转扣除。该类支出在发生时按照会计准则规定即计入当期损益，不形成资产负债表中的资产，但因按税法规定可以确定其计税基础，两者之间的差异也形成暂时性差异。

【例 7-19】祥瑞公司 20×2 年发生广告费 20 000 000 元，至年末已全额支付给广告公司。税法规定，企业发生的广告费、业务宣传费不超过当年销售收入 15%的部分允许税前扣除，超过部分允许结转以后年度税前扣除。该公司 20×2 年实现销售收入 80 000 000 元。

分析：

因广告费支出形成的资产账面余额为 0 元，其计税基础 = 20 000 000 －80 000 000×15% = 18 800 000（元）。

广告费支出形成的资产账面余额为 0 元，与其计税基础 18 800 000 元之间形成 18 800 000 元可抵扣暂时性差异。

## 三、递延所得税负债和递延所得税资产

### （一）递延所得税负债的确认和计量

应纳税暂时性差异在转回期间将增加未来期间的应纳税所得额和应交所得税，导致企业经济利益的流出，从其发生当期看，构成企业应支付税金的义务，应作为负债确认。

确认应纳税暂时性差异产生的递延所得税负债时，交易或事项发生时影响到会计利润或应纳税所得额的，相关的所得税影响应作为利润表中所得税费用的组成部分；与直接计入所有者权益的交易或事项相关的，其所得税影响应增加或减少所有者权益；企业合并产生的，相关的递延所得税影响应调整购买日应确认的商誉或是计入当期损益的金额。

1. 递延所得税负债的确认

企业在确认因应纳税暂时性差异产生的递延所得税负债时，应遵循以下原则：

（1）除会计准则中明确规定可不确认递延所得税负债的情况以外，企业对于所有的应纳税暂时性差异均应确认相关的递延所得税负债。除直接计入所有者权益的交易或事项以及企业合并外，在确认递延所得税负债的同时，应增加利润表中的所得税费用。

【例 7-20】祥瑞公司于 20×2 年 1 月 1 日开始计提折旧的某设备，取得成本为 2 000 000 元，采用年限平均法计提折旧，使用年限为 10 年，预计净残值为 0。假定计税时允许按双倍余额递减法计列折旧，使用年限及预计净残值与

会计相同。祥瑞公司适用的所得税税率为25%。假定该企业不存在其他会计与税收处理的差异。

分析：

20×2年该项固定资产按照会计规定计提的折旧额为200 000元，计税时允许扣除的折旧额为400 000元，则该固定资产的账面价值1 800 000元与其计税基础1 600 000元的差额构成应纳税暂时性差异，企业应确认递延所得税负债50 000元[（1 800 000－1 600 000）×25%]。

（2）不确认递延所得税负债的特殊情况

有些情况下，虽然资产、负债的账面价值与其计税基础不同，产生了应纳税暂时性差异，但出于各方面考虑，会计准则规定不确认相关的递延所得税负债，主要包括：

①商誉的初始确认。非同一控制下的企业合并中，企业合并成本大于合并中取得的被购买方可辨认净资产公允价值份额的差额，确认为商誉。因会计与税收的划分标准不同，按照税法规定作为免税合并的情况下，税法不认可商誉的价值，即从税法角度，商誉的计税基础为 0，两者之间的差额形成应纳税暂时性差异。但是，确认该部分暂时性差异产生的递延所得税负债，则意味着将进一步增加商誉的价值。因商誉本身即是企业合并成本在取得的被购买方可辨认资产、负债之间进行分配后的剩余价值，确认递延所得税负债进一步增加其账面价值会影响到会计信息的可靠性，而且增加了商誉的账面价值以后，可能很快就要计提减值准备，同时其账面价值的增加还会进一步产生应纳税暂时性差异，使得递延所得税负债和商誉价值量的变化不断循环。因此，对于企业合并中产生的商誉，其账面价值与计税基础不同形成的应纳税暂时性差异，会计准则规定不确认相关的递延所得税负债。

②除企业合并以外的其他交易或事项中，如果该项交易或事项发生时既不影响会计利润，也不影响应纳税所得额，则所产生的资产、负债的初始确认金额与其计税基础不同，形成应纳税暂时性差异的，交易或事项发生时不确认相应的递延所得税负债。该规定主要是考虑到由于交易发生时既不影响会计利润，也不影响应纳税所得额，确认递延所得税负债的直接结果是增加有关资产的账面价值或是降低所确认负债的账面价值，使得资产、负债在初始确认时，违背历史成本原则，影响会计信息的可靠性。

③与联营企业、合营企业投资等相关的应纳税暂时性差异，一般应确认递延所得税负债，但同时满足以下两个条件的除外：一是投资企业能够控制暂时性差异转回的时间；二是该暂时性差异在可预见的未来很可能不会转回。满足

上述条件时，投资企业可以运用自身的影响力决定暂时性差异的转回，如果不希望其转回，则在可预见的未来该项暂时性差异即不会转回，从而无须确认相关的递延所得税负债。

应予说明的是，企业在运用上述条件不确认与联营企业、合营企业相关的递延所得税负债时，应有确凿的证据表明其能够控制有关暂时性差异转回的时间。一般情况下，企业对联营企业的生产经营决策仅能够实施重大影响，并不能够主导被投资单位包括利润分配政策在内的主要生产经营决策的制定，满足《企业会计准则第 18 号——所得税》规定的能够控制暂时性差异转回时间的条件一般是通过与其他投资者签订协议等，达到能够控制被投资单位利润分配政策等情况。

2. 递延所得税负债的计量

递延所得税负债应以应纳税暂时性差异转回期间适用的所得税税率计量。在我国，除享受优惠政策的情况以外，企业适用的所得税税率在不同年度之间一般不会发生变化，企业在确认递延所得税负债时，可以现行适用所得税税率为基础计算确定。对于享受优惠政策的企业，如国家需要重点扶持的高新技术企业，享受一定时期的税率优惠，则所产生的暂时性差异应以预计其转回期间的适用所得税税率为基础计量。另外，无论应纳税暂时性差异的转回期间如何，递延所得税负债不要求折现。

（二）递延所得税资产的确认与计量

1. 递延所得税资产的确认

（1）确认的一般原则

资产、负债的账面价值与其计税基础不同产生可抵扣暂时性差异的，在估计未来期间能够取得足够的应纳税所得额用以利用该可抵扣暂时性差异的，应当以很可能取得用来抵扣可抵扣暂时性差异的应纳税所得额为限，确认相关的递延所得税资产。同递延所得税负债的确认相同，有关交易或事项发生时，对会计利润或是应纳税所得额产生影响的，所确认的递延所得税资产应作为利润表中所得税费用的调整；有关的可抵扣暂时性差异产生于直接计入所有者权益的交易或事项，则确认的递延所得税资产也应计入所有者权益；企业合并时产生的可抵扣暂时性差异的所得税影响，应相应调整企业合并中确认的商誉或是应计入当期损益的金额。

确认递延所得税资产时，应关注以下问题：

①递延所得税资产的确认应以未来期间可能取得的应纳税所得额为限。在可抵扣暂时性差异转回的未来期间内，企业无法产生足够的应纳税所得额用以抵减可抵扣暂时性差异的影响，使得与递延所得税资产相关的经济利益无法实

现的，该部分递延所得税资产不应确认；企业有确凿的证据表明其于可抵扣暂时性差异转回的未来期间能够产生足够的应纳税所得额，进而利用可抵扣暂时性差异的，则应以可能取得的应纳税所得额为限，确认相关的递延所得税资产。

在判断企业于可抵扣暂时性差异转回的未来期间能否产生足够的应纳税所得额时，应考虑以下两个方面的影响：

一是通过正常的生产经营活动能够实现的应纳税所得额，如企业通过销售商品、提供劳务等所实现的收入，扣除相关费用后的金额。

二是以前期间产生的应纳税暂时性差异在未来期间转回时将产生应纳税所得额的增加额。

考虑到受可抵扣暂时性差异转回的期间内可能取得应纳税所得额的限制，因无法取得足够的应纳税所得额而未确认相关的递延所得税资产的，应在财务报表附注中进行披露。

②对与联营企业、合营企业的投资相关的可抵扣暂时性差异，同时满足下列条件的，应当确认相关的递延所得税资产：一是暂时性差异在可预见的未来很可能转回；二是未来很可能获得用来抵扣可抵扣暂时性差异的应纳税所得额。

对联营企业和合营企业的投资产生的可抵扣暂时性差异，主要产生于权益法下确认的投资损失以及计提减值准备的情况下。

③对于按照税法规定可以结转以后年度的未弥补亏损和税款抵减，应视同可抵扣暂时性差异处理。在预计可利用可弥补亏损或税款递减的未来期间内能够取得足够的应纳税所得额时，应当以很可能取得的应纳税所得额为限，确认相关的递延所得税资产，同时减少确认当期的所得税费用。

与未弥补亏损和税款抵减相关的递延所得税资产，其确认条件与可抵扣暂时性差异产生的递延所得税资产相同，在估计未来期间能否产生足够的应纳税所得额用于利用该部分未弥补亏损或税款抵减时，应考虑以下相关因素的影响：

第一，在未弥补亏损到期前，企业是否会因以前期间产生的应纳税暂时性差异转回而产生足够的应纳税所得额；

第二，在未弥补亏损到期前，企业是否可能通过正常的生产经营活动产生足够的应纳税所得额；

第三，未弥补亏损是否产生于一些在未来期间不可能再发生的特殊原因；

第四，是否存在其他的证据表明在未弥补亏损到期前能够取得足够的应纳税所得额。

（2）不确认递延所得税资产的特殊情况

某些情况下，如果企业发生的某项交易或事项不是企业合并，并且交易发生时既不影响会计利润也不影响应纳税所得额，且该项交易中产生的资产、负债的初始确认金额与其计税基础不同，产生可抵扣暂时性差异的，会计准则规定在交易或事项发生时不确认相关的递延所得税资产。其原因同该种情况下不确认相关的递延所得税负债相同，如果确认递延所得税资产，则需调整资产、负债的入账价值，对实际成本进行调整将有违历史成本原则，影响会计信息的可靠性，该种情况下不确认相关的递延所得税资产。

2. 递延所得税资产的计量

（1）适用税率的确定。同递延所得税负债的计量相一致，确认递延所得税资产时，应估计相关可抵扣暂时性差异的转回时间，采用转回期间适用的所得税税率为基础计算确定。另外，无论相关的可抵扣暂时性差异转回期间如何，递延所得税资产均不予折现。

（2）递延所得税资产的减值。与其他资产相一致，资产负债表日，企业应当对递延所得税资产的账面价值进行复核。如果未来期间很可能无法取得足够的应纳税所得额用以利用递延所得税资产的利益，应当减记递延所得税资产的账面价值。对于预期无法实现的部分，一般应确认为当期所得税费用，同时减少递延所得税资产的账面价值；对于原确认时计入所有者权益的递延所得税资产，其减记金额也应计入所有者权益，不影响当期所得税费用。

递延所得税资产的账面价值因上述原因减记以后，继后期间根据新的环境和情况判断能够产生足够的应纳税所得额用以利用可抵扣暂时性差异，使得递延所得税资产包含的经济利益能够实现的，应相应恢复递延所得税资产的账面价值。

（三）适用所得税税率变化对已确认递延所得税资产和递延所得税负债的影响

因适用税收法规的变化，导致企业在某一会计期间适用的所得税税率发生变化的，企业应对已确认的递延所得税资产和递延所得税负债进行重新计量。递延所得税资产和递延所得税负债的金额代表的是有关可抵扣暂时性差异或应纳税暂时性差异于未来期间转回时，导致应交所得税金额的减少或增加的情况。适用所得税税率的变化必然导致应纳税暂时性差异或可抵扣暂时性差异在未来期间转回时产生增加或减少应交所得税金额的变化，应对原已确认的递延所得税资产和递延所得税负债的金额进行调整，反映所得税税率变化带来的影响。

除直接计入所有者权益的交易或事项产生的递延所得税资产和递延所得税负债，相关的调整金额应计入所有者权益以外，其他情况下产生的调整金额应确认为当期所得税费用（或收益）。

## 四、所得税费用的确认和计量

企业核算所得税，主要是为确定当期应交所得税以及利润表中的所得税费用，从而确定各期实现的净利润。确认递延所得税资产和递延所得税负债，最终目的也是解决不同会计期间所得税费用的分配问题。按照资产负债表债务法进行核算的情况下，利润表中的所得税费用由两个部分组成：当期所得税和递延所得税费用（或收益）。

### （一）当期所得税

当期所得税是指企业按照税法规定计算确定的针对当期发生的交易和事项，应缴纳给税务机关的所得税金额，即应交所得税。当期所得税应当以适用的税收法规为基础计算确定。

企业在确定当期所得税时，对于当期发生的交易或事项，会计处理与税收处理不同的，应在会计利润的基础上，按照适用税收法规的要求进行调整（即纳税调整），计算出当期应纳税所得额，按照应纳税所得额与适用所得税税率计算确定当期应交所得税。一般情况下，应纳税所得额可在会计利润的基础上，考虑会计与税收规定之间的差异，按照以下公式计算确定：

应纳税所得额 = 会计利润＋按照会计准则规定计入利润表但计税时不允许税前扣除的费用＋（或－）计入利润表的费用与按照税法规定可予税前抵扣的金额之间的差额＋（或－）计入利润表的收入与按照税法规定应计入应纳税所得额的收入之间的差额－税法规定的不征税收入＋（或－）其他需要调整的因素

### （二）递延所得税费用（或收益）

递延所得税费用（或收益）是指按照会计准则规定应予确认的递延所得税资产和递延所得税负债在会计期末应有的金额相对于原已确认金额之间的差额，即递延所得税资产和递延所得税负债的当期发生额，但不包括计入所有者权益的交易或事项的所得税影响。用公式表示即为：

递延所得税费用（或收益）= 当期递延所得税负债的增加＋当期递延所得税资产的减少－当期递延所得税负债的减少－当期递延所得税资产的增加

值得注意的是，如果某项交易或事项按照会计准则规定应计入所有者权益，由该交易或事项产生的递延所得税资产或递延所得税负债及其变化也应计入所有者权益，不构成利润表中的递延所得税费用（或收益）。

另外，非统一控制下的企业合并中因资产、负债的入账价值与其计税基础不同产生的递延所得税资产或递延所得税负债，其确认结果直接影响购买日确认的商誉或计入利润表的损益金额，不影响购买日的所得税费用。

（三）所得税费用

计算确定了当期应交所得税及递延所得税费用（或收益）以后，利润表中应予确认的所得税费用为两者之和，即：

所得税费用 = 当期所得税＋递延所得税费用（或收益）

（四）合并财务报表中因抵销未实现内部交易损益产生的递延所得税

企业在编制合并财务报表时，因抵销未实现内部销售损益导致合并资产负债表中资产、负债的账面价值与其在纳入合并范围的企业按照使用税法规定确定的计税基础之间产生暂时性差异的，在合并资产负债表中应当确认递延所得税资产或递延所得税负债，同时调整合并利润表中的所得税费用，但与直接计入所有者权益的交易或事项及企业合并相关的递延所得税除外。

企业在编制合并财务报表时，应将纳入合并范围的企业之间发生的未实现内部交易损益予以抵销。因此，对于所涉及的资产负债项目在合并资产负债表中列示的账面价值与其在所属的企业个别资产负债表中的价值会不同，并进而可能产生与有关资产、负债所属纳税主体计税基础的不同，从合并财务报表作为一个完整经济主体的角度，应当确认该暂时性差异的所得税影响。

## 本章小结

收入是指企业在日常活动中形成的、会导致所有者权益增加的、与所有者投入资本无关的经济利益的总流入。按照企业从事日常活动的性质，可将收入分为销售商品收入、提供劳务收入、让渡资产使用权收入、建造合同收入。本章具体讲解了销售商品、提供劳务、让渡资产使用权收入的核算。

利润是指企业在一定会计期间的经营成果。利润包括收入减去费用后的净额、直接计入当期利润的利得和损失等。企业利润的核算通常需要计算营业利润、利润总额和净利润。

所得税会计是针对会计与税收规定之间的差异，在所得税会计核算中的具体体现。《企业会计准则第 18 号——所得税》采用了资产负债表债务法核算所得税。采用资产负债表债务法核算所得税的情况下，企业一般应于每一资产负债表日进行所得税核算。

企业核算所得税，主要是为确定当期应交所得税以及利润表中的所得税费用，从而确定各期实现的净利润。确认递延所得税资产和递延所得税负债，最终目的也是解决不同会计期间所得税费用的分配问题。按照资产负债表债务法进行核算的情况下，利润表中的所得税费用由两个部分组成：当期所得税和递延所得税费用（或收益）。

**篇后案例**

中国人寿保险股份有限公司年度利润分配案例

中国人寿保险股份有限公司（以下简称“本公司”）2012 年度利润分配方案于 2013 年 6 月 5 日获得本公司 2012 年度股东大会审议批准。2012 年度股东大会决议公告刊登于 2013 年 6 月 6 日的《中国证券报》《上海证券报》《证券时报》和上海证券交易所网站。现将此次利润分配的具体事宜公告如下：

一、2012 年度利润分配方案

1. 在按照中国企业会计准则下本公司 2012 年度净利润的 10% 提取任意公积金人民币 11.07 亿元之后，本公司按已发行股份 28 264 705 000 股计算，向全体股东派发现金股利每股人民币 0.14 元（含税），共计约人民币 39.57 亿元。

2. 扣税说明：

（1）对于 A 股自然人股东和证券投资基金，根据《关于实施上市公司股息红利差别化个人所得税政策有关问题的通知》（财税〔2012〕85 号）的有关规定，本公司在派发股息红利时，统一暂按 25%计入应纳税所得额，适用 20%的税率代扣代缴税款，扣税后实际每股派发现金红利人民币 0.133 元。

自然人股东和证券投资基金在股权登记日后转让股票时，所转让的股票持股期限在 1 年以内（含 1 年）的，将按照上述通知有关规定执行差别化个人所得税。具体实际税负为：持股期限在 1 个月以内（含 1 个月）的，其股息红利所得金额计入应纳税所得额，实际税负为股息红利所得的 20%；持股期限在 1 个月以上至 1 年（含 1 年）的，暂减按 50%计入应纳税所得额，实际税负为股息红利所得的 10%；持股期限超过 1 年的，暂减按 25%计入应纳税所得额，实际税负为股息红利所得的 5%。

（2）对于合格境外机构投资者（QFII）股东，根据《关于中国居民企业向 QFII 支付股息、红利、利息代扣代缴企业所得税有关问题的通知》（国税函〔2009〕47 号）的规定，由本公司按 10%的税率代扣代缴企业所得税，扣税后实际发放现金股利为每股人民币 0.126 元。如相关股东认为其取得的股息收入需要享受任何税收协定（安排）待遇的，可按照规定在取得股息后自行向主管税务机关提出申请。

（3）对于其他法人股东及机构投资者，本公司将不代扣代缴企业所得税，由纳税人按税法规定自行判断是否应在当地缴纳企业所得税，实际派发现金红利为每股人民币0.14元。

二、利润分配具体实施时间

（1）股权登记日：2013年6月17日

（2）除息日：2013年6月18日

（3）股利发放日：2013年6月27日

三、分红派息对象

截至2013年6月17日下午上海证券交易所收市后，在中国证券登记结算有限责任公司上海分公司登记在册的公司全体A股股东。本公告不适用于H股股东的现金股利发放。

中国人寿保险股份有限公司董事会

2013年6月6日

思考：

（1）说明一下中国人寿保险股份有限公司自2013年6月6日至6月27日之间，各个实施日期中可能存在的账务处理。

（2）此次利润分配行为对中国人寿保险股份有限公司的财务状况有何影响？

## 核心概念

营业收入（revenue）　税后利润（profit after tax）　应纳税所得额（taxable income）　利得（gains）　损失（losses）

## 思考题

1. 什么叫收入?收入有哪些基本特征？
2. 收入的分类方法有哪些？
3. 收入的确认条件是什么？
4. 什么叫利润？利润的组成内容有哪些？
5. 如何计算各种利润指标？
6. 什么叫利润分配？利润分配的基本程序如何？
7. 什么叫所得税？所得税的计算与核算过程是什么？
8. 什么是所得税计税基础？什么是暂时性差异？

## 练习题

（一）单项选择题

1. 下列各项中，符合收入会计要素定义，可以确认为收入的是（　　）。

A. 出售无形资产收取的价款

B. 出售固定资产收取的价款

C. 投资性房地产取得的租金收入

D. 出售长期股权投资收取的价款

2. 采用预收款方式销售商品的，确认该商品销售收入的时点是（　　）。

A. 货款全部付清时　　B. 首次付款

C. 发出商品时　　D. 开出销售发票账单时

3. 在采用收取手续费方式发出商品时，委托方确认商品销售收入的时点为（　　）。

A. 委托方发出商品时

B. 受托方销售商品时

C. 委托方收到受托方开具的代销清单时

D. 受托方收到受托代销商品的销售货款时

4. 企业在资产负债表日，对某项劳务，如不能可靠地估计所提供劳务的交易结果，则对该项劳务正确的会计处理是（　　）。

A. 不确认利润但可能确认损失

B. 既不确认利润也不确认损失

C. 确认利润但不确认损失

D. 可能确认利润也可能确认损失

5. 委托其他单位代销商品，在视同买断代销方式下，若协议约定受托方不能退货，商品销售收入确认的时间是（　　）。

A. 发出商品日期

B. 受托方发出商品日期

C. 收到代销单位的代销清单日期

D. 全部收到款项

6. 企业销售商品时代垫的运杂费应记入（　　）科目。

A. 应收账款　　B. 预付账款

C. 其他应收款　　D. 应付账款

7. 下列项目中，属于工业企业其他业务收入的是（　　）。

A. 罚款收入　　B. 出售固定资产收入

C. 材料销售收入　　D. 出售无形资产收入

8. A 公司本年度委托 B 商店代销一批零配件，代销价款 200 万元。本年度收到 B 商店交来的代销清单，代销清单列明已销售代销零配件的 80%，A 公司收到代销清单时向 B 商店开具增值税发票。B 商店按代销价款的 10%收取手续费。该批零配件的实际成本为 120 万元。则 A 公司本年度应确认的销售收入为（　　）万元。

A. 200　　B. 160

C. 144　　D. 180

9. 某工业企业 2006 年度营业利润为 4 530 万元，主营业务收入为 5 000 万元，销售费用为 20 万元，管理费用 15 万元，投资收益为 20 万元，营业外收入为 120 万元，营业外支出为 100 万元，所得税税率为 25%。假定不考虑其他因素，该企业 2006 年度的净利润应为（　　）万元。

A. 3 397.5　　B. 3 427.5

C. 3 412.5　　D. 3 753.75

10. 商品销售附有退回条件的，如果不能对退货的可能性作出合理估计时，则确认收入的时点为（　　）。

A. 发出商品时　　B. 购货方承认付款时

C. 收到货款时　　D. 售出商品退货期满时

11. 下列各项中，不应计入营业外收入的是（　　）。（2010 年初级会计实务）

A. 债务重组利得　　B. 处置固定资产净收益

C. 收发差错造成存货盘盈　　D. 确实无法支付的应付账款

12. 某企业 2008 年度利润总额为 1 800 万元，其中本年度国债利息收入 200 万元，已计入营业外支出的税收滞纳金 6 万元；企业所得税税率为 25%。假定不考虑其他因素，该企业 2008 年度所得税费用为（　　）万元。

A. 400　　B. 401.5

C. 450　　D. 498.5

13. 下列各项中，影响企业销售商品收入的金额的是（　　）。

A. 企业与购货方签订的合同或协议金额

B. 预计可能发生的现金折扣

C. 商业折扣

D. 代垫购货方的运杂费

14. 按照《企业会计准则第 18 号——所得税》的规定，下列资产、负债项目的账面价值与其计税基础之间的差额，不确认递延所得税的是（　　）。

A. 企业自行研究开发的专利权

B. 期末按公允价值调增可供出售金融资产的金额

C. 因非同一控制下的企业合并初始确认的商誉

D. 企业因销售商品提供售后服务确认的预计负债

15. 甲公司 2007 年实现利润总额为 1 000 万元，当年实际发生工资薪酬比计税工资标准超支 50 万元，由于会计采用的折旧方法与税法规定不同，当期会计比税法规定少计提折旧 100 万元。2007 年初递延所得税负债的余额为 66 万元；年末固定资产账面价值为 5 000 万元，其计税基础为 4 700 万元。除上述差异外没有其他纳税调整事项和差异。甲公司适用所得税税率为 33%。甲公司 2007 年的净利润为（　　）万元。

A. 670　　B. 686.5

C. 719.5　　D. 653.5

（二）多项选择题

1. 下列经济业务或事项符合《企业会计准则第 14 号——收入》的有（　　）。

A. 企业已经确认销售商品收入的售出商品发生销售折让的，应当在发生时冲减当期销售商品收入

B. 销售商品涉及商业折扣的，应当按照未扣除商业折扣前的金额确定销售商品收入金额

C. 销售商品涉及现金折扣的，应当按照未扣除现金折扣前的金额确定销售商品收入金额，现金折扣在实际发生时计入当期损益

D. 企业已经确认销售商品收入的售出商品发生销售退回的，与资产负债表日后事项无关的，应当在发生时冲减当期销售商品收入

2. 关于销售商品收入的确认和计量，下列说法中正确的有（　　）。

A. 采用以旧换新方式销售商品的，销售的商品应当按照销售商品收入确认条件确认收入，回收的商品作为购进商品处理

B. 对于订货销售，应在收到款项时确认为收入

C. 对视同买断代销方式，委托方一定在收到代销清单时确认收入

D. 对收取手续费代销方式，委托方于收到代销清单时确认收入

E. 对视同买断代销方式，委托方一定在发出商品时确认收入

3. 下列各项中，不应确认为营业外收入的有（　　）。

A. 存货盘盈　　B. 固定资产出租收入

C. 固定资产盘盈　　D. 无法查明原因的现金溢余

4. 下列各项中，工业企业应确认为其他业务收入的有（　　）。（2009 年初级会计实务）

A. 对外销售材料收入　　B. 出售专利所有权收入

C. 处置营业用房净收益　　D. 转让商标使用权收入

5. 下列各项中，年度终了需要转入“利润分配——未分配利润”科目的有（　　）。

A. 本年利润　　B. 利润分配——应付现金股利

C. 利润分配——盈余公积补亏　　D. 利润分配——提取法定盈余公积

6. 下列各项中，影响企业营业利润的有（　　）。

A. 出售原材料损失　　B. 计提无形资产减值准备

C. 公益性捐赠支出　　D. 出售交易性金融资产损失

7. 2010 年 1 月 1 日，甲公司采用分期收款方式向乙公司销售一批商品，合同约定的销售价值为 5 000 万元，分 5 年于每年 12 月 31 日等额收取，该批商品成本为 3 800 万元。如果采用现销方式，该批商品的价格为 4 500 万元，不考虑增值税等因素，2010 年 1 月 1 日，甲公司该项销售业务对账务报表相关项目的影响中，正确的有（　　）。

A. 增加长期应收款 4 500 万元　　B. 增加营业成本 3 800 万元

C. 增加营业收入 5 000 万元　　D. 减少存货 3 800 万元

8. 收入的特征表现为（　　）。

A. 收入表现为所有者权益的增加

B. 收入可能表现为资产的增加

C. 收入从日常活动中产生，而不是从偶发的交易或事项中产生

D. 收入包括代收的增值税

E. 收入可能表现为负债的减少

9. 关于销售商品收入的确认，下列说法中正确的有（　　）。

A. 采用托收承付方式销售商品的，应在办妥托收手续时确认收入

B. 判断企业是否已将商品所有权上的主要风险和报酬转移给购货方，应当关注交易的实质而不是形式

C. 企业已将商品所有权上的主要风险和报酬转移给购货方，构成确认销售商品收入的重要条件

D. 交付实物后，商品所有权上的主要风险和报酬一定随之转移，应确认收入

E. 售后回购业务不符合收入的确认条件时，不能确认收入

10. 在发生的下列交易或事项中，会产生应纳税暂时性差异的有（　　）。

A. 企业购入固定资产，会计采用直线法计提折旧，税法规定采用年数总和法计提折旧

B. 企业购入交易性金融资产，购入当期期末公允价值小于其初始确认金额

C. 企业购入无形资产，作为使用寿命不确定的无形资产进行核算，期末没有计提减值准备

D. 企业购入可供出售金融资产，购入当期期末公允价值大于初始确认金额

11. 下列项目中，应确认递延所得税负债的有（　　）。

A. 固定资产账面价值大于其计税基础

B. 固定资产账面价值小于其计税基础

C. 可供出售金融资产账面价值大于其计税基础

D. 预计负债账面价值大于其计税基础

12. 根据我国企业会计准则的规定，下列项目中不应确认递延所得税的有（　　）。

A. 非同一控制下的企业合并中初始确认的商誉产生的应纳税暂时性差异

B. 与合营企业投资相关的应纳税暂时性差异，投资企业能够控制暂时性差异转回的时间并且在可预见的未来很可能不会转回

C. 与联营企业投资相关的应纳税暂时性差异，投资企业能够控制暂时性差异转回的时间并且在可预见的未来很可能不会转回

D. 与联营企业投资相关的应纳税暂时性差异，投资企业能够控制暂时性差异转回的时间，该暂时性差异在可预见的未来很可能转回

13. 下列项目中，会产生可抵扣暂时性差异的有（　　）。

A. 预提产品售后保修费用

B. 计提存货跌价准备

C. 会计计提的折旧大于税法规定的折旧

D. 会计计提的折旧小于税法规定的折旧

14. 下列各项中，会导致企业当期营业利润减少的有（ ）。

A. 出售无形资产发生的净损失

B. 计提行政管理部门固定资产折旧

C. 办理银行承兑汇票支付的手续费

D. 出售交易性金融资产发生的净损失

E. 收到增值税返还

15. 提供劳务交易的结果能够可靠估计，应同时满足的条件包括（ ）。

A. 收入的金额能够可靠地计量

B. 相关的经济利益很可能流入企业

C. 交易中已发生的成本能够可靠地计量

D. 交易中将发生的成本能够可靠地计量

E. 交易的完工进度能够可靠地确定

（三）判断题

1. 企业让渡资产使用权，如果合同或协议规定一次性收取使用费，且不提供后续服务的，应当视同销售该资产一次性确认收入。（ ）

2. 企业取得与资产相关的政府补助，应当确认为递延收益，并在该项资产使用寿命内分期计入当期损益。（ ）

3. 企业已确认销售收入的售出商品发生销售折让，且不属于资产负债表日后事项的，应在发生时冲减销售收入。（ ）

4. 企业资产负债表日提供劳务交易结果不能可靠估计，且已发生的劳务成本预计全部不能得到补偿的，应按已发生的劳务成本金额确认收入。（ ）

5. 收入是企业在各种活动中形成的经济利益的总流入。（ ）

6. 某企业年初未分配利润借方余额为 45 万元，是企业上年亏损 45 万元，当年实现利润总额 20 万元。则企业当年需要交纳企业所得税 6.6 万元。（ ）

7. 在分期收款销售方式下，销货方应按收款进度分期确认销售收入。（ ）

8. 企业在销售收入确认之后发生的销售折让，应在实际发生时冲减发生当期的收入，并同时冲减已结转的成本。（ ）

9. 对于一次就完成的劳务，或在同一个会计期间开始并完成的劳务，应在开始提供时确认收入。（ ）

10. 如果提供劳务交易的结果不能可靠地估计，应当按已经收回或预计将要收回的款项确认提供劳务收入，并按已发生劳务成本结转劳务成本。（ ）

11. 企业在销售商品时，如果估计价款收回可能性不大，尽管收入确认的其他条件满足，也不应确认收入。（ ）

12. 在收取手续费代销方式下，委托方在发出商品时确认收入。（ ）

13. 企业委托其他单位代销商品，在视同买断方式下，受托方在收到代销商品时通常应作为商品购进处理。（ ）

（四）核算题

1. 甲工业企业 2012 年 5 月份发生如下的经济业务：

（1）销售给 A 公司 A 产品 100 件，每件售价 2 000 元，货款 200 000 元，单位成本 1 500 元，增值税税率为 17%。（已收到款项并存入银行）

（2）企业出售无形资产一项，该项无形资产账面价值 30 000 元，取得收入 50 000 元，营业税税率为 5%。

（3）以前月份销售的 B 产品本月退回 20 件，每件售价 1 000 元，单位成本 500 元，货款已通过银行退回。

（4）本月固定资产盘亏净损失 18 000 元，经批准做相应的账务处理。

（5）接受某企业现金捐赠 20 000 元。

（6）发生管理费用 3 000 元，销售费用 2 000 元，财务费用 35 000 元，均用银行存款支付。

要求：根据上述资料编制会计分录。

2. 甲公司为增值税一般纳税人，增值税税率为 17%。商品销售价格不含增值税，在确认销售收入时逐笔结转销售成本。假定不考虑其他相关税费。2012 年 6 月份甲公司发生如下业务：

（1）6 月 2 日，向乙公司销售 A 商品 1 600 件，标价总额为 800 万元（不含增值税），商品实际成本为 480 万元。为了促销，甲公司给予乙公司 15%的商业折扣并开具了增值税专用发票。甲公司已发出商品，并向银行办理了托收手续。

（2）6 月 10 日，因部分 A 商品的规格与合同不符，乙公司退回 A 商品 800 件。当日，甲公司按规定向乙公司开具增值税专用发票（红字），销售退回允许扣减当期增值税销项税额，退回商品已验收入库。

（3）6 月 15 日，甲公司将部分退回的 A 商品作为福利发放给本公司职工，其中生产工人 500 件，行政管理人员 40 件，专设销售机构人员 60 件，该商品每件市场价格为 0.4 万元（与计税价格一致），实际成本 0.3 万元。

（4）6 月 25 日，甲公司收到丙公司来函。来函提出，2008 年 5 月 10 日从甲公司所购 B 商品不符合合同规定的质量标准，要求甲公司在价格上给予 10%的销售折让。该商品售价为 600 万元，增值税额为 102 万元，货款已结清。经甲公司认定，同意给予折让并以银行存款退还折让款，同时开具了增值税专用发票（红字）。除上述资料外，不考虑其他因素。

要求：（1）逐笔编制甲公司上述业务的会计分录。

（2）计算甲公司 6 月份主营业务收入总额。（“应交税费”科目要求写出明细科目及专栏名称；答案中的金额单位用万元表示）

3. 甲公司 2012 年 12 月发生如下经济业务：

（1）购买原材料 100 000 元，增值税率 17%，全部款项已开出转账支票。另购买途中保险费 800 元，现金支付。

（2）领用材料 50 000 元，用于产品生产 48 000 元，2 000 元用于管理办公室耗用。

（3）销售商品 100 000 件，单价 80 元，增值税率 17%，每件成本 60 元，另代垫销售运费 12 500 元。货款尚未收到。

（4）转账支付本月广告费 40 000 元。

（5）销售材料一批，售价为 48 000 元，材料成本为 30 000 元，款项尚未收到。

（6）支付当年的借款利息 60 000 元，前 11 个月均已计提。并偿还到期的借款 50 万元。

（7）结算当月工资，其中，生产工人工资 140 000 元，车间管理人员 30 000 元，厂部管理人员 80 000 元，销售人员工资 60 000 元。

（8）计提本月的设备折旧，其中，生产设备折旧 18 000 元，管理办公室设备折旧 5 000 元。

（9）摊销当月的财产保险费 1 000 元。

（10）当月对其他企业的罚款所得为 800 元，收到现金。

要求：（1）编制相应的会计分录；

（2）将所有的损益类账户转入本年利润；

（3）按照当年利润总额的 25%计算所得税费用；

（4）用公式计算当月的营业利润、利润总额和净利润；

（5）按照净利润 10%计提盈余公积，70%分配股东股利。

# 第八章　会计凭证与会计账簿

在本章之前，我们已经学习了会计各组成要素的确认与计量，那么在实际工作中，核算过程中接触到的的凭证应如何正确使用，是本章进一步讨论的问题。本章阐述了填制和审核会计凭证的基础知识。学习本章，要求了解会计凭证的概念和填制、审核会计凭证的意义，熟悉会计凭证的种类和基本内容以及审核会计凭证的主要内容，掌握填制会计凭证的要求和方法等基础知识及技能。

**开篇案例**

会计凭证的填制与审核

王某刚刚大学毕业走上工作岗位，在一小型制造企业担任出纳一职，日常工作中需要处理和审核会计凭证，由于粗心大意，导致原始凭证开具时不符合规范，受到了领导的批评，那么原始凭证和记账凭证应如何进行填制和审核呢？

## 第一节　会计凭证

### 一、会计凭证概述

（一）会计凭证的概念

会计凭证，简称凭证，是记录经济业务，明确经济责任，并据以登记账簿的书面证明。会计主体发生任何一项交易或者事项时都必须填制或取得适当的凭证，以证明交易或者事项确实已经发生。

填制和审核会计凭证是会计核算工作的起点和基础，也是会计核算的一种专门方法，同时也是对交易或者事项进行日常监督的重要手段。所有会计凭证都要由会计部门审核无误后才能作为登记账簿的依据。

（二）会计凭证的种类

按照填制的程序和用途不同，会计凭证可以分成原始凭证和记账凭证。

1. 原始凭证

原始凭证是指在经济业务发生或完成时填制或取得的各种原始单据，是经济业务发生的最初证明，能够明确经济责任，在法律上具有证明效力。

2. 记账凭证

记账凭证是以审核无误的原始凭证为依据，填写借贷科目及金额等相关信息并据以登记账簿的书面文件。记账凭证既可以根据每一张原始凭证填制，也可以根据同类原始凭证汇总填制或根据原始凭证汇总表填制。在实际工作中，会计分录就是编制在记账凭证上的。

## 二、原始凭证

（一）原始凭证分类

1. 原始凭证按照来源不同，可以分为外来原始凭证和自制原始凭证

外来原始凭证是指经济业务发生或完成时，从本单位以外的其他单位或个人取得的原始凭证。如购货企业收到的增值税专用发票、业务人员的车票等。自制原始凭证是指在经济业务发生或完成时，由本单位经办业务的人员自行填制的原始凭证，如领料单（如表 8-1）、验收单等。

**表 8-1 领料单（领料部门留存）**

领料单位： 凭证编号：

用途： 年 月 日 发料仓库：

| 材料编号 | 材料名称 | 规格 | 计量单位 | 数量 | | 单位成本 | 金额 | 备注 |
|---|---|---|---|---|---|---|---|---|
| | | | | 请领 | 实发 | | | |
| | | | | | | | | |
| | | | | | | | | |
| | | | | | | | | |

发料人： 领料单位负责人： 领料人：

2. 原始凭证按照填制手续及内容不同，可以分为一次凭证、累计凭证和汇总凭证

一次凭证是指在经济业务发生或完成后，一次填写完毕，记载一项经济业

务或若干项同类经济业务的原始凭证，它不能重复使用。外来原始凭证一般都是一次凭证，自制原始凭证中大部分也都是一次凭证。如前面提到的增值税专用发票和领料单都是一次凭证。

累计凭证是指在一定期间内连续记载若干项的同类经济业务，直至汇总后按累计的数额作为记账依据的原始凭证。这类凭证的填制手续不是一次完成的，而是随着经济业务的发生而多次进行的，它能在一定期间内分次重复使用。它主要适用于某些经常重复发生的经济业务，如车间领取原材料，可以采用限额领料单（如表 8-2）等。

**表 8-2　限额领料单**

领料部门：　　　　　　　　　　　　　　　　　　　　　　　第　　号：

用　　途：　　　　　　　　年　　月　　日　　　　　　　　发料仓库：

<table>
<tr><th rowspan="3">材料编号</th><th rowspan="3">材料名称规格</th><th rowspan="3">计量单位</th><th rowspan="3">计划投产量</th><th rowspan="3">单位消耗定额</th><th rowspan="3">领用限额</th><th colspan="19">实 发</th></tr>
<tr><th rowspan="2">数量</th><th colspan="8">单 价</th><th colspan="10">金 额</th></tr>
<tr><th>百</th><th>十</th><th>万</th><th>百</th><th>十</th><th>元</th><th>角</th><th>分</th><th>千</th><th>百</th><th>十</th><th>万</th><th>千</th><th>百</th><th>十</th><th>元</th><th>角</th><th>分</th></tr>
<tr><td></td><td></td><td></td><td></td><td></td><td></td><td></td><td></td><td></td><td></td><td></td><td></td><td></td><td></td><td></td><td></td><td></td><td></td><td></td><td></td><td></td><td></td><td></td><td></td><td></td></tr>
</table>

<table>
<tr><th rowspan="2">日期</th><th colspan="3">领 用</th><th colspan="3">退 料</th><th rowspan="2">限额结余数量</th></tr>
<tr><th>数量</th><th>领料人</th><th>发料人</th><th>数量</th><th>退料人</th><th>收料人</th></tr>
<tr><td></td><td></td><td></td><td></td><td></td><td></td><td></td><td></td></tr>
<tr><td></td><td></td><td></td><td></td><td></td><td></td><td></td><td></td></tr>
<tr><td></td><td></td><td></td><td></td><td></td><td></td><td></td><td></td></tr>
<tr><td></td><td></td><td></td><td></td><td></td><td></td><td></td><td></td></tr>
<tr><td></td><td></td><td></td><td></td><td></td><td></td><td></td><td></td></tr>
<tr><td></td><td></td><td></td><td></td><td></td><td></td><td></td><td></td></tr>
</table>

生产计划部门　　　　　　　　　　供销部门　　　　　　　　　　仓库

汇总原始凭证也称为汇总凭证，是指在一定时期内将许多反映同类经济业务的原始凭证进行汇总编制而成的原始凭证。例如，发出材料汇总表、工资结算汇总表（如表 8-3）等。

3. 原始凭证按用途不同，可以分为通知凭证、执行凭证和计算凭证

通知凭证是指要求、指示或命令企业进行某项经济业务的原始凭证，如罚款通知书、银行进账单（如表 8-4）等。

执行凭证是证明某项经济业务已经完成的原始凭证，如销货发票、收料单（如表 8-5）等。

**表 8-3 职工薪酬计算表（①留存）**

部门： 年 月 日 单位：元

<table>
<tr><th rowspan="2">人员类别</th><th rowspan="2">人数</th><th colspan="7">应发数</th><th colspan="9">代扣款</th><th rowspan="2">实发工资</th></tr>
<tr><th>基本工资</th><th>绩效工资</th><th>津贴</th><th>加班工资</th><th>奖金</th><th>扣缺勤工资</th><th>应发工资</th><th>医疗保险金</th><th>养老保险金</th><th>失业保险金</th><th>住房公积金</th><th>工会经费</th><th>水电费</th><th>个人所得税</th><th>其他</th><th>小计</th></tr>
<tr><td></td><td></td><td></td><td></td><td></td><td></td><td></td><td></td><td></td><td></td><td></td><td></td><td></td><td></td><td></td><td></td><td></td><td></td><td></td></tr>
<tr><td></td><td></td><td></td><td></td><td></td><td></td><td></td><td></td><td></td><td></td><td></td><td></td><td></td><td></td><td></td><td></td><td></td><td></td><td></td></tr>
</table>

审核 制单

**表 8-4 银行进账单（回单）**

年 月 日

<table>
<tr><td rowspan="3">收款人</td><td>全 称</td><td colspan="3"></td><td rowspan="3">付款人</td><td>全 称</td><td colspan="11"></td></tr>
<tr><td>账 号</td><td colspan="3"></td><td>账 号</td><td colspan="11"></td></tr>
<tr><td>开户银行</td><td colspan="3"></td><td>开户银行</td><td colspan="11"></td></tr>
<tr><td rowspan="2">金额</td><td colspan="6" rowspan="2">人民币<br>（大写）</td><td>亿</td><td>千</td><td>百</td><td>十</td><td>万</td><td>千</td><td>百</td><td>十</td><td>元</td><td>角</td><td>分</td></tr>
<tr><td></td><td></td><td></td><td></td><td></td><td></td><td></td><td></td><td></td><td></td><td></td></tr>
<tr><td colspan="2">票据种类</td><td></td><td>票据张数</td><td></td><td colspan="13" rowspan="3">开户银行盖章</td></tr>
<tr><td colspan="2">票据张数</td><td colspan="3"></td></tr>
<tr><td colspan="5">复核 记账</td></tr>
</table>

此联是开户银行交给持（出）票人的回单

表 8-5 收料单

供货单位：________
发票号码：________ 年 月 日 收货仓库：________

| 材料类别 | 名称及规格 | 计量单位 | 数量 | | 实际成本 | | 计划成本 | | 差异 |
|---|---|---|---|---|---|---|---|---|---|
| | | | 应收 | 实收 | 单价 | 金额 | 单价 | 金额 | |
| | | | | | | | | | |
| | | | | | | | | | |
| | | | | | | | | | |
| | | | | | | | | | |

此联验收留存

验收： 保管： 记账： 制单：

计算凭证是对已完成的经济业务进行计算而编制的原始凭证，如产品成本计算单、制造费用分配表、工资计算表等。

4. 根据原始凭证的不同格式，可以分为通用凭证和专用凭证

通用凭证是指在一定范围内具有统一格式和使用方法的凭证。这里的一定范围，既可以是全国范围，也可以是某省、市、地区或某系统，如全国统一使用的银行承兑汇票，某一地区统一印制的收款收据等。

专用凭证是指一些单位具有特定内容和专门用途的原始凭证，如产品入库单、差旅费报销单等。

以上是按不同的标志对原始凭证所做的分类。它们之间相互依存、密切联系。例如，现金收据对出具收据的单位是自制原始凭证；而对接收收据的单位来讲则是外来原始凭证。同时，它既是一次凭证又是执行凭证，也是专用凭证。

（二）原始凭证的基本内容

经济业务的多样性决定了记录经济业务的原始凭证所包括的具体内容也各不相同。但为了满足会计工作需要，无论哪一种凭证都必须详细、客观地载明经纪业务的发生和完成情况，必须明确经办单位和人员的经济责任。因此，各种原始凭证都具备以下几方面的基本内容：

（1）原始凭证的名称。

（2）填制凭证的日期和凭证号码。

（3）交易双方单位的名称。

（4）经济业务的内容摘要。

（5）经济业务的数量、计量单位、单价和金额。

（6）填制单位和经办人员的签名或盖章。

（7）原始凭证的附件。

（三）原始凭证的填制

我国《会计法》第十四条规定：原始凭证记载的各项内容均不得涂改；原始凭证有错误的，应当由出具单位重开或者更正，更正处应该加盖出具单位印章。原始凭证金额有错误的，应当由出具单位重开，不得在原始凭证上更正。为了保证原始凭证能够正确、及时、清晰地反映各项经济业务活动的真实情况，提高会计核算的质量，并使其真正具备法律效力，原始凭证的填写必须严格遵循如下要求。

1. 记录真实、手续完备

真实性是填制原始凭证最重要的要求。原始凭证上所填写的经济业务发生的日期、业务内容和数字等项目，要按照经济业务实际发生情况进行填写，经办人员和有关部门的负责人都要在凭证上签字或盖章，对凭证的真实性、正确性负责。从外单位取得的原始凭证，必须有填制单位的公章或专用章；从个人取得的原始凭证，必须由填制人签名或盖章。自制原始凭证，必须有部门负责人和经办人员的签名或盖章，对外开出的原始凭证，必须加盖本单位公章或有关部门的专用章。

2. 内容齐全、书写规范

原始凭证规定的项目必须逐项填写齐全，不可省略或漏填。原始凭证上的文字或数字，要按规定书写，字迹要清楚、工整、易于辨认。阿拉伯数字不得连写；合计的小写金额前应标注人民币符号“¥”（涉及外币业务时，凭证上的金额前应标明外币符号，如“HK＄”、“US＄”等），货币符号与金额之间不留空位，所有以元为单位的阿拉伯数字，除表示单价等情况外，一律填写到角、分，无角分的要以“0”补位。汉字大写金额数字如壹、贰、叁、肆、伍、陆、柒、捌、玖、拾、佰、仟、万、亿等，一律用正楷或者行书书写。大写金额数字到元或者角为止的，在“元”或“角”字之后应当写“整”或“正”字。

原始凭证填写发生错误，应按规定方法更正。不得任意涂改或刮、挖、擦、补；支票以及各种结算凭证填写错误，则不得在原始凭证上更正，应按规定的手续办理注销留存，另行填写。

3. 连续编号、及时填制

各种凭证都必须连续编号，以备查考。一些事先印好编号的重要凭证作废时，在作废的凭证上应加盖“作废”戳记，连同存根一起保存，不得随意撕毁。所有经办业务的有关部门和人员，在经济业务实际发生或完成时，必须及时填制原始凭证，做到不拖延、不积压，按规定的程序及时将原始凭证送交会计部门。

（四）原始凭证的审核

为了正确反映和监督各项经济业务，财务部门对取得的原始凭证，必须进行严格审核和核对，保证核算资料的真实、合法、完整。只有经过审查无误的凭证，方可作为编制记账凭证和登记账簿的依据。原始凭证的审核，是会计监督工作的一个重要环节，一般应从以下两方面进行：

1. 审查原始凭证所反映经济业务的合理、合法性和真实性

这种审查是以有关政策、法规、制度和计划合同等为依据，审查凭证所记录的经济业务是否符合有关规定，有无贪污盗窃、虚报冒领、伪造凭证等违法乱纪现象，有无不讲经济效益、违反计划和标准的要求等等。对于不合理、不合法及不真实的原始凭证，财会人员应拒绝受理。如发现伪造或涂改凭证弄虚作假、虚报冒领等不法行为，除拒绝办理外，还应立即报告有关部门，提请严肃处理。

2. 审核原始凭证的填制是否符合规定的要求

首先审查所用的凭证格式是否符合规定，凭证的要素是否齐全，是否有经办单位和经办人员签章；其次审查凭证上的数字是否完整，大、小写是否一致；最后审查凭证上数字和文字是否有涂改、污损等不符合规定之处。如果通过审查发现凭证不符合上述要求，那么凭证本身就失去作为记账依据的资格，会计部门应把那些不符合规定的凭证退还给原编制凭证的单位或个人，要求重新补办手续。

原始凭证的审核，是一项很细致而且十分严肃的工作。要做好原始凭证的审核，充分发挥会计监督的作用，会计人员应该做到精通会计业务；熟悉有关的政策、法令和各项财务规章制度；对本单位的生产经营活动有深入的了解；同时还要求会计人员具有维护国家法令、制度和本单位财务管理的高度责任感，敢于坚持原则，才能在审核原始凭证时正确掌握标准，及时发现问题。

原始凭证经过审核后，对于符合要求的原始凭证，及时编制记账凭证并登记账簿；并对于手续不完备、内容记载不全或数字计算不正确的原始凭证，应退回有关经办部门或人员补办手续或更正；对于伪造、涂改或经济业务不合法的凭证，应拒绝受理，并向本单位领导汇报，提出拒绝执行的意见；对于弄虚作假、营私舞弊、伪造涂改凭证等违法乱纪行为，必须及时揭露并严肃处理。

## 三、记账凭证

经济业务发生后，会计人员要依据经审核后的原始凭证，编制会计分录，列示应借记和应贷记的账户及其金额，作为记账的依据。记账凭证是登记明细分类账和总分类账的依据。

（一）记账凭证分类

1. 记账凭证按其用途不同可以分为专用记账凭证和通用记账凭证两类。

（1）专用记账凭证，是指用来专门记录某一类经济业务的记账凭证。专用记账凭证按其所记录的经济业务是否与现金和银行存款有关，可分为收款凭证、付款凭证和转账凭证。

收款凭证是指专门用于记录现金和银行存款收款业务的会计凭证，收款凭证是出纳人员收讫款项的依据，也是登记总账、现金日记账和银行存款日记账以及有关明细账的依据，一般按现金和银行存款分别编制。

收款凭证格式如表 8-6。

**表 8-6　收款凭证**

| 借方科目 | |
|---|---|

年　　月　　日　　　　　　　　收字第　　　　号

| 摘要 | 贷方科目 | | 金额 | | | | | | | | | | 记账 |
|---|---|---|---|---|---|---|---|---|---|---|---|---|---|
| | 一级科目 | 二级或明细科目 | 千 | 百 | 十 | 万 | 千 | 百 | 十 | 元 | 角 | 分 | |
| | | | | | | | | | | | | | |
| | | | | | | | | | | | | | |
| 合计 | | | | | | | | | | | | | |

会计主管　　　　记账　　　　稽核　　　　制单　　　　出纳

付款凭证是指专门用于记录现金和银行存款付款业务的会计凭证。付款凭证是出纳人员支付款项的依据，也是登记总账、现金日记账和银行存款日记账以及有关明细账的依据，一般按现金和银行存款分别编制。

付款凭证格式如表 8-7。

表 8-7　付款凭证

| 贷方科目 | |
|---|---|

年　月　日　　　　　　　　　　付字第　　号

| 摘要 | 借方科目 | | 金额 | | | | | | | | | | 记账 |
|---|---|---|---|---|---|---|---|---|---|---|---|---|---|
| | 一级科目 | 二级或明细科目 | 千 | 百 | 十 | 万 | 千 | 百 | 十 | 元 | 角 | 分 | |
| | | | | | | | | | | | | | |
| | | | | | | | | | | | | | |
| | | | | | | | | | | | | | |
| | | | | | | | | | | | | | |
| | | | | | | | | | | | | | |
| 合计 | | | | | | | | | | | | | |

会计主管　　　　记账　　　　稽核　　　　制单　　　　出纳

转账凭证是指专门用于记录不涉及现金和银行存款收付款业务的会计凭证。它是登记总账和有关明细账的依据。

转账凭证格式如表 8-8。

表 8-8　转账凭证

年　月　日　　　　　　　　　　转字第　　号

| 摘要 | 一级科目 | 二级或明细科目 | 借方金额 | 贷方金额 | 记账 |
|---|---|---|---|---|---|
| | | | | | |
| | | | | | |
| | | | | | |
| | | | | | |
| | | | | | |
| 合计 | | | | | |

会计主管　　　　记账　　　　稽核　　　　制单　　　　出纳

收款凭证、付款凭证和转账凭证分别用以记录现金、银行存款收款业务、付款业务和转账业务（与现金、银行存款收支无关的业务），为了便于识别，各种凭证印制成不同的颜色。在会计实务中，对于现金和银行存款之间的收付款业务，为了避免记账重复，一般只编制付款凭证，不编制收款凭证。

（2）通用记账凭证

各单位根据会计业务数量的多少，也可以使用通用记账凭证。通用记账凭证是用来记录所有经济业务的记账凭证。它不分收款、付款和转账业务，其格式与转账凭证基本相同，一般是用于业务量较少、凭证不多的单位。其格式如表 8-9。

**表 8-9　记账凭证**

年　　月　　日　　　　　　　　　　　　　　　　字第　　号

<table>
<tr><td rowspan="2">摘要</td><td colspan="2">会计科目</td><td colspan="10">借方金额</td><td colspan="10">贷方金额</td><td rowspan="2">账页或√</td></tr>
<tr><td>总账科目</td><td>明细科目</td><td>千</td><td>百</td><td>十</td><td>万</td><td>千</td><td>百</td><td>十</td><td>元</td><td>角</td><td>分</td><td>千</td><td>百</td><td>十</td><td>万</td><td>千</td><td>百</td><td>十</td><td>元</td><td>角</td><td>分</td></tr>
<tr><td></td><td></td><td></td><td></td><td></td><td></td><td></td><td></td><td></td><td></td><td></td><td></td><td></td><td></td><td></td><td></td><td></td><td></td><td></td><td></td><td></td><td></td><td></td><td></td></tr>
<tr><td></td><td></td><td></td><td></td><td></td><td></td><td></td><td></td><td></td><td></td><td></td><td></td><td></td><td></td><td></td><td></td><td></td><td></td><td></td><td></td><td></td><td></td><td></td><td></td></tr>
<tr><td></td><td></td><td></td><td></td><td></td><td></td><td></td><td></td><td></td><td></td><td></td><td></td><td></td><td></td><td></td><td></td><td></td><td></td><td></td><td></td><td></td><td></td><td></td><td></td></tr>
<tr><td></td><td></td><td></td><td></td><td></td><td></td><td></td><td></td><td></td><td></td><td></td><td></td><td></td><td></td><td></td><td></td><td></td><td></td><td></td><td></td><td></td><td></td><td></td><td></td></tr>
<tr><td colspan="3">合　　　　计</td><td></td><td></td><td></td><td></td><td></td><td></td><td></td><td></td><td></td><td></td><td></td><td></td><td></td><td></td><td></td><td></td><td></td><td></td><td></td><td></td><td></td></tr>
</table>

会计主管　　　　记账　　　　审核　　　　出纳　　　　制单

（二）记账凭证的基本内容

由于记账凭证所反映的经济业务内容不同，因而在具体格式上也有一些差异。但所有的记账凭证都必须满足记账的要求，具备下列一些共同的基本内容：

（1）记账凭证的名称。

（2）填制凭证的日期和凭证的编号。

（3）会计科目（包括子目、细目）、借贷方向和金额（即会计分录）。

（4）经济业务的内容摘要。

（5）所附原始凭证的张数。

（6）填制凭证人员、稽核人员、记账人员、机构负责人、会计主管人员签名或盖章。

此外，收款和付款凭证还需要有出纳人员的签章。

（三）记账凭证的填制

填制记账凭证是一项重要的会计工作，为了便于登记账簿，保证账簿记录的正确性，填制记账凭证应符合以下要求：

1．依据真实。除结账和更正错误外，记账凭证应根据审核无误的原始凭证及有关资料填制，记账凭证必须附有原始凭证并如实填写所附原始凭证的张数。记账凭证所附原始凭证张数的计算一般应以原始凭证的自然张数为准。如果记账凭证中附有原始凭证汇总表，则应该把所附的原始凭证和原始凭证汇总表的张数一起记入附件的张数之内。但报销差旅费等零散票券，可以粘贴在一张纸上，作为一张原始凭证。一张原始凭证如果涉及几张记账凭证的，可以将原始凭证附在一张主要的记账凭证后面，在该主要记账凭证摘要栏注明“本凭证附件包括××号记账凭证业务”字样，并在其他记账凭证上注明该主要记账凭证的编号或者附上该原始凭证的复印件，以便复核查阅。如果一张原始凭证所列的支出需要由两个以上的单位共同负担时，应当由保存该原始凭证的单位开给其他应负担单位原始凭证分割单，原始凭证分割必须具备原始凭证的基本内容，并可作为填制记账凭证的依据，计算在所附原始凭证张数之内。

2．内容完整。记账凭证应具备的内容都要具备，要按照记账凭证上所列项目逐一填写清楚，有关人员的签名或者盖章要齐全不可缺漏。如有以自制的原始凭证或者原始凭证汇总表代替记账凭证使用的，也必须具备记账凭证应有的内容。金额栏数字的填写必须规范、准确，与所附原始凭证的金额相符。金额登记方向、数字必须正确，角分位不留空格。

3．分类正确。填制记账凭证，要根据经济业务的内容，区别不同类型的原始凭证，正确应用会计科目和记账凭证。记账凭证可以根据每一张原始凭证填制，或者根据若干张同类原始凭证汇总填制，也可以根据原始凭证汇总表填制，但不得将不同内容或类别的原始凭证汇总填制在一张记账凭证上，会计科目要保持正确的对应关系。一般情况下，现金或银行存款的收、付款业务，应使用收款凭证或付款凭证；不涉及现金和银行存款收付的业务，如将现金送存银行，或者从银行提取现金，应以付款业务为主，只填制付款凭证不填制收款凭证，以避免重复记账。在一笔经济业务中，如果既涉及现金或银行存款收、付，又涉及转账业务，则应分别填制收款或付款凭证和转账凭证。例如，单位职工出差归来报销差旅费并交回剩余现金时，就应根据有关原始凭证按实际报销的金额填制一张转账凭证，同时按收回的现金数额填制一张收款凭证。各种记账凭证的使用格式应相对稳定，特别是在同一会计年度内，不宜随意更换，以免引起编号、装订、保管方面的不便与混乱。

4．日期正确。记账凭证的填制日期一般应填制记账凭证当天的日期，不能提前或拖后；按权责发生制原则计算收益、分配费用、结转成本利润等调整分录和结账分录的记账凭证，虽然需要到下月才能填制，但为了便于在当月的账内进行登记，仍应填写当月月末的日期。

5．连续编号。为了分清会计事项处理的先后顺序，以便记账凭证与会计账簿之间的核对，确保记账凭证完整无缺，填制记账凭证时，应当对记账凭证连续编号。记账凭证编号的方法有多种：一种是将全部记账凭证作为一类统一编号；另一种是分别按现金和银行存款收入业务、现金和银行付出业务、转账业务三类进行编号，这样记账凭证的编号应分为收字第×号、付字第×号、转字第×号；还有一种是分别按现金收入、现金支出、银行存款收入、银行存款支出和转账业务五类进行编号，这种情况下，记账凭证的编号应分为现收字第×号、现付字第×号、银收字第×号、银付字第×号和转字第×号，或者将转账业务按照具体内容再分成几类编号。各单位应当根据本单位业务繁简程度、会计人员多寡和分工情况来选择便于记账、查账、内部稽核、简单严密的编号方法。无论采用哪一种编号方法，都应该按月顺序编号，即每月都从一号编起，按自然数 1、2、3、4、5……顺序编至月末，不得跳号、重号。一笔经济业务需要填制两张或两张以上记账凭证的，可以采用分数编号法进行编号，例如，有一笔经济业务需要填制三张记账凭证，凭证顺序号为 6，就可以编成 6 1/3、6 2/3、6 3/3，前面的数表示凭证顺序，后面分数的分母表示该号凭证共有三张，分子表示三张凭证中的第一张、第二张、第三张。

6．简明扼要。记账凭证的摘要栏是填写经济业务简要说明的，摘要应以原始凭证内容一致，能正确反映经济业务的主要内容，既要防止简而不明，又要防止过于繁琐。应能使阅读者通过摘要就能了解该项经济业务的性质、特征，判断出会计分录的正确与否，一般不需要再去翻阅原始凭证或询问有关人员。

7．分录正确。会计分录是记账凭证中重要的组成部分，在记账凭证中，要正确编制会计分录并保持借贷平衡，就必须根据国家统一会计制度的规定和经济业务的内容，正确使用会计科目，不得任意简化或改动。应填写会计科目的名称，或者同时填写会计科目的名称和会计科目编号，不应只填编号，不填会计名称。应填明总账科目和明细科目，以便于登记总账和明细分类账。会计科目的对应关系要填写清楚，应先借后贷，一般填制一借一贷、一借多贷或者多借一贷的会计分录。但如果某项经济业务本身就需要编制一个多借多贷的会计分录时，也可以填制多借多贷的会计分录，以集中反映该项经济业务的全过程。填入金额数字后，要在记账凭证的合计行计算填写合计金额。记账凭证中借、贷方的金额必须相等，合计数必须计算正确。

8．空行注销。填制记账凭证时，应按行次逐行填写，不得跳行或留有空行。记账凭证填完经济业务后，如有空行，应当在金额栏自最后一笔金额数字下的空行至合计数上的空行处划斜线或“～”行线注销。

9．填错更改。填制记账凭证时如果发生错误，应当重新填制。已经登记入账的记账凭证在当年内发生错误的，如果是使用的会计科目或记账凭证方向有错误，可以用红字金额填制一张与原始凭证内容相同的记账凭证，在摘要栏注明“注销某月某日某号凭证”字样，同时再用蓝字重新填制一张正确的记账凭证，在摘要栏注明“更正某月某日某号凭证”字样；如果会计科目和记账方向都没有错误，只是金额错误，可以按正确数字和错误数字之间的差额，另编一张调整的记账凭证，调增金额用蓝数字，调减金额用红数字。发现以前年度的金额有错误时，应当用蓝字填制一张更正的记账凭证。

记账凭证中，文字、数字和货币符号的书写要求，与原始凭证相同。实行会计电算化的单位，其编制记账凭证应当符合对记账凭证的基本要求，打印出来的记账凭证上，要加盖制单人员、审核人员、记账人员和会计主管人员印章或者签字，以明确责任。

（四）记账凭证的审核

记账凭证编制以后，必须由专人进行审核，借以监督经济业务的真实性、合法性和合理性，并检查记账凭证的编制是否符合要求。特别要审核最初证明经济业务实际发生、完成的原始凭证。因此，对记账凭证的审核是一项严肃细致、政策性很强的工作。只有做好这项工作才能正确地发挥会计反映和监督的作用。记账凭证审核的基本内容包括以下几项：

1. 内容是否真实。审核记账凭证是否有原始凭证为依据，所附原始凭证的内容是否与记账凭证的内容一致，记账凭证汇总表的内容与其所依据的记账凭证的内容是否一致等。

2. 项目是否齐全。审核记账凭证各项目的填写是否齐全，如日期、凭证编号、摘要、金额、所附原始凭证张数及有关人员签章等。

3. 科目是否准确。审核记账凭证的应借、应贷科目是否正确，是否有明确的账户对应关系，所使用的会计科目是否符合国家统一的会计制度的规定等。

4. 金额是否正确。审核记账凭证所记录的金额与原始凭证的有关金额是否一致、计算是否正确，记账凭证汇总表的金额与记账凭证的金额合计是否相符等。

5. 书写是否规范。审核记账凭证中的记录是否文字工整、数字清晰，是否按规定进行更正等。

在审核过程中，如果发现不符合要求的地方，应要求有关人员采取正确的方法进行更正。只有经过审核无误的记账凭证，才能作为登记账簿的依据。

## 四、会计凭证的传递与保管

（一）会计凭证的传递

会计凭证的传递，是指从会计凭证取得或填制起至归档保管时止，在单位内部有关部门和人员之间按照规定的时间、程序进行处理的过程。各种会计凭证，他们所记载的经济业务不同，涉及的部门和人员不同，办理的业务手续也不同，因此，应当为各种会计凭证规定一个合理的传递程序，即一张会计凭证填制后应交到哪个部门、哪个岗位、由谁办理业务手续等，直到归档保管为止。

1. 会计凭证传递的意义

正确组织会计凭证的传递，对于提高会计核算资料的及时性、正确组织经济活动、加强经济责任、实行会计监督具有重要意义。

（1）正确组织会计凭证的传递，有利于提高工作效率。

正确组织会计凭证的传递，能够及时、真实反映和监督各项经济业务的发生和完成情况，为经济管理提供可靠的经济信息。例如，材料运到企业后，仓库保管员应在规定的时间内将材料验收入库，填制“收料单”，注明实收数量等情况，并将“收料单”及时送到财会部门及其他有关部门。财会部门接到“收料单”，经审核无误，就应及时编制记账凭证和登记账簿，生产部门得到该批材料已验收入库凭证后，便可办理有关领料手续，用于产品生产等。如果仓库保管员未按时填写“收料单”或虽填写“收料单”，但没有及时送到有关部门，就会给人以材料尚未入库的假象，影响企业生产正常进行

（2）正确组织会计凭证的传递，能更好地发挥会计监督作用。

正确组织会计凭证的传递，便于有关部门和个人分工协作，相互牵制，加强岗位责任制，更好地发挥会计监督作用。例如，从材料运到企业验收入库，需要多少时间，由谁填制“收料单”，何时将“收料单”送到供应部门和财会部门，会计部门收到“收料单”后由谁进行审核，并同供应部门的发货票进行核对，由谁何时编制记账凭证和登记账簿，由谁负责整理保管凭证等。这样，就把材料收入业务验收入库到登记入账的全部工作，在本单位内部进行分工合作，共同完成。同时可以考核经办业务的有关部门和人员是否按规定的会计手续办理，从而加强经营管理，提高工作质量。

2. 会计凭证传递的基本要求

各单位的经营业务性质是多种多样的，各种经营业务又有各自的特点，所以，办理各项经济业务的部门和人员以及办理凭证所需要的时间、传递程序也必然各不相同。这就要求每个单位都必须根据自己的业务特点和管理特点，由单位领导会同会计部门及有关部门共同设计制订出一套会计凭证的传递程序，使各个部门保证有序、及时地按规定的程序处理凭证传递。各单位在设计制定会计凭证传递时，应注意以下几个问题：

（1）根据经济业务的特点、机构设置和人员分工情况，明确会计凭证的传递程序。

由于企业生产经营业务的内容不同，企业管理的要求也不尽相同。在会计凭证的传递过程中，要根据具体情况，确定每一种凭证的传递程序和方法。合理制订会计凭证所经过的环节，规定每个环节负责传递的相关责任人员，规定会计凭证的联数以及每一联凭证的用途。做到既可使各有关部门和人员了解经济活动情况、及时办理手续，又可避免凭证经过不必要的环节，以提高工作效率。

（2）规定会计凭证经过每个环节所需要的时间，以保证凭证传递的及时性。

会计凭证的传递时间，应考虑各部门和有关人员的工作内容和工作量在正常情况下完成的时间，明确规定各种凭证在各个环节上停留的最长时间，不能拖延和积压会计凭证，以免影响会计工作的正常程序。一切会计凭证的传递和处理，都应在报告期内完成，不允许跨期，否则将影响会计核算的准确性和及时性。

会计凭证在传递过程中的衔接手续，应该做到既完备、严密，又简单易行。凭证的收发、交接都应当按一定的手续制度办理，以保证会计凭证的安全和完整。会计凭证的传递程序、传递时间和衔接手续明确后，制定凭证传递程序，规定凭证传递路线、环节及在各个环节上的时间、处理内容及交接手续，使凭证传递工作有条不紊、迅速而有效进行。

（二）会计凭证的保管

会计凭证的保管是指会计凭证记账后的整理、装订、归档和存查工作。

会计凭证是记录经济业务、明确经济责任、具有法律效力的证明文件，又是登记账簿的依据，所以，它是重要的经济档案和历史资料。任何企业在完成经济业务手续和记账之后，必须按规定立卷归档，形成会计档案资料，妥善保管，以便日后随时查阅。

会计凭证整理保管的要求有：

1. 各种记账凭证，连同所附原始凭证和原始凭证汇总表，要分类按顺序编号，定期（一天、五天、十天或一个月）装订成册，并加具封面、封底，注明单位名称、凭证种类、所属年月和起讫日期、起止号码、凭证张数等。为防止任意拆装，应在装订处贴上封签，并由经办人员在封签处加盖骑缝章。

2．对一些性质相同、数量很多或各种随时需要查阅的原始凭证，可以单独装订保管，在封面上写明记账凭证的时间、编号、种类，同时在记账凭证上注明“附件另订”。

3．各种经济合同和重要的涉外文件等凭证，应另编目录，单独登记保管，并在有关原始凭证和记账凭证上注明。

4．其他单位因有特殊原因需要使用原始凭证时，经本单位领导批准，可以复制，但应在专门的登记簿上进行登记，并由提供人员和收取人员共同签章。

5．会计凭证装订成册后，应由专人负责分类保管，年终应登记归档。会计凭证的保管期限和销毁手续，应严格按照《会计档案管理办法》进行管理。

6．会计凭证在归档后，应按年月日顺序排列，以便查阅。对已归档凭证的查阅、调用和复制，都应得到批准，并办理一定的手续。会计凭证在保管中应防止霉烂破损和鼠咬虫蛀，以确保其安全和完整。

**【课堂测试 8-1】**

1．下列属于外来原始凭证的是（　　）。

A．入库单　　B．产品出库单

C．银行出库通知单　　D．工资汇总表

2．原始凭证的基本内容中，不包括（　　）。

A．经济业务发生日期　　B．经济业务内容摘要

C．实物数量及金额　　D．会计科目名称

3．下列业务应编制转账凭证的是（　　）。

A．支付购买商品价款　　B．支付材料运杂费

C．收回应收账款　　D．车间领用原材料

4．会计凭证登账后的整理、装订和归档称为（　　）。

A．会计凭证的编制　　B．会计凭证的传递

C．会计凭证的保管　　D．会计凭证的销毁

## 第二节　会计账簿

### 一、会计账簿概述

会计账簿，是指由一定格式账页组成的，以经过审核的会计凭证为依据，全面系统连续地记录各项经济业务的账簿。在形式上，会计账簿是由若干账页的组合；在实质上，会计账簿是会计信息形成的重要环节，是会计资料的主要载体之一，也是会计资料的重要组成部分。

会计账簿是账户的表现形式，两者既有区别又有联系。账户是在账簿中以规定的会计科目开设户头，用以规定不同的账簿所记录的内容，账户存在于账簿之中，账簿中的每一账页就是账户的存在形式和信息载体。如果没有账户也就没有所谓的账簿；如果没有账簿，账户也成了一种抽象的东西，无法存在。

但是账簿只是一种外在形式，账户才是它的真实内容。账簿序时分类地记载经济业务，是在个别账户中完成的，也可以说，账簿是由若干张账页组成的一个整体，而开设于账页上的账户则是这个整体上的个别部分。因此，账簿和账户的关系，是形式和内容的关系。

（一）会计账簿的意义

各单位每发生一项经济业务，都必须取得或填制原始凭证，并根据审核无误的原始凭证及有关资料填制记账凭证。通过记账凭证的填制和审核，可以反映和监督单位每一项经济业务的发生和完成情况。但是由于会计凭证数量多，格式不一，所提供的资料比较分散，缺乏系统性，每张凭证一般只能反映个别经济业务的内容。为了连续、系统、全面地反映单位在一定时期内的某一类和全部经济业务及其引起的资产与权益的增减变化情况，给经济管理提供完整而系统的会计核算资料，并为编制会计报表提供依据，就需要设置会计账簿，把分散在会计凭证中的大量核算资料加以集中和归类整理，分门别类地记录在账簿中。因此，每一单位都应按照国家统一的会计制度和会计业务的需要设置和登记会计账簿。通过账簿记录，既能对经济活动进行序时核算，又能进行分类核算；既可提供各项总括的核算资料，又可提供明细核算资料。

合理的设置和登记账簿，能系统地记录和提供企业经济活动的各种数据。它对加强企业经济核算，改善经营者经营管理有着重要意义，主要表现在以下三个方面：

1. 通过设置和登记账簿，可以系统地归纳和积累会计核算的资料，为改善企业经营管理，合理使用资金提供资料。通过账簿的序时核算和分类核算，把企业承包经营情况，收入的构成和支出的情况，财物的购置、使用、保管情况，全面、系统地反映出来，用于监督计划、预算的执行情况和资金的合理有效使用，促使企业改善经营管理。

2. 通过设置和登记账簿，可以为计算财务成果编制会计报表提供依据。根据账簿记录的费用、成本和收入、成果资料，可以计算一定时期的财务成果，检查费用、成本、利润计划的完成情况。经核对无误的账簿资料，及其加工的数据，为编制会计报表提供总括和具体的资料，是编制会计报表的主要依据。

3. 通过设置和登记账簿，利用账簿的核算资料，为开展财务分析和会计检查提供依据。通过对账簿资料的检查、分析，可以了解企业贯彻有关方针、政策、制度的情况，用以考核各项计划的完成情况。另外，对资金使用是否合理，费用开支是否符合标准，经济效益有无提高，利润的形成与分配是否符合规定等做出分析、评价，从而找出差距，挖掘潜力，提出改进措施。

（二）会计账簿的分类

在会计账簿体系中，有各种不同功能和作用的账簿，它们各自独立、又相互补充。为了便于了解和使用，必须从不同的角度对会计账簿进行分类。

1. 会计账簿按用途分类

会计账簿按其用途不同，可分为序时账簿、分类账簿和备查账簿。

（1）序时账簿，又称日记账，是按经济业务发生和（或）完成时间的先后顺序进行登记的账簿。按其记录的内容不同，序时日记账又分为普通日记账和特种日记账。

普通日记账是指用来逐笔记录全部经济业务的序时账簿。即把每天发生的各项经济业务逐日逐笔地登记在日记账中，并确定会计分录，然后据以登记分类账。

特种日记账是用来逐笔记录某一经济业务的序时账簿。目前在我国，大多数单位一般只设现金日记账和银行存款日记账。

（2）分类账账簿，是对全部经济业务按照会计要素的具体类别而设置的分类账户进行分类登记的账簿。按照总分类账户分类登记经济业务事项的是总分类账簿，简称总账，按照明细分类账户分类登记经济业务事项的是明细分类账簿，简称明细账。分类账簿提供的核算信息是编制会计报表的主要依据。

在实际工作中，序时账簿和分类账簿还可以结合为一本，既进行序时登记，又进行总分类登记的联合账簿，称为“日记账”。

（3）备查账簿，简称备查账，是对某些能在序时账簿和分类账簿等主要账簿中不进行登记或者登记不够详细的经济业务事项进行补充登记时使用的账簿，又称为辅助账簿。这些账簿可以对某些经济业务的内容提供必须的参考资料，但是它记录的信息不须编入会计报表中，所以也称表外记录。备查账簿没有固定格式，可由各单位根据管理的需要自行设置与设计。如租入固定资产登记簿、应收票据备查簿、受托加工来料登记簿。

2. 会计账簿按外形特征分类

会计账簿按其外形特征不同，可以分为订本式账簿、活页式账簿和卡片式账簿。

（1）订本式账簿，也称订本账，是指在账簿启用前就把具有账户基本结构并连续编号的若干张账页固定地装订成册的账簿。这种账簿的优点是：可以避免账页散失，防止账页被随意抽换，比较安全；其缺点是：由于账页固定，不能根据需要增加或减少，不便于按需要调整各账户的账页，也不便于分工记账。这种账簿一般使用于总分类账、现金日记账和银行存款日记账。

（2）活页式账簿，也称活页账，是指年度内账页不固定装订成册，而是将其放置在活页账夹中的账簿。当账簿登记完毕之后（通常是一个会计年度结束之后），才能将账页予以装订，加具封面，并给各账页连续编号。这种账簿的优点是：随时取放，便于账页的增加和重新排列，便于分工记账和记账工作电算化；缺点是：账页容易散失和被随意抽换。活页账在年度终了时，应及时装订成册，妥善保管。各种明细分类账一般采用活页账式。

（3）卡片式账簿，又称卡片账，是指由许多具有一定格式的卡片组成，存放在一定卡片箱内的账簿。卡片账的卡片一般装在卡片箱内，不用装订成册，随时可存放，也可跨年度长期使用。这种账簿的优点是：便于随时查阅，也便于按不同要求归类整理，不易损坏；其缺点是：账页容易散失和随意抽换。因此，在使用时应对账页连续编号，并加盖有关人员图章，卡片箱应由专人保管，更换新账后也应封扎保管，以保证其安全。在我国，单位一般只对固定资产和低值易耗品等资产明细账采用卡片账形式。

3. 会计账簿按账页的格式分类

会计账簿按其账页的格式不同，可以分为两栏式账簿、三栏式账簿、多栏式账簿、数量金额式账簿和横线登记式账簿。

（1）两栏式账簿，是指只有借方和贷方两个基本金额栏目的账簿。普通日记账一般采用两栏式。

（2）三栏式账簿，是指其账页的格式主要部分为借方、贷方和余额三栏或者收入、支出和余额三栏的账簿。三栏式账簿又可分为设对方科目和不设对方科目两种。区别是在摘要栏和借方科目栏之间是否有一栏“对方科目”栏。有“对方科目栏”的，称为设对方科目的三栏式账簿；不设“对方科目”栏的，称为不设对方科目的三栏式账簿。它主要适用于各种日记账、总分类账以及资本、债权债务明细账等。

（3）多栏式账簿，是指根据经济业务的内容和管理的需要，在账页的“借方”和“贷方”栏内再分别按照明细科目或某明细科目的各明细项目设置若干专栏的账簿。这种账簿可以按“借方”和“贷方”分别设专栏，也可以只设“借方”专栏，“贷方”的内容在相应的借方专栏内用红字登记，表示冲减。收入、费用明细账一般均采用这种格式的账簿。

（4）数量金额式，是指在账页中分设“借方”、“贷方”和“余额”或者“收入”、“发出”和“结存”三大栏，并在每一大栏内分设数量、单价和金额等三小栏的账簿，数量金额式账簿能够反映出财产物资的实物数量和价值量。原材料和库存商品、产成品等明细账一般采用数量金额式账簿。

（5）横线登记式账簿，是指账页分为借方和贷方两个基本栏目，每一个栏目再根据需要分设若干栏次，在账页两方的同一行记录某一经济业务自始自终所有事项的账簿。它主要适用于需要逐笔结算的经济业务的明细账，如物资采购、应收账款等明细账。

## 二、会计账簿的设置与登记

（一）会计账簿的基本内容

各种账簿所记录的经济内容不同，账簿的格式又多种多样，不同账簿的格式所包括的具体内容也不尽一致，但各种主要账簿应具备以下基本内容：

1. 封面。主要用于表明账簿的名称，如现金日记账、银行日记账、总分类账、应收账款明细账等。

2. 扉页。主要用于载明经管人员一览表，其应填列的内容主要有：经管人员、移交人和移交日期；接管人和接管日期。

3. 账页。账页是用来记录具体经济业务的载体，其格式因记录经济业务的内容的不同而有所不同，但每张账页上应载明的主要内容有：账户的名称（即会计科目）；记账日期栏；记账凭证种类和号数栏；摘要栏（经济业务内容的简要说明）；借方、贷方金额及余额的方向、金额栏；总页次和分页次等。

（二）会计账簿的启用

为了考证会计账簿记录的合法性和会计资料的真实性、完善性，明确经济业务，会计账簿应由专人负责登记。启用会计账簿应遵守以下规则：

1. 认真填写封面及账簿启用和经管人员一览表

启用会计凭证时应在账簿封面上写明单位名称和账簿名称，并在账簿扉页附账簿启用和经办人员一览表（简称启用表）。启用表内容主要包括：账簿名称、启用日期、账簿页数、记账人员和会计机构负责人、会计主管人员姓名，并加盖名章和单位公章。

启用订本式账簿，应当从第一页到最后一页顺序编定页数，不得跳页、缺页。使用活页式账簿，应当按账户顺序编号，并要定期装订成册；装订后再按实际使用的账页顺序编定页码，另加目录，记明每个账户的名称和页次。卡片式账簿在使用前应当登记卡片登记簿。

2. 严格交接手续

记账人员或者会计机构负责人、会计主管人员调动工作时，必须办理账簿交接手续，在账簿启用和经管人员一览表中注明交接日期、交接人员和监交人员姓名，并由双方交接人员签名或者盖章，以明确有关人员的责任，增强有关人员的责任感，维护会计记录的严肃性。

3. 及时结转旧账

每年年初更换新账时，应将旧账的各账户余额过入新账的余额栏，并在摘要栏中注明“上年结转”字样。

（三）会计账簿的设置原则

会计账簿的设置和登记，包括确定账簿的种类、设计账页的格式、内容和规定账簿登记的方法等。各单位应根据经济业务的特点和管理要求，科学、合理地设置账簿。具体表现为：

1. 账簿的设置必须保证能够全面、系统地核算和监督各项经济活动，为经济管理提供必要的考核指标。

2. 账簿的设置要从各单位经济活动和业务工作特点出发进行设置，以有利于会计分工和加强岗位责任制。

3. 账簿结构要求科学严密，有关账簿之间要有统驭关系或平行制约关系，并应避免重复记账或遗漏。

4. 账簿的格式，要力求简明实用，既要保证会计记录的系统和完整，又要避免过于繁琐，以便于日常使用和保存。

账簿的设置要组织严密、层次分明。账簿之间要互相衔接、互相补充、互相制约，能清晰地反映账户间的对应关系，以便能提供完整、系统的资料。

（四）日记账的设置与登记

日记账有普通日记账和特种日记账两类。

1. 普通日记账

普通日记账是逐日序时登记特种日记账以外的经济业务的账簿。在不设特种日记账的企业，则要序时地逐笔登记企业的全部经济业务，因此普通日记账也称分录簿。

普通日记账一般分为“借方金额”和“贷方金额”两栏，登记每一分录的借方账户和贷方账户及金额，这种账簿不结余额。其格式如表 8-10。

**表 8-10 普通日记账**

第 页

| 年 | | 会计科目 | 摘要 | 借方金额 | 贷方金额 | 过账 |
|---|---|---|---|---|---|---|
| 月 | 日 | | | | | |
| | | | | | | |

2. 特种日记账

常用的特种日记账是“现金日记账”和“银行存款日记账”。在企业、行政、事业单位中，现金日记账和银行存款日记账的登记，有利于加强货币资金的日常核算和监督，有利于贯彻执行国家规定的货币资金管理制度。

（1）现金日记账

现金日记账是用来核算和监督库存现金每日的收入、支出和结存状况的账簿。它由出纳人员根据现金收款凭证、现金付款凭证和银行存款付款凭证，按经济业务发生时间的先后顺序，逐日逐笔进行登记。

现金日记账的结构一般采用“收入”、“支出”、“结余”三栏式。现金日记账中的“年、月、日”、“凭证字号”、“摘要”和“对方科目”等栏，根据有关记账凭证登记；“收入”栏根据现金收款凭证和引起现金增加的银行存款付款凭证登记（从银行提取现金，只编制银行存款付款凭证）；“支出”栏根据现金付款凭证登记。每日终了应计算全日的现金收入、支出合计数，并逐日结出现金余额，与库存现金实存数核对，以检查每日现金收付是否有误。每月期末，应结出当期“收入”栏和“支出”栏的发生额和期末余额，并与“现金”总分类账户核对一致，做到日清月结，账实相符。如账实不符，应查明原因。现金日记账的格式如表8-11。

**表8-11　现金日记账**

| 年 | | 凭证 | | 对方科目 | 摘要 | 收入 | 支出 | 结余 |
|---|---|---|---|---|---|---|---|---|
| 月 | 日 | 种类 | 号码 | | | | | |
| | | | | | | | | |

（2）银行存款日记账

银行存款日记账用来核算和监督银行存款每日的收入、支出和结存情况的账簿。它是由出纳人员根据银行存款收款凭证、银行存款付款凭证和现金付款凭证按经济业务发生时间的先后顺序，逐日逐笔进行登记的序时账簿。银行存款日记账应按企业在银行开立的账户和币种分别设置，每个银行存款账户设置一本银行存款日记账。

银行存款日记账的结构一般也采用“收入”、“支出”和“结余”三栏式，由出纳人员根据银行存款的收、付款凭证，逐日逐笔按顺序登记。对于将现金存入银行的业务，因习惯上只填制现金付款凭证，不填制银行存款收款凭证，所以此时的银行存款收入数，应根据相关的现金付款凭证登记。另外，因在办理银行存款收付业务时，均根据银行结算凭证办理，为便于和银行对账，银行存款日记账还设有“结算凭证种类和号数”栏，单独列出每项存款收付所依据的结算凭证种类和号数。银行存款日记账和现金日记账一样，每日终了时要结出余额，做到日清，以便检查监督各项收支款项，避免出现透支现象，同时也便于同银行对账单进行核对。银行存款日记账的格式同现金日记账的格式相似。

现金日记账和银行存款日记账都必须使用订本账。

（五）分类账的设置和登记

分类账有总分类账和明细分类账两类。

1. 总分类账

总分类账也称总账，是按总分类账户进行分类登记，全面、总括地反映和记录经济活动情况，并为编制会计报表提供资料的账簿。由于总分类账能全面、总括地反映和记录经济业务引起的资金运动和财务收支情况，并为编制会计报表提供数据。因此，任何单位都必须设置总分类账。

总分类账一般采用订本账，按照会计科目的编码顺序分别开设账户，并为每个账户预留若干账页。由于总分类账只进行货币度量的核算，因此最常用的格式是三栏式，在账页中设置借方、贷方和余额三个基本金额栏。总分类账中的对应科目栏，可以设置也可以不设置。“借或贷”栏是指账户的余额在借方还是在贷方。

总分类账的登记，可以根据记账凭证逐笔登记，也可以通过一定的方式分次或按月一次汇总成汇总记账凭证或科目汇总表，然后据以登记，还可以根据多栏式现金、银行存款日记账在月末时汇总登记。总分类账登记的依据和方法，取决于企业采用的账务处理程序。

总分类账的格式如表 8-12。

**表 8-12　总分类账**

科目名称：　　　　　　　　　　　　　　　　　　　　　　第　页

| 年 | | 凭证号码 | 对方科目 | 摘要 | 借方 | 贷方 | 借或贷 | 余额 |
|---|---|---|---|---|---|---|---|---|
| 月 | 日 | | | | | | | |
| | | | | | | | | |

2. 明细分类账

明细分类账是根据明细账户开设账页，分类、连续地登记经济业务以提供明细核算资料的账簿。根据实际需要，各种明细账分别按二级科目或明细科目开设账户，并为每个账户预留若干账页，用来分类、连续记录有关资产、负债、所有者权益、收入、费用、利润等详细资料。设置和运用明细分类账，有利于加强资金的管理和使用，并可为编制会计报表提供必要的资料，因此，各单位在设置总分类账的基础上，还要根据经营管理的需要，按照总账科目设置若干必要的明细账，以形成既能提供经济活动总括情况，又能提供具体详细情况的账簿体系。

明细账的格式，应根据它所反映经济业务的特点，以及财产物资管理的不同要求来设计，一般有三栏式明细账、数量金额式明细账、多栏式明细账和横线登记式明细分类账四种。

（1）三栏式明细分类账

三栏式明细分类账账页的格式同总分类账的格式基本相同，它只设借方、贷方和余额三个金额栏，不设数量栏。所不同的是，总分类账簿为订本账，而三栏式明细分类账簿多为活页账。这种账页适用于采用金额核算的应收账款、应付账款等账户的明细核算。

（2）数量金额式明细账

数量金额式明细账账页格式在收入、发出、结存三栏内，再分别设置“数量”、“单价”和“金额”等栏目，以分别登记实物的数量和金额。其格式如表8-13。

数量金额式明细账适用于既要进行金额明细核算，又要进行数量明细核算的财产物资项目。如“原材料”、“库存商品”等账户的明细核算。它能提供各种财产物资收入、发出、结存等的数量和金额资料，便于开展业务和加强管理的需要。

**表 8-13　数量金额式明细分类账**

科目名称：　　　　　　　　　品名：　　　　　　　　　规格：

第　　页

| 年 | | 凭证 | | 摘要 | 收入 | | | 发出 | | | 结存 | | |
|---|---|---|---|---|---|---|---|---|---|---|---|---|---|
| 月 | 日 | 种类 | 号码 | | 数量 | 单价 | 金额 | 数量 | 单价 | 金额 | 数量 | 单价 | 金额 |
| | | | | | | | | | | | | | |

（3）多栏式明细分类账

多栏式明细分类账是根据经济业务的特点和经营管理的需要，在一张账页的借方栏或贷方栏设置若干专栏，集中反映有关明细项目的核算资料。它主要适用于只记金额、不记数量，而且在管理上需要了解其构成内容的费用、成本、收入、利润账户，如“生产成本”、“制造费用”、“管理费用”、“主营业务收入”等账户的明细分类账。“本年利润”、“利润分配”和“应交税金——应交增值税”等科目所属明细科目则需采用借、贷方均为多栏式的明细账。

多栏式明细账的格式视管理需要而呈多种多样。它在一张账页上，按明细科目分设若干专栏，集中反映有关明细项目的核算资料。如“制造费用明细账”，它在借方栏下，可分设若干专栏，如：工资和福利费、折旧费、修理费、办公费等。其格式见表 8-14。

**表 8-14 制造费用明细账**

| 年 | | 凭证 | | 摘要 | 借方 | | | | | | 贷方 | 金额 |
|---|---|---|---|---|---|---|---|---|---|---|---|---|
| 月 | 日 | 种类 | 号码 | | 工资 | 福利费 | 折旧费 | 办公费 | 水电费 | 其他 | | |
| | | | | | | | | | | | | |

企业发生的制造费用，借记本科目；分配计入有关成本核算对象时，贷记本科目。除季节性生产企业外，本科目月末应无余额。这类账页，多用于关于费用、成本、收入、成果类科目的明细核算。

多栏式明细分类账是由会计人员根据审核无误的记账凭证或原始凭证，按照经济业务发生的时间先后顺序逐日逐笔进行登记的，对于成本费用类账户，只在借方设专栏，平时在借方登记费、成本发生额，贷方登记月末将借方发生额一次转出的数额。平时如发生贷方发生额，应用“红字”在借方有关栏内登记，表示应从借方发生额中冲减。同样，对于收入、成果类账户，只在贷方设专栏，平时在贷方登记收入的发生额，借方登记月末将贷方发生额一次转让“本年利润”的数额，若平时发生退货，应用“红字”在贷方有关栏内登记。

（4）平行式明细分类账

平行式明细分类账也称横线登记式明细分类账。它的账页结构特点是，将前后密切相关的经济业务在同一横行内进行详细登记，以检查每笔经济业务完成及变动情况。该种账页一般用于“物资采购”、“一次性备用金业务”等明细分类账。

平行式明细分类账的借方一般在购料付款或借出备用金时按会计凭证的编号顺序逐日逐笔登记，其贷方则不要求按会计凭证编号逐日逐笔登记，而是在材料验收入库或者备用金使用后报销和收回时，在与借方记录的同一行内进行登记。同一行内借方、贷方均有记录时，表示该项经济业务已处理完毕，若一行内只有借方记录而无贷方记录的，表示该项经济业务尚未结束。

物资采购明细分类账的格式见表 8-15。

**表 8-15　物资采购明细分类账**

<table>
<tr><th colspan="2">年</th><th colspan="2">凭证</th><th rowspan="2">摘要</th><th colspan="3">借方</th><th rowspan="2">贷方</th><th rowspan="2">余额</th></tr>
<tr><th>月</th><th>日</th><th>种类</th><th>号码</th><th>买价</th><th>采购费用</th><th>合计</th></tr>
<tr><td></td><td></td><td></td><td></td><td></td><td></td><td></td><td></td><td></td><td></td></tr>
</table>

各种明细账的登记方法，应根据本单位业务量的大小和经营管理上的需要，以及所记录的经济业务内容而定，可以根据原始凭证、汇总原始凭证或记账凭证逐笔登记，也可以根据这些凭证逐日或定期汇总登记。

## 三、会计账簿登记规则与错账更正方法

### （一）会计账簿登记规则

1. 根据审核无误的会计凭证登记账簿

记账的依据是会计凭证，记账人员在登记账簿之前，应当首先审核会计凭证的合法性、完整性和真实性，这是确保会计信息的重要措施。

2. 记账时要做到准确完整

记账人员记账时，应当将会计凭证的日期、编号、经济业务内容摘要、金额和其他有关资料记入账内。每一会计事项，要按平行登记方法，一方面记入有关总账，另一方面记入总账所属的明细账，做到数字准确、摘要清楚、登记及时、字迹清晰工整。记账后，要在记账凭证上签章并注明所记账簿的页数，或划“√”表示已经登记入账，避免重记、漏记。

3. 书写不能占满格

为了便于更正记账和方便查账，登记账簿时，书写的文字和数字上面要留有适当的空格，不要写满格，一般应占格距的 1/2，最多不能超过 2/3。

4. 顺序连续登记

会计账簿应当按照页次顺序连续登记，不得跳行、隔页。如果发生跳行、隔页的，应当将空行、空页用红色墨水对角划线注销，并注明“作废”字样，或者注明“此行空白”、“此页空白”字样，并由经办人员盖章，以明确经济责任。

5. 正确使用蓝黑墨水和红墨水

登记账簿要用蓝黑墨水或碳素墨水书写，不得使用圆珠笔或者铅笔书写。

这是因为，各种账簿归档保管年限，国家规定一般都在10年以上，有些关系到重要经济资料的账簿，则要长期保管，因此要求账簿记录保持清晰、耐久，以便长期查核使用，防止涂改。红色墨水只能在以下情况下使用：冲销错账；在未设借贷等栏的多栏式账页中，登记减少数；在三栏式账户的余额栏前，如未印明余额方向的，在余额栏内登记负数余额；根据国家统一会计制度的规定可以使用红字登记的其他会计记录。在会计上，书写墨水的颜色用错了，会传递错误的信息，红色表示对正常记录的冲减。因此，红色墨水不能随意使用。

6. 结出余额

凡需要结出余额的账户，应按时结出余额，现金日记账和银行日记账必须逐日结出余额；债权债务明细账和各项财产物资明细账，每次记账后，都要随时结出余额；总账账户平时每月需要结出月末余额。结出余额后，应当在“借或贷”栏内写明“借”或者“贷”字样以说明余额的方向。没有余额的账户，应当在“借或贷”栏内写“平”字，并在余额栏内用“0”表示，一般来说，“0”应放在“元”位。

7. 过次承前

各账户在一张账页记满时，要在该账页的最末一行加计发生额合计数和结出余额，并在该行“摘要”栏注明“过次页”字样；然后，再把这个发生额合计数和余额填列在下一页的第一行内，并在“摘要”栏内注明“承前页”，以保证账簿记录的连续性。

8. 账簿记录错误应按规定的办法更正

账簿记录发生错误时，不得括、擦、挖、补，随意涂改或用褪色药水更改字迹，应根据错误的情况，按规定的方法进行更正。

（二）错账更正方法

登记会计账簿是一项很细致的工作。在记账工作中，可能由于种种原因会使账簿记录发生错误，有的是填制凭证和记账时发生的单纯笔误；有的是写错了会计科目、金额等；有的是合计时计算错误；有的是过账错误，登记账簿中发生的差错，一经查出就应立即更正。对于账簿记录错误，不准涂改、挖补、刮擦或者用药水消除字迹，不准重新抄写，而必须根据错误的具体情况和性质，采用规范的方法予以更正。错账更正方法通常有划线更正法、红字更正法和补充登记法等几种。

1. 划线更正法

记账凭证填制正确，在记账或结账过程中发现账簿记录中文字或数字有错误，应采用划线更正法。具体做法是：先在错误的文字或数字上划一条红线，表示注销，划线时必须使原有字迹仍可辨认；然后将正确的文字或数字用蓝字写在划线处的上方，并由记账人员在更正处盖章，以明确责任。对于文字的错误，可以只划去错误的部分，并更正错误的部分，对于错误的数字，应当全部划红线更正，不能只更正其中的个别错误数字。例如，把“3 457”元误记为“8 457”元时，应将错误数字“8 457”全部用红线注销后，再写上正确的数字“3 457”，而不是只删改一个“8”字。如记账凭证中的文字或数字发生错误，在尚未过账前，也可用划线更正法更正。

2. 红字更正法

在记账以后，如果发现记账凭证中应借、应贷科目或金额发生错误时，可以用红字更正法进行更正。具体做法是：先用红字金额，填写一张与错误记账凭证内容完全相同的记账凭证，且在摘要栏注明“更正某月某日第×号凭证”，并据以用红字金额登记入账，以冲销账簿中原有的错误记录，然后再用蓝字重新填制一张正确的记账凭证，登记入账。这样，原来的错误记录便得以更正。

红字更正法一般适用于以下两种情况错账的更正：

（1）记账后，如果发现记账凭证中的应借、应贷会计科目有错误，那么可以用红字更正法予以更正。

【例 8-1】A 车间领用甲材料 1 000 元用于一般消耗。

（1）填制记账凭证时，误将借方科目写成“生产成本”，并已登记入账。原错误记账凭证为：

借：生产成本　　　　1 000

　　贷：原材料　　　　　　1 000

（2）发现错误后，用红字填制一张与原错误记账凭证内容完全相同的记账凭证。

借：生产成本　　　　[1 000]

　　贷：原材料　　　　　　[1 000]

（3）用蓝字填制一张正确的记账凭证。

借：制造费用　　　　1 000

　　贷：原材料　　　　　　1 000

（2）记账后，如果发现记账凭证和账簿记录中应借、应贷的账户没有错误，只是所记金额大于应记金额。对于这种账簿记录的错误，更正的方法是：将多记的金额用红字填制一张与原错误记账凭证会计科目相同的记账凭证，并在摘要栏注明“更正某月某日第×号凭证”，并据以登记入账，以冲销多记的金额，使错账得以更正。

【例 8-2】仍以【例 8-1】为例，假设在编制记账凭证时应借、应贷账户没有错误，只是金额由 1 000 元写成了 10 000 元，并且已登记入账。

该笔业务只需用红字更正法编制一张记账凭证将多记的金额 9 000 元用红字冲销即可。编制的记账凭证为：

借：制造费用　　　　　9 000（红字）

　贷：原材料　　　　　　　9 000（红字）

3. 补充登记法

在记账之后，如果发现记账凭证中应借、应贷的账户没有错误，但所记金额小于应记金额，造成账簿中所记金额也小于应记金额，这种错账应采用补充登记法进行更正。更正的方法是：将少记金额用蓝笔填制一张与原错误记账凭证会计科目相同的记账凭证，并在摘要栏内注明“补记某月某日第×号凭证”并予以登记入账，补足原少记金额，使错账得以更正。

【例 8-3】仍以【例 8-1】为例，假设在编制记账凭证时应借、应贷账户没有错误，只是金额由 1 000 元写成了 100 元，并且已登记入账。

该笔业务只需用补充登记法编制一张记账凭证将少记的金额 900 元补足便可。其记账凭证为：

借：制造费用　　　　　900

　贷：原材料　　　　　　　900

错账更正的三种方法中红字更正法和补充登记法都是用来更正因记账凭证错误而产生的记账错误，如果非因记账凭证的差错而产生的记账错误，只能用划线更正法更正。

以上三种方法对当年内发现填写记账凭证或者登记账错误而采用的更正方法，如果发现以前年度记账凭证中有错误（指会计科目和金额）并导致账簿登记出现差错，应当用蓝字或黑字填制一张更正的记账凭证。因错误的账簿记录已经在以前会计年度终了进行结账或决算，不可能将已经决算的数字进行红字冲销，只能用蓝字或黑字凭证对除文字外的一切错误进行更正，并在更正凭证上特别注明“更正××年度错账”的字样。

## 四、对账与结账

登记账簿作为会计核算的方法之一，它除了包括记账外，还包括对账和结账两项工作。

（一）对账

对账，就是核对账目，是保证会计账簿记录质量的重要程序。在会计工作中，由于种种原因，难免会发生记账、计算等差错，也难免会出现账实不符的现象。为了保证各账簿记录和会计报表的真实、完整和正确，如实地反映和监督经济活动，各单位必须做好对账工作。

账簿记录的准确与真实可靠，不仅取决于账簿的本身，还涉及账簿与凭证的关系，账簿记录与实际情况是否相符的问题等。所以，对账应包括账簿与凭证的核对、账簿与账簿的核对、账簿与实物的核对。把账簿记录的数字核对清楚，做到账证相符、账账相符和账实相符。对账工作至少每年进行一次。对账的主要内容有：

1. 账证核对

账证核对是指将会计账簿记录与会计凭证包括记账凭证和原始凭证有关内容进行核对。由于会计账簿是根据会计凭证登记的，两者之间存在勾稽关系，因此，通过账证核对，可以检查、验证会计账簿记录与会计凭证的内容是否正确无误，以保证账证相符。各单位应当定期将会计账簿记录与其相应的会计凭证记录（包括时间、编号、内容、金额、记录方向等）逐项核对，检查是否一致。如有不符之处，应当及时查明原因，予以更正。保证账证相符，是会计核算的基本要求之一，也是账表相符和账账相符、账实相符的基础。

2. 账账核对

账账核对是指将各种会计账簿之间相对应的记录进行核对。由于会计账簿之间相对应的记录存在着内在联系，因此，通过账账相对，可以检查、验证会计账簿记录的正确性，以便及时发现错账，予以更正，保证账账相符。账账核对的内容主要包括：

（1）总分类账各账户借方余额合计数与贷方余额合计数核对相符。

（2）总分类账各账户余额与其所属明细分类账各账户余额之和核对相符。

（3）现金日记账和银行存款日记账的余额与总分类账中“现金”和“银行存款”账户余额核对相符。

（4）会计部门有关财产物资的明细分类账余额与财产物资保管或使用部门登记的明细账核对相符。

3. 账实核对

账实核对是在账账核对的基础上，将各种财产物资的账面余额与实存数额进行核对。由于实物的增减变化、款项的收付都要在有关账簿中如实反映，因此，通过会计账簿记录与实物、款项的实有数进行核对，可以检查、验证款项、实物会计账簿记录的正确性，以便于及时发现财产物资和货币资金管理中存在的问题，查明原因，分清责任，改善管理，保证账实相符。账实核对的主要内容包括：

（1）现金日记账账面余额与现金实际库存数核对相符。

（2）银行存款日记账账面余额与开户银行对账单核对相符。

（3）各种材料、物资明细分类账账面余额与实存数核对相符。

（4）各种债权债务明细账账面余额与有关债权、债务单位或个人的账面记录核对相符。

实际工作中，账实核对一般要结合财产清查进行。有关财产清查的内容和和方法将在以后的章节介绍。

（二）结账

结账，是在把一定时期内发生的全部经济业务登记入账的基础上，按规定的方法将各种账簿的记录进行小结，计算并记录本期发生额和期末余额。

为了正确反映一定时期内在账簿中已经记录的经济业务，总结有关经济活动和财务状况，为编制会计报表提供资料，各单位应在会计期末进行结账。会计期间一般按日历时间划分为年、季、月，结账于各会计期末进行，所以分为月结、季结、年结。

1. 结账的基本程序

结账前，必须将属于本期内发生的各项经济业务和应由本期受益的收入、负担的费用全部登记入账。在此基础上，才可保证结账的有用性，确保会计报表的正确性。不得把将要发生的经济业务提前入账，也不得把已经在本期发生的经济业务延至下期（甚至以后期）入账。结账的基本程序具体表现为：

（1）将本期发生的经济业务事项全部登记入账，并保证其正确性。

（2）根据权责发生制的要求，调整有关账项，合理确定本期应计的收入和应计的费用。

①应计收入和应计费用的调整。应计收入是指那些已在本期实现、因款项未收而未登记入账的收入。企业发生的应计收入，主要是本期已经发生且符合收入确认标准，但尚未收到相应款项的商品或劳务。对于这类调整事项，应确认为本期收入，借记“应收账款”等科目，贷记“营业收入”等科目；待以后收妥款项时，再借记“现金”或“银行存款”等科目，贷记“应收账款”等科目。

②收入分摊和成本分摊的调整。收入分摊是指企业已经收取有关款项，但未完成或未全部完成销售商品或提供劳务，需在期末按本期已完成的比例，分摊确认本期已实现收入的金额，并调整以前预收款项时形成的负债，如企业销售商品预收定金、提供劳务预收佣金。在收到预收款项时，应借记“银行存款”

等科目，贷记“预收账款”等科目；在以后提供商品或劳务、确认本期收入时，借记“预收账款”等科目，贷记“营业收入”等科目。

成本分摊是指企业的支出已经发生、能使若干个会计期间受益，为正确计算各个会计期间的盈亏，将这些支出在其受益期间进行分配。如企业已经支出，但应由本期或以后各期负担的待摊费用，购建固定资产和无形资产的支出等。企业在发生这类支出时，应借记“待摊费用”、“固定资产”、“无形资产”等科目，贷记“银行存款”等科目。在会计期末进行摊销时，应借记“制造费用”、“管理费用”、“销售费用”等科目，贷记“待摊费用”、“累计折旧”、“累计摊销”等科目。

（3）将损益类账户转入“本年利润”账户，结平所有损益类账户。

（4）结算出资产、负债和所有者权益账户的本期发生额和余额，并结转下期。

2. 结账的基本方法

结账时，应当结出每个账户的期末余额。需要结出当月（季、年）发生额的账户，如各项收入、费用账户等，应单列一行登记发生额，在摘要栏内注明“本月（季）合计”或“本年累计”。结出余额后，应在余额前的“借或贷”栏内写“借”或“贷”字样，没有余额的账户，应在余额栏前的“借或贷”栏内写“平”字，并在余额栏内用“0”表示。为了突出本期发生额及期末余额，表示本会计期间的会计记录已经截止或者结束，应将本期与下期的会计记录明显分开，结账一般都划“结账线”。划线时，月结、季结用单线，年结划双线。划线应划红线并应划通栏线，不能只在账页中的金额部分划线。

结账时应根据不同的账户记录，分别采用不同的结账方法：

（1）总账账户的结账方法。总账账户平时只需结计月末余额，不需要结计本月发生额。每月结账时，应将月末余额计算出来并写在本月最后一笔经济业务记录的同一行内，并在下面通栏划单红线。年终结账时，为了反映全年各会计要素增减变动的全貌，便于核对账目，要将所有总账账户结计全年发生额和年末余额，在摘要栏内注明“本年累计”字样，并在“本年累计”行下划双红线。

（2）现金日记账、银行存款日记账和需要按月结计发生额的收入、费用等明细账的结账方法。现金日记账、银行存款日记账和需要按月结计发生额的各种明细账，每月结账时，要在每月的最后一笔经济业务下面通栏划单红线，结出本月发生额和月末余额写在红线下面，并在摘要栏内注明“本月合计”字样，再在下面通栏划单红线。

（3）不需要按月结计发生额的债权、债务和财产物资等明细分类账的结账方法。对这类明细账，每次记账后，都要在该行余额栏内随时结出余额，每月最后一笔余额即为月末余额。也就是说月末余额就是本月最后一笔经济业务记录的同一行内的余额。月末结账时只需在最后一笔经济业务记录之下通用栏划单红线即可，无需再结计一次余额。

（4）需要结计本年累计发生额的收入、成本等明细账的结账方法。对这类明细账，先按照需按月结计发生额的明细账的月结方法进行月结，再在“本月合计”行下的摘要栏内注明“本年累计”字样，并结出自年初起至本月末止的累计发生额，再在下通栏划单红线。12 月末的“本年累计”就是全年累计发生额，全年累计发生额下面通栏划双红线。

（5）年度终了结账时，有余额的账户，要将其余额结转到下一会计年度，并在摘要栏内注明“结转下年”字样；在下一会计年度新建有关会计账簿的第一行余额栏内填写上年结转的余额，并在摘要栏内注明“上年结转”字样。结转下年时，既不需要编制记账凭证，也不必将余额再记入本年账户的借方或贷方，使本年有余额的账户的余额变为零，而是使有余额的账户的余额如实反映在账户中，以免混淆有余额账户和无余额的账户的区别。

若由于会计准则或会计制度改变而需要在新账中改变原有账户名称及其核算内容的，可将年末余额按新会计准则或会计制度的要求编制余额调整分录，或编制余额调整工作底稿，将调整后的账户余额抄入新账的有关账户余额栏内。

**【课堂测试 8-2】**

1. 租入固定资产备查登记簿按用途分类属于（　　）。

A. 分类账簿　　B. 通用日记账
C. 备查账簿　　D. 专用日记账

2. 会计人员在结转前发现，在根据记账凭证登记入账时，误将 200 元记成 2 000 元，而记账凭证无误，应采用（　　）。

A. 补充登记法　　B. 划线更正法
C. 红字更正法　　D. 蓝字登记法

3. 活页账簿与卡片账簿可适用于（　　）。

A. 现金日记账　　B. 总分类账
C. 通用日记账　　D. 明细分类账

## 本章小结

会计凭证，简称凭证，是记录经济业务，明确经济责任，并据以登记账簿的书面证明。按照填制的程序和用途不同，会计凭证可以分成原始凭证和记账凭证。正确组织会计凭证的传递，对于提高会计核算资料的及时性、正确组织经济活动、加强经济责任、实行会计监督具有重要意义。会计凭证的保管是指会计凭证记账后的整理、装订、归档和存查工作。

会计账簿，是指由一定格式账页组成的，以经过审核的会计凭证为依据，全面系统连续地记录各项经济业务的账簿。会计账簿按其用途不同，可分为序时账簿、分类账簿和备查账簿。

在记账工作中，可能由于种种原因会使账簿记录发生错误，登记账簿中发生的差错，一经查出就应立即更正。对于账簿记录错误，不准涂改、挖补、刮擦或者用药水消除字迹，不准重新抄写，而必须根据错误的具体情况和性质，采用规范的方法予以更正。错账更正方法通常有划线更正法、红字更正法和补充登记法等几种。

登记账簿作为会计核算的方法之一，它除了包括记账外，还包括对账和结账两项工作。

对账，就是核对账目，是保证会计账簿记录质量的重要程序，应包括账簿与凭证的核对、账簿与账簿的核对、账簿与实物的核对。结账，是在把一定时期内发生的全部经济业务登记入账的基础上，按规定的方法将各种账簿的记录进行小结，计算并记录本期发生额和期末余额，分为月结、季结、年结。

**篇后案例**

大肆虚开增值税票　家族罪案实属罕见

2002 年，广东省韶关市中级人民法院开庭审理了新丰县物资公司原副总经理潘光始及其儿子潘英平、儿媳罗媚 3 人虚开增值税专用发票价税合计总额 4 亿余元的案件。这种家族式的虚开税票案实属罕见。

由于担任公职不便出面，潘光始首先借用朋友潘某的身份证开立了新丰县新城物资有限公司，然后又指使自己的儿子潘英平成立新丰县万源有限公司，指使冯泽段等人申请成立了商发、长能贸易有限公司。据公诉人讲，1997 年，潘光始竟然在一天之内成立了两家所谓的“贸易公司”。而这些公司既无厂房工地，又无贸易往来，惟一的生意是兜售虚开的增值税专用发票。

有时需要出具的虚开发票太多，忙不过来，潘光始就指使自己的儿子和儿媳罗媚一齐动笔开票。检察院诉称，潘光始等3人从1996年1月至2000年11月，利用开设5家皮包公司的幌子，先后为中国石油物资装备总公司、天津三星电机有限公司、广东湛江制药总厂等全国100余家单位大肆虚开增值税专用发票。

经查实，被告人潘光始共参与虚开增值税专用发票4亿多元，税额5 900万元。每一次做生意，潘光始都坚持要求按价税总额的1.5%～1.8%收费，如此计算，潘家从中获取的不法之财达数百万人民币。

思考：（1）增值税专用发票属于何种凭证？具体开具规定是什么？

（2）潘光始等人的行为违反了凭证管理的何项规定？

资料来源：《半岛晨报》. 2002年7月19日第20版，原载《南方都市报》.

## 核心概念

会计凭证（accounting documents） 原始凭证（source document） 记账凭证（voucher） 收款凭证（receipt voucher） 付款凭证（payment voucher） 转账凭证（transfer voucher） 通用记账凭证（general purpose voucher） 日记账（journal） 分类账（ledger）

## 思考题

1. 什么是会计凭证？
2. 会计凭证分为哪几类？有何区别？
3. 对原始凭证的填写和审核有哪些要求和内容？
4. 对记账凭证的填写和审核有哪些要求和内容？
5. 正确合理地组织会计凭证的传递有什么作用？
6. 整理报关会计凭证的要求是什么？
7. 会计账簿有什么作用？
8. 总账、明细账、日记账和辅助账簿有什么区别？其各自的作用是什么？
9. 活页账和订本账各有什么特点？
10. 明细分类账页有哪几种格式？
11. 登记账簿有哪些规则？如何更正错账？
12. 账簿的更换和保管要注意哪些方面？
13. 为什么要对账？应从哪几方面进行对账？

## 练习题

（一）单项选择题

1. 会计凭证按（　　）分类，分为原始凭证和记账凭证。

A. 用途和填制程序　　B. 形成来源

C. 反映方式　　D. 填制方式

2. 下列原始凭证中属于外来原始凭证的有（　　）。

A. 购货发票　　B. 工资结算汇总表

C. 发出材料汇总表　　D. 领料单

3. 对于现金和银行存款之间相互划转的经济业务，通常（　　）。

A. 不需编制记账凭证　　B. 需编制收款凭证

C. 需编制付款凭证　　D. 需编制转账凭证

4. 把一项经济业务所涉及的有关账户，分别按每个账户填制一张记账凭证称为（　　）。

A. 一次凭证　　B. 单项记账凭证

C. 复式记账凭证　　D. 借项记账凭证

5. 会计人员对于不真实、不合法的原始凭证，应当（　　）。

A. 给予受理，但应向单位领导口头报告

B. 给予受理，但应向单位领导书面报告

C. 不予以受理

D. 视具体情况而定

6. 原始凭证的金额出现错误，正确的更正方法是（　　）。

A. 由出具单位更正，并在更正处盖章

B. 由取得单位更正，并在更正处盖章

C. 由出具单位重开

D. 由出具单位另开证明，作为原始凭证的附件

7. 记账凭证按其所反映的经济内容不同，可以分为（　　）。

A. 单式凭证和复式凭证　　B. 收款凭证、付款凭证和转账凭证

C. 通用凭证和专用凭证　　D. 一次凭证、累计凭证和汇总凭证

8. 下列不属于原始凭证基本内容的是（　　）。

A. 填制日期　　B. 经济业务内容

C. 应借应贷科目　　D. 有关人员签章

9. 产品生产领用材料，应编制的记账凭证是（ ）。

A. 收款凭证 B. 付款凭证

C. 转账凭证 D. 一次凭证

10. 记账凭证的填制是由（ ）完成的。

A. 出纳人员 B. 会计人员

C. 经办人员 D. 主管人员

11. 记账凭证是根据（ ）填制的。

A. 经济业务 B. 原始凭证

C. 账簿记录 D. 审核无误的原始凭证

12. “限额领料单”是一种（ ）。

A. 一次凭证 B. 累计凭证

C. 单式凭证 D. 汇总凭证

13. 材料明细账的外表形式可采用（ ）。

A. 订本式 B. 活页式

C. 三栏式 D. 多栏式

14. 固定资产明细账的外表形式一般采用（ ）。

A. 三栏式 B. 数量金额式

C. 多栏式 D. 卡片式

（二）多项选择题

1. 下列凭证中属于原始凭证的有（ ）。

A. 对账单 B. 产品成本计算单

C. 购货发票 D. 发出材料汇总表

E. 有应借应贷科目的自制原始凭证

2. 会计凭证可以（ ）。

A. 记录经济业务 B. 明确经济责任

C. 登记账簿 D. 编制报表

E. 财产清查

3. 会计凭证按用途和填制程序分为（ ）。

A. 原始凭证 B. 累计凭证

C. 记账凭证 D. 转账凭证

E. 单式记账凭证

4. 收款凭证可以作为出纳人员（ ）的依据。

A. 收入货币资金 B. 付出货币资金

C. 登记现金日记账　　D. 登记银行存款日记账
E. 登记有关明细账

5.“发料凭证汇总表”分别是（　　）。
A. 原始凭证　　B. 汇总凭证
C. 一次凭证　　D. 自制凭证
E. 记账凭证

6. 下列属于一次凭证的原始凭证有（　　）。
A. 领料单　　B. 限额领料单
C. 收料单　　D. 销货发票
E. 差旅费报销单

7.“限额领料单”可分别属于（　　）。
A. 原始凭证　　B. 汇总凭证
C. 一次凭证　　D. 自制凭证
E. 累计凭证

8. 各种原始凭证必须具备的基本要素包括（　　）。
A. 经济业务的摘要内容　　B. 应借、应贷的会计科目名称
C. 有关人员的签章　　D. 填制单位签章
E.凭证所附原始凭证的张数

9. 自制原始凭证按填制的手续的不同，可分为（　　）。
A. 累计凭证　　B. 汇总原始凭证
C. 记账编制凭证　　D. 一次凭证
E. 复式凭证

10. 收款凭证的贷方科目，可能为下列（　　）科目。
A. 库存现金　　B. 银行存款
C. 主营业务收入　　D. 应收账款
E. 其他应收款

11. 任何会计主体都必须设置的账簿有（　　）。
A. 日记账　　B. 辅助账簿
C. 总分类账簿　　D. 备查账簿
E. 明细分类账

12. 现金、银行存款日记账的账页格式有（　　）。
A. 三栏式　　B. 多栏式
C. 订本式　　D. 数量金额式

E. 联合式

13. 多栏式明细分类账的账页格式适用于（　　）。

A. 应收账款明细账　　B. 管理费用明细账

C. 主营业务收入　　D. 材料采购

E. 待摊费用

14. 对账的具体内容包括（　　）。

A. 账证核对　　B. 账账核对

C. 账表核对　　D. 账内核对

E. 账实核对

15. 账簿组成的基本内容是（　　）。

A. 单位名称　　B. 账簿封面

C. 账簿扉页　　D. 账页

E. 登记人员

（三）判断题

1．所有的会计凭证都是登记账簿的依据。（　　）

2．自制原始凭证都是一次凭证。（　　）

3．从银行提取现金时，应编制现金收款凭证。（　　）

4．记账凭证是根据账簿记录填制的。（　　）

5．单式记账凭证是依据单式记账法填制的。（　　）

6．一个会计主体可以同时使用通用记账凭证和专用记账凭证。（　　）

7. 在审核原始凭证时，发现有伪造、涂改或不合法的原始凭证，应退回经办人员更改后再受理。（　　）

8．现金日记账和银行存款日记账，必须采用订本式。（　　）

9. 为了实行钱账分管原则，通常由出纳人员填制收款凭证和付款凭证，由会计人员登记现金日记账和银行存款日记账。（　　）

10. 对于“原材料”账户的明细分类账，应采用多栏式账簿。（　　）

11．总分类账及其明细分类账必须在同一会计期间内登记。（　　）

12. 账簿是重要的经济档案和历史资料，必须长期保存，不得销毁。（　　）

13．从外单位取得的原始凭证，必须盖有填制单位的公章。（　　）

14. 自制原始凭证必须有经办单位或部门负责人或其指定人员签名或盖章，对外开出的原始凭证，必须加盖本单位公章。（　　）

15. 原始凭证在特定情况下，经单位领导或有关部门批准可以涂改、挖补。（　　）

（四）业务题

1. 练习错账的更正方法。

资料：某企业将账簿与记账凭证进行核对，发现下列经济业务的凭证内容或账簿记录有错误：

（1）开出转账支票一张 1 000 元，支付管理部门零星开支。原凭证为：

借：管理费用　　　　1 000

　　贷：库存现金　　　　　　1 000

（2）签发转账支票 3 000 元，预付后三季度的报刊订阅费。原记账凭证为：

借：待摊费用　　　　300

　　贷：银行存款　　　　300

（3）签发转账支票 8 000 元，预付后三季度房租。原记账凭证为：

借：待摊费用　　　　9 000

　　贷：银行存款　　　　　9 000

（4）用现金支付管理部门零星购置费 78 元。原记账凭证为：

借：管理费用　　　　78

　　贷：库存现金　　　　78

要求：判断上列各经济业务的账务处理是否有误？如有错误采用适当方法加以更正。

# 第九章 财产清查

在本章之前，我们讨论了凭证和账簿的编制工作，在生成报表之前，必须进行相应的财产清查工作。财产清查是会计核算的一种方法。学习本章，要求了解财产清查的意义和种类，熟悉财产清查前的准备工作和财产物资盘存制度，掌握各项财产物资和往来款项的清查方法以及财产清查结果的处理。

**开篇案例**

设备盘亏应如何处理?

某企业的副总蒋某将企业在用汽车借给其亲属使用，未办理任何手续。年底清查人员盘点时发现盘亏了一辆汽车，原值200 000元，已提折旧50 000元。经调查是蒋某所为，该车已于一次事故中报废。当问及蒋某处理意见时，他建议按正常报废处理。

盘亏的汽车按正常报废处理是否符合规定?企业应怎样正确处理盘亏的资产?

## 第一节 财产清查概述

### 一、财产清查的概念

财产清查也叫财产检查，是指通过对实物、现金的实地盘点和对银行存款、往来款项的核对，查明各项财产物资、货币资金、往来款项的实有数和账面数是否相符的一种会计核算的专门方法。

企业的会计工作，都要通过会计凭证的填制和审核，然后及时地在账簿中进行连续登记。应该说，这一过程能保证账簿记录的正确性，也能真实反映企业各项财产的实有数，各项财产的账实应该是一致的。但是，在实际工作中，由于种种原因，账簿记录会发生差错，各项财产的实际结存数也会发生差错，造成账存数与实存数发生差异，企业原因是多方面的，一般有几种情况：（1）在收发物资中，由于计量、检验不准确而造成品种、数量或质量上的差错；（2）财产物资在运输、保管、收发过程中，在数量上发生自然增减变化；（3）在财产增减变动中，由于手续不齐或计算、登记上发生错误；（4）由于管理不善或工作人员失职，造成财产损失、变质或短缺等；（5）贪污盗窃、营私舞弊造成的损失；（6）自然灾害造成的非常损失；（7）未达账项引起的账账、账实不符等。

## 二、财产清查的意义

上述情况都会造成账实在实际上不一致的情况，因此，运用财产清查对各项财产进行定期或不定期的财产清查，对于加强企业经营管理，充分发挥会计的监督作用具有重要意义。财产清查的意义主要体现在以下几个方面。

（一）保证账实相符，使会计资料真实可靠

通过财产清查可以确定各项财产物资的实际结存数，将账面结存数和实际结存数进行核对，可以揭示各项财产物资的溢缺情况，从而及时地调整账面结存数，保证账簿纪录真实、可靠。

（二）保护财产的安全和完整

通过财产清查，可以查明企业单位财产、商品、物资是否完整，有无缺损、霉变现象，以便堵塞漏洞，改进和健全各种责任制，切实保证财产的安全和完整。

（三）挖掘财产潜力，加速资金周转

通过财产清查可以及时查明各种财产物资的结存和利用情况。如发现企业有闲置不用的财产物资应及时加以处理，以充分发挥它们的效能；如发现企业有呆滞积压的财产物资，也应及时加以处理，并分析原因，采取措施，改善经营管理。这样，可以使财产物资得到充分合理的利用，加速资金周转，提高企业的经济效益。

（四）保证财经纪律和结算纪律的执行

通过对财产、物资、货币资金及往来款项的清查，可以查明耽误有关业务人员是否遵守财经纪律和结算纪律，有无贪污盗窃、挪用公款的情况；查明各项货币资金使用是否合理，是否符合党和国家的方针政策和法规，从而使工作人员更加自觉的遵纪守法，自觉维护和遵守财经纪律。

## 三、财产清查的种类

财产清查，按照清查的对象和范围，可以分为全面清查和局部清查；按照清查的时间，可以分为定期清查和不定期清查。

（一）全面清查和局部清查

全面清查是指对所有的财产和资金进行全面盘点与核对。其清查对象主要包括：原材料、在产品、自制半成品、库存商品、现金、短期存（借）款、有价证券及外币、在途物资、委托加工物资、往来款项、固定资产等。全面清查范围广，工作量大，一般在年终决算或企业撤销、合并或改变隶属关系时进行。

局部清查也称重点清查，是指根据需要只对财产中某些重点部分进行的清查。如流动资金中变化较频繁的原材料、库存商品等，除年度全面清查外，还应根据需要随时轮流盘点或重点抽查。各种贵重物资要每月至少清查一次，库存现金要天天核对，银行存（借）款要按银行对账单逐笔核对。

（二）定期清查和不定期清查

定期清查是指在规定的时间内所进行的财产清查。一般是在年、季、月终了后进行。

不定期清查也称临时清查，是指根据实际需要临时进行的财产清查。一般是在更换财产物资保管人员、企业撤销、合并或发生财产损失等情况时所进行的清查。

定期清查和不定期清查的范围应视具体情况而定，可全面清查也可局部清查。

**【课堂测试 9-1】**

1. 企业在遭受自然灾害后，对其受损的财产物资进行的清查，属于（　　）。

A. 局部清查和定期清查　　B. 全面清查和定期清查

C. 局部清查和不定期清查　　D. 全面清查和不定期清查

2. 财产清查是对（　　）进行盘点和核对，确定其实存数，并查明其账存数与实存数是否相符的一种专门方法。

A. 存货　　B. 固定资产

C. 货币资金　　D. 各项财产

## 第二节　财产清查的方法

### 一、财产清查的盘存制度

财产物资的盘存制度有两种，即“永续盘存制”和“实地盘存制”。单位可根据经营管理的需要和财产物资品种的不同，分别采用不同的方法，以达到弄清账实、查明原因、提高经营管理水平的目的。

（一）永续盘存制

永续盘存制也称“账面盘存制”，是平时对单位各项财产物资分别设立明细账，根据会计凭证连续记载其增减变化并随时给出余额的一种管理制度。这种盘存制，能从账簿资料中及时反映出企业各项财产、物资的结存数额，为及时掌握单位财产增减变动情况和余额提供可靠依据，以便加强单位财产物资的管理。

（二）实地盘存制

实地盘存制是平时根据有关会计凭证，只登记财产物资的增加数，不登记减少数，月末或一定时期可根据期末盘点资料，弄清各种财务的实有数额，然后再根据“期初结存＋本期增加数－本期实存数=本期减少数”的公式，倒挤出本期减少数额，即“以存计耗”、“以存计销”，并将其记入有关明细账中的一种物资盘存管理制度。采用这种方法工作比较简单，虽然看起来账是平衡的，但手续不够严密，对于管理中存在的问题不易发现。

**二、财产清查的方法**

（一）实物资产的清查

对于各种实物如材料、半成品、在产品、产成品、低值易耗品、包装物、固定资产等，都要从数量和质量上进行清查。由于实物的形态、体积、重量、堆放方式等不尽相同，因而所采用的清查方法也不尽相同。实物数量的清查方法，比较常用的有以下几种：

（1）实物盘点。即通过逐一清点或用计量器具来确定实物的实存数量。其适用的范围较广，在多数财产物资清查中都可以采用这种方法。

（2）技术推算。采用这种方法，对于财产物资不是逐一清点计数，而是通过量方、计尺等技术推算财产物资的结存数量。这种方法只适用于成堆量大而价值又不高、难以逐一清点的财产物资的清查。例如，露天堆放的煤炭等。

对于实物的质量，应根据不同的实物采用不同的检查方法，例如，有的采用物理方法，有的采用化学方法来检查实物的质量。

实物清查过程中，实物保管人员和盘点人员必须同时在场。对于盘点结果，应如实登记盘存单，并由盘点人和实物保管人签字或盖章，以明确经济责任。盘存单既是记录盘点结果的书面证明，也是反映财产物资实存数的原始凭证。其一般格式如表 9-1 所示。

**表 9-1 盘存单**

单位名称：　　　　盘点时间：　　　　编号：
财产类别：　　　　存放地点：　　　　金额单位：

| 编号 | 名称 | 计量单位 | 数量 | 单价 | 金额 | 备注 |
|---|---|---|---|---|---|---|
| | | | | | | |

盘点人签章：　　　　保管人：

为了查明实存数与账存数是否一致，确定盘盈或盘亏情况，应根据盘存单和有关账簿的记录，编制实存账存对比表。实存账存对比表是用以调整账簿记录的重要原始凭证，也是分析产生差异的原因，明确经济责任的依据。实存账存对比表的一般格式如表 9-2 所示：

对于委托外单位加工、保管的材料、商品、物资以及在途的材料、商品、物资等，可以用询证的方法与有关单位进行核对，以查明账实是否相符。

**表 9-2 实存账存对比表**

| 编号 | 类别及名称 | 计量单位 | 单价 | 实存 | | 账存 | | 对比结果 | | | | 备注 |
|---|---|---|---|---|---|---|---|---|---|---|---|---|
| | | | | | | | | 盘盈 | | 盘亏 | | |
| | | | | 数量 | 金额 | 数量 | 金额 | 数量 | 金额 | 数量 | 金额 | |
| | | | | | | | | | | | | |
| | | | | | | | | | | | | |

主管人员：　　　　会计：　　　　制表：

（二）库存现金的清查

库存现金的清查，包括人民币和各种外币的清查，都是采用实地盘点即通过点票数来确定现金的实存数，然后以实存数与现金日记账的账面余额进行核对，以查明账实是否相符及盈亏情况。

由于现金的收支业务十分频繁，容易出现差错，需要出纳人员每日进行清查和定期及不定期的专门清查。每日业务终了，出纳人员都应将现金日记账的账面余额与现金的实存数进行核对，做到账款相符。专门班子清查盘点时，出纳人员必须在场，现钞应逐张查点，还应注意有无违反现金管理制度的现象，编制现金盘点报告表，并由盘点人员和出纳人员签章。现金盘点报告表兼有盘存单和实存账存对比表的作用，是反映现金实有数和调整账簿记录的重要原始凭证。其一般格式如表 9-3 所示：

**表 9-3　现金盘点报告表**

单位名称：　　　　　　　　　　　　　　年　月　日

| 实存金额 | 账存金额 | 对比结果 | | 备注 |
|---|---|---|---|---|
| | | 盘盈 | 盘亏 | |
| | | | | |

盘点人：　　　　　　　　　　　　　　　　　　　　出纳员：

国库券、其他金融债券、公司债券、股票等有价证券的清查方法和现金相同。

（三）银行存款的清查

银行存款的清查，与实物和现金的清查方法不同，它是采用与银行核对账目的方法来进行的。即将企业单位的银行存款日记账与从银行取得的对账单逐笔核对，以查明银行存款的收入、付出和结余的记录是否正确。

开户银行送来的银行对账单是银行在收付企业单位存款时复写的账页，它完整地记录了企业单位存放在银行的款项的增减变动情况及结存余额，是进行银行存款清查的重要依据。

在实际工作中，企业银行存款日记账余额与银行对账单余额往往不一致，其主要原因：一是双方账目发生错账、漏账。所以在与银行核对账目之前，应先仔细检查企业单位银行存款日记账的正确性和完整性，然后再将其与银行送来的对账单逐笔进行核对。二是正常的“未达账项”。所谓“未达账项”，是指由于双方记账时间不一致而发生的一方已经入账，而另一方尚未入账的款项。企业单位与银行之间的未达账项，有以下情况：

（1）企业已入账，但银行尚未入账

①企业送存银行的款项，企业已做存款增加入账，但银行尚未入账；

②企业开出支票或其他付款凭证，企业已作为存款减少入账，但银行尚未付款、未记账。

（2）银行已入账，但企业尚未入账。

①银行代企业收进的款项，银行已作为企业存款的增加入账，但企业尚未收到通知，因而未入账；

②银行代企业支付的款项，银行已作为企业存款的减少入账，但企业尚未收到通知，因而未入账。

上述任何一种情况的发生，都会使双方的账面存款余额不一致。因此，为了查明企业单位和银行双方账目的记录有无差错，同时也是为了发现未达账项，在进行银行存款清查时，必须将企业单位的银行存款日记账与银行对账单逐笔核对；核对的内容包括收付金额、结算凭证的种类和号数、收入来源、支出的用途、发生的时间、某日止的金额等。通过核对，如果发现企业单位有错账或漏账，应立即更正；如果发现银行有错账或漏账，应即使通知银行查明更正；如果发现有未达账项，则应据以编制银行存款余额调节表进行调节，并验证调节后余额是否相等。

【例 9-1】2012 年 6 月 30 日某企业银行存款日记账的账面余额为 31 000 元，银行对账单的余额为 36 000 元，经逐笔核对，发现有下列未达账项：

（1）29 日，企业销售产品收到转账支票一张计 2 000 元，将支票存入银行，银行尚未办理入账手续。

（2）29 日，企业采购原材料开出转账支票一张计 1 000 元，企业已作银行存款付出，银行尚未收到支票而未入账。

（3）30 日，企业开出现金支票一张计 250 元，银行尚未入账。

（4）30 日，银行代企业收回货款 8 000 元，收款通知尚未到达企业，企业尚未入账。

（5）30 日，银行代付电费 1 750 元，付款通知尚未到达企业，企业尚未入账。

（6）30 日，银行代付水费 500 元，付款通知尚未到达企业，企业尚未入账。

根据以上资料编制银行存款余额调节表如表 9-4 所示：

**表 9-4　银行存款余额调节表**

2012 年 6 月 30 日　　单位：元

| 项目 | 金额 | 项目 | 金额 |
| --- | --- | --- | --- |
| 企业银行存款账面余额 | 31 000 | 银行对账单账面余额 | 36 000 |
| 加：银行已记增加，企业未记增加的账项 | | 加：企业已记增加，银行未记增加的账项 | |
| 银行代收货款 | 8 000 | 存入的转账支票 | 2 000 |
| 减：银行已记减少，企业未记减少的账项 | | 减：企业已记减少，银行未记减少的账项 | |
| 银行代付电费 | 1 750 | 开出转账支票 | 1 000 |
| 银行代付水费 | 500 | 开出现金支票 | 250 |
| 调节后存款余额 | 36 750 | 调节后存款余额 | 36 750 |

如果调节后双方余额相等，则一般说明双方记账没有差错；若不相等，则表明企业方或银行方或双方记账有差错，应进一步核对，查明原因予以更正。

需要注意的是，对于银行已经入账而企业尚未入账的未达账项，不能根据银行存款余额调节表来编制会计分录，作为记账依据，必须在收到银行的有关凭证后方可入账。另外，对于长期悬置的未达账项，应及时查明原因，予以解决。

上述银行存款的清查方法，也适用于各种银行借款的清查。但在清查银行借款时，还应检查借款是否按规定的用途使用，是否按期归还。

**篇中案例 9-1**

银行对账单隐藏的秘密

审计人员在检查某公司的银行存款时,将公司三个银行存款账户账面余额与银行对账单余额逐一进行了核对,发现很少有未达账项的调整,即使有，也是很小的金额，且余额调节表已做调整。从账务处理上看，该公司以银行转账形式收到的销售款项均已按规定计入了主营业务收入,账面检查情况似乎应该没有问题。但在仔细查看了银行对账单和余额调节表后，发现其中一些银行对账单上多次出现大金额资金一收一付的异常情况,将这些一收一付的情况与账面核算情况进行核对检查,发现公司账面对这些一收一付的资金进出根本没有做任何账务处理。

经全面检查后发现,该公司在全年中共有 9 个月的银行对账单上出现了 18 次大额收支一收一付，总金额达到 897.22 万元，而公司账面上根本没有记载这些资金的收付，余额调节表上也未予以反映。于是，审计人员又对付出资金跟踪追击,发现该公司在收到每一笔资金时立马又全额转入了另一以公司食堂名义开立的银行账户。

原来，该公司为了降低税负，在对外开具的部分统一发票中采取了“大头小尾”的方式，仅给客户的发票联按应收业务收入的金额全额填开，其他联次则填开很小的金额，当客户将这部分资金全额汇到公司银行账户后，财务上立马将相关款项转汇到公司食堂账户,然后再定期从中取少量金额作为相关发票记账联入账时收取的现金予以入账,而其余的大量现金则主要用于对公司中层以上领导的工资、奖金、福利及其他费用的支出。

该公司本以为这种瞒天过海式的巧妙处理可以少缴营业税、企业所得税和个人所得税，达到一举多得的效果，但最终还是东窗事发。税务机关追缴了该公司的税款，按相关规定加收了滞纳金，并移交司法机关处理，偷鸡不成蚀把米。

资料来源：财刀网 http://www.caidao8.com.

（四）往来款项的清查

往来款项的清查，采用对方单位核对账目的方法。在检查各单位结算往来款项账目正确性和完整性的基础上，根据有关明细分类账的记录，按用户编制对账单，送交对方单位进行核对。对账单一般一式两联，其中一联作为回单。如果对方单位核对相符，应在回单上盖章后退回；如果数字不符，则应将不符的情况在回单上注明，或另抄对账单退回，以便进一步清查。在核对过程中，如果发现未达账项，双方都应采用调节账面余额的方法，来核对往来款项是否相符。尤其应注意查明有无双方发生争议的款项、没有希望收回的款项以及无法支付的款项，以便及时采取措施进行处理，避免或减少坏账损失。

**【课堂测试 9-2】**

1. 对库存现金的清查应采用的方法是（　　）。

A. 实地盘点法　　B. 检查现金日记账

C. 倒挤法　　D. 抽查库存现金

2. 对应收账款进行清查时，应采用的方法是（　　）。

A. 与记账凭证核对　　B. 函证法

C. 实地盘点法　　D. 技术推算法

## 第三节　财产清查结果的处理

通过财产清查所发现的财产管理和核算方面存在的问题，应当认真分析研究，以有关的法令、制度为依据进行严肃处理。为此，应切实做好以下几个方面的工作：

### 一、查明差异，分析原因

通过财产清查所确定的清查资料和账簿记录之间的差异，比如财产的盘盈、盘亏和多余积压，以及逾期债权、债务等，都要认真查明其性质和原因，明确经济责任，提出处理意见，按照规定程序经有关部门批准后，予以认真严肃处理。财产清查人员应以高度的责任心，深入调查研究，实事求是，问题定性要准确，处理方法要得当。

## 二、认真总结，加强管理

财产清查以后，针对所发现的问题和缺点，应当认真总结经验教训，表彰先进，巩固成绩，发扬优点，克服缺点，作好工作。同时，要建立和健全以岗位责任制为中心的财产管理制度，切实提出改进工作的措施，进一步加强财产管理，保护社会主义财产的安全和完整。

## 三、调整账目，账实相符

财产清查的重要任务之一就是为了保证账实相符，财会部门对于财产清查中所发现的差异必须及时地进行账簿记录的调整。由于财产清查结果的处理要报请审批，所以，在账务处理上通常分两步进行：第一步，将财产清查中发现的盘盈、盘亏或毁损数，通过“待处理财产损溢”账户，登记有关账簿，以调整有关账面记录，使账存数和实存数相一致；第二步，在审批后，应根据批准的处理意见，再从“待处理财产损溢”账户转入有关账户。

“待处理财产损溢”账户是一个暂记账户，它是专门用来核算企业在财产清查过程中查明的各种财产物资的盘盈、盘亏和毁损的账户。该账户的借方登记各种财产物资的盘亏、毁损数及按照规定程序批准的盘盈转销数，贷方登记各种财产物资的盘盈数及按照规定程序批准的盘亏、毁损转销数。借方余额表示尚未处理的各种物资的净损失数，贷方余额表示尚未处理的各种财产物资的净溢余数。

盘亏的各种材料、库存商品、固定资产等，应借记“原材料”、“库存商品”、“固定资产”等账户，贷记“待处理财产损溢”账户。盘亏、毁损的各种材料、库存商品等，借记“待处理财产损溢”账户，贷记“原材料”、“库存商品”、“应交税费——应交增值税（进项税额转出）”等账户。

盘盈、盘亏的财产，按管理权限报经批准后处理时，按残料价值，借记“原材料”等账户，按可收回的保险赔偿或过失人赔偿，借记“其他应收款”科目，按本科目余额，借记或贷记“待处理财产损溢”账户，按其借方差额，属于管理原因造成的，借记“管理费用”账户，属于非正常损失的，借记“营业外支出——非常损失”；按其贷方差额，贷记“管理费用”、“营业外收入”账户。在企业盘盈、盘亏处理完毕之后，“待处理财产损溢”账户无余额。

【例 9-2】某企业在财产清查中，盘盈原材料 6 吨，价值 18 000 元。

报经批准前，根据实存账存对比表的记录，编制会计记录：

借：原材料　　18 000

贷：待处理财产损溢　　2 000

经查明，这项盘盈材料因计量仪器不准造成生产领用少付多算，所以，经批准冲减本月管理费用，编制会计分录如下：

借：待处理财产损溢　　18 000

　　贷：管理费用　　18 000

【例 9-3】在财产清查中，发现购进的甲材料实际库存较账面库存短缺 1 500 元。

报经批准前，先调整账面余额，编制会计分录如下：

借：待处理财产损溢　　15 000

　　贷：原材料——甲材料　　15 000

报经批准，如属于定额内的自然损耗，则应作为管理费用，计入本期损益，编制会计分录如下：

借：管理费用　　15 000

　　贷：待处理财产损溢　　15 000

如果属于管理人员过失造成则应由过失人赔偿，编制会计分录如下：

借：其他应收款——××人　　15 000

　　贷：待处理财产损溢　　15 000

如果属于非常灾害造成的损失应经批准列作营业外支出，编制会计分录如下：

借：营业外支出　　15 000

　　贷：待处理财产损溢　　15 000

【例 9-4】某企业在财产清查中，盘盈一台设备，估计重置价值 6 000 元，已提折旧 4 000 元。

在审批之前，编制会计分录如下：

借：固定资产　　6 000

　　贷：以前年度损益调整　　2 000

　　　　累计折旧　　4 000

确定应交所得税：

借：以前年度损益调整　　500

　　贷：应交税费——应交所得税　　500

【例 9-5】在财产清查中，查明确实无法收回的账款 30 000 元，经批准作为坏账损失。

编制会计分录如下：

借：坏账准备　　30 000

　　贷：应收账款（或其他应收款）　30 000

对于应付购货款项，如确实无法支付，可按制度规定，经批准后直接转为资本公积，在“资本公积”账户核算。“资本公积”账户是所有者权益类账户，用来核算企业取得的资本公积，包括资本溢价、接受捐赠非现金资产准备、接受现金捐赠、股权投资准备、拨款转入，外币资本折算差额以及其他资本公积等。该账户贷方登记取得数，借方登记转出数，贷方余额表示资本公积结余数。

企业在财产清查中查明的有关债权、债务的坏账收入或坏账损失，经批准后，按照上述会计分录直接进行转销，不需要通过“待处理财产损溢”账户核算。

**【课堂测试 9-3】**

1. 造成账实不符的原因主要有（　　）。

　A. 财产物资的自然损耗、收发计量错误

　B. 会计账簿漏记、重记、错记

　C. 财产物资的毁损、被盗

　D. 未达账项

2. 应记入“待处理财产损溢”账户借方核算的是（　　）。

　A. 盘亏的财产物资数额

　B. 盘盈财产物资的转销数额

　C. 盘盈的财产物资数额

　D. 盘亏财产物资的转销数额

## 本章小结

财产清查也叫财产检查，是指通过对实物、现金的实地盘点和对银行存款、往来款项的核对，查明各项财产物资、货币资金、往来款项的实有数和账面数是否相符的一种会计核算的专门方法。财产清查，按照清查的对象和范围，可以分为全面清查和局部清查；按照清查的时间，可以分为定期清查和不定期清查。

财产物资的盘存制度有两种，即“永续盘存制”和“实地盘存制”。单位可根据经营管理的需要和财产物资品种的不同，分别采用不同的方法，以达到弄清账实、查明原因、提高经营管理水平的目的。财产清查的方法可分为实物资产的清查、库存现金的清查、银行存款的清查、往来款项的清查等。

财产清查的重要任务之一就是为了保证账实相符，财会部门对于财产清查中所发现的差异必须及时进行账簿记录的调整。由于财产清查结果的处理要报请审批，所以，在账务处理上通常分两步进行：第一步，将财产清查中发现的盘盈、盘亏或毁损数，通过“待处理财产损溢”账户，登记有关账簿，以调整有关账面记录，使账存数和实存数相一致；第二步，在审批后，应根据批准的处理意见，再从“待处理财产损溢”账户转入有关账户。

**篇后案例**

通过资产盘亏掩盖事实真相

审计人员在审查W企业的2009年资产负债表中发现，有一笔待处理流动资产净损失200万元，审查其明细账得知是部分库存材料盘亏，但在审查会计凭证时却发现W企业11月15日购买装饰材料时，编制如下的会计分录：

借：原材料 2 000 000

应交税费——应交增值税（进项税额）340 000

贷：银行存款 2 340 000

11月15日记账凭证后未附有原始凭证，但编制的会计分录是：

借：待处理财产损溢——待处理流动资产损溢 2 800 000

贷：原材料 2 000 000

其他应付款 80 000

11月18日编制的记账凭证是：

借：管理费用 2 800 000

贷：待处理财产损溢——待处理流动资产损溢 2 800 000

上述会计分录可疑之处在于，W企业是何原因将80万元的材料损失记入了“其他应付款”账户？审计人员对“其他应付款”的明细账进行了审查，发现有一笔应付给H装饰公司的装饰用工费值得怀疑。审计人员实际查看了N企业的行政办公楼，从外观上看是最近装修的，但从账簿、会计凭证中未发现有任何记录。于是，审计人员找到H装饰公司于经理询问此事。据于经理反映，他们为W企业装饰会议室不仅出了工，而且还购买了装饰材料。

根据这些证据，你认为：

（1）W企业这样处理的原因和后果是什么？

（2）W企业应如何真实地记录该项经济业务？

## 核心概念

财产清查（property inventory）　全面清查（all inventory）　局部清查（partial inventory）　定期清查（periodic checking method）　不定期清查（non-periodic checking method）　永续盘存制（perpetual inventory system）　实地盘存制（physical inventory system）　实地盘点法（physical inventory method）　技术推算法（technology reckoning）　抽查盘点法（sampling inventory method）　银行存款余额调节表（bank balance sheet adjustment）　对账单（between the amount of the bill）

## 思考题

1. 什么是财产清查？财产清查的意义何在？
2. 财产清查应如何分类？
3. 库存现金清查的原因是什么？
4. 银行存款清查中会出现什么问题？应如何解决？
5. 什么是未达账项？
6. 财产清查结果如有差异，在账务上应如何处理？

## 练习题

（一）单项选择题

1．现金清查的方法是（　　）。

A. 技术测算法　　B. 实地盘点法

C. 外调核对法　　D. 与银行对账单相核对

2．实地盘存制与永续盘存制的主要区别是（　　）。

A. 盘点的方法不同　　B. 盘点的目标不同

C. 盘点的工具不同　　D. 盘亏结果处理不同

3．一般而言，单位撤销、合并时要进行（　　）。

A. 定期清查　　B. 全面清查

C. 局部清查　　D. 实地清查

4．对于现金的清查，应将其结果及时填列（　　）。

A. 盘存单　　B. 实存账存对比表

C. 现金盘点报告表　　D. 对账单

5．银行存款清查的方法是（　　）。

A. 日记账与总分类账核对　　B. 日记账与收付款凭证核对

C. 日记账和对账单核对　　D. 总分类账和收付款凭证核对

6．对于大量成堆难于清点的财产物资，应采用的清查方法是（　　）。

A. 实地盘点法　　B. 抽样盘点法

C. 查询核对法　　D. 技术推算盘点法

7．在记账无误的情况下，造成银行对账单和银行存款日记账不一致的原因是（　　）。

A. 应付账款　　B. 应收账款

C. 未达账项　　D. 外埠存款

8．实存账存对比表是调整账面记录的（　　）。

A. 记账凭证　　B. 转账凭证

C. 原始凭证　　D. 累计凭证

9．下列项目的清查应采用询证核对法的是（　　）。

A. 原材料　　B. 应付账款

C. 实收资本　　D. 短期投资

10．“待处理财产损溢”账户未转销的借方余额表示（　　）。

A. 尚待处理的盘盈数　　B. 尚待处理的盘亏和毁损数

C. 已处理的盘盈数　　D. 已处理的盘亏和毁损数

11．对财产物资的收发都有严密的手续，且在账簿中有连续的记载便于确定结存灵敏度的制度是（　　）。

A. 实地盘存制　　B. 权责发生制

C. 永续盘存制　　D. 收付实现制

12．对于盘盈的固定资产的净值经批准后应贷记的会计科目是（　　）。

A. 营业外收入　　B. 营业外支出

C. 管理费用　　D. 待处理财产损溢

13．企业对于无法收回的应收账款应借记的会计科目是（　　）。

A. 财务费用　　B. 营业外支出

C. 待处理财产损益　　D. 管理费用

14．“待处理财产损溢”账户未转销的贷方余额表示（　　）。

A. 已处理的财产盘盈

B. 结转已批准处理的财产盘盈

C. 转销已批准处理财产盘亏和毁损

D. 尚待批准处理的财产盘盈数大于尚待批准处理的财产盘亏和毁损数的差额

15．采用实地盘存制，平时账簿记录中不能反映（　　）。

A. 财产物资的购进业务　　B. 财产物资的减少数额

C. 财产物资的增加和减少数额　　D. 财产物资的盘盈数额

16．核销存货的盘盈时，应贷记的会计科目是（　　）。

A. 管理费用　　B. 营业外收入

C. 待处理财产损溢　　D. 其他业务收入

17．对债权债务的清查应采用的方法是（　　）

A. 询证核对法　　B. 实地盘点法

C. 技术推算盘点法　　D. 抽样盘存法

（二）多项选择题

1．使企业银行存款日记账余额大于银行对账单余额的未达账项是（　　）。

A. 企业先收款记账而银行未收款未记的款项

B. 银行先收款记账而企业未收款未记的款项

C. 企业和银行同时收款的款项

D. 银行先付款记账而企业未付款未记账的款项

E. 企业先付款记账而银行未付款未记账的款项

2．财产物资的盘存制度有（　　）。

A. 收付实现制　　B. 权责发生制

C. 永续盘存制　　D. 实地盘存制

E. 岗位责任制

3．财产清查按照清查的时间可分为（　　）。

A. 全面清查　　B. 局部清查

C. 定期清查　　D. 不定期清查

E. 内部清查

4．企业进行全部清查主要发生的情况有（　　）。

A. 年终决算后　　B. 清产核资时

C. 关停并转时　　D. 更换现金出纳时

E. 单位主要负责人调离时

5．财产清查按照清查的执行单位不同，可分为（　　）。

A. 内部清查　　B. 局部清查

C. 定期清查　　D. 不定期清查

E. 外部清查

6.“银行存款余额调节表”是（ ）。

A. 原始凭证　　B. 盘存表的表现形式

C. 只起到对账作用　　D. 银行存款清查的方法

E. 调整账面记录的原始依据

7. 常用的实物财产清查方法包括（ ）。

A. 实地盘点法　　B. 技术推算法

C. 函证核对法　　D. 抽样盘点法

E. 永续盘存法

8. 按清查的范围不同，可将财产清查分为（ ）。

A. 全面清查　　B. 局部清查

C. 定期清查　　D. 内部清查

E. 外部清查

9. 采用实地盘点法进行清查的项目有（ ）。

A. 固定资产　　B. 库存商品

C. 银行存款　　D. 往来款项

E. 现金

10. 定期清查的时间一般是（ ）。

A. 年末　　B. 单位合并

C. 中外合资时　　D. 季末

E. 月末

11. 核对账目法适用于（ ）。

A. 固定资产的清查　　B. 现金的清查

C. 银行存款的清查　　D. 短期借款的清查

E. 预付账款的清查

12. 进行财产清查的作用是（ ）。

A. 便于宏观管理

B. 保证各项财产物资的安全完整

C. 提高会计资料的质量，保证其真实可靠

D. 有利于改善企业经营管理，挖掘财产物资潜力

E. 有利于准确地编制收付款凭证

13. 全面清查的对象包括（ ）。

A. 货币资金　　B. 各种实物资产

C. 往来款项　　D. 在途材料、商品

E. 委托加工、保管的物资

14．编制”银行存款余额调节表”时，计算调节后的余额应以企业银行存款日记账余额（　　）。

A. 加企业未入账的收入款项　B. 加银行未入账的收入款项
C. 加双方都未入账的收入款项　D. 加企业未入账的支出款项
E. 减企业未入账的支出款项

15．财产清查结果的处理步骤是（　　）。

A. 核准数字，查明原因　B. 调整凭证，做到账实相符
C. 调整账簿，做到账实相符　D. 进行批准后的账务处理
E. 销毁账簿资料

16．对于盘亏的财产物资，经批准后进行账务处理，可能涉及的借方账户有（　　）。

A. 管理费用　B. 营业外支出
C. 营业外收入　D. 其他应收款
E. 待处理财产损益

17．进行不定期清查的情况有（　　）。

A. 更换财产和现金保管人员时
B. 发生自然灾害和意外损失时
C. 会计主体发生改变或隶属关系变动时
D. 财税部门对本单位进行会计检查时
E. 企业关停并转、清产核资、破产清算时

18．下列可用作原始凭证，调整账簿记录的有（　　）。

A. 实存账存对比表　B. 未达账项登记表
C. 现金盘点报告表　D. 银行存款余额调节表
E. 结算款项核对登记表

19．“实存账存对比表”是（　　）。

A. 财产清查的重要报表　B. 会计账簿的重要组成部分
C. 调整账簿的原始凭证　D. 资产负债表的附表之一
E. 分析盈亏原因，明确经济责任的重要依据

（三）判断题

1. 会计部门要在财产清查之前将所有的经济业务登记入账并结出余额。做到账账相符、账证相符，为财产清查提供可靠的依据。（　　）

2. 采用先进先出法，在物价上涨时，会过低估计企业的当期利润和库存存货价值；反之，会高估企业存货价值和当期利润。（　　）

3. 采用后进先出法，期末结存存货的账面价值是反映最近的进货成本，而发出存货的成本则反映最早进货的成本。（　　）

4. 采用加权平均法，平时无法从账上提供发出和结存存货的单价及金额，因而不利于加强对存货的管理。所以，它只是理论上的一种方法，一般不为企业所采用。（　　）

5. 采用后进先出法，在物价持续上涨时，能减少通货膨胀给企业带来的不利影响，这是会计核算谨慎性原则的具体体现。（　　）

6. 对在银行存款清查时出现的未达账项，可编制银行存款余额调节表来调整，编制好的银行存款余额调节表是调节账面余额的原始凭证。（　　）

7. 存货发出的计价方法不同，不仅会影响企业资产负债表中的负债和损益项目，同时也会影响企业资产负债表中资产项目。（　　）

8. 实地盘存制是指平时根据会计凭证在账簿中登记各种财产的增加数和减少数，在期末时再通过盘点实物，来确定各种财产的数量，并据以确定账实是否相符的一种盘存制度。（　　）

9. 未达账项是指在企业和银行之间，由于凭证的传递时间不同，而导致了记账时间不一致，即一方已接到有关结算凭证已经登记入账，而另一方由于尚未接到有关结算凭证尚未入账的款项。（　　）

10. 为了反映和监督各单位在财产清查过程中查明的各种资产的盈亏或毁损及报废的转销数额，应设置“待处理财产损溢”账户，该账户属于资产类性质账户。（　　）

（四）业务题

1. 某企业2012年6月末，银行存款日记账余额为4 200元，银行对账单的余额为6 000元，经双方核对查明，是由于下列未达账项所致：

（1）企业于6月28日从其他单位收到转账支票一张计1 000元，企业已作为存款的增加，银行尚未入账。

（2）企业于6月29日开出转账支票支付钢材款2 900元，企业已作为存款的减少，收款单位尚未到银行办理转账。

（3）银行于6月30日收到某公司汇给企业的销贷款1 000元，银行已作为企业存款的增加，企业尚未收到转账通知。

（4）银行于6月30日计扣借款利息1 100元，企业尚未收到付款通知，未入账。

请编制银行存款余额调节表，并加以说明。要求：根据以上有关内容，编制“银行存款余额调节表”，并分析调节后是否需要编制有关会计分录。

2. 某企业 6 月 30 日经财产清查，发现：

（1）盘盈甲材料 1 200 吨。经查明是由于计量上的错误所造成的，按计划成本每吨 3 元入账。

（2）盘亏 B 材料 10 吨，每吨单价 150 元。经查明，属于定额内合理的损耗有 1 吨；属于过失人造成的由责任人赔偿 4 吨；属于自然灾害造成的损失为 5 吨，但由保险公司赔偿 600 元。

（3）盘盈机器设备一台，估计原值为 30 万元，估计已提折旧额为 5 万元。

（4）盘亏机器设备一台，账面原值为 180 000 元，已提折旧额为 20 000 元。

要求：针对上述业务，进行批准前和批准后的账务处理。

# 第十章　财务会计报告与分析

在经过之前各章的学习之后，我们已经知道编制财务报告是各种财务核算的专门方法运用的最终成果。本章要求了解财务报告与分析的基本概念和作用，熟悉财务报表的分类和编制要求，掌握资产负债表、利润表、现金流量表和所有者权益变动表等主要报表的结构内容和编制方法，以及报表分析的基础知识和技能。

**开篇案例**

财务总监的职业道德

年底时，某公司总裁指示财务总监李某当年不要记录应计费用，因为这些费用要等到来年才会支付。另外，总裁还指示，让王某把下年才交货的一笔订货款计入当年收入。

请思考：总裁的要求是否符合相关规定？如果李某执行总裁的这些指令，那么对公司的报表数据会有哪些影响？

## 第一节　财务会计报告概述

### 一、财务会计报告的含义

财务会计报告（又称财务报告）是企业向财务报告使用者提供与企业财务状况、经营成果和现金流量等有关会计信息，反映企业管理层受托责任履行情况的书面报告。

根据财务会计报告的定义，其具有以下几层含义：一是财务报告应当是对外报告，其服务对象主要是投资者、债权人等外部使用者，专门为了内部管理需要的、特定目的的报告不属于财务报告的范畴；二是财务报告应当综合反映企业的生产经营状况，包括某一时点的财务状况和某一时期的经营成果与现金流量等信息，以勾画出企业财务的整体和全貌；三是财务报告必须形成一个系统的文件，不应是零星的或者不完整的信息。

## 二、财务会计报告的作用

### （一）对企业自身的作用

财务会计报告所提供的资料，可以反映企业管理层受托责任履行情况，帮助企业领导和管理人员分析、检查企业的经营活动是否符合会计准则、制度规定；考核企业资金、成本、利润等计划指标完成程度。运用财务报告资料，可分析、评价企业经营管理中的成绩和不足，以便企业采取措施，提高经济利益。企业对财务报告的资料和其他资料进行分析，可为编制下期计划提供依据。同时，企业将财务报告在本企业职工代表大会公布，可以进一步发挥职工主人翁的作用，从各方面提出改进意见，促进企业提高经济效益措施的落实。

### （二）对企业主管部门的作用

利用财务会计报告，考核所属单位的经营业绩以及各项经济政策的贯彻执行情况；并通过对所属单位同类指标的对比分析，总结成绩，推广先进经验，发现问题，分析原因，采取措施，克服薄弱环节。同时，通过财务报告汇总所提供的资料，可以在一定范围内反映国民经济计划执行情况，为国家宏观管理提供依据。

### （三）对其他相关部门的作用

利用财务会计报告所提供的资料：财税部门可以了解企业资金筹集和运用是否合理，检查企业税收、利润计划的完成与解交情况，以及有无违反税法和财经纪律的现象，以更好地发挥财政税收的监督职能；银行部门可以考查企业流动资金的使用情况，分析企业银行借款的物质保证程度，研究企业资金的正常需要量，了解银行借款的归还以及信贷纪律的执行情况，充分发挥银行经济监督和经济杠杆作用；审计部门可以了解企业财务状况和经营情况及财经政策、法令和纪律执行情况，从而为进行财务审计和经济效益审计提供必要的资料。

### （四）对投资人、债权人和其他利害相关人的作用

财务会计报告可以提供企业财务状况和偿债能力，作为投资、贷款和贸易的决策依据。

## 三、财务会计报告的构成

财务会计报告可分为年度、半年度、季度和月度财务会计报告。年度、半年度财务会计报告应当包括会计报表、会计报表附注和财务情况说明书。会计

学中一般将会计报表和会计报表附注合称为“财务报表”。

（一）财务报表的分类

1. 按照财务报表所反映的经济内容分类

按财务报表反映的经济内容分为四种类型：

（1）反映一定日期企业资产、负债及所有者权益等财务状况的报表，如资产负债表。

（2）反映一定时期企业经营成果的会计报表，如利润表。

（3）反映一定时期企业构成所有者权益的各组成部分的增减变动情况的报表，如所有者权益变动表。

（4）反映一定时期内企业财务状况变动情况的会计报表，如现金流量表。

以上四类报表可以划分为静态报表和动态报表，前者为资产负债表，后者为利润表、所有者权益变动表和现金流量表。

2. 按照财务报表报送对象分类

财务报表按其服务的对象可分为两大类。一类是对外报送的会计报表，包括资产负债表、利润表、所有者权益变动表和现金流量表等。这些报表可用于企业内部管理，但更偏向于现在和潜在投资者、贷款人、供应商和其他债权人、顾客、政府机构、社会公众等外部使用者的信息要求。这类报表一般有统一格式和编制要求。另一类是对内报送的财务报表。这类报表是根据企业内部管理需要编制的，主要用于企业内部成本控制、定价决策、投资或筹资方案的选择等，这类报表无规定的格式、种类。

3. 按照财务报表编报的编制分类

按财务报表编报的编制不同，可将其分为个别财务报表和合并财务报表两类。这种划分是在企业对外单位进行投资的情况下，由于特殊的财务关系所形成的。个别财务报表是指只反映对外投资企业本身的财务状况和经营情况的会计报表，包括对外和对内财务报表。合并财务报表是指一个企业在能够控制另一个企业的情况下，将被控制企业与本企业视为一个整体，将其有关经济指标与本企业的数字合并而编制的会计报表。合并财务报表所反映的是企业与被控制企业共同的财务状况与经营成果。合并财务报表一般只编制对外会计报表。

4. 按照财务报表编制的时间分类

按照财务报表编制的时间不同，可将其分为定期财务报表和不定期财务报表，其中定期财务报表又可分为年度财务报表、季度财务报表和月份财务报表三类。年报是年终编制的报表，它是全面反映企业财务状况、经营成果及其分配、现金流量等方面的报表。季报是每一季度末编制的报表，种类比年报少一些。月报是月终编制的财务报表，只包括一些主要的报表，如资产负债表、利润表等。

在编制财务报表时，哪些报表为年度财务报表，哪些报表为季度财务报表，哪些报表为月份财务报表，都应根据《企业会计准则》的规定办理。月度财务报表、季度财务报表称为中期报告，企业在持续经营的条件下，一般是按年、季、月编制财务报表，但在某种特殊情况下则需编制不定期财务报表，如在企业宣布破产时应编制和报送破产清算财务报表。

5. 按照财务报表编制单位分类

按照财务报表编制单位不同，可将其分为单位财务报表和汇总财务报表两类。单位财务报表是指由独立核算的会计主体编制的，用以反映某一会计主体的财务状况、经营活动成果和费用支出及成本完成情况的报表。汇总财务报表是指由上级主管部门将其所属各基层经济单位的会计报表，与其本身的会计报表汇总编制的，用以反映一个部门或一个地区经济情况的报表。

（二）财务状况说明书的内容

为了帮助会计报表的使用者更加清晰、明了地了解和掌握企业的经济活动情况，使财务报表在经济管理中起到更大的作用，企业应在编制、报送年度财务报表的同时，撰写并报送财务状况说明书。财务状况说明书的主要内容是：

（1）企业在报告期内的生产情况；

（2）企业在报告期内的盈亏情况及利润的分配情况；

（3）企业在报告期内的资金周转及其增减变动情况；

（4）企业在报告期内的资本结构及其情况；

（5）企业在报告期内的主要税、费的计算及缴纳情况；

（6）企业在报告期内的财产盈亏及报损情况；

（7）企业在报告期内会计核算方法的变更情况；

（8）其他有必要说明的情况。

**【课堂测试 10-1】**

1. 财务会计报告是反映会计主体财务状况、经营成果和现金流量的书面文件，是由（　　）组成。

A. 资产负债表和利润表

B. 资产负债表、利润表、现金流量表、附表、附注、财务情况说明书

C. 资产＝负债+所有者权益

D. 会计报表和财务情况说明书

2. 关于财务会计报告，以下论述中错误的是（　　）。

A. 能总括、综合、清晰、明了地反映会计主体的经营状况、财务成果和现金流量

B. 其信息的使用者包括上级主管机关、投资者、债权人和内部经营管理者

C. 为加快会计报表的编制和报送速度，可先编制会计报表，然后再进行账证、账账、账实核对，以保证会计信息的真实性

D. 会计报表可以按不同标准进行分类

## 第二节　资产负债表

### 一、资产负债表的结构和内容

资产负债表是总括反映企业在某一特定日期（月末、季末或年末）全部资产、负债和所有者权益情况的会计报表。

资产负债表是依据“资产=负债+所有者权益”这一会计等式的基本原理设置的，分为左右两方。左方反映企业所拥有的全部资产，右方反映企业的负债和所有者权益，根据会计等式的基本原理，左方的资产总额等于右方的负债和所有者权益的总额。资产负债表左、右两方各项目前后顺序是按其流动性排列的，一般企业的资产负债表基本格式如表 10-1 所示。

**表 10-1　资产负债表**

会企 01 表

编制单位：　　　　年　月　日　　　　单位：元

| 资产 | 期末余额 | 年初余额 | 负债和所有者权益 | 期末余额 | 年初余额 |
|---|---|---|---|---|---|
| 流动资产： | | | 流动负债： | | |
| 货币资金 | | | 短期借款 | | |
| 交易性金融资产 | | | 交易性金融负债 | | |
| 应收票据 | | | 应付票据 | | |
| 应收账款 | | | 应付账款 | | |

**续表**

| 资产 | 期末余额 | 年初余额 | 负债和所有者权益 | 期末余额 | 年初余额 |
|---|---|---|---|---|---|
| 预付款项 | | | 预收账款 | | |
| 应收利息 | | | 应付职工薪酬 | | |
| 应收股利 | | | 应交税费 | | |
| 其他应收款 | | | 应付利息 | | |
| 存货 | | | 应付股利 | | |
| 一年内到期的非流动资产 | | | 其他应付款 | | |
| 其他流动资产 | | | 一年内到期的非流动负债 | | |
| 流动资产合计 | | | 其他流动负债 | | |
| 非流动资产： | | | 流动负债合计： | | |
| 可供出售金融资产 | | | 非流动负债： | | |
| 持有至到期投资 | | | 长期借款 | | |
| 长期应收款 | | | 应付债券 | | |
| 长期股权投资 | | | 长期应付款 | | |
| 投资性房地产 | | | 专项应付款 | | |
| 固定资产 | | | 预计负债 | | |
| 工程物资 | | | 递延所得税负债 | | |
| 在建工程 | | | 其他非流动负债 | | |
| 固定资产清理 | | | 非流动负债合计 | | |
| 生产性生物资产 | | | 负债合计 | | |
| 油气资产 | | | 所有者权益： | | |
| 无形资产 | | | 实收资本 | | |
| 开发支出 | | | 资本公积 | | |
| 商誉 | | | 减：库存股 | | |
| 递延所得税资产 | | | 盈余公积 | | |
| 其他非流动资产 | | | 未分配利润 | | |
| 非流动资产合计 | | | 所有者权益合计 | | |
| 资产总计 | | | 负债和所有者权益 | | |

## 二、资产负债表项目的填制

资产负债表中"年初余额"栏各项的数字，应按上年年末资产负债表中"期末余额"栏中的数字填列。"期末余额"栏内各项数字根据会计期末各总账账户及所属明细账户余额填列。若本年度资产负债表中规定的各项目的名称和内容与上年度不一致，应对上年年末资产负债表各项的名称和数字按照本年度的规定进行调整后，填入表中的"年初余额"栏。

（一）资产负债表各项目的填列方法

1."货币资金"项目，反映企业库存现金、银行结算户存款、外埠存款、银行汇票存款、银行本票存款、信用卡存款、信用证保证金存款等的合计数。本项目应根据"现金"、"银行存款"、"其他货币资金"科目的期末余额合计数填列。

2."交易性金融资产"项目，反映企业为交易目的所持有的债券投资、股票投资、基金投资等交易性金融资产的公允价值。本项目应根据"交易性金融资产"科目的期末余额填列。

3."应收票据"项目，反映企业收到的未到期收款也未向银行贴现的应收票据，包括商业承兑汇票和银行承兑汇票。本项目应根据"应收票据"科目的期末余额填列。已向银行贴现和已背书转让的应收票据不包括在本项目内，其中已贴现的商业承兑汇票应在会计报表附注中单独披露。

4."应收账款"项目，反映企业因销售商品、产品和提供劳务等而应向购买单位收取的各种款项，减去已计提的坏账准备后的净额。本项目应根据"应收账款"科目所属各明细科目的期末借方余额合计数，减去"坏账准备"科目中有关应收账款计提的坏账准备期末余额后的金额填列。如"应收账款"科目所属明细科目期末有贷方余额，应在本表"预收账款"项目内填列。

5."应收股利"项目，反映企业因股权投资而应收取的现金股利，企业应收其他单位的利润，也包括在本项目内。本项目应根据"应收股利"科目的期末余额填列。

6."应收利息"项目，反映企业因债权投资而应收取的利息。企业购入到期还本付息债券应收的利息，不包括在本项目内。本项目应根据"应收利息"科目的期末余额填列。

7."其他应收款"项目，反映企业对其他单位和个人的应收和暂付的款项，减去已计提的坏账准备后的净额。本项目应根据"其他应收款"科目的期末余额，减去"坏账准备"科目中有关其他应收款计提的坏账准备期末余额后的金额填列。

8.“预付款项”项目，反映企业预付给供应单位的款项。本项目应根据“预付账款”科目所属各明细科目的期末借方余额合计填列。如“预付账款”科目所属有关明细科目期末有贷方余额的，应在本表“应付账款”项目内填列。如“应付账款”科目所属明细科目有借方余额的，也应包括在本项目内。

9.“存货”项目，反映企业期末在库、在途和在加工中的各项存货的可变现净值，包括各种材料、商品、在产品、半成品、包装物、低值易耗品、分期收款发出商品、委托代销商品、受托代销商品等。本项目应根据“物资采购”、“原材料”、“低值易耗品”、“自制半成品”、“库存商品”、“包装物”、“分期收款发出商品”、“委托加工物资”、“委托代销商品”、“受托代销商品”、“生产成本”等科目的期末余额合计减去“代销商品款"、“存货跌价准备”科目期末余额后的金额填列。材料采用计划成本核算，以及库存商品采用计划成本或售价核算的企业，还应按加或减材料成本差异、商品进销差价后的金额填列。

10.“一年内到期的非流动资产”项目，反映企业将于一年内到期的非流动资产。本项目应根据有关科目的期末余额分析计算填列。

11.“其他流动资产”项目，反映企业除以上流动资产项目外的其他流动资产，本项目应根据有关科目的期末余额填列。如其他流动资产价值较大的，应在会计报表附注中披露其内容和金额。

12.“可供出售金融资产”项目，反映企业持有的划分为可供出售金融资产的证券。本项目根据“可供出售金融资产”科目的期末余额填列。

13.“持有至到期投资”项目，反映企业持有的划分为持有至到期投资的证券。本项目根据“持有至到期投资”科目的期末余额减去“持有至到期投资减值准备”科目的期末余额后填列。

14.“投资性房地产”项目，反映企业持有的投资性房地产。本项目应根据“投资性房地产”科目的期末余额，减去“投资性房地产累计折旧”、“投资性房地产减值准备”所属有关明细科目期末余额后的金额分析计算填列。

15.“长期股权投资”项目，反映企业不准备在1年内（含1年）变现的各种股权性质的投资的可收回金额。本项目应根据“长期股权投资”科目的期末余额，减去“长期投资减值准备”科目中有关股权投资减值准备期末余额后的金额填列。

16.“长期应收款”项目，反映企业持有的长期应收款的可收回金额。本项目应根据“长期应收款”科目的期末余额，减去“坏账准备”科目所属相关明细科目期末余额，再减去“未确认融资收益”科目期末余额后的金额分析计算填列。

17.“固定资产”项目，反映企业的固定资产可收回金额。本项目应根据“固定资产”科目的期末余额，减去“累计折旧”、“固定资产减值准备”科目期末余额后的金额填列。

18.“在建工程”项目，反映企业期末各项未完工程的实际支出，包括交付安装的设备价值，未完建筑安装工程已经耗用的材料、工资和费用支出、预付出包工程的价款、已经建筑安装完毕但尚未交付使用的工程等的可收回金额。本项目应根据“在建工程”科目的期末填列。

19.“工程物资”项目，反映企业各项工程尚未使用的工程物资的实际成本。本项目应根据“工程物资”科目的期末余额填列。

20.“在建工程”项目，反映企业期末各项未完工程的实际支出，包括交付安装的设备价值，未完建筑安装工程已经耗用的材料、工资和费用支出、预付出包工程的价款、已经建筑安装完毕但尚未交付使用的工程等的可收回金额。本项目应根据“在建工程”科目的期末余额，减去“在建工程减值准备”科目期末余额后的金额填列。

21.“固定资产清理”项目，反映企业因出售、毁损、报废等原因转入清理但尚未清理完毕的固定资产的账面价值，以及固定资产清理过程中所发生的清理费用和变价收入等各项金额的差额。本项目应根据“固定资产清理”科目的期末借方余额填列；如“固定资产清理”科目期末为贷方余额，以“-”号填列。

22.“无形资产”项目，反映企业各项无形资产的期末可收回金额。本项目应根据“无形资产科目的期末余额，减去“累计摊销”、“无形资产减值准备”科目期末余额后的金额填列。

23.“递延所得税资产”项目，反映企业确认的递延所得税资产。本项目应根据“递延所得税资产”科目期末余额分析填列。

24.“其他非流动资产”项目，反映企业除以上资产以外的其他长期资产。本项目应根据有关科目的期末余额填列。如其他长期资产价值较大的，应在会计报表附注中披露其内容和金额。

25.“短期借款”项目，反映企业借入尚未归还的1年期以下（含1年）的借款。本项目应根据“短期借款”科目的期末余额填列。

26.“交易性金融负债”项目，反映企业为交易而发生的金融负债，包括以公允价值计量且其变动计入当期损益的金融负债。本项目应根据“交易性金融负债”等科目的期末余额分析填列。

27.“应付票据”项目，反映企业为了抵付货款等而开出、承兑的尚未到期付款的应付票据，包括银行承兑汇票和商业承兑汇票。本项目应根据“应付票据”科目的期末余额填列。

28.“应付账款”项目，反映企业购买原材料、商品和接受劳务供应等而应付给供应单位的款项。本项目应根据“应付账款”科目所属各有关明细科目的期末贷方余额合计填列；如“应付账款”科目所属各明细科目期末有借方余额，应在本表“预付账款”项目内填列。

29.“预收款项”项目，反映企业预收购买单位的账款。本项目应根据“预收账款”科目所属各有关明细科目的期末贷方余额合计填列。如“预收账款”科目所属有关明细科目有借方余额的，应在本表“应收账款”项目内填列；如“应收账款”科目所属明细科目有贷方余额的，也应包括在本项目内。

30.“应付职工薪酬”项目，反映企业应付未付的职工薪酬。本项目应根据“应付职工薪酬”科目期末贷方余额填列。如“应付职工薪酬”科目期末为借方余额；以“-”号填列。

31.“应交税费”项目，反映企业期末未交、多交或未抵扣的各种税费。本项目应根据“应交税费”科目的期末贷方余额填列；如“应交税费”科目期末为借方余额，以“-”号填列。

32.“应付利息”项目，反映企业应付未付的利息。本项目应根据“应付利息”科目的期末贷方余额填列。

33.“应付股利”项目，反映企业尚未支付的现金股利。本项目应根据“应付股利”科目的期末余额填列。

34.“其他应付款”项目，反映企业所有应付和暂收其他单位和个人的款项。本项目应根据“其他应付款”科目的期末余额填列。

35.“预计负债”项目，反映企业预计负债的期末余额。本项目应根据“预计负债”科目的期末余额填列。

36.“一年内到期的非流动负债”项目，反映企业承担的将于一年内到期的非流动负债。本项目应根据有关非流动负债科目的期末余额分析计算填列。

37.“其他流动负债”项目，反映企业除以上流动负债以外的其他流动负债。本项目应根据有关科目的期末余额填列，如“待转资产价值”科目的期末余额可在本项目内反映。如其他流动负债价值较大的，应在会计报表附注中披露其内容及金额。

38.“长期借款”项目，反映企业借入尚未归还的1年期以上（不含1年）的借款本息。本项目应根据“长期借款”科目的期末余额填列。

39.“应付债券”项目，反映企业发行的尚未偿还的各种长期债券的本息。本项目应根据“应付债券”科目的期末余额填列。

40.“长期应付款”项目，反映企业除长期借款和应付债券以外的其他各种长期应付款。本项目应根据“长期应付款”科目的期末余额，减去“未确认融资费用”科目期末余额后的金额填列。

41.“递延所得税负债”项目，反映企业确认的递延所得税负债。本项目应根据“递延所得税负债”科目期末余额分析填列。

42.“其他流动负债”项目，反映企业除以上负非流动债项目以外的其他非流动负债。本项目应根据有关科目的期末余额填列。如其他非流动负债价值较大的，应在会计报表附注中披露其内容和金额。

43.“实收资本（或股本）”项目，反映企业各投资者实际投入的资本（或股本）总额。本项目应根据“实收资本”（或“股本”）科目的期末余额填列。

44.“资本公积”项目，反映企业资本公积的期末余额。本项目应根据“资本公积”科目的期末余额填列。

45.“盈余公积”项目，反映企业盈余公积的期末余额。本项目应根据“盈余公积”科目的期末余额填列。

46.“未分配利润”项目，反映企业尚未分配的利润。本项目应根据“本年利润”科目和“利润分配”科目的余额计算填列。未弥补的亏损，在本项目内以“-”号填列。

（二）资产负债表编制方法举例

从上述具体项目的填列方法分析，可将其归纳为以下四种：

1. 根据总账科目余额直接填列。例如，“短期借款”、“应收股利“、“交易性金融资产”、“可供出售金融资产”、“交易性金融负债”等项目都是根据总账科目的期末余额直接填列。

2. 根据总账科目余额计算填列。例如，“货币资金”项目需要根据“现金”、“银行存款”、“其他货币资金”科目的期末余额合计数计算填列。

3. 根据明细科目余额计算填列。例如，“应付账款”项目需要根据“应付账款”、“预付账款”科目所属相关明细科目的期末贷方余额计算填列。

4. 根据总账科目和明细科目余额分析计算填列。例如，“长期借款”项目需要根据“长期借款”总账科目期末余额，扣除“长期借款”科目所属明细科目中反映的将于1年内到期的长期借款部分，分析计算填列；“固定资产”项目需要根据“固定资产”总账科目的期末余额，减去“累计折旧”、“固定资产减值准备”等科目期末余额，分析计算填列；“持有至到期投资”项目需要根据“持有至到期投资”总账科目的期末余额，减去“持有至到期投资减值准备”科目期末余额分析计算填列。

下面举例说明一般企业资产负债表某些项目的编制方法。

【例 10-1】祥瑞公司 2012 年年末有关科目资料，如表 10-2 所示：

**表 10-2　甲公司 2012 年 12 月 31 日有关账户余额表**

单位：元

| 账户名称 | 借方余额 | 贷方余额 | 账户名称 | 借方余额 | 贷方余额 |
|---|---|---|---|---|---|
| 库存现金 | 70 000 | | 短期借款 | | 235 000 |
| 银行存款 | 250 000 | | 应付票据 | | 220 000 |
| 其他货币资金 | 2 050 00 | | 应付账款 | | 500 000 |
| 交易性金融资产 | 25 000 | | 预收账款 | | 20 000 |
| 应收票据 | 35 000 | | 应付职工薪酬 | | 135 000 |
| 应收股利 | 10 000 | | 应付股利 | | 120 000 |
| 应收利息 | 35 000 | | 应交税费 | | 45 000 |
| 应收账款 | 356 000 | | 其他应付款 | | 35 000 |
| 坏账准备 | | 6 000 | 长期借款 | | 500 000 |
| 预付账款 | 60 000 | | 实收资本 | | 1 500 000 |
| 其他应收款 | 10 000 | | 资本公积 | | 89 000 |
| 原材料 | 350 000 | | 盈余公积 | | 256 000 |
| 库存商品 | 165 000 | | 利润分配 | | 125 000 |
| 生产成本 | 185 000 | | | | |
| 可供出售金融资产 | 350 000 | | | | |
| 长期股权投资 | 140 000 | | | | |
| 长期股权投资减值准备 | | 20 000 | | | |
| 固定资产 | 2 000 000 | | | | |
| 累计折旧 | | 650 000 | | | |
| 在建工程 | 120 000 | | | | |
| 无形资产 | 90 000 | | | | |
| 合计 | 4 456 000 | 676 000 | | | 3 780 000 |

说明：

以上资料中有三个账户，经查明应在列表时按规定予以调整：在“应收账款”账户中有明细账贷方余额 10 000 元；在“应付账款”账户中有明细账借方余额 20 000 元；在“预付账款”账户中有明细账贷方余额 5 000 元。

现将上列资料经归纳分析后填入资产负债表如下：

（1）将“现金”、“银行存款”、“其他货币资金”科目余额合并列入货币资金项目（70 000+250 000+205 000=525 000），共计 525 000 元；

（2）将坏账准备项目 6 000 元从应收账款项目中减去；将应收账款明细账中的贷方余额 10 000 元列入预收账款项目。计算结果，应收账款项目的账面价值为 360 000 元（356 000-6 000+10 000=360 000）；预收账款项目为 30 000 元（20 000+10 000=30 000）。

（3）将应付账款明细账中的借方余额 20 000 元列入预付账款项目；将“预付账款”账户明细账中的贷方余额 5 000 元列入应付账款项目。计算结果，预付账款项目的余额为 85 000 元（60 000+20 000+5 000=85 000），应付账款项目的余额为 525 000 元（500 000+20 000+5 000=525 000）。

（4）将“原材料”、“库存商品”、“生产成本”及其他存货账户余额合并为存货项目（350 000+165 000+185 000=7 000 000），共计 700 000 元。

（5）从“长期股权投资”账户中减去“长期股权投资减值准备”20 000 元，长期股权投资项目的余额为 120 000 元（140 000-20 000=120 000）。

（6）其余各项目按账户余额表数字直接填入报表。

现试编该公司资产负债表，如表 10-3 所示。

**表 10-3　资产负债表**

编制单位：祥瑞公司　　　　2012 年 12 月 31 日　　　　单位：元

| 资产 | 期末余额 | 年初余额 | 负债和所有者权益 | 期末余额 | 年初余额 |
|---|---|---|---|---|---|
| 流动资产： | | | 流动负债： | | |
| 货币资金 | 525 000 | | 短期借款 | 235 000 | |
| 交易性金融资产 | 25 000 | | 交易性金融负债 | 0 | |
| 应收票据 | 35 000 | | 应付票据 | 220 000 | |
| 应收账款 | 360 000 | | 应付账款 | 525 000 | |

续表

| 资产 | 期末余额 | 年初余额 | 负债和所有者权益 | 期末余额 | 年初余额 |
|---|---|---|---|---|---|
| 预付账款 | 85 000 | | 预收账款 | 30 000 | |
| 应收利息 | 10 000 | | 应付职工薪酬 | 135 000 | |
| 应收股利 | 35 000 | | 应交税费 | 45 000 | |
| 其他应收款 | 10 000 | | 应付利息 | 0 | |
| 存货 | 700 000 | | 应付股利 | 120 000 | |
| 一年内到期的非流动资产 | 0 | | 其他应付款 | 35 000 | |
| 其他流动资产 | 0 | | 一年内到期的非流动负债 | 0 | |
| 流动资产合计 | 1 785 000 | | 其他流动负债 | 0 | |
| 非流动资产： | | | 流动负债合计 | 1 345 000 | |
| 可供出售金融资产 | 350 000 | | 非流动负债： | | |
| 持有至到期投资 | 0 | | 长期借款 | 500 000 | |
| 长期应收款 | 0 | | 应付债券 | | |
| 长期股权投资 | 120 000 | | 长期应付款 | | |
| 投资性房地产 | 0 | | 专项应付款 | | |
| 固定资产 | 1 350 000 | | 预计负债 | | |
| 在建工程 | 120 000 | | 递延所得税负债 | | |
| 工程物资 | 0 | | 其他非流动负债 | | |
| 固定资产清理 | 0 | | 非流动负债合计 | 500 000 | |
| 生产性生物资产 | 0 | | 负债合计 | 1 845 000 | |
| 油气资产 | 0 | | 所有者权益： | | |
| 无形资产 | 90 000 | | 实收资本 | 1 500 000 | |
| 开发支出 | 0 | | 资本公积 | 89 000 | |
| 商誉 | 0 | | 减：库存股 | 0 | |
| 长期待摊费用 | 0 | | 盈余公积 | 256 000 | |
| 递延所得税资产 | 0 | | 未分配利润 | 125 000 | |
| 其他非流动资产 | 0 | | 所有者权益合计 | 1 970 000 | |
| 非流动资产合计 | 2 030 000 | | | | |
| 资产总计 | 3 815 000 | | 负债及所有者权益总计 | 3 815 000 | |

【课堂测试 10-2】

1. 资产负债表中报表项目（　　）。

A. 都是根据账户余额填列

B. 都是根据发生额填列

C. 根据上述 A、B 填列

D. 大多数项目可以直接根据账户余额填列，少数报表项目需要根据有关账户发生额分析计算后才能填列

2. 资产负债表中，“应收账款”项目应根据（　　）填列。

A.“应收账款”总分类账户期末余额

B.“应收收款”总分类账户所属各明细分类账户的期末余额

C.“应收账款”和“预收账款”总分类账所属各明细分类账的期末借方余额合计

D.“应收账款”和“预收账款”总分类账所属各明细分类账的期末贷方余额合计

## 第三节　利润表

利润表，是总括反映企业在一定时期（年度、季度或月份）内经营成果的会计报表，用以反映企业一定时期内利润（或亏损）的实际情况。

### 一、利润表的结构和内容

利润表一般包括表首、正表两部分。其中，表首概括说明报表名称、编制单位、编制日期、报表编号、货币名称、计量单位；正表是利润表的主体，反映形成经营成果的各个项目和计算过程。正表的格式一般有两种：单步式利润表和多步式利润表。单步式利润表是将当期所有的收入列在一起，然后将所有的费用列在一起，两者相减得出当期净损益。多步式利润表是通过对当期的收入、费用、支出项目按性质加以归类，按利润形成的主要环节列示一些中间性的利润指标，如营业利润、利润总额、净利润，分步计算当期净损益。利润表的格式如表 10-4 所示。

**表 10-4　利润表**

会企 02 表

编报单位：　　　　　　　　　年　　月　　　　　　　　　单位：元

| 项目 | 本期金额 | 上期金额 |
|---|---|---|
| 一、营业收入 | | |
| 减:营业成本 | | |
| 　营业税金及附加 | | |
| 销售费用 | | |
| 管理费用 | | |
| 财务费用 | | |
| 资产减值损失 | | |
| 　加：公允价值变动收益（损失以“-”号填列） | | |
| 　　投资收益（损失以“-”号填列） | | |
| 　　其中：对联营企业和合并企业的投资收益 | | |
| 二、营业利润（亏损以“-”号填列） | | |
| 加：营业外收入 | | |
| 减：营业外支出 | | |
| 　其中：非流动资产处置损失 | | |
| 三、利润总额（净亏损以“-”号填列） | | |
| 减：所得税费用 | | |
| 四、净利润 | | |
| 五、每股收益： | | |
| （一）基本每股收益 | | |
| （二）稀释每股收益 | | |
| 六、其他综合收益 | | |
| 七、综合收益总额 | | |

为了清楚地反映各项指标的报告期数及从年初到报告期为止的累计数，在利润表中应分别设置“本月数”和“本年累计数”两栏。

## 二、利润表的项目填制

（一）利润表各项目的填列

1. 利润表中的各个项目，都是根据有关会计科目记录的本期实际发生数和累计发生数分别填列的

（1）“营业收入”项目，反映企业经营活动所取得的收入总额。本项目应根据“主营业务收入”、“其他业务收入”等科目的发生额分析填列。

（2）“营业成本”项目，反映企业经营活动发生的实际成本。本项目应根据“主营业务成本”、“其他业务成本”等科目的发生额分析填列。

（3）“营业税金及附加”项目，反映企业经营活动应负担的营业税、消费税、城市维护建设税、资源税、土地增值税和教育费附加等。本项目应根据“营业税金及附加”科目的发生额分析填列。

（4）“销售费用”项目，反映企业在销售商品和商品流通企业在购入商品等过程中发生的费用。本项目应根据“营业费用”科目的发生额分析填列。

（5）“管理费用”项目，反映企业发生的管理费用。本项目应根据“管理费用”科目的发生额分析填列。

（6）“财务费用”项目，反映企业发生的财务费用。本项目应根据“财务费用”科目的发生额分析填列。

（7）“资产减值损失”项目，反映企业确认的资产减值损失。本项目应根据“资产减值损失”科目的发生额分析填列。

（8）“公允价值变动损益”项目，反映企业确认的交易性金融资产或交易性金融负债的公允价值变动额。本项目应根据“公允价值变动损益”科目的发生额分析填列。

（9）“投资收益”项目，反映企业以各种方式对外投资所取得的收益。本项目应根据“投资收益”科目的发生额分析填列；如为投资损失，以“－”号填列。

（10）“营业外收入”项目和“营业外支出”项目，反映企业发生的与其生产经营无直接关系的各项收入和支出。这两个项目应分别根据“营业外收入”科目和“营业外支出”科目的发生额分析填列。

（11）“利润总额”项目，反映企业实现的利润总额。如为亏损总额，以“－”号填列”。

（12）“所得税”项目，反映企业按规定从本期损益中减去的所得税。本项目应根据“所得税”科目的发生额分析填列。

（13）“净利润”项目，反映企业实现的净利润。如为净亏损，以“－”号填列。

报表中的“本月数”应根据各有关会计科目的本期发生额直接填列；“本年累计数”栏反映各项目自年初起到本报告期止的累计发生额，应根据上月“利润表”的累计数加上本月“利润表”的本月数之和填列。年度“利润表”的“本月数”栏改为“上年数”栏时，应根据上年“利润表”的数字填列。如果上年“利润表”和本年“利润表”的项目名称和内容不相一致，应将上年的报表项目名称和数字按本年度的规定进行调整，然后填入“上年数”栏。

2. 每股收益

企业应当在利润表中单独列示基本每股收益和稀释每股收益。

（1）基本每股收益

企业应当按照属于普通股东的当期净利润，除以发行在外普通股的加权平均数计算基本每股收益。

发行在外普通股加权平均数＝期初发行在外普通股股数+当期新发行普通股股数×已发行时间÷报告期时间－当期回购普通股股数×已回购时间÷报告期时间

已发行时间、报告期时间和已回购时间一般按照天数计算；在不影响计算结果合理性的前提下，也可以采用简化的计算方法。

（2）稀释每股收益

企业存在稀释性潜在普通股的，应当分别调整归属于普通股股东的当期净利润和发行在外普通股的加权平均数，并据以计算稀释每股收益。

稀释性潜在普通股，是指假设当期转换为普通股会减少每股收益的潜在普通股。潜在普通股，是指赋予其持有者在报告期或以后期间享有取得普通股权利的一种金融工具或其他合同，包括可转换公司债券、认股权证、股份期权等。

第一，计算稀释每股收益，应当根据下列事项对归属于普通股股东的当期净利润进行调整（应考虑相关的所得税影响）：①当期已确认为费用的稀释性潜在普通股的利息；②稀释性潜在普通股转换时将产生的收益或费用。

第二，计算稀释每股收益时，当期发行在外普通股的加权平均数应当为计算基本每股收益时普通股的加权平均数与假定稀释性潜在普通股转换为已发行普通股而增加的普通股股数的加权平均数之和。

第三，计算稀释性潜在普通股转换为已发行普通股而增加的普通股股数的加权平均数时，以前期间发行的稀释性潜在普通股，应当假设在当期期初转换；当期发行的稀释性潜在普通股，应当假设在发行日转换。

第四，认股权证和股份期权等的行权价格低于当期普通股平均市场价格时，应当考虑其稀释性。计算稀释每股收益时，增加的普通股股数按下列公式计算：

增加的普通股数＝拟行权时转换的普通股股数－行权价格×拟行权时转换的普通股股数÷当期普通股平均市场价格

第五，稀释性潜在普通股应当按照其稀释程度从大到小的顺序计入稀释每股收益，直至稀释每股收益达到最小值。

（3）每股收益列报

发行在外普通股或潜在普通股的数量因派发股票股利、公积金转赠资本、拆股而增加或因并股而减少，但不影响所有者权益金额的，应当按调整后的股数重新计算各列报期间的每股收益。上述变化发生于资产负债表日至财务报告批准报出日之间的，应当以调整后的股数重新计算各列报期间的每股收益。

按照企业会计准则的规定对以前年度损益进行追溯调整或追溯重述的，应当重新计算各列报期间的每股收益。

3. 其他综合收益

其他综合收益，是指企业根据其他会计准则规定未在当期损益中确认的各项利得和损失。

其他综合收益项目应当根据其他相关会计准则的规定分为下列两类列报：

（1）以后会计期间不能重分类进损益的其他综合收益项目，主要包括重新计量设定受益计划净负债或净资产导致的变动、按照权益法核算的在被投资单位以后会计期间不能重分类进损益的其他综合收益中所享有的份额等。

（2）以后会计期间在满足规定条件时将重分类进损益的其他综合收益项目，主要包括按照权益法核算的在被投资单位以后会计期间在满足规定条件时将重分类进损益的其他综合收益中所享有的份额、可供出售金融资产公允价值变动形成的利得或损失、持有至到期投资重分类为可供出售金融资产形成的利得或损失、现金流量套期工具产生的利得或损失中属于有效套期的部分、外币财务报表折算差额等。

4. 综合收益

综合收益，是指企业在某一期间除与所有者以其所有者身份进行的交易之外的其他交易或事项所引起的所有者权益变动。综合收益总额项目反映净利润和其他综合收益扣除所得税影响后的净额相加后的合计金额。

5. 利润表编制方法举例

从上述具体项目的填列方法分析，利润表的填列方法可归纳为以下两种：

（1）根据账户的发生额分析填列。利润表中的大部分项目都可以根据账户的发生额分析填列，如销售费用、营业税金及附加、管理费用、财务费用、营业外收入、营业外支出、所得税等。

（2）根据报表项目之间的关系计算填列。利润表中的某些项目需要根据项目之间的关系计算填列，如营业利润、利润总额、净利润等。

下面举例说明一般企业利润表的编制方法。

【例 10-2】祥瑞公司 2012 年度利润表有关科目的累计发生额，如表 10-5 所示。

**表 10-5　利润表有关科目累计发生额**

单位：元

| 科目名称 | 借方发生额 | 贷方发生额 |
|---|---|---|
| 主营业务收入 | | 12 500 000 |
| 其他业务收入 | | 230 000 |
| 投资收益 | | 3 200 000 |
| 营业外收入 | | 50 000 |
| 主营业务成本 | 7 500 000 | |
| 营业税金及附加 | 550 000 | |
| 其他业务成本 | 0 | |
| 销售费用 | 100 000 | |
| 管理费用 | 950 000 | |
| 财务费用 | 800 000 | |
| 资产减值损失 | 20 000 | |
| 营业外支出 | 200 000 | |
| 所得税费用 | 1 800 000 | |

根据以上账户记录，编制祥瑞公司 2012 年度利润表，如表 10-6 所示。

表 10-6　利润表　　会企 02 表

编报单位：祥瑞公司　　2012 年　　单位：元

| 项目 | 本期金额 | 上期金额（略） |
|---|---|---|
| 一、营业收入 | 12 730 000 | |
| 减：营业成本 | 7 500 000 | |
| 营业税金及附加 | 550 000 | |
| 销售费用 | 100 000 | |
| 管理费用 | 950 000 | |
| 财务费用 | 800 000 | |
| 资产减值损失 | 20 000 | |
| 加：公允价值变动收益（损失以“-”填列） | - | |
| 投资收益（损失以“-”填列） | 3 200 000 | |
| 其中：对联营企业和合营企业的投资收益 | - | |
| 二、营业利润（损失以“-”填列） | 6 010 000 | |
| 加：营业外收入 | 50 000 | |
| 减：营业外支出 | 200 000 | |
| 其中：非流动资产处置损失 | - | |
| 三、利润总额（损失以“-”填列） | 5 860 000 | |
| 减：所得税费用 | 1 800 000 | |
| 四、净利润 | 4 060 000 | |
| 五、每股收益： | - | |
| （一）基本每股收益 | - | |
| （二）稀释每股收益 | - | |
| 六、其他综合收益 | - | |
| 七、综合收益总额 | - | |

【课堂测试 10-3】

1. 我国利润表的格式为（　　　）。

A. 单步式　　　　　　B. 多步式

C. 单步式和多步式　　D. 平衡式

2. 多步式利润表是通过多步计算当期损益，通常把利润计算分解为（　　　）。

A. 主营业务利润、营业利润、利润总额、净利润

B. 毛利、营业利润和应税利润额

C. 营业收入、营业利润和可分配利润

D. 毛利、营业利润和利润总额

3. 利润表是反映企业（　　　）经营成果及其分配情况的报表。

A. 一定期间内　　　　B. 特定日期

C. 相邻期间内　　　　D. 相邻日期

## 第四节　现金流量表

### 一、现金流量表的结构和内容

（一）现金及现金流量表的定义

现金流量表是指反映企业在一定会计期间经营活动、投资活动和筹资活动对现金及现金等价物产生影响的会计报表。编制现金流量表的主要目的是为报表使用者提供企业一定会计期间内现金流入和流出的有关信息，揭示企业的偿债能力和变现能力。为更好地理解和运用现金流量表，必须正确界定如下概念：

1. 现金。指企业库存现金及可随时用于支付的存款。应注意的是，银行存款和其他货币资金中有些不能随时用于支付的存款。如不能随时支取的定期存款等，不应作为现金，而应列作投资；提前通知金融企业便可支取的定期存款，则应包括在现金范围内。

2. 现金等价物。指企业持有的期限短、流动性强、易于转化为已知金额现金、价值变动风险很小的投资。一项投资被确认为现金等价物必须同时具备四个条件：期限短、流动性强、易于转化为已知金额现金、价值变动风险很小。其中，期限较短一般是指从购买日起三个月内到期，如可在证券市场上流通的三个月到期的短期债券投资等。

3. 现金流量。指企业现金和现金等价物的流入和流出。应该注意的是，企业现金形式的转换不会产生现金的流入和流出，如企业从银行提取现金，是企业现金存放形式的转换，并未流出企业，不构成现金流量；同样，现金和现金等价物之间的转换也不属于现金流量，比如，企业用现金购买将于三个月到期的国库券。

（二）现金流量表的结构

设置现金流量表的公式为：现金净流量=现金收入-现金支出。分为三部分：第一部分为经营活动中的现金流量；第二部分为投资活动中的现金流量；第三部分为筹资活动中的现金流量。各部分又分别按收入项目和支出项目列示，以反映各类活动所产生的现金流入量和现金流出量，来展示各类现金流入和流出的原因。一般企业现金流量表的基本格式如表 10-7 所示。

**表 10-7　现金流量表**

会企 03 表

编制单位:　　　　年度　　　　单位:元

| 项目 | 本期金额 | 上期金额 |
|---|---|---|
| 一、经营活动产生的现金流量: | | |
| 销售商品、提供劳务收到的现金 | | |
| 收到的税费返还 | | |
| 收到的其他与经营活动有关的现金 | | |
| 现金流入小计 | | |
| 购买商品、接受劳务支付的现金 | | |
| 支付给职工以及为职工支付的现金 | | |
| 支付的各项税费 | | |
| 支付的其他与经营活动有关的现金 | | |
| 现金流出小计 | | |
| 经营活动产生的现金流量净额 | | |
| 二、投资活动产生的现金流量: | | |
| 收回投资所收到的现金 | | |
| 取得投资收益所收到的现金 | | |
| 处置固定资产、无形资产和其他长期资产所收回的现金净额 | | |
| 处置子公司及其他营业单位收到的现金净额 | | |
| 收到的其他与投资活动有关的现金 | | |
| 现金流入小计 | | |
| 购建固定资产、无形资产和其他长期资产所支付的现金 | | |
| 投资所支付的现金 | | |
| 取得子公司及其他营业单位支付的现金净额 | | |
| 支付的其他与投资活动有关的现金 | | |
| 现金流出小计 | | |
| 投资活动产生的现金流量净额 | | |

续表

| 项目 | 本期金额 | 上期金额 |
|---|---|---|
| 三、筹资活动产生的现金流量： | | |
| 吸收投资所收到的现金 | | |
| 借款所收到的现金 | | |
| 收到的其他与筹资活动有关的现金 | | |
| 现金流入小计 | | |
| 偿还债务所支付的现金 | | |
| 分配股利、利润或偿付利息所支付的现金 | | |
| 支付的其他与筹资活动有关的现金 | | |
| 现金流出小计 | | |
| 筹资活动产生的现金流量净额 | | |
| 四、汇率变动对现金及现金等价物的影响 | | |
| 五、现金及现金等价物净增加额 | | |
| 加：期初现金及现金等价物余额 | | |
| 六、期末现金及现金等价物余额 | | |
| 补充资料： | 本期金额 | 上期金额 |
| 1、将净利润调节为经营活动现金流量： | | |
| 净利润 | | |
| 加：资产减值准备、油气资产折旧、生产性生物资产折旧 | | |
| 无形资产摊销 | | |
| 长期待摊费用摊销 | | |
| 处置固定资产、无形资产和其他长期资产的损失（减：收益） | | |
| 固定资产报废损失（减：收益） | | |
| 公允价值变动损失（减：收益） | | |
| 财务费用（减：收益） | | |
| 投资损失（减：收益） | | |
| 递延所得税资产减少（减：增加） | | |
| 递延所得税负债增加（减：减少） | | |
| 存货的减少（减：增加） | | |
| 经营性应收项目的减少（减：增加） | | |
| 经营性应付项目的增加（减：减少） | | |
| 其他 | | |
| 经营活动产生的现金流量净额 | | |
| 2、不涉及现金收支的重大投资和筹资活动： | | |
| 债务转为资本 | | |
| 一年内到期的可转换公司债券 | | |
| 融资租入固定资产 | | |
| 3、现金及现金等价物净增加情况： | | |
| 现金的期末余额 | | |
| 减：现金的期初余额 | | |
| 加：现金等价物的期末余额 | | |
| 减：现金等价物的期初余额 | | |
| 现金及现金等价物净增加额 | | |

1. 经营活动的现金流量

经营活动的现金流量是指企业投资活动和筹资活动以外的所有交易和事项所导致的现金收入和支出。

（1）经营活动所产生的现金收入，包括出售产品、商品、提供劳务等取得的现金收入。

（2）经营活动所产生的现金支出，包括购买材料、商品及支付职工劳动报酬发生的现金支出、各项制造费用、期间费用支出、税款等支出。

2. 投资活动的现金流量

投资活动的现金流量是指企业在投资活动中所导致的现金收入和支出。

（1）投资活动所产生的现金收入，包括收回投资、出售固定资产净收入等。

（2）投资活动所产生的现金支出 ，包括对外投资、购买固定资产等。

3. 筹资活动的现金流量

筹资活动的现金流量是指企业在筹资活动中所导致的现金收入和支出。

（1）筹资活动所产生的现金收入，包括发行债券、取得借款、增加股本（增发股票）等。

（2）筹资活动中所产生的现金支出，包括偿还借款、清偿债务、支付现金股利等。

## 二、现金流量表的编制

编制现金流量表的时候，经营活动现金流量有两种列示方法：一为直接法，二为间接法。这两种方法通常也称为现金流量表的编制方法。直接法是通过现金收入和支出的主要类别反映来自企业经营活动的现金流量。一般以利润表中的营业收入为起点，调整与经营活动有关项目的增减活动，然后计算出经营活动的现金流量。间接法是以本期净利润为起点，调整不涉及现金的收入、费用、营业外收支以及有关项目的增减变动，据此计算出经营活动的现金流量。

《企业会计准则——现金流量表》要求企业采用直接法报告经营活动的现金流量，同时要求在现金流量补充资料中披露将净利润调整为经营活动现金流量的信息，也就是用间接法计算经营活动的现金流量。

现将其主要项目填表方法简述如下：

1. 经营活动产生的现金流量

（1）“销售商品、提供劳务收到的现金”。一般包括当期销售商品或提供劳务所收到的现金收入（包括增值税销项税额）；当期收到前期销售商品、提供劳务的应收账款或应收票据；当期的预收账款；当期因销货退回而支付的现金或收回前期核销的坏账损失；当前收到的货款和应收、应付账款，原规定不包括应收增值税销项税款，现为简化手续，将收到的增值税销项税款并入“销售商品、提供劳务收现金”及“应收”、“应付”项目中，并对报表有关项目作相应修改。

（2）“收到的税费返回”。包括收到的增值税、消费税、营业税、所得税、关税和教育费附加的返还等。

（3）“收到的其他与经营活动有关的现金”。反映企业除了上述各项以外收到的其他与经营活动有关的现金流入。

（4）“购买商品、接受劳务支付的现金”。一般包括当期购买商品、接受劳务支付的现金；当期支付前期的购货应付账款或应付票据（均包括增值税进项税额）；当期预付的账款，以及购货退回所收到的现金。

（5）“支付给职业以及为职工支付的现金”。包括本期实际支付给职工的工资、奖金、各种津贴和补贴等，以及经营人员的养老金、保险金和其他各项支出。

（6）“支付的各种税费”。反映企业按规定支付的各项税费，包括本期发生并支付的税费，以及本期支付以前各期发生的税费和预交的税金。

（7）“支付的其他与经营活动有关的现金”。反映企业除了上述各项以外的其他与经营活动有关的现金流出。

2. 投资活动产生的现金流量

（1）“收回投资所收到的现金”。反映企业出售转让或到期收回除现金等价物以外的短期投资、长期股权投资而收到的现金，以及收回长期债权投资本金而收到的现金，按实际收回的投资额填列。

（2）“取得投资收益所收到的现金”。反映企业因股权性投资和债权性投资而取得的现金股利、利息，以及从子公司、联营企业或合营企业分利润而收到的现金。到期收回的本金应在“收回投资所收到的现金”项目中反映。

（3）“处置固定资产、无形资产和其他长期资产而收到的现金净额”。反映企业处置这些资产所得的现金，扣除为处置这些资产而支付的有关费用后的净额。

（4）“处置子公司及其他营业单位收到的现金净额”。反映企业处置子公司及其他营业单位所得的现金，扣除为处置子公司及其他营业单位而支付的有关费用后的净额。

（5）“收到的其他与投资活动有关的现金”。反映企业除了上各项以外收到的其他与投资活动有关的现金流入。

（6）“购建固定资产、无形资产和其他长期资产所支付的现金”。包括企业购买、建造固定资产，取得无形资产和其他长期资产所支付的现金，不包括为购建固定资产而发生的借款资本化的部分以及融资租赁租入固定资产所支付的租金和利息。

（7）“投资所支付的现金”。反映企业进行权益性投资和债权性投资支付的现金。包括短期股票、短期债券投资、长期股权投资、长期债权投资所支付的现金及佣金、手续费等附加费用。

（8）“取得子公司及其他营业单位支付的现金净额”。反映企业为取得子公司及其他营业单位而支付的现金净额。

（9）“支付的其他与投资活动有关的现金”。反映企业除上述各项以外，支付的其他与投资活动有关的现金流出。

3. 筹资活动产生的现金流量

（1）“吸收投资所收到的现金”。反映企业收到的投资者投入的资金。包括发行股票、债券所实际收到的款项净额（发行收入减去支付的佣金等发行费用后的净额）。

（2）“借款收到的现金”。反映企业举借各种短期、长期借款所收到的现金，根据收入时的实际借款金额计算。企业因借款而发生的利息列入“分配股利、利润或偿付利息所支付的现金”。

（3）“收到的其他与筹资活动有关的现金”。反映企业除上述各项目以外的其他与筹资活动有关的现金流入，如接受现金捐赠。

（4）“偿还债务所支付的现金”。包括归还金额企业借款；偿付企业到期的债券等，按当期实际支付的偿债金额填列。

（5）“分配股利、利润或偿付利息所支付的现金”。反映企业实际支付的现金股利和付给其他投资单位的利润以及支付的债券利息、借款利息等。

（6）“支付其他与筹资活动有关的现金”。反映企业除上述各项外，支付的其他与筹资活动有关的现金流出。

4. 汇率变动对现金的影响

反映企业的外币现金流量以及境外子公司的现金流量折算为人民币时，所采用的现金流量发生日的汇率或平均汇率折算人民币金额与“现金及现金等价物净增加额”中外币现金净增加额按期末汇率折算的人民币金额之间的差额。

5. 现金及现金等价物净增加额

反映经营活动产生的现金流量净额、投资活动产生的现金流量净额、筹资活动产生的现金流量净额三项之和。

**【课堂测试 10-4】**

1. 某企业 2002 年主营业务成本 30 万元，进项税额 4 万元，应付账款期初余额 1 万元，期末余额 0.95 万元，预付账款期初 0.9 万元，期末余额 0.8 万元，存货期初余额 10 万元，期末余额 8 万元，本期计入制造费用工资 3 万元，计入生产成本工资 5 万元，本期计入制造费用中的折旧 5 万元，计算现金流量表“购买商品、接受劳务而支付现金”的金额为（　　）万元。

A. 24　　　B. 18.95

C. 29　　　D. 34

2. 引起现金流量净额变动的项目是（　　）。

A. 将现金存入银行

B. 用银行存款购买 1 个月到期的债券

C. 用固定资产抵偿债务

D. 用银行存款清偿 20 万元的债务

# 第五节　所有者权益变动表

## 一、所有者权益变动表的结构和内容

（一）所有者权益变动表的内容

所有者权益变动表是指反映构成所有者权益各组成部分当期增减变动情况的报表。综合收益和与所有者（或股东）的资本交易导致的所有者权益的变动，应当分别列示。

与所有者的资本交易，是指企业与所有者以其所有者身份进行的、导致企业所有者权益变动的交易。

在所有者权益变动表中，企业至少应当单独列示反映下列信息的项目：（1）综合收益总额；（2）会计政策变更和差错更正的累积影响金额；（3）所有者投入资本和向所有者分配利润等；（4）提取的盈余公积；（5）所有者权益各组成部分的期初和期末余额及其调解情况。

（二）所有者权益变动表的结构

为了清楚地表明构成所有者权益的各组成部分当期的增减变动情况，所有者权益变动表应当以矩阵的形式列示：一方面，列示导致所有者权益变动的交易或事项，改变了以往仅仅按照所有者权益的各组成部分反映所有者权益变动情况，而是从所有者权益变动的来源对一定时期所有者权益变动情况进行全面反映；另一方面，按照所有者权益各组成部分（包括实收资本、资本公积、盈余公积、未分配利润和库存股）及其总额列示交易或事项对所有者权益的影响。此外，企业还需要提供比较所有者权益变动表，所有者权益变动表还就各项目再分为“本年金额”和“上年金额”两栏分别填列。所有者权益变动表的具体格式如表 10-8 所示。

表 10-8　所有者权益变动表

会企 04 表

编制单位：　　　　　　　　　　　　　　年度　　　　　　　　　　　　　　单位：元

| 项目 | 本年金额 | | | | | | 上年金额 | | | | | |
|---|---|---|---|---|---|---|---|---|---|---|---|---|
| | 实收资本（或股本） | 资本公积 | 减：库存股 | 盈余公积 | 未分配利润 | 所有者权益合计 | 实收资本（或股本） | 资本公积 | 减：库存股 | 盈余公积 | 未分配利润 | 所有者权益合计 |
| 一、上年年末余额 | | | | | | | | | | | | |
| 加：会计政策变更 | | | | | | | | | | | | |
| 前期差错更正 | | | | | | | | | | | | |
| 二、本年年初余额 | | | | | | | | | | | | |
| 三、本年增减变动金额（减少以“-”号填列） | | | | | | | | | | | | |
| （一）净利润 | | | | | | | | | | | | |
| （二）直接计入所有者权益的利得和损失 | | | | | | | | | | | | |
| 1．可供出售金融资产公允价值变动净额 | | | | | | | | | | | | |
| 2．权益法下被投资单位其他所有者权益变动的影响 | | | | | | | | | | | | |
| 3．与计入所有者权益项目相关的所得税影响 | | | | | | | | | | | | |
| 4．其他 | | | | | | | | | | | | |
| 上述（一）和（二）小计 | | | | | | | | | | | | |
| （三）所有者投入和减少资本 | | | | | | | | | | | | |
| 1．所有者投入资本 | | | | | | | | | | | | |
| 2．股份支付计入所有者权益的金额 | | | | | | | | | | | | |
| 3．其他 | | | | | | | | | | | | |
| （四）利润分配 | | | | | | | | | | | | |
| 1．提取盈余公积 | | | | | | | | | | | | |
| 2．对所有者（或股东）的分配 | | | | | | | | | | | | |
| 3．其他 | | | | | | | | | | | | |
| （五）所有者权益内部结转 | | | | | | | | | | | | |
| 1．资本公积转增资本（或股本） | | | | | | | | | | | | |
| 2．盈余公积转增资本（或股本） | | | | | | | | | | | | |
| 3．盈余公积弥补亏损 | | | | | | | | | | | | |
| 4．其他 | | | | | | | | | | | | |
| 四、本年年末余额 | | | | | | | | | | | | |

## 二、所有者权益变动表的填列方法

（一）上年金额栏的填列方法

所有者权益变动表“上年金额”栏内各项数字，应根据上年度所有者权益变动表“本年金额”栏内所列数字填列。如果上年度所有者权益变动表规定的各个项目的名称和内容同本年度不相一致，应对上年度所有者权益变动表各项目的名称和数字按本年度的规定进行调整，填入所有者权益变动表“上年金额”栏内。

（二）本年金额栏的填列方法

所有者权益变动表“本年金额”栏内各项数字一般应根据“实收资本（或股本）”、“资本公积”、“盈余公积”、“利润分配”、“库存股”、“以前年度损益调整”科目的发生额分析填列。

（三）所有者权益变动表各项目的列报说明

1.“上年年末余额”项目，反映企业上年资产负债表中实收资本（或股本）、资本公积、盈余公积、未分配利润的年末余额。

2.“会计政策变更”和“前期差错更正”项目，分别反映企业采用追溯调整法处理会计政策变更的累积影响金额和采用追溯重述法处理的会计差错更正的累积影响金额。本项目应根据“盈余公积”、“利润分配”、“以前年度损益调整”等科目的发生额分析填列。

3.“净利润”项目，反映企业当年实现的净利润（或净亏损）金额，应列在“未分配利润”栏。

4.“直接计入所有者权益的利得和损失”项目，反映企业当年直接计入所有者权益的利得和损失金额。其中：①“可供出售金融资产公允价值变动净额”项目，反映企业持有的可供出售金融资产当年公允价值变动的金额，并对应列在“资本公积”栏。②“权益法下被投资单位其他所有者权益变动的影响”项目，反映企业对按照权益法核算的长期股权投资，在被投资单位除当年实现的净损益以外其他所有者权益当年变动中应享有的份额，并对应列在“资本公积”栏。③“与计入所有者权益项目相关的所得税影响”项目，反映企业根据所得税相关规定应计入所有者权益项目的当年所得税影响金额，并对应列在“资本公积”栏。

5.“所有者投入和减少资本”项目，反映企业当年所有者投入的资本和减少的资本。其中：①“所有者投入资本项目”，反映企业接受投资者投入形成的实收资本（或股本）和资本溢价或股本溢价，并对应列在“实收资本”和“资本公积”栏。②“股份支付计入所有者权益的金额”项目，反映企业处于等待期中的权益结算的股份支付当年计入资本公积的金额，并对应列在“资本公积”栏。

6.“利润分配”下各项目，反映当年对所有者（或股东）分配的利润（或股利）金额和按照规定提取的盈余公积金额，并对应列在“未分配利润”和“盈余公积”栏，其中：①“提取盈余公积”项目，反映企业按规定提取的盈余公积。②“对所有者（或股东）的分配”项目，反映对所有者（或股东）分配的利润（或股利）金额。

7.“所有者权益内部结转”下各项目，反映不影响当年所有者权益总额的所有者权益各组成部分之间当年的增减变动，包括资本公积转增资本(或股本)、盈余公积转增资本（或股本）、盈余公积弥补亏损等项金额。

**【课堂测试 10-5】**

1. 在所有者权益变动表中，企业至少应当单独列示的信息项目有（　　）。

A. 提取的盈余公积

B. 净利润

C. 直接计入所有者权益的利得和损失

D. 会计差错更正

E. 每股收益

2. 下列各项中，不属于所有者权益的是（　　）。

A. 资本溢价　　B. 计提的盈余公积

C. 投资者投入的资本　　D. 应付高管人员基本薪酬

## 第六节　会计报表附注

会计报表中虽规定的内容具有一定的固定性，只能提供定量的财务信息，其所能反映的财务信息受到一定限制。会计报表附注是对资产负债表、利润表、现金流量表和所有者权益变动表等报表中列示项目的文字描述或明细资料，以及对未能在这些报表中列示项目的说明等。附注是财务报表的重要组成部分。企业编制会计报表附注，可以提高会计信息的可比性、增进会计信息的可理解性、促使会计信息充分披露，从而提高会计信息的质量，使报表使用者对企业的财务状况、经营成果和现金流动情况获得更充分的了解，并有利于报表使用者做出正确的决策。

会计报表附注应按照如下顺序披露有关内容：

（一）企业的基本情况

1. 企业注册地、组织形式和总部地址。

2. 企业的业务性质和主要经营活动，如企业所处的行业、所提供的主要产品或服务、客户的性质、销售策略、监管环境的性质等。

3. 母公司以及集团最终母公司的名称。

4. 财务报告的批准报出者和财务报告批准报出日。

（二）财务报表的编制基础

企业应当以持续经营为基础编制会计报表。在编制会计报表时，企业应当对持续经营的能力进行估计。如果已决定进行清算或停止营业，或者已确定在下一个会计期间将被迫进行清算或停止营业，则不应再以持续经营为基础编制会计报表。如果某些不确定的因素导致对企业能否持续经营产生重大怀疑时，则应当在会计报表附注中披露这些不确定因素。如果会计报表不是以持续经营为基础编制的，则企业在会计报表附注中对此应当首先予以披露，并进一步披露会计报表的编制基础，以及企业未能以持续经营为基础编制会计报表的原因。

（三）遵循企业会计准则的声明

企业应当声明编制的财务报表符合企业会计准则的要求，真实、完整地反映了企业的财务状况、经营成果和现金流量等有关信息。以此明确企业编制财务报表所依据的制度基础。

如果企业编制的财务报表只是部分地遵循了企业会计准则，附注中不得做出这种表述。

（四）重要会计政策和会计估计

根据财务报表列报准则的规定，企业应当披露采用的重要会计政策和会计估计，不重要的会计政策和会计估计可以不披露。

1. 重要会计政策的说明

由于企业经济业务的复杂性和多样化，某些经济业务可以有多种会计处理方法，也即存在不止一种可供选择的会计政策。例如，存货的计价可以有先进先出法、加权平均法、个别计价法等；固定资产的折旧，可以有平均年限法、工作量法、双倍余额递减法、年数总额法等。企业在发生某项经济业务时，必须从允许的会计处理方法中选择适合本企业特点的会计政策，企业选择不同的会计处理方法，可能极大地影响企业的财务状况和经营成果，进而编制出不同的财务报表。为了有助于报表使用者理解，有必要对这些会计政策加以披露。

需要特别指出的是，说明会计政策时还需要披露下列两项内容：

（1）财务报表项目的计量基础。会计计量属性包括历史成本、重置成本、可变现净值、现值和公允价值，这直接显著影响报表使用者的分析，这项披露要求便于使用者了解企业财务报表中的项目是按何种计量基础予以计量的，如存货是按成本还是可变现净值计量等。

（2）会计政策的确定依据，主要是指企业在运用会计政策过程中所做的对报表中确认的项目金额最具影响的判断。例如，企业如何判断持有的金融资产是持有至到期的投资而不是交易性投资；又比如，对于拥有的持股不足50%的关联企业，企业为何判断企业拥有控制权因此将其纳入合并范围；再比如，企业如何判断与租赁资产相关的所有风险和报酬已转移给企业，从而符合融资租赁的标准；以及投资性房地产的判断标准是什么等等，这些判断对在报表中确认的项目金额具有重要影响。因此，这项披露要求有助于使用者理解企业选择和运用会计政策的背景，增加财务报表的可理解性。

2. 重要会计估计的说明

财务报表列报准则强调了对会计估计不确定因素的披露要求，企业应当披露会计估计中所采用的关键假设和不确定因素的确定依据，这些关键假设和不确定因素在下一会计期间内很可能导致对资产、负债账面价值进行重大调整。

在确定报表中确认的资产和负债的账面金额过程中，企业有时需要对不确定的未来事项在资产负债表日对这些资产和负债的影响加以估计。例如，固定资产可收回金额的计算需要根据其公允价值减去处置费用后的净额与预计未来现金流量的现值两者之间的较高者确定，在计算资产预计未来现金流量的现值时需要对未来现金流量进行预测，并选择适当的折现率，应当在附注中披露未来现金流量预测所采用的假设及其依据、所选择的折现率为什么是合理的等等。又如，为正在进行中的诉讼提取准备时最佳估计数的确定依据等。这些假设的变动对这些资产和负债项目金额的确定影响很大，有可能会在下一个会计年度内做出重大调整。因此，强调这一披露要求，有助于提高财务报表的可理解性。

（五）会计政策和会计估计变更以及差错更正的说明

企业应当按照《企业会计准则第28号——会计政策、会计估计变更和差错更正》及其应用指南的规定，披露会计政策和会计估计变更以及差错更正的有关情况。

（六）报表重要项目的说明

企业应当以文字和数字描述相结合、尽可能以列表形式披露报表重要项目的构成或当期增减变动情况，而且报表重要项目的明细金额合计应当与报表项目金额相衔接。在披露顺序上，一般应当按照资产负债表、利润表、现金流量表、所有者权益变动表的顺序及其项目列示的顺序。

（七）其他需要说明的重要事项

这主要包括或有和承诺事项、资产负债表日后非调整事项、关联方关系及其交易等，具体的披露要求须遵循相关准则的规定。

**【课堂测试 10-6】**

1. 下列各项中，不需要在会计报表附注中披露的内容是（　　）。（单选）

   A．会计政策变更的内容和理由

   B．会计估计变更的影响数额

   C．非重大前期差错的更正方法

   D．重大前期差错对净损益的影响金额

2. 下列各项中，应当在会计报表附注中披露的有（　　）。（多选）

   A. 当期资本化的借款费用金额

   B. 对外提供担保形成的或有负债

   C. 计提的各项资产减值准备累计金额

   D. 为职工提供非货币性福利的计算依据

## 第七节　财务报表分析

### 一、财务会计报表分析概述

财务报表分析是以企业编制的财务报表及相关资料为依据，对其财务状况和经营成果进行评价。通过财务报表分析，可以评价企业的财务状况和经营成果、预测企业的发展潜力。

（一）财务报表分析的作用

从企业经营管理的角度来看，财务报表可以帮助企业管理层分析自身的管理质量，还可以帮助相关的利害关系人分析企业的经营管理水平；从国民经济管理的角度来看，财税、统计、计划、工商、物价等经济监管部门需要通过分析企业的财务报表而了解特定企业乃至该企业所属行业及产业的发展状况，从而制定有效的宏观经济调控政策。

1. 帮助报表使用者评价企业财务状况和经营成果

通过财务报表分析，报表使用者可以了解企业的长短期偿债能力、盈利能力、营运能力、资本结构和现金净流量等信息，合理评价企业财务状况和经营成果。

2. 帮助报表使用者合理地进行投资决策

企业所有者和债权人最重要的目的是评估公司未来的发展潜力和相应的风险，通过对报表的分析，可以预测投资后的获利水平和风险大小，为投资决策和信贷决策提供帮助。

3. 帮助报表使用者评价和预测未来的现金流量

通过现金流量分析，投资者可以对企业未来的经营活动产生现金流量的能力和支付股利能力加以合理地预期。

（二）财务报表分析的方法

1. 比较分析法

比较分析法，是通过对比两期或连续数期财务报告中的相同指标，确定其增减变动的方向、数额和幅度，来说明企业财务状况或经营成果变动趋势的一种方法。采用这种方法，可以分析引起变化的主要原因、变动的性质，并预测企业未来的发展趋势。

比较分析法的具体运用主要有重要财务指标的比较、会计报表的比较和会计报表项目构成的比较三种方式。

（1）重要财务指标的比较

这种方法是指将不同时期财务报告中的相同指标或比率进行纵向比较，直接观察其增减变动情况及变动幅度，考察其发展趋势，预测其发展前景。不同时期财务指标的比较主要有以下两种方法：

①定基动态比率，是以某一时期的数额为固定的基期数额而计算出来的动态比率。其计算公式为：

定基动态比率 = 分析期数据÷固定基期数额×100%

②环比动态比率，是以每一分析期的数据与上期数据相比较计算出来的动态比率。其计算公式为：

环比动态比率 = 分析期数据÷前期数据×100%

（2）会计报表的比较

这是指将连续数期的会计报表的金额并列起来，比较各指标不同期间的增减变动金额和幅度，据以判断企业财务状况和经营成果发展变化的一种方法。具体包括资产负债表比较、利润表比较和现金流量表比较等。

（3）会计报表项目构成的比较

这种方法是在会计报表比较的基础上发展而来的，是以会计报表中的某个总体指标作为100%，再计算出各组成项目占该总体指标的百分比，从而比较各个项目百分比的增减变动，以此来判断有关财务活动的变化趋势。

采用比较分析法时，应当注意以下问题：①用于对比的各个时期的指标，其计算口径必须保持一致；②应剔除偶发性项目的影响，使分析所利用的数据能反映正常的生产经营状况；③ 应运用例外原则对某项有显著变动的指标做重点分析，研究其产生的原因，以便采取对策，趋利避害。

2. 比率分析法

比率分析法是通过计算各种比率指标来确定财务活动变动程度的方法。比率指标的类型主要有构成比率、效率比率和相关比率三类。

（1）构成比率

构成比率又称结构比率，是某项财务指标的各组成部分数值占总体数值的百分比，反映部分与总体的关系。利用构成比率，可以考察总体中某个部分的形成和安排是否合理，以便协调各项财务活动。其计算公式为：

构成比率 ＝ 某个组成部分数值÷总体数值×100%

比如，企业资产中流动资产、固定资产和无形资产占资产总额的百分比（资产构成比率），企业负债中流动负债和长期负债占负债总额的百分比（负债构成比率）等。利用构成比率，可以考察总体中某个部分的形成和安排是否合理，以便协调各项财务活动。

（2）效率比率

效率比率，是某项财务活动中所费与所得的比率，反映投入与产出的关系。利用效率比率指标，可以进行得失比较，考察经营成果，评价经济效益。

比如，将利润项目与销售成本、销售收入、资本金等项目加以对比，可以计算出成本利润率、销售利润率和资本金利润率指标，从不同角度观察比较企业获利能力的高低及其增减变化情况。

（3）相关比率

相关比率，是以某个项目和与其有关但又不同的项目加以对比所得的比率，反映有关经济活动的相互关系。利用相关比率指标，可以考察企业相互关联的业务安排得是否合理，以保障经营活动顺畅进行。

比如，将流动资产与流动负债进行对比，计算出流动比率，可以判断企业的短期偿债能力；将负债总额与资产总额进行对比，可以判断企业长期偿债能力。

采用比率分析法时，应当注意以下几点：①对比项目的相关性；②对比口径的一致性；③衡量标准的科学性。

3. 因素分析法

因素分析法是依据分析指标与其影响因素的关系，从数量上确定各因素对分析指标影响方向和影响程度的一种方法。

因素分析法具体有两种：连环替代法和差额分析法。

①连环替代法

连环替代法，是将分析指标分解为各个可以计量的因素，并根据各个因素之间的依存关系，顺次用各因素的比较值（通常为实际值）替代基准值（通常为标准值或计划值），据以测定各因素对分析指标的影响。

②差额分析法

差额分析法是连环替代法的一种简化形式，是利用各个因素的比较值与基准值之间的差额，来计算各因素对分析指标的影响。

采用因素分析法时，必须注意以下问题：①因素分解的关联性。构成经济指标的因素，必须是客观上存在着的因果关系，要能够反映形成该项指标差异的内在构成原因，否则就失去了应用价值。②因素替代的顺序性。确定替代因素时，必须根据各因素的依存关系，遵循一定的顺序并依次替代，不可随意加以颠倒，否则就会得出不同的计算结果。③ 顺序替代的顺序性。因素分析法在计算每一因素变动的影响时，都是在前一次计算的基础上进行，并采用连环比较的方法确定因素变化影响结果。④计算结果的假定性。由于因素分析法计算的各因素变动的影响数，会因替代顺序不同而有差别，因而计算结果不免带有假定性，即它不可能使每个因素计算的结果，都达到绝对的准确。为此，分析时应力求使这种假定合乎逻辑，具有实际经济意义。这样，计算结果的假定性，才不至于妨碍分析的有效性。

## 二、财务报表分析评价指标

（一）偿债能力分析

1. 短期偿债能力分析

短期偿债能力是指企业以流动资产偿还流动负债的能力，它反映企业偿付到期短期债务的能力。在评价企业的短期偿债能力时，常用的财务比率有流动比率、速动比率和现金比率。

（1）流动比率

流动比率是流动资产与流动负债的比率。其计算公式为：

流动比率=流动资产÷流动负债

流动资产主要包括现金、短期投资、应收及预付款项、存货、待摊费用和一年内到期的长期债权等，即资产负债表中的期末流动资产合计；流动负债主要包括短期借款、应付及预收款项、各种应交款项、一年内到期的长期负债等，其资产负债表中的期末流动负债合计。

一般地，流动比率越高，说明企业偿还流动负债的能力越强，流动负债得到偿还的保障越大。但是，过高的流动比率可能意味着企业的流动资产比重偏高，未能有效地利用资金，而此类情形可能会影响企业的获利能力。可见，计算出来的流动比率是偏高还是偏低，只有结合行业平均水平、企业的历史水平比较才能知道。通常认为，对于制造业企业而言，流动比率以不低于 2 为宜，因为通常假定“存货”这一流动性欠佳的项目占这类企业的流动资产的一半。

（2）速动比率

速动比率是指速动资产与流动负债的比率。其中：

速动资产=流动资产－存货

速动比率的计算公式为：

速动比率=速动资产÷流动负债=（流动资产－存货）÷流动负债

由于速动资产中已经剔除了存货这一流动性欠佳的项目，因此，速动资产与流动负债的比率更能够刻画出企业偿付短期债务的能力。一般地，速动比率越高，说明企业的短期偿债能力越强。通常认为，对于制造业企业而言，速动比率以不低于 1 为佳。

（3）现金比率

有的企业用现金比率来测度短期偿债能力。现金比率是现金类资产与流动负债的比率。其计算公式为：

现金比率=（现金+现金等价物）÷流动负债

2. 长期偿债能力分析

所谓“长期偿债能力”，是指企业偿还全部负债的能力。在评价长期偿债能力时，常用的财务比率是资产负债率、产权比率、利息保障倍数。

（1）资产负债率

资产负债率是负债总额与资产总额的比率，它反映企业的资产总额中有多少是通过举债而得到的。其计算公式为：

资产负债率=（负债总额÷资产总额）×100%

该比率越高，说明企业负债经营的程度越高，同时表明企业承担的财务风险越大。

（2）产权比率

产权比率也称负债与所有者权益比率，是指负债总额与所有者权益总额之间的比例关系，这个比率衡量企业净资产对债权人利益的保障程度，也是衡量企业财务结构是否稳健的重要标志。其计算公式为：

产权比率=（负债总额÷所有者权益总额）×100%

（3）利息保障倍数

利息保障倍数是企业经营的息税前利润与利息费用的比率。其计算公式为：

利息保障倍数=息税前利润÷利息费用

=（净利润+利息费用+所得税费用）÷利息费用

通常认为，利息保障倍数越大，公司拥有的偿还利息的缓冲资金越多，利息支付越有保障。反之，如果利息保障倍数小于 1，表明自身产生的经营效益不能支持现有的债务规模。

（二）管理效率分析

在评价企业的管理效率时，常用的财务指标是总资产周转率、流动资产周转率、存货周转率和应收账款周转率。

1. 总资产周转率

总资产周转率是企业营业收入与平均资产总额的比率。其计算公式为：

总资产周转率=营业收入÷平均资产总额

其中，

平均资产总额=（期初资产总额+期末资产总额）÷2

一般用主营业务收入来代表营业收入。由于对于同样的营业规模而言，占用的资产越少则管理效率越高，因此，总资产周转率越高，说明企业利用其资产进行经营的效率越高。

2. 存货周转率

存货周转率是企业一定时期的营业成本与平均存货的比率。其计算公式为：

存货周转率=营业成本÷平均存货

其中，

平均存货=（期初存货余额+期末存货余额）÷2

存货周转率越高，说明存货周转得越快，营运资金占用在存货上的金额也越少。但是，存货周转率越高，也可能说明企业管理方面存在一些问题，如存货数量过少，甚至经常缺货，或者采购次数过于频繁，批量太小等。

存货周转率过低，常常意味着企业在产品销售方面存在一定的问题，但也有可能是企业增大库存的结果。具体分析时，需结合产品竞争态势等实际情况做出判断。

根据存货周转率可以推算出存货周转天数。其计算公式为：

存货周转天数=360÷存货周转率

存货周转天数表示存货周转一次所需要的时间，天数越短说明存货周转得越快。

3. 应收账款周转率

应收账款周转率是企业一定时期的营业收入净额与应收账款平均余额的比率，又称“应收账款周转次数”。它反映了企业收账的效率。其计算公式为：

应收账款周转率=营业收入净额÷应收账款平均余额

其中，

应收账款平均余额=（期初应收账款余额+期末应收账款余额）÷2

应收账款周转率越高，说明企业催收账款的速度越快。应收账款周转率如果偏低，则说明企业催收账款的效率太低，或者信用政策过于宽松，但这里有一个“度”的问题，过于苛刻的信用政策也是不宜提倡的。

根据应收账款周转率可以推算出应收账款周转天数。应收账款周转天数，也称为应收账款的收现期，表明催收应收账款平均需要的天数。其计算公式为：

应收账款周转天数=360÷应收账款周转率

（三）盈利能力分析

在评价获利能力时，常用的指标有资产报酬率、净资产报酬率、销售毛利率和销售净利率等。对于上市公司而言，还可以计算其每股收益。

1. 资产报酬率

资产报酬率是企业在一定时期内的净利润与资产平均额的比率。其计算公式为：

资产报酬率=（净资产÷资产平均额）×100%

资产报酬率越高，说明企业的获利能力越强。

2. 净资产报酬率

净资产报酬率，又称股东权益报酬率，是企业在一定时期内的净利润与净资产平均额的比率。其计算公式为：

净资产报酬率=（净资产÷净资产平均额）×100%

其中，

净资产平均额=（期初净资产+期末净资产）÷2

股东权益报酬率也可以用以下指标表示：

股东权益报酬率=资产报酬率×平均权益乘数

3. 销售毛利率

销售毛利率是企业销售毛利与销售收入净额的比率。其计算公式为：

销售毛利率=（销售毛利÷销售收入净额）×100%

=（销售收入净额－销售成本）÷销售收入净额×100%

销售毛利率越大，表明企业选择的经营项目的盈利水平越高。

4. 销售净利率

销售净利率，又称销售贡献率，是企业净利润与销售收入净额的比率。其计算公式为：

销售净利率=（净利润÷销售收入净额）×100%

销售净利率越高，说明企业通过扩大销售获取收益的能力越强。

（四）综合分析

管理层常常需要对企业进行总体的财务分析。综合分析的意义在于能够全面、正确地评价企业的财务状况和经营成果，因为局部不能替代整体，某项指标的好坏不能说明整个企业经济效益的高低。除此之外，综合分析的结果在进行企业不同时期比较分析和不同企业之间比较分析时消除了时间上和空间上的差异，使之更具有可比性，有利于总结经验、吸取教训、发现差距、赶超先进。进而，从整体上、本质上反映和把握企业生产经营的财务状况和经营成果。

企业综合绩效分析方法有很多，传统方法主要有杜邦分析法和沃尔评分法等。

1. 杜邦分析法

杜邦分析法，又称杜邦财务分析体系，简称杜邦体系，是利用各主要财务比率指标间的内在联系，对企业财务状况及经济效益进行综合系统分析评价的方法。该体系是以净资产收益率为起点，以总资产净利率和权益乘数为核心，重点揭示企业获利能力及权益乘数对净资产收益率的影响，以及各相关指标间的相互影响作用关系。因其最初由美国杜邦企业成功应用，故得名。

杜邦分析法将净资产收益率（权益净利率）分解。其分析关系式为：

净资产报酬率 = 销售净利率×总资产周转率×权益乘数

由上式可见，净资产报酬率的因素被归纳为三点：其一是营业项目的盈利性，由销售净利率来代表；其二是企业管理的效率，由总资产周转率来代表；

其三是企业的举债经营能力，由权益乘数来代表。因此，要想获得较高的净资产报酬率就应从寻找好的经营项目、提高管理质量和加强财务运作等方面入手。对上述三点进一步展开分析，便可以有针对性地提出提升净资产报酬率的改进意见。

运用杜邦分析法需要抓住以下几点：

（1）净资产收益率是一个综合性最强的财务分析指标，是杜邦分析体系的起点。

财务管理的目标之一是使股东财富最大化，净资产收益率反映了企业所有者投入资本的获利能力，说明了企业筹资、投资、资产营运等各项财务及其管理活动的效率，而不断提高净资产收益率是使所有者权益最大化的基本保证。所以，这一财务分析指标是企业所有者、经营者都十分关心的。而净资产收益率高低的决定因素主要有三个，即销售净利率、总资产周转率和权益乘数。这样，在进行分解之后，就可以将净资产收益率这一综合性指标升降变化的原因具体化，从而它比只用一项综合性指标更能说明问题。

（2）销售净利率反映了企业净利润与销售收入的关系，它的高低取决于销售收入与成本总额的高低。

要想提高销售净利率，一是要扩大销售收入，二是要降低成本费用。扩大销售收入既有利于提高销售净利率，又有利于提高总资产周转率。降低成本费用是提高销售净利率的一个重要因素，从杜邦分析图可以看出成本费用的基本结构是否合理，从而找出降低成本费用的途径和加强成本费用控制的办法。如果企业财务费用支出过高，就要进一步分析其负债比率是否过高；如果管理费用过高，就要进一步分析期资产周转情况等。从图 8-1 中还可以看出，提高销售净利率的另一途径是提高其他利润。为了详细地了解企业成本费用的发生情况，在具体列示成本总额时，还可根据重要性原则，将那些影响较大的费用单独列示，以便为寻求降低成本的途径提供依据。

（3）影响总资产周转率的一个重要因素是资产总额。

资产总额由流动资产与长期资产组成，它们的结构合理与否将直接影响资产的周转速度。一般来说，流动资产直接体现企业的偿债能力和变现能力，而长期资产则体现了企业的经营规模、发展潜力。两者之间应该有一个合理的比例关系。如果发现某项资产比重过大，影响资金周转，就应深入分析其原因，如企业持有的货币资金超过业务需要，就会影响企业的盈利能力；如果企业占有过多的存货和应收账款，则既会影响获利能力，又会影响偿债能力。因此，还应进一步分析各项资产的占用数额和周转速度。

(4)权益乘数主要受资产负债率指标的影响。

资产负债率越高，权益乘数就越高，说明企业的负债程度比较高，给企业带来了较多的杠杆利益，同时，也带来了较大的风险。

2. 沃尔评分法

企业财务综合分析的先驱者之一是亚历山大·沃尔。他在20世纪初出版的《信用晴雨表研究》和《财务报表比率分析》中提出了信用能力指数的概念，他把若干个财务比率用线性关系结合起来，以此来评价企业的信用水平，被称为沃尔评分法。他选择了七种财务比率，分别给定了其在总评价中所占的比重，总和为100分；然后，确定标准比率，并与实际比率相比较，评出每项指标的得分，求出总评分。

沃尔评分法从理论上讲，有一个弱点，就是未能证明为什么要选择这七个指标，而不是更多些或更少些，或者选择别的财务比率，以及未能证明每个指标所占比重的合理性。沃尔的分析法从技术上讲有一个问题，就是当某一个指标严重异常时，会对综合指数产生不合逻辑的重大影响。这个缺陷是由相对比率与比重相“乘”而引起的。财务比率提高一倍，其综合指数增加100%；而财务比率缩小一倍，其综合指数只减少50%。

现代社会与沃尔的时代相比，已有很大的变化。一般认为企业财务评价的内容首先是盈利能力，其次是偿债能力，再次是成长能力，它们之间大致可按5:3:2的比重来分配。盈利能力的主要指标是总资产报酬率、销售净利率和净资产收益率，这三个指标可按2:2:1的比重来安排。偿债能力有四个常用指标。成长能力有三个常用指标（都是本年增量与上年实际量的比值）。假定仍以100分为总评分。

**【课堂测试10-7】**

1. 影响企业短期偿债能力的主要因素是（　　）。

A. 盈利能力　　B. 销售收入

C. 资产的结构　　D. 资产的变现能力

2. 在基本条件不变的情况下，下列经济业务可能导致总资产报酬率下降的是（　　）。

A. 用银行存款支付一笔销售费用

B. 用银行存款购入一台设备

C. 将可转换债券转换为普通股

D. 用银行存款归还银行借款

3. 下列各项中，提高企业净资产收益率指标的措施是（　　）。

A. 降低利息保障倍数　　B. 提高资产负债率

C. 提高速动比率　　D. 提高流动比率

## 本章小结

财务会计报告是企业向财务报告使用者提供与企业财务状况、经营成果和现金流量等有关会计信息，反映企业管理层受托责任履行情况的书面报告。年度、半年度财务报告内容至少包括资产负债表、利润表、现金流量表、所有者权益变动表及其附注和其他应当在财务报告中披露的相关信息和资料。季度、月度的财务报告通常仅指财务报表。小企业编制的财务报表可以不包括现金流量表和所有者权益变动表。会计报表附注是指对在会计报表中列示主要项目所作的进一步说明，以及对未能在这些报表中列示项目的说明等，是财务报表的重要组成部分。

为了帮助财务报表的使用者更加清晰、明了地了解和掌握企业的经济活动情况，使财务报表在经济管理中起到更大的作用，企业应在编制、报送年度财务报表的同时，撰写并报送财务状况说明书。

财务报表分析是以企业编制的财务报表及相关资料为依据，对其财务状况和经营成果进行评价。通过财务报表分析，可以评价企业的财务状况和经营成果、预测企业的发展潜力。

**篇后案例**

张秦大学毕业后与同学合伙开了一家餐厅，经过一年的经营，张秦想知道自己开的餐厅的经营成果到底如何，于是他对年底餐厅的报表进行一下分析，并调查了一下当地同行业的状况，与自己的餐厅进行了比较。

经调查发现，本地餐饮业营业成本占营业收入的50%左右，但张秦餐厅营业成本却占到营业收入的65%，尤其是开业初期这个比例高达70%；另外，当地餐饮业的平均毛利率一般为50%，像张秦开的这种小规模的餐厅或大排档的毛利率约为40%左右，而张秦知道，在餐饮业毛利率是一项很重要的经济指标，毛利率的高低影响很大。

那么请大家分析一下：

（1）张秦餐厅与同行业相比经营成果如何？

（2）产生差距的原因可能是什么？

（3）应如何改善经营状况？

## 核心概念

财务会计报告（financial report） 财务报表（financial statement） 资产负债表（balance sheet） 利润表（income statement） 个别财务报表（separate financial statement） 合并财务报表（consolidated financial statement） 中期财务报告（interim financial report） 会计报表附注（accounting statement footnote） 现金流量表（cash flow statement） 所有者权益变动表（owner of changes in equity） 偿债能力（solvency） 营运能力（operating capacity） 获利能力（generating capacity/ profitability） 存货周转率（inventory ratios） 应收账款周转率（receivables ratios） 总资产周转率（total asset turnover） 销售净利率（profit margin）资产报酬率（return on assets（ROA）） 市盈率（PE ratio）

## 思考题

1. 财务报告的作用？编制财务报告的基本要求？
2. 财务报表的种类有哪些？作用和基本内容是什么？
3. 如何编制财务报表？
4. 什么是杜邦分析法？

## 练习题

（一）单项选择题

1. 关于财务报表项目的编制基本要求，下列说法错误的是（ ）。

   A. 财务报表项目的列报应当在各个会计期间保持一致，不得随意变更

   B. 所有性质和功能不同的项目，无论重要与否均应当单独列示，不得合并

   C. 财务报表中的资产项目和负债项目的金额、收入项目和费用项目的金额不得相互抵销

   D. 至少应当提供所有列报项目上一可比会计期间的比较数据

2. 下列财务报表中属于静态财务报表的是（ ）。

   A. 资产负债表　　B. 利润表

   C. 所有者权益变动表　　D. 现金流量表

3. 某企业“应付账款”科目月末贷方余额 40 000 元，其中：“应付甲公司账款”明细科目贷方余额 35 000 元，“应付乙公司账款”明细科目贷方余额 5 000 元，“预付账款”科目月末贷方余额 30 000 元，其中：“预付 A 工厂账款”明细

科目贷方余额 50 000 元，“预付 B 工厂账款”明细科目借方余额 20 000 元。该企业月末资产负债表中“应付账款”项目的金额为（　　）元。

A. 90 000　　B. 30 000

C. 40 000　　D. 70 000

4. “预收账款”所属明细账户的借方余额，在资产负债表上应反映在（　　）项目中。

A. 预收账款　　B. 预付账款

C. 应收账款　　D. 应付账款

5. 期末资产负债表“应付债券”项目应根据（　　）填列。

A. “应付债券”的总账余额

B. “应付债券－本金”的余额

C. 应付债券所属明细账借贷方余额相抵后的余额

D. 应付债券总账的期末余额扣除一年内到期需要偿还部分后的余额

6. 关于利润表中的营业利润的计算，下列说法正确的是（　　）。

A. 营业收入－营业成本－期间费用

B. 营业收入－营业成本－期间费用－资产减值损失＋公允价值变动损益

C. 营业收入－营业成本－期间费用－资产减值损失＋公允价值变动损益＋投资收益

D. 营业收入－营业成本－期间费用－资产减值损失＋公允价值变动损益＋投资收益＋营业外收入－营业外支出

7. 关于所有者权益变动表，下列说法正确的是（　　）。

A. 只反映所有者权益总额的增减变动

B. 是连接资产负债表和利润表的桥梁

C. 只反映所有者权益内部各项目的变动，因为总额的变动在资产负债表上已反映

D. 既反映所有者权益变总额的变化，也反映所有者权益各项目之间的变动

8. 下列业务中不属于经营活动现金流出的有（　　）。

A. 用现金支付的所得税　　B. 用现金支付的业务招待费

C. 用现金支付的借款利息　　D. 用现金偿还的购货欠款

9. 企业 2013 年 8 月 31 日生产成本借方余额 50 000 元，原材料借方 30 000 元，材料成本差异贷方余额 500 元，委托代销商品借方余额 40 000 元，工程物资借方余额 10 000 元，存货跌价准备贷方余额 3 000 元，则资产负债表“存货”

项目的金额为（　　）元。

A. 116 500　　B. 117 500

C. 119 500　　D. 126 500

10. 下列经济业务所产生的现金流量中，属于经营活动产生的现金流量的是（　　）。

A. 出售无形资产产生的现金流量

B. 取得债券利息产生的现金流量

C. 支付违法经营罚款产生的现金流量

D. 偿还债务支付的现金

11. “应收账款”总账所属的明细科目如果有贷方余额，应将其计入资产负债表的（　　）项目中。

A. 应收账款　　B. 预收账款

C. 应付账款　　D. 预付账款

12. 即将在一年内到期的非流动负债，应（　　）。

A. 在流动负债中作为一项单独列示

B. 在流动负债和非流动负债之间单列一项反映

C. 在非流动负债中单列一项反映

D. 仍在非流动负债中反映

13. 在将净利润调整为经营活动的现金净流量时，下列项目中不需要考虑的是（　　）。

A. 应收账款的增加　　B. 递延所得税资产的减少

C. 收到现金的投资收益　　D. 用固定资产对外投资

14. 债权人在进行企业财务分析时，最为关注的是（　　）。

A. 获利能力　　B. 偿债能力

C. 发展能力　　D. 资产运营能力

15. 如果企业速动比率很小，下列结论成立的是（　　）。

A. 企业流动资金占用过多　　B. 企业短期偿债能力很强

C. 企业短期偿债风险很大　　D. 企业资产流动性很强

（二）多项选择题

1. 按现行会计准则的规定，企业基本的财务报表包括（　　）。

A. 资产负债表　　B. 利润表

C. 现金流量表　　D. 利润分配表

E. 股东权益增减变动表

2. 资产负债表下列项目中，能直接根据某一账户总账余额填列的有（　　）。

A. 实收资本　　B. 长期借款
C. 短期借款　　D. 资本公积
E. 未分配利润

3. 在编制资产负债表时，填列存货项目应考虑下列（　　）项目。

A. 材料成本差异　　B. 商品进销差价
C. 发出商品　　D. 委托加工物资
E. 生产成本

4. 关于利润表，下列说法正确的是（　　）。

A. 利润表是一张动态报表，反映企业一段时间内的经营成果，所以所有项目的金额均为发生额
B. 我国现行准则规范的利润表中的费用是按照功能分类的
C. 我国现行准则规范的利润表不仅包括所有收入、费用，也包括所有因资产价值变动产生的损益
D. 利润表列示“每股收益”项目的意义之一在于方便比较不同规模企业的营利能力
E. 利润表中的“资产减值损失”只包括流动资产的减值损失，长期资产减值损失应在“营业外支出”项目中列示

5. 企业将一项投资确认为现金等价物时，应当满足的条件有（　　）。

A. 期限短　　B. 流动性强
C. 易于转换为已知金额的现金　　D. 价值变动风险很小
E. 投资期不超过六个月

6. 下列各项业务，不会引起现金流量的有（　　）。

A. 到期未能收回的应收票据转为应收账款
B. 出售固定资产取得价款
C. 赊购商品
D. 用银行存款偿还短期借款
E. 用固定资产进行长期投资

7. 不减少经营活动净现金流量的费用和损失有（　　）。

A. 固定资产的折旧　　B. 无形资产的摊销
C. 固定资产的盘亏损失　　D. 结转固定资产清理的净损益
E. 支付的在建工程的借款利息

8. 下列各项属于筹资活动产生的现金流量的有（　　）。

A. 取得债券利息收入所收到的现金

B. 偿还购买商品的应付账款所支付的现金

C. 融资租赁所支付的现金

D. 减少注册资本所支付的现金

E. 以现金支付的短期借款的利息

9. 现金流量表补充资料中的经营性应收项目包括（　　）。

A. 应付账款和应付票据

B. 其他应付款中与经营活动有关的部分

C. 应交税费

D. 应付利息

E. 应付职工薪酬

10. 下列项目需要在附注中列示的有（　　）。

A. 遵循企业会计准则的申明

B. 重要会计政策和会计估计的说明

C. 所采用的货币单位

D. 资产负债表日后事项

E. 会计差错更正的说明

11. 资产负债表中"存货"项目的金额，应根据（　　）账户的余额分析填列。

A. 材料资采购　　B. 材料成本差异

C. 发出商品　　D. 生产成本

12. 下列各项现金流出，属于企业现金流量表中筹资活动产生的现金流量的有（　　）。

A. 偿还应付账款　　B. 偿还短期借款

C. 发放现金股利　　D. 支付借款利息

13. 在财务报表附注中应披露的会计政策有（　　）。

A. 坏账的数额　　B. 收入确认的原则

C. 所得税的处理方法　　D. 存货的计价方法

E. 固定资产的使用年限

14. 下列各项业绩评价指标中，属于非财务计量指标的有（　　）。

A. 市场占有率　　B. 质量和服务

C. 创新　　　　D. 生产力

E. 雇员培训

15. 某公司当年的税后利润很多，却不能偿还到期债务。为查清其原因，应检查的财务比率包括（　　）。

A. 资产负债率　　　　B. 流动比率

C. 存货周转率　　　　D. 应收账款周转率

E. 已获利息倍数

（三）判断题

1. 资产负债表是总括反映企业特定日期资产、负债和所有者权益情况的动态报表，通过它可以了解企业的资产构成、资金的来源构成和企业债务的偿还能力。（　　）

2. 利润表中"营业成本"项目，反映企业销售产品和提供劳务等主要经营业务的各项销售费用和实际成本。（　　）

3. 实际工作中，为使财务报表及时报送，企业可以提前结账。（　　）

4. 一套完整的财务报表至少应当包括资产负债表、利润表、现金流量表、所有者权益变动表和附注等部分。（　　）

5. 资产负债表中"固定资产"项目应根据"固定资产"账户余额减去"累计折旧"、"固定资产减值准备"等账户的期末余额后的金额填列。（　　）

6. 资产负债表中"货币资金"项目，应根据"银行存款"账户的期末余额填列。（　　）

7. 营业利润减去管理费用、销售费用、财务费用和所得税费用后得到净利润。（　　）

8. 资产负债表中的"长期待摊费用"项目应根据"长期待摊费用"科目的余额直接填列。（　　）

9. 季度、月度财务会计报告通常仅指财务报表，至少应该包括资产负债表、利润表和现金流量表。（　　）

10. 当流动资产小于流动负债时，说明部分长期资产是以流动负债作为资金来源的。（　　）

11. 营业周期越短，资产流动性越强，资产周转相对越快。（　　）

12. 企业负债比率越高，财务杠杆系数越大，财务风险越小。（　　）

13. 市净率是指普通股每股市价与普通股每股收益的比率。（　　）

14. 债务保障率越高，企业承担债务的能力越强。（　　）

15. 营运资金是一个相对指标，有利于不同企业之间的比较。（　　）

（四）业务题

1. 爱家股份公司主要从事产品生产销售，也提供安装劳务（产品销售和劳务提供分别核算，不考虑增值税以外的税费），2012 年 12 月发生以下业务：

（1）12 月 1 日，向东方公司销售商品一批，增值税专用发票上注明销售价格为 200 万元，商品已经发出，货款尚未收到。爱家公司给予东方公司的现金折扣条件为 2/10，1/20，n/30（计算现金折扣时不考虑增值税），该批商品的成本为 240 万元。

（2）12 月 8 日，收到东方公司以转账支票支付的货款。

（3）12 月 12 日，销售给西方公司一批产品，成本为 50 万元，售价为 80 万元。但由于西方公司财务困难，近期内难以收回货款。

（4）12 月 15 日，与北方公司签订的安装合同开始履行，合同总价款 120 万元，已预收 100 万元，至 12 月 31 日实际已发生安装费 72 万元，预计还要发生的安装费用 24 万元。

（5）12 月 20 日，以转账支票支付当月业务招待费 8 万元，销售部门报销差旅费 5 万元。

（6）12 月 24 日，分配当月行政管理人员工资、福利费等共计 16 万元，发生办公楼维修费用 10 万元。

（7）12 月 31 日，某项无形资产的账面价值为 234 万元，预计可收回金额为 230 万元。

（8）因排污违规，被环保局罚款 15 万元。

（9）处置固定资产一台，原值 200 万元，已计提折旧 60 万元，减值准备 5 万元，出售收入 120 万元，清理费用 5 万元。

除上述业务外，爱家公司损益类科目的发生额如下：

主营业务收入： 1 400 万元（贷方）

主营业务成本： 500 万元（借方）

营业税金及附加： 30 万元（借方）

管理费用： 22 万元（借方）

销售费用： 25 万元（借方）

财务费用： 34 万元（借方）

资产减值损失： 12 万元（借方）

投资收益： 14 万元（贷方）

要求：

（1）做出上述项经济业务的会计处理，要求有必要的说明和计算过程；

（2）假定利润总额与应纳税所得额相等，所得税税率 25%，做出年末利润结转、缴纳所得税有关会计分录，并编制 2012 年 12 月份的利润表（只填写本期金额即可）。

2. 资料：某企业 4 月 30 日有关账户余额如下：

单位：元

| 账户名称 | 借方余额合计 | 贷方余额合计 |
|---|---|---|
| 应收账款 | 35 000 | 2 000 |
| 坏账准备 | | 500 |
| 预付账款 | 20 000 | 100 |
| 存货跌价准备 | | 500 |
| 包装物 | 3 000 | |
| 原材料 | 14 000 | |
| 生产成本 | 26 000 | |
| 库存商品 | 35 000 | |
| 应付账款 | 2 000 | 38 000 |
| 预收账款 | | 4 000 |
| 利润分配 | 82 500 | |
| 本年利润 | | 130 000 |

要求：计算资产负债表中下列项目：

（1）应收账款；（2）预付账款；（3）存货；（4）应付账款；（5）预收账款；（6）未分配利润。

3. 资料:某企业为一般纳税人。某年度的有关资料如下：

（1）主营业务收入 80 万元，主营业务成本 50 万元；

（2）应收账款年初余额 83 600 元，年末余额 153 800 元；

（3）发生坏账 36 800 元，以前年度确认的坏账 40 000 元本年又重新收回；

（4）预收账款年初数为 8 000 元，年末数为 1 000 元；

（5）应收票据年初数为 25 100 元，年末数为 1 170 元，本年有 13 400 元到期票据未收款而转为应收账款；

（6）收到债务人以存货抵偿的应收账款 83 600 元的；

（7）存货年初数 400 000 元，年末数 200 000 元；

（8）用存货 50 000 元、固定资产 80 000 元、现金 140 000 元进行长期股权投资；

（9）用存货 6 000 元抵偿应付账款；

（10）应付账款年初数 48 500 元，年末数 153 800 元，其中有 36 800 元为购买固定资产暂欠款。

要求：根据以上资料，计算以下项目：

（1）销售商品、提供劳务收到的现金；

（2）购买商品、提供劳务支付的现金。

# 第十一章　会计核算组织程序

通过本章的学习，要求掌握记账凭证核算组织程序和科目汇总表核算组织程序的基本内容，了解其特点、优缺点及使用范围。

**开篇案例**

经过本章“会计核算组织程序”的学习，小董基本掌握了记账凭证核算组织程序、科目汇总表核算组织程序。但将两种会计核算组织程序进行对比后，小董觉得最容易操作的还是前者。在这种程序下，是依据填好的记账凭证直接登记有关账户。而在另外一种程序下，需要先对填制好的记账凭证进行汇总，之后才能根据汇总的数字登记有关总账账户，处理起来会增加不少工作量。

于是，小董产生了这样的想法：第一种核算组织程序既简便又实用，如果我毕业后从事会计工作的话，一定要选用这种会计核算组织程序。

请你通过本章会计知识的学习，分析小董的想法有道理吗？你认为一个企业应当怎样选择恰当的会计核算组织程序？

资料来源：陈文铭．2012．基础会计习题与案例［M］．大连：东北财经大学出版社．

## 第一节　会计核算组织程序概述

### 一、会计核算组织程序的意义

一个单位由于业务性质、规模大小和经济业务的繁简程度各异，决定其适用的会计核算组织程序也不同。为此，科学地组织会计核算组织程序，对提高会计核算质量和会计工作效率，充分发挥会计的核算和监督职能，具有重要意义。

### 二、会计核算组织程序的种类和设计

在会计工作中，不仅要了解会计凭证的填制、账簿的设置和登记，以及会计报表的编制，还必须明确规定各会计凭证、会计账簿和会计报表之间的关系，使之构成一个有机整体。而不同的账簿组织、记账程序和记账方法的有机结合，就构成了不同的会计核算组织程序。

会计核算组织程序是指从取得原始凭证到产生会计信息的步骤和方法。其主要内容包括整理、汇总原始凭证，填制记账凭证，登记各种账簿，编制会计报表这一整个过程的步骤和方法。

目前，我国企业、事业、机关等单位会计核算一般采用的会计核算组织程序主要有记账凭证账务处理程序、科目汇总表账务处理程序。

会计核算组织程序既有共同点，又有各自的特点。其中，记账凭证账务处理程序是最基本的一种，其他账务处理程序都是由此发展、演变而来的。在实际工作中，各经济单位可根据实际需要选择其中一种账务处理程序，也可将多种账务处理程序的优点结合起来使用，以满足本单位经营管理的需要。

## 第二节 记账凭证核算组织程序

### 一、记账凭证核算组织程序的基本内容

在记账凭证核算组织程序下，应当设置现金日记账、银行存款日记账、明细分类账和总分类账。日记账和总账可采用三栏式；明细分类账可根据需要采用三栏式、数量金额式和多栏式；记账凭证一般使用收款凭证、付款凭证和转账凭证三种格式，也可采用通用记账凭证。

记账凭证核算组织程序的基本内容如下：

（1）根据原始凭证或原始凭证汇总表填制记账凭证；

（2）根据收款凭证和付款凭证逐笔登记现金日记账和银行存款日记账；

（3）根据原始凭证、原始凭证汇总表或记账凭证登记各种明细分类账；

（4）根据记账凭证逐笔登记总分类账；

（5）月末，将现金日记账、银行存款日记账的余额，以及各种明细分类账的余额合计数，分别与总分类账中相关账户的余额核对相符；

（6）月末，根据核对无误的总分类账和明细分类账的相关资料，编制会计报表。

记账凭证核算组织程序流程图如下图 11-1 所示。

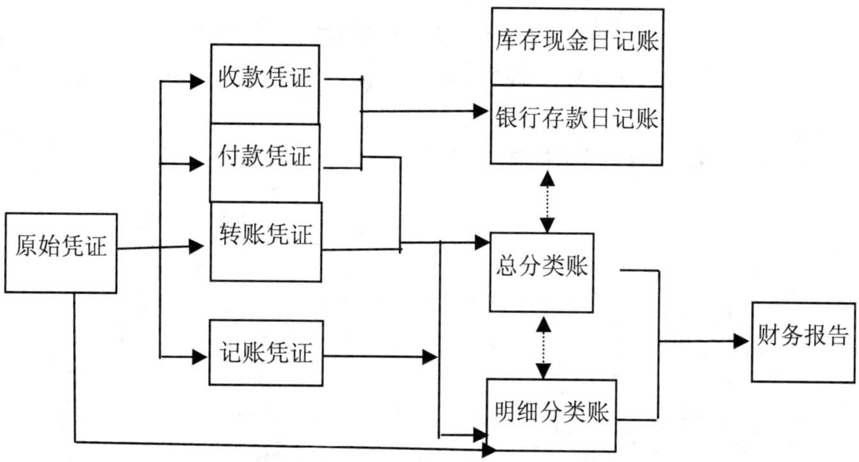


图 11-1 记账核算组织程序流程图

## 二、记账凭证组织核算程序的特点、优缺点及适用范围

记账凭证核算组织程序是最基本的一种账务处理程序，在这种账务处理程序下，要求直接根据记账凭证逐笔登记总分类账。

这种账务处理程序的主要优点是简单明了、方法易学，总分类账能详细反映经济业务状况，方便会计核对与查账；但登记总分类账的工作量较大，也不利于分工。因此，一般适用于规模较小、经济业务较简单的企业。

# 第三节 科目汇总表核算组织程序

## 一、科目汇总表核算组织程序的基本内容

科目汇总表核算组织程序的基本内容如下：

（1）根据原始凭证或原始凭证汇总表填制记账凭证；

（2）根据收款凭证和付款凭证逐笔登记现金日记账和银行存款日记账；

（3）根据原始凭证、原始凭证汇总表或记账凭证登记各种明细分类账；

（4）根据记账凭证定期编制科目汇总表；

（5）月末，根据编制的科目汇总表登记总分类账；

（6）月末，将现金日记账、银行存款日记账的余额，以及各种明细分类账的余额合计数，分别与总分类账中相关账户的余额核对相符；

（7）月末，根据核对无误的总分类账和明细分类账的相关资料，编制会计报表。

科目汇总表核算组织程序流程如下图 11-2 所示。

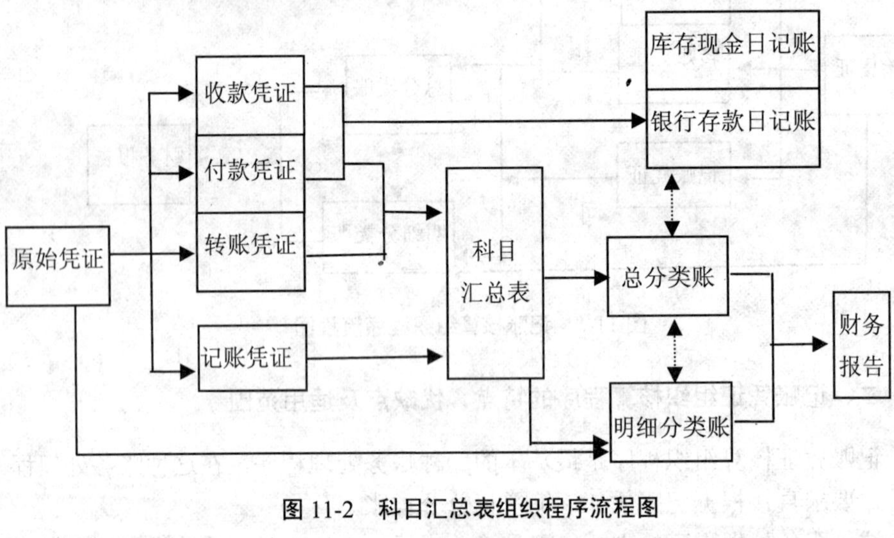


**图 11-2 科目汇总表组织程序流程图**

## 二、科目汇总表核算组织程序的特点、优缺点及使用范围

科目汇总表核算组织程序的主要特点是：定期编制科目汇总表，并据以登记总分类账。

科目汇总表核算组织程序的主要优点是：一是，根据定期编制的科目汇总表登记总分类账，可大大地简化总分类账的登记工作；二是，通过科目汇总表的编制，可进行发生额试算平衡，及时发现差错。但由于科目汇总表是定期汇总计算每一账户的借方、贷方发生额，并不考虑账户间的对应关系， 因而在科目汇总表和总分类账中，不能明确反映账户的对应关系，不便于了解经济业务的具体内容。其主要适用于经济业务量较大的企业。

## 本章小结

在记账凭证核算组织程序下，应当设置现金日记账、银行存款日记账、明细分类账和总分类账。日记账和总账可采用三栏式；明细分类账可根据需要采用三栏式、数量金额式和多栏式；记账凭证一般使用收款凭证、付款凭证和转账凭证三种格式，也可采用通用记账凭证。科目汇总表核算组织程序的基本内容应根据原始凭证或原始凭证汇总表填制记账凭证；根据收款凭证和付款凭证逐笔登记现金日记账和银行存款日记账；根据原始凭证、原始凭证汇总表或记账凭证登记各种明细分类账；根据记账凭证定期编制科目汇总表；月末，根据编制的科目汇总表登记总分类账；月末，将现金日记账、银行存款日记账的余额，以及各种明细分类账的余额合计数，分别与总分类账中相关账户的余额核对相符；月末，根据核对无误的总分类账和明细分类账的相关资料，编制会计报表。

**篇后案例**

某省的LJ集团有限公司是一家拥有相当知名度和规模的民营企业，主要从事食品饮料的加工和销售。该集团的年度会计报表由集团本部及所属五家具有法人资格、实行独立核算的企业报表汇编而成。2011年合并会计报表反映，该集团年末资产总计45 382万元、负债总计27 296万元、所有者权益18 086万元、利润总额217万元。当年会计报表未经社会中介机构审计。2012年7月，财政部门派出检查组，对该集团及其下属四个子公司2011年会计信息质量进行检查时发现，该集团财务管理混乱，会计核算不规范，基础工作薄弱，会计信息严重失真。经检查后调整会计报表，该集团实际资产为20 098万元、负债为15 667万元、所有者权益为4 431万元、利润总额为-3 271万元。资产、负债、所有者权益分别虚增了126%、74%和308%，利润虚增达3 488万元。检查结果被财政部门公告，在社会上引起了较大的影响。

造成该集团公司会计信息失真的原因是多方面的，其中一个很重要的原因是会计基础薄弱，会计核算组织程序混乱。主要表现是：

（1）会计主管无证上岗，会计人员水平低下。会计工作是一项专业技术性很强的工作，但该集团时任财务部经理，既无会计证及中级以上以上会计专业技术职务，也不熟悉财会专业、政策。他自己说："我不懂会计业务，担任财务部经理只是起平衡和协调作用。"该集团所有会计人员无人具备中级以上会计专业技术职务。

（2）基本不对账。该集团与子公司间多年以来基本未对账，母子公司账账不符情况突出。检查发现，该集团账面反映对某子公司投资 1 761 万元，对另一个子公司投资 1 499 万元，但两个子公司账面记载的分别为 1 260 万元和 1 784 万元，差额分别为 501 万元和 285 万元，原因无法说清。

（3）未按照规定核算现金资产。盘查发现，该集团公司超限额存放现金，在 45 万元的现金结存中有白条抵库 32 万元。现金收支的原始凭证上未加盖现金收、付讫章，库存现金日记账未做到日清月结。银行存款日记账的会计凭证无编号，无法进行账证核对。

（4）账证不符。该集团公司和子公司均存在用发票复印件、自制收款收据和白条作原始凭证的情况。有的记账凭证没有签章。如在检查该集团"应付职工薪酬"时，账上记载某年 11 月 26 日从某子公司转入 91 万元，但检查人员要与相关会计凭证核对时，却找不到这份会计凭证。

（5）发票管理混乱。该集团公司既未设置发票领用登记簿，也未指定专人保管，以至部分发票存根联丢失。某年领购增值税发票 7 本，丢失存根联 3 本，领购零售发票 80 本，丢失存根联 35 本。

LJ 集团财务会计工作薄弱的原因是多方面的，首要的一条是管理者不重视财务管理。他们往往将业务经营、市场开拓、品牌战略视为企业发展的头等大事，弱化了财务会计在企业中的地位，忽视了财务管理在企业发展中的重要作用。正如该集团董事长所言："市场经营，我跌打滚爬了几十年，有经验，但财务会计我真的不懂，反正钱总是在自己的口袋里，出不了大事情，正所谓肉总烂在锅里嘛！"

对该集团公司会计信息质量的监督检查，促使该集团决策层痛定思痛。正如检查结束后该集团总经理所说："以前我们的工作重点在经营上，这次检查，让我们认识到了加强财务管理、规范会计核算的重要性。企业如果不抓财务管理、会计核算，最终要走向失败。我们要改变'只要赚到钱，内部不管怎么管，钱总在自己的口袋里，出不了大事情'的观念，为拓宽企业发展争取空间。"

案例要求：这个案例使你得到怎样的启示呢？

资料来源：陈文铭．2012．基础会计习题与案例[M]．大连：东北财经大学出版社．

## 核心概念

会计核算组织程序（accounting organizational processes） 记账程序（application of charge to an account） 记账凭证核算组织程序（proof of charge to an account accounting organizational processes） 科目汇总表核算组织程序（business accounting of course summary table the organizational processes）

## 思考题

1. 什么是会计核算组织程序？
2. 设计会计核算组织程序的意义是什么？
3. 什么是记账凭证核算组织程序？
4. 记账核算组织程序的账务处理流程是什么？
5. 什么是科目汇总表核算组织程序？
6. 科目汇总表核算组织程序的账务处理流程是什么？

## 练习题

（一）单项选择题

1. 记账凭证核算组织程序下登记总分类账的根据是（　　）。

   A. 记账凭证　　B. 汇总记账凭证

   C. 科目汇总表　　D. 原始凭证

2. 在下列核算组织程序中，被称为最基本的会计核算组织程序的是（　　）。

   A. 记账凭证核算组织程序　　B. 汇总记账凭证核算组织程序

   C. 科目汇总表核算组织程序　　D. 日记账核算组织程序

3. 科目汇总表的基本编制方法（　　）。

   A. 按照不同会计科目进行归类定期汇总

   B. 按照相同会计科目进行归类定期汇总

   C. 按照借方会计科目进行归类定期汇总

   D. 按照贷方会计科目进行归类定期汇总

4. 所有核算组织程序在做法上的相同点是（　　）。

   A. 根据各种记账凭证直接逐笔登记总分类账

   B. 根据各种记账凭证直接逐笔登记日记总账

   C. 根据各种记账凭证直接逐笔登记明细分类账

   D. 根据各种记账凭证上的记录编制会计报表

（二）多项选择题

1. 记账凭证核算组织程序的优点有（　　）。

A. 在记账凭证上能够清晰地反映账户之间的对应关系

B. 在总分类账上能够比较详细地反映经济业务的发生情况

C. 总分类账登记方法易于掌握

D. 可以减轻总分类账登记的工作量

E. 账页耗用较少

2. 科目汇总表核算组织程序的优点有（　　）。

A. 可以进行账户发生额的试算平衡

B. 可减轻登记总账的工作量

C. 能够保证总分类账登记的正确性

D. 适用性比较强

E. 可清晰地反映账户之间的对应关系

（三）判断题

1. 记账凭证核算组织程序是最基本的一种会计核算组织程序。（　　）

2. 科目汇总表也是一种具有汇总性质的记账凭证。（　　）

3. 可以根据科目汇总表的汇总数字登记相应的总分类账。（　　）

4. 科目汇总表的汇总结果体现了所有账户发生额的平衡相等关系。（　　）

5. 各种核算组织程序下采用的总分类账均为借、贷、余三栏式。（　　）

6. 填制记账凭证是各种核算组织程序所共有的账务处理步骤。（　　）

（四）业务处理题

ABC 公司为增值税一般纳税人，根据其 2011 年 4 月的经济业务编制会计分录。

（1）4 月 1 日，ABC 公司收到 M 公司投入货币资金 2 000 000 元，已存入银行；

（2）4 月 2 日，向银行借入 500 000 元，期限 3 个月，年利率为 6%，到期还本付息，所借款项已存入银行；

（3）4 月 4 日，购入甲材料一批，增值税发票上注明价款 15 000 元，增值税税率为 17%，价款及增值税税款尚未支付，材料尚未入库；

（4）4 月 5 日，以银行存款支付上述材料运杂费 2 000 元，甲材料已验收入库；

（5）4 月 7 日，购入一套不需安装的生产经营用设备，发票价格为 100 000 元，增值税税率为 17%，发生的运杂费为 2 000 元，款项已全部付清；

（6）4 月 10 日，生产产品领用甲材料 80 000 元，其中 A 产品领用 4 000 元，B 产品领用 3 000 元，车间领用 1 000 元；

（7）4 月 11 日，向 D 公司销售 A 产品 20 000 元，增值税税率为 17%，产品成本为 1 200 元，产品已经发出，货款尚未收到；

（8）4 月 11 日，以每股 4.5 元价格购入 Z 公司 100 000 股股票作为交易性金融资产，支付交易费用 2 000 元，款项已支付；

（9）4 月 12 日，向 F 公司销售 B 产品 60 000 元，增值税税率为 17%，产品成本为 3 000 元，产品已发出，货款已收到并存入银行；

（10）4 月 14 日，以银行存款支付销售时发生的包装费用 2 000 元；

（11）4 月 15 日，以银行存款支付水电费合计 5 000 元，其中，管理部门水电费为 1 500 元，车间水电费为 3 500 元；

（12）4 月 17 日，以银行存款支付第 3 题本月 4 日购买甲材料的货款及增值税额；

（13）4 月 20 日，职工陈明出差，预支支票一张，10 000 元；

（14）4 月 24 日，收到上月 H 公司所欠货款 40 000 元，已存入银行；

（15）4 月 28 日，职工陈明报销差旅费 8 500 元，交回现金 1 500 元；

（16）月末，计提第 2 题短期借款本月利息；

（17）月末，本月 10 日购入交易性金融资产每股价格上涨到 5 元，确认公允价值变动损益；

（18）月末，结转本月工人工资 96 000 元，其中行政管理人员工资为 12 000 元；A 产品生产工人工资 35 000 元，B 产品生产工人工资为 31 000 元，车间管理人员工资为 8 000 元；销售部门人员工资 10 000 元；

（19）月末，计提本月固定资产折旧 42 000 元，其中管理部门折旧费 10 000 元，车间折旧为 3 2000 元；

（20）月末，按照 A、B 产品的生产工时分配制造费用，其中 A 产品总生产工时为 1 500 工时，B 产品为 1 000 工时；

（21）月末，结转本月完工产品成本，其中，A 产品完工成本为 39 000 元，B 产品完工成本为 26 000 元；

（22）月末，本月应收账款余额为 94 500 元，采用余额百分比法计提坏账准备，计提比例为 2%，期初坏账准备余额为 2 222 元；

（23）月末，计提本月应交营业税税金 25 000 元（不考虑城建税和教育费附加）；

（24）月末，将上列损益类账户金额结转到“本年利润”账户；

（25）月末，按利润总额的 25%计算并结转本月应交所得税。

要求：

（1）按上列经济业务编制会计分录。

（2）编制科目汇总表。

# 第十二章　会计职业道德与会计工作组织

通过本章的学习，掌握会计职业道德的内容，要求掌握会计工作组织的内容，了解会计机构、会计人员和会计工作管理体制等。

**开篇案例**

李会计的职业困境

某公司财务科李某是一名工作努力、业务熟练的出纳，多次被公司评为“先进会计工作者”。但由于李某的家中出现经济困难，李某最终禁不住利益的诱惑，多次利用出纳的职权进行套现150 000元，给公司带来一定的损失。公司认为李某不宜继续担任会计工作。

## 第一节　会计职业道德

### 一、爱岗敬业

爱岗敬业，指热爱本职工作，尽心尽力，尽职尽责，认真对待本职工作。

爱岗敬业是爱岗与敬业的总称。爱岗和敬业是互为前提、相互支持、相辅相成的。“爱岗”是“敬业”的基石，“敬业”是“爱岗”的升华，“敬”由“爱”生，“爱”由“敬”起。

会计人员要对自己的工作有热情，否则就很难做到兢兢业业，吃苦耐劳；很难做到更新专业知识、刻苦钻研业务、提高业务技能；很难做到坚持准则、客观公正、文明服务。会计人员如果没有形成爱岗敬业的观念，不珍惜自己的职业声誉，不忠于职守，向会计信息的使用者提供虚假的会计信息，其结果不仅会严重干扰会计信息使用者决策的正确性，而且会给社会经济生活和会计职业的形象及声誉带来破坏性的影响。

## 二、诚实守信

诚实守信是指言行跟内心思想一致，不弄虚作假、不欺上瞒下、做老实人、说老实话、办老实事。诚实守信是做人的基本准则，也是公民道德的重要内容。社会生活中的人与人交往、合作时需要诚信。市场经济越发达，诚实守信就越重要。

要想做到诚实守信，会计人员应该言行一致、不弄虚作假、不欺上瞒下。《会计法》规定，“各单位必须根据实际发生的经济业务事项，进行会计核算，填制会计凭证。登记会计账簿，编制财务会计报告”。会计人员要实事求是，严格按照会计准则填制凭证、登记账簿、编制报表，不为他人所左右，也不因个人好恶而取舍，更不能为谋取个人或单位私利而弄虚作假，编造假账。

## 三、廉洁自律

廉洁自律是会计职业道德的前提，也是会计职业道德的内在要求。自律的核心就是用道德自觉地抵制自己的不良欲望。会计人员只有首先做到自身廉洁，严格约束自己，才能要求别人廉洁，才能理直气壮地阻止他人的违法行为。

要想做到廉洁自律，会计人员就要树立正确的人生观、价值观、公私分明、不贪不占、遵纪守法。《会计法》规定了会计人员的职责和义务。会计人员不仅要遵纪守法，不违法乱纪、以权谋私，做到廉洁自律；而且要敢于、善于运用法律法规赋予的职业权利，尽职尽责，勇于承担职业责任，履行职业义务，保证廉洁自律。

## 四、客观公正

客观公正是指按事物的本来面目反映，不掺杂个人的主观意愿，也不为他人意见所左右。公正就是公平正直，没有偏失。会计人员要想做到客观公正，就要做到态度端正、依法办事、实事求是、不偏不倚、保持独立性。

实事求是、客观公正是每个会计人员应该具有的职业品质。会计是经济管理的重要组成部分，会计资料不仅是各单位进行经营管理和业务管理的依据，而且也是国家据以进行宏观经济分析和调控的重要依据。如果会计数据失真，那么会计核算就毫无意义，这不仅会影响到微观管理，而且还会影响到宏观决策。因此，会计人员在办理会计事务中，必须以实事求是的精神和客观公正的态度，完整、准确、如实地反映各项经济活动情况，不隐瞒歪曲，不弄虚作假，不搞假账真算、真账假算。

不做假账是每个会计人员最基本的职业道德和行为准则，保证会计信息的真实性、完整性，充分发挥会计在单位管理中的重要作用，这是《会计法》的要求，也是会计人员职业道德的要求。会计人员应端正态度，依法办事，实事求是，不偏不倚，保持应有的独立性。

## 五、坚持准则

坚持准则，指对会计业务处理严格按会计法律制度办事，不为主观或他人意志所左右。这里所说的“准则”不仅指会计准则，而且包括会计法律、国家统一的会计制度以及会计工作相关的会计法律制度。

要想坚持准则，会计人员就要熟悉准则、遵循准则、坚持准则。《会计法》规定，单位负责人对本单位会计信息的真实性和完整性负责。也就是说，单位的会计责任主体是单位负责人。会计人员坚持准则，不仅是对法律负责，对国家、社会公众负责，也是对单位责任人负责。

## 六、提高技能

提高技能，指提高职业技能和专业胜任能力。随着经济的发展，会计专业性和技术性日趋复杂，对会计人员所应具备的职业技能要求越来越高。会计人员应不断地提高其职业技能，这是会计人员的义务。因为会计人员只有不断学习，才能不断提高专业胜任能力、职业判断能力和交流沟通能力。

会计人员必须具有不断提高会计专业技能的意识和愿望，这样才能使自己的知识不断更新，从而掌握过硬的本领。会计人员只有具有勤学苦练的精神和科学的学习方法，才能提高业务水平。此外，职业判断能力，也是会计人员提高技能的一个重要方面。它是指建立在专业知识和职业经验基础之上的判断能力，而不是主观随意地猜测，是职业胜任能力的综合体现。职业判断需要职业经验来支撑。如成本核算方法的选择、存货计价方法的选择等，在不同的企业、不同的时期或不同的条件下会有不同的选择，这都需要职业经验。会计人员要想生存和发展就必须使自身具有高层次的专业知识和技能，使自己的知识不断更新。

## 七、参与管理

参与管理，指间接参加管理活动，为管理者当参谋。会计人员应积极主动地向单位领导反映本单位的财务、经营状况及存在的问题，主动提出合理化建议，积极参与市场调研和预测，参与决策方案的制定和选择，参与决策的执行、检查和监督，为领导的经营管理和决策活动当好助手和参谋。

会计人员应努力钻研业务，熟悉财经法规和相关制度，提高业务技能，这样才能有效地管理，提高经济效益。会计人员应熟悉服务对象的经营活动和业务流程，使参与管理的决策更具有针对性和有效性。

### 八、强化服务

强化服务，指要求会计人员具有文明的服务态度、强烈的服务意识和优良的服务质量。

会计人员不仅要有热情、耐心、诚恳的工作态度，待人平等礼貌，而且遇到问题时要以商量的口吻，充分尊重服务对象和其他部门的意见，要做到大事讲原则，小事讲风格，沟通讲策略，用语讲准确，建议看场合。

强化服务的结果，就是奉献社会。任何职业的利益、职业劳动者个人的利益都必须服从社会的利益、国家的利益。如果说爱岗敬业是职业道德的出发点，那么，强化服务、奉献社会就是职业道德的归宿点。会计人员应该强化服务意识、提高服务质量，这样才能积极主动地向上级领导反映经营活动情况和存在的问题，提出合理化建议，协助领导决策，参与经营活动。

**【课堂测试 12-1】**

1. 会计职业道德是一种（　　）。

A. 强制性规范　　B. 法律法规

C. 非强制性规范　　D. 职业道德

2. 我国会计规范体系的构成内容有（　　）。

A. 会计法律规范　　B. 会计准则规范

C. 会计制度规范　　D. 会计理论规范

E. 会计职业道德规范

## 第二节　会计工作组织

### 一、会计工作组织的内容

会计工作是指运用一系列会计专门方法，对会计事项进行处理的活动。会计是通过会计工作对各单位日常活动实施管理的，所以，我们说会计是经济管理的一个重要组成部分，会计具有管理的职能。会计管理是指会计机构和会计人员按照一定的目标，为满足国家宏观调控、企业所有权人以及企业管理当局的需要，对企事业单位的资金运动过程及结果进行控制、决策、计划、考核和分析等的总称。在不同的社会历史时期，由于所处的社会经济环境不同，导致了作为核算和管理社会经济运行过程的会计的内容也有所不同，而且是随着社会经济的发展而发展，经历了从简单到复杂、从低级到高级的演变过程。

会计管理职能作用的发挥离不开会计工作组织的存在及其正常运行。所谓会计工作组织就是为了适应会计工作的综合性、政策性、相关性和严密细致性的特点，对会计机构的设置、会计人员的配备、会计制度的制定与执行等工作所做的统筹安排。

## 二、会计机构

企业、事业、行政机关等单位都要设置从事会计工作的专职机构。在我国由于会计工作和财务工作都是综合性经济管理工作，它们之间的关系非常密切，因此通常把两者合并一起，设置一个财务会计机构，如企业设置的财务会计科（处）或财务科（处）等。所以，会计机构通常指财务会计部门。

为了保证会计工作顺利进行和充分发挥其作用，各企业、事业和行政机关等单位一般都应单独设置会计机构。在一些规模小、会计业务简单的单位，如果不单独设置会计机构，则要在有关机构中设置会计人员并指定会计主管人员，以保证会计工作的正常进行。在一些规模大、会计业务复杂且量大的单位，可根据“统一领导，分级管理”的原则，在单位内部设置各级、各部门的会计组织。各单位可以根据会计业务量的多少，单独设置会计组织或会计人员。

基层单位的会计机构，一般称为会计（财务）处、科、股、组等。各单位的会计机构，在行政领导人的领导下开展会计工作。在设置总会计师的单位，其会计机构由总会计师直接领导，同时，也接受上级财务会计部门的指导和监督。

各级主管部门一般设置会计（财务）司、局、处、科。这些会计机构要负责组织、领导和监督所属单位的会计工作。它们的主要任务是：根据国家统一会计法规、制度的要求，制定本系统使用的会计法规、制度的实施细则；审核并批复所属单位上报的会计报表，同时汇总编制本系统的汇总会计报表；检查和指导所属单位的会计工作，帮助其解决工作上的问题；总结并组织交流所属单位会计工作的先进经验；核算本单位与财政机关及上下级之间有关款项缴拨的会计事项等。

会计机构是一个综合性经济管理部门，它和单位内部其他各职能部门、各生产经营业务单位的工作有着十分密切的联系，相互促进，相互制约。因此，会计机构要主动为各职能部门、各业务单位服务，并依靠各职能部门和业务单位共同做好会计工作，完成会计任务。

会计机构要接受上级管理机构国家财政、税务和审计等部门的指导与监督，并按规定向他们报送会计报表。

### 三、会计人员

配备适当的会计人员，是单位会计工作得以正常开展的重要条件。

（一）设置总会计师

我国《会计法》规定，国有的和国有资产占控股地位或者主导地位的大中型企业必须设置总会计师，负责组织领导本单位的会计核算和会计监督等方面的工作。总会计师由具有会计师以上专业技术资格的人员担任。总会计师的任职资格、任免程序、职责权限按《总会计师条例》规定处理。

（二）会计人员的职责权限

会计机构应该按照精简节约、提高素质和廉洁奉公的原则配备会计人员，并赋予必要的工作职责和权利，以便切实完成会计工作任务。

1. 会计人员的主要职责

（1）切实按照法律、法规的规定，完成会计工作任务，发挥会计工作在维护社会主义市场经济秩序、加强经济管理和提高经济效益等方面的作用。

（2）坚持原则，维护会计法律、法规制度，反对贪污浪费和违法乱纪行为。切实制止变造、假造账目，制止违法乱纪和伪造会计报表行为，保障会计资料的正确性。

（3）忠于职守、廉洁奉公，自觉抵制不正之风，自觉接受内部监督，自觉接受财政、审计和税务部门的监督。

（4）重科学、讲技术、顾大局、讲效益，提高从事本职工作的素质和能力，遵守会计人员的职业道德。

2. 会计人员的主要权限

（1）有权要求本单位和有关部门的领导和人员认真执行财政纪律和财务会计制度，共同按政策和制度办事。

（2）有权监督、检查本单位有关部门的资金活动、财务收支和物资管理情况，保证财产真实，收支合法、合理。

（3）有权如实反映情况，对不真实、不合理的原始凭证不予受理，对不符合实际情况的账务记录做出反映，对不符合事实的财务报表予以抵制。

（4）有权对贪污浪费和违法收支的行为予以制止和纠正，并有权向单位领导或上级有关部门报告。

## 四、会计工作管理体制

我国的会计工作管理体制，主要包括：明确会计工作的管理部门；明确国家统一的会计制度的制定权限；明确对会计人员的管理内容。即主要解决谁管会计工作，谁主管，管什么的问题。

**【课堂测试 12-2】**

1. 会计人员的职责中不包括（　　）。

A. 进行会计核算　　B. 实行会计监督

C. 编制预算　　D. 决定经营方针

2. 会计人员办理交接手续，必须有监交人负责监交，其中会计机构负责人办理交接手续，其监交人是（　　）。

A. 会计机构负责人　　B. 单位负责人

C. 财政部门领导　　D. 其他会计人员

## 本章小结

会计职业道德包括爱岗敬业、诚实守信、廉洁自律、客观公正、坚持准则、提高技能、参与管理、强化服务。企业应配备适当的会计人员，是单位会计工作得以正常开展的重要条件。企业应设置总会计师，明确会计人员的职责权限。我国的会计工作管理体制主要包括：明确会计工作的管理部门；明确国家统一的会计制度的制定权限；明确对会计人员的管理内容。

**篇后案例**

2000 年 11 月，中国证监会对麦科特利润虚假问题立案调查发现，麦科特光电股份有限公司会计师通过伪造进口设备融资租赁合同，虚构固定资产 9 074 万港元；采用伪造材料和产品的购销合同、虚开进出口发票、伪造海关印章等手段，虚构收入 30 118 万港元，虚构成本 20 798 万港元，虚构利润 9 320 万港元。在麦科特造假案中，深圳华鹏会计师事务所为其出具了严重失实的审计报告，对其进行同步审计和资产评估，编造有关合同、协议、法律文件和政府批文，并倒签日期，欺骗有关部门，骗取股票发行资格，导致所内 4 人被刑事拘留，2 人取保候审，此案还另外涉及资产评估师、麦科特公司员工等共 24 人。其总会计师练国富等人均被司法检察机关逮捕归案。

在这一案件中，麦科特会计师及对其进行审计的注册会计师均严重违背了客观公正的职业道德操守，公然造假以欺骗投资者，给广大投资者带来巨大损失。可见，在会计从业中坚持客观公正的职业道德原则非常重要。

资料来源：

http://wenku.baidu.com/link?url=iOIYgi5RoGmXezbEJD5Slq52YvDLX6nGnlG6l6JXWjn_qUpaOXi07gCet9UUZkA_IFoNNG8WrRg-iQsKnfLzIOug9iNdVHwtSOxFHyOKfNO.

## 核心概念

会计工作（accountancy） 会计管理（management through accounting） 会计工作组织（the accounting work organization） 会计机构 （the accounting work organization） 会计人员（accountant） 会计规范（accounting norms） 道德（morality） 职业道德（professional ethics） 会计职业道德（accounting ethics） 会计工作管理体制（accounting work management system）

## 思考题

1. 会计工作组织包括哪些内容？
2. 会计人员有哪些职责和权限？
3. 我国会计法对各单位会计机构的设置有哪些具体的规定？
4. 我国会计职业道德的基本内容有哪些？

## 练习题

（一）单项选择题

1. 会计法明确规定了我国的会计工作管理体制。下列各项中，属于会计法规定的会计工作管理体制的是（　　）。

A. 统一性与灵活性相结合　B. 统一领导，分级管理

C. 民主集中制　D. 纵向领导与横向管理相结合

2. 会计档案管理办法规定，企业年度会计报表的保存期限是（　　）。

A. 3 年　B. 5 年

C. 15 年　D. 永久

3. 会计工作的组织形式有集中核算和非集中核算。下列各项中，属于集中核算特点的是（　　）。

A. 内部各部门编制本部门的会计报表

B. 内部各部门登记本部门的会计账簿

C. 内部各部门负责本部门的对外往来

D. 企业会计部门核算企业整体经济业务

4. 会计工作的组织形式有集中核算和非集中核算，其选择的依据是（　　）。

A. 企业组织结构的特点　　B. 企业经济业务的特点

C. 企业经营管理的需要　　D. 会计准则的要求

5. 当年的会计档案在会计年度终了后，可由财务部门保管的期限是（　　）。

A. 1 年　　B. 3 年

C. 5 年　　D. 15 年

6. 下列各项中，用于规范会计科目核算内容的是（　　）。

A. 企业会计准则——基本准则

B. 企业会计准则——具体准则

C. 企业会计准则应用指南

D. 会计法

7. 会计人员在审核原始凭证时发现有不真实、不合法的原始凭证时，正确的处理是（　　）。

A. 不予受理　　B. 无权自行处理

C. 更正补充　　D. 予以退回

8. 某企业为实行内部经济核算制而采用非集中核算的会计工作组织形式。在此工作组织形式下，内部有关部门不能办理的会计事项是（　　）。

A. 向银行借款　　B. 编制本部门的会计报表

C. 核算本部门的盈亏　　D. 计算本部门的成本

9. 下列会计人员的行为中，属于违反刑法的是（　　）。

A. 随意变更会计处理方法

B. 伪造、变造会计凭证

C. 指使会计人员伪造会计账簿

D. 故意销毁应当依法保存的财务会计报告

10. 总会计师属于行政职务。下列各项中，属于总会计师职责的是（　　）。

A. 进行会计核算

B. 实行会计监督

C. 拟定办理会计事项的具体办法

D. 组织编制和执行预算

（二）多项选择题

1. 会计法中规定的会计人员职责有（　　）。

A. 进行会计核算

B. 实行会计监督

C. 参与拟订有关计划

D. 负责会计人员的配备

E. 拟订本单位办理会计事务的具体办法

2. 下列各项中，包括在狭义的会计工作组织中的有（　　）。

A. 会计人员的配备　　B. 会计机构的设置

C. 会计法规制定与执行　　D. 会计档案的保管

E. 会计核算组织程序

3. 会计人员的职责之一是拟订本单位办理会计事务的具体方法。下列各项中，属于办理会计事务具体办法的有（　　）。

A. 进行会计核算　　B. 建立会计人员岗位责任制

C. 建立内部牵制制度　　D. 制定分级核算办法

E. 制定费用报销手续

4. 下列各会计人员的行为中，属于违反会计法的有（　　）。

A. 不依法设置会计账簿

B. 伪造变造会计凭证

C. 随意变更会计处理方法

D. 未按照规定保管会计档案

E. 故意销毁应依法保存的会计档案

5. 下列各项中，包括在会计法确定的会计监督体系中的有（　　）。

A. 单位内部监督

B. 注册会计师的社会监管

C. 以单位负责人为主的内部监督

D. 以财政部门为主的国家监督

E. 以政府审计为主的国家监督

6. 财政监督作为政府监督的一部分，其监督的范围有（　　）。

A. 是否依法设置账簿

B. 会计资料是否真实

C. 会计核算办法是否符合规定

D. 会计人员是否具备从业资格

E. 会计机构的设置是否符合会计法规的要求

7. 会计人员有权参与本单位的计划编制等工作。下列各项中，属于会计人员职权范围的有（　　）。

A. 经营决策　　B. 编制计划（预算）

C. 制定定额　　D. 签订经济合同

E. 对业务人员进行考核

8. 下列会计档案中，属于《会计档案管理办法》规定应永久保存的有（　　）。

A. 会计移交清册　　B. 会计档案保管清册

C. 会计档案销毁清册　　D. 年度财务会计报告

E. 涉外事务的会计账簿

9. 为了贯彻内部牵制制度，出纳人员不得从事的会计工作有（　　）。

A. 登记库存现金日记账　　B. 审核原始凭证

C. 登记库存现金总账　　D. 收付现金

E. 登记银行存款日记账

10. 会计法对违反会计法的行为规定了处罚的形式。下列各项中，属于违反会计法规定的处罚形式有（　　）。

A. 罚款　　B. 吊销会计从业资格证书

C. 行政处分　　D. 依法追究刑事责任

E. 责令改正

（三）判断题

1. 总会计师属于会计专业技术职务。（　　）

2. 任何一个单位都应设置独立的会计机构，以保证会计核算的独立性。（　　）

3. 会计人员对于违反本单位会计事务办理办法的事项，有权拒绝执行并向有关领导或上级机关报告，如果不报告，则应负连带责任。（　　）

4. 财务报表经过注册会计师审计后，可以不接受政府审计机关的监督。（　　）

5. 单位负责人是财务会计报告真实性的第一责任者。（　　）

6. 我国现行会计准则体系是由会计基本准则、具体准则、会计准则应用指南和会计准则解释公告等组成的。（　　）

7. 未按照规定建立并实施单位内部会计监督制度的行为属于违反会计法的行为。（　　）

8. 会计人员对于违反国家统一财政制度的收支，可以根据具体情况，酌情处理。（　　）

9. 如果有人对会计人员坚持原则，进行刁难、阻挠或打击报复，上级机关要查明情况，严肃处理；情节严重的，要给予党纪、国法制裁。（　　）

10. 企业销毁会计凭证时，应由财政部门派员监督销毁。（　　）

（四）案例分析题

20×7 年 8 月，A 股份有限公司成立，他招收了 4 名财会专业毕业的大学生和两名其他企业的会计人员作为财务部的会计人员，其中 1 名毕业生任会计主管。但 20×8 年企业年检时发现：①4 名大学生没有会计人员资格证书，因此有关部门认为其编制的财务会计报告没有法律效力。②20×7 年公司成立之初，业务量较少，账簿记录的内容较少，因此公司的总分类账没有更换，20×8 年沿用 20×7 年的账簿。

你认为该公司在哪些方面违反了我国的会计法规?

# 参考文献


［1］ 陈国辉，迟旭升．基础会计［M］．大连：东北财经大学出版社，2012．

［2］ 李海波，蒋瑛．新编会计学原理——基础会计［M］．上海：立信出版社，2013．

［3］ 辛金国，林素燕．会计学［M］．北京：清华大学出版社，2011．

［4］ 李立新．会计学［M］．北京：机械工业出版社，2010．

［5］ 徐泓．基础会计学［M］．北京：机械工业出版社，2011．

［6］ 徐经长，孙蔓莉，周华．会计学［M］．北京：中国人民大学出版社，2010．

［7］ 陈文铭．基础会计习题与案例［M］．大连：东北财经大学出版社，2012．

［8］ 王红云．会计法规［M］．北京：机械工业出版社，2011．

［9］ 中国注册会计师协会．会计［M］．北京：中国财政经济出版社，2014．

［10］ 陈信元．会计学［M］．上海：上海财经大学出版社，2008．

［11］ 周晓苏．会计学［M］．北京：清华大学出版社，2007．

［12］ 中华人民共和国财政部．企业会计准则——基本准则［M］．北京：经济科学出版社，2006．

南开大学出版社网址：http://www.nkup.com.cn

投稿电话及邮箱：　022-23504636　　QQ：1760493289

QQ：2046170045(对外合作)

邮购部：　022-23507092

发行部：　022-23508339　　Fax：022-23508542

# 2010玉器拍卖成交汇总

**(成交价RMB：5万元以上)**

| 拍品名称 | 尺寸 | 成交价(RMB) | 拍卖公司 | 拍卖日期 |
|---|---|---|---|---|
| 一、礼玉 | | | | |
| 玉璜 | | | | |
| 战国 白玉龙形璜 | 长10.5cm | 291,200 | 雍和嘉诚 | 2010.6.3 |
| 战国 白玉龙形璜 | 长6cm | 168,000 | 雍和嘉诚 | 2010.6.3 |
| 战国 白玉鱼形璜 | 长7.5cm | 95,200 | 雍和嘉诚 | 2010.6.3 |
| 汉 白玉龙首蝙蝠璜 | 长13.1cm | 84,000 | 北京中嘉 | 2010.5.9 |
| 战国 白玉雕谷纹龙首璜 | 长9.5cm | 78,400 | 上海大众 | 2010.1.3 |
| 良渚文化 兽面纹满旋纹璜 | 长9.7cm | 1,680,000 | 中拍国际 | 2010.11.27 |
| 良渚文化 龙首璜 | 长7.9cm | 56,000 | 中拍国际 | 2010.11.27 |
| 西周 青玉螭虎纹璜(一对) | 长12.4cm | 134,400 | 中拍国际 | 2010.11.27 |
| 玉璧(玉瑗 玉环) | | | | |
| 新石器时代红山文化 青白玉“双系”璧 | 直径10.7cm | 308,000 | 香港苏富比 | 2010.4.8 |
| 良渚文化 玉环 | 直径9.7cm | 53,760 | 北京翰海 | 2010.6.6 |
| 良渚文化 浅浮雕阴刻兽面纹玉璧 | 直径9.2cm | 392,000 | 深圳市拍 | 2010.6.12 |
| 商 青玉夔龙纹环 | 直径4.2cm | 165,000 | 香港苏富比 | 2010.4.8 |
| 商 素面玉璧 | 直径22.8cm | 918,400 | 老城隍庙 | 2010.11.6 |
| 西周 玛瑙素环 | 外径10.3cm | 89,600 | 中拍国际 | 2010.6.19 |
| 春秋 白玉泛鸡骨白沁钩云纹出廓璧 | 直径9cm | 246,400 | 中拍国际 | 2010.11.27 |
| 春秋 青玉螭虎纹璧 | 径14cm | 224,000 | 中拍国际 | 2010.6.19 |
| 春秋战国 白玉雕谷纹璧 | 直径13.8cm | 313,600 | 上海大众 | 2010.1.3 |
| 战国 青玉榖纹璧 | 直径10.8cm | 286,000 | 香港苏富比 | 2010.4.8 |
| 战国 白玉榖纹璧 | 直径6.5cm | 176,000 | 香港苏富比 | 2010.4.8 |
| 战国 青玉蚕纹璧 | 直径4.5cm | 143,000 | 香港苏富比 | 2010.4.8 |
| 战国 玉璧 | 直径15.4cm | 134,400 | 老城隍庙 | 2010.11.6 |
| 战国 褐斑黄玉蚕纹璧 | 直径5.4cm | 88,000 | 香港苏富比 | 2010.4.8 |
| 战国 青玉榖纹璧 | 直径6.4cm | 60,500 | 香港苏富比 | 2010.4.8 |
| 东汉 黄玉环 | 直径4cm | 93,500 | 香港苏富比 | 2010.4.8 |
| 西汉 青玉螭龙纹璧 | 直径20.1cm | 246,400 | 中拍国际 | 2010.11.27 |
| 西汉 白玉璧 | 直径6.8cm | 275,000 | 香港苏富比 | 2010.4.8 |
| 汉 白玉沁色龙纹环 | 直径7cm | 291,600 | 天津文物 | 2010.5.24 |
| 汉 黄玉沁色谷纹璧 | 直径17.8cm | 115,500 | 天津文物 | 2010.11.21 |
| 汉 白玉沁色璧 | 直径21cm | 88,000 | 天津文物 | 2010.11.21 |
| 汉 青玉兽面纹璧 | 长21.5cm | 52,800 | 天津文物 | 2010.11.21 |
| 汉 白玉凤纹出廓璧 | 长8.7cm | 50,400 | 北京中嘉 | 2010.5.9 |
| 宋 白玉璧 | 直径11.5cm | 123,200 | 北京匡时 | 2010.6.6 |
| 宋 白玉雕螭龙纹环 | 高5.8cm | 100,800 | 上海大众 | 2010.1.3 |
| 宋 白玉乳钉纹圭璧 | 长12.7cm | 313,600 | 北京翰海 | 2010.6.6 |
| 宋 黄玉提油兽面纹环 | 长5.3cm | 162,400 | 上海大众 | 2010.1.3 |
| 宋 玉雕兽面纹璧 | 直径21.5cm | 504,000 | 浙江佳宝 | 2010.1.2 |
| 宋/清 白玉龙纹环一件、勒子两件 | 尺寸不一 | 116,616 | 香港淳浩 | 2010.11.27 |
| 明 白玉沁色雕龙纹璧 | 直径6.2cm | 209,000 | 天津文物 | 2010.11.21 |
| 明 灰白玉雕龙凤纹璧 | 长10cm | 95,200 | 北京匡时 | 2010.12.4 |
| 明 玉雕云龙璧 | 直径17cm | 87,360 | 北京翰海 | 2010.12.12 |
| 明 白玉沁色雕双螭纹璧 | 直径7cm | 66,000 | 天津文物 | 2010.5.24 |
| 明 云雷纹方璧 | 长8.5cm | 56,000 | 四川嘉禾 | 2010.7.25 |
| 明 白玉柳丝环(一对) | 直径7.8cm | 50,400 | 中拍国际 | 2010.11.27 |
| 明末 青白玉三龙璧 | 直径10.5cm | 329,250 | 香港佳士得 | 2010.5.31 |
| 清乾隆 黄玉御制“天下为本”仿汉出廓璧 | 高9.8cm | 14,560,000 | 北京翰海 | 2010.6.6 |
| 清乾隆 白玉雕螭龙江牙海水纹圭璧 | 高28cm | 9,184,000 | 北京翰海 | 2010.12.11 |
| 清乾隆 御制仿汉玉题诗榖绳纹“饕餮”白玉璧 | 直径28.4cm | 5,825,600 | 香港苏富比 | 2010.4.8 |
| 清乾隆 白玉蚩尤环 | 直径7.5cm | 548,800 | 北京匡时 | 2010.6.6 |
| 清乾隆 白玉夔龙环 | 长5cm | 168,000 | 广州嘉德 | 2010.12.8 |
| 清乾隆 白玉雕夔龙纹环形珮 | 宽4.6cm | 123,200 | 北京诚轩 | 2010.11.22 |
| 清乾隆 白玉雕谷纹璧 | 外径5cm | 89,600 | 上海大众 | 2010.1.3 |
| 清中期 白玉十二生肖双龙方璧 | 高11cm | 616,000 | 广州嘉德 | 2010.12.8 |
| 清中期 白玉“日月合璧” | 直径5.4cm | 504,000 | 中国嘉德 | 2010.11.22 |
| 清中期 白玉诗文环 | 直径5.5cm | 246,400 | 北京翰海 | 2010.6.6 |
| 清中期 白玉双螭龙纹璧 | 直径5cm | 224,000 | 北京翰海 | 2010.12.12 |
| 清中期 白玉螭龙环 | 高4.8cm | 123,200 | 北京翰海 | 2010.6.6 |
| 清中期 白玉乳钉纹环 | 直径4cm | 117,600 | 北京翰海 | 2010.12.12 |

| 拍品名称 | 尺寸 | 成交价(RMB) | 拍卖公司 | 拍卖日期 |
|---|---|---|---|---|
| 清中期 白玉双螭璧形珮 | 直径5.5cm | 58,240 | 北京翰海 | 2010.6.6 |
| 清 白玉双螭纹环 | 直径5.5cm | 390,500 | 天津文物 | 2010.11.21 |
| 清 白玉沁色雕五龙璧 | 直径8.4cm | 165,000 | 天津文物 | 2010.5.24 |
| 清 玉龙纹玉璧(四件) | 尺寸不一 | 95,200 | 北京保利 | 2010.10.25 |
| 清 卧蚕纹黄玉环 | 直径7cm | 89,600 | 中鼎国际 | 2010.11.18 |
| 清 白玉圭璧牌 | 长7.2cm | 84,000 | 北京保利 | 2010.12.6 |
| 清 红皮双龙璧 | 直径6.2cm | 80640 | 北京保利 | 2010.12.6 |
| 清 黄玉素面环 | 外径6.3cm | 78,400 | 上海大众 | 2010.1.3 |
| 清 玉云雷纹、乳钉纹玉璧(四件) | 尺寸不一 | 61,600 | 北京保利 | 2010.10.25 |
| 清 白玉沁色雕如意云纹璧 | 直径8.3cm | 55,000 | 天津文物 | 2010.5.24 |
| 2010 苏然 苍帝行德圭璧 | 直径12cm | 952,000 | 西泠拍卖 | 2010.12.13 |
| 龚心钊旧藏“铜沁翠色”素璧 | 直径12cm | 179,200 | 中国嘉德 | 2010.11.21 |
| 龚心钊旧藏“玵青素瑗”玉璧 | 直径14cm | 112,000 | 中国嘉德 | 2010.11.21 |
| 白玉璧(两块) | 长5.7cm | 75,900 | 香港淳浩 | 2010.3.27 |
| 玉 琮 | | | | |
| 良渚文化 玉琮 | 高5.5cm | 896,000 | 北京翰海 | 2010.6.6 |
| 良渚文化 神人兽面纹玉琮 | 长9.9cm | 4,256,000 | 中拍国际 | 2010.11.27 |
| 齐家文化 素面玉琮 | 长7.8cm | 56,000 | 中拍国际 | 2010.11.27 |
| 商 玉雕素面琮 | 长3.6cm | 91,840 | 老城隍庙 | 2010.11.6 |
| 战国 饕餮纹琮 | 长7cm | 168,000 | 中拍国际 | 2010.11.27 |
| 战国 兽面纹玉琮 | 长13cm | 89,600 | 四川嘉禾 | 2010.7.25 |
| 西周 玉琮 | 高15.5cm | 806,400 | 上海大众 | 2010.1.3 |
| 明 玉沁色琮 | 长8cm | 165,000 | 天津文物 | 2010.5.24 |
| 明 玉琮 | 高3cm | 134,400 | 北京翰海 | 2010.12.12 |
| 玉琮 | 6cm×6.2cm | 50,400 | 北京匡时 | 2010.6.6 |
| 玉 圭 | | | | |
| 清中期 白玉日月同辉纹圭 | 高15.1cm | 69,440 | 中国嘉德 | 2010.5.16 |
| 清乾隆 青白玉十二章圭 | 高16.5cm | 1,792,000 | 北京保利 | 2010.12.5 |
| 宋 古玉圭 | 长31.9cm | 89,600 | 北京保利 | 2010.12.6 |
| 玉 册 | | | | |
| 民国 “观故宫陈列福开森古物记”碑 | 62.8cm×63.2cm | 1,736,000 | 西泠拍卖 | 2010.7.6 |
| 清乾隆 青玉暗刻填金佛说贤者五福德经册 | 17.8cm×10.7cm | 15,364,800 | 香港苏富比 | 2010.4.8 |
| 清 青白玉沁色描金“御制文溯阁记”玉册 | 13.6cm | 385,000 | 天津文物 | 2010.5.24 |
| 清 御制十六罗汉赞青玉册 | 17cm×12.5cm | 84,000 | 北京纳高 | 2010.7.15 |
| 碧玉般若波罗密多心经玉册 | 长22.5cm | 98,560 | 中国嘉德 | 2010.6.19 |
| 碧玉十全老人之宝说玉册 | 14.8cm×11cm | 76,160 | 中国嘉德 | 2010.3.20 |
| 清 碧玉制大悲咒册页 | 19cm×12.5cm | 78,400 | 云南典藏 | 2010.4.25 |
| 碧玉经文(一组) | 8.4cm×19.7cm | 268,800 | 中国嘉德 | 2010.6.19 |
| 清乾隆 御制十六罗汉赞玉册(八开) | 9cm×6cm | 19,040,000 | 北京翰海 | 2010.12.11 |
| 清乾隆 孝端文皇后绿漆沥粉龙凤纹玉宝、玉册箱(一套三件) | 尺寸不一 | 616,000 | 北京永乐 | 2010.11.23 |
| 清乾隆 青玉龙纹玉册 | 长23.5cm | 313,600 | 北京保利 | 2010.12.6 |
| 清18世纪 青玉“御书木华海赋”册页 | 高22.2cm | 215,000 | 香港佳士得 | 2010.12.1 |
| 清 青玉玉册 | 长16.5cm | 112,000 | 北京保利 | 2010.10.25 |
| 白玉御制戒得堂记册页 | 20cm×13cm | 53,760 | 中国嘉德 | 2010.9.18 |
| 二、佩玩件 | | | | |
| 玉 玦 | | | | |
| 红山文化 玉沁色玦 | 长3.3cm | 75,600 | 天津文物 | 2010.11.21 |
| 玉管、玉勒 | | | | |
| 新石器时代 黄玉“兽面”方管 | 长6.2cm | 187,000 | 香港苏富比 | 2010.4.8 |
| 良渚文化 素面勒子 | 长8.1cm | 50,000 | 北京中嘉 | 2010.5.9 |
| 商 褐斑黄玉管 | 长3.9cm | 77,000 | 香港苏富比 | 2010.4.8 |
| 商 白玉束腰勒 | 高3.2cm | 58,240 | 北京翰海 | 2010.12.12 |
| 西周 黄玉沁色蝉纹勒子 | 长10.7cm | 56,160 | 天津文物 | 2010.5.24 |
| 西周 玉方形勒子 | 高3.1cm | 53,760 | 北京翰海 | 2010.6.6 |
| 宋 白玉梅花落诗文勒子 | 高5.5cm | 560,000 | 上海新华 | 2010.9.5 |

*查看图片请参照凡例4方法

**2010玉器拍卖成交汇总**

**(成交价RMB：5万元以上)**

| 拍品名称 | 尺寸 | 成交价(RMB) | 拍卖公司 | 拍卖日期 |
|---|---|---|---|---|
| 汉 白玉云纹勒子 | 长4.2cm | 56,000 | 北京中嘉 | 2010.5.9 |
| 汉 青白玉云纹扁勒(一对) | 长8cm | 80,640 | 北京中嘉 | 2010.5.9 |
| 北宋 修内司制白玉"梅花落"诗文管 | 长6cm | 358,400 | 北京保利 | 2010.12.5 |
| 宋 沁色云龙纹勒子 | 长4.5cm | 67,200 | 北京匡时 | 2010.6.6 |
| 清早期 白玉雕洪福齐天图翎管 | 长6.4cm | 67,200 | 北京永乐 | 2010.11.23 |
| 清康熙 海水云龙白玉管 | 长6.5cm | 280,000 | 广州嘉德 | 2010.6.16 |
| 清乾隆 白玉刻云龙纹勒子 | 长2.8cm | 78,400 | 上海新华 | 2010.9.5 |
| 清 白玉经管 | 高6.3cm | 128,800 | 北京翰海 | 2010.6.6 |
| 清 白玉席纹勒子 | 长3.2cm | 55,000 | 天津文物 | 2010.11.21 |
| 玉扳指 | | | | |
| 12至13世纪 白玉"大德八年"鼓形扳指 | 直径3cm | 50,400 | 上海嘉泰 | 2010.4.20 |
| 清乾隆 御制黄玉"天行健"扳指 | 直径3.7cm | 1,255,600 | 香港佳士得 | 2010.12.1 |
| 清乾隆 白玉 黄玉 白玉带沁御题诗扳指(三件) | 直径2.8cm | 1,120,000 | 北京保利 | 2010.12.5 |
| 清乾隆 白玉御制梅花诗文扳指并御制牡丹诗文套盒 | 尺寸不一 | 784,000 | 北京匡时 | 2010.12.4 |
| 清乾隆 白玉御题诗扳指 | 直径2.9cm | 756,800 | 香港苏富比 | 2010.4.8 |
| 清乾隆 白玉御题诗扳指 | 直径2.8cm | 537,600 | 北京保利 | 2010.12.6 |
| 清乾隆 白玉夔龙纹 黄玉夔龙纹扳指(二件) | 内直径2cm | 504,000 | 北京翰海 | 2010.6.6 |
| 清乾隆 白玉留皮雕乾隆御题诗双骏图扳指 | 直径2.8cm | 448,000 | 北京荣宝 | 2010.5.30 |
| 清乾隆 白玉御题诗扳指 | 直径2.9cm | 430,000 | 香港佳士得 | 2010.12.1 |
| 清乾隆 御题诗白玉扳指 | 高2.3cm | 425,600 | 中国嘉德 | 2010.11.21 |
| 清乾隆 古玉刻御题诗扳指 | 直径3cm | 358,400 | 北京保利 | 2010.6.4 |
| 清乾隆 白玉兽面纹扳指 | 直径2cm | 352,000 | 香港苏富比 | 2010.4.8 |
| 清乾隆 白玉刻御题诗文扳指 | 直径3cm | 313,600 | 上海新华 | 2010.9.5 |
| 清乾隆 白玉御题诗扳指 | 直径3cm | 291,200 | 北京保利 | 2010.12.6 |
| 清乾隆 白玉扳指 | 高3cm | 280,000 | 北京保利 | 2010.12.6 |
| 清乾隆 白玉"澄斋珍玩"扳指 | 高2.4cm | 224,000 | 中国嘉德 | 2010.11.21 |
| 清乾隆 垧牧图御制诗玉扳指 | 直径3.4cm | 123,200 | 北京诚轩 | 2010.11.22 |
| 清乾隆 白玉透雕子辰扳指 | 径3cm | 106,400 | 上海嘉泰 | 2010.9.27 |
| 清乾隆 白玉马纹扳指(两件) | 尺寸不一 | 84,000 | 北京保利 | 2010.12.6 |
| 清中期 白玉留皮扳指 | 直径3.4cm | 224,000 | 北京诚轩 | 2010.11.22 |
| 清18世纪 白玉"寿添海屋"图扳指 | 直径3.2cm | 165,000 | 香港苏富比 | 2010.4.8 |
| 清中期 白玉竹节珮 青玉扳指 剔红锦地竹节盒(三件) | 尺寸不一 | 95,200 | 北京翰海 | 2010.6.7 |
| 清中期 白玉雕谷纹扳指及红木套 | 高3cm | 67,200 | 深圳市拍 | 2010.6.12 |
| 清中期 白玉扳指 | 长3.5cm | 61,600 | 北京匡时 | 2010.12.4 |
| 清中期 白玉洒金扳指 | 内直径2cm | 56,000 | 北京翰海 | 2010.6.6 |
| 清 带皮白玉扳指 | 长2.9cm | 155,488 | 香港淳浩 | 2010.11.27 |
| 清 白玉刻御制诗文扳指 | 直径2.9cm | 134,400 | 北京中汉 | 2010.11.22 |
| 清 玉扳指配扳指盒 | 扳指3.1cm | 95,200 | 老城隍庙 | 2010.11.6 |
| 清 各式扳指(二十四只) | 尺寸不一 | 87,360 | 中国嘉德 | 2010.9.18 |
| 清 白玉"乾隆御制"扳指 | 直径3cm | 84,000 | 北京保利 | 2010.12.6 |
| 清 白玉沁色雕花卉纹刻字扳指 | 长3cm | 82,500 | 天津文物 | 2010.5.24 |
| 清 各式扳指(18只) | 尺寸不一 | 78,400 | 中国嘉德 | 2010.9.18 |
| 清 白玉御制诗扳指 | 直径3cm | 78,400 | 北京保利 | 2010.7.31 |
| 清 白玉带皮扳指 | 直径3.2cm | 72,800 | 西泠拍卖 | 2010.12.14 |
| 清 青白玉留皮御题诗扳指 | 直径3.4cm | 72,800 | 北京保利 | 2010.12.6 |
| 清 白玉自天佑之扳指 | 直径3.2cm | 67,200 | 北京保利 | 2010.6.5 |
| 清 白玉带皮扳指 | 直径3.5cm | 61,600 | 北京保利 | 2010.7.31 |
| 清 白玉 留皮扳指 | 直径2.5cm | 57,200 | 天津文物 | 2010.5.24 |
| 清18/19世纪 青金石御题诗扳指 | 直径2.9cm | 102,125 | 香港佳士得 | 2010.12.1 |
| 白玉素扳指 | 直径3.6cm | 67,200 | 北京荣宝 | 2010.3.14 |
| 佚名 福山寿海白玉扳指 | 长4.8cm | 145,600 | 西泠拍卖 | 2010.7.4 |
| 2009 蒋宏利 花开富贵 白玉扳指 | 直径30cm | 56,000 | 西泠拍卖 | 2010.12.13 |
| 2009 蒋喜 辟邪扳指 白玉把件 | 直径4cm | 212,800 | 西泠拍卖 | 2010.12.13 |
| 玉铺首 | | | | |
| 2009 殷建国 铺首 白玉挂件 | 长5.5cm | 168,000 | 西泠拍卖 | 2010.12.13 |
| 玉带板 | | | | |
| 唐 白玉浮雕胡人带板牌 | 长4.1cm | 84,000 | 北京匡时 | 2010.12.4 |
| 辽 白玉春水纹带板(共十三块) | 尺寸不一 | 212,800 | 中拍国际 | 2010.11.27 |
| 元 白玉云龙戏珠火焰纹镂空雕带板 | 直径8.5cm | 67,200 | 上海崇源 | 2010.7.31 |
| 明 白玉镂雕"松鼠"纹玉带(十六件成套) | 尺寸不一 | 2,552,000 | 香港苏富比 | 2010.4.8 |
| 明 金累丝镶玉嵌宝石带板 | 通长13.2cm | 1,344,000 | 中拍国际 | 2010.11.27 |
| 明 玉带板(十一件) | | 134,400 | 北京翰海 | 2010.6.6 |
| 明/清 白玉带板两件、带扣两件、带钩一件、剑璏三件 | 尺寸不一 | 54,395 | 香港淳浩 | 2010.11.27 |
| 玉带钩 | | | | |
| 战国 龙首玉带钩(一对) | 尺寸不一 | 53,760 | 中拍国际 | 2010.6.19 |
| 唐 青白玉"胡人奏乐图"带钩 | 长5.2cm | 352,000 | 香港苏富比 | 2010.4.8 |
| 宋 黄玉螳螂捕蝉带钩 | 长8.4cm | 470,400 | 北京翰海 | 2010.6.6 |
| 辽/金 青白玉"鸳鸯踏荷"带钩(一对) | 长4.5cm | 110,000 | 香港苏富比 | 2010.4.8 |
| 明 黄玉兽首带钩 | 长9cm | 347,200 | 北京翰海 | 2010.12.12 |
| 清乾隆 白玉望子成龙大带钩 | 长16.5cm | 212,800 | 北京保利 | 2010.12.6 |
| 清乾隆 白玉龙钩 | 长14cm | 72,800 | 中国嘉德 | 2010.5.16 |
| 清乾隆 白玉雕衔灵芝龙钩 | 宽14.3cm | 67,200 | 中国嘉德 | 2010.11.22 |
| 清乾隆 白玉雕衔花草龙钩 | 宽14.2cm | 64,960 | 中国嘉德 | 2010.11.22 |
| 清乾隆 白玉马首带钩 | 长11.6cm | 58,240 | 北京歌德 | 2010.6.19 |
| 清乾隆 白玉雕龙钩 | 长13.8cm | 56,000 | 中国嘉德 | 2010.5.16 |
| 清乾隆 白玉雕龙钩 | 长13.5cm | 50,400 | 中国嘉德 | 2010.5.16 |
| 清乾隆 白玉雕衔牡丹龙钩 | 宽13.5cm | 50,400 | 中国嘉德 | 2010.11.22 |
| 清18世纪 白玉龙首螭龙带钩 | 长13.4cm | 110,000 | 香港苏富比 | 2010.4.8 |
| 清中期 白玉龙钩(四件) | 尺寸不一 | 179,200 | 北京保利 | 2010.12.6 |
| 清中期 白玉龙钩 | 长13.3cm | 69440 | 中国嘉德 | 2010.11.22 |
| 清中期 白玉龙钩 | 长13.1cm | 50,400 | 中国嘉德 | 2010.11.22 |
| 清中期 白玉雕龙钩 | 长12.5cm | 78,400 | 中国嘉德 | 2010.11.22 |
| 清中期 白玉雕龙钩 | 宽14cm | 53,760 | 中国嘉德 | 2010.11.22 |
| 清中期 白玉雕龙钩 | 宽14cm | 53,760 | 中国嘉德 | 2010.11.22 |
| 清中期 白玉螭龙带钩 | 长13.3cm | 100,800 | 北京翰海 | 2010.12.12 |
| 清中期 白玉螭龙带钩 | 长13.6cm | 68,320 | 北京翰海 | 2010.6.6 |
| 清中期 白玉螭龙带钩 | 长12.7cm | 58,240 | 北京翰海 | 2010.6.6 |
| 清中期 白玉灵芝 凤首带钩(两件) | 长9.2cm | 212,800 | 中国嘉德 | 2010.5.16 |
| 清中期 白玉龙钩 | 长12.7cm | 58,240 | 中国嘉德 | 2010.5.16 |
| 清中期 白玉龙钩 | 长13.8cm | 50,400 | 中国嘉德 | 2010.5.16 |
| 清中期 黄玉留皮龙凤带钩 | 长9cm | 212,800 | 中国嘉德 | 2010.5.16 |
| 清 白玉三联龙纹带钩 | 长18.5cm | 280,000 | 中鼎国际 | 2010.11.18 |
| 清 白玉蝠纹如意带钩 荷叶纹珮 | 尺寸不一 | 156,800 | 北京歌德 | 2010.11.19 |
| 清 白玉、翡翠浮雕龙纹带钩(共三只) | 尺寸不一 | 136,052 | 香港淳浩 | 2010.11.27 |

(成交价RMB：5万元以上)

| 拍品名称 | 尺寸 | 成交价(RMB) | 拍卖公司 | 拍卖日期 |
|---|---|---|---|---|
| 清 玛瑙龙首带钩、青白玉莲蓬、墨床(三件) | 尺寸不一 | 112,000 | 中国嘉德 | 2010.9.18 |
| 清 雕螭龙纹带钩(三件) | 长12.7cm | 91,840 | 中国嘉德 | 2010.11.22 |
| 清 白玉螭龙 羊首带钩(两件) | 长8.5cm | 76,160 | 中国嘉德 | 2010.5.16 |
| 清 白玉雕苍龙教子纹带钩 | 长13cm | 71,500 | 天津文物 | 2010.5.24 |
| 清 白玉沁色雕二龙戏珠纹龙首带钩 | 长9.8cm | 71,500 | 天津文物 | 2010.5.24 |
| 清 白玉雕螭纹龙首带钩 | 长14cm | 71,500 | 天津文物 | 2010.11.21 |
| 清 白玉龙首带钩 | 长14.5cm | 64,960 | 中国嘉德 | 2010.11.22 |
| 清 凤首玉带钩 | 长13.2cm | 61,600 | 西泠拍卖 | 2010.12.14 |
| 清 白玉雕鹅首带钩 | 长11cm | 57,200 | 天津文物 | 2010.11.21 |
| 清 玉龙钩等 | 尺寸不一 | 56,160 | 天津文物 | 2010.11.21 |
| 清 白玉带红龙钩 | 长10cm | 53,760 | 北京保利 | 2010.7.31 |
| 玉带扣 | | | | |
| 唐/五代 玛瑙胡人童子带扣 | 长6.6cm | 89,600 | 中拍国际 | 2010.11.27 |
| 宋 白玉鹤衔灵芝纹带扣 | 长9.5cm | 61,600 | 北京匡时 | 2010.6.6 |
| 元 白玉留皮鸳鸯荷塘带扣 | 长7cm | 448,000 | 北京保利 | 2010.12.6 |
| 元 春水纹龙首带扣 | 长10.4cm | 50,400 | 中拍国际 | 2010.6.19 |
| 明 银鎏金镶白玉宝石带扣(一付) | 长9.5cm | 89,600 | 北京永乐 | 2010.11.23 |
| 明 玉雕龙纹带扣 | 长11.7cm | 72,800 | 中国嘉德 | 2010.12.18 |
| 清乾隆 白玉螭龙带扣 | 长14cm | 616,000 | 广州嘉德 | 2010.12.8 |
| 清乾隆 白玉苍龙教子带扣 | 长11cm | 100,800 | 广州嘉德 | 2010.12.8 |
| 清乾隆 白玉龙纹带扣 | 长10.2cm | 89,600 | 北京保利 | 2010.12.6 |
| 清中期 白玉螭龙纹带扣 | 长11.5cm | 56,000 | 北京保利 | 2010.12.6 |
| 清 白玉苍龙教子带扣 | 长10.5cm | 280,000 | 广州嘉德 | 2010.12.8 |
| 清 白玉镂雕螭纹带扣 | 长8.8cm | 90,200 | 天津文物 | 2010.11.21 |
| 清 白玉雕八卦纹带扣 | 12.4cm | 57,200 | 天津文物 | 2010.5.24 |
| 清 白玉留皮雕马形带扣 | 长6.5cm | 56,100 | 天津文物 | 2010.11.21 |
| 仔玉奔牛带扣 | 高7.6cm | 67,200 | 中鸿信 | 2010.3.28 |
| 白玉虎头带扣 | 高6.5cm | 56,000 | 中鸿信 | 2010.3.28 |
| 玉 锁 | | | | |
| 清乾隆 双龙玉锁 | 长6cm | 89,600 | 广州嘉德 | 2010.12.8 |
| 清乾隆 白玉“富贵长春”龙纹锁 | 长10.5cm | 50,400 | 北京保利 | 2010.12.6 |
| 玉 磬 | | | | |
| 清 白玉雕吉庆有余纹磬 | 长8.5cm | 57,200 | 天津文物 | 2010.5.24 |
| 清中期 白玉双龙磬 | 高8cm | 425,600 | 北京翰海 | 2010.12.12 |
| 清乾隆 水晶雕双龙捧寿磬 | 长15.5cm | 212,800 | 北京保利 | 2010.10.24 |
| 清 青白玉磬 | 长21.8cm | 64,960 | 中国嘉德 | 2010.12.18 |
| 战国 碧玉柄形器 | 高11.3cm | 61,600 | 中拍国际 | 2010.6.19 |
| 玉炉顶 | | | | |
| 金/元 白玉透雕龙穿花炉顶 | 高4.7cm | 201,600 | 北京翰海 | 2010.12.12 |
| 元 白玉镂雕龙穿花纹炉顶 | 高6cm | 148,500 | 天津文物 | 2010.5.24 |
| 明 玉雕炉顶、珮件(五件) | 尺寸不一 | 50,400 | 上海新华 | 2010.9.5 |
| 元 青玉洒金透雕龙穿花炉顶 | 高5.5cm | 201,600 | 北京翰海 | 2010.12.12 |
| 元 白玉透雕鹭莲炉顶 | 高4.5cm | 112,000 | 北京翰海 | 2010.12.12 |
| 元 白玉洒金透雕龙穿花炉顶 | 高3cm | 67,200 | 北京翰海 | 2010.12.12 |
| 清中期 白玉灵芝炉顶 | 高5.1cm | 78,400 | 北京翰海 | 2010.12.12 |
| 清 黄玉螭纹炉顶 | 高5cm | 107,800 | 天津文物 | 2010.11.21 |
| 玉珠串 | | | | |
| 清乾隆 黄玉仿绳纹手串 | 长23cm | 504,000 | 北京匡时 | 2010.12.4 |
| 清 珊瑚朝珠(一串) | 长140cm | 224,000 | 厦门伯瀚 | 2010.5.9 |
| 清 金珀朝珠 108颗 | | 103,040 | 广州嘉德 | 2010.12.8 |
| 清 金珀佛珠 | | 100,800 | 广州嘉德 | 2010.6.16 |
| 清 珊瑚朝珠串 | 108粒 | 78,400 | 北京翰海 | 2010.12.12 |
| 清 珊瑚雕团花纹项链 | 长42cm | 69,440 | 北京永乐 | 2010.5.18 |

| 拍品名称 | 尺寸 | 成交价(RMB) | 拍卖公司 | 拍卖日期 |
|---|---|---|---|---|
| 清 玛瑙鱼、翡翠通宝各一件、多宝串一串 | 尺寸不一 | 54,395 | 香港淳浩 | 2010.11.27 |
| 19世纪 辣椒红珊瑚珠饰六棱金勒项链 | | 56,000 | 上海工美 | 2010.11.4 |
| 蜜蜡珠形项链 | | 87,360 | 上海嘉泰 | 2010.4.20 |
| 2008 马进贵 墨玉错银佛珠(19颗) | 直径1.7cm×19 | 56,000 | 西泠拍卖 | 2010.7.4 |
| 红珊瑚项串 | 尺寸不一 | 268,800 | 长风拍卖 | 2010.6.22 |
| 20世纪早期 珊瑚大珠项链 | 尺寸不一 | 56,000 | 北京永乐 | 2010.5.18 |
| 2009 杨曦 流芳 白玉手链 | 长4cm | 61,600 | 西泠拍卖 | 2010.12.13 |
| 玉 镯 | | | | |
| 新石器时代良渚文化 青灰玉镯 | 直径9.7cm | 132,000 | 香港苏富比 | 2010.4.8 |
| 新石器时代 青玉手镯 | 直径8.3cm | 88,000 | 香港苏富比 | 2010.4.8 |
| 宋宣和二年 黑斑灰白玉浮雕铭文手镯 | 直径6.2cm | 110,000 | 香港苏富比 | 2010.4.8 |
| 清中期 玉洒金手镯 | 内直径6cm | 61,600 | 北京翰海 | 2010.6.6 |
| 清中期 白玉手镯(一对) | 直径7.9cm | 156,800 | 北京匡时 | 2010.12.4 |
| 清中期 白玉手镯(二件) | 内直径5.8cm | 76,160 | 北京翰海 | 2010.6.6 |
| 清中期 白玉手镯(二件) | 内直径5.7cm | 76,160 | 北京翰海 | 2010.12.12 |
| 清中期 白玉手镯(二件) | 内直径5.2cm | 69,440 | 北京翰海 | 2010.12.12 |
| 清中期 白玉手镯 | 内直径5.7cm | 56,000 | 北京翰海 | 2010.6.6 |
| 清中期 白玉手镯 | 内直径5.9cm | 53,760 | 北京翰海 | 2010.12.12 |
| 清中期 白玉瑞兽衔如意镯(一对) | 直径7.8cm | 224,000 | 北京匡时 | 2010.12.4 |
| 清中期 白玉二龙戏珠手镯(二件) | 内直径6cm | 67,200 | 北京翰海 | 2010.12.12 |
| 清18世纪 白玉雕双龙戏珠纹镯(一对) | 直径7.7cm | 246,400 | 北京永乐 | 2010.11.23 |
| 清 玉雕竹节形手镯(一对) | 直径7.8cm | 98,560 | 北京诚轩 | 2010.5.17 |
| 清 玉雕二龙戏珠手镯 | 直径8cm | 52,640 | 北京翰海 | 2010.1.21 |
| 清 珊瑚雕鹦鹉花果手镯 | 长17.5cm | 112,000 | 北京诚轩 | 2010.5.17 |
| 清 和田籽玉 手镯 | 内径6.3cm | 89,600 | 江苏嘉恒 | 2010.6.6 |
| 清 和田芝麻玉手镯 | 直径7.6cm | 58,240 | 中拍国际 | 2010.11.27 |
| 清 各式镯(三只) | 尺寸不一 | 106,400 | 中国嘉德 | 2010.9.18 |
| 清 白玉镯(一对) | 直径8.2cm | 56,000 | 中国嘉德 | 2010.11.22 |
| 清 白玉手镯(一对) | | 100,800 | 北京匡时 | 2010.6.6 |
| 清 白玉沁色雕琢字纹手镯 | 内径6.8cm | 165,000 | 天津文物 | 2010.5.24 |
| 清 白玉沁色雕绞丝纹手镯 | 内径6.2cm | 110,000 | 天津文物 | 2010.11.21 |
| 清 白玉连珠镯(一对) | 长6cm | 61,600 | 广州嘉德 | 2010.12.8 |
| 清 白玉雕双龙戏珠纹手镯(一对) | 直径7.7cm | 61,600 | 十竹斋 | 2010.7.11 |
| 清 白玉雕双龙戏珠纹手镯 | 内径5.3cm | 77,000 | 天津文物 | 2010.5.24 |
| 清 白玉雕手镯(一对) | 直径7.8cm | 58,240 | 北京永乐 | 2010.11.23 |
| 良渚文化 玉雕手镯 | 直径9cm | 212,800 | 老城隍庙 | 2010.11.6 |
| 旧玉镯(八只) | 尺寸不一 | 58,240 | 中国嘉德 | 2010.9.18 |
| 仔玉雕祥瑞手镯 | 直径7.5cm | 56,000 | 中鸿信 | 2010.3.28 |
| 白玉双龙镯(两件) | 长8.3cm | 69,440 | 中国嘉德 | 2010.9.18 |
| 玉簪、玉梳 | | | | |
| 唐 玉雕仙人乘凤簪 | 长22.3cm | 459,200 | 北京翰海 | 2010.6.6 |
| 唐 白玉双簪首 | 长5.3cm | 52,800 | 香港苏富比 | 2010.4.8 |
| 唐 白玉花卉纹梳背 | 长12.2cm | 143,000 | 香港苏富比 | 2010.4.8 |
| 唐 白玉凤鸟纹钗首 | 长10.6cm | 104,500 | 香港苏富比 | 2010.4.8 |
| 明末 白玉“陆子盛制”款发簪 | 长14.5cm | 392,000 | 中国嘉德 | 2010.11.22 |
| 明 白玉凤簪 | 长17cm | 168,000 | 广州嘉德 | 2010.12.8 |
| 清中期 白玉浮雕蝙龙纹方头发簪 | 长9.7cm | 100,800 | 北京匡时 | 2010.12.4 |
| 清乾隆 黄玉嫩寒图箍 | 高5.7cm | 347,200 | 北京翰海 | 2010.6.6 |
| 玉 牌 | | | | |
| 汉 和田玉雕螭龙乳钉花纹挂牌 | 长8cm | 179,200 | 老城隍庙 | 2010.11.6 |
| 汉 鸡骨白熊形玉牌 | 长6.3cm | 56,000 | 北京中嘉 | 2010.5.9 |
| 汉 和田玉雕菊瓣纹圆牌 | 直径5.2cm | 56,000 | 老城隍庙 | 2010.11.6 |

**2010玉器拍卖成交汇总**

**(成交价RMB：5万元以上)**

| 拍品名称 | 尺寸 | 成交价(RMB) | 拍卖公司 | 拍卖日期 |
|---|---|---|---|---|
| 明 白玉大吉双龙福禄玉牌 | 长6cm | 201,600 | 广州嘉德 | 2010.12.8 |
| 明 和田玉雕平安挂牌 | 长5.8cm | 61,600 | 老城隍庙 | 2010.11.6 |
| 明 洒金五伦图诗文子冈款牌 | 长6.5cm | 56,000 | 中拍国际 | 2010.6.19 |
| 清早期 青白玉填金阴刻韦陀 佛说十吉祥经文插牌 | 长13.8cm | 112,000 | 北京中汉 | 2010.11.22 |
| 清早期 白玉仙人乘槎子冈牌 | 长5cm | 224,000 | 北京保利 | 2010.6.5 |
| 清早期 白玉诗文方牌 | 长5cm | 89,600 | 北京保利 | 2010.12.6 |
| 清初 白玉诗文双骏图插牌 | 长8cm | 425,600 | 云南典藏 | 2010.4.25 |
| 清康熙 皇宫之品黄玉雕满文双龙斋牌 | 长10.7cm | 1,097,600 | 老城隍庙 | 2010.11.6 |
| 清乾隆 御制白玉"安石月晖"牌 | 长4.6cm | 4,480,000 | 北京保利 | 2010.12.5 |
| 清乾隆 白玉雕鸣锣报喜牌 | 长5.2cm | 1,680,000 | 北京匡时 | 2010.12.4 |
| 清乾隆 白玉大吉、天喜插牌 | 高31cm | 1,344,000 | 北京匡时 | 2010.12.4 |
| 清乾隆 白玉班昭著书牌 | 长4.5cm | 728,000 | 北京保利 | 2010.12.5 |
| 清乾隆 白玉御题诗"兰草图"卵石牌 | 长5.5cm | 598,400 | 香港苏富比 | 2010.4.8 |
| 清乾隆 白玉葫芦纹"平升三吉"图牌 | 长6.2cm | 598,400 | 香港苏富比 | 2010.4.8 |
| 清乾隆 御制白玉"万年未央"牌 | 长6.2cm | 560,000 | 北京保利 | 2010.6.4 |
| 清乾隆 白玉腾王阁亭牌 | 高5.1cm | 560,000 | 浙江钱塘 | 2010.7.3 |
| 清乾隆 白玉吉庆有余牌 | 长6.2cm | 537,600 | 北京保利 | 2010.6.4 |
| 清乾隆 白玉竹纹灵芝题诗牌 | 长6cm | 448,000 | 北京保利 | 2010.6.4 |
| 清乾隆 白玉留皮苏作太白醉酒子冈牌 | 长5cm | 448,000 | 北京保利 | 2010.12.5 |
| 清乾隆 白玉当朝一品牌 | 长6.5cm | 448,000 | 浙江钱塘 | 2010.7.3 |
| 清乾隆 白玉子孙永宝女仙子冈牌 | 长4cm | 392,000 | 北京保利 | 2010.6.4 |
| 清乾隆 黄玉仕女题诗子冈牌 | 长5.2cm | 336,000 | 北京保利 | 2010.6.4 |
| 清乾隆 黄玉龙纹牌 | 高5.3cm | 280,000 | 北京匡时 | 2010.12.4 |
| 清乾隆 白玉麻姑献寿方牌 | 长7cm | 224,000 | 北京保利 | 2010.6.5 |
| 清乾隆 白玉"芙蓉烂漫"牌 | 长4.5cm | 224,000 | 北京保利 | 2010.6.4 |
| 清乾隆 白玉长宜子孙牌 | 长9.4cm | 196,000 | 北京保利 | 2010.12.6 |
| 清乾隆 白玉高士题诗子冈牌 | 长6.2cm | 168,000 | 北京保利 | 2010.12.6 |
| 清乾隆 白玉题诗"灵芝仙草"图牌 | 长5.3cm | 165,000 | 香港苏富比 | 2010.4.8 |
| 清乾隆 白玉"芝亭"仙人牌 | 长4cm | 145,600 | 北京保利 | 2010.6.5 |
| 清乾隆 白玉双凤纹牌 | 长8.9cm | 112,000 | 上海新华 | 2010.9.5 |
| 清乾隆 白玉葫芦富寿牌 | 长6cm | 89,600 | 上海新华 | 2010.9.5 |
| 清乾隆 白玉龙纹无事牌 | 长5cm | 56,000 | 北京保利 | 2010.6.5 |
| 清中期 青白玉雕踏雪寻梅图牌 | 长6.9cm | 403,200 | 北京诚轩 | 2010.5.17 |
| 清中期 白玉人物诗文牌 | 长5.5cm | 313,600 | 中国嘉德 | 2010.11.22 |
| 清中期 白玉龙纹牌 | 长10.3cm | 313,600 | 中国嘉德 | 2010.11.22 |
| 清中期 白玉雕龙凤钩云纹子冈牌 | 高7.5cm | 280,000 | 广州嘉德 | 2010.6.16 |
| 清中期 白玉诗文张骞乘槎子冈牌 | 长5.5cm | 224,000 | 北京保利 | 2010.12.6 |
| 清中期 白玉洛神题诗子冈牌 | 长4.7cm | 179,200 | 北京保利 | 2010.12.6 |
| 清中期 天干地支纹牌 | 长7.3cm | 112,000 | 北京歌德 | 2010.6.19 |
| 清中期 白玉雕吉庆有余海棠形牌 | 长3.9cm | 95,200 | 北京永乐 | 2010.11.23 |
| 清中期 白玉雕龙纹牌 | 高6.8cm | 80,640 | 北京匡时 | 2010.12.4 |

| 拍品名称 | 尺寸 | 成交价(RMB) | 拍卖公司 | 拍卖日期 |
|---|---|---|---|---|
| 清中期 白玉"太白邀月"牌 白玉高士牌(两件) | 长4.3cm | 72,800 | 北京保利 | 2010.12.6 |
| 清18世纪 巧色玛瑙题诗"松鹤"图牌 | 高5cm | 198,000 | 香港苏富比 | 2010.4.8 |
| 清18世纪 白玉题诗"枫林高士"图牌 | 高4.2cm | 545,600 | 香港苏富比 | 2010.4.8 |
| 清18/19世纪 白玉马上封候牌 | 直径6.3cm | 860,440 | 香港佳士得 | 2010.5.31 |
| 清17世纪/18世纪 白玉题诗无双谱"孙策图"子冈牌 | 长4.4cm | 1,073,600 | 香港苏富比 | 2010.4.8 |
| 清 白玉雕太白醉酒诗文牌 | 长5.5cm | 715,000 | 天津文物 | 2010.11.21 |
| 清 白玉雕羲之爱鹅诗文牌 | 长5.5cm | 462,000 | 天津文物 | 2010.11.21 |
| 清 白玉雕花卉纹牌 | 长5.7cm | 385,000 | 天津文物 | 2010.11.21 |
| 清 子冈款刀马人物牌 | 长5.9cm | 336,000 | 北京歌德 | 2010.6.19 |
| 清 白玉雕童子乘槎诗文牌 | 高6.6cm | 308,000 | 天津文物 | 2010.5.24 |
| 清 白玉大吉牌 | 长7.3cm | 257,600 | 北京保利 | 2010.12.6 |
| 清 白玉岁岁平安牌 | 长5.9cm | 236,500 | 香港淳浩 | 2010.11.27 |
| 清 白玉雕渊明赏菊子冈牌 | 高5.5cm | 229,600 | 上海大众 | 2010.1.3 |
| 清 青白玉牌(两件) | 高5.5cm | 224,000 | 中国嘉德 | 2010.9.18 |
| 清 白玉双龙拜寿牌 | 长5.8cm | 224,000 | 北京保利 | 2010.12.6 |
| 清 白玉雕仕女乘槎诗文牌 | 高6.7cm | 220,000 | 天津文物 | 2010.5.24 |
| 清 白玉雕人物诗文牌 | 高5.5cm | 209,000 | 天津文物 | 2010.5.24 |
| 清 白玉刻环纹牌 | 长5.7cm | 208,120 | 香港淳浩 | 2010.11.27 |
| 清 碧玉雕山水纹描金插牌 | 长25cm | 203,500 | 天津文物 | 2010.5.24 |
| 清 青白玉喜在枝头人物牌 | 长4.8cm | 201,600 | 雍和嘉诚 | 2010.12.3 |
| 清 白玉双狮戏球图牌 | 高6.2cm | 201,600 | 中国嘉德 | 2010.12.18 |
| 清 白玉雕榴开百子诗文牌 | 高5.5cm | 165,000 | 天津文物 | 2010.5.24 |
| 清 白玉竹石诗文牌 | 高6cm | 156,800 | 中国嘉德 | 2010.11.20 |
| 清 刻岁岁平安白玉牌(一对) | 长5.3cm | 149,160 | 香港淳浩 | 2010.3.27 |
| 清 白玉赤壁图诗文牌 | 高6cm | 145,600 | 中国嘉德 | 2010.11.20 |
| 清 白玉刻松下对酌纹诗句牌 | 长6.2cm | 136,052 | 香港淳浩 | 2010.11.27 |
| 清 白玉高士题字诗文牌 | 高5.7cm | 123,200 | 中国嘉德 | 2010.11.20 |
| 清 白玉独占鳌头牌 | 长5.2cm | 123,200 | 浙江钱塘 | 2010.7.3 |
| 清 白玉刻婴戏平安吉庆牌 | 长5.4cm | 116,616 | 香港淳浩 | 2010.11.27 |
| 清 和田玉雕山水人物挂牌 | 长7.8cm | 112,000 | 老城隍庙 | 2010.11.6 |
| 清 白玉雕九如纹牌 | 长5.5cm | 107,800 | 天津文物 | 2010.11.21 |
| 清 和田玉子冈牌 | 长5.5cm | 100,800 | 厦门伯瀚 | 2010.5.9 |
| 清 白玉雕生肖牌 | 高5.5cm | 98,560 | 北京匡时 | 2010.12.4 |
| 清 白玉雕二乔共读诗文牌 | 长5.5cm | 93,500 | 天津文物 | 2010.11.21 |
| 清 子冈和田玉挂牌 | 长5cm | 91,840 | 老城隍庙 | 2010.11.6 |
| 清 白玉龙牌 | 高5.3cm | 91,840 | 雍和嘉诚 | 2010.6.3 |
| 清 和田玉雕花卉纹长圆挂牌 | 长7cm | 89,600 | 老城隍庙 | 2010.11.6 |
| 清 白玉雕人物松鹿纹牌 | 长7.3cm | 89,600 | 中国嘉德 | 2010.5.16 |
| 清 白玉雕喜事连连纹牌 | 高5.8cm | 88,000 | 天津文物 | 2010.5.24 |
| 清 白玉雕羲之爱鹅诗文牌 | 长5.7cm | 88,000 | 天津文物 | 2010.11.21 |
| 清 携琴访友纹玛瑙牌 | 高6.1cm | 84,000 | 中拍国际 | 2010.6.19 |
| 清 白玉雕一品当朝牌 | 高5.9cm | 80,640 | 中国嘉德 | 2010.5.16 |
| 清 银烧蓝镶玉牌项圈 | 长17cm | 78,400 | 广州嘉德 | 2010.12.8 |
| 清 白玉耕织图诗文牌 | 长5.4cm | 76,160 | 中国嘉德 | 2010.12.18 |
| 清 刻山水人物纹白玉牌 | 长5.5cm | 75,900 | 香港淳浩 | 2010.3.27 |
| 清 子冈和田玉如意福牌 | 长5.5cm | 72,800 | 老城隍庙 | 2010.11.6 |
| 清 白玉太平有象牌 | 长22cm | 72,800 | 北京保利 | 2010.10.25 |
| 清 白玉高士乘槎诗文牌 | 高5.3cm | 72,800 | 中国嘉德 | 2010.11.20 |

(成交价RMB：5万元以上)

| 拍品名称 | 尺寸 | 成交价(RMB) | 拍卖公司 | 拍卖日期 |
|---|---|---|---|---|
| 清 白玉万寿无疆牌 | 高7.5cm | 69,440 | 中国嘉德 | 2010.3.20 |
| 清 旧玉牌(两件) | 尺寸不一 | 67,200 | 北京保利 | 2010.10.25 |
| 清 白玉刻吉祥如意牌 | 高6.5cm | 67,200 | 十竹斋 | 2010.7.11 |
| 清 刻仙人泛槎纹白玉牌 | 长5.8cm | 65,780 | 香港淳浩 | 2010.3.27 |
| 清 刻寿桃纹白玉牌 | 长5.2cm | 65,780 | 香港淳浩 | 2010.3.27 |
| 清 刻三多纹青白玉牌 | 长5.6cm | 65,780 | 香港淳浩 | 2010.3.27 |
| 清 浮雕婴戏纹白玉牌 | 长5.7cm | 65,780 | 香港淳浩 | 2010.3.27 |
| 清 白玉雕童子乘槎纹牌 | 长6.7cm | 63,800 | 天津文物 | 2010.11.21 |
| 清 白玉雕松竹梅纹牌 | 高5.8cm | 63,800 | 天津文物 | 2010.5.24 |
| 清 白玉雕松下人物纹牌 | 长5.8cm | 63,800 | 天津文物 | 2010.11.21 |
| 清 黄玉人物诗文牌 | 高5.9cm | 61,600 | 中国嘉德 | 2010.12.18 |
| 清 白玉雕山水人物纹牌 | 高5.5cm | 60,500 | 天津文物 | 2010.5.24 |
| 清 白玉留皮雕福寿纹牌 | 长5.6cm | 59,400 | 天津文物 | 2010.11.21 |
| 清 白玉刻米颠拜石、羲之爱鹅牌 | 长5.8cm | 59,340 | 香港淳浩 | 2010.11.27 |
| 清 白玉童子洗象牌(一对) | 高5.5cm | 58,240 | 雍和嘉诚 | 2010.6.3 |
| 清 白玉雕溪山高隐纹牌 | 高6cm | 57,200 | 天津文物 | 2010.5.24 |
| 清 和田玉雕平安牌 | 长6cm | 56,000 | 老城隍庙 | 2010.11.6 |
| 清 白玉福临增寿牌 | 长5.3cm | 56,000 | 浙江钱塘 | 2010.7.3 |
| 清 白玉留皮雕吉祥如意纹牌 | 长6.4cm | 55,000 | 天津文物 | 2010.11.21 |
| 清 白玉竹林高士题诗牌 | 长6cm | 53,760 | 北京保利 | 2010.3.19 |
| 清 白玉松鹤长寿牌 | 高6.3cm | 53,760 | 雍和嘉诚 | 2010.6.3 |
| 清 白玉刻福在眼前牌 | 高5.2cm× | 53,760 | 十竹斋 | 2010.7.11 |
| 清 白玉刻渔樵耕读牌 | 高6cm | 50,400 | 十竹斋 | 2010.7.11 |
| 清 白玉花篮福寿牌 | 长6cm | 50,400 | 北京保利 | 2010.10.25 |
| 1996 刘忠荣 驾驭 白玉牌 | 长5.3cm | 336,000 | 西泠拍卖 | 2010.7.4 |
| 李东 竹品 白玉牌 | 高8.2cm | 201,600 | 中国嘉德 | 2010.5.17 |
| 李东 随缘 白玉牌 | 高6cm | 67,200 | 中国嘉德 | 2010.5.17 |
| 2009 李东 积健为雄 白玉 | 长7.8cm | 156,800 | 西泠拍卖 | 2010.7.4 |
| 黄玉牌(两件) | 长4.3cm | 64,960 | 中国嘉德 | 2010.12.18 |
| 和田籽玉 仕女牌 | 高7.1cm | 67,200 | 江苏嘉恒 | 2010.6.6 |
| 和田籽玉 龙牌 | 长8cm | 95,200 | 江苏嘉恒 | 2010.12.5 |
| 和田籽料 双马牌 |  | 72,800 | 江苏嘉恒 | 2010.12.5 |
| 和田籽料 观音牌 | 长6.8cm | 78,400 | 江苏嘉恒 | 2010.12.5 |
| 和田玉竹石硕果多子挂牌 | 高8.5cm | 168,000 | 老城隍庙 | 2010.11.6 |
| 和田玉镂雕松鹤纹挂牌 | 长7cm | 112,000 | 老城隍庙 | 2010.11.6 |
| 和田玉雕饕餮纹带皮乳钉挂牌 | 长9cm | 313,600 | 老城隍庙 | 2010.11.6 |
| 和田玉雕饕餮乳钉纹挂牌 | 长8cm | 154,560 | 老城隍庙 | 2010.11.6 |
| 和田玉雕凤凰花卉纹挂牌 | 长7cm | 156,800 | 老城隍庙 | 2010.11.6 |
| 2009 葛洪 龙翔凤翥 白玉牌 | 高66cm | 257,600 | 西泠拍卖 | 2010.7.4 |
| 2009 范同生 韦陀天 白玉牌 | 高88cm | 257,600 | 西泠拍卖 | 2010.7.4 |
| 2009 崔磊 天官带路 白玉牌 | 高80cm | 168,000 | 西泠拍卖 | 2010.7.4 |
| 2008 曹扬 王维诗意 白玉山水牌 | 高66cm | 672,000 | 西泠拍卖 | 2010.7.4 |
| 2008 曹扬 拜月图 白玉牌 | 高83cm | 896,000 | 西泠拍卖 | 2010.7.4 |
| 2005 曹扬 白玉观音牌 | 高6cm | 134,400 | 西泠拍卖 | 2010.7.4 |
| 2009 曹平 夜读图 白玉牌 | 高7cm | 224,000 | 西泠拍卖 | 2010.7.4 |
| 白玉籽料 大佛牌 |  | 190,400 | 江苏嘉恒 | 2010.12.5 |
| 白玉透雕双螭牌 | 高7.2cm | 56,000 | 中鸿信 | 2010.9.19 |
| 白玉巧色雕松风虎啸插牌 | 高17.5cm | 168,000 | 中鸿信 | 2010.3.28 |
| 2009 赵显志 溪山论道 白玉牌 | 高7.5cm | 336,000 | 西泠拍卖 | 2010.7.4 |
| 2009 赵显志 虎 白玉牌 | 高6.4cm | 201,600 | 西泠拍卖 | 2010.7.4 |

| 拍品名称 | 尺寸 | 成交价(RMB) | 拍卖公司 | 拍卖日期 |
|---|---|---|---|---|
| 赵显志 和田玉籽料雕四君子图玉牌(四件) |  | 425,600 | 广州嘉德 | 2010.6.16 |
| 2009 翟倚卫 云台清曲 白玉牌 | 高8.5cm | 403,200 | 西泠拍卖 | 2010.7.4 |
| 翟倚卫 好春 白玉牌 | 高8.8cm | 134,400 | 中国嘉德 | 2010.5.17 |
| 玉雕事事如意牌 | 高5.5cm | 89,600 | 中鼎国际 | 2010.11.18 |
| 佚名 鹅戏图白玉牌 | 长6.2cm | 58,240 | 西泠拍卖 | 2010.7.4 |
| 2009 杨曦 杨柳观音 白玉牌 | 长8.5cm | 672,000 | 西泠拍卖 | 2010.7.4 |
| 杨曦 龙凤献瑞 白玉情侣对牌 | 长5cm×2 | 448,000 | 西泠拍卖 | 2010.12.13 |
| 现代 和田籽料留皮观音牌 | 长12cm | 89,600 | 中拍国际 | 2010.11.27 |
| 现代 白玉雕老少乐挂牌 | 高7cm | 72,800 | 北京荣宝 | 2010.3.14 |
| 2008 唐伟琪 虚心劲节 白玉牌 | 长6.4cm | 168,000 | 西泠拍卖 | 2010.7.4 |
| 2008 孙永 白玉八瑞牌 | 长7.8cm | 168,000 | 西泠拍卖 | 2010.7.4 |
| 2007 苏然 醉兴山月 白玉山水诗文牌 | 长7.6cm | 470,400 | 西泠拍卖 | 2010.7.4 |
| 2009 苏然 唯吾知足 白玉牌 | 长7.8cm | 112,000 | 西泠拍卖 | 2010.7.4 |
| 2009 苏然 拈花一笑 白玉随形牌 | 长5.5cm | 78,400 | 西泠拍卖 | 2010.7.4 |
| 苏然 墨玉圭形对牌 | 高15cm | 56,000 | 中国嘉德 | 2010.5.17 |
| 2009 苏然 龙凤白玉对牌 | 长7.1cm | 358,400 | 西泠拍卖 | 2010.7.4 |
| 苏然 九思铭 白玉牌 | 长8.9cm | 392,000 | 中国嘉德 | 2010.5.17 |
| 2006 苏然 恒昌永寿套牌 | 长11.8cm | 1,344,000 | 西泠拍卖 | 2010.7.4 |
| 2002 刘忠荣 白玉观音牌 | 长5.2cm | 392,000 | 西泠拍卖 | 2010.12.13 |
| 2005 曹扬 华堂高会 白玉对牌 | 长6.1cm×2 | 1,344,000 | 西泠拍卖 | 2010.12.13 |
| 2005 刘忠荣 素魄娟娟 白玉牌 | 长6.2cmm | 392,000 | 西泠拍卖 | 2010.12.13 |
| 2007 曹扬 卢开飞 喜中三元 白玉牌 | 长7.4cm | 224,000 | 西泠拍卖 | 2010.12.13 |
| 2008 翟倚卫 西塘一隅 白玉牌 | 长8.8cm | 1,344,000 | 西泠拍卖 | 2010.12.13 |
| 2008 翟倚卫 香莲 白玉牌 | 长7.2cm | 246,400 | 西泠拍卖 | 2010.12.13 |
| 2009 葛洪 清露 白玉牌 | 长5.5cm | 336,000 | 西泠拍卖 | 2010.12.13 |
| 2009 李东 鬼斧神工 白玉牌 | 长8cm | 504,000 | 西泠拍卖 | 2010.12.13 |
| 2009 苏然 白玉无事牌 | 长7.9cm | 190,400 | 西泠拍卖 | 2010.12.13 |
| 2009 苏然 九思铭 白玉牌 | 长11.3cm | 470,400 | 西泠拍卖 | 2010.12.13 |
| 2009 唐玮琪 富贵长寿 白玉牌 | 长8.4cm | 134,400 | 西泠拍卖 | 2010.12.13 |
| 2009 颜桂明 黄玉观音牌 | 高56mm | 179,200 | 西泠拍卖 | 2010.12.13 |
| 2009 杨曦 观音牌 | 长6cm | 212,800 | 西泠拍卖 | 2010.12.13 |
| 2009 杨曦 天心月圆 白玉牌 | 长5.3cm | 72,800 | 西泠拍卖 | 2010.12.13 |
| 2010 葛洪 龙威 白玉牌 | 长6.5cm | 1,075,200 | 西泠拍卖 | 2010.12.13 |
| 2010 苏然 天香 白玉牌 | 长7.2cm | 336,000 | 西泠拍卖 | 2010.12.13 |
| 2010 苏然 自见不明 白玉牌 | 长9cm | 72,800 | 西泠拍卖 | 2010.12.13 |
| 2010 唐伟琪 远香 白玉牌 | 长5.2cm | 84,000 | 西泠拍卖 | 2010.12.13 |
| 2010 易少勇 游刃有余 白玉牌 | 长4.5cm | 134,400 | 西泠拍卖 | 2010.12.13 |
| 佩玩人物件 |  |  |  |  |
| 良渚文化 神人面玉坠 | 长6.5cm | 313,600 | 北京中嘉 | 2010.5.9 |
| 良渚文化 神人兽面纹珮 | 高4.1cm | 145,600 | 中拍国际 | 2010.6.19 |
| 商晚期 青白玉大跪人(一对) | 高12.7cm | 4,480,000 | 北京中嘉 | 2010.5.9 |
| 商 青玉人 | 长9.2cm | 91,840 | 中拍国际 | 2010.11.27 |
| 商 鸡骨白玉跪人 | 高5.9cm | 72,800 | 北京中嘉 | 2010.5.9 |
| 战国 玉透雕舞人 | 高5.3cm | 67,200 | 北京翰海 | 2010.12.12 |

**2010玉器拍卖成交汇总**

**(成交价RMB：5万元以上)**

| 拍品名称 | 尺寸 | 成交价(RMB) | 拍卖公司 | 拍卖日期 |
|---|---|---|---|---|
| 西汉 和田白玉雕带芯人面纹配饰 | 长11.2cm | 134,400 | 老城隍庙 | 2010.11.6 |
| 汉 青玉文人俑 | 高8.6cm | 89,600 | 北京中嘉 | 2010.5.9 |
| 汉 青玉童子坠 | 高7.5cm | 76,160 | 北京中嘉 | 2010.5.9 |
| 汉 青玉童子坠 | 高7cm | 72,800 | 北京中嘉 | 2010.5.9 |
| 汉 青玉人面珮 | 长5cm | 67,200 | 北京中嘉 | 2010.5.9 |
| 汉 青玉跪人坠 | 高4.7cm | 80,000 | 北京中嘉 | 2010.5.9 |
| 汉 青玉观音坠(一对) | 高6.9cm | 179,200 | 北京中嘉 | 2010.5.9 |
| 汉 青白玉弓形人 | 长5.7cm | 61,600 | 北京中嘉 | 2010.5.9 |
| 汉 灰白玉人 | 高7cm | 56,000 | 北京中嘉 | 2010.5.9 |
| 汉 白玉翁仲 | 高5cm | 100,800 | 北京匡时 | 2010.6.6 |
| 汉 白玉人物挂件 | 高4cm | 107,520 | 雍和嘉诚 | 2010.6.3 |
| 汉 白玉沁色玉人 | 高10.7cm | 231,000 | 天津文物 | 2010.5.24 |
| 唐 白玉供养人珮 | 高8.1cm | 106,400 | 中拍国际 | 2010.6.19 |
| 五代 白玉圆雕供养人 | 高6.6cm | 84,000 | 中拍国际 | 2010.6.19 |
| 五代 白玉飞天 | 长7cm | 168,000 | 北京保利 | 2010.12.6 |
| 宋 白玉莲鹿童子 | 长4.1cm | 385,000 | 香港苏富比 | 2010.4.8 |
| 宋 青玉无量寿佛 | 高11.5cm | 179,200 | 长风拍卖 | 2010.6.22 |
| 宋 白玉连喜童子珮 | 长6.3cm | 76,160 | 中拍国际 | 2010.11.27 |
| 宋 白玉持荷童子 | 高6cm | 84,000 | 北京匡时 | 2010.6.6 |
| 元 白玉米翁拜石摆件 | 高7.5cm | 95,200 | 北京歌德 | 2010.11.19 |
| 元 白玉持莲童子 | 高6.1cm | 264,000 | 香港苏富比 | 2010.4.8 |
| 明嘉靖 白玉小随身佛(两件) | 长3.5cm | 336,000 | 北京保利 | 2010.12.5 |
| 明初 白玉释迦牟尼佛立像 | 高19.5cm | 313,600 | 北京匡时 | 2010.12.4 |
| 明 玉沁色雕踏雪寻梅摆件 | 长11cm | 165,000 | 天津文物 | 2010.5.24 |
| 明 玉雕刘海头像 | 高29cm | 67,200 | 北京保利 | 2010.10.25 |
| 明 玉雕淨水观音坐像 | 高10.5cm | 168,000 | 中国嘉德 | 2010.11.22 |
| 明 巧色玉卧骆驼 | 高6.4cm | 77,000 | 香港苏富比 | 2010.4.8 |
| 明 黑白玉刘海 | 高6.4cm | 78,400 | 北京翰海 | 2010.6.6 |
| 明 和田玉观音像套件 | 高17.5cm | 11,088,000 | 老城隍庙 | 2010.11.6 |
| 明 白玉圆雕八仙摆件 | 大小不一 | 179,200 | 中拍国际 | 2010.6.19 |
| 明 白玉小观音 | 长5.4cm | 74175 | 香港淳浩 | 2010.11.27 |
| 明 白玉童子 | 长5.1cm | 67,200 | 北京翰海 | 2010.6.6 |
| 明 白玉瑞草童子 | 高6.2cm | 352,000 | 香港苏富比 | 2010.4.8 |
| 明 白玉沁色雕观音像 | 高13.5cm | 93,500 | 天津文物 | 2010.5.24 |
| 明 白玉留皮胡人戏狮 | 长7.8cm | 1,456,000 | 北京保利 | 2010.6.4 |
| 明 白玉教子升天珮 | 高5.5cm | 246,400 | 北京翰海 | 2010.12.12 |
| 明 白玉胡人献宝 | 高4.2cm | 436,800 | 北京翰海 | 2010.6.6 |
| 明 白玉和合二仙 | 高7.8cm | 56,000 | 中拍国际 | 2010.6.19 |
| 清初 青白玉仕女立像 | 高19cm | 134,400 | 上海新华 | 2010.9.5 |
| 清早期 白玉太白醉酒 | 长9cm | 392,000 | 北京保利 | 2010.6.5 |
| 清早期 白玉雕持莲童子珮 | 宽5.6cm | 95,200 | 北京诚轩 | 2010.5.17 |
| 清早期 白玉雕李白醉酒珮 | 4cm×2.4cm | 89,600 | 北京歌德 | 2010.6.19 |
| 清康熙 青白玉刘海戏蟾摆件 | 高7.6cm | 71,338 | 香港佳士得 | 2010.5.31 |
| 清中期 山水人物故事青金石摆件 | 长25cm | 100,800 | 四川嘉禾 | 2010.7.25 |
| 清中期 青玉胡人祥瑞摆件 | 高10.3cm | 672,000 | 北京翰海 | 2010.12.12 |
| 清中期 巧色玛瑙童子持梅珮 | 高5.5cm | 58,240 | 北京匡时 | 2010.12.4 |
| 清中期 黄玉仕女 | 高9.5cm | 380,800 | 北京翰海 | 2010.12.12 |
| 清中期 黄玉俏色雕三友图珮 | 高5.9cm | 128,800 | 北京诚轩 | 2010.11.22 |
| 清中期 黑白玉童子戏兽 | 长3.5cm | 103,040 | 北京翰海 | 2010.6.6 |
| 清中期 黑白玉欢喜童子 | 长4cm | 106,400 | 北京匡时 | 2010.6.6 |
| 清中期 白玉仙女乘槎诗文珮 | 高6.8cm | 649,600 | 北京翰海 | 2010.12.12 |
| 清中期 白玉五子闹学(六件) | 尺寸不一 | 168,000 | 北京翰海 | 2010.12.12 |
| 清中期 白玉无双谱诗文珮 | 高5.9cm | 291,200 | 北京翰海 | 2010.12.12 |
| 清中期 白玉童子献寿坠 | 长2.7cm | 64,960 | 北京翰海 | 2010.12.12 |
| 清中期 白玉童子献寿坠 | 高5cm | 51,520 | 北京翰海 | 2010.12.12 |
| 清中期 白玉童子献寿珮 | 高5.8cm | 694,400 | 北京翰海 | 2010.6.6 |
| 清中期 白玉童子击鼓 | 高4.7cm | 80,640 | 北京翰海 | 2010.12.12 |
| 清中期 白玉童子福寿带饰 | 高8.4cm | 64,960 | 北京翰海 | 2010.12.12 |
| 清中期 白玉童子(四件) | 尺寸不一 | 190,400 | 北京翰海 | 2010.12.12 |
| 清中期 白玉陶渊明赏菊珮 | 高5cm | 504,000 | 北京翰海 | 2010.12.12 |
| 清中期 白玉岁寒三友人物珮 | 高6.2cm | 123,200 | 北京翰海 | 2010.6.6 |
| 清中期 白玉松下人物诗文珮 | 高6.1cm | 56,000 | 北京翰海 | 2010.6.6 |
| 清中期 白玉释迦牟尼像 | 高20cm | 2,352,000 | 北京翰海 | 2010.6.6 |
| 清中期 白玉仕女诗文珮 | 高5.8cm | 112,000 | 北京歌德 | 2010.6.19 |
| 清中期 白玉如意童子 | 长4.6cm | 58,240 | 北京翰海 | 2010.12.12 |
| 清中期 白玉人物诗文珮 | 高4.7cm | 784,000 | 北京翰海 | 2010.6.6 |
| 清中期 白玉人物诗文珮 | 高5.2cm | 67,200 | 北京翰海 | 2010.6.7 |
| 清中期 白玉巧色雕童子瑞兽珮 | 长4.3cm | 89,600 | 北京中汉 | 2010.11.22 |
| 清中期 白玉麻姑献寿珮 | 高6cm | 896,000 | 北京翰海 | 2010.12.11 |
| 清中期 白玉留皮琴棋书画珮 | 长7cm | 280,000 | 北京保利 | 2010.12.6 |
| 清中期 白玉留皮持寿桃童子 | 高11cm | 280,000 | 中国嘉德 | 2010.5.16 |
| 清中期 白玉留皮持莲童子 | 长8.8cm | 112,000 | 中国嘉德 | 2010.11.22 |
| 清中期 白玉刘海戏金蟾珮 | 高6.1cm | 53,760 | 北京翰海 | 2010.12.12 |
| 清中期 白玉刘海戏金蟾葫芦坠 | 高5.2cm | 95,200 | 北京翰海 | 2010.12.12 |
| 清中期 白玉和合二仙 | 长12.5cm | 67,200 | 北京保利 | 2010.6.5 |
| 清中期 白玉高士珮 | 高6cm | 112,000 | 北京歌德 | 2010.6.19 |
| 清中期 白玉雕三老太极图瓦子 | 宽13.8cm | 56,000 | 中国嘉德 | 2010.11.22 |
| 清中期 白玉雕麻姑献寿摆件 | 高15cm | 190,400 | 长风拍卖 | 2010.6.22 |
| 清中期 白玉雕麻姑献寿 | 高18cm | 201,600 | 广州嘉德 | 2010.12.8 |
| 清中期 白玉雕麻姑献寿 | 高14cm | 156,800 | 北京歌德 | 2010.11.19 |
| 清中期 白玉雕和合二仙摆件 | 长8.3cm | 358,400 | 北京匡时 | 2010.12.4 |
| 清中期 白玉持荷童子双喜珮 | 高5.7cm | 89,600 | 北京翰海 | 2010.12.12 |
| 清中期 白玉采药诗文珮 | 高5.4cm | 179,200 | 北京翰海 | 2010.6.6 |
| 清晚期 白玉白衣大士 | 高25.5cm | 425,600 | 北京保利 | 2010.12.6 |
| 清乾隆 碧玉雕山石龛无量寿佛坐像 | 高29cm | 14,560,000 | 北京保利 | 2010.12.5 |
| 清乾隆 铜鎏金背光白玉立佛像 | 高38cm | 6,160,000 | 中国嘉德 | 2010.11.20 |
| 清乾隆 白玉雕卧牛童子 | 长12.7cm | 2,124,760 | 香港佳士得 | 2010.5.31 |
| 清乾隆 碧玉佛坐像 | 高30.5cm | 1,914,040 | 香港佳士得 | 2010.5.31 |
| 清乾隆 白玉万民庆寿珮 | 高7cm | 1,232,000 | 北京翰海 | 2010.12.11 |
| 清乾隆 白玉苏作留皮高士人物珮 | 长6.3cm | 896,000 | 北京保利 | 2010.6.4 |
| 清乾隆 白玉洗桐珮 | 高6cm | 560,000 | 北京歌德 | 2010.6.19 |
| 清乾隆 白玉如意童子摆件 | 长9cm | 560,000 | 北京保利 | 2010.12.5 |
| 清乾隆 白玉圆雕胡人洗狮摆件 | 长9cm | 392,000 | 北京匡时 | 2010.12.4 |
| 清乾隆 玉雕松石人物摆件 | 25cm×20cm | 190,400 | 北京歌德 | 2010.11.19 |
| 清乾隆 白玉纨扇题诗珮 | 长7.5cm | 168,000 | 北京保利 | 2010.6.5 |
| 清乾隆 白玉天禄人物 | 高6cm | 123,200 | 中国嘉德 | 2010.5.16 |
| 清乾隆 白玉人物 | 高7.5cm | 106,400 | 西泠拍卖 | 2010.7.6 |
| 清乾隆 白玉雕“刘海戏蟾”挂件 | 高6.7cm | 89,600 | 北京荣宝 | 2010.11.14 |
| 清18世纪 白玉灵鹿童子 | 宽6.1cm | 129,000 | 香港佳士得 | 2010.12.1 |
| 清18世纪 白玉“泛舟祝寿童子” | 高10.5cm | 286,000 | 香港苏富比 | 2010.4.8 |

| 拍品名称 | 尺寸 | 成交价(RMB) | 拍卖公司 | 拍卖日期 |
|---|---|---|---|---|
| 清 和田玉雕背光观音坐像 | 高16.8cm | 10,528,000 | 老城隍庙 | 2010.11.6 |
| 清 和田玉雕双寿抚琴山水摆件 | 18.8cm ×27cm | 8,064,000 | 老城隍庙 | 2010.11.6 |
| 清 和田玉雕山水人物摆件 | 18.6cm ×10cm | 4,256,000 | 老城隍庙 | 2010.11.6 |
| 清 五叟雅聚 | 长10cm | 2,912,000 | 北京保利 | 2010.6.4 |
| 清 送子观音 | 长11cm | 2,072,000 | 北京保利 | 2010.6.4 |
| 清 白玉童子洗象山子 | 高17.3cm | 1,680,000 | 北京翰海 | 2010.6.6 |
| 清 白玉雕班婕妤像 | 高15cm | 1,456,000 | 浙江钱塘 | 2010.7.3 |
| 清 和田玉雕观音菩萨坐像 | 高23.8cm | 1,366,400 | 老城隍庙 | 2010.11.6 |
| 清 白玉童子献宝珮 | 高7cm | 1,344,000 | 北京翰海 | 2010.12.12 |
| 清 白玉"击鼓童子" | 高5.5cm | 809,600 | 香港苏富比 | 2010.4.8 |
| 清 白玉童子击鼓珮 | 高4.7cm | 425,600 | 中国嘉德 | 2010.11.22 |
| 清 红珊瑚雕歌舞昇平摆件 | 31cm×26cm | 392,000 | 广州嘉德 | 2010.12.8 |
| 清 白玉太师少师 | 长5.4cm | 358,400 | 中拍国际 | 2010.11.27 |
| 清 白玉雕婴戏珮 | 高6cm | 352,000 | 天津文物 | 2010.5.24 |
| 清 玉雕持花仕女立像 | 高24.4cm | 336,000 | 北京歌德 | 2010.6.19 |
| 清 珊瑚麻姑献寿人物摆件 | 高24.5cm | 336,000 | 北京保利 | 2010.12.6 |
| 清 白玉"老背少" | 高6.5cm | 330,000 | 香港苏富比 | 2010.4.8 |
| 清 珊瑚雕麻姑献寿 | 高22cm | 291,200 | 北京保利 | 2010.6.5 |
| 清 珊瑚观音 | 高26cm | 286,000 | 天津文物 | 2010.5.24 |
| 清 刻苏武牧羊白玉摆件 | 高11.7cm | 283,800 | 香港淳浩 | 2010.11.27 |
| 清 玉雕合和二仙 | 长11cm | 280,000 | 中贸圣佳 | 2010.7.17 |
| 清 持瓶观音 | 高6.5cm | 280,000 | 北京保利 | 2010.6.4 |
| 清 白玉洒金人物诗文珮 | 高5.1cm | 280,000 | 北京翰海 | 2010.6.7 |
| 清 白玉雕渔家乐船式摆件 | 长16cm | 280,000 | 北京荣宝 | 2010.11.14 |
| 清 青白玉净瓶观音降龙立像 | 高26cm | 224,000 | 北京保利 | 2010.6.5 |
| 清 青金石穿珠嵌宝石佛像 | 高41.5cm | 190,400 | 北京保利 | 2010.12.6 |
| 清 珊瑚雕仙人驾凤像 | 宽29.5cm | 179,200 | 中国嘉德 | 2010.11.22 |
| 清 珊瑚雕观音立像 | 高19cm | 179,200 | 北京保利 | 2010.6.5 |
| 清 白玉留皮雕人物祝寿纹摆件 | 长14cm | 176,000 | 天津文物 | 2010.5.24 |
| 清 青金石药师佛 | 高16.2cm | 168,000 | 北京翰海 | 2010.6.7 |
| 清 红珊瑚雕童子拜观音摆件 | 高26cm | 168,000 | 北京纳高 | 2010.7.15 |
| 清 白玉持法轮观音 | 高14.5cm | 168,000 | 浙江钱塘 | 2010.7.3 |
| 清 珊瑚雕人物 | 高27cm | 156,800 | 中国嘉德 | 2010.11.22 |
| 清 白玉高士童子摆件 | 高8.5cm | 145,600 | 北京保利 | 2010.12.6 |
| 清 珊瑚人物摆件 | 高17.3cm | 134,400 | 北京翰海 | 2010.12.12 |
| 清 和田玉雕如来佛坐像 | 高15cm | 134,400 | 老城隍庙 | 2010.11.6 |
| 清 白玉童子(四件) | 尺寸不一 | 134,400 | 中国嘉德 | 2010.12.18 |
| 清 白玉麻姑献寿摆件 | 高15cm | 134,400 | 北京保利 | 2010.6.5 |
| 清 和田籽玉 雄关北望 | 长10.8cm | 123,200 | 江苏嘉恒 | 2010.6.6 |
| 清 白玉人物像 | 高5cm | 123,200 | 中国嘉德 | 2010.9.18 |
| 清 玉嵌铜掐丝珐琅菩萨像 | 高21cm | 112,000 | 北京纳高 | 2010.7.15 |
| 清 珊瑚雕仙人乘槎像 | 宽23cm | 112,000 | 中国嘉德 | 2010.11.22 |
| 清 珊瑚雕观音像 | 高24cm | 112,000 | 中国嘉德 | 2010.11.22 |
| 清 白玉哪吒闹海珮 | 高5.6cm | 112,000 | 中拍国际 | 2010.6.19 |
| 清 白玉雕童子献寿人物摆件 | 长10.4cm | 110,000 | 天津文物 | 2010.5.24 |
| 清 白玉和合二仙摆件 | 长10.3cm | 100,800 | 中国嘉德 | 2010.12.18 |
| 清 珊瑚雕麻姑献寿摆件 | 高9.5cm | 89,600 | 北京翰海 | 2010.6.7 |
| 清 青白玉留皮雕寿星摆件 | 高13.5cm | 89,600 | 北京荣宝 | 2010.3.14 |
| 清 黄玉高士像 | 高9cm | 89,600 | 中国嘉德 | 2010.6.19 |
| 清 白玉双童吉祥珮 | 高5.6cm | 89,600 | 北京翰海 | 2010.6.6 |
| 清 白玉人物诗文珮 | 高5.5cm | 89,600 | 北京翰海 | 2010.6.6 |
| 清 白玉东方朔像 | 高14cm | 89,600 | 北京保利 | 2010.10.25 |
| 清 白玉雕童子洗象 | 长15cm | 84,000 | 北京纳高 | 2010.7.15 |
| 清 青玉观音坐像 | 高14.4cm | 78,400 | 北京保利 | 2010.12.6 |
| 清 和田玉巧雕竹林观音像 | 高31cm | 78,400 | 北京保利 | 2010.6.5 |
| 清 白玉仙翁寿禄摆件 | 高7.3cm | 78,400 | 中国嘉德 | 2010.12.18 |

| 拍品名称 | 尺寸 | 成交价(RMB) | 拍卖公司 | 拍卖日期 |
|---|---|---|---|---|
| 清 白玉透雕和合二仙珮 | 高8.4cm | 77,000 | 天津文物 | 2010.5.24 |
| 清 白玉雕苍龙教子纹珮 | 长9.2cm | 77,000 | 天津文物 | 2010.11.21 |
| 清 青白玉雕菩萨像 | 高22.5cm | 72,800 | 雍和嘉诚 | 2010.6.3 |
| 清 白玉罗汉诗文珮 | 高5.1cm | 72,800 | 北京翰海 | 2010.12.12 |
| 清 白玉人物摆件 | 长19.7cm | 69,440 | 中国嘉德 | 2010.9.18 |
| 清 珊瑚寿星 | 高14.5cm | 67,200 | 北京翰海 | 2010.12.12 |
| 清 和田玉雕观音荷花座宝像 | 高19cm | 67,200 | 老城隍庙 | 2010.11.6 |
| 清 玉高浮雕布袋和尚手把件 | 长6.5cm | 64,960 | 老城隍庙 | 2010.11.6 |
| 清 珊瑚仕女童子像 | 高19.5cm | 61,600 | 中国嘉德 | 2010.11.22 |
| 清 红珊瑚雕花神像 | 高19.5cm | 61,600 | 北京保利 | 2010.6.5 |
| 清 碧玉雕如意观音像 | 高23cm | 61,600 | 北京纳高 | 2010.7.15 |
| 清 白玉刘海戏金蟾 | 长4.5cm | 61,600 | 浙江钱塘 | 2010.7.3 |
| 清 白玉风云际会珮 | 高7.3cm | 61,600 | 北京翰海 | 2010.6.6 |
| 清 青白玉人物、凤纹坠各一件 | 尺寸不一 | 58,240 | 中国嘉德 | 2010.9.18 |
| 清 白玉雕麻姑献寿 | 高9.2cm | 58,240 | 中国嘉德 | 2010.11.20 |
| 清 玉自在观音 | 长16.6cm | 56,000 | 老城隍庙 | 2010.11.6 |
| 清 红珊瑚雕韩湘子 | 高22cm | 56,000 | 广州嘉德 | 2010.12.8 |
| 清 白玉婴戏珮 | 长10cm | 56,000 | 中国嘉德 | 2010.11.20 |
| 清 白玉太白醉卧摆件 | 长10cm | 56,000 | 上海国拍 | 2010.6.26 |
| 清 白玉雕和合二仙 | 高12.8cm | 56,000 | 中国嘉德 | 2010.11.22 |
| 清 白玉芭蕉美人 | 长7.5cm | 56,000 | 北京保利 | 2010.6.5 |
| 清 黑白玉巧雕渔翁摆件 | 高16.2cm | 53,760 | 中国嘉德 | 2010.11.22 |
| 清 白玉三娘教子珮 | 高6.3cm | 53,760 | 北京翰海 | 2010.12.12 |
| 清 白玉人物诗文珮 | 高6.9cm | 53,760 | 北京翰海 | 2010.6.6 |
| 清 青白玉仕女童子摆件 | 高7.8cm | 50,400 | 中国嘉德 | 2010.3.20 |
| 清 蜜蜡雕东方朔偷桃摆件 | 高10cm | 50,400 | 上海大众 | 2010.1.3 |
| 清 金珀胡人摆件 | 高8.5cm | 50,400 | 广州嘉德 | 2010.6.16 |
| 清 琥珀财神 | 长5.5cm | 50,400 | 北京翰海 | 2010.12.12 |
| 清 白玉雕栽来花甲纹珮 | 高5.5cm | 52,800 | 天津文物 | 2010.11.21 |
| 民国 珊瑚麻姑献寿摆件 | 高20cm | 179,200 | 北京保利 | 2010.8.1 |
| 民国 珊瑚二郎神哪吒摆件 | 高28.3cm | 190,400 | 中国嘉德 | 2010.5.16 |
| 民国 珊瑚雕八仙人物摆件 | 高27cm | 67,200 | 北京永乐 | 2010.5.18 |
| 民国 碧玉雕观音 | 34.5cm | 88,000 | 天津文物 | 2010.11.21 |
| "敲冰煮茗"和田玉雕 | 长20cm | 560,000 | 厦门伯瀚 | 2010.5.9 |
| 17世纪 青玉罗汉立像 | 高7.5cm | 53,760 | 上海嘉泰 | 2010.9.27 |
| 18学士 | 长18cm | 4,928,000 | 北京保利 | 2010.6.4 |
| 1996 刘忠荣 兄弟 白玉挂件 | 5.4cm×3.8cm | 246,400 | 西泠拍卖 | 2010.12.13 |
| 1999 刘忠荣 悠憩 白玉摆件 | 9cm×4.5cm | 134,400 | 西泠拍卖 | 2010.12.13 |
| 19世纪 白玉雕水月观音坐像 | 高16.6cm | 224,000 | 北京中汉 | 2010.5.18 |
| 19世纪 珊瑚仕女摆件 | 高45.5cm | 123,200 | 北京保利 | 2010.12.6 |
| 2005 倪伟滨 持莲童子 白玉把件 | 7.3cm×4.2cm | 89,600 | 西泠拍卖 | 2010.12.13 |
| 2005 倪伟滨 乐享天伦 白玉把件 | 7.6cm×3.7cm | 89,600 | 西泠拍卖 | 2010.12.13 |
| 2005 于雪涛 福寿万代 白玉摆件 | 尺寸不一 | 672,000 | 西泠拍卖 | 2010.12.13 |
| 2006 卢开飞 观音 白玉摆件 | 4.9cm×4.4cm | 201,600 | 西泠拍卖 | 2010.12.13 |
| 2006 倪伟滨 刘海戏金蟾 白玉挂件 | 7.1cm×3.6cm | 89,600 | 西泠拍卖 | 2010.12.13 |
| 2006 吴德升 相拥 白玉挂件 | 长7.3cm | 112,000 | 西泠拍卖 | 2010.12.13 |
| 2006 张红军 麻姑献寿 白玉摆件 | 11cm×3cm | 246,400 | 西泠拍卖 | 2010.12.13 |
| 2007 黄罕勇 开天辟地 白玉把件 | 9cm×5cm | 616,000 | 西泠拍卖 | 2010.12.13 |
| 2008 曹伟 达摩 白玉挂件 | 长3.6cm | 78,400 | 西泠拍卖 | 2010.12.13 |
| 2008 吴德升 江山美人 摆件 | 17.5cm×5cm | 1,400,000 | 西泠拍卖 | 2010.12.13 |
| 2008 吴德升 罗汉 白玉摆件 | 14cm×7cm | 560,000 | 西泠拍卖 | 2010.12.13 |

**2010玉器拍卖成交汇总**

**(成交价RMB：5万元以上)**

| 拍品名称 | 尺寸 | 成交价(RMB) | 拍卖公司 | 拍卖日期 |
|---|---|---|---|---|
| 2009 段炳全 弥勒 白玉挂件 | 长5.5cm | 78,400 | 西泠拍卖 | 2010.12.13 |
| 2009 樊军民 悟道 白玉摆件 | 14cm×8cm | 313,600 | 西泠拍卖 | 2010.12.13 |
| 2009 侯晓锋 弥勒 白玉挂件 | 6.2cm×4.3cm | 414,400 | 西泠拍卖 | 2010.12.13 |
| 2009 蒋宏利 福寿同乐 白玉摆件 | 11.3cm×7.4cm | 280,000 | 西泠拍卖 | 2010.12.13 |
| 2009 汪洋 刘海戏金蟾 | 11cm×5.8cm | 145,600 | 西泠拍卖 | 2010.12.13 |
| 2009 吴德升恋 白玉把件 | 62cm×30cm | 112,000 | 西泠拍卖 | 2010.12.13 |
| 2009 徐志浩 贵妃醉酒 白玉摆件 | 14cm×7.5cm | 1,792,000 | 西泠拍卖 | 2010.12.13 |
| 2009 徐志浩 刘海戏金蟾 白玉把件 | 10cm×4.5cm | 123,200 | 西泠拍卖 | 2010.12.13 |
| 2009 殷建国 富贵在身 白玉把件 | 长7cm；长6cm | 201,600 | 西泠拍卖 | 2010.12.13 |
| 2009 于雪涛 财神 白玉把件 | 6.3cm×4cm | 392,000 | 西泠拍卖 | 2010.12.13 |
| 2009 赵显志 观音 白玉挂件 | 6.2cm×3.4cm | 78,400 | 西泠拍卖 | 2010.12.13 |
| 2010 樊军民 大黑天 白玉把件 | 长6.5cm | 537,600 | 西泠拍卖 | 2010.12.13 |
| 2010 洪新华 财神 把件 | 5.5cm×4cm | 336,000 | 西泠拍卖 | 2010.12.13 |
| 2010 洪新华 笑口常开 白玉把件 | 长8cm | 67,200 | 西泠拍卖 | 2010.12.13 |
| 2010 王平 财神 白玉把件 | 8.4cm×2.4cm | 246,400 | 西泠拍卖 | 2010.12.13 |
| 2010 王平 钟馗 白玉把件 | 9.6cm×5.5cm | 313,600 | 西泠拍卖 | 2010.12.13 |
| 2010 仵应汶 武财神 水晶摆件 | 带座高66cm | 358,400 | 西泠拍卖 | 2010.12.13 |
| 2010 于雪涛 有缘人 白玉挂件 | 长2cm | 106,400 | 西泠拍卖 | 2010.12.13 |
| 白玉雕观音坐像 | 高22.5cm | 145,600 | 老城隍庙 | 2010.11.6 |
| 白玉观音坐像 | 高27.8cm | 235,200 | 深圳市拍 | 2010.6.12 |
| 白玉山籽 观音 | 16cm×12cm | 616,000 | 江苏嘉恒 | 2010.12.5 |
| 白玉四孝图摆件 | 26.6cm×8.7cm | 145,600 | 老城隍庙 | 2010.11.6 |
| 白玉童子洗象摆件 | 长10.5cm | 50,400 | 中国嘉德 | 2010.9.18 |
| 白玉镶金观音像 | 高20.3cm | 168,000 | 中国嘉德 | 2010.6.19 |
| 白玉籽 长眉罗汉 | 5cm×13cm | 649,600 | 江苏嘉恒 | 2010.12.5 |
| 白玉籽 长眉罗汉 | 8cm×5cm | 392,000 | 江苏嘉恒 | 2010.12.5 |
| 白玉籽 二乔 | 4.5cm×8cm | 91,840 | 江苏嘉恒 | 2010.12.5 |
| 白玉籽 福气 | 4cm×9cm | 224,000 | 江苏嘉恒 | 2010.12.5 |
| 白玉籽 关公 | 4.5cm×8cm | 98,560 | 江苏嘉恒 | 2010.12.5 |
| 白玉籽 济公三宝 | 11.5cm×6.5cm | 112,000 | 江苏嘉恒 | 2010.12.5 |
| 白玉籽 莲花观音 | 18cm×6cm | 392,000 | 江苏嘉恒 | 2010.12.5 |
| 2009财神 白玉把件 | 长7.2cm | 89,600 | 西泠拍卖 | 2010.7.4 |
| 财神 白玉挂件 | 长7.3cm | 78,400 | 西泠拍卖 | 2010.7.4 |
| 陈可应 罗汉 | 长4.5cm | 448,000 | 北京保利 | 2010.6.4 |
| 陈可应 罗汉 | 长4.5cm | 358,400 | 北京保利 | 2010.6.4 |
| 陈文和 皆大欢喜 | 长7cm | 806,400 | 北京保利 | 2010.6.4 |
| 2008 崔磊 沉思罗汉 白玉把件 | 长8.8cm | 246,400 | 西泠拍卖 | 2010.7.4 |
| 2009 崔磊 升迁 白玉摆件 | 长8cm | 840,000 | 西泠拍卖 | 2010.7.4 |
| 2009 崔磊 钟馗 白玉挂件 | 长4.5cm | 84,000 | 西泠拍卖 | 2010.7.4 |
| 对弈图 | 长9.5cm | 2,576,000 | 北京保利 | 2010.6.4 |
| 2009 樊军民 女娲补天 白玉摆件 | 高15cm | 392,000 | 西泠拍卖 | 2010.7.4 |
| 奋武知文 白玉挂件 | 高8.6cm | 72,800 | 西泠拍卖 | 2010.7.4 |
| 伏狮罗汉 | 高8cm | 2,072,000 | 北京保利 | 2010.6.4 |
| 郭紫阳 人勤春早来 | 高10.5cm | 1,400,000 | 北京保利 | 2010.6.4 |
| 和田白玉雕财神玩件(籽料) | 高5.7cm | 134,400 | 广州嘉德 | 2010.6.16 |
| 和田籽料 保平观音 | 8.0cm×4.2cm | 84,000 | 江苏嘉恒 | 2010.12.5 |
| 和田籽玉 长寿图 | 高33cm | 5,152,000 | 江苏嘉恒 | 2010.6.6 |
| 和田籽玉 观音 | 高10.5cm | 336,000 | 江苏嘉恒 | 2010.6.6 |
| 和田籽玉 和合二仙 | 高7.8cm | 168,000 | 江苏嘉恒 | 2010.6.6 |
| 和田籽玉 和合二仙 | 6.6cm×5.8cm | 84,000 | 江苏嘉恒 | 2010.12.5 |
| 和田籽玉 和合童子 | 高5.2cm | 89,600 | 江苏嘉恒 | 2010.6.6 |

| 拍品名称 | 尺寸 | 成交价(RMB) | 拍卖公司 | 拍卖日期 |
|---|---|---|---|---|
| 和田籽玉 弥勒佛 | 长5.5cm | 69,440 | 江苏嘉恒 | 2010.12.5 |
| 和田籽玉 一鸣惊人 | 高4.7cm | 67,200 | 江苏嘉恒 | 2010.6.6 |
| 和田籽玉 钟馗嫁妹 | 高9.8cm | 98,560 | 江苏嘉恒 | 2010.6.6 |
| 红珊瑚雕仕女立像 | 高17cm | 61,600 | 北京保利 | 2010.8.1 |
| 黄白荔枝寿星摆件 | 高8cm | 72,800 | 北京保利 | 2010.12.5 |
| 黄玉才子佳人图珮 | 长6cm | 450,640 | 香港佳士得 | 2010.12.1 |
| 黄玉雕思维菩萨像 | 高19.8cm | 224,000 | 中鸿信 | 2010.3.28 |
| 2009蒋喜 翁仲 白玉挂件 | 高5cm | 336,000 | 西泠拍卖 | 2010.7.4 |
| 2009 蒋喜 一鸣惊人 白玉挂件 | 高6.1cm | 560,000 | 西泠拍卖 | 2010.7.4 |
| 近现代 白玉雕太白醉酒摆件 | 高11cm | 168,000 | 中贸圣佳 | 2010.7.17 |
| 坑头晶雕童子观音 | 高10.5cm | 50,400 | 上海大众 | 2010.1.3 |
| 栗壳黄薄意雕溪山观瀑摆件 | | 224,000 | 中翰清花 | 2010.12.12 |
| 刘忠荣 莲花观音 白玉挂件 | 长6.8cm | 78,400 | 西泠拍卖 | 2010.7.4 |
| 罗汉 | 长6.5cm | 1,344,000 | 北京保利 | 2010.6.4 |
| 倪伟滨 招财纳福 白玉把件 | 高5.6cm | 84,000 | 西泠拍卖 | 2010.7.4 |
| 青花籽 秋江待渡图 | 14.5cm×20cm | 649,600 | 江苏嘉恒 | 2010.12.5 |
| 珊瑚雕采菊仕女 | 高20cm | 78,400 | 北京保利 | 2010.10.24 |
| 珊瑚雕仕女摆件 | 高19cm | 84,000 | 北京荣宝 | 2010.11.14 |
| 时代女郎 | 40cm×16cm | 89,600 | 中拍国际 | 2010.11.27 |
| 2008 宋世义 丝路花雨 红珊瑚摆件 | 高19.6cm | 336,000 | 西泠拍卖 | 2010.7.4 |
| 汪洋 刘海戏金蟾 白玉把件 | 高13.2cm | 280,000 | 西泠拍卖 | 2010.7.4 |
| 2008 王平 净心涤尘 白玉净瓶观音摆件 | 高20.5cm | 537,600 | 西泠拍卖 | 2010.7.4 |
| 王一帆刻煨红田夜游赤壁 | 长4.4cm | 112,000 | 北京保利 | 2010.12.5 |
| 2009 翁祝红 唐式观音 天然水晶摆件 | 高22cm | 106,400 | 西泠拍卖 | 2010.7.4 |
| 2009 吴德升 飞天 白玉挂件 | 高4.3cm | 67,200 | 西泠拍卖 | 2010.7.4 |
| 嬉 | 长15cm | 168,000 | 中拍国际 | 2010.11.27 |
| 2009 徐志浩 弥勒 白玉把件 | 高5cm | 84,000 | 西泠拍卖 | 2010.7.4 |
| 2009 徐志浩 妙相观音 白玉挂件 | 高5cm | 123,200 | 西泠拍卖 | 2010.7.4 |
| 2009 杨曦 彩绘人生 白玉把件 | 高7.8cm | 616,000 | 西泠拍卖 | 2010.7.4 |
| 叶子贤刻红荔枝童子弥勒摆件 | 长10cm | 672,000 | 北京保利 | 2010.12.5 |
| 2009 佚名 鸿运当头 白玉把件 | 高11cm | 201,600 | 西泠拍卖 | 2010.7.4 |
| 1998 于泾 如意观音 白玉摆件 | 高12.6cm | 2,688,000 | 西泠拍卖 | 2010.7.4 |
| 渔翁得利 | 高6.8cm | 896,000 | 北京保利 | 2010.6.4 |
| 玉佛像连铜鎏金佛龛 | 高12.3cm | 84,000 | 中国嘉德 | 2010.3.20 |
| 郑幼林刻松伯岭刘海戏蟾雕件 | 高10cm | 89,600 | 北京保利 | 2010.12.5 |
| 籽玉 访隐图 | 长37cm | 1,344,000 | 江苏嘉恒 | 2010.6.6 |
| 佩玩动物件 | | | | |
| 红山文化 黄玉鸮 | 高6cm | 89,600 | 中拍国际 | 2010.11.27 |
| 良渚文化 双面工神人兽面纹三叉形器 | 宽5.4cm | 1,120,000 | 中拍国际 | 2010.11.27 |
| 良渚文化 兽面纹冠形器 | 长6.8cm | 2,240,000 | 中拍国际 | 2010.11.27 |
| 商晚期 黄玉“鹦鹉”珮 | 长9.3cm | 220,000 | 香港苏富比 | 2010.4.8 |
| 商晚期 白玉“饕餮”饰 | 长4cm | 110,000 | 香港苏富比 | 2010.4.8 |
| 商 灰白玉玄燕坠 | 高5.3cm | 72,800 | 北京中嘉 | 2010.5.9 |
| 商 青玉蜥蜴 | 长10.4cm | 67,200 | 北京中嘉 | 2010.5.9 |
| 商 白玉凤鸟形珮 | 长6cm | 58,240 | 中拍国际 | 2010.11.27 |
| 商 古玉鱼 | 长11cm | 56,000 | 北京保利 | 2010.12.6 |
| 西周 绿玉“鸟形”珮 | 高5.3cm | 165,000 | 香港苏富比 | 2010.4.8 |
| 西周 青白玉“衔尾龙”珮 | 高4.2cm | 132,000 | 香港苏富比 | 2010.4.8 |
| 西周 玉蛙形饰件 | 高6cm | 112,000 | 北京翰海 | 2010.6.6 |
| 西周 玉鸟(二件) | 长4.8cm | 112,000 | 北京翰海 | 2010.6.6 |
| 西周 玉鸟(二件) | 长7cm | 112,000 | 北京翰海 | 2010.6.6 |
| 西周 旧玉蛇鸟(二件) | 尺寸不一 | 112,000 | 北京翰海 | 2010.12.12 |
| 西周 玉沁色龙纹珮 | 长12cm | 110,000 | 天津文物 | 2010.11.21 |

## 2010玉器拍卖成交汇总

(成交价RMB：5万元以上)

| 拍品名称 | 尺寸 | 成交价(RMB) | 拍卖公司 | 拍卖日期 |
|---|---|---|---|---|
| 西周 黄玉琥 | 长6.1cm | 72,800 | 北京中嘉 | 2010.5.9 |
| 西周 玉鱼 | 长9cm | 56,000 | 北京翰海 | 2010.6.6 |
| 春秋 白玉螭虎纹珮 | 长11.2cm | 336,000 | 中拍国际 | 2010.6.19 |
| 春秋 白玉龙纹拱形饰 | 长4cm | 99,000 | 香港苏富比 | 2010.4.8 |
| 春秋 青玉雕蝉虫佩 | 长8.2cm | 84,000 | 上海大众 | 2010.1.3 |
| 春秋 白玉发鸡骨白凤鸟形珮 | 长11.3cm | 61,600 | 中拍国际 | 2010.11.27 |
| 战国 羊脂白玉龙龟九子摆件 |  | 6,720,000 | 北京中嘉 | 2010.5.9 |
| 战国时期 黄玉“双尾龙”珮 | 长7.1cm | 264,000 | 香港苏富比 | 2010.4.8 |
| 战国 青白玉螭虎挂件 | 高4.2cm | 179,200 | 雍和嘉诚 | 2010.6.3 |
| 战国 白玉“S”形双龙形珮 | 长4.2cm | 168,000 | 中拍国际 | 2010.6.19 |
| 战国 玉螭龙 | 高6.1cm | 156,800 | 北京翰海 | 2010.12.12 |
| 战国 白玉虎形珮 | 高7cm | 134,400 | 雍和嘉诚 | 2010.6.3 |
| 战国 白玉龙形珮 | 高5.5cm | 132,160 | 雍和嘉诚 | 2010.6.3 |
| 战国 白玉瑞兽挂件 | 高5cm | 98,560 | 雍和嘉诚 | 2010.6.3 |
| 战国 绿松石乌龟挂件 | 长3.1cm | 84,000 | 金懋拍卖 | 2010.11.12 |
| 战国 白玉龙形珮 | 高5cm | 78,400 | 雍和嘉诚 | 2010.6.3 |
| 战国 鸡骨白双龙形珮 | 长11.4cm | 61,600 | 中拍国际 | 2010.11.27 |
| 战国 青白玉龙形珮 | 高5cm | 56,000 | 雍和嘉诚 | 2010.6.3 |
| 东汉 玉牒形珮 | 高7cm | 1,120,000 | 北京翰海 | 2010.6.6 |
| 东汉 白玉盘龙珮 | 直径6.5cm | 268,800 | 北京匡时 | 2010.6.6 |
| 汉 玉龙形珮 | 长6.8cm | 67,200 | 北京翰海 | 2010.6.6 |
| 汉 玉雕云龙纹挂件 | 长7cm | 134,400 | 老城隍庙 | 2010.11.6 |
| 汉 玉雕龙凤珮 | 长10.5cm | 56,000 | 老城隍庙 | 2010.11.6 |
| 汉 玉蚕蛹(一对) | 长7.5cm | 246,400 | 北京中嘉 | 2010.5.9 |
| 汉 玉S龙 | 高8cm | 89,600 | 北京翰海 | 2010.6.6 |
| 汉 青玉鱼 | 高7.1cm | 50,000 | 北京中嘉 | 2010.5.9 |
| 汉 青玉羊 | 高4.3cm | 67,200 | 北京中嘉 | 2010.5.9 |
| 汉 青玉兽钮坠 | 长8cm | 78,400 | 北京中嘉 | 2010.5.9 |
| 汉 青玉兽钮坠 | 长7.6cm | 61,600 | 北京中嘉 | 2010.5.9 |
| 汉 青玉兽面珮(一对) | 通长4.5cm | 80,000 | 北京中嘉 | 2010.5.9 |
| 汉 青玉兽面珮 | 长71cm | 80,640 | 北京中嘉 | 2010.5.9 |
| 汉 青玉瑞兽(一对) | 长6.6cm | 358,400 | 北京中嘉 | 2010.5.9 |
| 汉 青龙白虎朱雀玄武和田玉挂件 | 长8.2cm | 313,600 | 老城隍庙 | 2010.11.6 |
| 汉 青白玉云纹双龙珮 | 长7.1cm | 56,000 | 北京中嘉 | 2010.5.9 |
| 汉 黄玉兽面纹剑格 | 长6cm | 58,240 | 北京翰海 | 2010.12.12 |
| 汉 和田玉雕螭龙玉珮 | 长8.8cm | 67,200 | 老城隍庙 | 2010.11.6 |
| 汉 螭虎纹游丝毛雕鸡心珮 | 长3.4cm | 76,160 | 中拍国际 | 2010.11.27 |
| 汉 白玉圆雕马 | 长16cm | 16,240,000 | 浙江钱塘 | 2010.7.3 |
| 汉 白玉鱼形珮 | 高6.5cm | 91,840 | 雍和嘉诚 | 2010.6.3 |
| 汉 白玉瑞兽摆件 | 长8.7cm | 50,000 | 北京中嘉 | 2010.5.9 |
| 汉 白玉瑞兽 | 高4.5cm | 89,600 | 雍和嘉诚 | 2010.6.3 |
| 汉 白玉沁色蝉 | 高6.4cm | 77,000 | 天津文物 | 2010.5.24 |
| 汉 白玉鸟形珮 | 长7.5cm | 53,760 | 北京中嘉 | 2010.5.9 |
| 汉 白玉龙形珮 | 长9.9cm | 53,760 | 北京中嘉 | 2010.5.9 |
| 汉 白玉龙凤连体珮(一对) | 长8cm | 56,000 | 北京中嘉 | 2010.5.9 |
| 汉 白玉龙凤连体“S”形珮(一对) | 通长9.6cm | 56,000 | 北京中嘉 | 2010.5.9 |
| 汉 白玉螭龙珮 | 高3.3cm | 73,920 | 雍和嘉诚 | 2010.6.3 |
| 汉 白玉螭龙 | 高6.5cm | 134,400 | 雍和嘉诚 | 2010.6.3 |
| 六朝 白玉雕翼虎摆件 | 长5cm | 72,800 | 上海大众 | 2010.1.3 |
| 唐/五代 金累丝鞍辔水晶立马 | 高19cm | 672,000 | 中拍国际 | 2010.6.19 |
| 唐/宋 白玉卧犬 | 长9.3cm | 418,000 | 香港苏富比 | 2010.4.8 |
| 唐/宋 黑白玉卧猪 | 长6.5cm | 385,000 | 香港苏富比 | 2010.4.8 |
| 唐/宋 青白玉骆驼 | 长5.7cm | 186,575 | 香港佳士得 | 2010.5.31 |
| 唐 白玉圆雕双峰骆驼 | 长5.8cm | 123,200 | 北京匡时 | 2010.12.4 |
| 唐 玉“双鸟”珮 | 4.8cm | 121,000 | 香港苏富比 | 2010.4.8 |
| 唐代 圆雕狮子 | 高13.6cm | 56,000 | 中拍国际 | 2010.11.27 |
| 宋 黄玉虎 | 长5cm | 761,600 | 浙江钱塘 | 2010.7.3 |
| 宋 黄玉鸟 | 高6cm | 755,080 | 香港佳士得 | 2010.5.31 |
| 宋/明 白玉荷叶青蛙洗、法器(一组) | 长13.5cm | 582,400 | 北京匡时 | 2010.12.4 |
| 宋 巧色白玉鸳鸯 | 长5.1cm | 545,600 | 香港苏富比 | 2010.4.8 |
| 宋 白玉瑞兽 | 长6.4cm | 545,600 | 香港苏富比 | 2010.4.8 |
| 宋 白玉洒金鹿衔灵芝摆件 | 长8cm | 537,600 | 北京翰海 | 2010.6.7 |
| 宋 白玉“三羊启泰” | 长7.3cm | 524,480 | 香港苏富比 | 2010.4.8 |
| 宋 玉卧狮 | 长7.2cm | 385,000 | 香港苏富比 | 2010.4.8 |
| 宋 巧色白玉卧羊 | 长5.3cm | 308,000 | 香港苏富比 | 2010.4.8 |

| 拍品名称 | 尺寸 | 成交价(RMB) | 拍卖公司 | 拍卖日期 |
|---|---|---|---|---|
| 宋/明 白玉卧象暖手 | 长5.8cm | 280,000 | 北京永乐 | 2010.11.23 |
| 宋 羊脂白玉鸡心珮 | 长5.5cm | 280,000 | 浙江钱塘 | 2010.7.3 |
| 宋 浅白玉虾 | 长7.6cm | 264,000 | 香港苏富比 | 2010.4.8 |
| 宋 白玉龙纹珮 | 长8cm | 231,000 | 天津文物 | 2010.11.21 |
| 宋 玉洒金卧犬 | 长5.7cm | 224,000 | 北京翰海 | 2010.6.6 |
| 宋 玉雕河图洛书挂件 | 长3.2cm | 224,000 | 北京翰海 | 2010.6.7 |
| 宋 黄玉瑞兽 | 高7.5cm | 224,000 | 中拍国际 | 2010.11.27 |
| 宋/元 青山羊 | 长7.5cm | 201,600 | 北京翰海 | 2010.12.12 |
| 宋 白玉沁色卧马 | 长5cm | 196,000 | 北京中汉 | 2010.11.22 |
| 宋/元 黄玉留皮鹅 | 长3.2cm | 168,000 | 北京保利 | 2010.12.6 |
| 宋 玉鸡坠 | 高3cm | 156,800 | 北京翰海 | 2010.12.12 |
| 宋 玉卧马 | 长5cm | 134,400 | 北京翰海 | 2010.12.12 |
| 宋 玉牛首 | 长3.8cm | 103,040 | 北京翰海 | 2010.12.12 |
| 宋 龙凤玉珮 | 长7.3cm | 100,800 | 厦门伯瀚 | 2010.5.9 |
| 宋 白玉沁色雕兽面纹剑饰 | 长9cm | 96,800 | 天津文物 | 2010.11.21 |
| 宋 白玉沁色小犬 | 高3cm | 89,600 | 北京匡时 | 2010.6.6 |
| 宋 白玉螭龙鸡心珮 | 长6cm | 89,600 | 浙江钱塘 | 2010.7.3 |
| 宋/明 青白玉鸟 | 长4.3cm | 87,800 | 香港佳士得 | 2010.5.31 |
| 宋 黄玉鸡 | 长3.3cm | 87,360 | 北京翰海 | 2010.6.6 |
| 宋 玉虎 | 长3.6cm | 76,160 | 北京翰海 | 2010.12.12 |
| 宋 白玉孔雀牡丹珮 | 高4.7cm | 67,200 | 中拍国际 | 2010.11.27 |
| 宋 白玉麒麟送子 | 高7.1cm | 61,600 | 中拍国际 | 2010.6.19 |
| 宋 黄玉留皮巧色黑斑虎 | 长4.7cm | 56,000 | 北京保利 | 2010.6.5 |
| 宋/元/明 白玉镂雕荷塘鸳鸯珮 | 长9.5cm | 54,875 | 香港佳士得 | 2010.5.31 |
| 辽 白玉籽料春水纹摆件 | 高10.8cm | 336,000 | 中拍国际 | 2010.11.27 |
| 辽金 白玉沁色虎 | 长7cm | 121,000 | 天津文物 | 2010.11.21 |
| 辽 白玉迦楼罗神鸟把件 | 长5.8cm | 89,600 | 中拍国际 | 2010.6.19 |
| 辽 白玉摩羯珮 | 长5.3cm | 78,400 | 中拍国际 | 2010.11.27 |
| 辽 白玉俏色卧虎 | 长7.9cm | 67,200 | 中拍国际 | 2010.6.19 |
| 金/元 玉洒金春水饰件 | 长8.8cm | 207,200 | 北京翰海 | 2010.6.6 |
| 金/元 旧玉透雕云龙饰件 | 长7.2cm | 145,600 | 北京翰海 | 2010.6.6 |
| 金/元 白玉瑞兽、玉马(各一件) | 尺寸不一 | 64,285 | 香港淳浩 | 2010.11.27 |
| 金 玉雕秋山摆件 | 高8.8cm | 291,200 | 北京保利 | 2010.6.5 |
| 金 白玉镂雕荷花孔雀嵌饰 | 长9.4cm | 176,000 | 香港苏富比 | 2010.4.8 |
| 金/元 玉透雕春水饰件 | 长8.5cm | 89,600 | 北京翰海 | 2010.12.12 |
| 金/E3038元 玉狮子 | 长19.5cm | 134,400 | 中拍国际 | 2010.11.27 |
| 元 白玉“太狮少狮” | 长6cm | 308,000 | 香港苏富比 | 2010.4.8 |
| 元 白玉镂雕“衔莲瑞鸟”饰 | 长5cm | 264,000 | 香港苏富比 | 2010.4.8 |
| 元 白玉老虎戏鹿摆件 | 长6.2cm | 246,400 | 北京翰海 | 2010.6.7 |
| 元 黄玉虎 | 长4cm | 201,600 | 北京保利 | 2010.6.5 |
| 元 白玉雕穿花龙纹帽顶 | 高5cm | 201,600 | 上海大众 | 2010.1.3 |
| 元 白玉镂雕“穿花游龙”饰 | 长5.2cm | 198,000 | 香港苏富比 | 2010.4.8 |
| 元 灰青玉鳜鱼 | 长6.5cm | 187,000 | 香港苏富比 | 2010.4.8 |
| 元/明 玉孔雀牡丹镂空珮 | 长8cm | 100,800 | 广州嘉德 | 2010.6.16 |
| 元 玉洒金透雕海冬青饰件 | 长6.4cm | 58,240 | 北京翰海 | 2010.6.6 |
| 元 白玉牛 | 长11.5cm | 53,760 | 中拍国际 | 2010.6.19 |
| 元 白玉春水纹挂件 | 高5cm | 53,760 | 中拍国际 | 2010.11.27 |
| 明早期 和田玉雕合家欢禄摆件 | 长27cm | 7,840,000 | 老城隍庙 | 2010.11.6 |
| 明以前 玉龙简 | 长12cm | 53,760 | 中鼎国际 | 2010.11.18 |
| 明 灰白玉水牛 | 长21cm | 1,736,000 | 北京匡时 | 2010.6.6 |
| 明 白玉“太狮少狮”雕件 | 长18cm | 1,707,200 | 香港苏富比 | 2010.4.8 |
| 明 白玉留皮太狮少狮 | 长15.5cm | 1,456,000 | 北京匡时 | 2010.6.6 |
| 明 黑白玉三阳开泰玉雕 | 高8cm | 1,274,580 | 香港苏富比 | 2010.10.7 |
| 明 白玉辟邪 | 长7.6cm | 756,800 | 香港苏富比 | 2010.4.8 |
| 明 黄玉沁色马 | 长7.5cm | 660,000 | 天津文物 | 2010.5.24 |
| 明 白玉卧鹿 | 长7.5cm | 598,400 | 香港苏富比 | 2010.4.8 |
| 明 青玉子母卧牛 | 高20cm | 560,000 | 北京匡时 | 2010.6.6 |
| 明 白玉“太狮少狮” | 长7cm | 524,480 | 香港苏富比 | 2010.4.8 |
| 明 玉雕瑞兽摆件 | 长6.5cm | 504,000 | 中国嘉德 | 2010.5.16 |
| 明 青白玉“马上封侯” | 长6.2cm | 492,800 | 香港苏富比 | 2010.4.8 |

**2010玉器拍卖成交汇总**

**(成交价RMB：5万元以上)**

| 拍品名称 | 尺寸 | 成交价(RMB) | 拍卖公司 | 拍卖日期 |
|---|---|---|---|---|
| 明 白玉卧犬 | 长7cm | 440,000 | 香港苏富比 | 2010.4.8 |
| 明 白玉衔芝“太狮少狮” | 长7.5cm | 418,000 | 香港苏富比 | 2010.4.8 |
| 明 白玉瑞兽衔芝摆件 | 长8.5cm | 358,400 | 北京翰海 | 2010.6.6 |
| 明 黄玉虎 | 长5.3cm | 336,000 | 北京翰海 | 2010.12.12 |
| 明 白玉圆雕耄耋摆件 | 长5.5cm | 313,600 | 北京匡时 | 2010.12.4 |
| 明 玉龙神 | 长6cm | 302,500 | 天津文物 | 2010.11.21 |
| 明 玉洒金卧犬 | 长7.5cm | 302,400 | 北京翰海 | 2010.6.6 |
| 明 旧玉瑞兽 | 长7cm | 302,400 | 北京翰海 | 2010.12.12 |
| 明 玉雕饲马图摆件 | 长12cm | 280,000 | 北京翰海 | 2010.12.12 |
| 明 旧玉包袱虎 | 长6cm | 280,000 | 北京翰海 | 2010.12.12 |
| 明 玉瑞兽 | 长8.5cm | 235,200 | 北京翰海 | 2010.12.12 |
| 明 玉虎 | 长7.8cm | 224,000 | 北京翰海 | 2010.12.12 |
| 明 黄玉虎摆件 | 高5.6cm | 224,000 | 西泠拍卖 | 2010.7.6 |
| 明 白玉镂雕松树瑞兽板 | 高4.9cm | 224,000 | 北京匡时 | 2010.12.4 |
| 明 青白玉瑞兽 | 长5cm | 220,000 | 香港苏富比 | 2010.4.8 |
| 明 玉雕鸳鸯摆件 | 长11.2cm | 212,800 | 中贸圣佳 | 2010.7.17 |
| 明 旧玉瑞兽 | 长8.7cm | 212,800 | 北京翰海 | 2010.6.6 |
| 明 白玉雕四螭珮 | 高5cm | 201,600 | 中贸圣佳 | 2010.7.17 |
| 明 黄玉留皮象 | 长4.5cm | 176,000 | 天津文物 | 2010.11.21 |
| 明 黄玉狗 | 长9cm | 168,000 | 北京保利 | 2010.6.5 |
| 明 白玉沁色雕龙凤纹珮 | 高10cm | 159,500 | 天津文物 | 2010.5.24 |
| 明 青白玉马摆件 | 长8.5cm | 156,800 | 长风拍卖 | 2010.6.22 |
| 明 玉雕太狮少狮摆件 | 长10cm | 134,400 | 北京永乐 | 2010.11.23 |
| 明 玉雕老虎 | 长7.5cm | 134,400 | 北京永乐 | 2010.11.23 |
| 明 黄玉避邪 | 长8cm | 134,400 | 北京翰海 | 2010.6.7 |
| 明 黄玉肖牛珮 | 长6cm | 123,200 | 北京保利 | 2010.12.6 |
| 明 白玉英雄摆件 | 长6.5cm | 117,600 | 北京匡时 | 2010.12.4 |
| 明 白玉盘龙珮 | 高8cm | 117,600 | 北京匡时 | 2010.12.4 |
| 明 老提油玉卧狗 | 长11.3cm | 112,000 | 中拍国际 | 2010.6.19 |
| 明 黄玉沁色雕龙纹珮 | 长11.5cm | 110,000 | 天津文物 | 2010.5.24 |
| 明 白玉勾云龙纹带饰(二件) | 长16.8cm | 89,600 | 北京翰海 | 2010.12.12 |
| 明 旧玉虎 | 长5.1cm | 84,000 | 北京翰海 | 2010.12.12 |
| 明 和田荔枝冻白玉马踏江山珮 | 高5cm | 84,000 | 中拍国际 | 2010.6.19 |
| 明 白玉圆雕报喜珮 | 长7.4cm | 84,000 | 北京匡时 | 2010.12.4 |
| 明 黄玉沁色松鼠 | 长5.5cm | 82,500 | 天津文物 | 2010.11.21 |
| 明 白玉沁色雕太狮少狮 | 高8cm | 77,000 | 天津文物 | 2010.5.24 |
| 明 白玉沁色螭龙珮 | 长7cm | 72,800 | 北京中汉 | 2010.11.22 |
| 明 玉卧马 | 长6cm | 69,440 | 北京翰海 | 2010.12.12 |
| 明 玉雕马上封侯摆件 | 长10.2cm | 69,440 | 老城隍庙 | 2010.11.6 |
| 明 青玉螭龙路路通 | 直径5cm | 69,440 | 中国嘉德 | 2010.9.18 |
| 明 青白玉沁色雕太狮少狮 | 长7.8cm | 68,200 | 天津文物 | 2010.5.24 |
| 明 白玉透雕松鹿玉饰 | 长9.4cm | 67,200 | 上海嘉泰 | 2010.4.20 |
| 明 白玉洒金双螭珮 | 高5cm | 67,200 | 北京翰海 | 2010.12.12 |
| 明 青白玉瑞兽 | 长8cm | 66,000 | 天津文物 | 2010.11.21 |
| 明 白玉沁色雕螭纹琢字珮 | 高5.7cm | 66,000 | 天津文物 | 2010.5.24 |
| 明 白玉带皮雕螭龙纹珮 | 长5.3cm | 58,240 | 北京匡时 | 2010.12.4 |
| 明 玉雕钩连纹螭龙纹玉璧 | 口径12.5cm | 56,000 | 上海大众 | 2010.1.3 |
| 明 青玉瑞兽 | 长3.7cm | 56,000 | 北京中汉 | 2010.5.18 |
| 明 青白玉卧虎 | 长10.5cm | 56,000 | 北京保利 | 2010.6.5 |
| 明 白玉沁色雕龙凤纹剑饰 | 高9cm | 55,000 | 天津文物 | 2010.5.24 |
| 明 玉瑞兽 | 长8.5cm | 50,400 | 北京翰海 | 2010.12.12 |
| 明晚期 白玉雕子辰八卦螭龙珮 | 长7cm | 420,000 | 北京匡时 | 2010.12.4 |
| 明晚期 白玉子辰珮 | 长8.9cm | 162,400 | 北京匡时 | 2010.12.4 |
| 清早期 白玉太平有象摆件 | 高17cm | 1,120,000 | 北京翰海 | 2010.12.12 |
| 清早期 玉洒金螭龙珮 | 高6.8cm | 235,200 | 北京翰海 | 2010.6.6 |
| 清早期 白玉雕马上封侯摆件 | 长6.2cm | 156,800 | 北京歌德 | 2010.11.19 |
| 清早期 白玉留皮圆雕卧马 | 长7.6cm | 89,600 | 北京保利 | 2010.6.5 |
| 清早期 白玉海水龙纹珮 | 长9cm | 72,800 | 长风拍卖 | 2010.6.22 |
| 清早期 淡黄玉雕仙鹤坠 | 长5.5cm | 64,960 | 北京诚轩 | 2010.5.17 |

| 拍品名称 | 尺寸 | 成交价(RMB) | 拍卖公司 | 拍卖日期 |
|---|---|---|---|---|
| 清早期 黄玉雕鱼化龙摆件 | 长12cm | 61,600 | 北京保利 | 2010.7.31 |
| 清早期 黄玉雕马踏祥云挂坠 | 长5.6cm | 56,000 | 北京永乐 | 2010.11.23 |
| 清早期 黄玉留皮瑞兽 | 长5cm | 53,760 | 北京保利 | 2010.10.25 |
| 清初 黑斑灰白玉卧牛 | 高28cm | 6,881,600 | 香港苏富比 | 2010.4.8 |
| 清初 白玉雕福禄寿摆件 | 长11cm | 425,600 | 中贸圣佳 | 2010.7.17 |
| 清康熙 白玉圆雕太狮少狮 | 宽8.5cm | 460,072 | 香港佳士得 | 2010.5.31 |
| 清乾隆 白玉雕麒麟、灵凤摆件 | 长16.5cm | 2,688,000 | 北京匡时 | 2010.12.4 |
| 清乾隆 白玉龙凤长宜子孙珮 | 高12.8cm | 2,072,000 | 北京翰海 | 2010.6.6 |
| 清乾隆 白玉瑞兽摆件 | 长10cm | 1,512,000 | 北京保利 | 2010.12.5 |
| 清乾隆 白玉卧牛 | 长11.5cm | 1,344,000 | 北京保利 | 2010.12.5 |
| 清乾隆 青玉福禄寿三星摆件 | 长15cm | 1,232,000 | 中国嘉德 | 2010.12.18 |
| 清乾隆 白玉富贵长寿摆件 | 长15cm | 1,008,000 | 中国嘉德 | 2010.11.21 |
| 清乾隆 白玉雕连年有余摆件 | 长12.3 cm | 896,000 | 北京匡时 | 2010.12.4 |
| 清乾隆 白玉年年有余摆件 | 长20cm | 784,000 | 北京保利 | 2010.12.6 |
| 清乾隆 白玉巧色螳螂 | 长11.2cm | 651,200 | 香港苏富比 | 2010.4.8 |
| 清乾隆 白玉瑞兽 | 长6cm | 598,400 | 香港苏富比 | 2010.4.8 |
| 清乾隆 黄玉虎 | 长6.5cm | 582,400 | 北京保利 | 2010.12.5 |
| 清乾隆 青白玉福寿摆件 | 高12cm | 560,000 | 北京保利 | 2010.6.5 |
| 清乾隆 白玉镂雕“松竹梅鸟”饰 | 长5.4cm | 418,000 | 香港苏富比 | 2010.4.8 |
| 清乾隆 白玉圆雕三多福寿摆件 | 长14.3cm | 403,200 | 北京匡时 | 2010.12.4 |
| 清乾隆 珊瑚整雕吹箫引凤摆件 | 高21.8cm | 392,000 | 北京永乐 | 2010.5.18 |
| 清乾隆 白玉蝠纹珮(一对) | 宽9cm | 392,000 | 北京保利 | 2010.6.4 |
| 清乾隆 白玉雕顾首龙形珮 | 长6.7cm | 358,400 | 北京匡时 | 2010.12.4 |
| 清乾隆 白玉瑞鸟摆件 | 长9.5cm | 336,000 | 北京歌德 | 2010.6.19 |
| 清乾隆 白玉雕“英雄”小摆件 | 长4.5cm | 336,000 | 北京中汉 | 2010.5.18 |
| 清乾隆 白玉双欢坠 | 长5.5cm | 313,600 | 北京保利 | 2010.12.6 |
| 清乾隆 白玉苍龙教子珮 | 长5cm | 246,400 | 北京保利 | 2010.6.4 |
| 清乾隆 白玉龙马负书 | 长10.5cm | 168,000 | 北京保利 | 2010.12.5 |
| 清乾隆 白玉太狮少狮 | 长4.2cm | 156,800 | 北京保利 | 2010.6.5 |
| 清乾隆 白玉雕云蝠百子纹珮 | 高6cm | 156,800 | 上海大众 | 2010.1.3 |
| 清乾隆 白玉雕三鹅戏水 | 长8.5cm | 156,800 | 中国嘉德 | 2010.5.16 |
| 清乾隆 青白玉双凤摆件 | 高11cm | 112,000 | 北京保利 | 2010.12.6 |
| 清乾隆 洒金黄白玉鹅坠 | 长5.3cm | 100,800 | 深圳市拍 | 2010.6.12 |
| 清乾隆 白玉留皮福寿摆件 | 长7cm | 100,800 | 北京保利 | 2010.10.25 |
| 清乾隆 白玉三螭珮 | 直径5.2cm | 89,600 | 北京保利 | 2010.6.5 |
| 清乾隆 白玉雕蟠虺纹珮 | 长6.3cm | 69,440 | 北京诚轩 | 2010.5.17 |
| 清乾隆 青白玉瓜蝶坠 | 长5cm | 67,200 | 北京保利 | 2010.10.25 |
| 清乾隆 白玉终生兴隆珮 | 高5.5cm | 61,600 | 北京匡时 | 2010.6.6 |
| 清乾隆 白玉太平有象玉雕 | 长14.5cm | 3,319,600 | 香港苏富比 | 2010.10.8 |
| 清中期 碧玉圆雕卧牛摆件连铜鎏金座 | 长21cm | 1,456,000 | 北京匡时 | 2010.12.4 |
| 清中期“吉庆有余”玉摆件(一对) | 高36.5cm | 1,097,600 | 北京匡时 | 2010.12.4 |
| 清中期 白玉三牺环形珮 | 长5.7cm | 918,400 | 北京翰海 | 2010.6.6 |
| 清中期 白玉卧虎五毒把件 | 长9.5cm | 873,600 | 长风拍卖 | 2010.6.22 |
| 清中期 白玉三羊开泰摆件 | 长10.2cm | 649,600 | 北京翰海 | 2010.6.7 |
| 清中期 白玉吉羊摆件 | 长16cm | 582,400 | 北京保利 | 2010.12.6 |

| 拍品名称 | 尺寸 | 成交价(RMB) | 拍卖公司 | 拍卖日期 |
|---|---|---|---|---|
| 清中期 玉雕麒麟献瑞摆件 | 长16cm | 537,600 | 中国嘉德 | 2010.9.18 |
| 清中期 白玉福禄寿 | 高24cm | 504,000 | 北京翰海 | 2010.12.12 |
| 清中期 白玉雕灵芝瑞兽摆件 | 长8.2cm | 504,000 | 中国嘉德 | 2010.5.16 |
| 清中期 白玉双欢摆件 | 宽5cm | 425,600 | 中国嘉德 | 2010.11.22 |
| 清中期 白玉螃蟹 | 长12.7cm | 336,000 | 北京翰海 | 2010.6.6 |
| 清中期 白玉圆雕羊羊如意摆件 | 长7cm | 280,000 | 北京匡时 | 2010.12.4 |
| 清中期 白玉赑屃 | 高4.5cm | 280,000 | 北京匡时 | 2010.6.6 |
| 清中期 白玉双鹤摆件 | 高23.5cm | 246,400 | 中国嘉德 | 2010.11.22 |
| 清中期 青玉圆雕卧牛摆件 | 长19cm | 224,000 | 北京匡时 | 2010.12.4 |
| 清中期 白玉福字珮 | 高5.4cm | 224,000 | 北京翰海 | 2010.12.12 |
| 清中期 白玉鹅衔芝 | 长7cm | 224,000 | 北京翰海 | 2010.6.7 |
| 清中期 白玉留皮雕喜上梅梢图瓦子 | 10.2cm×9cm | 201,600 | 北京诚轩 | 2010.11.22 |
| 清中期 白玉三羊开泰珮 | 高6.1cm | 190,400 | 北京翰海 | 2010.6.6 |
| 清中期 白玉独占鳌头珮 | 长10.6cm | 190,400 | 长风拍卖 | 2010.6.22 |
| 清中期 玉雕鸳鸯戏莲摆件 | 长11.5cm | 179,200 | 北京翰海 | 2010.12.12 |
| 清中期 白玉透雕长宜子孙珮 | 高6cm | 179,200 | 北京翰海 | 2010.6.6 |
| 清中期 白玉浮雕云龙纹仿圈 | 直径10.8cm | 179,200 | 北京中汉 | 2010.11.22 |
| 清中期 白玉比月同心珮 | 长8.1cm | 173,600 | 北京翰海 | 2010.6.6 |
| 清中期 白玉一路太平珮 | 高5.2cm | 156,800 | 北京九歌 | 2010.6.22 |
| 清中期 白玉欢天喜地珮 | 高6.5cm | 145,600 | 北京翰海 | 2010.12.12 |
| 清中期 白玉蝉 | 高5.8cm | 145,600 | 北京翰海 | 2010.12.12 |
| 清中期 白玉太狮少狮 | 长7cm | 134,400 | 北京匡时 | 2010.6.6 |
| 清中期 白玉蟠桃得鹿珮 | 高5.6cm | 134,400 | 北京翰海 | 2010.6.6 |
| 清中期 白玉吉庆有余珮 | 高5.5cm | 134,400 | 北京翰海 | 2010.12.12 |
| 清中期 白玉福禄寿珮 | 高7cm | 134,400 | 北京翰海 | 2010.6.6 |
| 清中期 白玉透雕双凤珮 | 高6cm | 123,200 | 北京翰海 | 2010.6.6 |
| 清中期 白玉岁岁平安摆件 | 长5.2cm | 123,200 | 中国嘉德 | 2010.5.16 |
| 清中期 水晶夔龙斋戒珮 | 高4cm | 112,000 | 北京翰海 | 2010.12.12 |
| 清中期 青白玉雕瑞兽 | 长5.4cm | 112,000 | 北京永乐 | 2010.11.23 |
| 清中期 白玉寿添福禄珮 | 高7.5cm | 112,000 | 广州嘉德 | 2010.12.8 |
| 清中期 白玉雕双獾挂件 | 长6.8cm | 112,000 | 北京歌德 | 2010.11.19 |
| 清中期 白玉比翼双飞珮 | 高6cm | 109,760 | 北京翰海 | 2010.6.6 |
| 清中期 白玉福禄寿带饰 | 长11.5cm | 106,400 | 北京翰海 | 2010.12.12 |
| 清中期 青白玉雕马上封侯摆件 | 长8cm | 100,800 | 北京永乐 | 2010.11.23 |
| 清中期 白玉留皮瑞兽 | 高5cm | 100,800 | 北京翰海 | 2010.12.12 |
| 清中期 白玉吉羊摆件 | 长5.8cm | 91,840 | 北京保利 | 2010.12.6 |
| 清中期 白玉双螭珮 | 直径5.2cm | 89,600 | 北京翰海 | 2010.12.12 |
| 清中期 白玉洒金松鼠葡萄坠 | 高5.5cm | 89,600 | 北京翰海 | 2010.6.6 |
| 清中期 白玉福寿珮 | 高5.8cm | 89,600 | 北京翰海 | 2010.6.6 |
| 清中期 黄玉瑞兽 | 长5.5cm | 84,000 | 北京翰海 | 2010.6.6 |
| 清中期 白玉灵猴献寿坠 | 高5cm | 80,640 | 北京翰海 | 2010.12.12 |
| 清中期 白玉福禄呈祥珮 | 高5.7cm | 78,400 | 北京翰海 | 2010.6.6 |
| 清中期 白玉雕松鹤同春珮 | 高5cm | 78,400 | 北京歌德 | 2010.6.19 |
| 清中期 白玉灵芝坠 | 高4.5cm | 72,800 | 北京翰海 | 2010.12.12 |
| 清中期 白玉金玉满堂坠 | 高5.1cm | 72,800 | 北京翰海 | 2010.12.12 |
| 清中期 白玉螭龙鸡心珮 | 高6cm | 69,440 | 北京翰海 | 2010.6.6 |
| 清中期 玉雕鱼化龙摆件 | 长14cm | 67,200 | 十竹斋 | 2010.7.11 |
| 清中期 糖玉瑞猴 | 高4.3cm | 67,200 | 中国嘉德 | 2010.5.16 |
| 清中期 白玉龙凤呈祥珮 | 长7.5cm | 67,200 | 北京保利 | 2010.7.31 |
| 清中期 白玉连年有馀坠 | 高5.4cm | 67,200 | 北京翰海 | 2010.6.7 |
| 清中期 白玉双欢 | 长4.5cm | 61,600 | 北京翰海 | 2010.6.7 |
| 清中期 白玉年年有余坠 | 长6.3cm | 58,240 | 北京翰海 | 2010.12.12 |
| 清中期 白玉福寿珮 | 高7.4cm | 58,240 | 北京翰海 | 2010.6.6 |
| 清中期 玉雕福禄万代摆件 | 高8.5cm | 56,000 | 中国嘉德 | 2010.11.22 |
| 清中期 白玉原穿子辰龙纹珮 | 长5.5cm | 56,000 | 北京保利 | 2010.6.5 |
| 清中期 白玉双龙珮 | 高8.6cm | 56,000 | 北京翰海 | 2010.12.12 |
| 清中期 白玉狗、马各一件 | 长3.5cm | 56,000 | 中国嘉德 | 2010.6.19 |
| 清中期 白玉福至心灵坠 | 高5.2cm | 56,000 | 北京翰海 | 2010.6.6 |
| 清中期 白玉福禄同春珮 | 高4.7cm | 56,000 | 北京翰海 | 2010.12.12 |
| 清中期 白玉雕狮衔灵芝 | 宽5.6cm | 56,000 | 中国嘉德 | 2010.5.16 |
| 清中期 白玉盘螭珮 | 直径5.7cm | 53,760 | 北京翰海 | 2010.6.6 |
| 清中期 白玉蝠纹竹节珮 | 高6.7cm | 53,760 | 北京翰海 | 2010.12.12 |
| 清中期 黑白玉三獾坠 | 长6.3cm | 50,400 | 北京翰海 | 2010.6.6 |
| 清中期 黑白玉巧雕双欢 | 长5.5cm | 50,400 | 北京保利 | 2010.10.25 |
| 清中期 白玉龙珮 | 高5.8cm | 50,400 | 北京翰海 | 2010.12.12 |
| 17世纪 青白玉卧牛 | 长42.5cm | 3,360,000 | 北京匡时 | 2010.6.6 |
| 17世纪 白玉岁寒三友绶带鸟珮 | 长5.7cm | 79,120 | 香港淳浩 | 2010.11.27 |
| 清17/18世纪 青白玉卧鹅 | 宽8.2cm | 80,625 | 香港佳士得 | 2010.12.1 |
| 清18世纪 白玉“回首骆驼” | 高9cm | 545,600 | 香港苏富比 | 2010.4.8 |
| 清18世纪 白玉卧马 | 长6.8cm | 1,358,800 | 香港苏富比 | 2010.10.8 |
| 清18世纪 青白玉鸭子 | 高23.5cm | 1,601,600 | 香港苏富比 | 2010.4.8 |
| 清18世纪 青白玉带皮福寿双全摆件 | 宽6cm | 59,125 | 香港佳士得 | 2010.12.1 |
| 清18世纪 白玉鸳鸯 | 高4.5cm | 418,000 | 香港苏富比 | 2010.4.8 |
| 清18世纪 白玉衔枝鹅珮 | 高4.7cm | 165,000 | 香港苏富比 | 2010.4.8 |
| 清18世纪 白玉镂雕凤凰比翼图珮 | 高8.5cm | 1,179,200 | 香港苏富比 | 2010.4.8 |
| 清18世纪 白玉镂雕“螭龙斧”珮 | 长7cm | 187,000 | 香港苏富比 | 2010.4.8 |
| 清18世纪 白玉雕灵猴祝寿摆件 | 长5.7cm | 430,000 | 香港佳士得 | 2010.12.1 |
| 清18世纪 白玉蟾蜍 | 长5cm | 461,120 | 香港苏富比 | 2010.4.8 |
| 清18世纪 白玉衔桃瑞鸟 | 长6.7cm | 440,000 | 香港苏富比 | 2010.4.8 |
| 清18世纪 白玉“石榴卧蟾” | 长8cm | 132,000 | 香港苏富比 | 2010.4.8 |
| 清 和田玉雕冠上加冠摆件 | 高22.5cm | 3,136,000 | 老城隍庙 | 2010.11.6 |
| 清 文安 瑞兽 | 长7.5cm | 1,792,000 | 北京保利 | 2010.6.4 |
| 清 碧玉卧牛 | 长26cm | 1,008,000 | 浙江钱塘 | 2010.7.3 |
| 清 神兽献瑞 | 长11cm | 560,000 | 北京保利 | 2010.6.4 |
| 清 白玉雕太平有象 | 长9cm | 550,000 | 天津文物 | 2010.11.21 |
| 清 黄玉瑞兽 | 长6.6cm | 537,600 | 北京翰海 | 2010.6.7 |
| 清 白玉双鹿衔芝摆件 | 长14.6cm | 537,600 | 北京翰海 | 2010.6.7 |
| 清 碧玉卧牛摆件 | 长19cm | 470,400 | 北京保利 | 2010.12.6 |
| 清 珊瑚狮子戏球摆件 | 长36cm | 425,600 | 北京保利 | 2010.6.4 |
| 清 白玉丰衣足食坠 | 高5.2cm | 414,400 | 北京翰海 | 2010.6.6 |
| 清 白玉留皮雕双欢珮 | 高5.6cm | 396,000 | 天津文物 | 2010.5.24 |
| 清 白玉双鱼摆件 | 长10cm | 392,000 | 西泠拍卖 | 2010.7.6 |
| 清 白玉刻龙纹珮 | 长6.5cm | 359,480 | 香港淳浩 | 2010.11.27 |
| 清 碧玉太狮少狮 | 长8.5cm | 336,000 | 北京翰海 | 2010.6.6 |
| 清 白玉兽 | 长10.5cm | 336,000 | 中国嘉德 | 2010.6.19 |
| 清 白玉留皮瑞兽 | 长6cm | 336,000 | 北京保利 | 2010.12.6 |
| 清 白玉卧马 | 长8cm | 313,600 | 朵云轩 | 2010.12.17 |
| 清 白玉瑞兽 | 6.5cm×5cm | 313,600 | 朵云轩 | 2010.12.17 |
| 清 碧玉卧马摆件 | 长18cm | 302,400 | 北京保利 | 2010.6.5 |
| 清 旧玉双兽摆件 | 长12cm | 280,000 | 北京翰海 | 2010.12.12 |
| 清 白玉松鹤仙女摆件 | 长17cm | 280,000 | 雍和嘉诚 | 2010.12.3 |
| 清 和阗籽料玉狗 | 长9cm | 246,400 | 北京保利 | 2010.12.6 |

**2010玉器拍卖成交汇总**

**(成交价RMB：5万元以上)**

| 拍品名称 | 尺寸 | 成交价(RMB) | 拍卖公司 | 拍卖日期 |
|---|---|---|---|---|
| 清 白玉马 | 长8.2cm | 235,200 | 中国嘉德 | 2010.9.18 |
| 清 白玉雕螃蟹摆件 | 长10cm | 235,200 | 上海大众 | 2010.1.3 |
| 清 黄玉骆驼 | 高10cm | 224,000 | 中国嘉德 | 2010.11.22 |
| 清 白玉双欢 | 宽5cm | 212,800 | 北京保利 | 2010.10.25 |
| 清 白玉平升三级珮 | 长7cm | 212,800 | 北京匡时 | 2010.6.6 |
| 清 白玉双鹿 | 高10.3cm | 201,600 | 北京翰海 | 2010.6.7 |
| 清 白玉沁色雕岁岁有余纹珮 | 高6.7cm | 198,000 | 天津文物 | 2010.5.24 |
| 清 白玉洒金福禄坠 | 高5.5cm | 190,400 | 北京翰海 | 2010.6.6 |
| 清 白玉雕卧犬 | 长10cm | 190,400 | 中贸圣佳 | 2010.7.17 |
| 清 白玉鸿福齐天坠 | 长4.4cm | 189,200 | 香港淳浩 | 2010.11.27 |
| 清 白玉留皮雕福寿双全摆件 | 长10.5cm | 187,000 | 天津文物 | 2010.5.24 |
| 清 红皮松鼠葡萄挂件 | 长7cm | 184,800 | 北京保利 | 2010.12.6 |
| 清 带皮白玉镂空松鼠葡萄坠 | 长5.1cm | 184,642 | 香港淳浩 | 2010.11.27 |
| 清 白玉雕鸣凤在竹纹珮 | 长6cm | 183,600 | 天津文物 | 2010.11.21 |
| 清 玉马摆件 | 长19cm | 179,200 | 北京保利 | 2010.10.25 |
| 清 青白玉沁色雕太狮少狮 | 长11cm | 176,000 | 天津文物 | 2010.5.24 |
| 清 白玉留皮雕耄耋珮 | 长4.7cm | 170,500 | 天津文物 | 2010.11.21 |
| 清 白玉一品当朝珮 | 高5.8cm | 168,000 | 北京翰海 | 2010.6.6 |
| 清 白玉卧羊 | 长9.2cm | 165,000 | 天津文物 | 2010.11.21 |
| 清 白玉喜得连科珮 | 高5.7cm | 156,800 | 北京翰海 | 2010.6.7 |
| 清 水晶雕狮子戏球摆件 | 长28cm | 154,000 | 天津文物 | 2010.11.21 |
| 清 白玉雕二龙戏珠纹手镯 | 内径6cm | 154,000 | 天津文物 | 2010.11.21 |
| 清 白玉留皮雕双欢珮 | 高4cm | 148,500 | 天津文物 | 2010.5.24 |
| 清 玛瑙巧雕喜上眉梢珮 | 高5.4cm | 145,600 | 北京翰海 | 2010.6.7 |
| 清 白玉鱼龙摆件 | 高9.3cm | 145,600 | 中国嘉德 | 2010.11.20 |
| 清 白玉双欢坠 | 长4.5cm | 145,600 | 中国嘉德 | 2010.11.22 |
| 清 白玉雕松鼠葡萄挂件 | 长6cm | 145,600 | 中贸圣佳 | 2010.7.17 |
| 清 白玉留皮雕金玉满堂纹珮 | 高7cm | 144,100 | 天津文物 | 2010.5.24 |
| 清 白玉留皮雕福禄珮 | 高4.8cm | 143,000 | 天津文物 | 2010.5.24 |
| 清 带皮白玉镂空福寿绵绵坠 | 长5.5cm | 136,052 | 香港淳浩 | 2010.11.27 |
| 清 玉留皮福寿纹坠 | 长6cm | 134,400 | 中国嘉德 | 2010.11.22 |
| 清 太狮少狮白玉摆件 | 长13cm | 134,400 | 北京九歌 | 2010.6.22 |
| 清 白玉吉庆有余珮 | 长8cm | 134,400 | 浙江钱塘 | 2010.7.3 |
| 清 白玉蝠兽摆件 | 长8.8cm | 134,400 | 北京翰海 | 2010.6.6 |
| 清 白玉雕龙纹仿古珮 | 高7cm | 134,400 | 北京匡时 | 2010.12.4 |
| 清 白玉螭龙珮(两件) | 长5.8cm | 134,400 | 中国嘉德 | 2010.9.18 |
| 清 白玉留皮雕松鼠珮 | 长5.5cm | 132,000 | 天津文物 | 2010.11.21 |
| 清 白玉水禽衔莲花摆件 | 长9cm | 123,200 | 雍和嘉诚 | 2010.12.3 |
| 清 白玉鹿衔灵芝摆件 | 长11cm | 123,200 | 北京保利 | 2010.10.25 |
| 清 白玉龙凤纹珮 | 高6.2cm | 123,200 | 四川嘉禾 | 2010.7.25 |
| 清 黄玉留皮雕双欢珮 | 高3.5cm | 121,000 | 天津文物 | 2010.5.24 |
| 清 玉双瑞兽 | 长6.6cm | 112,000 | 北京翰海 | 2010.6.6 |
| 清 白玉卧羊摆件 | 长9.5cm | 112,000 | 北京保利 | 2010.10.25 |
| 清 白玉双欢 | 长6.5cm | 112,000 | 浙江钱塘 | 2010.7.3 |
| 清 白玉俏色雕鹿乳奉亲摆件 | 高9cm | 112,000 | 北京荣宝 | 2010.3.14 |
| 清 白玉龙纹珮 | 高6.6cm | 112,000 | 中国嘉德 | 2010.11.22 |
| 清 白玉雕卧鹿 | 长11cm | 112,000 | 朵云轩 | 2010.6.30 |
| 清 带皮白玉镂空福寿连绵坠 | 长4.5cm | 106,898 | 香港淳浩 | 2010.11.27 |
| 清 白玉三羊开泰摆件 | 长6.3cm | 106,400 | 中国嘉德 | 2010.5.16 |
| 清 白玉玉堂锦绣珮 | 高6.5cm | 103,040 | 北京翰海 | 2010.6.6 |
| 清 黄玉年年有余 | 长9.5cm | 100,800 | 北京保利 | 2010.10.25 |
| 清 和田玉龙凤玉珮 | 高8cm | 100,800 | 厦门伯瀚 | 2010.5.9 |
| 清 白玉镂空连生贵子坠 | 长5.3cm | 98,900 | 香港淳浩 | 2010.11.27 |
| 清 白玉瑞兽 | 高3.5cm | 98,560 | 雍和嘉诚 | 2010.6.3 |
| 清 白玉马 | 长14cm | 98,560 | 中国嘉德 | 2010.12.18 |
| 清 白玉留皮雕龙纹珮 | 长5.8cm | 96,800 | 天津文物 | 2010.11.21 |
| 清 玛瑙巧作心猿意马珮 | 高4.5cm | 95,200 | 北京翰海 | 2010.12.12 |
| 清 白玉留皮连年有余小件 | 长6.5cm | 91,840 | 中国嘉德 | 2010.12.18 |
| 清 玉雕留皮双寿摆件 | 长10.9cm | 89,600 | 北京翰海 | 2010.12.12 |
| 清 青玉虎伏珮 | 长6.8cm | 89,600 | 北京保利 | 2010.7.31 |
| 清 玛瑙巧作封侯挂印珮 | 高5.4cm | 89,600 | 北京翰海 | 2010.12.12 |

| 拍品名称 | 尺寸 | 成交价(RMB) | 拍卖公司 | 拍卖日期 |
|---|---|---|---|---|
| 清 白玉马上封侯 | 长4.5cm | 89,600 | 浙江钱塘 | 2010.7.3 |
| 清 白玉雕松鼠葡萄坠 | 高5cm | 89,600 | 北京翰海 | 2010.9.18 |
| 清 白玉雕松鼠葡萄摆件 | 长5.4cm | 89,600 | 中贸圣佳 | 2010.7.17 |
| 清 白玉雕望子成龙纹珮 | 长12cm | 88,000 | 天津文物 | 2010.11.21 |
| 清 白玉旭日东升龙纹摆件 | 长13cm | 87,360 | 北京翰海 | 2010.6.7 |
| 清 珊瑚双欢坠 | 高3.8cm | 84,000 | 北京翰海 | 2010.6.7 |
| 清 碧玉雕瑞兽 | 长6.3cm | 84,000 | 北京保利 | 2010.12.6 |
| 清 白玉留皮福禄坠、白玉留皮松鼠葡萄坠 | 长5cm | 84,000 | 北京保利 | 2010.6.5 |
| 清 白玉雕鹅摆件 | 长22cm | 84,000 | 北京匡时 | 2010.12.4 |
| 清 玉刻凤摆件 | 长11.8cm | 80,640 | 十竹斋 | 2010.7.11 |
| 清 白玉留皮鹅 | 长7cm | 80,640 | 中国嘉德 | 2010.9.18 |
| 清 白玉雕双凤纹珮 | 长6cm | 79,200 | 天津文物 | 2010.11.21 |
| 清 青白玉留皮金玉满堂坠、白玉留皮俏色荷塘坠 | 尺寸不一 | 78,400 | 北京保利 | 2010.6.5 |
| 清 墨玉卧牛供 | 长21cm | 78,400 | 上海嘉泰 | 2010.4.20 |
| 清 碧玉牛 | 长25cm | 78,400 | 中国嘉德 | 2010.12.18 |
| 清 白玉洗象摆件 | 长7cm | 78,400 | 北京保利 | 2010.6.5 |
| 清 白玉三羊开泰 | 长4cm | 78,400 | 北京保利 | 2010.6.5 |
| 清 白玉瑞兽 | 长7cm | 78,400 | 北京保利 | 2010.6.5 |
| 清 玉雕鹿鹤衔灵芝 | 长6cm | 76,160 | 北京保利 | 2010.6.5 |
| 清 带皮白玉浮雕龙纹坠 | 长5.6cm | 74,175 | 香港淳浩 | 2010.11.27 |
| 清 白玉蝉形珮 | 长7cm | 72,800 | 北京保利 | 2010.12.6 |
| 清 墨玉对马 | 长20cm | 69,440 | 浙江钱塘 | 2010.7.3 |
| 清 白玉兔衔灵芝摆件 | 长6.5cm | 69,440 | 中国嘉德 | 2010.12.18 |
| 清 白玉双鱼灵芝坠 | 高6.5cm | 69,440 | 北京翰海 | 2010.6.6 |
| 清 白玉羊衔芝珮 | 长5.2cm | 69,230 | 香港淳浩 | 2010.11.27 |
| 清 珊瑚双欢坠 | 4.5cm×6cm | 67,200 | 中国嘉德 | 2010.11.22 |
| 清 青玉卧牛 | 长13.5cm | 67,200 | 北京保利 | 2010.6.5 |
| 清 青白玉雕独角兽 | 长7cm | 67,200 | 朵云轩 | 2010.6.30 |
| 清 龙凤纹子辰珮 | 长10cm | 67,200 | 四川嘉禾 | 2010.7.25 |
| 清 白玉透雕螭龙珮 | 高8.7cm | 67,200 | 北京纳高 | 2010.7.15 |
| 清 白玉双龙戏珠贵妃镯 | 长6cm | 67,200 | 广州嘉德 | 2010.12.8 |
| 清 白玉龙舟转心珮 | 直径5.5cm | 67,200 | 北京保利 | 2010.6.5 |
| 清 白玉龙凤珮 | 长5.5cm | 67,200 | 北京保利 | 2010.7.31 |
| 清 白玉留皮雕寿鸟珮 | 长6.5cm | 66,000 | 天津文物 | 2010.11.21 |
| 清 白玉留皮雕福寿纹珮 | 长6cm | 66,000 | 天津文物 | 2010.11.21 |
| 清 白玉雕龙凤纹珮 | 高6cm | 66,000 | 天津文物 | 2010.5.24 |
| 清 白玉雕福寿纹珮 | 长4cm | 66,000 | 天津文物 | 2010.11.21 |
| 清 玉雕双鱼摆件 | 长14.2cm | 64,960 | 中国嘉德 | 2010.11.20 |
| 清 碧玉牛 | 长24.5cm | 64,960 | 中国嘉德 | 2010.3.20 |
| 清 白玉猫蝶 | 长4.3cm | 64,960 | 中国嘉德 | 2010.11.20 |
| 清 白玉刻獾守业坠 | 长3cm | 64,285 | 香港淳浩 | 2010.11.27 |
| 清 白玉羊形坠 | 长6cm | 61,600 | 北京保利 | 2010.7.31 |
| 清 白玉卧牛 | 长6.5cm | 61,600 | 北京翰海 | 2010.6.6 |
| 清 白玉卧马挂件 | 长5.1cm | 61,600 | 北京中汉 | 2010.11.22 |
| 清 白玉卧马摆件 | 长5cm | 61,600 | 中国嘉德 | 2010.5.16 |
| 清 白玉三羊开泰 | 直径7cm | 61,600 | 朵云轩 | 2010.12.17 |
| 清 白玉金玉满堂 | 长4.5cm | 61,600 | 北京匡时 | 2010.6.6 |
| 清 白玉螭龙珮 | 高5.2cm | 61,600 | 西泠拍卖 | 2010.12.14 |
| 清 白玉雕福禄双全纹珮 | 长6.5cm | 60,500 | 天津文物 | 2010.11.21 |
| 清 白玉鹰 | 长9cm | 58,240 | 中国嘉德 | 2010.12.18 |
| 清 白玉双鹌摆件 | 长5cm | 58,240 | 中国嘉德 | 2010.5.16 |
| 清 白玉胡人瑞兽摆件 | 高6.3cm | 58,240 | 中国嘉德 | 2010.11.20 |
| 清 玉鹅摆件 | 长14.8cm | 56,000 | 北京翰海 | 2010.12.12 |
| 清 青白玉福寿摆件 | 高10cm | 56,000 | 北京保利 | 2010.7.31 |
| 清 黄玉马上封侯摆件 | 长8.5cm | 56,000 | 浙江钱塘 | 2010.7.3 |
| 清 碧玉孔雀 | 长17.5cm | 56,000 | 浙江钱塘 | 2010.7.3 |
| 清 白玉圆雕双马摆件 | 长8.5cm | 56,000 | 北京匡时 | 2010.12.4 |
| 清 白玉一团和气珮 | 高5.1cm | 56,000 | 北京翰海 | 2010.12.12 |
| 清 白玉双鹌摆件 | 长11cm | 56,000 | 雍和嘉诚 | 2010.12.3 |
| 清 白玉洒金鹅衔芝 | 长5.2cm | 56,000 | 北京翰海 | 2010.6.6 |
| 清 白玉瑞兽坠 | 长7.8cm | 56,000 | 中国嘉德 | 2010.9.18 |
| 清 白玉麒麟负书摆件 | 长12.5cm | 56,000 | 中国嘉德 | 2010.12.18 |
| 清 白玉年年有余珮 | 高5.2cm | 56,000 | 北京翰海 | 2010.12.12 |
| 清 白玉凤凰摆件 | 高13.5cm | 56,000 | 中国嘉德 | 2010.6.19 |
| 清 白玉蝉 | 高6.3cm | 56,000 | 北京翰海 | 2010.6.6 |
| 清 白玉雕仙鹤衔桃珮 | 长7.2cm | 55,000 | 天津文物 | 2010.11.21 |
| 清 白玉雕鸟纹珮 | 长5.3cm | 55,000 | 天津文物 | 2010.11.21 |
| 清 带皮白玉一路连科坠 | 长5.7cm | 54,395 | 香港淳浩 | 2010.11.27 |
| 清 白玉刻猫蝶坠、带皮白玉獾形坠(各一件) | 尺寸不一 | 54,395 | 香港淳浩 | 2010.11.27 |
| 清 玉雕鹿乳奉亲珮件 | 高6.5cm | 53,760 | 西泠拍卖 | 2010.7.6 |
| 清 玉雕福寿摆件 | 长8.5cm | 53,760 | 中国嘉德 | 2010.9.18 |

| 拍品名称 | 尺寸 | 成交价(RMB) | 拍卖公司 | 拍卖日期 |
|---|---|---|---|---|
| 清 青白玉留皮雕松鼠葡萄 | 长5cm | 52,800 | 天津文物 | 2010.5.24 |
| 清 发晶雕金鱼摆件 | 长15cm | 52,800 | 天津文物 | 2010.11.21 |
| 清 白玉留皮雕鹅衔莲纹珮 | 高5.5cm | 52,800 | 天津文物 | 2010.11.21 |
| 清 白玉雕太狮少狮纹珮 | 高5cm | 52,800 | 天津文物 | 2010.11.21 |
| 清 玉三羊开泰摆件 | 6.5cm×7.6cm | 51,520 | 老城隍庙 | 2010.11.6 |
| 清 白玉鱼 | 长7.3cm | 50,400 | 北京翰海 | 2010.6.6 |
| 清 白玉双鹅摆件 | 长9cm | 50,400 | 北京保利 | 2010.12.6 |
| 清 白玉瑞兽 | 长5.5cm | 50,400 | 北京翰海 | 2010.12.12 |
| 清 白玉雕绶带鸟摆件 | 高11.3cm | 50,400 | 中国嘉德 | 2010.11.20 |
| 青花籽 一路连科 | 11cm×18.5cm | 72,800 | 江苏嘉恒 | 2010.12.5 |
| 企鹅 | 高85cm | 56,000 | 中拍国际 | 2010.11.27 |
| 墨玉牛 |  | 143,000 | 广东省拍 | 2010.8.1 |
| 民国 玉雕马摆件 | 宽11cm | 268,800 | 北京保利 | 2010.10.25 |
| 民国 碧玉象(一对) | 长30.5cm | 112,000 | 中国嘉德 | 2010.6.19 |
| 民国 碧玉镶金太平有象(一对) | 高29cm | 112,000 | 中国嘉德 | 2010.9.18 |
| 民国 白玉福寿摆件 | 长16.5cm | 103,040 | 中国嘉德 | 2010.12.18 |
| 2003 刘忠荣 马到成功 白玉挂件 | 5cm×3.3cm | 224,000 | 西泠拍卖 | 2010.12.13 |
| 2005 刘忠荣 连年有余 白玉挂件 | 5.3cm×3cm | 190,400 | 西泠拍卖 | 2010.12.13 |
| 2007 李剑 连年有余 白玉挂件 | 7.3cm×4.7cm | 672,000 | 西泠拍卖 | 2010.12.13 |
| 2007 卢开飞 双鹅白玉把件 | 8cm×4.2cm | 100,800 | 西泠拍卖 | 2010.12.13 |
| 2007 倪伟滨 当朝一品白玉把件 | 8.4cm×3.7cm | 100,800 | 西泠拍卖 | 2010.12.13 |
| 2007 杨曦 瑞兽 白玉把件 | 5.5cm×3.5cm | 246,400 | 西泠拍卖 | 2010.12.13 |
| 2007 殷建国 玄机在握 俏色把件 | 7.5cm×3.5cm | 784,000 | 西泠拍卖 | 2010.12.13 |
| 2008 苏然 封侯纳福 白玉把件 | 5.8cm×4.6cm | 95,200 | 西泠拍卖 | 2010.12.13 |
| 2008 赵显志 百鸟朝凤 白玉挂件 | 6.5cm×3.6cm | 952,000 | 西泠拍卖 | 2010.12.13 |
| 2009 段炳全 地藏王菩萨 白玉摆件 | 14.3cm×6cm | 1,568,000 | 西泠拍卖 | 2010.12.13 |
| 2009 段炳全 龙凤呈祥斧 白玉挂件 | 3.5cm×4cm | 156,800 | 西泠拍卖 | 2010.12.13 |
| 2009 陆爱风 鸿运瑞兽 白玉把件 | 6.2cm×4.2cm | 358,400 | 西泠拍卖 | 2010.12.13 |
| 2009 王平 财运连连白玉把件 | 长7cm | 72,800 | 西泠拍卖 | 2010.12.13 |
| 2009 吴德升 云裳度春华 白玉摆件 | 12cm×7cm | 1,344,000 | 西泠拍卖 | 2010.12.13 |
| 2009 吴金星 瑞兽 白玉把件 | 7cm×4.4cm | 280,000 | 西泠拍卖 | 2010.12.13 |
| 2010 范同生 如沐春风白玉挂件 | 长5.7cm | 67,200 | 西泠拍卖 | 2010.12.13 |
| 2010 黄罕勇 蓄势 白玉把件 | 11cm×4.5cm | 425,600 | 西泠拍卖 | 2010.12.13 |
| 2010 陆爱风 跃身成龙白玉挂件 | 长6cm | 67,200 | 西泠拍卖 | 2010.12.13 |
| 2010 赵显志 猫蝶图 白玉把件 | 5.5cm×3.7cm | 179,200 | 西泠拍卖 | 2010.12.13 |
| 2010 周雁明 福寿三多 白玉把件 | 6cm×5.5cm | 358,400 | 西泠拍卖 | 2010.12.13 |
| 白玉螭龙珮 | 长8.5cm | 56,000 | 中国嘉德 | 2010.9.18 |
| 白玉雕荷叶双鹅挂件 | 长5cm | 56,000 | 中鸿信 | 2010.3.28 |
| 白玉福寿珮 | 长5.7cm | 56,000 | 中鸿信 | 2010.3.28 |
| 白玉龙凤呈祥摆件 | 长35cm | 53,760 | 中国嘉德 | 2010.12.18 |
| 白玉巧雕龙行天下辈辈封侯珮 | 高11.8cm | 403,200 | 中鸿信 | 2010.9.19 |
| 白玉瑞兽坠(三件) | 尺寸不一 | 145,600 | 中国嘉德 | 2010.12.18 |
| 白玉洒金雕福禄寿摆件 | 高6.5cm | 58,240 | 北京翰海 | 2010.9.18 |
| 白玉手把件 | 长9.5cm | 72,800 | 北京歌德 | 2010.11.19 |
| 白玉籽 路路通 | 长7.5cm | 98560 | 江苏嘉恒 | 2010.12.5 |
| 白玉籽 年年得子 | 长4.6cm | 95,200 | 江苏嘉恒 | 2010.12.5 |
| 白玉籽 瑞兽 | 长7.5cm | 392,000 | 江苏嘉恒 | 2010.12.5 |
| 白玉籽 喜事连连 | 长7cm | 72,800 | 江苏嘉恒 | 2010.12.5 |
| 白玉籽 有凤来仪 | 12cm×16cm | 201,600 | 江苏嘉恒 | 2010.12.5 |

| 拍品名称 | 尺寸 | 成交价(RMB) | 拍卖公司 | 拍卖日期 |
|---|---|---|---|---|
| 白玉籽+E3327福寿 | 长9.5cm | 145,600 | 江苏嘉恒 | 2010.12.5 |
| 白玉籽一路连科 | 长11.57cm | 109,760 | 江苏嘉恒 | 2010.12.5 |
| 碧玉卧牛带座 | 15.5cm×37cm | 197,120 | 老城隍庙 | 2010.11.6 |
| 苍鹰旭日 | 长30cm | 224,000 | 中拍国际 | 2010.11.27 |
| 2009 崔磊 大展宏图 白玉挂件 | 高5.6cm | 84,000 | 西泠拍卖 | 2010.7.4 |
| 翠玉珮饰及文房用具(一组七件) | 高3.8cm×7 | 263,400 | 香港佳士得 | 2010.5.31 |
| 东海黄鱼 | 长56 | 95,200 | 中拍国际 | 2010.11.27 |
| 俄料 仿古龙佩 | 长8cm | 95,200 | 江苏嘉恒 | 2010.12.5 |
| 2009 葛洪 虎面博古珮 白玉挂件 | 高5.5cm | 123,200 | 西泠拍卖 | 2010.7.4 |
| 郭功森 五龙献宝 | 长10cm | 672,000 | 北京保利 | 2010.6.4 |
| 郭万龙 代代封侯 白玉把件 | 长6.8cm | 134,400 | 中国嘉德 | 2010.5.17 |
| 郭万龙 一鸣惊人 白玉挂件 | 高4.2cm | 50,400 | 西泠拍卖 | 2010.7.4 |
| 和田青玉雕鱼化龙摆件 | 长20cm | 89,600 | 老城隍庙 | 2010.11.6 |
| 和田玉雕松鼠葡萄摆件 | 长20cm | 145,600 | 老城隍庙 | 2010.11.6 |
| 和田玉菊瓣纹神鸟手握件 | 长5.5cm | 89,600 | 老城隍庙 | 2010.11.6 |
| 和田籽料 凤凰 | 长4.7cm | 61,600 | 江苏嘉恒 | 2010.12.5 |
| 和田籽料 龟鹤延年 | 长7.3cm | 112,000 | 江苏嘉恒 | 2010.12.5 |
| 和田籽料 望子成龙 | 6cm×3.9cm | 95,200 | 江苏嘉恒 | 2010.12.5 |
| 和田籽玉 仿古龙 | 6.5cm×4.0cm | 179,200 | 江苏嘉恒 | 2010.12.5 |
| 和田籽玉 马上封侯 | 长13.2cm | 112,000 | 江苏嘉恒 | 2010.6.6 |
| 和田籽玉 瑞兽 | 高6.0cm | 100,800 | 江苏嘉恒 | 2010.6.6 |
| 和田籽玉 双喜把件 | 长6.4cm | 95,200 | 江苏嘉恒 | 2010.12.5 |
| 2009 黄罕勇 貔貅 白玉挂件 | 长4.6cm | 50,400 | 西泠拍卖 | 2010.7.4 |
| 2009 蒋喜 龙凤太极 白玉挂件 | 高6.6cm | 224,000 | 西泠拍卖 | 2010.7.4 |
| 2009 蒋喜 玉猪龙 白玉挂件 | 高4.5cm | 448,000 | 西泠拍卖 | 2010.7.4 |
| 卢开飞 金蟾白玉把件 | 7.8cm×50cm | 100,800 | 西泠拍卖 | 2010.12.13 |
| 卢开飞 一路连科 白玉把件 | 长6.8cm | 123,200 | 中国嘉德 | 2010.5.17 |
| 陆爱风 螭虎戏凤 白玉珮 | 高5.8cm | 302,400 | 中国嘉德 | 2010.5.17 |
| 陆爱风 螭龙 白玉把件 | 高7.5cm | 201,600 | 中国嘉德 | 2010.5.17 |
| 瑞兽 | 长50cm | 336,000 | 中拍国际 | 2010.11.27 |
| 兽首 | 长30cm | 896,000 | 中拍国际 | 2010.11.27 |
| 双龟贺寿 | 长33cm | 134,400 | 中拍国际 | 2010.11.27 |
| 2009 宋世义 报喜图 白玉把件 | 长6.6cm | 56,000 | 西泠拍卖 | 2010.7.4 |
| 2009 苏然 瑞兽 白玉把件 | 长7.6cm | 336,000 | 西泠拍卖 | 2010.7.4 |
| 2009 孙永 喜事相连 | 长6cm | 168,000 | 西泠拍卖 | 2010.7.4 |
| 吴灶发 彩凤戏灵芝 白玉把件 | 长7.8cm | 291,200 | 中国嘉德 | 2010.5.17 |
| 吴灶发 彩凤戏灵芝 白玉把件 | 长9cm | 212,800 | 中国嘉德 | 2010.5.17 |
| 吴灶发 吉上加吉 白玉把件2009 | 长5cm | 156,800 | 西泠拍卖 | 2010.7.4 |
| 雄鹰展翅 | 长90cm | 336,000 | 中拍国际 | 2010.11.27 |
| 佚名 马上封侯 白玉把件 | 长7.8cm | 201,600 | 西泠拍卖 | 2010.7.4 |
| 2009 殷建国 凤穿牡丹 白玉摆件 | 带座高18.6cm | 336,000 | 西泠拍卖 | 2010.7.4 |
| 玉雕福禄寿摆件 | 高32.5cm | 123,200 | 中鼎国际 | 2010.11.18 |
| 2008 赵显志 金蟾 白玉挂件 | 长4.8cm | 168,000 | 西泠拍卖 | 2010.7.4 |
| 仔玉雕红皮瑞兽 | 长6.8cm | 134,400 | 中鸿信 | 2010.3.28 |
| 佩玩植物件 |  |  |  |  |
| 西汉 玉雕竹节型挂件 | 长5.3cm | 91,840 | 老城隍庙 | 2010.11.6 |
| 明 白玉葫芦双环佩件 | 长9.5cm | 100,800 | 广州嘉德 | 2010.12.8 |
| 明 白玉葫芦把件 | 长7cm | 50,400 | 广州嘉德 | 2010.12.8 |
| 清雍正 巧色白玉题诗蔓藤瓜果卵石 | 高7.5cm | 545,600 | 香港苏富比 | 2010.4.8 |
| 清乾隆 黑白玉圆雕葫芦摆件 | 高7.3cm | 156,800 | 北京匡时 | 2010.12.4 |
| 清乾隆 白玉松竹梅纹珮 | 长5.7cm | 51,520 | 上海新华 | 2010.9.5 |
| 清乾隆 白玉荷花珮 | 长5.6cm | 67,200 | 上海新华 | 2010.9.5 |
| 清中期 玉洒金瓜坠 | 高5.4cm | 53,760 | 北京翰海 | 2010.12.12 |
| 清中期 玉雕灵仙祝寿坠 | 高4.5cm | 168,000 | 北京翰海 | 2010.12.12 |
| 清中期 青白玉寿桃摆件 | 长12cm | 291,200 | 北京保利 | 2010.12.6 |

## 2010玉器拍卖成交汇总

**(成交价RMB：5万元以上)**

| 拍品名称 | 尺寸 | 成交价(RMB) | 拍卖公司 | 拍卖日期 |
|---|---|---|---|---|
| 清中期 白玉洒金莲蓬 | 长6.2cm | 112,000 | 北京翰海 | 2010.12.12 |
| 清中期 白玉洒金莲蓬 | 长4.7cm | 78,400 | 北京翰海 | 2010.12.12 |
| 清中期 白玉梅寿珮 | 高6.7cm | 168,000 | 北京翰海 | 2010.12.12 |
| 清中期 白玉花卉诗文珮 | 高4.5cm | 91,840 | 北京翰海 | 2010.12.12 |
| 清中期 白玉葫芦摆件 | 高7.5cm | 84,000 | 北京匡时 | 2010.6.6 |
| 清中期 白玉雕长寿珮 | 高6cm | 76,160 | 北京歌德 | 2010.6.19 |
| 清中期 白玉大吉葫芦珮 | 高7.9cm | 112,000 | 北京翰海 | 2010.6.6 |
| 清中期 白玉大吉葫芦珮 | 高8.4cm | 56,000 | 北京翰海 | 2010.6.6 |
| 清18世纪/19世纪 白玉梅竹珮 | 高4.5cm | 132,000 | 香港苏富比 | 2010.4.8 |
| 清18世纪 白玉荸荠摆件 | 宽6.3cm | 129,000 | 香港佳士得 | 2010.12.1 |
| 清 玉高浮雕三多摆件 | 高29cm | 190,400 | 中都国际 | 2010.9.25 |
| 清 羊脂玉竹节珮 | 长7cm | 246,400 | 雍和嘉诚 | 2010.12.3 |
| 清 珊瑚雕荷莲摆件 | 高24cm | 224,000 | 北京翰海 | 2010.9.18 |
| 清 玛瑙巧雕白菜 | 高20cm | 224,000 | 浙江钱塘 | 2010.7.3 |
| 清 黄玉巧雕花卉珮 | 长6.3cm | 56,000 | 北京匡时 | 2010.12.4 |
| 清 痕都斯坦式白玉嵌宝石花卉纹摆件(两件) | 长11.5cm | 246,400 | 中国嘉德 | 2010.9.18 |
| 清 和田玉浅雕缠枝纹朝扳耳带盖摆件 | 长13.6cm | 72,800 | 老城隍庙 | 2010.11.6 |
| 清 翠竹抱平安 | 高5cm | 50,400 | 北京匡时 | 2010.6.6 |
| 清 白玉喜中三元珮 | 高6cm | 64,960 | 北京翰海 | 2010.6.6 |
| 清 白玉透雕荷花纹珮 | 高5.7cm | 66,000 | 天津文物 | 2010.5.24 |
| 清 白玉洒金松鼠葡萄坠 | 高5.7cm | 80,640 | 北京翰海 | 2010.12.12 |
| 清 白玉洒金莲蓬 | 长5.5cm | 84,000 | 北京翰海 | 2010.12.12 |
| 清 白玉镂雕松树葡萄把件 | 长7.5cm | 123,200 | 广州嘉德 | 2010.12.8 |
| 清 白玉留皮花果坠(两件) | 长5.6cm | 106,400 | 中国嘉德 | 2010.12.18 |
| 清 白玉留皮雕葫芦万代纹珮 | 高4cm | 198,000 | 天津文物 | 2010.5.24 |
| 清 白玉留皮雕荷叶珮 | 高5.5cm | 129,600 | 天津文物 | 2010.5.24 |
| 清 白玉灵芝坠 | 长5.4cm | 64,285 | 香港淳浩 | 2010.11.27 |
| 清 白玉灵芝形坠 | 长5.8cm | 59,340 | 香港淳浩 | 2010.11.27 |
| 清 白玉花卉诗文珮 | 高6.4cm | 67,200 | 北京翰海 | 2010.6.6 |
| 清 白玉葫芦万代摆件 | 长8.5cm | 134,400 | 中国嘉德 | 2010.9.18 |
| 清 白玉红皮荷花坠 | 长5.2cm | 134,400 | 上海大众 | 2010.1.3 |
| 清 白玉豆荚形坠 | 长7.1cm | 74,175 | 香港淳浩 | 2010.11.27 |
| 清 白玉雕莲蓬坠 | 长4.7cm | 54,000 | 天津文物 | 2010.11.21 |
| 清 白玉雕莲蓬摆件 | 长4.5cm | 61,600 | 雍和嘉诚 | 2010.12.3 |
| 清 白玉雕莲蓬 | 长5.4cm | 91,840 | 中国嘉德 | 2010.11.20 |
| 清 白玉雕金玉满堂纹珮 | 长6cm | 110,000 | 天津文物 | 2010.11.21 |
| 清 白玉雕吉庆多子纹珮 | 高5cm | 242,000 | 天津文物 | 2010.5.24 |
| 清 白玉雕海晏河清摆件 | 长19cm | 187,000 | 天津文物 | 2010.11.21 |
| 清 白玉雕连生贵子挂件 | 直径4.6cm | 145,600 | 北京荣宝 | 2010.11.14 |
| 清 白玉白菜摆件 | 长23cm | 470,400 | 北京中嘉 | 2010.5.9 |
| 清 白玉(三多寿仪)珮 | 高6cm | 59,125 | 香港佳士得 | 2010.12.1 |
| 白玉大白菜 | 长30cm | 106,400 | 老城隍庙 | 2010.11.6 |
| 白玉巧雕瓜蝶坠 | 高5.5cm | 190,400 | 北京翰海 | 2010.1.21 |
| 白玉籽 白菜 | 23.8cm×13.8cm | 4,032,000 | 江苏嘉恒 | 2010.12.5 |
| 白玉籽 荷花仙子 | 长28cm | 616,000 | 江苏嘉恒 | 2010.12.5 |
| 白玉籽 兰花 | 长7.2cm | 67,200 | 江苏嘉恒 | 2010.12.5 |
| 2009 范同生 肥黄藤达 碧玉挂件 | 长8.2cm | 134,400 | 西泠拍卖 | 2010.7.4 |
| 和田籽料 国色天香 | 长4.7cm | 95,200 | 江苏嘉恒 | 2010.12.5 |
| 和田籽料 灵芝 | | 145,600 | 江苏嘉恒 | 2010.12.5 |
| 珊瑚树摆件 | | 50,400 | 北京歌德 | 2010.6.19 |
| 2009 孙永 一世荣华 白玉把件 | 高4.8cm | 168,000 | 西泠拍卖 | 2010.7.4 |
| 2010 赵显志 屹芳 白玉挂件 | 长3.5cm | 72,800 | 西泠拍卖 | 2010.12.13 |
| 其他佩玩件 | | | | |
| 红山文化 碧玉勾云形珮 | 长12cm | 134,400 | 中拍国际 | 2010.11.27 |
| 良渚文化 三棱形坠 | 长4.6cm | 69,440 | 北京中嘉 | 2010.5.9 |
| 汉 白玉司南珮(一对) | 高5.5cm | 64,960 | 北京中嘉 | 2010.5.9 |
| 辽金 白玉沁色雕嘎拉哈 | 长4cm | 55,000 | 天津文物 | 2010.5.24 |
| 辽 玉组珮挂件(六件) | 尺寸不一 | 190,400 | 北京九歌 | 2010.6.22 |
| 明 青玉幻方 | 长3cm | 67,200 | 中拍国际 | 2010.11.27 |
| 明 白玉烤色穿花龙纹帽顶 | 宽6cm | 61,600 | 上海大众 | 2010.1.3 |
| 明 白玉八棱律 | 长4.2cm | 55,000 | 香港苏富比 | 2010.4.8 |
| 清中期 蒙镶珊瑚头饰(一组六件) | | 2,800,000 | 北京翰海 | 2010.12.11 |
| 清中期 白玉子辰珮 | 高5.5cm | 50,400 | 北京翰海 | 2010.12.12 |

| 拍品名称 | 尺寸 | 成交价(RMB) | 拍卖公司 | 拍卖日期 |
|---|---|---|---|---|
| 清中期 白玉云纹活心珮 | 直径5.7cm | 53,760 | 北京翰海 | 2010.6.6 |
| 清中期 白玉天干地支珮 | 高7.7cm | 369,600 | 北京翰海 | 2010.12.12 |
| 清中期 白玉双喜珮 | 高6.3cm | 78,400 | 北京翰海 | 2010.6.6 |
| 清中期 白玉神品文玩珮 | 高4.6cm | 156,800 | 北京九歌 | 2010.6.22 |
| 清中期 白玉沁色福寿三多暖手 | 长6.6cm | 56,000 | 北京保利 | 2010.6.4 |
| 清中期 白玉珮饰(五件) | 尺寸不一 | 224,000 | 北京翰海 | 2010.12.12 |
| 清中期 白玉扭绳纹双蝠带饰 | 长7.2cm | 91,840 | 北京翰海 | 2010.12.12 |
| 清中期 白玉扭绳纹带饰 | 长9.3cm | 67,200 | 北京翰海 | 2010.12.12 |
| 清中期 白玉龙凤币形珮 | 直径4.4cm | 64,960 | 北京翰海 | 2010.12.12 |
| 清中期 白玉吉祥珮 | 高5.4cm | 78,400 | 北京翰海 | 2010.6.6 |
| 清中期 白玉雕琴形挂件 | 长8cm | 112,000 | 北京歌德 | 2010.6.19 |
| 清中期 白玉百事如意珮 | 高6cm | 156,800 | 北京翰海 | 2010.6.6 |
| 清乾隆 御制白玉乾隆御笔"心经"别子(一对) | 长4.5cm | 168,000 | 北京保利 | 2010.12.6 |
| 清乾隆 养和堂款携琴访友图黄玉别子 | 长9cm | 582,400 | 北京匡时 | 2010.12.4 |
| 清乾隆 碧玉阴刻描金应者御制诗文板 | 高21.5cm | 302,400 | 北京匡时 | 2010.12.4 |
| 清乾隆 白玉双福寿瓦子 | 宽13cm | 50,400 | 中国嘉德 | 2010.11.22 |
| 清乾隆 白玉牡丹亭珮 | 高5.4cm | 448,000 | 北京翰海 | 2010.6.6 |
| 清18世纪 白玉透雕"囍"字扁方 | 长32.3cm | 301,000 | 香港佳士得 | 2010.12.1 |
| 清 玉小件(四件) | 尺寸不一 | 64,960 | 中国嘉德 | 2010.12.18 |
| 清 水晶球 | 直径15.9cm | 739,600 | 香港佳士得 | 2010.12.1 |
| 清 青玉笛子 | 长56cm | 74,800 | 天津文物 | 2010.5.24 |
| 清 玛瑙挂件(六件) | 尺寸不一 | 65,780 | 香港淳浩 | 2010.3.27 |
| 清 白玉天干地支珮 | 高6.6cm | 69,440 | 北京翰海 | 2010.12.12 |
| 清 白玉山水纹挂件 | 长24cm | 76,160 | 中国嘉德 | 2010.12.18 |
| 清 白玉沁色云纹斧形珮 | 长10.3cm | 550,000 | 天津文物 | 2010.11.21 |
| 清 白玉沁色雕龙纹斧形器 | 长13.8cm | 176,000 | 天津文物 | 2010.5.24 |
| 清 白玉六合珮 | 高7cm | 64,960 | 北京翰海 | 2010.6.6 |
| 清 白玉鸠杖首 | 长10.5cm | 58,240 | 中国嘉德 | 2010.12.18 |
| 清 白玉逢吉珍符(两件) | 尺寸不一 | 50,400 | 中国嘉德 | 2010.6.19 |
| 清 白玉雕富贵有余斧形佩 | 高7cm | 470,400 | 中国嘉德 | 2010.5.16 |
| 白玉雕件(一组) | 尺寸不一 | 50,400 | 北京歌德 | 2010.11.19 |
| 白玉光白籽料 | 重480g | 64,960 | 北京纳高 | 2010.7.15 |
| 碧玉七珍 | 尺寸不一 | 67,200 | 中国嘉德 | 2010.3.20 |
| 2009 曹扬 荷塘秋意白玉把件 | 长7.8cm | 190,400 | 西泠拍卖 | 2010.7.4 |
| 2009 崔磊 游刃有余白玉摆件 | 长11cm | 313,600 | 西泠拍卖 | 2010.7.4 |
| 葛洪 倒卷黄河作飞雨白玉挂件 | 长8cm | 61,600 | 西泠拍卖 | 2010.12.13 |
| 和田玉籽料挂件 | 长7.2cm | 313,600 | 老城隍庙 | 2010.11.6 |
| 和田籽玉 秋韵 | 高6cm | 95,200 | 江苏嘉恒 | 2010.12.5 |
| 和田籽玉 喜事成双 | 长5.7cm | 134,400 | 江苏嘉恒 | 2010.6.6 |
| 红皮籽料挂件 | 长6.3cm | 313,600 | 老城隍庙 | 2010.11.6 |
| 2009 黄罕勇 福寿双全白玉把件 | 长7.2cm | 504,000 | 西泠拍卖 | 2010.7.4 |
| 1998 刘忠荣 福寿献瑞白玉把件 | 长7.6cm | 448,000 | 西泠拍卖 | 2010.7.4 |
| 水晶球(三颗) | 尺寸不一 | 54,875 | 香港佳士得 | 2010.5.31 |
| 2005 吴德升 方圆青玉摆件 | 带座高17cm | 67,200 | 西泠拍卖 | 2010.7.4 |
| 2009 吴德升 玉露琼芳白玉把件 | 长9.5cm | 358,400 | 西泠拍卖 | 2010.7.4 |
| 2009 殷建国 春水把件 | 长6.8cm | 95,200 | 西泠拍卖 | 2010.7.4 |
| 2009 于雪涛 一锤定音白玉把件 | 长6.8cm | 168,000 | 西泠拍卖 | 2010.7.4 |
| 2009 于雪涛 一诺千金白玉把件 | 长7cm | 504,000 | 西泠拍卖 | 2010.7.4 |
| 白玉籽 国色天香图 | 长17cm | 358,400 | 江苏嘉恒 | 2010.12.5 |
| 三、陈设和生活用品 | | | | |
| 玉 屏 | | | | |
| 明 白玉福如东海插屏 | 长22.5cm | 1,008,000 | 云南典藏 | 2010.4.25 |
| 明 白玉沁色雕日月同辉插屏 | 长8cm | 418,000 | 天津文物 | 2010.5.24 |

**2010玉器拍卖成交汇总**

**(成交价RMB：5万元以上)**

| 拍品名称 | 尺寸 | 成交价(RMB) | 拍卖公司 | 拍卖日期 |
|---|---|---|---|---|
| 清乾隆 白玉八蛮献宝万国来朝插屏 | 高26.5cm | 2,912,000 | 北京保利 | 2010.6.4 |
| 清乾隆 白玉雕海屋添筹御题诗圆形插屏 | 直径13cm | 2,016,000 | 北京保利 | 2010.6.4 |
| 清乾隆 白玉九如砚屏 | 高15.2cm | 1,232,000 | 北京匡时 | 2010.6.6 |
| 清乾隆 白玉圆形插屏连碧玉座 | 高31cm | 8,736,000 | 北京保利 | 2010.6.4 |
| 清乾隆 和阗青玉“执两用中”御笔砚屏 | 高16.5cm | 1,680,000 | 浙江钱塘 | 2010.7.3 |
| 清早期 白玉鹤鹿同春砚屏 | 直径19.5cm | 201,600 | 北京翰海 | 2010.6.6 |
| 清早期 青白玉雕达摩过江诗文插屏 | 高24cm | 179,200 | 朵云轩 | 2010.6.30 |
| 清中期 碧玉山水人物描金竹纹砚屏 | 直径20cm | 89,600 | 北京翰海 | 2010.6.6 |
| 清中期 青白玉禄寿童子小插屏 | 高19cm | 168,000 | 北京保利 | 2010.6.5 |
| 清中期 青白玉松下高士福寿图插屏(一对) | 高26.5cm | 2,408,000 | 长风拍卖 | 2010.6.22 |
| 清中期 墨玉龙纹插屏 | 高14.6cm | 168,000 | 北京翰海 | 2010.12.12 |
| 清 碧玉描金山水人物花鸟插屏(一对) | 长19cm | 123,200 | 浙江钱塘 | 2010.7.3 |
| 清 碧玉山水诗文座屏 | 高25cm | 56,000 | 北京保利 | 2010.7.31 |
| 清 碧玉松鹤描金插屏(一对) | 长27.5cm | 100,800 | 广州嘉德 | 2010.6.16 |
| 清 浮雕蟠桃纹玉砚屏 | 高17cm | 67,200 | 西泠拍卖 | 2010.7.6 |
| 清 青白玉山居图座屏 | 宽18cm | 123,200 | 北京保利 | 2010.7.31 |
| 清 青玉描金山水人物纹插屏 | | 110,000 | 天津文物 | 2010.5.24 |
| 清末 邓实跋大理石玉山碧落图挂屏 | 108cm×57cm | 156,800 | 北京永乐 | 2010.11.23 |
| 青金石牧牛、牧马图诗文插屏(一对) | 高42cm | 72,800 | 中国嘉德 | 2010.6.19 |
| 白玉镂雕苍龙教子插屏 | 24cm×18cm | 67,200 | 广州嘉德 | 2010.12.8 |
| 和田籽玉 观音插屏 | 长5.5cm | 62,720 | 江苏嘉恒 | 2010.6.6 |
| 玉如意 | | | | |
| 宋 白玉谷纹如意 | 长20.7cm | 72,800 | 中拍国际 | 2010.11.27 |
| 清乾隆 白玉八吉祥纹如意 | 长42.8cm | 3,360,000 | 中国嘉德 | 2010.3.20 |
| 清乾隆 白玉雕福寿绵长如意 | 长45cm | 4,480,000 | 北京匡时 | 2010.12.4 |
| 清乾隆 白玉雕太平有象吉祥万年如意 | 长47cm | 16,800,000 | 北京匡时 | 2010.12.4 |
| 清乾隆 白玉雕正面龙纹福寿如意 | 长44cm | 22,400,000 | 北京保利 | 2010.12.5 |
| 清乾隆 白玉福寿八宝纹如意 | 长43.5cm | 2,912,000 | 中国嘉德 | 2010.5.15 |
| 清乾隆 白玉福寿双全如意 | 长50cm | 2,576,000 | 中国嘉德 | 2010.11.21 |
| 清乾隆 白玉海屋添筹纹如意 | 长39.5cm | 3,360,000 | 北京匡时 | 2010.6.6 |
| 清乾隆 白玉胡人献宝三镶如意 | 长55cm | 280,000 | 北京保利 | 2010.6.4 |
| 清乾隆 白玉花卉双蝠如意 | 高40.2cm | 896,000 | 北京翰海 | 2010.6.6 |
| 清乾隆 白玉灵芝八鹤暗八仙如意 | 长40cm | 896,000 | 北京保利 | 2010.6.4 |
| 清乾隆 白玉灵芝纹如意 | 长46cm | 2,016,000 | 中国嘉德 | 2010.5.16 |
| 清乾隆 白玉嵌百宝九桃牡丹福寿如意 | 长44cm | 5,040,000 | 北京保利 | 2010.6.4 |
| 清乾隆 白玉太平有象五蝠小如意 | 长29cm | 1,120,000 | 北京保利 | 2010.6.4 |
| 清乾隆 白玉五福锦地如意 | 长48.5cm | 1,344,000 | 北京保利 | 2010.12.5 |
| 清乾隆 白玉喜上眉梢如意 | 长37.2cm | 3,360,000 | 北京匡时 | 2010.6.6 |
| 清乾隆 白玉跃龙戏珠图如意 | 长46.8cm | 8,273,200 | 香港佳士得 | 2010.12.1 |
| 清乾隆 白玉吉祥纹如意 | 长43.6cm | 3,113,200 | 香港苏富比 | 2010.10.8 |
| 清乾隆 白玉八吉祥如意 | 长43cm | 2,287,600 | 香港苏富比 | 2010.10.8 |
| 清乾隆 白玉瑞草纹如意 | 长44.5cm | 1,874,800 | 香港苏富比 | 2010.10.8 |
| 清乾隆 黄玉一品青莲如意 | 长35.5cm | 11,760,000 | 北京匡时 | 2010.6.6 |

| 拍品名称 | 尺寸 | 成交价(RMB) | 拍卖公司 | 拍卖日期 |
|---|---|---|---|---|
| 清乾隆 青白玉八吉祥如意 | 长45cm | 896,000 | 北京保利 | 2010.12.5 |
| 清乾隆 青白玉太平有象如意 | 长45cm | 190,400 | 北京保利 | 2010.3.19 |
| 清乾隆 御制白玉正面升龙纹万福如意 | 长38cm | 5,824,000 | 北京保利 | 2010.12.5 |
| 清乾隆 御制和阗白玉御制诗(赶珠云龙)如意 | 长37.5cm | 16,220,340 | 香港苏富比 | 2010.10.7 |
| 清乾隆 紫檀嵌银丝百寿三镶凤纹如意 | 长50cm | 268,800 | 北京保利 | 2010.10.25 |
| 清早期 古玉龙珠如意 | 长40cm | 1,232,000 | 北京保利 | 2010.7.31 |
| 清中期 玉如意 | 长19cm | 89,600 | 西泠拍卖 | 2010.7.6 |
| 清中期 白玉八吉祥如意 | 长40cm | 537,600 | 北京保利 | 2010.12.6 |
| 清中期 白玉雕如意 | 长36cm | 212,800 | 雍和嘉诚 | 2010.12.3 |
| 清中期 白玉福寿如意 | 长39.5cm | 896,000 | 北京翰海 | 2010.6.6 |
| 清中期 碧玉八吉祥寿纹如意 | 长35.5cm | 201,600 | 北京翰海 | 2010.6.6 |
| 清中期 碧玉雕三多纹如意 | 长45.3cm | 280,000 | 北京匡时 | 2010.12.4 |
| 清中期 红木嵌白玉人物三厢如意 | 长57cm | 224,000 | 上海新华 | 2010.9.5 |
| 清中期 红木三镶玉雕莲花如意 | 长47.3cm | 212,800 | 北京翰海 | 2010.6.6 |
| 清中期 琥珀八吉祥纹如意 | 长43cm | 89,600 | 上海嘉泰 | 2010.9.27 |
| 清中期 黄花梨嵌白玉雕八吉祥寿字如意 | 长53.4cm | 156,800 | 北京翰海 | 2010.12.12 |
| 清中期 黄玉仙人福寿如意 | 长31cm | 2,576,000 | 北京翰海 | 2010.12.12 |
| 清中期 木嵌白玉群贤祝寿如意 | 长54cm | 117,600 | 北京匡时 | 2010.12.4 |
| 清中期 青白玉八仙如意 | 长42.5cm | 336,000 | 北京保利 | 2010.6.5 |
| 清中期 青白玉云龙纹如意 | 长44cm | 4,816,000 | 北京保利 | 2010.12.6 |
| 清中期 青玉三多如意 | 长28cm | 89,600 | 北京保利 | 2010.7.31 |
| 清 白玉雕龙纹三镶如意 | 长41cm | 407,000 | 天津文物 | 2010.11.21 |
| 清 白玉雕仙人乘槎纹三镶如意 | 长53.5cm | 187,000 | 天津文物 | 2010.11.21 |
| 清 白玉福寿八宝纹如意 | 长44cm | 69,440 | 中国嘉德 | 2010.12.18 |
| 清 白玉福寿花卉纹如意 | 长35.5cm | 91,840 | 中国嘉德 | 2010.9.18 |
| 清 白玉花卉纹如意 | 长30.5cm | 84,000 | 中国嘉德 | 2010.9.18 |
| 清 白玉刻八宝如意 | 长38cm | 448,000 | 北京保利 | 2010.10.25 |
| 清 白玉沁色雕福寿纹如意 | 长28cm | 330,000 | 天津文物 | 2010.5.24 |
| 清 白玉如意 | 长36cm | 280,000 | 浙江钱塘 | 2010.7.3 |
| 清 白玉五福捧寿如意 | 长32cm | 67,200 | 北京保利 | 2010.10.25 |
| 清 白玉婴戏纹如意 | 长27.3cm | 78,400 | 深圳市拍 | 2010.10.23 |
| 清 碧玉嵌白玉梅花纹如意 | 长44.8cm | 56,000 | 中国嘉德 | 2010.12.18 |
| 清 红木嵌白玉三镶福寿吉祥纹如意(一对) | 长44.5cm×2 | 347,200 | 中贸圣佳 | 2010.7.17 |
| 清 黄玉灵芝如意 | 长33cm | 627,200 | 北京匡时 | 2010.12.4 |
| 清 黄玉麻姑献寿如意 | 长40cm | 448,000 | 中国嘉德 | 2010.11.20 |
| 清 黄玉如意 | 长41.6cm | 201,600 | 中国嘉德 | 2010.12.18 |
| 清 黄玉诗文如意 | 长39cm | 212,800 | 中国嘉德 | 2010.12.18 |
| 清 青白玉八宝寿字如意 | 长43cm | 582,400 | 中国嘉德 | 2010.9.18 |
| 清 青白玉雕花卉如意 | 长36cm | 89,600 | 雍和嘉诚 | 2010.12.3 |
| 清 青白玉雕寿字如意 | 长31cm | 69,440 | 雍和嘉诚 | 2010.6.3 |
| 清 青白玉福寿暗八仙纹如意 | 长49.5cm | 537,600 | 中国嘉德 | 2010.5.16 |
| 清 青白玉如意 | 长44cm | 91,840 | 中国嘉德 | 2010.12.18 |
| 清 青白玉松鹤人物纹如意 | 长40cm | 168,000 | 中国嘉德 | 2010.12.18 |
| 清 青玉雕福寿纹如意 | 长40cm | 88,000 | 天津文物 | 2010.11.21 |
| 清 玉雕花卉纹如意 | 长33.5cm | 76,160 | 中国嘉德 | 2010.12.18 |
| 清 玉雕连年有余如意 | 长41.5cm | 156,800 | 中国嘉德 | 2010.12.18 |
| 清 玉雕灵芝如意 | 长38cm | 100,800 | 北京保利 | 2010.10.25 |
| 清 紫檀柄玉如意 | 长39.2cm | 224,000 | 西泠拍卖 | 2010.12.14 |
| 民国 白玉镂雕松鹤纹如意 | 长48cm | 89,600 | 北京纳高 | 2010.7.15 |
| 2007 张焕庆 双双如意 碧玉摆件 | 长23cm | 56,000 | 西泠拍卖 | 2010.12.13 |
| 白玉花卉纹如意 | 长36cm | 64,960 | 中国嘉德 | 2010.6.19 |
| 白玉灵芝如意 | 长14.6cm | 53,760 | 中国嘉德 | 2010.12.18 |
| 和田籽玉 如意 | 长13.5cm | 61,600 | 江苏嘉恒 | 2010.12.5 |
| 玉佛手 | | | | |

**2010玉器拍卖成交汇总**

**(成交价RMB：5万元以上)**

| 拍品名称 | 尺寸 | 成交价(RMB) | 拍卖公司 | 拍卖日期 |
|---|---|---|---|---|
| 清乾隆 白玉“佛手” | 长15cm | 862,400 | 香港苏富比 | 2010.4.8 |
| 清中期 白玉雕佛手 | 高6.5cm | 56,000 | 中国嘉德 | 2010.5.16 |
| 清中期 白玉佛手 | 长9.3cm | 201,600 | 北京翰海 | 2010.6.7 |
| 清中期 白玉洒金佛手摆件 | 长6.4cm | 56,000 | 北京歌德 | 2010.11.19 |
| 清中期 白玉雕佛手摆件 | 高10.6cm | 53,760 | 北京中汉 | 2010.11.22 |
| 清 白玉雕佛手摆件 | 长13cm | 425,600 | 云南典藏 | 2010.4.25 |
| 清 白玉佛手 | 长8.2cm | 56,000 | 朵云轩 | 2010.6.30 |
| 清 白玉留皮佛手 | 长13.6cm | 418,000 | 天津文物 | 2010.11.21 |
| 清中期 玉佛手 | 长9.2cm | 313,600 | 北京翰海 | 2010.12.12 |
| 清 白玉佛手(二件) | 尺寸不一 | 56,000 | 北京翰海 | 2010.12.12 |
| 白玉佛手多子玉如意摆件 | 长49.5cm | 89,600 | 老城隍庙 | 2010.11.6 |
| 玉山子 | | | | |
| 清早期 玉雕松石山子 | 高17.5cm | 235,200 | 北京翰海 | 2010.12.12 |
| 清乾隆 御制碧玉雕“马远四皓图”山子 | 宽80cm | 48,727,600 | 香港佳士得 | 2010.12.1 |
| 清乾隆 糖白玉雕松鹤老人小山子 | 高7.9cm | 533,200 | 香港佳士得 | 2010.12.1 |
| 清乾隆 青白玉秋山行旅图山子 | 高25cm | 784,000 | 中拍国际 | 2010.11.27 |
| 清乾隆 青白玉罗汉山子 | 高9cm | 313,600 | 中国嘉德 | 2010.3.20 |
| 清乾隆 青白玉雕《仙山贺寿》山子 | 高10cm | 112,000 | 北京荣宝 | 2010.5.30 |
| 清乾隆 乾隆帝御制《赋得瑾瑜匿瑕》玉山子 | 宽16.5cm | 2,408,000 | 长风拍卖 | 2010.6.22 |
| 清乾隆 黄蜜蜡耕读传家山子 | 高14cm | 212,800 | 浙江钱塘 | 2010.7.3 |
| 清乾隆 黑白玉罗汉山子 | 高22cm | 504,000 | 北京匡时 | 2010.6.6 |
| 清乾隆 白玉留皮人物楼阁山子 | 长16cm | 896,000 | 北京保利 | 2010.10.25 |
| 清乾隆 白玉留皮老子出关山子 | 长20cm | 2,128,000 | 北京保利 | 2010.10.25 |
| 清乾隆 白玉雕童子洗象山子 | 长17cm | 448,000 | 北京歌德 | 2010.6.19 |
| 清初 米芾拜石青金石山子 | 长13.8cm | 56,000 | 西泠拍卖 | 2010.7.6 |
| 清中期 青白玉留皮山水人物山子 | 高13cm | 145,600 | 北京保利 | 2010.6.5 |
| 清中期 青白玉雕鹤鹿山子 | 高14.6cm | 179,200 | 中国嘉德 | 2010.11.20 |
| 清中期 青白玉雕“问经罗汉”山子 | 高14.5cm | 672,000 | 北京荣宝 | 2010.11.14 |
| 清中期 白玉亭台人物山子 | 高16cm | 2,464,000 | 北京翰海 | 2010.6.6 |
| 清中期 白玉山水人物山子 | 高10.8cm | 190,400 | 北京翰海 | 2010.12.12 |
| 清中期 白玉三羊开泰山子 | 长15.4cm | 95,200 | 北京匡时 | 2010.12.4 |
| 清中期 白玉人物山子 | 高13cm | 201,600 | 北京翰海 | 2010.6.6 |
| 清中期 白玉罗汉持经山子 | 高19.3cm | 4,368,000 | 北京翰海 | 2010.12.12 |
| 清晚期 青玉高士人物山子 | 高20cm | 89,600 | 北京保利 | 2010.12.6 |
| 清19世纪 白玉仙山人物图山子 | 宽15.5cm | 491,680 | 香港佳士得 | 2010.5.31 |
| 清18世纪 黄玉巧色“海水云龙”山子 | 长13.4cm | 1,126,400 | 香港苏富比 | 2010.4.8 |
| 清18世纪 白玉鹤鹿同春图山子 | 高15.2cm | 1,565,200 | 香港佳士得 | 2010.12.1 |
| 清 玉留皮山子 | 长29cm | 308,000 | 天津文物 | 2010.5.24 |
| 清 玉雕松鹤图山子 | 高9.5cm | 53,760 | 中国嘉德 | 2010.12.18 |
| 清 玉雕罗汉大山子 | 高37cm | 123,200 | 北京保利 | 2010.7.31 |
| 清 人物故事纹山子 | 高19cm | 123,200 | 北京九歌 | 2010.6.22 |
| 清 青玉松下人物山子 | 高11.5cm | 56,000 | 北京保利 | 2010.10.25 |
| 清 青玉山子 | 高53.5cm | 72,800 | 中国嘉德 | 2010.3.20 |
| 清 青金石山水人物山子 | 长17.5cm | 69,440 | 中国嘉德 | 2010.12.18 |
| 清 青白玉人物山子 | 长40cm | 100,800 | 雍和嘉诚 | 2010.6.3 |
| 清 蜜蜡人物山子 | | 145,600 | 雍和嘉诚 | 2010.6.3 |
| 清 金玉满堂诗文玉山子 | 长13.6cm | 109,760 | 中国嘉德 | 2010.12.18 |
| 清 雕《般若波罗密多心经》山子 | 长44cm | 336,000 | 中贸圣佳 | 2010.7.17 |
| 清 白玉山子 | 高16cm | 67,200 | 浙江钱塘 | 2010.7.3 |
| 清 白玉人物山子 | 长12cm | 61,600 | 雍和嘉诚 | 2010.12.3 |
| 清 白玉留皮羲之爱鹅山子摆件 | 长11cm | 168,000 | 北京保利 | 2010.10.25 |

| 拍品名称 | 尺寸 | 成交价(RMB) | 拍卖公司 | 拍卖日期 |
|---|---|---|---|---|
| 清 白玉留皮雕携琴访友纹山子 | 长9.8cm | 71,500 | 天津文物 | 2010.11.21 |
| 清 白玉留皮雕松树人物纹山子 | 长15cm | 126,500 | 天津文物 | 2010.5.24 |
| 清 白玉雕御制诗文松壑携琴图山子 | 高16cm | 425,600 | 中贸圣佳 | 2010.7.17 |
| 清 白玉雕秋郊饮马图山子 | 长10cm | 220,000 | 天津文物 | 2010.5.24 |
| 清 白玉雕罗汉山子摆件 | 宽16cm | 89,600 | 上海大众 | 2010.1.3 |
| 青白玉山子 | 长20cm | 246,400 | 朵云轩 | 2010.12.17 |
| 青白玉高士山子 | 高17cm | 190,400 | 北京匡时 | 2010.12.4 |
| 祝寿图白玉山子 | 高14.5cm | 2,576,000 | 广州嘉德 | 2010.12.8 |
| 绿松石山子 | 高64cm | 50,400 | 中国嘉德 | 2010.9.18 |
| 近代 白玉留皮人物山水纹山子 | 长22cm | 89,600 | 上海国拍 | 2010.6.26 |
| 黄玉留皮山水楼阁图山子 | 长38cm | 313,600 | 中国嘉德 | 2010.12.18 |
| 白玉对弈图山子 | 15.7cm×20cm | 963,200 | 老城隍庙 | 2010.11.6 |
| 白玉雕山水人物大山子 | 高54.5cm | 1,097,600 | 中鸿信 | 2010.3.28 |
| 2008 倪伟滨 夜游赤壁 玉山子 | 长12.5cm | 784,000 | 西泠拍卖 | 2010.12.13 |
| 2005 顾永骏 踏雪寻梅 玉山子 | 长17.5cm | 313,600 | 西泠拍卖 | 2010.12.13 |
| 2004 顾永骏 观弈 玉山子 | 长14.5cm | 134,400 | 西泠拍卖 | 2010.12.13 |
| 玉 瓶 | | | | |
| 汉 青白玉螭纹盖瓶 | 高26.5cm | 392,000 | 北京中嘉 | 2010.5.9 |
| 汉 和田玉雕螭龙宝瓶配件 | 长7.8cm | 145,600 | 老城隍庙 | 2010.11.6 |
| 辽 莲花纹玛瑙香料瓶 | 通高15cm | 89,600 | 中拍国际 | 2010.6.19 |
| 元 羊脂玉包金玉壶春瓶 | 高10.6cm | 358,400 | 中拍国际 | 2010.6.19 |
| 明 玉沁色琮式瓶 | 高17cm | 90,200 | 天津文物 | 2010.5.24 |
| 明 玉盖瓶 | 高22.7cm | 414,400 | 十竹斋 | 2010.7.11 |
| 明 玉雕三螭云纹瓶 | 高15cm | 168,000 | 北京翰海 | 2010.6.6 |
| 明 青玉镂雕荷花鸳鸯纹盖瓶 | 高25.5cm | 89,600 | 四川嘉禾 | 2010.7.25 |
| 明 仿古玉雕英雄双联瓶 | 高10.2cm | 89,600 | 北京翰海 | 2010.12.12 |
| 清乾隆 御制白玉御题诗梅树双象耳花瓶 | 高22cm | 5,297,600 | 香港苏富比 | 2010.4.8 |
| 清乾隆 玉刻螭龙纹盖瓶 | 高18.5cm | 100,800 | 十竹斋 | 2010.7.11 |
| 清乾隆 青白玉夔龙象耳活环扁瓶 | 高23cm | 2,576,000 | 北京保利 | 2010.12.5 |
| 清乾隆 青白玉花卉盖瓶 | 长13cm | 336,000 | 北京保利 | 2010.12.6 |
| 清乾隆 青白玉仿铜器纹盖瓶 | 高16cm | 313,600 | 上海新华 | 2010.9.5 |
| 清乾隆 青白玉仿古龙纹双耳扁瓶 | 高29.5cm | 1,680,000 | 北京保利 | 2010.12.6 |
| 清乾隆 青白玉雕兽面纹瓶 | 高13.6cm | 313,600 | 北京诚轩 | 2010.5.17 |
| 清乾隆 青白玉雕莲瓣纹双龙耳活环盖瓶 | 高27cm | 649,600 | 北京永乐 | 2010.11.23 |
| 清乾隆 青白玉雕富贵花蝶抱月瓶 | 高20.5cm | 2,240,000 | 中贸圣佳 | 2010.7.17 |
| 清乾隆 黄玉龙凤纹瓶 | 高15.5cm | 1,680,000 | 中国嘉德 | 2010.11.21 |
| 清乾隆 琥珀刻喜鹊登梅盖瓶 | 高14.5cm | 291,200 | 十竹斋 | 2010.7.11 |
| 清乾隆 痕都斯坦玉花卉双耳瓶 | 高18.7cm | 448,000 | 北京翰海 | 2010.6.6 |
| 清乾隆 仿古玉雕龙纹象耳瓶 | 高23.5cm | 940,800 | 北京保利 | 2010.6.5 |
| 清乾隆 翠玉饕餮纹仿古瓶 | 高19cm | 425,600 | 北京匡时 | 2010.6.6 |
| 清乾隆 碧玉炉瓶盒香器(一套) | | 2,800,000 | 北京匡时 | 2010.6.6 |
| 清乾隆 碧玉龙纹方瓶摆件 | 长14.2cm | 246,400 | 北京保利 | 2010.6.5 |
| 清乾隆 碧玉夔龙纹兽耳衔环狮钮盖瓶 | 高38.2cm | 16,576,000 | 北京翰海 | 2010.6.6 |
| 清乾隆 白玉龙纹长颈瓶 | 高20.6cm | 9,718,000 | 香港苏富比 | 2010.10.8 |
| 清乾隆 白玉兽面纹龙纹瓶 | 高15cm | 672,000 | 北京保利 | 2010.10.25 |
| 清乾隆 白玉兽耳螭首双身交结瓶 | 高22.7cm | 582,400 | 中国嘉德 | 2010.12.18 |
| 清乾隆 白玉盘龙瓶 | 长16.2cm | 1,232,000 | 北京匡时 | 2010.6.6 |
| 清乾隆 白玉龙纹瓶 | 高23.8cm | 3,584,000 | 北京匡时 | 2010.6.6 |

| 拍品名称 | 尺寸 | 成交价(RMB) | 拍卖公司 | 拍卖日期 |
|---|---|---|---|---|
| 清乾隆 白玉龙凤供寿纹双活环象耳扁瓶 | 高29.2cm | 3,178,360 | 香港佳士得 | 2010.5.31 |
| 清乾隆 白玉留皮花卉双象耳盖瓶 | 高17cm | 392,000 | 北京保利 | 2010.12.6 |
| 清乾隆 白玉刻人物盖瓶 | 高11cm | 649,600 | 十竹斋 | 2010.7.11 |
| 清乾隆 白玉光素双活环象耳瓶 | 高19cm | 1,703,320 | 香港佳士得 | 2010.5.31 |
| 清乾隆 白玉福禄万代盖瓶 | 高13.5cm | 280,000 | 北京保利 | 2010.12.6 |
| 清乾隆 白玉雕兽面纹双环耳兽钮盖瓶 | 高21cm | 1,008,000 | 北京保利 | 2010.7.31 |
| 清乾隆 白玉雕遒梅盖瓶 | 高21.5cm | 1,680,000 | 上海道明 | 2010.6.17 |
| 清乾隆 白玉雕夔龙纹双象耳衔环瓶 | 高19.8m | 4,480,000 | 北京匡时 | 2010.12.4 |
| 清乾隆 白玉雕痕都斯坦活环双耳瓶 | 高13.5cm | 89,600 | 广州嘉德 | 2010.6.16 |
| 清乾隆 白玉雕荷莲飞鸟盖瓶 | 高23cm | 4,256,000 | 北京匡时 | 2010.12.4 |
| 清乾隆 白玉“饕餮”纹长颈小瓶 | 高14.5cm | 862,400 | 香港苏富比 | 2010.4.8 |
| 清中期 玉雕鹤鹿同春双耳瓶 | 高14.2cm | 100,800 | 北京翰海 | 2010.12.12 |
| 清中期 水晶雕活环耳海棠式盖瓶 | 高33.9cm | 560,000 | 北京中汉 | 2010.11.22 |
| 清中期 珊瑚花鸟盖瓶 | 高21cm | 1,064,000 | 北京保利 | 2010.12.6 |
| 清中期 青白玉英雄盖瓶 | 高16.6cm | 425,600 | 上海新华 | 2010.9.5 |
| 清中期 青白玉弦纹兽耳衔环瓶 | 高15cm | 392,000 | 北京翰海 | 2010.12.12 |
| 清中期 青白玉兽面象耳衔环瓶 | 高28.5cm | 840,000 | 北京翰海 | 2010.6.6 |
| 清中期 黄玉双凤灵芝瓶 | 高16cm | 1,680,000 | 北京翰海 | 2010.6.6 |
| 清中期 黄玉雕螭龙方盖瓶 | 高11cm | 761,600 | 北京保利 | 2010.7.31 |
| 清中期 琥珀雕狮钮寿字如意盖瓶 | 高21.5cm | 616,000 | 北京保利 | 2010.6.5 |
| 清中期 翡翠雕饕餮纹盖瓶 | 高23cm | 2,016,000 | 北京匡时 | 2010.12.4 |
| 清中期 碧玉饕餮纹象耳衔环兽钮盖瓶 | 高23.5cm | 280,000 | 北京翰海 | 2010.12.12 |
| 清中期 白玉双耳盖瓶 | 高9cm | 98,560 | 北京匡时 | 2010.12.4 |
| 清中期 白玉兽面象耳扁瓶(一对) | 高28cm | 336,000 | 北京保利 | 2010.12.6 |
| 清中期 白玉兽面纹双耳瓶 | 高18.8cm | 761,600 | 长风拍卖 | 2010.6.22 |
| 清中期 白玉兽面双耳衔环盖瓶 | 高17cm | 358,400 | 北京翰海 | 2010.12.12 |
| 清中期 白玉镂雕灵芝花卉双耳盖瓶 | 高32.5cm | 2,576,000 | 北京匡时 | 2010.6.6 |
| 清中期 白玉留皮葫芦瓶 | 高14cm | 336,000 | 北京保利 | 2010.12.6 |
| 清中期 白玉刻诗文双联小瓶 | 长9cm | 134,400 | 北京保利 | 2010.6.5 |
| 清中期 白玉葫芦大吉盖瓶 | 高16.2cm | 504,000 | 上海新华 | 2010.9.5 |
| 清中期 白玉仿古扁瓶 | 高19cm | 134,400 | 北京保利 | 2010.12.6 |
| 清中期 白玉雕象耳活环瓶 | 高25cm | 873,600 | 北京歌德 | 2010.11.19 |
| 清中期 白玉雕倭角梅花纹瓶 | 高17.2cm | 1,680,000 | 北京翰海 | 2010.12.12 |
| 清中期 白玉雕饕餮纹兽首衔环耳盖瓶 | 高29.2cm | 3,808,000 | 中国嘉德 | 2010.5.16 |
| 清中期 白玉雕凤驮宝瓶 | 长15cm | 201,600 | 北京永乐 | 2010.11.23 |
| 清中期 白玉雕博古瓶 | 长18.3cm | 448,000 | 中贸圣佳 | 2010.7.17 |
| 清中期 白玉雕“鹤鹿同寿”盖瓶 | 高17.5cm | 784,000 | 北京荣宝 | 2010.11.14 |
| 清中期 白玉螭龙西番莲纹双耳扁瓶 | 高21.4cm | 246,400 | 北京保利 | 2010.12.6 |
| 清中期 白玉苍松兽耳盖瓶 | 高23cm | 504,000 | 北京保利 | 2010.12.6 |
| 清中期 白玉百寿环耳瓶 | 高21.3cm | 616,000 | 北京匡时 | 2010.12.4 |
| 清晚期 红玛瑙菊花盖瓶 | 高17cm | 58240 | 北京保利 | 2010.12.6 |
| 清19世纪 白玉万寿如意葫芦盖瓶 | 高16.5cm | 439,000 | 香港佳士得 | 2010.5.31 |
| 清18世纪 白玉花卉灵芝纹龙耳瓶 | 高12.4cm | 258,000 | 香港佳士得 | 2010.12.1 |

| 拍品名称 | 尺寸 | 成交价(RMB) | 拍卖公司 | 拍卖日期 |
|---|---|---|---|---|
| 清 玉荷花挂瓶 | 长26cm | 58,240 | 老城隍庙 | 2010.11.6 |
| 清 玉雕龙纹象耳瓶 | 高22.3cm | 50,400 | 中国嘉德 | 2010.12.18 |
| 清 玉雕缠枝莲纹瓶 | 高24cm | 64,960 | 中国嘉德 | 2010.12.18 |
| 清 雍正款镶金口玛瑙瓶 | 高12.5cm | 50,400 | 西泠拍卖 | 2010.12.14 |
| 清 西番作白玉仿痕都斯坦瓶(一对) | 高27.7cm | 392,000 | 中拍国际 | 2010.11.27 |
| 清 水晶狮钮盖瓶 | 高21cm | 53,760 | 朵云轩 | 2010.6.30 |
| 清 水晶瓶 | 高14cm | 50,400 | 西泠拍卖 | 2010.7.6 |
| 清 水晶猫蝶兽耳衔环瓶 | 高26.5cm | 168,000 | 北京翰海 | 2010.12.12 |
| 清 水晶雕祥瑞平安瓶 | 高19.5cm | 67,200 | 北京翰海 | 2010.6.7 |
| 清 水晶雕“喜鹊登梅”瓶(两件) | 高13.5cm | 67,200 | 云南典藏 | 2010.4.25 |
| 清 青金石兽面纹象耳瓶 | 高31cm | 67,200 | 中国嘉德 | 2010.3.20 |
| 清 青金夔龙团寿鸠耳扁瓶 | 高32cm | 50,400 | 上海嘉泰 | 2010.4.20 |
| 清 青白玉双龙赶珠纹瓶 | 高17.3cm | 72,800 | 中国嘉德 | 2010.9.18 |
| 清 青白玉兽面纹瓶 | 高25cm | 61,600 | 中国嘉德 | 2010.9.18 |
| 清 青白玉龙纹盖瓶 | 高23cm | 392,000 | 中国嘉德 | 2010.11.22 |
| 清 青白玉雕菊花纹象耳六方瓶 | 高13.7cm | 132,000 | 天津文物 | 2010.11.21 |
| 清 青白玉雕葫芦万代纹贯耳瓶 | 高12.6cm | 66,000 | 天津文物 | 2010.11.21 |
| 清 黄玉雕象耳海棠式盖瓶 | 高28cm | 2,072,000 | 北京诚轩 | 2010.5.17 |
| 清 和田俏皮青白玉雕缠枝花卉纹吊链瓶 | 高38cm | 123,200 | 北京纳高 | 2010.7.15 |
| 清 仿痕都斯坦玉雕薄胎宝相花纹活环盖瓶 | 高36.8cm | 84,000 | 北京纳高 | 2010.7.15 |
| 清 碧玉英雄瓶 | 高25cm | 56,000 | 中国嘉德 | 2010.3.20 |
| 清 碧玉英雄瓶 | 高28cm | 134,400 | 中国嘉德 | 2010.9.18 |
| 清 碧玉兽面纹象耳方瓶 | 高31.3cm | 58,240 | 中国嘉德 | 2010.6.19 |
| 清 碧玉鸾凤瓶 | 高34cm | 69,440 | 中国嘉德 | 2010.12.18 |
| 清 碧玉龙纹瓶 | 高30.5cm | 67,200 | 中国嘉德 | 2010.9.18 |
| 清 碧玉留皮雕梅花纹瓶 | 高24.5cm | 231,000 | 天津文物 | 2010.5.24 |
| 清 碧玉夔耳活环扁方瓶 | 高36.5cm | 179,200 | 北京保利 | 2010.12.6 |
| 清 白玉转心诗文链瓶 | 高21.5cm | 56,000 | 北京保利 | 2010.12.6 |
| 清 白玉阴刻梅花诗文盖瓶 | 高13.5cm | 58,240 | 北京匡时 | 2010.12.4 |
| 清 白玉携琴访友双耳衔环链式瓶 | 高24cm | 616,000 | 北京翰海 | 2010.12.12 |
| 清 白玉小瓶、白玉兽面鼎式小炉(三件) | 尺寸不一 | 64,960 | 北京翰海 | 2010.12.12 |
| 清 白玉双耳小瓶(二件) | 高7.5cm | 246,400 | 北京翰海 | 2010.12.12 |
| 清 白玉双耳扁瓶 | 高12cm | 56,000 | 北京翰海 | 2010.12.12 |
| 清 白玉双螭环耳瓶 | 高18.5cm | 627,200 | 北京荣宝 | 2010.3.14 |
| 清 白玉兽面纹象耳瓶 | 高24cm | 201,600 | 北京保利 | 2010.10.25 |
| 清 白玉兽面纹龙耳盖瓶 | 高15cm | 89,600 | 北京翰海 | 2010.12.12 |
| 清 白玉兽面纹盖瓶 | 高18.3cm | 336,000 | 北京翰海 | 2010.12.12 |
| 清 白玉山水纹兽耳衔环瓶 | 高23.5cm | 76,160 | 中国嘉德 | 2010.6.19 |
| 清 白玉嵌百宝花鸟纹链瓶 | 高27cm | 72,800 | 中国嘉德 | 2010.9.18 |
| 清 白玉牡丹凤纹瓶(二件) | 高18.5cm | 1,624,000 | 北京翰海 | 2010.6.6 |
| 清 白玉描金山水人物御题诗纹扁瓶 | 高22.5cm | 246,400 | 云南典藏 | 2010.4.25 |
| 清 白玉留皮雕兽面纹壁瓶 | 高15.5cm | 352,000 | 天津文物 | 2010.5.24 |
| 清 白玉刻菊花纹方瓶 | 高11.3cm | 65,780 | 香港淳浩 | 2010.3.27 |
| 清 白玉葫芦瓶 | 高14.5cm | 72,800 | 中国嘉德 | 2010.12.18 |
| 清 白玉雕云龙纹瓶 | 高17cm | 572,000 | 天津文物 | 2010.11.21 |
| 清 白玉雕平安富贵纹瓶 | 高19cm | 220,000 | 天津文物 | 2010.11.21 |
| 清 白玉雕龙纹瓶 | 高18cm | 165,000 | 天津文物 | 2010.11.21 |
| 清 白玉雕龙凤双联链式瓶 | 高35cm | 336,000 | 北京翰海 | 2010.6.6 |
| 清 白玉雕链瓶 | 高34cm | 123,200 | 中都国际 | 2010.9.25 |
| 清 白玉雕缠枝花卉纹双耳瓶 | 高13cm | 100,800 | 上海大众 | 2010.1.3 |
| 清 白玉缠枝莲纹瓶 | 高22.5cm | 76160 | 中国嘉德 | 2010.9.18 |

## 2010玉器拍卖成交汇总

**(成交价RMB：5万元以上)**

| 拍品名称 | 尺寸 | 成交价(RMB) | 拍卖公司 | 拍卖日期 |
|---|---|---|---|---|
| 清 白玉缠枝花卉链式瓶 | 高19.5cm | 235,200 | 北京翰海 | 2010.6.6 |
| 青玉龙纹瓶 | 高21cm | 72,800 | 中国嘉德 | 2010.9.18 |
| 青玉花卉纹瓶(两件) | 尺寸不一 | 50,400 | 中国嘉德 | 2010.9.18 |
| 青玉 龙凤双喜瓶 | 高24cm | 224,000 | 江苏嘉恒 | 2010.12.5 |
| 青白玉“松下品茶”图贯耳瓶 | 高33cm | 280,000 | 中鸿信 | 2010.3.28 |
| 民国 青玉花卉纹瓶 | 高23cm | 64,960 | 中国嘉德 | 2010.6.19 |
| 民国 青玉蝠寿松鹤纹瓶 | 高22.5cm | 56,000 | 中国嘉德 | 2010.12.18 |
| 民国 青玉浮雕龙凤纹盖瓶 | 高18cm | 56,000 | 北京保利 | 2010.7.31 |
| 民国 青金石狮钮瓶 | 高26.8cm | 50,400 | 中国嘉德 | 2010.9.18 |
| 民国 青白玉花卉纹瓶 | 高26.5cm | 67,200 | 中国嘉德 | 2010.12.18 |
| 民国 白玉羊耳瓶 | 高15cm | 56,000 | 中国嘉德 | 2010.12.18 |
| 民国 白玉花卉纹瓶(三件) | 尺寸不一 | 112,000 | 中国嘉德 | 2010.12.18 |
| 民国 白玉荷塘鸳鸯图象耳瓶 | 高33.5cm | 67,200 | 中国嘉德 | 2010.6.19 |
| 玉刻和合二仙瓶 | 高31.5cm | 98,560 | 十竹斋 | 2010.7.11 |
| 水晶雕双耳瓶 | 高14.3cm | 56,000 | 中鼎国际 | 2010.11.18 |
| 近代 翠玉雕花果草虫纹盖瓶 | 高22.5cm | 2,464,000 | 朵云轩 | 2010.12.17 |
| 20世纪 白玉俏色巧雕苍龙教子瓶 | 高27.2cm | 481,600 | 中国嘉德 | 2010.6.19 |
| 白玉籽料 凤戏牡丹瓶 | 高31cm | 3,920,000 | 江苏嘉恒 | 2010.12.5 |
| 白玉籽 岁岁平安瓶 | 13cm×28cm | 985,600 | 江苏嘉恒 | 2010.12.5 |
| 白玉籽 花开富贵瓶 | 高18cm | 2,128,000 | 江苏嘉恒 | 2010.12.5 |
| 白玉籽 富贵延年瓶 | 高30cm | 3,584,000 | 江苏嘉恒 | 2010.12.5 |
| 白玉雕岁寒三友图活环吊链瓶 | 高45cm | 134,400 | 北京纳高 | 2010.7.15 |
| 白玉雕龙凤纹双连瓶 | 长19cm | 604,800 | 北京荣宝 | 2010.11.14 |
| 白玉缠枝莲纹瓶 | 高21.5cm | 61,600 | 中国嘉德 | 2010.9.18 |
| 2009 马进贵 袁广如 金银错镶宝石福寿瓶 | 带座高58cm | 2,128,000 | 西泠拍卖 | 2010.12.13 |
| 2008 钟建林 瓶炉套件 | 尺寸不一 | 425,600 | 西泠拍卖 | 2010.12.13 |
| 2008 刘建新 五福扁壶瓶 | 高175mm | 89,600 | 西泠拍卖 | 2010.12.13 |
| 玉 尊 | | | | |
| 西汉 和田玉雕龙首盖玉尊 | 高27cm | 448,000 | 中都国际 | 2010.9.25 |
| 清乾隆 玉雕兽面纹方尊 | 高23.8cm | 1,344,000 | 中国嘉德 | 2010.11.21 |
| 清乾隆 绿松石雕“乾隆御鉴”双牺耳尊 | 高7cm | 1,176,000 | 浙江钱塘 | 2010.7.3 |
| 清乾隆 黄玉凤纹尊 | 高12cm | 2,800,000 | 北京匡时 | 2010.6.6 |
| 清乾隆 白玉雕仿青铜瑞兽尊 | 高18cm | 1,232,000 | 北京匡时 | 2010.12.4 |
| 清中期 青白玉雕天鸡尊 | 高13.6cm | 91,840 | 北京诚轩 | 2010.11.22 |
| 清中期 黄玉仿青铜合卺尊 | 高8.4cm | 806,400 | 北京匡时 | 2010.12.4 |
| 清 白玉雕龙凤纹海棠尊 | 高10cm | 84,000 | 云南典藏 | 2010.4.25 |
| 玉觥、玉觞 | | | | |
| 清初 白玉雕龙纹觥 | 高25.8cm | 1,288,000 | 北京歌德 | 2010.6.19 |
| 清乾隆 黄玉龙纹觥 | 高13cm | 2,352,000 | 北京匡时 | 2010.6.6 |
| 清乾隆 碧玉龙纹觥 | 高13cm | 207,200 | 浙江钱塘 | 2010.7.3 |
| 清乾隆 白玉仿古觥 | 长12cm | 156,800 | 北京保利 | 2010.12.6 |
| 清中期 青玉留皮螭龙觥 | 高17cm | 112,000 | 中国嘉德 | 2010.5.16 |
| 清中期 黄玉雕螭龙纹仿青铜觥 | 高14cm | 498,400 | 北京匡时 | 2010.12.4 |
| 清中期 碧玉兽面觥 | 高16cm | 537,600 | 北京翰海 | 2010.6.6 |
| 清 玉雕兽面纹觥 | 高10.5cm | 56,000 | 中国嘉德 | 2010.12.18 |
| 清 碧玉凤纹觥 | 高11.5cm | 145,600 | 北京保利 | 2010.6.5 |
| 清 白玉夔龙纹羽觞 | 长11cm | 72,800 | 北京保利 | 2010.12.6 |
| 晚清 白玉雕仿古方觥 | 长12.5cm | 425,600 | 中贸圣佳 | 2010.7.17 |
| 玉 觚 | | | | |
| 明 玉雕饕餮蕉叶纹出戟方觚 | 高18.5cm | 134,400 | 上海嘉泰 | 2010.9.27 |
| 清乾隆 御制白玉饕餮纹花觚 | 高25.3cm | 8,066,800 | 香港佳士得 | 2010.12.1 |
| 清乾隆 碧玉双活环象耳海棠式觚 | 宽12.1cm | 533,200 | 香港佳士得 | 2010.12.1 |
| 清乾隆 白玉花觚 | 高13.3cm | 212,800 | 中鸿信 | 2010.3.28 |
| 清中期 玉雕兽面纹觚 | 高17.8cm | 69,440 | 中国嘉德 | 2010.12.18 |
| 清中期 白玉兽面蕉叶纹小花觚 | 高13.2cm | 179,200 | 北京翰海 | 2010.12.12 |
| 清末 碧玉兽面纹花觚 | 高12.5cm | 56,000 | 上海新华 | 2010.9.5 |
| 清18世纪 白玉饕餮纹出戟觚 | 高17.5cm | 702,400 | 香港佳士得 | 2010.5.31 |
| 清 青玉雕兽面蕉叶纹花觚 | 高27.5cm | 95,200 | 北京匡时 | 2010.12.4 |
| 清 白玉雕兽面纹花觚 | 高18cm | 67,200 | 上海大众 | 2010.1.3 |
| 玉 鼎 | | | | |
| 清乾隆 翡翠浮雕夔龙纹双耳龙钮方鼎 | | 19,600,000 | 北京匡时 | 2010.6.6 |
| 清乾隆 白玉饕餮纹朝冠耳三足鼎 | 高17cm | 6,160,000 | 北京匡时 | 2010.6.6 |
| 清乾隆 黄玉兽面纹方鼎 | 高36cm | 7,056,000 | 中国嘉德 | 2010.11.21 |
| 玉 壶 | | | | |
| 明 白玉莲瓣诗文壶 | 高16.5cm | 1,792,000 | 北京翰海 | 2010.6.6 |
| 明 青白玉刻诗文执壶 | 高24cm | 380,800 | 北京保利 | 2010.6.5 |
| 明 青白玉寿字莲足执壶 把杯(两件) | 壶高19cm | 179,200 | 上海嘉泰 | 2010.9.27 |
| 明 御制福寿纹玉壶、玉杯(一套) | 壶直径19cm | 134,400 | 四川嘉禾 | 2010.7.25 |
| 清初 灰白玉饕餮纹卷草耳小壶 | 高10cm · | 215,000 | 香港佳士得 | 2010.12.1 |
| 清乾隆 水晶“鸭”行壶 | 高17.5cm | 862,400 | 香港苏富比 | 2010.4.8 |
| 清乾隆 青黄玉雕兽面纹仿铜器式小壶 | 高4.2cm | 67,200 | 北京永乐 | 2010.11.23 |
| 清乾隆 青白玉僧帽壶 | 高18.5cm | 2,576,000 | 北京中汉 | 2010.5.18 |
| 清乾隆 碧玉仿青铜纹双环耳壶(一对) | 高23.5cm | 806,400 | 中国嘉德 | 2010.11.21 |
| 清乾隆 白玉寿字纹龙图壶 | 高21cm | 1,008,000 | 西泠拍卖 | 2010.7.6 |
| 清乾隆 白玉开光花卉纹执壶 | 长18cm | 672,000 | 北京歌德 | 2010.6.19 |
| 清乾隆 白玉福寿平安执壶 | 高16cm | 1,064,000 | 浙江钱塘 | 2010.7.3 |
| 清乾隆 白玉仿汉兽环耳壶 | 高9.9cm | 672,000 | 北京荣宝 | 2010.5.30 |
| 清中期 痕都斯坦缠枝花卉纹玉壶 | 长18cm | 560,000 | 四川嘉禾 | 2010.7.25 |
| 清中期 白玉痕都斯坦莨苕叶壶 | 高7cm | 89,600 | 上海嘉泰 | 2010.9.27 |
| 清中期 白玉痕都斯坦花鸟壶 | 高6cm | 89,600 | 上海嘉泰 | 2010.9.27 |
| 清18世纪 碧玉龙纹活环耳壶 | 高23.5cm | 636,400 | 香港佳士得 | 2010.12.1 |
| 清18世纪 白玉浮雕螭龙“兽面图”钮盖扁壶 | 长20.3cm | 3,185,600 | 香港苏富比 | 2010.4.8 |
| 清18/19世纪 白玉梨式执壶 | 高18cm | 1,049,200 | 香港佳士得 | 2010.12.1 |
| 清 黄玉饕餮纹提梁盖壶 | 高12.5cm | 2,335,480 | 香港佳士得 | 2010.5.31 |
| 清 黄玉兽面纹提梁壶 | 高40.5cm | 134,400 | 中国嘉德 | 2010.12.18 |
| 清 痕都斯坦玉壶 | 高10cm | 56,000 | 雍和嘉诚 | 2010.12.3 |
| 清 白玉雕羊首瓜形提梁壶 | 长17.8cm | 168,000 | 北京纳高 | 2010.7.15 |
| 清 白玉雕缠枝莲纹葫芦形执壶 | 高31cm | 324,800 | 北京纳高 | 2010.7.15 |
| 青白玉壶 | 高14cm | 84,000 | 中鼎国际 | 2010.11.18 |
| 民国 青白玉梅桩壶 | 宽12cm | 168,000 | 北京保利 | 2010.7.31 |
| 玉高浮雕石云款南瓜壶 | 长17.1cm | 672,000 | 老城隍庙 | 2010.11.6 |
| 2009 马进贵 青白玉错金嵌宝石鼓形壶 | | 358,400 | 西泠拍卖 | 2010.7.4 |
| 马进贵 风月双龙纹 错银丝青玉套壶(五件) | 尺寸不一 | 134,400 | 中国嘉德 | 2010.5.17 |
| 白玉籽 节节高壶 | 长15cm | 100,800 | 江苏嘉恒 | 2010.12.5 |
| 2010 马进贵 白玉错金嵌宝石炉型壶 | 长12cm | 336,000 | 西泠拍卖 | 2010.12.13 |
| 2009 马进贵 玉壶丹心 白玉壶 | 直径7.4cm | 168,000 | 西泠拍卖 | 2010.12.13 |
| 2009 高毅进 喜上眉梢 白玉壶 | 带座高136mm | 1,008,000 | 西泠拍卖 | 2010.12.13 |
| 玉 卣 | | | | |
| 清中期 玉兽面纹出戟提梁卣 | 高17.5cm | 470,400 | 北京翰海 | 2010.6.6 |
| 玉 罐 | | | | |
| 辽 玛瑙围棋罐、水晶围棋子(一套) | 罐高10.7cm | 1,344,000 | 中拍国际 | 2010.11.27 |

(成交价RMB：5万元以上)

| 拍品名称 | 尺寸 | 成交价(RMB) | 拍卖公司 | 拍卖日期 |
|---|---|---|---|---|
| 17/18世纪 痕都斯坦白玉蕾耳罐 | 宽15cm | 8,754,800 | 香港佳士得 | 2010.12.1 |
| 清18世纪 痕都斯坦式白玉叶耳罐 | 宽12.5cm | 3,629,200 | 香港佳士得 | 2010.12.1 |
| 清 碧玉瓜棱罐 | 高26cm | 280,000 | 西泠拍卖 | 2010.7.6 |
| 清 白玉沁色雕开光人物故事纹罐 | 高9cm | 99,000 | 天津文物 | 2010.5.24 |
| 清 白玉缠枝莲纹罐 | 高14cm | 58,240 | 中国嘉德 | 2010.9.18 |
| 清晚期 碧玉雕兽面纹盖罐(一对) | 高28cm | 560,000 | 北京保利 | 2010.6.5 |
| 青玉诗文盖罐(一对) | 高17cm | 134,400 | 中鼎国际 | 2010.11.18 |
| 碧玉大罐(一对) | 高39cm | 224,000 | 中鼎国际 | 2010.11.18 |
| 玉 匜 | | | | |
| 明 白玉螭纹匜 | 长13.5cm | 330,000 | 天津文物 | 2010.5.24 |
| 明 玉匜 | 长22cm | 91,840 | 雍和嘉诚 | 2010.6.3 |
| 清 白玉螭龙纹匜 | 长14cm | 72,800 | 云南典藏 | 2010.4.25 |
| 白玉雕龙纹匜 | 长15cm | 96,800 | 天津文物 | 2010.5.24 |
| 玉 炉 | | | | |
| 汉 青白玉龙纹盖炉 | 高17.6cm | 470,400 | 北京中嘉 | 2010.5.9 |
| 元 羊脂白玉掐丝嵌宝石炉 | 长14.2cm | 5,600,000 | 中拍国际 | 2010.11.27 |
| 明 白玉雕二龙捧寿纹香炉 | 高14.5cm | 1,122,000 | 天津文物 | 2010.11.21 |
| 清早期 白玉云龙三足炉 | 高2cm | 123,200 | 北京翰海 | 2010.12.12 |
| 清初 青白玉牡丹纹三耳炉 | 宽17cm | 280,000 | 上海新华 | 2010.9.5 |
| 清康熙 白玉"兽面图"双鹿耳活环三足炉 | 高21cm | 2,024,000 | 香港苏富比 | 2010.4.8 |
| 清乾隆 青白玉兽面龙纽鼎式方炉 | 高15.5cm | 470,400 | 北京保利 | 2010.12.5 |
| 清乾隆 青白玉龙纹双龙耳炉 | 长15cm | 179,200 | 北京保利 | 2010.10.25 |
| 清乾隆 青白玉龙纹盖炉 | 宽14cm | 67,200 | 北京保利 | 2010.3.19 |
| 清乾隆 青白玉龙纽炉盖 | 直径9.5cm | 123,200 | 北京保利 | 2010.10.25 |
| 清乾隆 黄玉雕仿古香炉 | 高10.5cm | 728,000 | 中贸圣佳 | 2010.7.17 |
| 清乾隆 碧玉朝冠耳三足香炉 | 高15.9cm | 236,500 | 香港佳士得 | 2010.12.1 |
| 清乾隆 白玉饕餮纹匜式流盖炉 | 高17.8cm | 4,928,000 | 北京中汉 | 2010.11.22 |
| 清乾隆 白玉饕餮纹出戟朝寇双耳三足炉 | 高16cm | 5,376,000 | 北京翰海 | 2010.12.11 |
| 清乾隆 白玉双兽耳活环狮纽三足炉 | 宽20cm | 1,792,000 | 北京保利 | 2010.12.6 |
| 清乾隆 白玉兽面纹双兽耳衔环炉 | 宽18.5cm | 672,000 | 中国嘉德 | 2010.11.21 |
| 清乾隆 白玉兽面纹簋式炉 | 直径18.8cm | 728,000 | 中国嘉德 | 2010.9.18 |
| 清乾隆 白玉兽面纹鼎式炉 | 高18.5cm | 728,000 | 北京匡时 | 2010.6.6 |
| 清乾隆 白玉兽耳衔环三足炉 | 高19cm | 2,912,000 | 北京翰海 | 2010.12.12 |
| 清乾隆 白玉雕云蝠纹双耳螭钮三足炉 | 高15.5cm | 4,592,000 | 北京匡时 | 2010.12.4 |
| 清乾隆 白玉"团花纹"活环蝠钮天球盖炉 | 高13.6cm | 5,297,600 | 香港苏富比 | 2010.4.8 |
| 清乾隆 白玉香炉 | 高21cm | 8,754,800 | 香港苏富比 | 2010.10.8 |
| 清中期 青玉兽钮兽面纹炉 | 宽13cm | 201,600 | 北京保利 | 2010.10.25 |
| 清中期 青玉兽面纹双耳炉 | 宽13.5cm | 53,760 | 北京保利 | 2010.10.25 |
| 清中期 青白玉饕餮纹双环耳盖炉 | 宽18cm | 1,232,000 | 北京保利 | 2010.12.6 |
| 清中期 黄玉雕饕餮纹炉 | 长16.5cm | 425,600 | 北京匡时 | 2010.12.4 |
| 清中期 痕都斯坦式白玉花卉纹炉 | 长14cm | 224,000 | 中国嘉德 | 2010.9.18 |
| 清中期 碧玉朝冠耳三足炉 | 高21.5cm | 145,600 | 北京保利 | 2010.12.6 |
| 清中期 白玉香炉 | 长20.5cm | 537,600 | 北京保利 | 2010.6.5 |
| 清中期 白玉双狮钮双耳衔环三足炉 | 高9.8cm | 80,640 | 北京匡时 | 2010.12.4 |
| 清中期 白玉夔凤纹香炉 | 高12cm | 672,000 | 中国嘉德 | 2010.5.16 |

| 拍品名称 | 尺寸 | 成交价(RMB) | 拍卖公司 | 拍卖日期 |
|---|---|---|---|---|
| 清中期 白玉雕双狮钮兽首衔环三足炉 | 长16cm | 806,400 | 北京匡时 | 2010.12.4 |
| 清中期 白玉雕螭龙纹双兽耳衔环兽足炉 | 高18cm | 560,000 | 朵云轩 | 2010.6.30 |
| 清19世纪 水晶莲藕托炉、瓶、盒三式 | 宽23.2cm | 139,750 | 香港佳士得 | 2010.12.1 |
| 清19世纪 白玉夔龙纹炉、瓶、盒三式 | 高14cm | 1,100,800 | 香港佳士得 | 2010.12.1 |
| 清 玉雕云蝠纹炉 | 长15cm | 61,600 | 中国嘉德 | 2010.12.18 |
| 清 玉雕花卉双耳炉 | 长11cm | 56,000 | 北京保利 | 2010.3.20 |
| 清 玉雕缠枝莲纹炉 | 长14.5cm | 53,760 | 中国嘉德 | 2010.12.18 |
| 清 青白玉双龙耳海棠形炉 | 长23.5cm | 100,800 | 中国嘉德 | 2010.12.18 |
| 清 青白玉双耳四足鼎式炉 | 高8.7cm | 78,400 | 北京翰海 | 2010.12.12 |
| 清 青白玉兽面纹双耳炉 | 高20cm | 100,800 | 北京保利 | 2010.10.25 |
| 清 青白玉嵌宝兽形薰炉 | 高15cm | 134,400 | 上海嘉泰 | 2010.9.27 |
| 清 青白玉炉、瓶、印盒(一套三件) | 尺寸不一 | 69,440 | 中国嘉德 | 2010.9.18 |
| 清 青白玉炉 | 直径11.5cm | 50,400 | 中国嘉德 | 2010.12.18 |
| 清 青白玉镂雕双耳炉 | 宽17cm | 134,400 | 北京保利 | 2010.3.19 |
| 清 青白玉花卉纹炉 | 长13.5cm | 56,000 | 中国嘉德 | 2010.12.18 |
| 清 青白玉雕五福捧寿兽耳活环四足炉 | 高19.5cm | 112,000 | 北京纳高 | 2010.7.15 |
| 清 青白玉雕兽面纹双龙耳香炉 | 宽18cm | 90,200 | 天津文物 | 2010.5.24 |
| 清 青白玉雕兽面纹双耳炉 | 直径11cm | 90,200 | 天津文物 | 2010.5.24 |
| 清 青白玉雕兽面纹鼎式炉 | 高14.5cm | 56,000 | 中国嘉德 | 2010.11.22 |
| 清 青白玉雕缠枝花卉活环三足炉 | 长21cm | 53,760 | 北京纳高 | 2010.7.15 |
| 清 和田玉雕十二活环花卉纹镂雕薰炉 | 高32cm | 6,720,000 | 老城隍庙 | 2010.11.6 |
| 清 茶晶双兽耳活环香炉 | 高15cm | 56,000 | 中贸圣佳 | 2010.7.17 |
| 清 碧玉钮盖三足炉 | 长17.8cm | 168,000 | 中鸿信 | 2010.3.28 |
| 清 碧玉雕兽面纹双耳炉 | 高19cm | 89,600 | 中国嘉德 | 2010.11.22 |
| 清 碧玉雕兽面纹龙钮三足炉 | 高20cm | 1,210,000 | 天津文物 | 2010.11.21 |
| 清 白玉香炉 | 高16.5cm | 2,700,400 | 香港苏富比 | 2010.10.8 |
| 清 白玉饕餮纹三足炉 | 高8cm | 470,400 | 长风拍卖 | 2010.6.22 |
| 清 白玉双龙耳活环四足炉 | 宽16cm | 235,200 | 北京保利 | 2010.7.31 |
| 清 白玉双耳炉 | 长15.2cm | 89,600 | 中国嘉德 | 2010.12.18 |
| 清 白玉双螭耳夔龙纹三足炉 | 宽8.5cm | 145,600 | 北京保利 | 2010.7.31 |
| 清 白玉兽面纹小香炉 | 宽13.3cm | 103,040 | 中国嘉德 | 2010.11.22 |
| 清 白玉兽面纹双耳炉 | 直径10.3cm | 72,800 | 中国嘉德 | 2010.6.19 |
| 清 白玉狮钮双耳衔环三足炉 | 高21.5cm | 784,000 | 北京翰海 | 2010.6.7 |
| 清 白玉龙耳簋式炉 | 高7.2cm | 1,232,000 | 西泠拍卖 | 2010.7.6 |
| 清 白玉留皮雕兽面纹龙耳三足炉 | 高15.5cm | 418,000 | 天津文物 | 2010.5.24 |
| 清 白玉夔龙纹三足炉 | 宽16cm | 212,800 | 北京保利 | 2010.10.25 |
| 清 白玉菊瓣炉 | 直径15.5cm | 67,200 | 中国嘉德 | 2010.12.18 |
| 清 白玉环耳炉 | 长17cm | 156,800 | 中鸿信 | 2010.3.28 |
| 清 白玉痕都斯坦式小香炉 | 宽12cm | 89,600 | 北京保利 | 2010.7.31 |
| 清 白玉鼎式炉 | 直径17.7cm | 56,000 | 中国嘉德 | 2010.9.18 |
| 清 白玉雕双鸟衔芝双耳链式盖炉 | 高19.7cm | 4,368,000 | 北京翰海 | 2010.12.12 |
| 清 白玉雕双耳活环三足炉 | 高14.2cm | 896,000 | 中贸圣佳 | 2010.7.17 |
| 清 白玉雕兽面纹小方炉 | 高9cm | 168,000 | 中贸圣佳 | 2010.7.17 |
| 清 白玉雕兽面纹龙钮炉 | 高15.5cm | 504,000 | 中贸圣佳 | 2010.7.17 |
| 清 白玉雕狮钮香炉 | 直径13cm | 470,400 | 中贸圣佳 | 2010.7.17 |
| 清 白玉雕龙钮三足炉 | 高17cm | 1,012,000 | 天津文物 | 2010.11.21 |
| 清 白玉雕海棠形龙耳香炉 | 高16cm | 440,000 | 天津文物 | 2010.5.24 |
| 清 白玉螭钮夔龙纹方炉 | 高15cm | 201,600 | 雍和嘉诚 | 2010.12.3 |
| 清 白玉缠枝莲纹炉 | 直径16.6cm | 69,440 | 中国嘉德 | 2010.12.18 |
| 清 白玉缠枝花卉双童子耳盖炉 | 宽12.6cm | 100,800 | 北京保利 | 2010.7.31 |
| 18世纪 青玉兽面纹鼎式炉 | 长24.9cm | 168,000 | 北京中汉 | 2010.5.18 |

## 2010玉器拍卖成交汇总

(成交价RMB：5万元以上)

| 拍品名称 | 尺寸 | 成交价(RMB) | 拍卖公司 | 拍卖日期 |
|---|---|---|---|---|
| 晚清 翠玉双龙活环耳盖炉 | | 30,080,280 | 香港佳士得 | 2010.5.31 |
| 晚清 白玉雕跃狮活环耳盖炉 | 高21cm | 6,865,960 | 香港佳士得 | 2010.5.31 |
| 民国 青白玉龙纹象耳炉 | 直径17cm | 134,400 | 中国嘉德 | 2010.9.18 |
| 民国 翠玉双狮钮活环耳三足盖炉 | 高17.1cm | 9,718,000 | 香港佳士得 | 2010.12.1 |
| 民国 白玉双花卉耳炉 | 宽14cm | 95,200 | 北京保利 | 2010.7.31 |
| 民国 白玉兽面纹香炉 | 高7.8cm | 358,400 | 北京保利 | 2010.12.6 |
| 民国 白玉人物纹炉 | 长18.8cm | 80,640 | 中国嘉德 | 2010.12.18 |
| 民国 白玉花卉纹炉 | 长18cm | 69,440 | 中国嘉德 | 2010.12.18 |
| 青玉炉(两件) | 尺寸不一 | 78,400 | 中国嘉德 | 2010.9.18 |
| 白玉龙纹狮钮三足环耳炉 | 高22cm | 2,923,200 | 中鸿信 | 2010.9.19 |
| 白玉龙穿花香炉(一对) | 高10.4cm | 134,400 | 深圳市拍 | 2010.10.23 |
| 玉 盒 | | | | |
| 清乾隆 铜鎏金镂雕缠枝莲嵌白玉龙纹盖盒 | 直径19cm | 1,904,000 | 北京保利 | 2010.12.5 |
| 清乾隆 孔雀石灵芝盖盒 | 长10.5cm | 224,000 | 北京保利 | 2010.12.6 |
| 清乾隆 白玉五蝠供寿圆盒 | 直径14.7cm | 8,643,032 | 香港佳士得 | 2010.5.31 |
| 清乾隆 白玉寿桃盖盒 | 高14.5cm | 672,000 | 北京匡时 | 2010.6.6 |
| 清乾隆 白玉嵌碧玉龙纹八吉祥盖盒 | 直径14.3cm | 1,120,000 | 北京保利 | 2010.12.6 |
| 清乾隆 白玉盖盒 | 直径6.8cm | 56,000 | 中国嘉德 | 2010.11.22 |
| 清乾隆 白玉八吉祥盖盒(一对) | 直径17cm | 6,720,000 | 北京保利 | 2010.6.4 |
| 清中期 白玉嵌碧玉寿字纹盖盒 | 直径5.4cm | 459,200 | 北京中汉 | 2010.5.18 |
| 清中期 白玉福寿桃形盒 | 长7.8cm | 224,000 | 北京翰海 | 2010.6.6 |
| 清中期 白玉雕西蕃莲纹盒 | 宽10.2cm | 89,600 | 中国嘉德 | 2010.11.22 |
| 清中期 白玉缠枝牡丹纹圆盒 | 直径7.1cm | 50,400 | 北京翰海 | 2010.6.6 |
| 清嘉庆 白玉夔龙纹盖盒 | 长8cm | 235,200 | 北京保利 | 2010.12.6 |
| 清18世纪 白玉透雕仕女婴戏图香盒 | 直径8.2cm | 129,000 | 香港佳士得 | 2010.12.1 |
| 清18世纪 白玉桃开五福枝盖盒 | 直径12cm | 1,281,880 | 香港佳士得 | 2010.5.31 |
| 清19世纪 白玉鹌鹑盒(一对) | 长10.9cm×2 | 965,800 | 香港佳士得 | 2010.5.31 |
| 清 三羊开泰白玉盒 | 口径5.3cm | 67,200 | 西泠拍卖 | 2010.7.6 |
| 清 碧玉花卉镂空盖盒 | 直径13cm | 78,400 | 北京保利 | 2010.10.25 |
| 清 白玉雕素面方盒 | 直径13cm | 2,184,000 | 中贸圣佳 | 2010.7.17 |
| 清 白玉雕寿字捧盒 | 直径12.2cm | 1,512,000 | 中贸圣佳 | 2010.7.17 |
| 清 白玉八宝纹盖盒 | 高6.8cm | 112,000 | 中鼎国际 | 2010.11.18 |
| 清 白玉鹌鹑盒(二件) | 长7.6cm | 1,030,400 | 北京翰海 | 2010.6.6 |
| 玉 奁 | | | | |
| 清乾隆 白玉团花三多奁 | 直径14.3cm | 2,124,760 | 香港佳士得 | 2010.5.31 |
| 清乾隆 白玉皮球花奁 | 直径10.2cm | 918,400 | 北京保利 | 2010.6.4 |
| 清乾隆 白玉万年如意奁 | 直径14.7cm | 15,497,200 | 香港佳士得 | 2010.12.1 |
| 清乾隆 白玉四喜八宝活环耳奁 | 直径16.5cm | 9,718,000 | 香港佳士得 | 2010.12.1 |
| 清乾隆 白玉羊首奁 | 宽15.7cm | 7,757,200 | 香港佳士得 | 2010.12.1 |
| 玉 盘 | | | | |
| 清乾隆 痕都斯坦玉雕花卉纹盘(一对) | 直径12.5cm | 67,200 | 北京荣宝 | 2010.11.14 |
| 清乾隆 痕都斯坦式番莲纹玉盘(一对) | 直径12.5cm | 109,760 | 长风拍卖 | 2010.6.22 |
| 清乾隆 蚌式玉盘 | 长13.6cm | 537,600 | 北京诚轩 | 2010.11.22 |
| 清嘉庆 白玉盘(一对) | 直径14cm | 336,000 | 北京保利 | 2010.12.6 |
| 玉 碗 | | | | |
| 五代 青玉飞天纹大碗、白玉龙凤纹筷一双 | 口径20cm | 896,000 | 中拍国际 | 2010.6.19 |
| 明 白玉浮雕飞天碗 | 直径13.7cm | 145,600 | 中拍国际 | 2010.11.27 |
| 清中期 痕都斯坦玉雕花卉纹碗 | 直径13.5cm | 694,400 | 北京翰海 | 2010.12.12 |
| 清中期 碧玉盖碗 | 直径12.1cm | 358,400 | 中国嘉德 | 2010.11.22 |
| 清中期 白玉卧足小碗 | 直径6.3cm | 80,640 | 北京翰海 | 2010.12.12 |
| 清乾隆 御制和阗青玉"永玉茶碗"御制诗碗 | 直径13.1cm | 6,303,060 | 香港苏富比 | 2010.10.7 |
| 清乾隆 御制和阗白玉御题诗碗 | 直径12.7cm | 5,297,600 | 香港苏富比 | 2010.4.8 |
| 清乾隆 御制碧玉暗刻描金"三清茶"御制诗碗 | 直径13cm | 2,322,180 | 香港苏富比 | 2010.10.7 |

| 拍品名称 | 尺寸 | 成交价(RMB) | 拍卖公司 | 拍卖日期 |
|---|---|---|---|---|
| 清乾隆 素碧玉碗(一对) | 直径25.4cm | 123,200 | 北京匡时 | 2010.12.4 |
| 清乾隆 青白玉素碗 | 直径17cm | 112,000 | 十竹斋 | 2010.7.11 |
| 清乾隆 痕都斯坦式白玉嵌珐琅花卉纹碗 | 直径12cm | 215,000 | 香港佳士得 | 2010.12.1 |
| 清乾隆 痕都斯坦碧玉菊瓣纹碗 | 直径17.2cm | 100,800 | 北京翰海 | 2010.6.6 |
| 清乾隆 碧玉高足碗 | 直径11.7cm | 352,000 | 香港苏富比 | 2010.4.8 |
| 清乾隆 白玉御题诗碗 | 直径14.5cm | 1,097,600 | 北京保利 | 2010.12.5 |
| 清乾隆 白玉碗(一对) | 直径13.3cm | 1,568,000 | 北京保利 | 2010.12.5 |
| 清乾隆 白玉碗 | 直径17cm | 963,200 | 中国嘉德 | 2010.5.16 |
| 清乾隆 白玉碗 | 直径17cm | 915,200 | 香港苏富比 | 2010.4.8 |
| 清乾隆 白玉碗 | 直径15.2cm | 582,400 | 北京翰海 | 2010.6.7 |
| 清乾隆 白玉碗 | 直径14.8cm | 313,600 | 北京保利 | 2010.12.6 |
| 清乾隆 白玉菊瓣纹灵芝钮盖碗 | 高9.3cm | 1,680,000 | 北京匡时 | 2010.6.6 |
| 清乾隆 白玉雕八吉祥纹莲蓬钮盖碗 | 直径13cm | 16,460,400 | 香港佳士得 | 2010.12.1 |
| 清乾隆 白玉雕八吉祥净水碗 | 直径12.8cm | 952,000 | 北京保利 | 2010.12.5 |
| 清乾隆 白玉痕都斯坦玉碗 | 长13.7cm | 2,906,800 | 香港苏富比 | 2010.10.8 |
| 清乾隆 白玉碗 | 直径12.5cm | 2,494,000 | 香港苏富比 | 2010.10.8 |
| 清嘉庆 碧玉碗 | 直径13cm | 61,600 | 北京保利 | 2010.12.6 |
| 清19世纪 白玉、碧玉碗各一 | 直径17cm；直径16.8cm | 2,287,600 | 香港佳士得 | 2010.12.1 |
| 清18世纪 白玉碗(一对) | 直径15cm×2 | 1,462,000 | 香港佳士得 | 2010.12.1 |
| 清 青玉吉祥如意开光碗(一对) | 长13.5cm | 56,000 | 中鼎国际 | 2010.11.18 |
| 清 痕都斯坦式花卉纹玉碗 | 直径12.9cm | 53,760 | 中国嘉德 | 2010.3.20 |
| 清 碧玉雕三多纹碗 | 直径12.5cm | 57,200 | 天津文物 | 2010.11.21 |
| 清 宝石红料刻花鸟图碗(一对) | 直径16cm | 280,000 | 北京永乐 | 2010.11.23 |
| 清 白玉碗 | 直径12.3cm | 67,200 | 中国嘉德 | 2010.11.22 |
| 清 白玉碗 | 直径14.2cm | 53,760 | 中国嘉德 | 2010.12.18 |
| 清 白玉浅碗 | 直径17cm | 403,200 | 北京翰海 | 2010.6.7 |
| 民国 青白玉百宝嵌"采莲图"碗 | 直径16.2cm | 179,200 | 中贸圣佳 | 2010.7.17 |
| 民国 痕都斯坦玉嵌宝石花卉纹碗 | 直径14.6cm | 56,000 | 中国嘉德 | 2010.6.19 |
| 民国 碧玉花卉纹碗 | 直径28.1cm | 95,200 | 中国嘉德 | 2010.9.18 |
| 刘建新 呈祥献瑞青玉碗 | 直径17.5cm | 201,600 | 西泠拍卖 | 2010.12.13 |
| 2009 俞艇 薄胎团花碗(一套十二件) | 直径112mm | 1,232,000 | 西泠拍卖 | 2010.12.13 |
| 2008 刘建新 葵口白玉碗 | 直径13.8cm | 67,200 | 西泠拍卖 | 2010.12.13 |
| 玉杯、玉爵 | | | | |
| 汉 青白玉神人擒兽盖杯 | 高14.2cm | 313,600 | 北京中嘉 | 2010.5.9 |
| 汉 青白玉人兽纹盖杯 | 高21.3cm | 448,000 | 北京中嘉 | 2010.5.9 |
| 汉 青白玉斗牛凤耳盖杯 | 高17.2cm | 425,600 | 北京中嘉 | 2010.5.9 |
| 汉 白玉螭纹杯 | 高12cm | 246,400 | 北京中嘉 | 2010.5.9 |
| 唐 缟红玛瑙牛首杯 | 高8.5cm | 201,600 | 上海工美 | 2010.11.4 |
| 明 青玉葵耳杯 | 长12cm | 84,000 | 北京匡时 | 2010.6.6 |
| 明 青白玉双花耳杯 | 径17cm | 89,600 | 上海嘉泰 | 2010.4.20 |
| 明 青白玉雕縠纹螭耳杯 | 高11cm | 71,500 | 天津文物 | 2010.11.21 |
| 明 青白玉雕螭虎双耳杯 | 高12cm | 52,800 | 天津文物 | 2010.5.24 |
| 明 白玉沁色雕双龙耳杯 | 高10.5cm | 66,000 | 天津文物 | 2010.5.24 |
| 明 白玉龙凤纹杯 | 高10.2cm | 121,000 | 天津文物 | 2010.11.21 |
| 明 白玉留皮雕山水纹童子执耳杯 | 高12cm | 275,000 | 天津文物 | 2010.5.24 |
| 明 白玉金累丝碧玺螭虎托杯 | 高4.6cm | 425,600 | 中拍国际 | 2010.6.19 |
| 明 白玉雕双龙耳杯 | 高13.5cm | 55,000 | 天津文物 | 2010.11.21 |
| 明 白玉雕螭纹杯 | 高11.5cm | 70,200 | 天津文物 | 2010.11.21 |
| 明晚期 青白玉雕螭龙玉兰杯 | 宽11.8cm | 91,840 | 中国嘉德 | 2010.11.22 |
| 明末 青白玉灵芝寿纹双龙耳杯 | 宽18.4cm | 1,071,160 | 香港佳士得 | 2010.5.31 |
| 清早期 黄玉夔龙耳杯 | 高9.5cm | 224,000 | 北京翰海 | 2010.12.12 |
| 清乾隆 西瓜水料云龙纹龙耳杯 | 高12.4cm | 201,600 | 北京匡时 | 2010.12.4 |
| 清乾隆 碧玉英雄杯(合卺杯) | 高8.6cm | 425,600 | 中国嘉德 | 2010.11.21 |
| 清乾隆 白玉酒杯(一对) | 高5.6cm | 809,600 | 香港苏富比 | 2010.4.8 |
| 清乾隆 白玉"九龙"方杯 | 高10.5cm | 440,000 | 香港苏富比 | 2010.4.8 |

## 2010玉器拍卖成交汇总

(成交价RMB：5万元以上)

| 拍品名称 | 尺寸 | 成交价(RMB) | 拍卖公司 | 拍卖日期 |
|---|---|---|---|---|
| 清康熙 青花花神杯(十一月) | 高5.1cm | 688,000 | 香港佳士得 | 2010.12.1 |
| 清中期 玛瑙双耳杯 | 直径6.7cm | 58,240 | 北京翰海 | 2010.6.7 |
| 清中期 白玉小杯 | 直径6.6cm | 109,760 | 北京中汉 | 2010.5.18 |
| 清中期 白玉牛首小杯 | 高6.8cm | 134,400 | 北京中汉 | 2010.5.18 |
| 清嘉庆 白玉杯 | 直径9cm | 1,049,200 | 香港苏富比 | 2010.10.8 |
| 清18世纪 白玉杯一对 | 直径7.5cm | 1,152,400 | 香港苏富比 | 2010.10.8 |
| 清19世纪 白玉杯连托 | 直径10.5cm×2 | 450,640 | 香港佳士得 | 2010.12.1 |
| 清18世纪 碧玉杯(一对) | 直径9.9cm×2 | 65,850 | 香港佳士得 | 2010.5.31 |
| 清18世纪 白玉酒杯(一对) | 直径5cm | 286,000 | 香港苏富比 | 2010.4.8 |
| 清 青白玉双螭龙耳杯 | 宽13.5cm | 56,000 | 北京保利 | 2010.12.6 |
| 清 痕都斯坦玉雕海棠式双耳杯 | 高4.5cm | 67,200 | 北京翰海 | 2010.6.6 |
| 清 痕都斯坦玉杯 | 口径9.6cm | 56,000 | 西泠拍卖 | 2010.7.6 |
| 清 仿犀角形碧玉雕三娘教子图杯 | 高12.6cm | 53,760 | 北京纳高 | 2010.7.15 |
| 清 白玉卧足素杯 | 直径7.5cm | 179,200 | 中贸圣佳 | 2010.7.17 |
| 清 白玉双龙耳杯 | 宽10.5cm | 61,600 | 北京保利 | 2010.7.31 |
| 清 白玉雕螭龙双耳杯 | 长12.5cm | 246,400 | 北京纳高 | 2010.7.15 |
| 清 白玉螭耳杯 | 直径11.8cm | 67,200 | 中国嘉德 | 2010.12.18 |
| 晚清/民国 白玉爵 | 高14cm | 702,400 | 香港佳士得 | 2010.5.31 |
| 玉钵、玉盆 | | | | |
| 明 金镶羊脂玉钵 | 口径15.2cm | 952,000 | 中拍国际 | 2010.6.19 |
| 清乾隆 玉雕御题诗葵口花盆 | 直径18.1cm | 537,600 | 北京永乐 | 2010.11.23 |
| 清中期 碧玉海棠式水仙盆 | 长29.7cm | 224,000 | 北京翰海 | 2010.6.7 |
| 清 碧玉刻般若波罗蜜多心经钵 | 直径16cm | 89,600 | 中国嘉德 | 2010.12.18 |
| 玉花插 | | | | |
| 清中期 青白玉凤竹花插 | 高20cm | 504,000 | 中国嘉德 | 2010.11.22 |
| 清乾隆 白玉浮雕寒梅花插 | 高10cm | 151,200 | 北京匡时 | 2010.12.4 |
| 清 玉雕镂空花插 | 长15.8cm | 72,800 | 老城隍庙 | 2010.11.6 |
| 清 黄玉童子平安如意花插 | 高8.5cm | 560,000 | 北京翰海 | 2010.6.6 |
| 清 红白双色玛瑙花插 | 高9.5cm | 84,000 | 雍和嘉诚 | 2010.12.3 |
| 清 碧玉花插 | 高6.3cm | 123,200 | 雍和嘉诚 | 2010.12.3 |
| 清 碧玉雕松竹梅花插 | 高12cm | 112,000 | 上海大众 | 2010.1.3 |
| 清 白玉竹节花插 | 高7.5cm | 112,000 | 雍和嘉诚 | 2010.12.3 |
| 清 白玉雕龙凤竹节纹花插 | 高11.5cm | 418,000 | 天津文物 | 2010.5.24 |
| 清 白玉带皮鱼化龙花插 | 长18cm | 72,800 | 北京保利 | 2010.7.31 |
| 玉雕梅花绶带花插 | 高18.6cm | 224,000 | 中鼎国际 | 2010.11.18 |
| 和田白玉花插 | 高20cm | 201,600 | 深圳市拍 | 2010.10.23 |
| 玉香筒、香囊、香熏 | | | | |
| 明 白玉镂雕龙凤纹香薰 | 高15.5cm | 440,000 | 天津文物 | 2010.11.21 |
| 清乾隆 青金石雕甪端香薰 | 高10.5cm | 112,000 | 广州嘉德 | 2010.6.16 |
| 清乾隆 青白玉透雕缠枝花卉香囊 | 直径5.8cm | 134,400 | 北京保利 | 2010.6.4 |
| 清乾隆 白玉金亭式香薰 | 高25.5cm | 1,232,000 | 北京保利 | 2010.12.6 |
| 清乾隆 白玉雕五老图香筒 | 高17.4cm | 4,351,600 | 香港佳士得 | 2010.12.1 |
| 清乾隆 白玉镂雕文人游园纹香筒 | 高22.5cm | 1,358,800 | 香港苏富比 | 2010.10.8 |
| 清中期 碧玉雕云龙香薰(一对) | 高58cm | 1,904,000 | 北京保利 | 2010.6.4 |
| 清 水晶留皮巧雕福寿封侯香筒 | 高8.5cm | 560,000 | 北京保利 | 2010.6.5 |
| 清 白玉小香囊 | 高4.9cm | 179,200 | 北京中汉 | 2010.5.18 |
| 清 白玉透雕福寿纹香囊 | 高5.7cm | 77,000 | 天津文物 | 2010.5.24 |
| 清 白玉镂雕香囊 | 高5cm | 67,200 | 北京匡时 | 2010.6.6 |
| 清 白玉雕山水人物纹香筒 | 高14.2cm | 165,000 | 天津文物 | 2010.5.24 |
| 2009 俞艇 缠枝纹白玉香筒 | 高19.2cm×2 | 728,000 | 西泠拍卖 | 2010.12.13 |
| 玉 觚 | | | | |
| 战国 玉龙凤纹觿形器 | 长14cm | 89,600 | 北京翰海 | 2010.11.6 |
| 西周 白玉龙纹玉觿 | 长8.5cm | 56,000 | 中拍国际 | 2010.6.19 |
| 如意镜 | | | | |
| 清 白玉手镜 | 长26.8cm | 67,200 | 北京保利 | 2010.6.5 |

| 拍品名称 | 尺寸 | 成交价(RMB) | 拍卖公司 | 拍卖日期 |
|---|---|---|---|---|
| 清 银镶玉手镜 | 长26cm | 60,720 | 香港淳浩 | 2010.3.27 |
| 清18世纪 白玉翡翠鎏金铜“捧福”手镜 | | 110,000 | 香港苏富比 | 2010.4.8 |
| 玉 盏 | | | | |
| 清嘉庆 白玉雕海棠形盏托 | 宽15.4cm | 1,456,000 | 中国嘉德 | 2010.5.15 |
| 清乾隆 白玉螭龙茶碗及碗盖 剔红花卉盏托 | 宽13.5cm | 84,000 | 北京保利 | 2010.12.6 |
| 明 青白玉沁色雕寿字纹盏托 | 宽13.5cm | 110,000 | 天津文物 | 2010.11.21 |
| 其他陈设和生活用品 | | | | |
| 良渚文化 玉雕性器型摆件 | 长8cm | 134,400 | 老城隍庙 | 2010.11.6 |
| 唐 白玉镂雕雁塔配饰 | 高5.4cm | 91,840 | 中拍国际 | 2010.6.19 |
| 明 旧玉琢字钟 | 高13cm | 77,000 | 天津文物 | 2010.11.21 |
| 明 仿汉夔凤纹玉樽 | 高14cm | 448,000 | 中国嘉德 | 2010.11.21 |
| 清中期 青白玉舟船 | 宽19cm | 179,200 | 上海新华 | 2010.9.5 |
| 清中期 白玉兽面纹出戟钟 | 高11.2cm | 190,400 | 北京翰海 | 2010.6.6 |
| 清早期 白玉刻山水人物通景宫灯 | 高14cm | 806,400 | 北京歌德 | 2010.11.19 |
| 清乾隆 青白玉海水龙纹烛台 | 高14.5cm | 336,000 | 北京保利 | 2010.12.5 |
| 清乾隆 白玉御制金镧杵 | 长12cm | 649,600 | 北京翰海 | 2010.6.6 |
| 清乾隆 白玉嵌珍珠百宝小盆景 | 高14cm | 112,000 | 北京保利 | 2010.6.4 |
| 清乾隆 白玉雕龙纹仿青铜酒器 | 高11.4cm | 358,400 | 北京匡时 | 2010.12.4 |
| 清18世纪 白玉福寿吉祥海螺 | 长20.3cm | 13,570,800 | 香港佳士得 | 2010.12.1 |
| 清18世纪 白玉宝船 | 长11.5cm | 1,812,800 | 香港苏富比 | 2010.4.8 |
| 清 青金石嵌宝御题诗佛塔 | 高81cm | 896,000 | 北京保利 | 2010.6.5 |
| 清 巧色玛瑙摆件 | 长16.4cm | 53,760 | 西泠拍卖 | 2010.7.6 |
| 清 黄玉法轮 | 直径5.5cm | 53,760 | 中国嘉德 | 2010.6.19 |
| 清 碧玉葵花形渣斗 | 直径15cm | 90,200 | 天津文物 | 2010.11.21 |
| 清 白玉佛连紫檀嵌百宝佛龛 | 高11.5cm | 112,000 | 中国嘉德 | 2010.6.19 |
| 倪伟滨 寿翁 青白玉摆件 | 长12.6cm | 100,800 | 西泠拍卖 | 2010.7.4 |
| 民国 青金石嵌百宝盆景 | 高35.5cm | 56,000 | 中国嘉德 | 2010.3.20 |
| 绿松石摆件 | 高41cm | 61,600 | 中鼎国际 | 2010.11.18 |
| 和田籽玉 原石 | 长10cm | 109,760 | 江苏嘉恒 | 2010.6.6 |
| 四、文房用品 | | | | |
| 玉笔管 | | | | |
| 清乾隆 白玉嵌碧玉雕云龙纹提笔 | 长26cm | 369,600 | 北京中汉 | 2010.5.18 |
| 清乾隆 白玉镶碧玉龙纹笔 | 长27cm | 470,400 | 北京保利 | 2010.12.6 |
| 玉笔筒 | | | | |
| 清早期 玉雕填金彩四君子图诗文笔筒 | 高15.8cm | 1,176,000 | 北京诚轩 | 2010.11.22 |
| 清乾隆 御制和田碧玉龙凤纹笔海 | 长55.5cm | 3,136,000 | 四川嘉禾 | 2010.7.25 |
| 清乾隆 御制白玉雕如意常青松枝瑞鼠纹笔筒 | 高15cm | 25,200,000 | 北京匡时 | 2010.12.4 |
| 清乾隆 玉笔筒 | 直径15.2cm | 201,600 | 老城隍庙 | 2010.11.6 |
| 清乾隆 青玉雕龙纹扁方笔筒 | 高14.7cm | 560,000 | 中贸圣佳 | 2010.7.17 |
| 清乾隆 青白玉山水人物图四方笔筒 | 高11.1cm | 279,500 | 香港佳士得 | 2010.12.1 |
| 清乾隆 碧玉浮雕如意纹御题诗笔筒 | 高12.3cm | 651,200 | 香港苏富比 | 2010.4.8 |
| 清乾隆 碧玉浮雕如意纹御题诗笔筒 | 高12cm | 560,000 | 北京保利 | 2010.12.6 |
| 清乾隆 白玉嵌宝石竹节笔筒 | 高10.5cm | 2,352,000 | 北京保利 | 2010.6.4 |
| 清乾隆 白玉盘螭纹笔筒 | 高11.3cm | 336,000 | 北京歌德 | 2010.6.19 |
| 清乾隆 白玉笔筒 | 高9.8cm | 504,000 | 中国嘉德 | 2010.11.20 |
| 清中期 青白玉山水人物笔筒 | 高9cm | 134,400 | 北京翰海 | 2010.12.12 |
| 清中期 碧玉雕八骏人物图笔筒 | 高15.2cm | 1,120,000 | 北京翰海 | 2010.12.12 |

## 2010玉器拍卖成交汇总

**(成交价RMB：5万元以上)**

| 拍品名称 | 尺寸 | 成交价(RMB) | 拍卖公司 | 拍卖日期 |
|---|---|---|---|---|
| 清中期 白玉虎溪三笑笔筒 | 直径18cm | 3,920,000 | 北京保利 | 2010.12.5 |
| 清18世纪/19世纪 白玉雕喜庆贺寿图笔筒 | 高11.8cm | 1,914,040 | 香港佳士得 | 2010.5.31 |
| 清 玉雕松鹤图笔筒 | 高14.5cm | 91,840 | 中国嘉德 | 2010.12.18 |
| 清 陈国治作松石绿地浮雕通景山水人物笔筒 | 高16cm | 246,400 | 西泠拍卖 | 2010.12.14 |
| 清 碧玉填金山水诗文笔筒 | 高17.5cm | 190,400 | 北京保利 | 2010.3.19 |
| 清 碧玉题诗笔筒 | 高17cm | 56,000 | 北京保利 | 2010.7.31 |
| 清 碧玉山水纹笔筒 | 高20.2cm | 56,000 | 中国嘉德 | 2010.3.20 |
| 清 碧玉山水人物纹笔筒 | 高17cm | 95,200 | 中国嘉德 | 2010.9.18 |
| 清 碧玉山水人物纹笔筒 | 高21.5cm | 89,600 | 中国嘉德 | 2010.9.18 |
| 清 碧玉山水人物故事图笔筒 | 高17.5cm | 134,400 | 中国嘉德 | 2010.6.19 |
| 清 碧玉人物纹笔筒 | 高16.2cm | 56,000 | 中国嘉德 | 2010.6.19 |
| 清 碧玉群仙祝寿图笔筒 | 高15.5cm | 91,840 | 中国嘉德 | 2010.3.20 |
| 清 碧玉雕山水人物笔筒 | 高15.5cm | 224,000 | 中鸿信 | 2010.3.28 |
| 清 白玉携琴访友笔筒 | 高8.5cm | 123,200 | 北京匡时 | 2010.6.6 |
| 清 白玉雕山水纹笔筒 | 高10cm | 72,800 | 朵云轩 | 2010.6.30 |
| 清 白玉雕山水人物纹笔筒 | 直径8.7cm | 1,870,000 | 天津文物 | 2010.11.21 |
| 清 白玉雕山水人物故事笔筒 | 高14.7cm | 1,232,000 | 北京匡时 | 2010.12.4 |
| 清 白玉暗刻东方朔笔筒 | 高10.2cm | 190,400 | 朵云轩 | 2010.12.17 |
| 民国 碧玉雕人物诗文笔筒 | 高17.8cm | 198,000 | 天津文物 | 2010.5.24 |
| 绶带双青青玉笔筒 | 高12.5cm | 246,400 | 中鼎国际 | 2010.11.18 |
| 青玉人物纹笔筒 | 高14.7cm | 58,240 | 中国嘉德 | 2010.3.20 |
| 碧玉西园雅聚图笔筒 | 高18.5cm | 56,000 | 中鼎国际 | 2010.11.18 |
| 碧玉雕溪山雅隐图笔筒 | 高19.5cm | 112,000 | 中鼎国际 | 2010.11.18 |
| 玉笔搁、笔架、笔掭 | | | | |
| 元 白玉荷叶纹笔掭 | 长10.4cm | 190,400 | 北京保利 | 2010.12.6 |
| 宋 吴琚款玉雕笔架 | 长18cm | 168,000 | 北京保利 | 2010.6.5 |
| 清乾隆 御制白玉“山水高士”图山子笔架 | 长9.6cm | 862,400 | 香港苏富比 | 2010.4.8 |
| 清乾隆 白玉小笔山 | 长6.4cm | 470,400 | 北京保利 | 2010.12.5 |
| 清中期 玉刻叶形笔掭 | 长14.5cm | 123,200 | 十竹斋 | 2010.7.11 |
| 清中期 白玉龙形笔架 | 高11.5cm | 123,200 | 北京保利 | 2010.12.6 |
| 清中期 白玉荷花青蛙笔掭 | 长16cm | 78,400 | 北京翰海 | 2010.12.12 |
| 清18/19世纪 白玉龙形笔搁 | 长20.7cm | 65,850 | 香港佳士得 | 2010.5.31 |
| 清 水晶雕鱼龙变化纹笔架 | 长18.5cm | 96,800 | 天津文物 | 2010.11.21 |
| 清 玛瑙石雕笔架 | 长18cm | 53,760 | 雍和嘉诚 | 2010.12.3 |
| 清 玛瑙巧雕笔架山 | 长10cm | 67,200 | 西泠拍卖 | 2010.7.6 |
| 清 白玉玉兔拜月笔掭 | 长6.2cm | 50,400 | 西泠拍卖 | 2010.12.14 |
| 清 白玉蟹形笔掭 | 长6.9cm | 112,000 | 西泠拍卖 | 2010.7.6 |
| 清 白玉握权百禄笔架 | 长22.3cm | 145,600 | 中国嘉德 | 2010.6.19 |
| 清 白玉镂雕“水仙寿石”笔架 | 长8.4cm | 440,000 | 香港苏富比 | 2010.4.8 |
| 清 白玉刻松竹梅纹山形笔搁 | 长15.3cm | 189,200 | 香港淳浩 | 2010.11.27 |
| 清 白玉荷蟹笔掭 | 长15.5cm | 168,000 | 浙江钱塘 | 2010.7.3 |
| 玉臂搁 | | | | |
| 明 白玉雕双松挺秀诗文臂搁 | 高15cm | 106,400 | 上海大众 | 2010.1.3 |
| 清乾隆 白玉灵仙祝寿臂搁 | 长12.5cm | 280,000 | 北京保利 | 2010.6.5 |
| 清中期 白玉竹节形臂搁 | 长15.5cm | 103,040 | 北京保利 | 2010.12.6 |
| 清 白玉竹节诗文臂搁 | 长19cm | 212,800 | 北京翰海 | 2010.12.12 |
| 玉印盒 | | | | |
| 清乾隆 红玛瑙玺印原配紫檀嵌玉印盒 | 直径2.8cm | 3,584,000 | 北京保利 | 2010.6.4 |
| 清乾隆 碧玉嵌白玉云纹印盒 | 直径12.6cm | 1,008,000 | 北京翰海 | 2010.12.12 |
| 清18世纪 白玉螭龙纹印盒 | 直径6.5cm | 107,500 | 香港佳士得 | 2010.12.1 |

| 拍品名称 | 尺寸 | 成交价(RMB) | 拍卖公司 | 拍卖日期 |
|---|---|---|---|---|
| 清 白玉雕海棠形印盒 | 长11cm | 50,400 | 中国嘉德 | 2010.11.22 |
| 清 白玉雕螭龙纹双联印泥盒 | 直径6cm | 106,400 | 北京荣宝 | 2010.11.14 |
| 玉墨床 | | | | |
| 清乾隆 白玉几式墨床 | 宽8.9cm | 263,400 | 香港佳士得 | 2010.5.31 |
| 清道光 白玉螭龙纹墨床 | 长7.8cm | 134,400 | 北京保利 | 2010.12.6 |
| 清 松鹤延年玉墨床 | 长12.5cm | 112,000 | 西泠拍卖 | 2010.7.6 |
| 清 白玉玉璧墨床 | 长13cm | 224,000 | 北京保利 | 2010.12.6 |
| 清 白玉题诗墨床、香筒等(三件) | 尺寸不一 | 156,800 | 北京保利 | 2010.6.5 |
| 清 白玉和合二仙墨床 | 长8.5cm | 56,000 | 浙江钱塘 | 2010.7.3 |
| 清 白玉雕踏雪寻梅纹墨床 | 长5cm | 935,000 | 天津文物 | 2010.11.21 |
| 玉水呈、水丞 | | | | |
| 清乾隆 白玉洪福万代水盂 | 长15.5cm | 302,400 | 北京保利 | 2010.12.6 |
| 清乾隆 白玉铺首耳水呈 | 高4cm | 235,200 | 北京翰海 | 2010.6.6 |
| 清乾隆 洒金琥珀料水盂 | 高5.5cm | 100,800 | 北京匡时 | 2010.12.4 |
| 清乾隆 青白玉雕石榴形水盂 | 长9cm | 89,600 | 北京永乐 | 2010.11.23 |
| 清中期 玉雕松石水呈 玉勺 | 宽9cm | 98,560 | 中国嘉德 | 2010.5.16 |
| 清中期 青白玉佛手水呈 | 长19.7cm | 313,600 | 北京翰海 | 2010.12.12 |
| 清中期 白玉留皮荷莲草虫水呈 | 高3.5cm | 313,600 | 北京翰海 | 2010.12.12 |
| 清中期 白玉莲花形水呈 | 长6.3cm | 84,000 | 北京翰海 | 2010.12.12 |
| 清中期 白玉葫芦形水呈 | 长7.6cm | 100,800 | 北京翰海 | 2010.12.12 |
| 清中期 白玉雕羊羊如意水盂 | 长13.5cm | 504,000 | 北京匡时 | 2010.12.4 |
| 清中期 白玉雕松鼠蕉叶纹水盂 | 长6.4cm | 109,760 | 北京匡时 | 2010.12.4 |
| 清18世纪 青白玉并蒂莲水丞 | 宽18.4cm | 274,375 | 香港佳士得 | 2010.5.31 |
| 清 水晶雕子孙万福水盂 | 长12.5cm | 95,200 | 云南典藏 | 2010.4.25 |
| 清 青玉雕枝蟾水丞 | 长13cm | 121,000 | 天津文物 | 2010.11.21 |
| 清 青白玉羊首花口水丞 | 长13.5cm | 84,000 | 北京保利 | 2010.7.31 |
| 清 青白玉雕龙纹海棠形水丞 | 长12cm | 99,000 | 天津文物 | 2010.5.24 |
| 清 葫芦形玛瑙水盂 | 长11.5cm | 145,600 | 西泠拍卖 | 2010.7.6 |
| 清 白玉雕万福万寿纹水丞 | 长9.6cm | 308,000 | 天津文物 | 2010.11.21 |
| 民国 玛瑙雕鹅衔穗形水盂 | 长15cm | 89,600 | 广州嘉德 | 2010.12.8 |
| 玉水注、砚滴 | | | | |
| 宋 玉瑞兽砚滴 | 长8cm | 123,200 | 北京翰海 | 2010.6.6 |
| 明 玉瑞兽砚滴 | 长9.8cm | 128,800 | 北京翰海 | 2010.12.12 |
| 明 玉瑞兽砚滴 | 长10.5cm | 89,600 | 北京翰海 | 2010.12.12 |
| 明 白玉“瑞兽”水滴 | 高8.3cm | 352,000 | 香港苏富比 | 2010.4.8 |
| 清初 白玉雕饕餮纹砚滴 | 长12.5cm | 168,000 | 北京歌德 | 2010.11.19 |
| 清乾隆 白玉双螭凤首砚滴 | 长9cm | 224,000 | 中鸿信 | 2010.3.28 |
| 清中期 白玉龙凤纹砚滴 | 高8.6cm | 302,400 | 北京翰海 | 2010.12.12 |
| 清中期 白玉棱形砚滴 | 高8.5cm | 89,600 | 北京翰海 | 2010.6.6 |
| 清 玛瑙雕鳌形砚滴 | 高13cm | 297,000 | 天津文物 | 2010.5.24 |
| 玉笔洗 | | | | |
| 宋 玉鸟·玉兽·玉鹅形洗(十二件) | 尺寸不一 | 5,040,000 | 北京翰海 | 2010.12.12 |
| 明 青玉荷花形笔洗 | 长19cm | 110,000 | 天津文物 | 2010.11.21 |
| 明 白玉沁色雕一品清廉纹洗 | 长10cm | 68,200 | 天津文物 | 2010.5.24 |
| 清早期 青白玉雕双蝠灵芝洗 | 长23.5cm | 168,000 | 北京中汉 | 2010.11.22 |
| 清早期 鸡骨白螭龙灵芝洗 | 长18cm | 212,800 | 中国嘉德 | 2010.9.18 |
| 清早期 白玉花口洗 | 长10.3cm | 207,200 | 北京翰海 | 2010.12.12 |
| 清乾隆 御制和田白玉云龙纹洗 | 长29cm | 728,000 | 四川嘉禾 | 2010.7.25 |
| 清乾隆 珊瑚红荷叶水洗 | 长8cm | 123,200 | 北京保利 | 2010.6.5 |

| 拍品名称 | 尺寸 | 成交价(RMB) | 拍卖公司 | 拍卖日期 |
|---|---|---|---|---|
| 清乾隆 青玉双鱼洗(一对) | 直径17cm | 392,000 | 中国嘉德 | 2010.11.21 |
| 清乾隆 青玉回纹海棠型洗 | 长30cm | 336,000 | 北京保利 | 2010.6.5 |
| 清乾隆 青玉浮雕兽面纹洗 | 直径11cm | 56,000 | 北京保利 | 2010.10.25 |
| 清乾隆 青白玉留皮雕《福至心灵》洗 | 长11cm | 112,000 | 北京荣宝 | 2010.5.30 |
| 清乾隆 玛瑙雕葵花形活环洗 | 宽13.2cm | 69,440 | 北京诚轩 | 2010.5.17 |
| 清乾隆 金珀螭龙纹花口小洗 | 长6.5cm | 168,000 | 北京保利 | 2010.12.6 |
| 清乾隆 黄玉三螭洗 | 直径13.5cm | 918,400 | 北京保利 | 2010.6.4 |
| 清乾隆 痕都斯坦金镶红宝双耳洗 | 长17cm | 291,200 | 长风拍卖 | 2010.6.22 |
| 清乾隆 和田碧玉羊首洗 | 长20cm | 69,440 | 四川嘉禾 | 2010.7.25 |
| 清乾隆 碧玉年年有余环耳洗 | 宽30cm | 1,456,000 | 北京保利 | 2010.12.6 |
| 清乾隆 碧玉雕五福捧寿纹大洗 | 长25.5cm | 2,688,000 | 中贸圣佳 | 2010.7.17 |
| 清乾隆 白玉御题诗羊头贝壳形洗 | 长13cm | 2,800,000 | 北京保利 | 2010.12.5 |
| 清乾隆 白玉喜字花形洗 | 宽19.5cm | 1,288,000 | 北京保利 | 2010.12.6 |
| 清乾隆 白玉双童耳洗 | 宽16cm | 5,177,200 | 香港佳士得 | 2010.12.1 |
| 清乾隆 白玉双龙耳洗 | 宽15cm | 392,000 | 北京保利 | 2010.10.25 |
| 清乾隆 白玉兽面双环耳洗 | 直径19.5cm | 3,360,000 | 北京保利 | 2010.12.5 |
| 清乾隆 白玉绳纹小洗 | 直径4.1cm | 448,000 | 北京保利 | 2010.12.5 |
| 清乾隆 白玉梅花洗 | 长16cm | 291,200 | 北京保利 | 2010.3.19 |
| 清乾隆 白玉留皮梅花洗 | 长16.5cm | 2,464,000 | 北京保利 | 2010.12.5 |
| 清乾隆 白玉花卉双蝶耳游环洗 | 宽26cm | 5,600,000 | 北京保利 | 2010.12.5 |
| 清乾隆 白玉荷叶洗 | 长22cm | 3,584,000 | 北京保利 | 2010.12.6 |
| 清乾隆 白玉佛手洗 | 长14cm | 313,600 | 北京保利 | 2010.6.5 |
| 清乾隆 白玉雕花瓣嵌宝菊耳洗 | 直径23cm | 1,120,000 | 广州嘉德 | 2010.12.8 |
| 清乾隆 白玉雕螭龙纹水洗 | 长13cm | 683,200 | 上海大众 | 2010.1.3 |
| 清乾隆 白玉带皮如意平安洗 | 长11cm | 2,016,000 | 北京匡时 | 2010.6.6 |
| 清乾隆 白玉八吉祥双鱼洗 | 直径17.1cm | 6,209,200 | 香港佳士得 | 2010.12.1 |
| 清乾隆 白玉"香荷洗" | 长7.6cm | 330,000 | 香港苏富比 | 2010.4.8 |
| 清乾隆 白玉"兰芝图"双龙耳活环四足洗 | 长21.5cm | 5,297,600 | 香港苏富比 | 2010.4.8 |
| 清嘉庆 白玉题诗灵芝洗 | 长12cm | 1,344,000 | 北京保利 | 2010.12.6 |
| 清中期 青白玉花鸟洗 | 长13cm | 72,800 | 北京保利 | 2010.10.25 |
| 清中期 青白玉海棠型笔洗 | 长14.8cm | 358,400 | 北京保利 | 2010.12.6 |
| 清中期 白玉双童洗 | 高5.6cm | 134,400 | 北京翰海 | 2010.12.12 |
| 清中期 白玉灵芝洗 | 长9.3cm | 190,400 | 北京翰海 | 2010.6.7 |
| 清中期 白玉花卉花口洗 | 直径13.2cm | 134,400 | 北京翰海 | 2010.12.12 |
| 清中期 白玉荷叶形洗 | 长14cm | 1,008,000 | 北京翰海 | 2010.12.12 |
| 清中期 白玉海棠式花卉洗 | 长12.9cm | 190,400 | 北京翰海 | 2010.6.7 |
| 清中期 白玉螭龙海棠式洗 | 长17.5cm | 1,008,000 | 北京翰海 | 2010.6.6 |
| 清18世纪 碧玉瓜瓞绵绵活环耳洗 | 宽28cm | 544,360 | 香港佳士得 | 2010.5.31 |
| 清18世纪 白玉嵌宝灵芝式洗 | 宽15cm | 301,000 | 香港佳士得 | 2010.12.1 |
| 清18世纪 青白玉雕云龙纹洗 | 高7.7cm | 291,200 | 北京中汉 | 2010.5.18 |
| 清 珊瑚雕荷叶洗 | 长8.5cm | 168,000 | 朵云轩 | 2010.12.17 |
| 清 青白玉云龙洗 | 长30cm | 1,680,000 | 北京保利 | 2010.6.5 |
| 清 青白玉双鱼洗 | 长15.8cm | 89,600 | 中国嘉德 | 2010.12.18 |
| 清 青白玉葫芦形洗 | 长15.9cm | 89,600 | 浙江钱塘 | 2010.7.3 |
| 清 青白玉雕五福捧寿纹洗 | 长11.5cm | 110,000 | 天津文物 | 2010.11.21 |
| 清 青白玉"连年有余"纹笔洗 | 长25cm | 156,800 | 中拍国际 | 2010.11.27 |

| 拍品名称 | 尺寸 | 成交价(RMB) | 拍卖公司 | 拍卖日期 |
|---|---|---|---|---|
| 清 玛瑙水洗 | 长10.3cm | 72,800 | 雍和嘉诚 | 2010.12.3 |
| 清 痕都斯坦式碧玉诗文洗 | 长24.2cm | 112,000 | 中国嘉德 | 2010.9.18 |
| 清 碧玉双鱼洗 | 长14.5cm | 84,000 | 浙江钱塘 | 2010.7.3 |
| 清 碧玉花卉耳洗 | 长13.3cm | 151,200 | 北京翰海 | 2010.6.7 |
| 清 白玉鱼龙水洗 | 长6.5cm | 78,400 | 北京保利 | 2010.12.6 |
| 清 白玉羊形笔洗 | 宽11cm | 1,680,000 | 北京保利 | 2010.3.19 |
| 清 白玉童子水洗 | 长16.5cm | 61,600 | 北京保利 | 2010.10.25 |
| 清 白玉螳螂洗 | 长14.3cm | 61,600 | 北京保利 | 2010.12.6 |
| 清 白玉太平有象洗 | 宽8.5cm | 246,400 | 中国嘉德 | 2010.11.22 |
| 清 白玉松鼠福寿洗 | 长13.5cm | 156,800 | 北京保利 | 2010.10.25 |
| 清 白玉双灵芝耳洗 | 直径16cm | 72,800 | 北京保利 | 2010.10.25 |
| 清 白玉诗文洗 | 长14.5cm | 67,200 | 中鸿信 | 2010.3.28 |
| 清 白玉雕一品清廉纹双联洗 | 长18cm | 1,276,000 | 天津文物 | 2010.5.24 |
| 清 白玉雕祥龟献寿荷叶洗 | 长10cm | 134,400 | 北京匡时 | 2010.12.4 |
| 清 白玉雕童子戏水河塘纹笔洗 | 长21.5cm | 80,640 | 广州嘉德 | 2010.6.16 |
| 清 白玉雕松树洗 | 宽14.8cm | 212,800 | 中国嘉德 | 2010.11.22 |
| 清 白玉雕四足水洗 | 直径15.5cm | 156,800 | 上海大众 | 2010.1.3 |
| 清 白玉雕莲叶鸳鸯洗 | 长10.8cm | 53,760 | 中国嘉德 | 2010.11.22 |
| 清 白玉雕夔龙纹洗子 | 直径14.5cm | 1,512,000 | 中贸圣佳 | 2010.7.17 |
| 清 白玉雕福寿纹洗 | 13.7cm | 143,000 | 天津文物 | 2010.11.21 |
| 清 白玉雕螭纹洗 | 长12cm | 110,000 | 天津文物 | 2010.5.24 |
| 清 白玉螭龙水洗 | 长14cm | 201,600 | 雍和嘉诚 | 2010.12.3 |
| 清 白玉螭龙荷叶水洗 | 长15.5cm | 72,800 | 北京保利 | 2010.10.25 |
| 民国 玛瑙卧鹅洗 | 宽16cm | 53,760 | 上海新华 | 2010.9.5 |
| 白玉子孙万代洗 | 长14cm | 58,240 | 中国嘉德 | 2010.6.19 |
| 白玉荷塘莲花洗 | 长15.5cm | 64,960 | 中国嘉德 | 2010.9.18 |
| 2009 俞艇 双喜 青玉笔洗 | 直径9.2cm | 61,600 | 西泠拍卖 | 2010.12.13 |
| 玉纸镇 | | | | |
| 明早期 和田玉雕饕餮纹镇纸(一对) | 长17cm×2 | 436,800 | 老城隍庙 | 2010.11.6 |
| 明晚期 玉雕龙马负图镇 | 长6cm | 56,000 | 北京诚轩 | 2010.11.22 |
| 明 青白玉留皮云龙镇 | 长12.5cm | 1,904,000 | 北京保利 | 2010.12.5 |
| 清乾隆 羊脂白玉留皮巧雕耄耋镇 | 长8cm | 4,704,000 | 北京保利 | 2010.6.4 |
| 清乾隆 玛瑙雕卧鹿镇 | 长6.3cm | 156,800 | 北京诚轩 | 2010.5.17 |
| 清乾隆 白玉五毒纸镇 | 长9.3cm | 616,000 | 北京匡时 | 2010.12.4 |
| 清乾隆 白玉百事如意镇纸 | 宽5.8cm | 246,400 | 中国嘉德 | 2010.5.16 |
| 清中期 青白玉雕荷叶莲蓬形书镇 | 长5.5cm | 89,600 | 北京永乐 | 2010.11.23 |
| 清中期 鸡骨白玉鹅纸镇 | 长5.5cm | 78,400 | 北京翰海 | 2010.12.12 |
| 清中期 白玉双寿纸镇 | 长6.8cm | 56,000 | 北京翰海 | 2010.6.6 |
| 清中期 白玉葫芦万代纸镇 | 长9.5cm | 56,000 | 中国嘉德 | 2010.6.19 |
| 清 玉文镇 | 长10.2cm | 56,000 | 中国嘉德 | 2010.11.22 |
| 清 玉雕兽衔灵芝镇 | 长7.8cm | 106,400 | 北京诚轩 | 2010.11.22 |
| 清 青白玉刻螭龙纹镇纸、雕独占鳌头笔插(各一件) | 长21.5cm | 397,320 | 香港淳浩 | 2010.11.27 |
| 清 玛瑙镇纸、挂坠(共四件) | 尺寸不一 | 59,340 | 香港淳浩 | 2010.11.27 |
| 清 玛瑙巧作岁寒三友纸镇 | 长11cm | 56,000 | 北京翰海 | 2010.12.12 |
| 清 黄玉竹节纸镇(二件) | 长9.5cm | 537,600 | 北京翰海 | 2010.12.12 |
| 清 黄玉雕双兽纹镇纸 | 长5cm | 57,200 | 天津文物 | 2010.11.21 |
| 清 琥珀松鼠葡萄纸镇 | 长10cm | 72,800 | 北京保利 | 2010.12.6 |
| 清 白玉桃形纸镇 | 长5.4cm | 80,960 | 香港淳浩 | 2010.3.27 |
| 清 白玉莲蓬翠鸟纸镇 | 宽4.1cm | 64,960 | 中国嘉德 | 2010.11.22 |
| 清 白玉雕双鹿衔芝镇纸 | 长5cm | 90,200 | 天津文物 | 2010.11.21 |
| 清 白玉雕梅花纹镇尺 | 长16cm | 220,000 | 天津文物 | 2010.5.24 |
| 清 白玉蝉形镇 | 长6.5cm | 67,200 | 北京保利 | 2010.12.6 |
| 清18世纪 白玉镇纸 | 长13.4cm | 2,426,940 | 香港苏富比 | 2010.10.7 |
| 玉 砚 | | | | |
| 明 白玉雕双龙戏珠纹砚 | 长16.5cm | 56,000 | 上海大众 | 2010.1.3 |
| 清 云龙纹玛瑙砚 | 长8cm | 50,400 | 西泠拍卖 | 2010.7.6 |
| 玉砚屏 | | | | |

## 2010玉器拍卖成交汇总

(成交价RMB：5万元以上)

| 拍品名称 | 尺寸 | 成交价(RMB) | 拍卖公司 | 拍卖日期 |
|---|---|---|---|---|
| 清乾隆 白玉御制八骏马歌图砚屏 | 23.5cm×16.1cm | 4,032,000 | 北京翰海 | 2010.12.12 |
| 清中期 白玉描金仙人乘槎砚屏 | 长17.5cm | 2,016,000 | 北京翰海 | 2010.12.12 |
| 清乾隆 白玉放鹤图御题诗砚屏 | 长11.5cm | 1,120,000 | 北京保利 | 2010.12.5 |
| 清乾隆 白玉童子乘槎砚屏 | 屏心高10.6cm | 179,200 | 西泠拍卖 | 2010.12.14 |
| 玉 玺 | | | | |
| 战国 "六行府之玺"印 | 直径3.9cm | 56,000 | 中国嘉德 | 2010.6.19 |
| 清雍正 玉雕四神虎纽"怡亲王"宝玺 | 高4.5cm | 1,075,200 | 北京保利 | 2010.12.5 |
| 清乾隆 御制白玉交龙钮自强不息宝玺 | 7.5cm×7.5cm | 56,560,000 | 北京保利 | 2010.6.4 |
| 清乾隆 青玉"虚衷澄照"雕马纽小玺 | 高2.3cm | 2,464,000 | 中国嘉德 | 2010.11.21 |
| 清乾隆 乾隆帝御宝题诗白玉圆玺 | 直径4.5cm | 84,356,800 | 香港苏富比 | 2010.4.8 |
| 清乾隆 乾隆帝御宝交龙钮白玉玺 | 长7.5cm | 17,828,800 | 香港苏富比 | 2010.4.8 |
| 清乾隆 乾隆帝御宝交龙钮白玉玺 | 高12.9cm | 106,174,260 | 香港苏富比 | 2010.10.7 |
| 清乾隆 和阗青玉交龙钮"古稀天子"之宝玺 | 高13cm | 5,488,000 | 长风拍卖 | 2010.6.22 |
| 清乾隆 碧玉印玺(一组十一件) | | 6,496,000 | 北京中嘉 | 2010.5.9 |
| 清乾隆 碧玉八旗将军统领印(一套九件) | | 9,856,000 | 北京中嘉 | 2010.5.9 |
| 清嘉庆 嘉庆帝御制交龙钮翡翠玺(二方) | 高7cm | 69,019,380 | 香港苏富比 | 2010.10.7 |
| 清嘉庆 白玉"周甲延禧之宝"宝玺 | 长3cm | 3,136,000 | 北京保利 | 2010.12.5 |
| 清19/20世纪 慈禧太后御宝青玉玺 | | 4,241,600 | 香港苏富比 | 2010.4.8 |
| 清 青白玉双龙钮方玺 | 长10.5cm | 100,800 | 北京保利 | 2010.7.31 |
| 清 碧玉玺 | 长6cm | 56,000 | 北京保利 | 2010.10.24 |
| 清晚期 白玉双龙钮长方形宝玺 | 长11cm | 112,000 | 北京保利 | 2010.7.31 |
| 白玉"避暑山庄"龙钮宝玺 | 直径8.7cm | 168,000 | 中国嘉德 | 2010.9.18 |
| 玉雕龙钮玺 | 直径8.4cm | 84,000 | 中国嘉德 | 2010.12.18 |
| 玉 印 | | | | |
| 汉 玉印章 | 尺寸不一 | 192,500 | 天津文物 | 2010.11.21 |
| 汉 白玉印章 | 高2.5cm | 69,440 | 雍和嘉诚 | 2010.6.3 |
| 汉 白玉螭钮印 | 高2.5cm | 95,200 | 北京保利 | 2010.12.6 |
| 六朝 褐斑青"玉瑞兽"长方印章 | 高3.2cm | 66,000 | 香港苏富比 | 2010.4.8 |
| 宋/元 玉雕螭龙钮印 | 高3.5cm | 89,600 | 广州嘉德 | 2010.6.16 |
| 元 青白玉龙纽方章 | 长6.5cm | 448,000 | 北京保利 | 2010.12.5 |
| 元 白玉雕龙钮章 | 长3.9cm | 89,600 | 北京中汉 | 2010.5.18 |
| 明晚期 蟠螭钮玉印 | 长5.3cm | 268,800 | 北京诚轩 | 2010.11.22 |
| 明-清 玉各式印章(一组) | 尺寸不一 | 56,000 | 北京匡时 | 2010.12.4 |
| 清乾隆 水晶雕三螭印 | 高4cm | 336,000 | 北京保利 | 2010.12.6 |
| 清乾隆 白玉瑞兽钮方章 | 高4cm | 50,400 | 北京保利 | 2010.6.5 |
| 清乾隆 白玉虎纽双联章 | 长4.8cm | 224,000 | 北京保利 | 2010.12.6 |
| 清中期 白玉兽钮小印章 | 高2cm | 112,000 | 北京翰海 | 2010.12.12 |
| 清中期 白玉瑞兽钮方印 | 长3.5cm | 112,000 | 北京保利 | 2010.12.6 |
| 清中期 白玉螭龙纹印章 | 长3.2cm | 616,000 | 北京匡时 | 2010.12.4 |
| 清18/19世纪 水晶"狮钮"印章(四方) | 高4.5cm | 198,000 | 香港苏富比 | 2010.4.8 |
| 清 青玉双龙印 | 长6cm | 56,000 | 北京保利 | 2010.10.25 |
| 清 青白玉交龙钮方印 | 长13cm | 504,000 | 北京保利 | 2010.10.25 |
| 清 火烧玉龙钮印 | 长5.8cm | 67,200 | 北京保利 | 2010.10.25 |
| 清 和田白玉雕唐宋历史人物名章(18方) | 尺寸不一 | 1,904,000 | 老城隍庙 | 2010.11.6 |
| 清 敕封班禅水晶兽钮行印 | 高11cm | 134,400 | 上海嘉泰 | 2010.9.27 |
| 清 白玉章一枚、翡翠章一对、黄玉、玛瑙烟壶各一件 | 尺寸不一 | 165,206 | 香港淳浩 | 2010.11.27 |

| 拍品名称 | 尺寸 | 成交价(RMB) | 拍卖公司 | 拍卖日期 |
|---|---|---|---|---|
| 清 白玉沁色龙钮印章 | 长6.5cm | 770,000 | 天津文物 | 2010.11.21 |
| 清 白玉龙钮小方印 | 高3cm | 100,800 | 北京保利 | 2010.10.25 |
| 清 白玉留皮雕双龙纹印章 | 高3.7cm | 143,000 | 天津文物 | 2010.5.24 |
| 清 白玉雕兽钮印章等 | 尺寸不一 | 90,200 | 天津文物 | 2010.11.21 |
| 清 白玉雕兽钮印章 | 高4.9cm | 112,000 | 上海大众 | 2010.1.3 |
| 清 白玉雕兽钮椭圆印章 | 高4cm | 190,400 | 北京荣宝 | 2010.11.14 |
| 清 白玉"如日之恒"龙钮章 | 高5.6cm | 190,400 | 北京中汉 | 2010.5.18 |
| 19世纪 白玉双联印 | 长8cm | 95,200 | 北京匡时 | 2010.6.6 |
| 民国 白玉兽钮印 | 高3cm | 56,000 | 广州嘉德 | 2010.12.8 |
| 2009 于雪涛 财源广进白玉印章式挂件 | | 61,600 | 西泠拍卖 | 2010.7.4 |
| 青玉龙钮章 | 直径9cm | 212,800 | 中国嘉德 | 2010.6.19 |
| 青白玉雕龙钮方章 | 高4.7cm | 61,600 | 北京中汉 | 2010.11.22 |
| 2008 蒋喜 龙凤乳丁纹印章形白玉挂件 | 长4.8cm | 123,200 | 西泠拍卖 | 2010.7.4 |
| 2010 钟建林 易少勇 龙德白玉印 | 高5cm | 212,800 | 西泠拍卖 | 2010.12.13 |
| 2010 范同生 龙腾四海 白玉印玺 | 直径5.4cm | 504,000 | 西泠拍卖 | 2010.12.13 |
| 其他文房用品 | | | | |
| 清中期 白玉文房(一组四件) | 尺寸不一 | 179,200 | 北京翰海 | 2010.12.12 |
| 清 水晶文房用品(四件) | 尺寸不一 | 78,400 | 西泠拍卖 | 2010.12.14 |
| 2009 瞿惠中 玉制文玩三件 | 尺寸不一 | 56,000 | 西泠拍卖 | 2010.7.4 |
| 2009 瞿惠中 碧玉文房三件套 | 尺寸不一 | 78,400 | 西泠拍卖 | 2010.12.13 |
| 五、兵器及刀剑饰 | | | | |
| 良渚文化 玉钺 | 长15.8cm | 3,024,000 | 中拍国际 | 2010.11.27 |
| 红山文化 蝉纹三孔器 | 长21.5cm | 67,200 | 中拍国际 | 2010.11.27 |
| 新石器时代 泛鸡骨白沁柳叶形玉戈 | 长14.3cm | 89,600 | 中拍国际 | 2010.6.19 |
| 西周 天鹿五孔刀(一对) | 长37cm | 672,000 | 广东古今 | 2010.6.20 |
| 周 玉刀 | 长52.5cm | 728,000 | 中国嘉德 | 2010.5.16 |
| 战国 玉壳纹剑珌 | 高4.8cm | 72,800 | 北京翰海 | 2010.6.6 |
| 战国 玛瑙剑格 | 长4.3cm | 87,360 | 金懋拍卖 | 2010.11.12 |
| 西汉 玉勾云纹剑珌 | 高4.4cm | 123,200 | 北京翰海 | 2010.12.12 |
| 西汉 玉螭龙纹剑璏 | 高9cm | 168,000 | 北京翰海 | 2010.6.6 |
| 西汉 褐斑青玉螭龙珌 | 长4.5cm | 104,500 | 香港苏富比 | 2010.4.8 |
| 汉 玉沁色凤纹璏 | 长10.2cm | 68,200 | 天津文物 | 2010.5.24 |
| 清乾隆 青玉痕都斯坦式柄匕首 | 长43cm | 123,200 | 北京保利 | 2010.6.5 |
| 清乾隆 仿古纹青玉斧 | 高10cm | 95,200 | 北京匡时 | 2010.6.6 |
| 清乾隆 白玉嵌宝石吉羊柄匕首 | 长29cm | 212,800 | 北京保利 | 2010.12.6 |
| 清 玉兽面纹御题诗玉斧 | 长19.5cm | 67,200 | 北京保利 | 2010.7.31 |
| 清 白玉雕火药筒 | 长11cm | 100,800 | 云南典藏 | 2010.4.25 |
| 白玉柄珮刀 | 长92cm | 649,600 | 中国嘉德 | 2010.9.18 |
| 白玉柄珮刀 | 长93cm | 201,600 | 中国嘉德 | 2010.12.18 |
| 六、葬 玉 | | | | |
| 西汉 和田籽玉料玉猪(一对) | 长5.5cm | 89,600 | 老城隍庙 | 2010.11.6 |
| 汉 青玉猪 | 长10cm | 55,000 | 香港苏富比 | 2010.4.8 |
| 汉 青白玉猪握 | 长12.1cm | 56,000 | 北京中嘉 | 2010.5.9 |
| 汉 鸡骨白八刀蝉 | 长5.9cm | 56,000 | 中拍国际 | 2010.11.27 |
| 汉 白玉蝉(二件) | 高6.1cm | 112,000 | 北京翰海 | 2010.6.6 |
| 东汉 玉蝉 | 长6.3cm | 56,000 | 北京翰海 | 2010.6.6 |